Christian Angerer / Maria Ecker

# Nationalsozialismus in Oberösterreich
Opfer . Täter . Gegner

Nationalsozialismus in den
österreichischen Bundesländern

herausgegeben von Horst Schreiber
im Auftrag von _erinnern.at_
www.erinnern.at

Band 6

Christian Angerer / Maria Ecker

# Nationalsozialismus in Oberösterreich

Opfer . Täter . Gegner

**StudienVerlag**
Innsbruck
Wien
Bozen

© 2014 by Studienverlag Ges.m.b.H., Erlerstraße 10, 6020 Innsbruck
E-Mail: order@studienverlag.at
Internet: www.studienverlag.at

Gedruckt mit Unterstützung durch das Bundesministerium für Bildung und Frauen/Abteilung für internationale bilaterale Angelegenheiten, den Nationalfonds der Republik Österreich für Opfer des Nationalsozialismus, den Zukunftsfonds der Republik Österreich, das Amt der Oberösterreichischen Landesregierung, Direktion Kultur, die Stadt Linz, Arbeiterkammer Oberösterreich, Abteilung Bildung, Jugend und Kultur, ICHEIC Humanitarian Fund und Yad Vashem – The Holocaust Martyrs' and Heroes' Remembrance Authority/The International School for Holocaust Studies sowie das Renner-Institut.

Umschlag, Layout, Satz: Willi Winkler, neusehland.at
Umschlagbild: Abstimmungslokal in der Schubertstraße in Linz bei der Volksabstimmung am 10. April 1938, Foto: Archiv der Stadt Linz.
Registererstellung durch die AutorInnen

Gedruckt auf umweltfreundlichem, chlor- und säurefrei gebleichtem Papier.
Bibliografische Information Der Deutschen Bibliothek
Die Deutsche Bibliothek verzeichnet diese Publikation in der Deutschen Nationalbibliografie; detaillierte bibliografische Daten sind im Internet über <http://dnb.ddb.de> abrufbar.

ISBN 978-3-7065-5212-7

Alle Rechte vorbehalten. Kein Teil des Werkes darf in irgendeiner Form (Druck, Fotokopie, Mikrofilm oder in einem anderen Verfahren) ohne schriftliche Genehmigung des Verlages reproduziert oder unter Verwendung elektronischer Systeme verarbeitet, vervielfältigt oder verbreitet werden.
Verlag, Autor und Autorin haben sich bemüht, alle RechteinhaberInnen von Abbildungen ausfindig zu machen. In einzelnen Fällen war dies nicht möglich. Wir bitten Sie daher, dem Verlag gegenüber bestehende Ansprüche geltend zu machen.

# Inhalt

| | | |
|---|---|---|
| **Editorial** | Werner Dreier, Horst Schreiber: Vorwort | 13 |
| **Nationalsozialismus in Oberösterreich** | Oberösterreich 1918–1938 | 17 |
| | Wie entsteht die Erste Republik Österreich? | 17 |
| | Warum bekämpfen sich die politischen Lager? | 22 |
| | Warum kommt es zum Aufstieg des Nationalsozialismus? | 26 |
| | Wie endet die Demokratie in Österreich? | 32 |
| | Was ist der „Ständestaat"? | 34 |
| | Heinrich Gleißner: Vom Austrofaschisten zum Demokraten | 41 |
| | Johann Stadt: Ein früher und später Nationalsozialist | 44 |
| | Hedda Wagner: Für Frauenbildung und Frauenrechte | 46 |

Machtübernahme der Nationalsozialisten: Begeisterung und Verfolgung 49
    Wie gelangen die Nationalsozialisten an die Macht? 49
    Wie geht der „Anschluss" vor sich? 55
    Wie steht die oberösterreichische Bevölkerung nach dem „Anschluss"
      zum Nationalsozialismus? 64
    Was geschieht mit den Gegnern und Gegnerinnen beim „Anschluss"? 67
    Ludwig Bernegger: Eines der ersten NS-Opfer 1938 69
    Helga Donath: Von der Nationalsozialistin zur „Halbjüdin" 71
    August Eigruber: Gauleiter von Oberdonau 73
    Franz Peterseil: Als NS-Täter davongekommen 75
    Ferdinand Rydl: Anpassung an den Nationalsozialismus 77

Aufbruchsstimmung und neue Zwänge 79
    Wie wird die Arbeitslosigkeit beseitigt? 79
    Was begeistert die Menschen am Nationalsozialismus? 84
    Welche Rollen sollen Frauen einnehmen? 90
    Wie geht es der Bauernschaft und den landwirtschaftlichen Hilfskräften? 93
    Wie verhalten sich die Kirchen? 96
    Maria Schicho: Die oberste Frau in Oberdonau 99
    Josef (Sepp) Teufl: Arbeiterführer im Widerstand 101

## Linz – „Patenstadt des Führers" — 105
Warum hat Linz im Nationalsozialismus eine besondere Bedeutung? — 105
Welche Pläne verfolgt Adolf Hitler mit Linz? — 108
Adolf Hitler: Jugendjahre eines Diktators — 115
Franz Kinzl: Vom Nationalsozialisten zum Kommunisten — 118
Franz Langoth: Der Mythos vom „guten Nazi" — 120

## Jugend und Schule — 123
Was beabsichtigt Erziehung im Nationalsozialismus? — 124
Wie verändert sich die Schule im Nationalsozialismus? — 125
Wie ergeht es den jüdischen Schülern und Schülerinnen? — 131
Wie erleben die jungen Menschen HJ und BDM? — 132
Welche Aufgaben übernehmen die Jugendlichen im Krieg? — 139
Elfriede Ecker: Schülerin der NAPOLA — 143
Wilhelm Gärtner: Ein Humanist wird Nationalsozialist — 145
Brunhilde Hörrack: Schule und BDM — 147
Helmut J. Kislinger: Heldenträume in der HJ — 149
Richard Mendler: „Ich hatte keine Freunde mehr" — 151

## Krieg und Alltagsleben — 153
Wie verläuft der Krieg? — 153
Wie werden die Oberösterreicher und Oberösterreicherinnen vom Krieg abgelenkt? — 158
Wie steht es um die Versorgung mit Nahrungsmitteln? — 161
Welche Bedeutung haben Frauen im Arbeitseinsatz? — 163
Wie wirkt sich der Bombenkrieg auf Oberösterreich aus? — 166
Wie endet der Krieg in Oberösterreich? — 170
Josef (Sepp) Gamsjäger: Vom Nationalsozialisten zum Deserteur — 175
Ferdinand Humer: Ein Soldat, der von den Verbrechen erzählt — 177
Grete Wernitznigg: NS-Sympathisantin und Sozialdemokratin — 179

| | |
|---|---|
| **Zwangsarbeit** | **181** |
| Wie entsteht in Oberdonau eine Großindustrie? | 182 |
| Wer sind die Zwangsarbeiter und Zwangsarbeiterinnen und wo werden sie eingesetzt? | 185 |
| Wie werden die ausländischen Arbeitskräfte behandelt? | 186 |
| Was geschieht mit den Kindern der Zwangsarbeiterinnen? | 190 |
| Aloisia Hofinger: Verliebt in einen Zwangsarbeiter | 193 |
| Imelda Marinelli: Leiterin des „fremdvölkischen Kinderheimes" Schloss Etzelsdorf | 195 |
| | |
| **NS-Euthanasie: Tötung von psychisch Kranken und Behinderten** | **197** |
| Welche Vorgeschichte hat die Ermordung psychisch Kranker und Behinderter? | 197 |
| Welche Folgen hat das „Gesetz zur Verhütung erbkranken Nachwuchses"? | 199 |
| Was ist NS-Euthanasie und wie wird sie durchgeführt? | 201 |
| Was geschieht im Schloss Hartheim? | 204 |
| Was ist unter „wilder Euthanasie" zu verstehen? | 209 |
| Was geschieht mit den Tätern und Täterinnen nach 1945? | 211 |
| Helene Hintersteiner: Gewissenhafte Bürokraft der Tötungsanstalt | 212 |
| Johann Hocheneder: Ermordet in Schloss Hartheim | 214 |
| Rudolf Lonauer: Leiter der Tötungsanstalt Hartheim | 216 |
| | |
| **Das Konzentrationslager Mauthausen** | **219** |
| Wie kommt es zur Errichtung des KZ Mauthausen? | 221 |
| Welche Menschen werden im Lagersystem Mauthausen eingesperrt? | 223 |
| Wer sind die Bewacher und Bewacherinnen? | 229 |
| Welche Lebensbedingungen herrschen im KZ Mauthausen? | 233 |
| Wo entstehen Außenlager des KZ Mauthausen? | 237 |
| Wie werden Menschen im Lager ermordet? | 240 |
| Was hat die Bevölkerung mit den Konzentrationslagern zu tun? | 242 |
| Wie leisten Häftlinge Widerstand? | 244 |
| Wie werden die Lager des KZ-Systems Mauthausen befreit? | 246 |
| Johann Gruber: Der Weg eines Unbequemen | 249 |
| Maria Langthaler: Die entschlossene Helferin | 252 |

| | |
|---|---|
| Otto Pensl: Ein Spitzensportler im kommunistischen Widerstand | 255 |
| Johanna Rittenschober: Die Augenzeugin | 257 |

## Die Verfolgung der Roma und Sinti — 259

| | |
|---|---|
| Wer sind die Roma und Sinti? | 259 |
| Wie ergeht es Roma und Sinti vor der NS-Zeit? | 260 |
| Wie werden Roma und Sinti im Nationalsozialismus verfolgt? | 263 |
| Sidonie Adlersburg: „Zigeunerkind" unerwünscht | 269 |
| Kassian (Christian) Lichtenberger: Kontrolliert, verfolgt, ermordet | 271 |
| Herbert Schäringer: Ein ehrgeiziger Beamter | 273 |

## Der Völkermord an den Juden und Jüdinnen — 275

| | |
|---|---|
| Woher kommt die Judenfeindschaft? | 275 |
| Wie lebt die jüdische Bevölkerung in Oberösterreich vor 1938? | 277 |
| Wie ändert sich das Leben der jüdischen Bevölkerung nach dem „Anschluss"? | 281 |
| Was sind „Arisierungen"? | 284 |
| Was geschieht beim Novemberpogrom? | 287 |
| Wohin wird die jüdische Bevölkerung Oberösterreichs vertrieben? | 289 |
| Wie kommt es zum Massenmord an Juden und Jüdinnen? | 290 |
| Wie ergeht es den oberösterreichischen Juden und Jüdinnen im Holocaust? | 293 |
| Was wussten die Oberösterreicher und Oberösterreicherinnen über den Holocaust? | 296 |
| Adolf Eichmann: Organisator des Holocaust | 298 |
| Agathe Kronberger: In Auschwitz ermordet | 300 |
| Maria Mandl: Aufseherin in Auschwitz | 302 |
| Hermann Schneeweiß: Als Jude aus der Heimat vertrieben | 304 |
| Theresia Stangl: An der Seite eines Täters | 306 |

## Widerstand — 309

| | |
|---|---|
| Aus welchen Gründen gibt es Widerstand gegen das NS-Regime? | 309 |
| Weshalb ist Widerstand im Nationalsozialismus schwierig? | 312 |
| Wer leistet in Oberösterreich Widerstand? | 313 |

| | | |
|---|---|---|
| | Wie hängen Widerstand und Kriegsende zusammen? | 322 |
| | Leopold Engleitner: Ein willensstarker Zeuge Jehovas | 325 |
| | Franz Jägerstätter: Bauer – Katholik – Wehrdienstverweigerer | 327 |
| | Theresia (Resi) Pesendorfer: Kommunistische Kämpferin im Hintergrund | 330 |
| | Ferdinand Roitinger: Der „Andreas Hofer von Weibern" | 332 |
| | **Von der NS-Vergangenheit zur Gegenwart** | **335** |
| | Wie entsteht die Zweite Republik? | 336 |
| | Welche Lebensverhältnisse herrschen im Oberösterreich der Nachkriegszeit? | 342 |
| | Wie geht die Nachkriegsgesellschaft mit der NS-Vergangenheit um? | 347 |
| | Wie entwickelt sich die Auseinandersetzung mit der NS-Zeit bis heute? | 350 |
| | Welche Gedenkstätten für die Opfer der NS-Zeit entstehen in Oberösterreich? | 353 |
| | Richard Groher: Lange „vergessenes" Opfer | 358 |
| | Peter Kammerstätter: Forscher und Volksbildner | 360 |
| **Anhang** | Anmerkungen | 365 |
| | Quellen und Literatur | 375 |
| | Sach- und Personenlexikon | 383 |
| | Personenregister | 407 |
| | Ortsregister Oberösterreich | 415 |
| | Danke | 419 |
| | Autor und Autorin | 421 |

# Editorial

# Vorwort

„Nationalsozialismus in Oberösterreich. Opfer. Täter. Gegner" wendet sich in besonderer Weise an ein jugendliches Lesepublikum. Es unterstützt Lehrer und Lehrerinnen bei ihrer Unterrichtsgestaltung und ist ebenso in der außerschulischen Jugendarbeit einsetzbar. Das Buch richtet sich aber auch an Erwachsene, die sich für die Geschichte ihrer unmittelbaren Heimat interessieren. Es vermittelt einen raschen Überblick über die wesentlichen Themen des Nationalsozialismus auf dem neuestem Stand der Forschung – und dies in einer gut verständlichen Sprache.

Die Sachtexte behandeln die Vorgeschichte des Nationalsozialismus und die Ursachen für seine Anziehungskraft, die Situation der Kinder und Jugendlichen, die Auswirkungen des Krieges auf die oberösterreichische Bevölkerung, Terror und Polizeistaat, Zwangsarbeit und Widerstand. Ein eigenes Kapitel widmet sich den Planungen der Nationalsozialisten für Linz, der „Patenstadt des Führers". Besonderes Augenmerk wird verfolgten Gruppen wie der jüdischen Bevölkerung und Roma und Sinti geschenkt, speziell auch psychisch Kranken, Behinderten und Unangepassten, die in der Tötungsanstalt Hartheim oder auch in Niedernhart bei Linz ermordet wurden. Oberösterreich spielte in der Durchführung der Massenmorde eine bedeutende Rolle, Maria Ecker und Christian Angerer gehen daher ausführlich auf das Konzentrationslager Mauthausen und seine Außenlager ein. Auch der Umgang mit dem Nationalsozialismus nach 1945 und das Entstehen einer Erinnerungskultur in Oberösterreich kommen zur Sprache.

Die einzelnen Kapitel sind durch Fragestellungen gegliedert, um das Lesen und Verstehen einfacher zu machen. Sie sind in sich geschlossen, müssen daher nicht der Reihenfolge nach gelesen werden; die Leser und Leserinnen können also je nach Interesse und Notwendigkeit quer ins Buch einsteigen.

44 Kurzbiographien und 280 Fotos veranschaulichen, wie Menschen Politik gemacht haben und wie sich die Politik auf das Leben Einzelner ausgewirkt hat; wie und aus welchen Gründen sie gehandelt, gelitten oder auch Verbrechen begangen haben.

Am Ende des Buches finden die Leser und Leserinnen ein umfangreiches Sach- und Personenlexikon.

Maria Ecker und Christian Angerer haben langjährige pädagogische Erfahrungen in der Vermittlung des Nationalsozialismus. Als Mitarbeiterin von _erinnern.at_ ist Maria Ecker in der Entwicklung von Materialien für den Unterricht tätig. Beide entwickelten gemeinsam mit Yariv Lapid das neue pädagogische Konzept der KZ-Gedenkstätte

Mauthausen. Christian Angerer leitet _erinnern.at_ in Oberösterreich und betreut seit 2004 den Lehrgang „Pädagogik an Gedächtnisorten" der Pädagogischen Hochschule Oberösterreich in Kooperation mit _erinnern.at_.

_erinnern.at_ hat den Auftrag, die Auseinandersetzung mit Nationalsozialismus und Holocaust im österreichischen Bildungswesen anzuregen und zu fördern. Dazu gehören sowohl die Geschichte als auch die Auswirkungen dieser Geschichte auf die Gegenwart.

_erinnern.at_ macht es sich zur Aufgabe, diese lange verdrängten Erfahrungen, Erinnerungen und Erzählungen für den Schulunterricht aufzubereiten. Deshalb erarbeiteten wir Lehr- und Lernmittel, eine Wanderausstellung auf der Basis von Videointerviews mit Überlebenden, eine Homepage zum Schicksal der europäischen Roma und Sinti während des Holocaust oder auch ein Lernheft mit ergänzenden Online-Materialien zu Rassismus und Antisemitismus. Und deshalb ist uns das vorliegende Buch über Oberösterreich ein großes Anliegen. Es ist der vierte fertiggestellte Band der von _erinnern.at_ herausgegebenen Jugendsachbuchreihe zum Nationalsozialismus in den österreichischen Bundesländern.

Die in diesem Buch versammelten Geschichten berichten von ganz normalen Menschen, die sich in ihrer Zeit zu einer mörderischen Diktatur verhalten mussten: Wenige wehrten sich, viele begeisterten sich für die so großartig scheinenden Möglichkeiten, die meisten arrangierten sich. Wenn wir das lesen, können wir vielleicht auch die eine oder andere Einsicht in unsere Gegenwart und für unser Handeln heute gewinnen.

Auch deshalb wünschen wir dem Buch viele Leser und Leserinnen.

Werner Dreier  
_erinnern.at_

Horst Schreiber  
Reihenherausgeber

# Nationalsozialismus in Oberösterreich

# Oberösterreich 1918–1938

## Wie entsteht die Erste Republik Österreich?

Die österreichisch-ungarische Monarchie findet für die Forderungen ihrer Bevölkerung nach demokratischen Rechten, nach sozialer Gerechtigkeit und nach nationaler Selbstbestimmung keine Lösungen. Diese Konflikte führen 1918 mit der Niederlage im Ersten Weltkrieg zum Zerfall der Habsburgermonarchie. An ihre Stelle treten neue Staaten wie Ungarn, die Tschechoslowakei und das Königreich der Serben, Kroaten und Slowenen (Jugoslawien). Auch aus dem deutschsprachigen Teil des Habsburgerreiches bildet sich ein neuer Staat: Deutschösterreich.[1]

### Die Republik Deutschösterreich

In der provisorischen (noch nicht durch eine Wahl zustande gekommenen) Nationalversammlung für Deutschösterreich Ende Oktober 1918 beschließt die Mehrheit der christlichsozialen, sozialdemokratischen und großdeutschen Abgeordneten das Ende der Monarchie: Der letzte Habsburger-Kaiser Karl I. muss auf die Regierung verzichten und am 12. November 1918 wird in Wien die demokratische Republik Deutschösterreich ausgerufen. Doch die Regierungsparteien und der Großteil der Bevölkerung

# Oberösterreich 1918–1938

Christlichsoziale, Sozialdemokraten und Deutschnationale halten am 1. November 1918 auf dem Linzer Hauptplatz eine feierliche Kundgebung für die künftige Republik Deutschösterreich ab. Die schwarz-rot-goldenen Fahnen links an den Häusern zeugen vom Anschlusswillen an Deutschland.
(Foto: Archiv der Stadt Linz)

bezweifeln, dass dieser kleine Staat wirtschaftlich und politisch lebensfähig ist. Deshalb soll sich Deutschösterreich bald der Deutschen Republik anschließen, die kurz zuvor entstanden ist.

Auch in Oberösterreich tagt im November 1918 eine provisorische Landesversammlung mit Vertretern der Christlichsozialen, der Großdeutschen und der Sozialdemokraten. Die Versammlung fasst den Beschluss, dass das Land Oberösterreich – in der Monarchie hieß es noch Österreich ob der Enns – der Republik Deutschösterreich beitritt.

### Wirtschaftliche Not

Noch Jahre nach dem Krieg bleibt die wirtschaftliche Lage katastrophal. Österreich ist von den großen landwirtschaftlichen Gebieten der ehemaligen Monarchie abgeschnitten und kann sich nicht eigenständig ernähren. Am größten ist die Hungersnot in den Städten. Es fehlt auch an Heizmaterial für den Winter. Vor allem in Linz und Steyr, aber auch in vielen anderen Gemeinden protestieren bis 1920 die Menschen auf der Straße und plündern Geschäfte. Es gibt Verletzte und Tote. Häufige Raubüberfälle spiegeln die Notlage der Menschen in Oberösterreich wider.

Im März 1919 schreibt die provisorische Landesregierung die Landtagswahlen aus. Der christlichsoziale Landeshauptmann und seine drei Stellvertreter aus den drei politischen Lagern unterzeichnen die Kundmachung. (Foto: Oberösterreichisches Landesarchiv)

Räterepublik oder parlamentarische Demokratie?

Die wirtschaftliche Not verstärkt in Teilen der Arbeiterbewegung den Wunsch nach einer kommunistischen Revolution – so wie in Russland, wo die Bolschewiki im Oktober 1917 unter der Führung Lenins die Macht übernommen haben. Von der Abschaffung des Privateigentums und der Machtausübung durch die Arbeiterschaft erhoffen sich viele eine bessere und gerechtere Welt. Ende Oktober 1918 marschieren Arbeiter der Linzer Schiffswerft mit roten Fahnen und unter Hochrufen auf die russische Revolution durch die Stadt. Bereits im letzten Kriegsjahr bilden sich in Wien und in Oberösterreich Arbeiter- und Soldatenräte, die nach russischem Vorbild ein sozialistisches System basisdemokratisch von unten aufbauen wollen. In den oberösterreichischen Arbeiter- und Soldatenräten erlangen jedoch die Sozialdemokraten die Mehrheit gegenüber den Kommunisten – und die Sozialdemokratie entscheidet sich für die parlamentarische Demokratie. Die kommunistischen Demonstrationen und blutigen Putschversuche 1918/19 gehen von einer Minderheit aus.

Im Februar 1919 finden in Österreich Wahlen statt, bei denen erstmals auch Frauen stimmberechtigt sind. Stärkste Partei werden die Sozialdemokraten knapp vor den Christlichsozialen, die Großdeutschen landen abgeschlagen an dritter Stelle. Anders

## Oberösterreich 1918–1938

fällt einige Monate später die Landtagswahl in Oberösterreich aus, wo die ländliche Bevölkerung dominiert. Hier liegen die Christlichsozialen weit vor der Sozialdemokratischen Arbeiterpartei. Bei beiden Wahlen kandidiert die Kommunistische Partei nicht.

### Streit um die Staatsgrenzen

Im Friedensvertrag von Saint-Germain bei Paris im September 1919 diktieren England und Frankreich, die Siegermächte des Ersten Weltkrieges, die Grenzen Österreichs. Südtirol geht an Italien und der südliche Teil der Steiermark wird dem Königreich der Serben, Kroaten und Slowenen zugesprochen. Kärnten bleibt nach einer Volksabstimmung bei Österreich, das Burgenland kommt dazu.

Das Land Oberösterreich beansprucht die vorwiegend deutschsprachig besiedelten Gebiete Südböhmens und des Böhmerwaldes mit den Städten Krumau und Kaplitz. Etwa 180.000 Menschen leben in dieser Region. Die Mehrheit will sich Oberösterreich anschließen. Doch die Tschechoslowakische Republik besetzt Südböhmen. Sie beruft sich darauf, dass die deutsche Bevölkerung Jahrhunderte lang die tschechische verdrängt hat; diese Entwicklung will sie nun rückgängig machen. Österreich verhandelt mit den Tschechen über Kohle- und Lebensmittellieferungen und vermeidet daher einen militärischen Konflikt. Der Friedensvertrag von Saint-Germain legt schließlich fest, dass diese mehrheitlich deutschsprachigen Gebiete ebenso wie das Sudetenland und Südmähren der Tschechoslowakei zufallen.

### Anschluss an Deutschland?

In der Republik Deutschösterreich ist der Anschluss an Deutschland populär: Die Menschen erwarten sich eine verbesserte Wirtschaftslage, die westlichen Bundesländer wollen die zentralistische Bevormundung durch Wien abschütteln, viele Österreicher und Österreicherinnen fühlen sich als Deutsche und die Sozialdemokratie erhofft sich eine Stärkung der Arbeiterbewegung. Obwohl der Vertrag von Saint-Germain den Zusammenschluss verbietet und der Staat ab 1919 Republik Österreich heißt, geht die Anschlussbewegung weiter. Bei Volksabstimmungen in Tirol und Salzburg sprechen sich 1921 fast alle, die zur Wahl gehen, für den Anschluss aus. In Oberösterreich ist der Anschlusswunsch im Innviertel am stärksten, dort entstehen sogar Pläne zu einem bezirksweisen Anschluss an Deutschland. Eine Volksabstimmung findet in Oberösterreich jedoch nicht statt. Die Siegermächte binden ihre Kredite für Österreich daran, dass es keine weiteren Abstimmungen gibt. In den 1920er Jahren verliert der Anschlussgedanke bei Christlichsozialen und Sozialdemokraten an Anziehungskraft.

Für das politische Lager der Deutschnationalen jedoch bleibt der Anschluss zentraler Programmpunkt. Sie gründen Turnvereine, in denen das deutsche Nationalbewusstsein gestärkt wird. Der oberösterreichische Großdeutsche Franz Dinghofer, der als einer der Präsidenten der provisorischen Nationalversammlung 1918 die Republik Deutschösterreich ausgerufen hat, fordert 1920: „Wir müssen dahin kommen, dass in jedem halbwegs größeren Orte ein Turnverein besteht, der aber auch völkische Erziehungsarbeit leisten muss."[2] In diesen Vereinen, an denen sich auch die frühen Nationalsozialisten beteiligen, sind Deutschnationalismus und Antisemitismus aufs Engste miteinander verknüpft. Regelmäßig hetzen Deutschnationale auf gut besuchten Veranstaltungen gegen Juden und Jüdinnen und stellen sie als Schuldige an Kapitalismus und Kommunismus dar. So festigen sich in Teilen der Bevölkerung jene Einstellungen und Denkmuster, die in den 1930er Jahren eine breite Zustimmung zum Nationalsozialismus ermöglichen.

### Verfassung und Sozialgesetzgebung

Während der ersten zwei Jahre der Republik Österreich regiert unter der Führung des Sozialdemokraten Karl Renner eine Koalition der Sozialdemokratischen Arbeiterpartei und der Christlichsozialen Partei. Sie arbeitet eine Bundesverfassung aus, mit der das politische System der demokratischen Republik festgelegt wird (Nationalrat, Bundespräsident, Bundesländer usw.). Diese Verfassung von 1920 gilt im Wesentlichen noch heute. Um der revolutionären Stimmung in Teilen der Arbeiterschaft entgegenzutreten, verbessert die Regierung auf Initiative der Sozialdemokratie die soziale Lage der Arbeiterschaft. Österreich bekommt eine der fortschrittlichsten Sozialgesetzgebungen Europas: Achtstundentag, Urlaubsanspruch, Arbeitslosenunterstützung, Arbeiterkammer und Betriebsräte werden eingeführt.

Als die Sozialdemokratische Arbeiterpartei bei den Wahlen im Oktober 1920 ihre relative Mehrheit verliert, bilden die Christlichsozialen als stimmenstärkste Partei mit der Großdeutschen Volkspartei eine Koalition. Bis zum Ende der parlamentarischen Demokratie ist in Österreich eine solche „Bürgerblockregierung" des christlichsozialen und deutschnationalen Lagers an der Macht. Wichtigster christlichsozialer Politiker in den 1920er Jahren wird der Priester Ignaz Seipel, der mehrere Jahre als Bundeskanzler amtiert.

### Langsame Erholung der Wirtschaft

Versorgungskrise und Geldentwertung machen der Republik Österreich zu schaffen. Die Inflation frisst die Ersparnisse der Menschen. Der Staat braucht dringend Geld. Während die Sozialdemokraten für eine stärkere Besteuerung der Reichen eintreten, setzt die konservative Regierung auf Kredite aus dem Ausland. Österreich erhält hohe internationale Kredite, dafür muss es den Verzicht auf den Anschluss an Deutschland bestätigen. Die österreichischen Staatsfinanzen werden unter die Aufsicht des Völkerbundes gestellt. Eine Bedingung für die Kredite ist, dass rund 90.000 österreichische

Beamte entlassen werden. Mit der Einführung des Schillings 1924/25 ist die Inflation gestoppt. Doch für viele Beamte, Angestellte, Gewerbetreibende, Arbeiter und Arbeiterinnen bedeutet das staatliche Sparprogramm geringeres Einkommen oder Arbeitslosigkeit. Erst ab 1926 wird ein Wirtschaftsaufschwung spürbar.

# Warum bekämpfen sich die politischen Lager?

Zunächst arbeiten die politischen Parteien der jungen Republik Österreich zusammen. Doch nach einigen Jahren verschärft sich der Gegensatz zwischen den beiden großen weltanschaulichen Lagern, dem christlich-konservativen und dem sozialistischen. Ideologische Strömungen, die auf die Abschaffung der parlamentarischen Demokratie abzielen, werden stärker. Die Parteien rüsten mit bewaffneten Truppen auf, um den Gegner auch gewaltsam zu bekämpfen.

### Die Heimwehr auf dem Weg zum Faschismus

Im rechten Lager entsteht die Heimwehr als bewaffnete Organisation. Ihre Mitglieder sind vor allem Bauern, Selbständige, Angestellte, Studenten und ehemalige Offiziere. Waffen bringen die Kriegsheimkehrer mit, Geld bekommt die Heimwehr von österreichischen Industriellen. Neben den Christlichsozialen gibt es in der Heimwehr auch Kräfte, die den italienischen Faschisten und den deutschen Nationalsozialisten nacheifern. Von beiden Seiten werden sie organisatorisch und mit Waffenlieferungen unterstützt. Die Heimwehr entwickelt sich zu einer eigenen faschistischen Partei. Ab 1930 steht der Oberösterreicher Ernst Rüdiger Starhemberg, der aus einer alten Adelsfamilie stammt, an der Spitze der Heimwehr. Sein Herrschaftssitz Schloss Waxenberg im Mühlviertel dient ihr als Stützpunkt. 1931 versucht die Heimwehr in der Steiermark, die mit den Nationalsozialisten eng zusammenarbeitet, sogar einen – kurzen und erfolglosen – Putsch.

Bei der Entscheidung für eine faschistische Ideologie gehen die Heimwehr und der rechte Flügel der Christlichsozialen Seite an Seite. Der Antisemitismus ist wichtiger Bestandteil des politischen Programmes beider Parteien. Um Sozialismus und Kommunismus zu bekämpfen, wenden sie sich von der parlamentarischen Demokratie ab. Der Linzer Diözesanbischof Johannes Maria Gföllner verlangt 1927 in einem Hirtenbrief mehr „Autorität" im Staat, um „Anarchie" und „Bolschewismus" zu verhindern.[3] Ignaz Seipel, kurz zuvor noch christlichsozialer Bundeskanzler, erklärt 1929 in einem Vor-

Ernst Rüdiger Starhemberg (Mitte) nimmt mit seinen Heimwehrleuten am 15. Dezember 1929 auf dem Bahnhof Bad Ischl Aufstellung. In diesem Jahr wird Starhemberg Führer der oberösterreichischen Heimwehr, im Jahr darauf steht er an der Spitze der Heimwehr in ganz Österreich. Er formt sie zu einer faschistischen Organisation.
(Foto: Zeitgeschichte Museum Ebensee/Hofer)

trag, in dem er die Abschaffung der Parteiendemokratie fordert: „Bei uns in Österreich gibt es eine starke Volksbewegung, welche die Demokratie von der Parteiherrschaft befreien will. Die Träger dieser Volksbewegung sind die Heimwehren."[4] Die Heimwehrführung nimmt sich 1930 im Korneuburger Eid die Errichtung eines faschistischen Staates vor. Ausdruck dieses zunehmenden Wunsches nach einer autoritären Staatsführung ist 1929 auch die Änderung der österreichischen Bundesverfassung, mit der die Position des Bundespräsidenten gegenüber dem Parlament gestärkt wird.

### Der sozialdemokratische Republikanische Schutzbund

Die Sozialdemokraten gründen ihre Parteiarmee, den Republikanischen Schutzbund, im Jahr 1923. Viele Industriearbeiter und aus dem Bundesheer entlassene Sozialisten treten ihm bei. Stark ist der Schutzbund in den Städten Wien und Linz sowie in anderen Industrieregionen. Er setzt sich zur Aufgabe, die Arbeiterbewegung, die Partei und die Republik gegen die Angriffe von rechts zu verteidigen. Von Heimwehr und Christlichsozialen wird er hingegen als Kampftruppe zur Durchsetzung einer „bolschewistischen Revolution" gesehen. Die Sozialdemokratische Arbeiterpartei hat zwar tatsächlich das Ziel einer sozialistischen Gesellschaftsordnung, in der Großgrundbesitz und Großunternehmen verstaatlicht werden, doch sie will die Macht nicht durch eine

## Oberösterreich 1918–1938

Der Republikanische Schutzbund marschiert Anfang der 1930er Jahre in Linz. Die bewaffnete Truppe der Sozialdemokraten stellt sich auf der Straße der Heimwehr und den aufkommenden Nationalsozialisten entgegen.
(Foto: Oberösterreichisches Landesarchiv)

Revolution, sondern durch demokratische Wahlen erlangen. Das ist Teil der Ideologie des Austromarxismus, die vor allem von Otto Bauer formuliert wird. Das 1926 beschlossene Linzer Programm der Sozialdemokratie enthält aber auch die Drohung, dass die Arbeiterklasse die Mittel der Diktatur anwenden wird, falls sich das Bürgertum einer durch Wahlen herbeigeführten sozialistischen Gesellschaftsordnung widersetzt – eine Drohung, die im konservativen und rechten Lager die Angst vor einer linken Revolution schürt.

### Kämpfe auf der Straße

Nachdem es seit Mitte der 1920er Jahre immer wieder zu kleineren Straßenkämpfen zwischen Heimwehr und Schutzbund gekommen ist, spitzt sich die Situation 1927 zu. Anfang des Jahres schießen Heimwehrangehörige auf den Republikanischen Schutzbund im burgenländischen Ort Schattendorf und töten ein Kind und einen Kriegsinvaliden. Der Prozess gegen die drei Heimwehrleute endet im Juli in Wien mit einem Freispruch durch die Geschworenen. Die Empörung der Arbeiterschaft ist enorm. In einer spontanen Demonstration marschieren am 15. Juli 1927 tausende Wiener Arbeiter und Arbeiterinnen zum Justizpalast, in dem sie das Symbol der Ungerechtigkeit erblicken, und setzen ihn in Brand. Die sozialdemokratische Parteiführung versucht vergeblich, die Masse zu beruhigen. Auf Befehl von Bundeskanzler Seipel und des aus Perg in Oberösterreich stammenden Wiener Polizeipräsidenten Johann Schober schießt die Polizei auf die unbewaffnete Menge. 89 Demonstrierende und vier Polizisten sterben. Als „Prälat ohne Milde" beschimpft die Sozialdemokratie den christlichsozialen Kanzler Seipel, als „Arbeitermörder" den deutschnational gesinnten Polizeipräsidenten Schober.[5] Vor einem gewaltsamen Gegenschlag, der unweigerlich zum Bürgerkrieg führen würde, scheut die Sozialdemokratie aber zurück; der Generalstreik, den sie ausruft, scheitert. Das rechte Lager fühlt sich nun in der Absicht gestärkt, den politischen Gegner mit Gewalt auszuschalten.

## Das „schwarze" Oberösterreich und das „rote" Linz

In Oberösterreich ticken die politischen Uhren anders als in der Bundespolitik. Seit der Gründung der Republik funktioniert in der oberösterreichischen Landesregierung eine „Arbeitsgemeinschaft" der dominierenden Christlichsozialen Partei mit den Sozialdemokraten und den Deutschnationalen. Ausschlaggebend dafür ist, dass für die Landesregierung das Proporzwahlrecht gilt, das heißt, die Parteien sind je nach ihrer Stärke in der Regierung vertreten. Außerdem stehen mit Landeshauptmann Johann Nepomuk Hauser und mit seinem Nachfolger Josef Schlegel christlichsoziale Politiker an der Spitze der Landesregierung, die sich als Demokraten begreifen. Sie suchen den Kompromiss mit den politischen Konkurrenten. Hauser lehnt die Heimwehr wie überhaupt alle bewaffneten Parteitruppen ab, denn, so der Landeshauptmann: „Militante Organisationen führen immer zur Diktatur."[6] In Oberösterreich gibt es daher heftige Konflikte zwischen der christlichsozialen Parteileitung und der Heimwehr, besonders seit Starhemberg die Heimwehr zu einer faschistischen Partei umformt.

Nach Johann Nepomuk Hausers Tod 1927 folgt ihm Josef Schlegel (Foto) als Landeshauptmann von Oberösterreich. Er gehört dem demokratischen Flügel der christlichsozialen Partei an und wird daher mit Beginn des autoritären „Ständestaates" 1934 abgesetzt. (Foto: Oberösterreichisches Landesarchiv)

Während in Oberösterreich die überwiegend ländliche Bevölkerung für ein Übergewicht der Christlichsozialen sorgt, haben in den größeren Städten mit Industriebetrieben die Sozialdemokraten die Mehrheit. In Linz, einer in der Monarchie deutschnational regierten Stadt, erzielen sie bei den Gemeinderatswahlen 1919, den ersten mit allgemeinem und gleichem Wahlrecht, über 50 % der Stimmen. Bis 1934 verwaltet eine „rote" Stadtregierung Linz, zunächst unter dem langjährigen Bürgermeister Josef Dametz, dann unter dem wichtigsten sozialdemokratischen Politiker Oberösterreichs in dieser Zeit, Josef Gruber. Die Sozialdemokratie treibt die soziale Wohlfahrtspolitik voran, sie errichtet Kindergärten, Mutterberatungsstellen und große Wohnanlagen, die noch heute in einigen Vierteln das Bild der Stadt prägen.

**Oberösterreich 1918–1938**

NSDAP-Bezirkstag in Gmunden am 2. Oktober 1927 (Foto: Oberösterreichisches Landesarchiv)

# Warum kommt es zum Aufstieg des Nationalsozialismus?

### Die Anfänge des Nationalsozialismus

Seit 1919 hat die Nationalsozialistische Partei, die noch zur Zeit der Monarchie in den deutschsprachigen Gebieten Nordböhmens als Deutsche Arbeiterpartei gegründet wurde, eine Zweigstelle in Linz. Die kleine Partei engagiert sich vor allem in der Gewerkschaftsbewegung und fordert mehr Umverteilung des Reichtums.

Nach zahlreichen inneren Konflikten unterstellt sich jedoch der Großteil der österreichischen Nationalsozialisten 1926 der deutschen Schwesterpartei in München, der Nationalsozialistischen Deutschen Arbeiterpartei (NSDAP), die von Adolf Hitler angeführt wird. Hitler fordert von den österreichischen Nationalsozialisten „bedingungslose Treue".[7] Die österreichische NSDAP übernimmt das radikal antidemokratische und antisemitische Programm der deutschen Partei.

Bis Ende der 1920er Jahre spielen die Nationalsozialisten in Deutschland und Österreich bei Wahlen insgesamt eine untergeordnete Rolle. Ihr Aufstieg beginnt 1930. In Oberösterreich bleiben sie jedoch 1931 bei den letzten Landtags- und Gemeinderatswahlen auf sehr niedrigem Niveau. Sie liegen bei der Landtagswahl mit ca. 3,5 % nur

„Meidet jüdische Kaufhäuser": antisemitisches Propagandaplakat der NSDAP (Hitlerbewegung) Linz 1931
(Foto: Archiv der Stadt Linz)

geringfügig über dem Ergebnis von 1925, und bei der Linzer Gemeinderatswahl stagnieren sie bei den etwa 7 %, die sie seit 1923 erreichen: Noch funktioniert in Oberösterreich die demokratische Zusammenarbeit zwischen Christlichsozialen und Sozialdemokraten. Auf der Straße stellen sich die oberösterreichischen Sozialdemokraten mit dem Republikanischen Schutzbund den Aktivitäten der Nationalsozialisten energisch entgegen. „Oberflächlich gesehen erfreuten sich die demokratisch gesinnten Parteien im Jahre 1931 in Oberösterreich und Linz noch einer soliden Mehrheit"[8] – doch in Wahrheit sind durch die demokratiefeindlichen Ideologien und die einsetzende Weltwirtschaftskrise die Weichen bereits auf das Ende der Demokratie gestellt.

Die Weltwirtschaftskrise

Im Oktober 1929 beginnt mit dem Zusammenbruch der New Yorker Börse eine Finanzkrise, die rasch Europa und weite Teile der Welt erfasst. Unternehmen, Banken und Staatshaushalte stehen vor dem Bankrott, die Arbeitslosigkeit nimmt ungeheure Dimensionen an. Große österreichische Banken, vor allem die Credit-Anstalt, brauchen staatliche Hilfe. Österreich nimmt neuerlich eine internationale Anleihe und muss sich wieder der Finanzkontrolle des Völkerbundes unterstellen. Von 1929 bis 1933 verzeichnet die österreichische Wirtschaft einen Produktionsrückgang um ca. 40 %, während sich die Arbeitslosenrate verdoppelt: „Die Wirtschaftskrise erreichte in Österreich 1933 ihren Höhepunkt."[9] Über 550.000 Österreicher und Österreicherinnen sind arbeitslos.

## Oberösterreich 1918–1938

Bewohner und Bewohnerinnen der Stadt Steyr stellen sich 1932 bei einer öffentlichen Ausspeisung an. Etwa 11.000 Menschen müssen in Steyr öffentliche Hilfe in Anspruch nehmen oder leben von Almosen.
(Foto: Österreichische Nationalbibliothek/Rübelt)

Besonders hart trifft die Krise in Oberösterreich die Eisen- und Stahlindustrie im Raum Steyr. Tausende Beschäftigte der Steyr-Werke, die Waffen und Fahrzeuge herstellen, verlieren ihre Arbeit. Wer länger arbeitslos bleibt, wird „ausgesteuert" und bekommt kein Arbeitslosengeld mehr. Ende 1931 ist etwa die Hälfte der Steyrer Bevölkerung auf Arbeitslosenunterstützung, soziale Fürsorge oder Betteln angewiesen. In Linz schließt die Lokomotivfabrik Krauß & Co. ihre Tore, die Schiffswerft entlässt 500 Arbeiter. Auch in Wels sperren viele Betriebe zu. Insgesamt haben am Höhepunkt der Krise 1933/34 in Oberösterreich 48.000 Menschen keine Arbeit mehr. Mit einer Arbeitslosenrate zwischen 10 % und 20 % wirkt sich die Krise auf Oberösterreich insgesamt zwar etwas geringer aus als im österreichischen Durchschnitt, doch für die Betroffenen ist das kein Trost. Bis 1937 nimmt die Arbeitslosigkeit nur langsam ab. Die wirtschaftliche Notlage vergrößert die Bereitschaft in der Bevölkerung, sich der extremen Rechten mit ihren Heilsversprechen zuzuwenden.

### Die Anziehungskraft des Nationalsozialismus

Ab 1930 erzielt die NSDAP in Deutschland große Wahlerfolge, am 30. Jänner 1933 wird Adolf Hitler zum Reichskanzler ernannt. Der Aufstieg der deutschen NSDAP hat eine magnetische Wirkung. In Österreich finden Anschlusskundgebungen und Fackelzüge statt, Reden Hitlers werden bei Großveranstaltungen im Rundfunk übertragen. Die Nationalsozialisten treten aggressiv auf. 1932 erlangen sie bei Wahlen in Wien, Niederösterreich und Salzburg zwischen 14 % und 20 %, 1933 in Innsbruck sogar über 40 %. Der Deutsche Theo Habicht baut im Auftrag Hitlers die bisher zerstrittene österrei-

Am 5. Juni 1932 treffen sich über 5.000 SA-, SS- und HJ-Angehörige aus Österreich und Deutschland zu einem „Gausturmtag" am Donauufer in Urfahr, wo Hermann Göring spricht. Auch zahlreiche Schaulustige sind dabei. Zur gleichen Zeit hält der Republikanische Schutzbund am Südbahnhof eine Gegenveranstaltung ab.
(Foto: Oberösterreichisches Landesarchiv)

Nach dem Appell in Urfahr marschieren die Teilnehmer und Teilnehmerinnen des nationalsozialistischen „Gausturmtages" 1932 über die Linzer Landstraße.
(Foto: Oberösterreichisches Landesarchiv)

chische NSDAP von Linz aus neu auf. Angehörige der Heimwehr, der Großdeutschen Volkspartei und des Landbundes – einer weiteren nationalen Partei – wechseln in Scharen zu den Nationalsozialisten über. Das prominenteste Beispiel in Oberösterreich ist der Großdeutsche Franz Langoth, der in der Landesregierung sitzt. Vor allem junge deutschnational Gesinnte fühlen sich vom Nationalsozialismus angezogen. Sie sehen mit Begeisterung, wie die NSDAP in Deutschland ihre Ziele radikal in die Tat umsetzt: autoritäre Führung statt Parteiendemokratie, deutschnationale Großmachtpolitik,

**Oberösterreich 1918–1938**

In Attnang veranstaltet die NSDAP 1932 eine „Fahnenweihe". (Foto: Oberösterreichisches Landesarchiv)

Zerschlagung des linken Lagers, Verfolgung der Juden und Jüdinnen, Arbeitsbeschaffung. Die Jugendlichen bekommen Aufgaben im Wahlkampf der NSDAP und damit das Gefühl, „daß sie ein lebendiger Teil einer Bewegung seien, die die Geschichte neu gestalten sollte."[10] Viele österreichische Anhänger des Nationalsozialismus stammen aus dem städtischen Mittelstand, sie sind Geschäftsinhaber, Ingenieure, Rechtsanwälte, Facharbeiter, Studenten – soziale Gruppen, die sich sowohl durch die Wirtschaftskrise als auch durch die Linke besonders bedroht fühlen. Bauern und Arbeiterschaft schließen sich zunächst in geringerem Ausmaß der NSDAP an; die einen sind meist im Katholizismus, die anderen im Marxismus verwurzelt.

### Propaganda und Gewalt

Als sich die österreichischen Nationalsozialisten im Frühjahr 1933 nach der Ausschaltung des Parlamentes und der Abschaffung von Wahlen um ihre Erfolgschancen gebracht sehen, reagieren sie mit schweren Terroranschlägen. Daraufhin verbietet die Bundesregierung im Juni 1933 die NSDAP. Ihre Funktionäre werden verhaftet oder ausgewiesen. Doch die Propaganda geht unvermindert weiter. Hakenkreuzfahnen werden gehisst, Papierhakenkreuze gestreut, Hakenkreuzfeuer auf Bergen entzündet, Flugzettel aus deutschen Flugzeugen abgeworfen. Mehrere nationalsozialistische Terrorwellen überziehen 1933/34 das Land. Unzählige Papierböller – Schwarzpulver in Kartonschachteln – explodieren in Oberösterreich, die Detonationen zerschmettern Fensterscheiben. Nationalsozialisten verüben Anschläge auf Stromleitungen, Zeitungsredaktionen und Politikerwohnungen. Die Regierung führt im Herbst 1933

die Todesstrafe ein, die auch für Sprengstoffattentate, ein halbes Jahr später sogar für Sprengstoffbesitz verhängt werden kann. Im April 1934 entfernen nationalsozialistische Attentäter eine Eisenbahnschiene zwischen Oftering und Marchtrenk – die Entgleisung des Zuges fordert einen Toten und 14 Verletzte. Bei Propaganda und Terror betätigen sich vor allem junge Männer: Fast ein Drittel der „1933 bis 1935 verhafteten illegalen Nationalsozialisten in Wels" sind unter 20 Jahre alt.[11] Hinter ihnen stehen aber Angestellte, Unternehmer, Freiberufliche und Beamte aus dem städtischen Bürgertum. Trotz des Verbotes wächst die Partei. Die Mitgliederzahl der NSDAP in Oberösterreich verdreifacht sich von knapp 700 im Jänner 1933 auf über 2.000 im Frühjahr 1934, die Zahl der Anhängerschaft beläuft sich nach Schätzung der Exekutive auf ein Vielfaches. Bei den Nationalsozialisten steigt die Zuversicht, bald die Macht zu erobern. So heißt es etwa in einem Drohbrief, der im Herbst 1933 beim Gendarmerieposten in Ebensee einlangt: „Unsere Bewegung besteht aus dem besten Menschenmaterial des deutschen Volkes, dies können wir mit Stolz behaupten und es wäre vollkommen gegen jede natürliche Entwicklung, wenn unsere gerechte, aus dem Volk hervorgegangene Sache nicht in absehbarer Zeit den Sieg über das gemeine System von heute erringen würde. Die Zeit, wo der Nationalsozialismus in Österreich die Herrschaft antritt, ist nicht mehr ferne."[12]

Das System, das die Nationalsozialisten binnen Kurzem niederringen wollen, ist inzwischen keine Demokratie mehr, sondern eine Diktatur unter dem christlichsozialen Bundeskanzler Engelbert Dollfuß.

↖ Am 4. Februar 1934 wird vom Schlot der Saline Ebensee eine Hakenkreuzfahne mit der Aufschrift „Heil Hitler" entfernt, die illegale Nationalsozialisten angebracht haben. Mit Propaganda und Gewalt wollen die österreichischen Nationalsozialisten 1933 und 1934 die Macht erobern.
(Foto: Zeitgeschichte Museum Ebensee/Zakarias)

↑ Ein nationalsozialistischer Sprengstoffanschlag zerstört 1934 ein Transformatorhaus in Braunau.
(Foto: Oberösterreichisches Landesarchiv)

**Oberösterreich 1918–1938**

# Wie endet die Demokratie in Österreich?

### Die Beseitigung der parlamentarischen Demokratie

Engelbert Dollfuß, seit Mai 1932 Bundeskanzler einer Koalitionsregierung aus Christlichsozialen und Heimwehr, plant eine Diktatur, die sich auf die katholische Kirche, die Armee, die Polizei und den Beamtenapparat stützt. Er will Wahlerfolge der Sozialdemokratie, der stimmenstärksten Partei im Parlament, und der aufstrebenden NSDAP unterbinden. Deshalb nützt die Regierung Dollfuß im März 1933 eine Panne im Parlament, um die Parteiendemokratie abzuschaffen. Nach einer Unregelmäßigkeit bei einer knappen Abstimmung treten alle drei Nationalratspräsidenten zurück. Daraufhin verkündet Kanzler Dollfuß die „Selbstausschaltung" des Parlaments und verhindert einige Tage später mit Polizeigewalt eine neuerliche Zusammenkunft der Abgeordneten. Kurz danach legt die Regierung den Verfassungsgerichtshof lahm und schränkt die Presse-, Vereins- und Versammlungsfreiheit ein. Der christlichsoziale Bundespräsident Wilhelm Miklas unterlässt es, die Neuwahl des Parlaments und die Wiederherstellung des Verfassungsgerichtshofes einzufordern. Dollfuß regiert nun diktatorisch mit Hilfe von „Notverordnungen" und beendet die demokratischen Wahlen in Österreich. In Oberösterreich stimmt die christlichsoziale Parteispitze aus Loyalität dem politischen Kurs von Dollfuß zwar zu, bleibt aber skeptisch und zurückhaltend. Um die Jahreswende 1933/34 müssen daher eine Reihe von christlichsozialen Landespolitikern ihre politischen Ämter niederlegen. Landeshauptmann Josef Schlegel wird kurz nach dem Bürgerkrieg im Februar 1934 von der Heimwehr und von Dollfuß zum Rücktritt gezwungen.

Deutschland antwortet im Frühjahr 1933 auf diese Politik, die auch gegen die Wahlerfolge der österreichischen NSDAP gerichtet ist, mit der Tausend-Mark-Sperre. Deutsche Reisende müssen bei der Einreise nach Österreich 1.000 Mark zahlen, was dem österreichischen Fremdenverkehr beträchtlichen Schaden zufügt. Dollfuß verfolgt gegenüber den Nationalsozialisten eine Doppelstrategie. Einerseits bekämpft er sie durch Parteiverbot, Verhaftungen und Ausweisungen, andererseits versucht er – vergeblich – durch Geheimverhandlungen einen Kompromiss mit ihnen zu finden, um gemeinsam gegen die Linke vorzugehen.

Die Regierung verbietet im Mai 1933 neben der Kommunistischen Partei auch den Republikanischen Schutzbund. Die sozialdemokratische Parteiführung nimmt diese Maßnahmen hin. An der Parteibasis breiten sich Enttäuschung und Resignation aus. Doch es regt sich auch Widerstand.

Ein Polizist lässt sich nach dem Bürgerkrieg im Februar 1934 in einer zerschossenen Arbeiterwohnung an der Steyrer Ennsleite in Siegespose fotografieren. Die Industriestadt Steyr mit ihrer starken Arbeiterbewegung ist ein Brennpunkt der Kämpfe im Bürgerkrieg.
(Foto: Otto Treml)

Februar 1934 – Bürgerkrieg in Österreich

Anfang Februar 1934 droht die Heimwehr mit der Machtübernahme in den Bundesländern. Der Anführer des illegalen Republikanischen Schutzbundes in Oberösterreich, Richard Bernaschek, kündigt an, Widerstand zu leisten – auch gegen den Willen der Parteileitung. Als die Polizei in den Morgenstunden des 12. Februar 1934 die sozialdemokratische Parteizentrale im Hotel Schiff an der Landstraße in Linz nach Waffen durchsuchen will, fallen Schüsse. Der Bürgerkrieg beginnt.

Die Brennpunkte der Kämpfe in Oberösterreich sind Stadtteile von Linz, die Ennsleite in Steyr und die Ortschaften des Kohlereviers im Hausruckviertel. Gekämpft wird auch

## Oberösterreich 1918–1938

Richard Bernaschek, der oberösterreichische Schutzbundführer, wird am 12. Februar 1934 unmittelbar nach Beginn der Kämpfe verhaftet. Anfang April 1934 flieht er mit Hilfe von Nationalsozialisten aus dem Linzer Gefängnis nach München. Für kurze Zeit glaubt Bernaschek an eine „gemeinsame Kampffront zwischen Sozialdemokraten und Nationalsozialisten" gegen den „Ständestaat".[14] Auf einer Reise in die UdSSR überlegt er ein Bündnis mit den Kommunisten. Nach vier Jahren Exil in der Tschechoslowakei kehrt Bernaschek Anfang 1939 in das angeschlossene Österreich zurück. Im Juli 1944 wird er verhaftet und nach schwerer Folter am 18. April 1945 im KZ Mauthausen erschossen. (Foto: Archiv der Stadt Linz)

in Wien und in den Industrieregionen der Steiermark. Die Aufständischen können sich nur kurze Zeit gegen die überlegenen Kräfte von Polizei, Gendarmerie, Heimwehr und Bundesheer, das schwere Artillerie einsetzt, behaupten. Der Aufruf zum Generalstreik bleibt erfolglos. Nach fünf Tagen ist die Niederlage des Schutzbundes in ganz Oberösterreich besiegelt. Der kurze Bürgerkrieg fordert in diesem Bundesland 60 Tote, auf beide Seiten etwa gleich verteilt. Österreichweit kommen über 350 Menschen ums Leben.

Noch während der Kämpfe nehmen Bundesheer und Heimwehr in Holzleithen am Hausruck sechs unbewaffnete Schutzbundsanitäter gefangen und erschießen vier von ihnen ohne standrechtliches Verfahren. Nach dem Bürgerkrieg stehen viele Schutzbündler vor Gericht. Es werden nicht nur Haftstrafen verhängt, sondern auch neun Todesurteile vollstreckt, zwei davon in Oberösterreich. Zahlreiche Schutzbündler verlieren ihre Arbeitsplätze.

Die Regierung Dollfuß verbietet die Sozialdemokratische Arbeiterpartei, die Gewerkschaftsbewegung der Partei und alle sozialdemokratischen Vereine. Somit ist der Weg zur Durchsetzung der Diktatur in Österreich frei. Die Linke muss in den Untergrund gehen und eine illegale Organisation aufbauen; in Oberösterreich bleibt sie im Wesentlichen auf die Eisenbahner beschränkt. Ein Teil der enttäuschten sozialdemokratischen Anhängerschaft läuft zur Kommunistischen Partei über. Auch die Nationalsozialisten werben nicht ohne Erfolg um Arbeiter und Arbeiterinnen: In einem Welser Flugblatt stellen sie dem „feigen, hetzerischen und verbrecherischen jüdischen Marxismus" den „wahren, deutschen und nationalen Sozialismus" gegenüber.[13] Etwa 1.400 österreichische Männer und Frauen aus dem linken Lager setzen ihren Kampf gegen den europäischen Faschismus ab 1936 im Spanischen Bürgerkrieg fort.

# Was ist der „Ständestaat"?

### Der autoritäre „Ständestaat": Austrofaschismus

„Im Namen Gottes, des Allmächtigen, von dem alles Recht ausgeht, erhält das österreichische Volk für seinen christlichen, deutschen Bundesstaat auf ständischer Grundlage diese Verfassung" – mit diesen Worten beginnt die Verfassung, die im Mai 1934 in Kraft tritt und Österreich zu einem undemokratischen, autoritär geführten „Ständestaat" macht.[15] Es gibt kein freies und allgemeines Wahlrecht mehr, damit auch kein vom Volk gewähltes Parlament und keine gewählten Landtage. Aus Arbeitgebern und Arbeitnehmern zusammengesetzte Berufsstände sollen, entsprechend der christlichen Soziallehre, den Kampf der sozialen Klassen ersetzen. Die Berufsstände werden jedoch bis 1938 nur in Ansätzen verwirklicht. Alle Macht liegt bei der Regierung. Sie versichert sich durch ein Konkordat, einen Vertrag mit dem Papst, der Unterstützung der katholischen Kirche, die viele Privilegien erhält. Diese österreichische Form einer Diktatur mit faschistischen Merkmalen wird auch als Austrofaschismus bezeichnet.

Neuer Landeshauptmann von Oberösterreich wird Heinrich Gleißner, bisher Staatssekretär im Landwirtschaftsministerium. Er ist ein persönlicher Freund von Engelbert Dollfuß und schon seit 1933 oberösterreichischer Landesleiter der Vaterländischen Front. Diese Einheitspartei soll dem Regime eine Massenbasis verschaffen. Die Christlichsoziale Partei verschmilzt nach ihrer freiwilligen Selbstauflösung mit der Vaterländischen Front. In ihr gelten Führerprinzip und Pflicht zum Gehorsam, vor allem gegenüber Engelbert Dollfuß. Doch die Mobilisierung in der Einheitsbewegung nach deutschem und italienischem Vorbild misslingt, denn ein klares politisches Programm fehlt ebenso wie die Begeisterung der Massen. Dafür bestimmen opportunistische Mitglieder, die sich Vorteile erhoffen, das Erscheinungsbild. Verschiedene Wehrverbände, vor allem die faschistische Heimwehr und die neu gegründeten christlichsozialen Ostmärkischen Sturmscharen, konkurrieren miteinander in der Vaterländischen Front.

Schon 1933 errichtet die Regierung Dollfuß Anhaltelager für politische Gefangene. Das größte dieser Lager befindet sich in Wöllersdorf bei Wiener Neustadt. Phasenweise sind tausende Häftlinge – Sozialdemokraten, Kommunisten, Nationalsozialisten – dort eingesperrt. Im Unterschied zu den Konzentrationslagern im nationalsozialistischen Deutschland sind die Häftlinge in den Anhaltelagern weder Zwangsarbeit und Hunger noch Folter und Mord ausgesetzt.

Juli 1934 – Putschversuch der Nationalsozialisten

Nach dem Verbot der NSDAP fliehen tausende Nationalsozialisten nach Bayern, wo sie in grenznahen Lagern militärisch ausgebildet und zur Österreichischen Legion zusammengefasst werden. Sie zählt über 10.000 Mann. Die österreichische Parteileitung unter Theo Habicht übersiedelt von Linz nach München. Es gibt Spannungen zwischen Sturmabteilung (SA) und Schutzstaffel (SS), die im Juni 1934 ihren Höhepunkt erreichen: In Deutschland erteilt Hitler der SS den Auftrag, die SA-Führung, die ihm zu mächtig geworden ist, im so genannten „Röhm-Putsch" zu ermorden. Diese Konflikte innerhalb der NSDAP erschweren ein einheitliches Vorgehen bei der geplanten Machtübernahme in Österreich, die den Terrorwellen folgen sollte.

Schließlich ergreift die Wiener SS in Absprache mit Habicht die Initiative. Am 25. Juli 1934 dringen etwa 150 SS-Männer als Bundesheersoldaten verkleidet in das Bundeskanzleramt ein, um die Regierung zu verhaften. Doch sie finden nur mehr Bundeskanzler Dollfuß und Vizekanzler Emil Fey vor. Dollfuß wird von zwei Schüssen tödlich getroffen. Die Unterstützung durch die SA, durch das österreichische Bundesheer und der erhoffte Volksaufstand bleiben aus. Die Putschisten müssen sich ergeben.

## Oberösterreich 1918–1938

Die Ermordung von Bundeskanzler Engelbert Dollfuß beim nationalsozialistischen Putschversuch am 25. Juli 1934 löst im christlichen „Ständestaat" einen Dollfuß-Kult aus. Dollfuß gilt, wie es in der Todesanzeige heißt, als „Heldenkanzler".
(Abbildung: Otto Treml)

In Oberösterreich wird am Pyhrnpass heftig gekämpft, ebenso bei Kollerschlag im Mühlviertel, wo Teile der Österreichischen Legion die Grenze überschreiten. Bundesheer, Gendarmerie, Zollwache und Heimwehr behalten aber rasch die Oberhand. Der Putschversuch kostet in Oberösterreich über 30 Menschen das Leben, in ganz Österreich sind es weit über 200. 13 Putschisten werden nach Militärgerichtsprozessen hingerichtet, viele in Anhaltelager eingewiesen.

Der bisherige Justizminister Kurt Schuschnigg folgt Dollfuß als Bundeskanzler und Diktator nach. Unmittelbar nach dem Putschversuch setzt um den ermordeten Kanzler ein verstärkter „Dollfuß-Kult" ein.[16] Die Einweihung zahlreicher Dollfuß-Denkmäler ist über Jahre hin ein wesentlicher Bestandteil der Österreich-Ideologie des „Ständestaates".

### Österreichisches oder deutsches Vaterland?

„Österreich! Mit diesem Rufe sei das neue Schuljahr begonnen"[17] – so lautet der erste Eintrag in der Chronik einer Linzer Volksschule im Jahr 1936. Der „Ständestaat" stellt den österreichischen Patriotismus in den Mittelpunkt. Österreich wird nicht nur als Staat, sondern auch als historische und kulturelle Gemeinschaft aufgefasst. Man bemüht sich um österreichisches Brauchtum und Heimatkunst. An vielen Orten erinnern Denkmäler und Straßennamen an die Habsburger, die Österreichs Geschichte als Großmacht repräsentieren. Die Monarchistenbewegung erlebt einen Aufschwung. Eine besondere Rolle wird der katholischen Religion zugeschrieben, durch die sich Österreich vom mehrheitlich evangelischen Deutschland unterscheidet.

1930 tritt die Fußballmannschaft der Welser Turngemeinde Jahn beim Bundesturnfest in Innsbruck an. Die völkischen Turnvereine, die im Deutschen Turnerbund zusammengefasst sind, bestehen im „Ständestaat" weiter und sind Hochburgen deutschnationaler und antisemitischer Gesinnung. (Foto: Karin Tolar-Hellmuth)

Doch der österreichische Patriotismus bleibt zwiespältig. In einem Atemzug mit dem Bekenntnis zu Österreich ist von der Zugehörigkeit der Österreicher und Österreicherinnen zu einer deutschen Nation die Rede. Turn- und Gesangsvereine sowie der Alpenverein kultivieren seit Langem die deutschnationale Ideologie. Im „Ständestaat" soll das katholische Österreich durch seine reichhaltige Kultur die Mission „des deutschen Volkes im christlichen Abendland" erfüllen.[18] So schildert die oberösterreichische Schriftstellerin Enrica Handel-Mazzetti die heldenhafte Verteidigung von katholischem Glauben und „Deutschtum" in einem historischen Roman, der von der osmanischen Belagerung Wiens im 17. Jahrhundert handelt. Aktuell ist damit die Abwehr des „Bolschewismus" gemeint. Handel-Mazzetti verbindet österreichischen Katholizismus mit Deutschnationalismus – und sie sympathisiert mit dem Nationalsozialismus. 1936 verleiht die Stadt Linz dieser „großen deutschen" und „größten katholischen Dichterin unserer Zeit" die Ehrenbürgerschaft.[19] Die starke Dominanz des katholischen Glaubens im „Ständestaat" hat zur Folge, dass sich viele Evangelische in Oberösterreich, etwa im Salzkammergut, dem Nationalsozialismus zuwenden.

Die Betonung des christlich-deutschen Charakters im „Ständestaat" kommt dem in weiten Kreisen der Bevölkerung vorhandenen Antisemitismus entgegen. Obwohl die Juden und Jüdinnen auf dem Papier der Verfassung gleichberechtigt sind, werden sie in der Gesellschaft oft benachteiligt. Bereits Anfang 1933 erlässt der Linzer Bischof Gföllner einen viel beachteten Hirtenbrief, in dem er den rassistischen Antisemitismus des Nationalsozialismus ablehnt, jedoch die christliche Judenfeindschaft bestärkt.

## Oberösterreich 1918–1938

Eines der Lager des freiwilligen Arbeitsdienstes im „Ständestaat" befindet sich in Jainzen bei Bad Ischl, wo die Arbeiter den Jainzenbach regulieren. Diese Fürsorgearbeit erweist sich als unzureichendes Mittel, um die Arbeitslosigkeit entscheidend zu bekämpfen.
(Foto: Zeitgeschichte Museum Ebensee/Hofer)

### Arbeitslosigkeit und Arbeitslager

Die gesellschaftliche Basis des Regimes ist schmal. Es stützt sich auf Großgrundbesitzer, Bauern und Kleingewerbetreibende. An diesen sozialen Gruppen richtet die Diktatur ihre Wirtschaftspolitik aus. Sie unterlässt es, in die Entwicklung der Industrie zu investieren – auch aus Angst, dadurch die sozialistische Arbeiterschaft zu stärken. Um die Not zu lindern, werden Arbeitslose als gering entlohnte „Fürsorgearbeiter" bei größeren öffentlichen Bauvorhaben eingesetzt. Arbeitslose Jugendliche können einen freiwilligen Arbeitsdienst leisten, für den sie Verpflegung und Unterkunft in Arbeitsdienstlagern bekommen. 1935 errichtet die oberösterreichische Landesregierung auch ein Lager für die Ärmsten der Gesellschaft: das Bettler-Anhaltelager in Schlögen an der Donau. Jeweils 150 Bettler werden dort für einige Wochen inhaftiert und zum Ausbau der Straße von Passau nach Linz herangezogen. Das Lager besteht bis 1938.

Angesichts der schlechten Wirtschaftsentwicklung gewinnt die NSDAP an Attraktivität, ab 1937 zunehmend auch bei den Arbeitern und Arbeiterinnen. Sie blicken auf das nationalsozialistische Deutschland, wo nicht zuletzt dank der militärischen Aufrüstung für den geplanten Krieg Vollbeschäftigung herrscht.

### Austrofaschismus und Nationalsozialismus

Vielen Menschen erscheint der austrofaschistische „Ständestaat", der Symbole des Nationalsozialismus leicht verändert übernimmt, als mangelhafte Kopie des Nationalsozialismus. Das Kruckenkreuz tritt an die Stelle des Hakenkreuzes, der Gruß „Front

Heil" ersetzt das in Deutschland übliche „Sieg Heil". Vor allem jedoch überschneiden sich Austrofaschismus und Nationalsozialismus durch das gemeinsame Bekenntnis zur deutschen Nation.

Während für Kurt Schuschnigg eine Annäherung an das linke Lager nicht in Frage kommt, sucht er eine Einigung mit den Nationalsozialisten. Er will sie in die Vaterländische Front einbinden, um die Diktatur damit auf eine breitere Basis zu stellen. So soll die Eigenständigkeit Österreichs abgesichert werden. Mit dieser Zielsetzung verhandelt das Regime ab 1934 mit prominenten oberösterreichischen Nationalsozialisten wie dem früheren großdeutschen Landeshauptmannstellvertreter Franz Langoth, der nun ein finanzielles Hilfswerk für verhaftete österreichische NSDAP-Mitglieder leitet. Bei vielen Nationalsozialisten stoßen die Verhandlungen mit einer Regierung, die sie hassen, auf wütende Kritik. Ein in Linz gestreutes Flugblatt spricht 1935 vom „unerschütterlichen Opfermut und Kampfwillen der Bewegung für die Freiheit unseres deutschen Volkes bis zum Endsieg".[20] Parallel zu den Verhandlungen bauen die Nationalsozialisten im Untergrund wieder eine Parteiorganisation auf. August Eigruber, ein junger Arbeiter aus Steyr, der zunächst die Hitler-Jugend anführt, steigt 1936 zum Gauleiter der illegalen NSDAP in Oberösterreich auf. Der aus dem Innviertel stammende Rechtsanwalt Ernst Kaltenbrunner organisiert die SS in Westösterreich.

## Annäherung zwischen Österreich und Deutschland

1935 ändert sich für Österreich die außenpolitische Lage. Bisher wollte das faschistische Italien ein zu mächtiges NS-Deutschland verhindern und war daher an einem eigenständigen Österreich interessiert. Doch nach der Eroberung Abessiniens (heute Äthiopien) braucht Italien international die politische Unterstützung Deutschlands. Die beiden Staaten gehen ein Bündnis ein und schmieden die „Achse Berlin-Rom". So verliert Österreich den Schutz Italiens gegenüber NS-Deutschland.

Die Regierung Schuschnigg sucht daraufhin den Ausgleich mit dem Deutschen Reich. 1936 schließen beide Staaten das Juliabkommen, in dem sich Österreich verpflichtet, seine Außenpolitik an jene Deutschlands anzupassen und die meisten inhaftierten Nationalsozialisten freizulassen. Hitler verspricht dafür, sich nicht mehr in die inneren Angelegenheiten Österreichs einzumischen und die Tausend-Mark-Sperre aufzuheben. Zwei Minister, die den Nationalsozialisten nahestehen, werden in die österreichische Regierung aufgenommen. Der Nationalsozialismus gewinnt Ansehen und mehr Entfaltungsmöglichkeiten im Land, während der Wille zur Abwehr des Nationalsozialismus geschwächt wird. Als im Juli 1937 in Wels ein großes österreichisch-deutsches Frontsoldaten-Treffen mit Veteranen des Ersten Weltkrieges stattfindet, sorgen illegale Nationalsozialisten, „fast durchwegs Jugendliche", in Gegenwart von Landeshauptmann Heinrich Gleißner mit Propagandaauftritten für

## Oberösterreich 1918–1938

Die Nationalsozialisten nützen das große Treffen von österreichischen und deutschen Soldaten des Ersten Weltkrieges am 17. und 18. Juli 1937 in Wels für politische Kundgebungen. Hier grüßt die Menge den deutschen Botschafter Franz von Papen mit dem Hitler-Gruß.
(Foto: Stadtarchiv Wels)

einen Skandal.[21] Obwohl die NSDAP nach wie vor verboten ist, treffen sich wiederholt hunderte österreichische und deutsche Nationalsozialisten und Nationalsozialistinnen in Oberösterreich, oft zu Ehrenbezeugungen am Grab von Hitlers Eltern in Leonding.

# Lebensgeschichten

## Heinrich Gleißner: Vom Austrofaschisten zum Demokraten

Viele Christlichsoziale, die von 1933 bis 1938 die Diktatur des „Ständestaates" unterstützt haben, treten nach der Erfahrung des Terrors im Nationalsozialismus für die Demokratie ein. Wie kaum ein anderer verkörpert der einstige oberösterreichische Landeshauptmann Heinrich Gleißner diese Entwicklung.

### Katholisch-deutscher Burschenschafter

Heinrich Gleißner wird 1893 in Linz geboren. Sein aus Bayern stammender Vater bringt es in der Lokomotivfabrik Krauß & Co. vom Arbeiter bis zum Abteilungsleiter. Die Mutter kommt aus einer Bauernfamilie im Hausruckviertel. Heinrich Gleißner wächst mit sieben Schwestern nahe dem Linzer Bahnhof auf, wo die Lokomotivfabrik Arbeiterwohnhäuser gebaut hat. Schon früh fühlt er sich in der katholischen Kirche beheimatet.

Der gute Schüler besucht das Humanistische Gymnasium an der Spittelwiese. Er schwärmt für die antiken Sprachen und die Redekunst. Als 14-jähriger Gymnasiast tritt er der katholisch-deutschen Burschenschaft Nibelungia bei. Heinrich Gleißner entscheidet sich nach der Matura 1912 für ein Jusstudium in Prag. An der ältesten Universität des deutschen Sprachraumes will er als Burschenschafter für die Vorherrschaft des katholisch-deutschen Habsburgerreiches eintreten – gegen den tschechischen Nationalismus und gegen den Deutschnationalismus unter preußischer Führung.

Zu Beginn des Ersten Weltkrieges meldet sich Heinrich Gleißner als Freiwilliger zu den Gebirgsjägern. An der italienischen Front begegnet er in der Offiziersausbildung dem um einige Jahre älteren Engelbert Dollfuß. In den folgenden Jahren befreunden sich Gleißner und Dollfuß. Sie fühlen sich nicht zuletzt durch den Cartellverband (CV) der katholischen deutschen Studentenverbindungen eng miteinander verbunden.

### Ein Fachmann für Landwirtschaft

Nach der Entstehung der Ersten Republik schließt Heinrich Gleißner sein Jusstudium in Innsbruck ab. Er kehrt nach Linz zurück und wird Mitarbeiter des Landeskulturrates, der die Interessen der Bauern vertritt. Dort lernt Gleißner auch seine Frau kennen. Das Ehepaar bekommt vier Kinder.

Als Landwirtschaftsfunktionär arbeitet Gleißner eng mit Engelbert Dollfuß zusammen, der 1931 Landwirtschaftsminister und 1933 Bundeskanzler wird. Im September 1933 beruft Dollfuß Heinrich Gleißner als Staatssekretär für Landwirtschaft in die österreichische Bundesregierung. Gleißner steht in dieser Position ganz im Schatten des Landwirtschaftsministers und Kanzlers, den er verehrt und dem er vorbehaltlos folgt, in wirtschaftlichen wie auch in politischen Fragen.

## Politiker und Landeshauptmann im „Ständestaat"

Ab August 1933 baut Gleißner im Auftrag von Dollfuß die austrofaschistische Einheitspartei in Oberösterreich auf: die Vaterländische Front. Staatssekretär Gleißner unterstützt den Linzer Bischof Johannes Gföllner und den Bundeskanzler Dollfuß bei der Beseitigung der demokratischen Kräfte innerhalb der Christlichsozialen. Nach dem erzwungenen Rücktritt von Josef Schlegel, der dem autoritären Kurs kritisch gegenübersteht, übernimmt Heinrich Gleißner Anfang März 1934 das Amt des Landeshauptmannes von Oberösterreich.

Bundeskanzler Dollfuß wird beim Putschversuch im Juli 1934 von Nationalsozialisten ermordet. Gleißner bleibt der Vision seines politischen Ziehvaters von einem autoritären katholischen „Ständestaat" treu. Die Diktatur hält er für das richtige Mittel zur Bekämpfung von Sozialismus und Nationalsozialismus. Er beherrscht die theatralische Inszenierung von Massenveranstaltungen und die wirkungsvolle politische Rede. Österreich betrachtet Gleißner als die katholische Führungsmacht des deutschen Volkes. Mit Bundeskanzler Kurt Schuschnigg verteidigt er bis zuletzt die Eigenständigkeit Österreichs.

Landeshauptmann Heinrich Gleißner 1935 bei einer Kundgebung der Vaterländischen Front in Mauthausen
(Foto: Oberösterreichisches Landesarchiv)

## Verfolgter im Nationalsozialismus

Mit dem „Anschluss" 1938 wird Heinrich Gleißner als Landeshauptmann abgesetzt und kurz darauf verhaftet. Über ein Jahr lang, bis Ende 1939, ist er in den Konzentrationslagern Dachau und Buchenwald eingesperrt. Er überlebt mit knapper Not. Gleißners Frau erreicht durch eine Vorsprache bei Heinrich Himmlers Mutter seine Entlassung aus dem KZ. Von 1940 bis 1945 wird er zwangsweise nach Berlin versetzt, wo er als Angestellter in einem staatlichen Betrieb tätig ist. In Berlin schließt Gleißner Freundschaft mit den Sozialdemokraten Carlo Mierendorff und Theodor Haubach. Über die beiden gelangt er in Kontakt mit der Widerstandsgruppe des „Kreisauer Kreises".

Um ihn politisch besser kontrollieren zu können, drängt die NSDAP Heinrich Gleißner 1941 dazu, der Partei beizutreten. Er bekommt eine Mitgliedsnummer. Nach 1945 beteuert Gleißner, die Mitgliedschaft nicht angenommen zu haben.

Kurz vor Kriegsende kehrt er nach Oberösterreich zurück.

## Wieder Landeshauptmann von Oberösterreich

Im Herbst 1945 wird Heinrich Gleißner als Spitzenkandidat der Österreichischen Volkspartei (ÖVP) zum Landeshauptmann von Oberösterreich gewählt. Bis 1971 bleibt er in diesem Amt und erwirbt sich das Image eines „Landesvaters".

Vielfach betont er nach 1945, wie wertvoll ihm nach der Erfahrung des Nationalsozialismus Demokratie und politische Toleranz geworden seien. Ein großes Anliegen ist ihm die Errichtung der KZ-Gedenkstätte Mauthausen. Er praktiziert die demokratische Zusammenarbeit. Als er 1951 zur Bundespräsidentenwahl antritt, holt ihn jedoch seine Vergangenheit als autoritärer „Ständestaat"-Politiker ein: Er verliert die Wahl gegen den Sozialdemokraten Theodor Körner, weil ihm das linke Lager misstraut.

Heinrich Gleißner stirbt 1984 als angesehener Politiker der Zweiten Republik.

Quelle:
Franz Xaver Rohrhofer, Heinrich Gleißner. Lehrjahre eines „Landesvaters", Linz 2012.

# Johann Stadt:
# Ein früher und später Nationalsozialist

Wie viele deutschnational gesinnte junge Menschen ist der heranwachsende Johann Stadt ein fanatischer Anhänger des Nationalsozialismus. Für seine nationalsozialistischen Aktivitäten, die im „Ständestaat" verboten sind, nimmt er Schulentlassung, Arbeitslosigkeit und Verhaftungen in Kauf, bis mit dem „Anschluss" 1938 sein politischer Traum in Erfüllung geht. Sein nationalsozialistisches Weltbild und seine Verehrung für Hitler behält Stadt auch nach der NS-Zeit bei.

### Schüler und Nationalsozialist

Johann Stadt wird 1912 in Julbach im oberen Mühlviertel geboren. Sein Vater, ein Zollwachebeamter, fällt im Ersten Weltkrieg. Die Mutter übersiedelt mit dem Sohn und den zwei Töchtern nach Rottenegg. Da Hans, wie er genannt wird, ein guter Schüler ist, darf er die Hauptschule in Urfahr besuchen. Die Familie nimmt eine große finanzielle Belastung auf sich, um ihm einen guten Bildungs- und Berufsweg zu ermöglichen: Er will Lehrer werden.

Neben der Schule beschäftigt den 17-Jährigen die Politik. Er schließt sich Ende der 1920er Jahre nach dem Umzug der Familie nach Ottensheim der NSDAP an. Der erste große Erfolg der Nationalsozialisten bei der deutschen Reichstagswahl im September 1930 – sie erreichen über 18 % – beflügelt Hans Stadt und seine Kameraden. Er berichtet Jahrzehnte später davon: „Die Welt horcht auf. Das Judentum wird nervös! Dieser Wahlsieg Hitlers eröffnet auch in Österreich (…) einen Sturm der nationalsozialistischen Idee. Wir armen Jugendlichen wurden über Nacht reich – im Herzen! Von diesem Tag an waren wir Alldeutschen im Geist nur mehr ‚draußen im Reich' zu Hause."[22] Wenige Tage danach gründet Hans Stadt mit einigen Freunden die Ottensheimer Hitler-Jugend.

### Entlassung aus der Lehrerbildungsanstalt

Hans Stadt und seine Parteigenossen studieren eifrig nationalsozialistische Schriften, veranstalten Vorträge und Diskussionen, kleben Propaganda-Plakate und stören Veranstaltungen der politischen Gegner. Als sie im Februar 1932 eine Versammlung der Christlichsozialen in Ottensheim durch ständige Zwischenrufe behindern, berichtet kurz darauf das Linzer Volksblatt: „Trotzdem der Sprecher der Nationalsozialisten seine Volksgenossen aufforderte, den Redner nicht zu unterbrechen, dauerte dennoch die Störung fort und es taten sich insbesondere der Privatbeamte Rodlauer und der Schüler der Bundeslehrerbildungsanstalt Hans Stadt hervor."[23] In einem anderen Artikel wird über ihn geschrieben: „Solche Lehrer kann man im christlichen Österreich nicht brauchen."[24] Wegen seiner NS-Aktivitäten wird Hans Stadt kurz vor der Matura aus der Lehrerbildungsanstalt entlassen. Keine andere Mittelschule in Oberösterreich darf ihn aufnehmen. Er muss seinen Berufswunsch, Lehrer zu werden, aufgeben.

Johann Stadt
(Foto: Irma Schwendtner)

## Als „Illegaler" im „Ständestaat"

Ohne Berufsperspektive und Einkommen arbeitet Hans Stadt noch intensiver für die Partei. In der Nacht verteilt er Flugzettel in verschiedenen Ortschaften und übernimmt bei heimlichen Treffen die politische Schulung für seine Ortsgruppe. In der SA übt er den Gebrauch von Waffen. Wegen illegaler Aufmärsche – die NSDAP ist in Österreich seit Juni 1933 verboten – kommt er in Ottensheim viermal für kurze Zeit in Haft.

1935 meldet sich Hans Stadt zum freiwilligen Arbeitsdienst in Gramastetten, um Verpflegung und Unterkunft zu erhalten. Dort trifft er auf viele Gleichgesinnte. 1936 stellt ihn der Ottensheimer Bürgermeister Alois Harrer-Riener, ein Christlichsozialer mit Sympathien für den Nationalsozialismus, für ein kleines Gehalt als Schreiber in der Gemeindekanzlei an.

## „Die größte Zeit seines Lebens …"

Mit Ungeduld und überschwänglicher Erwartung blickt Hans Stadt einer Verschmelzung Österreichs mit dem nationalsozialistischen Deutschen Reich entgegen. Über das Jahr 1937 schwärmt er: „Das Reich Adolf Hitlers pulsierte von Arbeit, Aufstieg und Erfolgen auf allen Gebieten des Lebens. Deutschland war der geordnetste, sicherste, diszipliniertste, kurzum vorbildlichste Staat der Welt geworden!!! – Das deutsche Volk zeigte wieder Selbstbewusstsein!!!"[25]

Nach dem „Anschluss" bleibt Hans Stadt zunächst noch Gemeindeschreiber, doch bei Beginn des Zweiten Weltkrieges meldet er sich sofort freiwillig zur Wehrmacht. Den ganzen Krieg hindurch kämpft er als Soldat, für ihn ist es „die größte Zeit seines Lebens".[26] Er wird einige Male militärisch ausgezeichnet. 1947 kehrt er aus der Kriegsgefangenschaft nach Ottensheim zurück.

## Ein „alter Nazi"

Hans Stadt beginnt als Hilfsarbeiter in der VÖEST in Linz, wo er nach einigen Jahren in die Position eines Angestellten aufrückt. Er bleibt unverheiratet und lebt bei seiner Schwester in Ottensheim. Sein nationalsozialistisches Weltbild verändert sich kaum, seine Mitbürger und Mitbürgerinnen nehmen ihn als „alten Nazi" wahr. Dass er bereitwillig und ausführlich über seine nationalsozialistische Vergangenheit Auskunft gibt, kommt dem Ottensheimer Chronisten Otto Kampmüller zugute, der seine Geschichte aufzeichnet. Den letzten Abschnitt seines Lebens verbringt er im Altenheim von Gramastetten. Johann Stadt stirbt im Jahr 2002.

Quellen:
Otto Kampmüller, Ottensheim 1938, Ottensheim 1999.
Gespräch mit Franz Schinkinger, 24.7.2013.

# Hedda Wagner:
# Für Frauenbildung und Frauenrechte

Ein wichtiger Teil der Arbeiterbewegung im 19. und 20. Jahrhundert sind die Arbeiterbildungsvereine. Durch sie sollen die Arbeiter und Arbeiterinnen zum reichen kulturellen Wissen des Bürgertums Zugang finden, damit sie politisches Selbstbewusstsein erlangen. In diesem Bildungsauftrag findet Hedda Wagner, die 1876 in Linz zur Welt kommt, ihre große Lebensaufgabe.

### Bürgerstochter und Sozialdemokratin

Ihr Vater Karl Wagner arbeitet als Arzt an der damals so genannten „Landesirrenanstalt" Niedernhart bei Linz. Er ist ein umfassend gebildeter Mann, der sein Wissen über antike Sprachen, Literatur und Psychologie an seine Tochter – das einzige Kind – weitergibt. Nach der Volksschule erhält Hedda Wagner Privatunterricht. Sie will Pianistin werden und geht zum Musikstudium nach Wien. Da den Frauen ihrer Generation der Hochschulzugang noch weitgehend verwehrt ist, studiert sie an privaten Instituten. 1896 legt sie die Staatsprüfung für Klavier, Musiktheorie und Kompositionslehre ab. Doch Hedda Wagner wird nicht Pianistin, sondern Journalistin.

Mit ihrem Wunsch nach einer sozial gerechten Gesellschaft findet sie, wie ihr Vater, ihre politische Heimat in der Sozialdemokratie. Ab 1912 schreibt sie für die sozialdemokratische Linzer Parteizeitung „Tagblatt", vermutlich tritt sie in diesem Jahr auch der Partei bei. Bis 1934 bleibt sie regelmäßige Mitarbeiterin des „Tagblatts".

### Komponistin und Dichterin

Hedda Wagner ist vielseitig begabt. Neben ihren Beiträgen für die Zeitung entsteht ein umfangreiches musikalisches und literarisches Werk: Hunderte Lieder und Gedichte, Dutzende Erzählungen, mehrere Romane, Dramen, Sonaten, Chorwerke und Opern. Ihr Werk hat zwei Gesichter. Viele Texte, die sie für das „Tagblatt" schreibt, strahlen Optimismus und Tatkraft aus. Die meisten anderen Werke besitzen einen melancholischen Grundton. Immer wieder erzählt sie von unglücklicher Liebe, die durch Verzicht überwunden wird. Ausdruck dieser Lebenshaltung des Verzichts ist auch, dass sich Hedda Wagner dem Buddhismus zuwendet. Einige ihrer tragischen Erzählungen und Fortsetzungsromane, die in verschiedenen historischen Epochen spielen, erscheinen im „Tagblatt". Sie dienen dem Unterhaltungsbedürfnis der Leser und Leserinnen und bieten zugleich Einblicke in die Psychologie. Nur wenige von Hedda Wagners größeren musikalischen und literarischen Werken werden veröffentlicht.

### Politische Akteurin und Frauenrechtlerin

Die Journalistin Hedda Wagner hat Anteil an der politischen und kulturellen Aufbruchsstimmung im „roten" Linz. Sie gehört der sozialdemokratischen Frauenbewegung an. Mit der ersten Vorsitzenden in Oberösterreich, Marie Beutlmayr, verbindet sie eine lebenslange Freundschaft. Die Frauen kämp-

Hedda Wagner
(Foto: Archiv der Stadt Linz)

### Rückzug in die Kunst

Im Faschismus erkennt Hedda Wagner die große politische Gefahr der Zeit. 1932 schreibt sie in der Frauenbeilage des „Tagblatts", dass die Frau durch den Faschismus „um mehr als ein Jahrhundert in der Entwicklung ihrer Rechte zurückgedrängt werden würde." Und weiter: „Schaudernd sehen wir dann am Beispiel Italiens und anderer faschistischer Diktaturen, was das Resultat ist: Knechtung für beide Geschlechter."[28]

Als sich 1934 der Austrofaschismus durchsetzt und die Sozialdemokratische Arbeiterpartei verboten wird, verliert Hedda Wagner ihr politisches Betätigungsfeld. Umso mehr wendet sie sich dem Komponieren und Dichten zu. Im Nationalsozialismus ist es ihr verboten, etwas zu veröffentlichen. Sie lebt und arbeitet in einem inneren Exil.

Nach dem Ende der NS-Herrschaft gelingt Hedda Wagner mit der Veröffentlichung ihres historischen Romans „Stadt in Flammen", den sie bereits 1936 geschrieben hat, ein literarischer Erfolg. Weitere Romane werden in Fortsetzungen in der Zeitung abgedruckt. Mit ihrer besten Freundin Anna Wilensky, die sich vor dem Holocaust nach England retten konnte, nimmt sie einen regen Briefverkehr auf. Doch ihre melancholische Stimmung verstärkt sich. Hedda Wagner ist von politischer Enttäuschung, Alter, Krankheit und Vereinsamung gezeichnet. Sie stirbt 1950 in Linz.

fen für „gleichen Lohn für gleiche Arbeit", bessere Arbeitsbedingungen, Kinderbetreuungsstätten, für die „Fristenlösung" beim Schwangerschaftsabbruch und für ein selbstbewusstes Auftreten der Frauen. 1923 übernimmt Hedda Wagner die Redaktion der sonntäglichen Frauenbeilage des „Tagblatts". Sie ist Mitglied im sozialdemokratischen Landes-Bildungsausschuss. Bildung für Arbeiterinnen – darin sieht sie ihre große Aufgabe. In ihren über 1.500 Artikeln für die Zeitung informiert sie über breit gestreute historische, politische und kulturgeschichtliche Themen, so auch über historische Persönlichkeiten und über die soziale Rolle der Frau in der Geschichte. Ihre Gedichte, die oft zu Anlässen wie zur Maifeier oder zum Internationalen Frauentag entstehen, kündigen in expressionistischem Stil den „neuen Menschen" einer zukünftigen sozialistischen Gesellschaft an. 1928 heißt es im „Lied der Frauen":

„Wir wollen Wegbereiter sein
Dem kommenden Geschlechte –
Und an der Brüder Seite steh'n
Im gleichen Menschenrechte."[27]

Quellen:
Christine Roiter, Hedda Wagner. Komponistin, Dichterin, Frauenrechtlerin, Innsbruck u.a. 2004.
Hedda Wagner, Im Zeichen der roten Nelke. Gedichte zu Parteifeiern, Linz 1928.

# Machtübernahme der Nationalsozialisten: Begeisterung und Verfolgung

## Wie gelangen die Nationalsozialisten an die Macht?

### Österreich vor der Machtübernahme

Österreichs Abwehrkräfte gegen den Nationalsozialismus sind durch die Zerstörung der Demokratie geschwächt. Der autoritäre „Ständestaat" schließt das sozialistische Lager, das mehr als ein Drittel der Gesellschaft ausmacht, seit dem Bürgerkrieg 1934 von der politischen Mitbestimmung aus. Auch die NSDAP ist in Österreich seit 1933 verboten, dennoch versucht die Regierung Schuschnigg, die Nationalsozialisten politisch einzubinden. Im Bekenntnis zur deutschen Nation und zur autoritären Führung treffen sich „Ständestaat" und Nationalsozialismus. Der „Ständestaat" tritt für ein unabhängiges Österreich ein, bezeichnet sich aber zugleich als „deutscher Staat".[29] Das macht die nationale Identität für die Bevölkerung Österreichs zu einer ungeklärten Frage.

## Machtübernahme der Nationalsozialisten: Begeisterung und Verfolgung

Jubel um Bundeskanzler Kurt Schuschnigg, rechts vorne im dunklen Mantel, in Linz am 17. November 1937. Rechts neben ihm geht Landeshauptmann Heinrich Gleißner. (Foto: Archiv der Stadt Linz)

Eine starke Führung, so behauptet die Diktatur, bewältigt die sozialen und wirtschaftlichen Probleme. Im „Ständestaat" bleibt dieses Versprechen für die meisten Menschen jedoch unerfüllt. Die Folgen der Weltwirtschaftskrise dauern an. Hohe Arbeitslosigkeit, niedrige Löhne, verschuldete Bauernhöfe und geringe Kaufkraft kennzeichnen die Wirtschaftslage in Österreich bis 1938. Das Nachbarland Deutschland hingegen präsentiert sich unter dem „Führer" Adolf Hitler in wirtschaftlicher und politischer Stärke. Davon fühlen sich viele Österreicher und Österreicherinnen angezogen. Nicht zuletzt stimmen große Teile der österreichischen Bevölkerung in ihrer antisemitischen Haltung mit dem Nationalsozialismus überein. Ende 1937 berichtet die Gendarmerie von antisemitischen Aktionen gegen jüdische Sommergäste und ortsansässige Juden und Jüdinnen im Salzkammergut: „Auch hier wurde wahrgenommen, dass der Hass gegen die Juden immer mehr anwächst. Fast in allen Kreisen wird in abfälligster Art gegen die Juden, die angeblich 90 Prozent des Kapitals in Österreich in Händen haben, Stellung genommen, es wird auch gegen die Regierung in dieser Hinsicht Kritik geübt, dass gegen die Judenschaft in Österreich nichts getan wird."[30]

Wenn also Österreich in vielfacher Hinsicht reif für eine Vereinigung mit Hitler-Deutschland ist, so hat dennoch die österreichische NSDAP um die Jahreswende 1937/38 keine Mehrheit hinter sich. Sie gewinnt – so die Schätzung, Wahlen gibt es nicht – etwa ein Drittel der Bevölkerung für sich, während sich die meisten Menschen noch ihrem traditionellen katholischen oder sozialistischen Umfeld verbunden fühlen. Sie würden zwar nicht für die NSDAP stimmen, aber sie sehnen eine entscheidende Veränderung der Verhältnisse herbei. Daraus entsteht das widersprüchliche und explosive Stimmungsgemisch, das den Ereignissen um den „Anschluss" im März 1938 zugrunde liegt.[31]

## Uneinigkeit der österreichischen Nationalsozialisten

Die österreichischen Nationalsozialisten sind zerstritten. Während die einen den raschen Sturz des Schuschnigg-Regimes anstreben, wollen die anderen den nationalsozialistischen Einfluss in der Vaterländischen Front allmählich vergrößern. Der Niederösterreicher Josef Leopold, von 1935 bis Anfang 1938 illegaler Landesleiter der NSDAP, also Anführer der österreichischen Nationalsozialisten, kann die Partei nicht zusammenhalten. Insbesondere die starke Kärntner Parteiführung macht ihm die Führungsrolle streitig. Im Konflikt Leopolds, der aus einfachen Verhältnissen kommt, mit großbürgerlichen Nationalsozialisten wie dem Wiener Rechtsanwalt Arthur Seyß-Inquart, dem aus Braunau stammenden Offizier Edmund Glaise-Horstenau (seit 1936 Minister in der Regierung Schuschnigg) und dem Innviertler Gutsbesitzer Anton Reinthaller brechen die sozialen Gegensätze innerhalb der NSDAP auf. Josef Leopold ist Führer der SA, die Zustrom aus den unteren Bevölkerungsschichten erhält, während die bürgerlichen Nationalsozialisten vorwiegend der SS beitreten: Reinthaller gehört der SS an und ist „nicht gewillt, den Anweisungen Leopolds Folge zu leisten."[32]

Im Sommer 1937 ernennt Hitler den Wirtschaftsexperten Wilhelm Keppler zum Bevollmächtigten für die österreichische NSDAP. Als dieser die Gruppe um Seyß-Inquart unterstützt, plant Landesleiter Josef Leopold Anfang 1938 mit Hilfe der österreichischen SA einen revolutionären Aufstand gegen das Schuschnigg-Regime mit einer Gegenregierung in Linz. Doch nach dem Treffen mit Schuschnigg am 12. Februar 1938 in Berchtesgaden entscheidet Hitler den Machtkampf in der österreichischen NSDAP. Josef Leopold wird aus seiner Position entfernt. Die Machtübernahme soll nicht durch eine revolutionäre Erhebung, sondern unter deutscher Kontrolle erfolgen.

Aus eigener Kraft gelangen die österreichischen Nationalsozialisten nicht an die Regierung. Erst der massive Druck durch Hitler-Deutschland führt 1938 zum Ende des autoritären „Ständestaates" und zur nationalsozialistischen Machtübernahme.

## Hitlers Pläne mit Österreich

Auf der ersten Seite seiner ideologischen Programmschrift „Mein Kampf" von 1924 bezeichnet Hitler die „Wiedervereinigung" von Deutschland und Österreich als seine „Lebensaufgabe".[33] Beim Putschversuch der österreichischen Nationalsozialisten 1934 hält er sich im Hintergrund und distanziert sich von der gescheiterten Aktion. Er fasst den Plan einer schrittweisen politischen Gleichschaltung Österreichs mit Deutschland. 1936 stärkt er mit dem Juliabkommen die österreichischen Nationalsozialisten und

**Machtübernahme der Nationalsozialisten: Begeisterung und Verfolgung**

schließt ein Bündnis mit Mussolini, das zur Folge hat, dass Italien als Schutzmacht eines unabhängigen Österreichs wegfällt.

Für Hitler gehört der Griff nach Österreich zur Vorbereitung des Krieges. Das deutsche Volk, so der Vorsatz der Nationalsozialisten, soll sich in Osteuropa Lebensraum erobern. Österreich kommt in diesem Plan eine wichtige militärstrategische Rolle zu. Außerdem kann sich Deutschland in Österreich das holen, was es nach jahrelanger Aufrüstung dringend benötigt: Rohstoffe für die Kriegsindustrie (Eisenerz, Magnesit, Grafit, Öl, Wasserkraft), beträchtliche Gold- und Devisenvorräte, Arbeitskräfte – und Soldaten.

### Das Abkommen von Berchtesgaden

Adolf Hitler beschließt, die österreichische Regierung stärker unter Druck zu setzen. Am 12. Februar 1938 zitiert Hitler Bundeskanzler Kurt Schuschnigg auf den Berghof am Obersalzberg bei Berchtesgaden. Schon davor verspricht Schuschnigg, der mit Seyß-Inquart ein gutes Einvernehmen hat, den gemäßigten österreichischen Nationalsozialisten die Erlaubnis, sich politisch zu betätigen. Hitler nötigt dem österreichischen Bundeskanzler durch aggressives Auftreten und militärische Drohung noch mehr Zugeständnisse ab: Seyß-Inquart wird Innenminister, alle inhaftierten Nationalsozialisten werden freigelassen, die Nationalsozialisten dürfen sich an den Organisationen des „Ständestaates" beteiligen.

Für die Anhängerschaft des „Ständestaates" hat das Abkommen eine moralisch verheerende Wirkung. Die Gefolgschaft der Nationalsozialisten hingegen verspürt Auftrieb und sieht sich kurz vor dem Ziel.

### Der Nationalsozialismus beherrscht die Straße

In den Tagen nach dem Berchtesgadener Abkommen zeigt der Nationalsozialismus in vielen Städten und Gemeinden Österreichs seine Stärke. Linz gilt schon seit 1937 als „braune" Stadt, nun werden aus der Haft entlassene Nationalsozialisten jubelnd empfangen. SA-Leute ziehen – trotz Verbot – in Uniform und mit Hakenkreuzfahnen durch Linz, dabei kommt es zu Gewalttätigkeiten. Nach einer Rede Hitlers im deutschen Reichstag am 20. Februar 1938, in der er vom „Interesse des gesamten deutschen Volkes" spricht, „dessen Söhne wir alle sind, ganz gleich, wo die Wiege unserer Heimat stand", brechen die Dämme.[34] Große Teile der österreichischen Bevölkerung bringen ihre Sympathie für den Nationalsozialismus zum Ausdruck. Aus Ried im Innkreis berichtet die Gendarmerie Anfang März, dass die Hakenkreuze allgegenwärtig seien und der „Grußwille durch Heben der rechten Hand" außergewöhnlich verbreitet.[35] Besonders heftig ist diese Volksbewegung in Graz. Schuschnigg versucht mit einer Gegenrede patriotische Begeisterung anzufachen. Doch der österreichischen Regierung und der Polizei droht die Kontrolle zu entgleiten. Die Ereignisse spitzen sich dramatisch zu.

Aufmarsch nationalsozialistischer Frauen auf der Linzer Promenade, wahrscheinlich kurz vor dem „Anschluss"
(Foto: Archiv der Stadt Linz)

## Schuschniggs letzter Trumpf: die Volksbefragung

In dieser Bedrängnis greift der österreichische Bundeskanzler zu einem letzten Mittel, um den „Ständestaat" und Österreichs Eigenständigkeit zu retten. Er kündigt am 9. März 1938 eine Volksbefragung für den 13. März an, bei der über ein unabhängiges Österreich abgestimmt werden soll. Vertreter der unterdrückten Linken haben ihm in Gesprächen zugesagt, dass sie ihre Anhängerschaft dazu aufrufen werden, für Österreich zu stimmen. Auch die katholische und die evangelische Kirche sind bereit, die Gläubigen zu mobilisieren. Deshalb kann Kurt Schuschnigg damit rechnen, dass gut zwei Drittel der Bevölkerung für Österreichs Unabhängigkeit votieren werden. Da der Nationalsozialismus besonders auf die jungen Menschen anziehend wirkt, setzt die Regierung das Wahlalter auf 24 Jahre hinauf. Die Fragestellung ist durch die Betonung des völkischen „Deutschtums" so formuliert, dass auch Österreicher und Österreicherinnen, die mit dem Nationalsozialismus sympathisieren, mit „Ja" stimmen können: „Für ein freies und deutsches, unabhängiges und soziales, für ein christliches und einiges Österreich! Für Friede und Arbeit und die Gleichberechtigung aller, die sich zu Volk und Vaterland bekennen."[36]

## Die Absage der Volksbefragung

Die deutsche Regierung wird von der kurzfristig angekündigten Volksbefragung überrascht. Hitler schäumt vor Wut, weil damit sein Vorhaben durchkreuzt ist, Österreich Schritt für Schritt politisch gleichzuschalten. Eine Mehrheit für Österreich bei der Volksbefragung wäre ein schwerer Rückschlag für ihn. Am 10. März gibt Hitler den

**Machtübernahme der Nationalsozialisten: Begeisterung und Verfolgung**

österreichischen Nationalsozialisten freie Hand im Kampf gegen die Regierung. Er ordnet die Vorbereitung eines militärischen Einmarsches in Österreich an und fordert Schuschnigg auf, die Volksbefragung abzusagen. In Österreichs Städten strömen Nationalsozialisten und Nationalsozialistinnen auf die Straße und demonstrieren gegen die Volksbefragung. Am 11. März 1938, dem letzten Tag der Ersten Republik Österreich, stellt Hitler dem österreichischen Bundeskanzler ein Ultimatum. Telefonate der österreichischen Regierung mit London, Paris und Rom machen deutlich, dass mit militärischer Hilfe nicht zu rechnen ist. Am Nachmittag gibt Schuschnigg nach und sagt die geplante Volksabstimmung ab.

### Die Machtübernahme

Die Regie im Drama übernimmt nun, am Nachmittag des 11. März 1938, Hermann Göring, der als Verantwortlicher des „Vierjahresplanes" der deutschen Wirtschaft an einem raschen Zugriff auf Österreich interessiert ist. Er befiehlt dem österreichischen Innenminister Seyß-Inquart, eine nationalsozialistische Regierung zu bilden und Schuschnigg zum Rücktritt zu zwingen, ansonsten würde die Deutsche Wehrmacht einmarschieren. Schuschnigg erklärt sich angesichts dieser Drohung zum Rücktritt bereit. Bundespräsident Wilhelm Miklas nimmt seinen Rücktritt am Abend an, die Ernennung Seyß-Inquarts zum Bundeskanzler lehnt er jedoch ab.

Unterdessen strömen bereits am Nachmittag unzählige begeisterte, aggressive, nervöse und besorgte Menschen auf die Straßen, die für oder gegen den Nationalsozialismus sind. Die Menschen spüren, dass politische Entscheidungen bevorstehen, die ihr Leben verändern. In Linz kommt die Arbeit zum Erliegen. Gegen Abend ziehen Tausende in einem nationalsozialistischen Fackelzug über die Landstraße zum Hauptplatz. Kurz vor 20 Uhr verabschiedet sich der österreichische Bundeskanzler in einer Rundfunkansprache von der Bevölkerung und teilt mit, dass das Bundesheer den Auftrag habe, nicht zu kämpfen, um kein „deutsches Blut zu vergießen".[37]

In den Abendstunden des 11. März besetzen die österreichischen Nationalsozialisten die Machtzentren in den Landeshauptstädten, so auch in Linz. Unter der Führung von NSDAP-Gauleiter August Eigruber dringen sie in das Landhaus, das Rathaus, die Polizeizentrale, in die Zeitungsredaktionen und in das Rundfunkgebäude auf dem Freinberg ein. Kurz vor Mitternacht ist in Oberösterreich die Machtübernahme von innen abgeschlossen: Alle Polizeistationen und öffentlichen Ämter befinden sich in nationalsozialistischer Hand.

In Wien läuft an diesem Abend das Telefon heiß. Um 20.45 Uhr, also erst nach Schuschniggs Erklärung, dass nicht gekämpft werde, erteilt Hitler der Deutschen Wehrmacht den Befehl zum Einmarsch in Österreich. Göring diktiert per Telefon ein Telegramm, mit dem Seyß-Inquart die deutschen Truppen gegen angebliche Unruhen zu Hilfe ruft. Gegen 23 Uhr gibt Bundespräsident Miklas schließlich dem Druck nach

Bereits am Abend des 11. März 1938, vor dem Einmarsch der deutschen Truppen, übernehmen die österreichischen Nationalsozialisten die Macht. Sie besetzen, so wie hier in Wels, die Polizeistationen, Rathäuser und Gemeindeämter.
(Foto: Stadtarchiv Wels)

und ernennt Seyß-Inquart zum Bundeskanzler. Dieser versucht daraufhin sofort, die Regierung in Berlin zur Rücknahme der Militäroperation zu bewegen. Denn er und viele andere österreichische Nationalsozialisten begrüßen zwar die militärische Drohung, um an die Macht zu kommen, fürchten aber zugleich, nach einem tatsächlichen Einmarsch von den deutschen Nationalsozialisten verdrängt zu werden. Doch Hitler lässt sich nicht mehr umstimmen. Er will der Welt Entschlossenheit demonstrieren und die unzuverlässigen österreichischen Nationalsozialisten an die Zügel nehmen. Obwohl um Mitternacht eine nationalsozialistisch dominierte österreichische Regierung im Amt ist, setzen sich am Morgen des 12. März 1938 deutsche Truppen Richtung Österreich in Bewegung.

# Wie geht der „Anschluss" vor sich?

Der Einmarsch der deutschen Truppen

Am Samstag, dem 12. März 1938, überschreitet die 8. deutsche Armee in den frühen Morgenstunden die deutsch-österreichische Grenze. Der größte Teil der Armee marschiert in Oberösterreich ein, um von hier aus auf der Route entlang der Donau auch Niederösterreich und Wien zu erreichen. Die Militäroperation läuft mit vielen Pannen

## Machtübernahme der Nationalsozialisten: Begeisterung und Verfolgung

Panzer der Deutschen Wehrmacht rollen über den Linzer Hauptplatz – es ist der 12. März 1938, kurz vor halb drei.
(Foto: Oberösterreichisches Landesarchiv/ Slapnicka)

ab und die Deutsche Wehrmacht wäre für den Kriegsfall schlecht vorbereitet – doch sie trifft auf keinen Gegner, das österreichische Bundesheer bleibt weisungsgemäß in den Kasernen. Dafür begegnen die deutschen Soldaten fast überall jubelnden Menschen, die sie mit freudigen Zurufen, Hitler-Gruß und Hakenkreuzfahnen empfangen und mit Blumen bewerfen. Ebenso verwundert wie beeindruckt nehmen die einmarschierenden Truppen diesen Freudentaumel zur Kenntnis: „Der Jubel war unbeschreiblich. Die Glocken läuteten. Die 120 Kilometer von Braunau bis Linz glichen einer Triumphfahrt."[38]

### Jubel, Hass, Entsetzen

Für etwa ein Drittel der Bevölkerung ist das herbeigesehnte nationalsozialistische Österreich endlich Wirklichkeit geworden. Vor wenigen Tagen noch hätte die Mehrheit bei der geplanten Volksbefragung wahrscheinlich für ein eigenständiges Österreich gestimmt. Doch nun, im Zuge des deutschen Einmarsches, wird die Masse der Menschen von einer ungeheuren Welle der Erregung und Begeisterung erfasst. Die Jubelnden fühlen sich erlöst: von der Bürgerkriegsstimmung der letzten Tage, von der Ungewissheit der letzten Wochen, von der Hoffnungslosigkeit der letzten Jahre. Sie begrüßen den Zusammenbruch eines Regimes, das ihr Bedürfnis nach nationalem Selbstbewusstsein nicht stillen konnte, und sie feiern die Erfüllung des alten Traumes, gemeinsam mit den Deutschen nach der Erniedrigung des Ersten Weltkrieges wieder stark zu sein. In Adolf Hitler bewundern sie den Politiker, der Deutschland zu natio-

Begrüßt von einer jubelnden Menge, fährt Adolf Hitler am Nachmittag des 12. März 1938 in seiner Geburtsstadt Braunau ein.
(Foto: Heinrich Hoffmann, Hitler in seiner Heimat, Berlin 1938)

naler Stärke und wirtschaftlichem Wohlergehen geführt hat und von dem sie sich eine große Zukunft versprechen.

Die Gefühle, die bei diesem Massenerlebnis zum Ausbruch kommen, sind zwiespältig. Während sich die Jubelnden in ihren Sehnsüchten und Hoffnungen enger zusammenschließen, richten sie ihren Hass gegen Menschen, die für sie nicht zur Gemeinschaft gehören. Die jahrelang aufgestauten antisemitischen Aggressionen, „die volle Wucht der Wut, der sozialen Unzufriedenheit" entladen sich gegen Juden und Jüdinnen, weil sie angeblich schuld am bisherigen Elend sind.[39] Bereits am Abend des 11. März streift die hysterische Menge durch Wien, „Heil Hitler!" und antisemitische Parolen brüllend. In den darauffolgenden Tagen werden jüdische Wiener und Wienerinnen gezwungen, die Propagandaparolen der Schuschnigg-Regierung vom Straßenpflaster zu waschen – auf dem Boden kniend und mit Bürsten in den Händen, umringt von einem gaffenden und belustigten Publikum. In Oberösterreich bedrohen, misshandeln und verhaften österreichische SA- und SS-Trupps jüdische Bürger und enteignen jüdische Geschäfte.

Eine Minderheit der Bevölkerung verfolgt den Einmarsch und den Jubel am 12. März 1938 mit Entsetzen: Juden und Jüdinnen, die Anhängerschaft des untergegangenen „Ständestaates", der harte Kern des linken Lagers und all jene Menschen, die sich einen klaren Blick bewahren. Therese Lassacher ist neun Jahre alt, als deutsche Flugzeuge beim „Anschluss" über Timelkam Propagandamaterial abwerfen; sie erzählt 70 Jahre danach: „Als ich meiner Mutter einige eingesammelte Flugblätter brachte, erschrak sie zutiefst und sagte zu mir: ‚Aus ist's – das bedeutet Krieg!'"[40]

**Machtübernahme der Nationalsozialisten: Begeisterung und Verfolgung**

Deutsche Truppen in Ebensee
(Foto: Oberösterreichisches Landesarchiv)

### Hitler in Linz und der „Anschluss"

Die deutschen Truppen erreichen Linz zu Mittag des 12. März. Bundeskanzler Seyß-Inquart eilt nach Linz, um Adolf Hitler am Nachmittag zu begrüßen. Doch die Ankunft Hitlers verzögert sich, weil sich sein Wagen von Braunau bis Linz teilweise nur im Schritttempo durch die applaudierende Menge bewegen kann. Um 19.30 Uhr fährt der Konvoi auf dem Hauptplatz ein. Der elfjährige Otto Kampmüller aus Ottensheim befindet sich unter den 60.000 bis 80.000 Menschen am Linzer Hauptplatz, die auf Hitler warten. Er erinnert sich: „Ich spürte mich mit all den vielen Menschen, ‚Volksgenossen', die hier standen, ganz eng verbunden. Ich fühlte mich genauso bedeutsam wie die Älteren. Ich, der Hilfsarbeiterbub, fühlte mich in diesem Augenblick genauso wichtig wie die Professoren- oder Ärztebuben aus unserer Klasse, die vielleicht auch irgendwo am Hauptplatz standen."[41]

Hitler erklärt auf dem Balkon des Rathauses, dass er den Auftrag erfüllt habe, seine „teure Heimat dem Deutschen Reich wiederzugeben".[42] Die Menge antwortet mit tosendem Beifall. Otto Kampmüller kehrt nach der Hitler-Rede nach Ottensheim zurück: „Ich lief heim. Ich wollte jetzt nicht Auto fahren. Ich wollte mich ausrennen. Ich hatte so viel Schwung in mir, der musste irgendwie heraus. Am liebsten hätte ich vor Freude die Fensterscheiben an den Häusern eingeschlagen oder irgendetwas angezündet, ein Freudenfeuer! (…) Daheim waren sie auch alle – bis auf Großmutter – sehr begeistert. ‚Jetzt wird es anders!', sagte Vater."[43]

60.000 bis 80.000 begeisterte Menschen versammeln sich am Abend des 12. März 1938 auf dem Linzer Hauptplatz. Einige erklettern die Dreifaltigkeitssäule, um Adolf Hitler zu sehen.
(Foto: Heinrich Hoffmann, Hitler in seiner Heimat, Berlin 1938)

Der überschwängliche Empfang, der ihm und der Deutschen Wehrmacht in Österreich bereitet wird, beeindruckt Hitler so sehr, dass er seine Pläne mit Österreich ändert. Statt zwei selbständige Staaten eng aneinander zu binden, soll der Staat Österreich aufgelöst und „ein Land des Deutschen Reiches werden wie Bayern und die übrigen anderen

## Machtübernahme der Nationalsozialisten: Begeisterung und Verfolgung

Adolf Hitler – zwischen Gauleiter August Eigruber und Bundeskanzler Arthur Seyß-Inquart – spricht am Abend des 12. März 1938 auf dem Balkon des Linzer Rathauses zur jubelnden Masse. Mit dem Appell an den Kampfwillen und die Opferbereitschaft der Menschen kündigt er kaum verhohlen einen Krieg an: „Ich weiß nicht, an welchem Tage ihr gerufen werdet. Ich hoffe, es ist kein ferner. Dann habt ihr einzustehen mit eurem eigenen Bekenntnis, und ich glaube, daß ich vor dem ganzen deutschen Volk dann mit Stolz auf meine Heimat werde hinweisen können."[45] (Foto: Österreichische Nationalbibliothek/ Hilscher)

deutschen Länder".[44] Die internationalen Reaktionen auf den deutschen Einmarsch bestärken Hitler darin. Der italienische Diktator Mussolini gibt seine Zustimmung. Andere Staaten protestieren zwar gegen den Einmarsch, aber keiner ist bereit, für ein Österreich, das die Deutschen mit offenen Armen empfängt, in den Krieg zu ziehen.

Schon am 13. März 1938 tritt das „Anschluss"-Gesetz in Kraft, mit dem Österreich zu einem Land des Deutschen Reiches wird. Damit zerschlagen sich die Hoffnungen vieler österreichischer NS-Funktionäre, dass sie in einem eigenständigen Österreich herrschen werden. Die österreichische Bundesregierung wird in eine deutsche Landesregierung mit Seyß-Inquart als Reichsstatthalter umgewandelt. Am selben Tag erteilt Hitler in Linz dem Gauleiter von Saarpfalz, Josef Bürckel, den Auftrag, die NSDAP in Österreich neu zu organisieren und eine Volksabstimmung über den „Anschluss" vorzubereiten.

### Die Volksabstimmung

Am 14. März 1938 verlässt Hitler Linz und setzt seine Triumphfahrt nach Wien fort. Am nächsten Tag verkündet er in einer Rede auf dem Wiener Heldenplatz vor 250.000 begeisterten Menschen: „Als Führer und Kanzler der deutschen Nation und des Reiches melde ich vor der Geschichte nunmehr den Eintritt meiner Heimat in das Deutsche Reich!"[46]

Die Nationalsozialisten wollen die Hochstimmung, in der sich viele Österreicher und Österreicherinnen befinden, für die Volksabstimmung am 10. April 1938 nutzen.

↖ Zwei Wochen nach dem „Anschluss" besichtigt der Linzer Bürgermeister Josef Wolkerstorfer in Begleitung eines SS-Offiziers medienwirksam die Barackensiedlung Wegscheid. Die Nationalsozialisten versprechen der Bevölkerung die Beseitigung des Wohnungselends.
(Foto: Archiv der Stadt Linz)

↑ Volksabstimmung am 10. April 1938: Abstimmungslokal in der Schubertstraße in Linz
(Foto: Archiv der Stadt Linz)

Sie soll die Machtübernahme und den „Anschluss" nach innen und außen bestätigen und rechtfertigen. Bei der Abstimmung ist daher ein überwältigender Erfolg wichtig. Ein unerhörter Propagandafeldzug setzt ein, in dem mit Plakaten, Zeitungen, Radiosendungen, Filmen und Musik der siegreiche Kampf der „Volksgenossen" gegen die „Volksverräter" inszeniert wird. Nationalsozialistische Prominenz reist von Auftritt zu Auftritt im ganzen Land. Hinzu kommen rasche Maßnahmen zur Verbesserung der wirtschaftlichen Lage der Bevölkerung: Ausgesteuerte Arbeitslose erhalten wieder Unterstützung, ausgesuchte Erwachsene und Kinder fahren auf Erholungsurlaub nach Deutschland, Nahrungsmittel werden verteilt. Wirtschaftliche Großprojekte zur Beseitigung von Arbeitslosigkeit und Wohnungsnot werden angekündigt. Die neuen Machthaber versprechen die Errichtung eines Stahlwerkes in Linz, den Bau von Wasserkraftwerken an Enns und Donau und die Wiederaufnahme des Kohlebergbaus im Hausruck. Besonderen Wert legen die Nationalsozialisten darauf, die Arbeiterschaft für sich zu gewinnen. Schutzbündler, die im „Ständestaat" ihre Arbeit verloren haben, werden wieder eingestellt, so etwa viele Linzer Straßenbahner. Ein Lagebericht aus Kirchdorf an der Krems stellt am 3. April 1938 fest, dass die Arbeiterschaft „außerordentlich befriedigt über das neue Arbeitsprogramm und die dadurch bevorstehenden guten Arbeitsaussichten" sei.[47] Die öffentliche Erklärung des prominenten Sozialdemokraten Karl Renner, für den „Anschluss" zu stimmen, für den er schon immer eingetreten sei, tut ein Übriges. Auch einige führende oberösterreichische Sozialdemokraten wie Ludwig Bernaschek, der Bruder Richard Bernascheks, sprechen sich nun für den Nationalsozialismus aus. Selbst die katholische Kirche, die kurz zuvor noch eine

## Machtübernahme der Nationalsozialisten: Begeisterung und Verfolgung

Am Abend vor der Volksabstimmung leuchtet vom Ledererturm in Wels ein großes elektrisches „Ja".
(Foto: Stadtarchiv Wels)

Volksabstimmung am 10. April 1938: Abstimmungslokal in der Minoritenturnhalle in Wels
(Foto: Stadtarchiv Wels)

Die Postkarte zeigt das mit Hakenkreuzfahnen und NS-Parolen geschmückte Bad Ischl am 10. April 1938, dem Tag der Volksabstimmung über den „Anschluss". (Abbildung: Zeitgeschichte Museum Ebensee/Hofer)

Stütze des christlichen „Ständestaates" war, ruft die Gläubigen zu einem „Ja" bei der Volksabstimmung auf. Der Linzer Bischof Johannes Gföllner unterschreibt den Aufruf nur widerwillig. Doch der deutschnational gesinnte Kardinal Theodor Innitzer und die Bischöfe erhoffen sich durch diese erstaunliche Kehrtwendung – vergeblich – ein konfliktfreies Auskommen mit dem Nationalsozialismus.

Wer mit Propaganda nicht zu überzeugen ist, wird mit Terror eingeschüchtert. Durch eine Verhaftungswelle ziehen die Nationalsozialisten vor der Abstimmung in Oberösterreich einige hundert Menschen aus dem Verkehr.

Die Volksabstimmung am 10. April 1938 verläuft nicht als geheime und freie Wahl. Wer sich zum Ausfüllen seines Stimmzettels in die Wahlzelle zurückzieht, macht sich verdächtig. 99,73 % sagen österreichweit „Ja" zum „Anschluss", Oberösterreich liegt genau im Schnitt. Mit einem ähnlichen Ergebnis wird der „Anschluss" auch in Deutschland, wo ebenfalls abgestimmt wird, gutgeheißen. Das Ergebnis entspricht den Bedingungen einer Diktatur, die sich der Propaganda und des Terrors bedient. Doch die über 99 % österreichischen Ja-Stimmen drücken mehr aus als bloße Anpassung und Mitläufertum. Im Kern stecken darin die Wiederkehr des Deutschnationalismus in Österreich, das Aufleben lange geschürter antisemitischer Einstellungen und die Bereitschaft, einem verherrlichten „Führer" in eine angeblich großartige Zukunft zu folgen.

**Machtübernahme der Nationalsozialisten: Begeisterung und Verfolgung**

# Wie steht die oberösterreichische Bevölkerung nach dem „Anschluss" zum Nationalsozialismus?

Nach dem Begeisterungssturm beim „Anschluss" und dem Propagandawirbel der Volksabstimmung setzt zwar teilweise Ernüchterung ein, vor allem bei der Landbevölkerung, doch insgesamt bleibt viel Zustimmung zum NS-Regime bestehen. In Oberösterreich entwickelt sich ein neues Selbstbewusstsein der Provinz gegenüber dem bisher dominanten Wien.

### Oberösterreich wird zu Oberdonau

Da es mit dem „Anschluss" kein eigenständiges Österreich mehr gibt, werden unter der Aufsicht des Reichskommissars für die Wiedervereinigung Österreichs mit dem Deutschen Reich, Josef Bürckel, die Wiener Regierungsbehörden allmählich abgebaut und die österreichischen Bundesländer in deutsche Reichsgaue umgewandelt. Dieser Umbau der Verwaltung ist im April 1940 abgeschlossen. An die Stelle Österreichs treten sieben deutsche Reichsgaue, die zunächst unter der Bezeichnung „Ostmark" zusammengefasst werden. Aber „Ostmark" erinnert immer noch zu sehr an Österreich, deshalb heißen sie ab 1942 „Alpen- und Donaureichsgaue". Einer dieser sieben Reichsgaue ist das ehemalige Oberösterreich, das ab dem Sommer 1938 den Namen Oberdonau trägt. Oberdonau umfasst ein größeres Territorium als das ehemalige Bundesland Oberösterreich: Es schließt das steirische Salzkammergut mit Bad Aussee sowie die Landkreise – so lautet die neue Bezeichnung für Bezirke – Kaplitz und Krumau in Südböhmen mit ein. An der Spitze eines Reichsgaues steht statt des Landeshauptmannes ein Reichsstatthalter. In Oberdonau hat August Eigruber diese Position inne. Er vereint das Regierungsamt des Reichsstatthalters und das Parteiamt des NSDAP-Gauleiters in seiner Person und ist so der mächtige Mann, an dem kein Weg vorbeiführt. In den Gemeinden regieren nationalsozialistische Bürgermeister, als Stadtoberhaupt von Linz amtiert 1938 bis 1940 Josef Wolkerstorfer. Aus politischen oder rassistischen Gründen missliebige Beamte werden sofort entlassen. Eigruber, der Hitlers Vertrauen genießt, besetzt die Spitzenfunktionen in Oberdonau hauptsächlich mit oberösterreichischen Nationalsozialisten. Daher fällt in Oberdonau die Verbitterung gegen die Deutschen, die jetzt in viele Machtpositionen einrücken, geringer aus als in Wien und anderen Gauen.

Die Oberösterreicher und Oberösterreicherinnen empfinden Genugtuung darüber, dass die Vormachtstellung, die Wien in Österreich hatte, verschwindet. Der Auf- und

Ausbau von Großindustrie, die propagandistische Aufwertung Oberösterreichs zum „Heimatgau des Führers" und die Erhebung von Linz zur „Patenstadt des Führers" fördern die Identifikation der Bevölkerung mit dem Nationalsozialismus.

## Stimmungslagen in der Bevölkerung nach dem „Anschluss"

In den Monaten nach dem „Anschluss" sorgen die Nationalsozialisten für die rasche Beseitigung der Arbeitslosigkeit, die Schaffung von Wohnraum und die Trennung von Kirche und Staat. Das macht den Nationalsozialismus bei einem großen Teil der oberösterreichischen Arbeiterschaft zunehmend attraktiv. Polizeidienststellen des Landes, etwa aus Grünburg, Kremsmünster und Kirchdorf an der Krems, berichten übereinstimmend, „dass das NS-System der Arbeiterschaft großes Vertrauen und Selbstbewusstsein gegeben habe."[48] Darin drückt sich auch die Freude über den Untergang des christlichen „Ständestaates" und über die Aufwertung der Arbeiterschaft gegenüber der bäuerlichen Bevölkerung aus. Gleichzeitig bleiben bei Industriearbeitern und -arbeiterinnen in den größeren Städten, vermutlich bei der Mehrheit, die ideologischen Gegensätze zum Nationalsozialismus aufrecht.

Skepsis gegenüber dem Nationalsozialismus regt sich vor allem in der katholischen Landbevölkerung Oberdonaus. Viele haben den christlichen „Ständestaat" unterstützt und missbilligen nun die heftigen Angriffe auf die Kirche, auf religiöse Traditionen und kirchliche Feiertage. Zum „allgemeinen Unbehagen auf dem Land" kommt im Sommer 1938 die Kriegsfurcht: Nach Hitlers Drohung, die sudetendeutschen Gebiete in der Tschechoslowakei militärisch zu erobern, berichten die Sicherheitsorgane von einer „tief gehenden Depression" bei der Landbevölkerung.[49] Erst mit der Regelung des Konfliktes im Münchner Abkommen Ende September 1938, in dem das Deutsche Reich die Gebiete zugesprochen bekommt, verfliegt diese Furcht. Die friedliche Besetzung der ganzen Tschechoslowakei im März 1939 nährt den Führerkult um Adolf Hitler auch auf dem Land. Ihre wirtschaftliche Lage erleben die Bauern als zwiespältig. Einerseits wird ihre Existenz abgesichert, andererseits leiden sie unter dem Arbeitskräftemangel. Denn Knechte und Mägde suchen nun besser bezahlte Arbeitsplätze in den Städten und in Deutschland.

Den stärksten Rückhalt besitzt der Nationalsozialismus in Oberösterreich beim städtischen Mittelstand, bei Rechtsanwälten, Ärzten, Lehrern, Beamten, Angestellten und Geschäftsleuten, die oft schon vor 1938 aus dem deutschnationalen Lager zur NSDAP gewechselt sind. Für sie bieten sich nach dem „Anschluss" Aufstiegsmöglichkeiten im öffentlichen Dienst, in den neuen industriellen Unternehmen und im Parteiapparat.

## Die NSDAP in Oberdonau

Die oberösterreichische NSDAP ist während des „Ständestaates" eine kleine Partei mit überzeugten und aktiven Funktionären. Die politische Führungsschicht besteht aus ei-

## Machtübernahme der Nationalsozialisten: Begeisterung und Verfolgung

Am 19. August 1938 nehmen auf dem Friedhof in Bad Ischl zahlreiche Menschen am Begräbnis von Franz Saureis und Franz Unterberger teil. Ein Gericht des „Ständestaates" verurteilte die beiden Ischler Nationalsozialisten im August 1934 in Wien wegen Sprengstoffbesitzes zum Tode. Nach dem „Anschluss" sorgen Parteigenossen für die Überführung der Gebeine. Sie werden neben dem Grab von Karl Traint, der beim nationalsozialistischen Putschversuch 1934 in Bad Ischl erschossen wurde, bestattet. Die drei Gräber entwickeln sich zu einer nationalsozialistischen Wallfahrtsstätte. (Foto: Zeitgeschichte Museum Ebensee)

nigen Dutzend 30- bis 40-jährigen Männern, die vorwiegend aus dem mittleren Bürgertum stammen und eine gute Schulbildung besitzen. Kurz vor dem „Anschluss" hat die NSDAP in Oberösterreich etwa 2.100 Mitglieder (in Österreich gibt es insgesamt 33.500 Mitglieder). Nach dem „Anschluss" schwillt die Mitgliederzahl in ganz Österreich enorm an. Während des Zweiten Weltkrieges treten über 90.000 Oberösterreicher und Oberösterreicherinnen der NSDAP bei, das sind rund 10 % der Bevölkerung. Viele drängen in die Partei, sei es aus Überzeugung, Anpassung oder Karrierestreben. Zeitweise verhängt die NS-Führung Aufnahmesperren, weil sie die NSDAP als Elitepartei sieht, in die nicht jeder und jede aufgenommen werden soll.

1946 registrieren die Besatzungsbehörden der USA in Oberösterreich und Salzburg knapp 112.000 ehemalige NSDAP-Mitglieder, die sich nach Berufen so aufteilen: 17 % Arbeiter und Arbeiterinnen, 16 % Hausfrauen, 14 % Beamte, 13 % Unternehmer und Geschäftstreibende, 12 % Angestellte, 12 % Bauern, 6 % Händler, 5 % Freie Berufe und 5 % Sonstige; die oberösterreichische NSDAP ist also im Kern „eine Bewegung des neuen Mittelstandes" (Selbständige, Beamte, Angestellte), die aber auch bei allen anderen Bevölkerungsschichten Unterstützung findet.[50]

# Was geschieht mit den Gegnern und Gegnerinnen beim „Anschluss"?

### Übergriffe gegen Juden und Jüdinnen

Mit dem „Anschluss" sind die etwa 800 Juden und Jüdinnen Oberösterreichs über Nacht ohne staatlichen Schutz Übergriffen und Gewalttaten ausgesetzt. Lange Zeit hat sich die jüdische Bevölkerung als Teil der Gesellschaft betrachtet und Oberösterreich als ihre Heimat. Das ändert sich mit einem Schlag. Wer als jüdisch gilt, ist nun mit Todesangst und Ungewissheit konfrontiert: „Beim Einmarsch im März 1938 bedrängte uns vor allem die Frage: Was wird mit uns werden? Christliche Freunde beruhigten meine Eltern. Ein Schulfreund meines Großvaters, der Priester war, besuchte uns und riet uns zur Auswanderung nach Jerusalem", berichtet Dolf Uprimny, der den „Anschluss" als 15-Jähriger in Steyr erlebt.[51]

Bei den antisemitischen Aktionen unmittelbar nach dem „Anschluss" handeln die oberösterreichischen Nationalsozialisten oft aus eigenem Antrieb. Einige Wochen später führt das NS-Regime die Entrechtung, Enteignung, Verhaftung und Vertreibung der Juden und Jüdinnen systematisch als staatliches Programm weiter.

### Rache an den Vertretern des „Ständestaates"

In den „Anschluss"-Tagen betrifft die politische Verfolgung in erster Linie die Vertreter des verhassten „Ständestaates". Ehemalige Funktionäre werden verhaftet, misshandelt und nach einigen Wochen in das KZ Dachau eingeliefert, unter vielen anderen der frühere Landeshauptmann Heinrich Gleißner. SS-Männer holen in der Nacht vom 13. auf den 14. März 1938 den bisherigen Polizeidirektor von Linz, Viktor Bentz, und zwei weitere Spitzenbeamte der Linzer Polizei aus ihren Wohnungen und ermorden sie, ebenso wie den Direktor der Strafanstalt Garsten bei Steyr. Einige Tage später fällt ein vierter Linzer Kriminalbeamter einem Mordanschlag zum Opfer. Die oberösterreichischen Nationalsozialisten rächen sich an jenen, die sie in den letzten Jahren verfolgt haben.

Beginnend mit dem Abend des 11. März „säubern" die Nationalsozialisten die oberösterreichische Verwaltung auf allen Ebenen. Viele Bürgermeister, Richter, Lehrer, Gendarmeriebeamte werden verhaftet, geschlagen, öffentlich gedemütigt, zwangsversetzt, aus dem Dienst gejagt. Oft halten die Nationalsozialisten die Verhafteten nur wenige Tage fest, behandeln sie aber mit großer Brutalität, um sie einzuschüchtern. Der Gefängnismeister Nikolaus Lösch aus Grein berichtet 1946 von seiner Verhaftung

## Machtübernahme der Nationalsozialisten: Begeisterung und Verfolgung

Ende Jänner 1939 weigert sich der Altbauer Johann Pointner aus Mauerkirchen, für das Winterhilfswerk zu spenden. Drei SS-Männer hängen ihm daraufhin ein Plakat mit der Aufschrift „Dieses vaterländische Schwein opfert nichts fürs WHW" um und führen ihn unter dem Trommelschlag der HJ durch den ganzen Markt. Die Nationalsozialisten rächen sich damit an Pointner auch dafür, dass er sich im „Ständestaat" als Anhänger der Vaterländischen Front – wie die Presse schreibt – „nicht zu alt fühlte, mit dem Schießprügel als Ortswehrmann gegen Nationalsozialisten vorzugehen."[53] (Foto: Herbert Brandstetter)

am 15. März 1938: „Nachdem diese 5 Schupoleute (Schutzpolizei) unsere Wohnung (…) gleichzeitig durchwühlt hatten, wurde ich verhaftet und durch die Hauptstraße der Stadt Grein, welche von vielen Greiner Nazis eingesäumt war, eskortiert, wobei Schmährufe wie: Verprügeln, Aufhängen und andere erschollen. (…) In der Haft versetzte mir dieser Wachtmeister einen Faustschlag ins Gesicht. Gleich darauf schrie er mich nochmals an: Also was ist's? Unmittelbar darauf bekam ich eine ganze Anzahl Ohrfeigen und Faustschläge ins Gesicht und am Kopfe. (…) Während dieser Zeit mussten wir vor den Schupoleuten unzählige Male gemeinsam, laut und deutlich die Worte aussprechen: ‚Ich will ein deutscher Mann werden.'"[52]

Bereits am Morgen des 12. März 1938 treffen der Reichsführer SS Heinrich Himmler und der Chef der Sicherheitspolizei Reinhard Heydrich in Wien ein. Ihnen folgen ungefähr 40.000 Polizisten, die nun die Überwachung und Festnahme der politischen Gegner und Gegnerinnen in Österreich übernehmen.

# Lebensgeschichten

## Ludwig Bernegger: Eines der ersten NS-Opfer 1938

Wenige Tage nach dem Einmarsch der deutschen Truppen in Österreich wird der Polizeijurist Ludwig Bernegger in Linz von Nationalsozialisten ermordet, weil er im „Ständestaat" an der polizeilichen Verfolgung der verbotenen NSDAP beteiligt war. Er ist eines der ersten politischen Todesopfer nach dem „Anschluss".

### Ein Katholik und Patriot

Ludwig Bernegger kommt 1903 in Ach an der Salzach zur Welt. Sein Vater, der bei der Finanzwache arbeitet, wird 1915 nach Ried im Innkreis versetzt. Die Familie lebt in bescheidenen Verhältnissen. Dank eines Stipendiums und der Befreiung vom Schulgeld kann Ludwig Bernegger das Rieder Gymnasium besuchen, wo er 1923 die Matura ablegt. Er ist überzeugter Katholik. Bereits als Schüler schließt er sich der katholisch-österreichischen Burschenschaft Rugia an. Mit Beginn seines Jusstudiums in Wien wird er Mitglied der Studentenverbindung Kürnberg, die sich für ein selbständiges und katholisches Österreich einsetzt – ihr Wahlspruch lautet: „Für Gott, Volk und Heimatland!"

Nach dem Studium tritt Ludwig Bernegger als Jurist in die Bundespolizei Linz ein. Er gehört nach dem Verbot der NSDAP in Österreich dem Polizeireferat an, das im austrofaschistischen „Ständestaat" gegen die illegale Propaganda der Nationalsozialisten vorgeht und die Täter der vielen NS-Anschläge mit Sachschäden, Verletzten und Toten sucht. Damit macht sich der junge Polizei-Oberkommissär und österreichische Patriot Bernegger bei den Nationalsozialisten verhasst.

### Der Mord

In den Tagen des „Anschlusses" 1938 üben die Nationalsozialisten Rache. Sie ermorden den Linzer Polizeidirektor Viktor Bentz und die Polizeibeamten Ludwig Bernegger, Josef Schmirl und Josef Feldmann. Die Witwe Josef Schmirls schildert 1990 in einem Interview, was sie über den Mord an Ludwig Bernegger erfahren hat: „Kurz nach etwa drei Uhr morgens am 14. März ist eine Gruppe von Nationalsozialisten (SA, SS) in die Wohnung Dr. Bernegger eingedrungen, um ihn zu verhaften. Er wollte sich der Verhaftung entziehen und sprang aus der Parterrewohnung aus dem Fenster auf die Straße. Da auch vor dem Haus Vorpaß gehalten wurde, wurde er von den dort stehenden NS niedergeschlagen und niedergetreten. Er wurde dabei schwerstens verletzt. Man hat auf dem vor dem Haus gelegenen Kanalgitter kurze Zeit später Teile der Kopfhaut samt den spezifisch rötlichblonden Haaren gefunden. Schwerverletzt wurde Dr. B in den Arrestantenwagen gezerrt und in den frühen Morgenstunden des 14.3. in die Bundespolizeidirektion Linz in der Mozartstraße gebracht. Wann und wie er dann letztlich umgebracht wurde, ist nie bekannt geworden. Man hat seine Frau, die täglich mehrmals versuchte, ihn zu besuchen, noch 14 Tage hingehalten und Wäsche in das Polizeigefängnis bringen lassen. Den Tag nach der Verhaftung hat Dr. B noch überlebt. Ein Zeuge war ein Kollege, der in der Nebenzelle inhaftiert war. Der hat jedenfalls am Tage nach der Verhaftung des Dr. B noch wahrgenommen, dass mehrmals Wachpersonal in die Nachbarzelle gekommen war und Bernegger geschlagen wurde."⁵⁴

Die Kriminalpolizei nimmt nach der Entführung Ludwig Berneggers Ermittlungen auf und findet die Blutspuren vor seiner Wohnung in der Dinghoferstraße. Doch auf Anordnung des neuen nationalsozialistischen Leiters der Kripo Linz, Herbert Schäringer, werden die Erhebungen eingestellt. Am 16. März 1938 bringen SS-Leute die Leiche Ludwig Berneggers – mit den Leichen von Viktor Bentz und Josef Feldmann – zur heimlichen Verbrennung ins Linzer Krematorium. Nach zwei Wochen erhält die Witwe die Urne. Offiziell heißt es, Ludwig Bernegger sei auf der Flucht erschossen worden.

Ludwig Bernegger in Polizeiuniform 1937
(Foto: Gottfried Gansinger)

### Die Hintergründe

Nach dem Ende der NS-Zeit untersuchen die österreichischen Behörden die Polizistenmorde vom März 1938 in Linz. Die Aussagen der befragten Personen ergeben folgendes Bild: Die Linzer Nationalsozialisten holen sich am 13. März 1938 bei Adolf Hitler, der im Linzer Hotel Weinzinger Quartier bezogen hat, die Erlaubnis, die verhassten Polizisten umzubringen. Heikel ist das im Fall des Polizeidirektors Viktor Bentz, weil er mit Hermann Göring, einem der mächtigsten NS-Führer, verwandt ist. Doch die Verwandtschaft schützt ihn nicht. Ernst Kaltenbrunner, der SS-Führer für Ostösterreich, und andere hochrangige oberösterreichische Nationalsozialisten sind über die Mordpläne informiert. Vor dem Internationalen Militärtribunal in Nürnberg 1946 werden Kaltenbrunner – zusätzlich zu vielen anderen Anklagepunkten – auch die vier Linzer Morde angelastet. Trotz umfangreicher Ermittlungen am Linzer Landesgericht 1946/47 können die Täter nicht überführt werden.

Quelle:
Gottfried Gansinger, Wenn das der Führer gewusst hätt'! Hintergründe zur Ermordung von Dr. Ludwig Bernegger – beleuchtet aus Gerichtsakten, in: K.Ö.St.V. Rugia Ried (Hg.): Einheit in Vielfalt. 1908–2008. Festschrift, S. 189–198.

# Helga Donath:
# Von der Nationalsozialistin zur „Halbjüdin"

Schon vor dem „Anschluss" 1938 ist die junge Helga Donath begeisterte Nationalsozialistin. Doch 1938 enthüllt ihr der Vater, dass sie nach den „Nürnberger Rassegesetzen" als „Halbjüdin" gilt. Plötzlich wird sie von einer Anhängerin des Nationalsozialismus zu einer Ausgestoßenen.

### Der jüdisch-katholische Vater

Helga Donaths Vater, Julius Donath, stammt aus einer jüdischen Familie. Er studiert Medizin in Wien und eröffnet dort eine Ordination. Mit 25 Jahren tritt er zum katholischen Glauben über. Donath heiratet, dem Ehepaar wird ein Sohn geboren. 1910 übersiedelt Donath mit seiner Familie von Wien nach Waldhausen im Mühlviertel, wo er als Gemeindearzt wirkt. Im Ersten Weltkrieg ist er als Militärarzt im Einsatz und erhält mehrere Auszeichnungen. Seine Frau stirbt in dieser Zeit. Gegen Kriegsende wird Julius Donath nach Ried im Innkreis versetzt und arbeitet im Rieder Krankenhaus. Dort lernt er Antonia Stadler kennen, mit der er seine zweite Ehe schließt. Aus der Ehe gehen der Sohn Julius Bruno und 1921 die Tochter Helga hervor.

### Die „Arierin"

Helga Donath besucht die Unterstufe des Rieder Gymnasiums. 1936 wechselt sie an die Frauenoberschule in der Körnerstraße in Linz. Untergebracht ist sie in einem Pensionat in der Lustenauer Straße. Sowohl in der Schule als auch im Pensionat fühlt sie sich sehr wohl. Wie alle ihre Freundinnen engagiert sie sich für den in Österreich noch verbotenen Nationalsozialismus. Sie marschiert mit ihnen auf der Linzer Landstraße, ein kleines Hakenkreuz am Kragen. Als Adolf Hitler 1938 nach dem Einzug der deutschen Truppen in Linz übernachtet, steht Helga Donath mit ihren Freundinnen vor dem Hotel an der Donaulände und ruft: „Wollen Führer sehen, wollen Führer sehen!"[55] Im Mai 1938 nimmt sie am Ausflug ihrer Schule auf Hitlers Berghof am Obersalzberg teil.

### Die „Halbjüdin"

„(…) du, das ist nicht für dich gemacht, das ist nicht für dich"[56], teilt ihr der Vater mit. Helga Donath fällt aus allen Wolken, als sie erfährt, dass sie väterlicherseits jüdische Vorfahren hat. Damit ist sie von den 1935 in Deutschland erlassenen „Nürnberger Rassegesetzen" betroffen, die nun auch im angeschlossenen Österreich gelten. Das „Gesetz zum Schutze des deutschen Blutes und der deutschen Ehre" verbietet die Heirat und sexuelle Beziehungen zwischen „Juden" und „Ariern". Eine Verordnung zum Gesetz legt fest, dass eine Person mit mindestens drei jüdischen Großeltern als „Jude" gilt. Bei einem jüdischen Elternteil oder zwei jüdischen Großeltern spricht die Verordnung von einem „Mischling ersten Grades" („Halbjude"), bei einem jüdischen Großelternteil von einem „Mischling zweiten Grades" („Vierteljude"). Mit Ende des Schuljahres 1938 muss die „Halbjüdin"

Helga Donath (Dritte von links) beim Maiausflug der Linzer Städtischen Mädchen-Mittelschulen auf dem Obersalzberg 1938 (Foto: Verena Wagner)

Helga Donath die Körnerschule verlassen, weil diese „judenrein" gemacht wird. Im Pensionat darf sie noch ein Jahr lang bleiben und als Haushaltshilfe arbeiten. Im Herbst 1938 wird Julius Donath gezwungen, seine Zahnarztpraxis in Ried einem „arischen" Zahnarzt zu verkaufen. Donath drängt seine „arische" Frau Antonia, Helgas Mutter, sich von ihm scheiden zu lassen, damit die Kinder besser geschützt sind. Die Scheidung wird 1939 vollzogen.

Helga Donath möchte eine Ausbildung zur Krankenschwester machen. Aber da das Vermögen des Vaters durch die „Judenvermögensabgaben" großteils dem Staat zufällt, ist das Geld dafür nicht vorhanden. So geht sie nach Gmünd im Waldviertel, um eine landwirtschaftliche Schule zu besuchen. Danach übernimmt sie eine kleine Landwirtschaft bei Waizenkirchen im Hausruckviertel. Doch nach einem Jahr wird ihr der Bauernhof wieder entzogen, weil sie „Halbjüdin" ist. Schließlich arbeitet Helga Donath als Köchin auf der Tauplitzalm.

### Deportation und Rückkehr des Vaters

Die beiden „halbjüdischen" Söhne Julius Donaths kämpfen als Soldaten der Deutschen Wehrmacht im Zweiten Weltkrieg. Doch sie werden als „Halbjuden" aus der Wehrmacht entlassen, nun genießt der Vater keinen Schutz mehr. Julius Bruno versucht zu verhindern, dass sein Vater in ein Lager verschleppt wird. Im Büro der Gestapo in Linz verweist er auf seine Auszeichnung mit dem Eisernen Kreuz und bittet für seinen Vater, aber vergeblich. Julius Donath kommt 1944 in das KZ-ähnliche Ghetto Theresienstadt. Dort wird er als Arzt eingesetzt – und überlebt den Holocaust.

Nach dem Ende des Zweiten Weltkrieges bekommt Julius Donath seine „arisierte" Zahnarztpraxis in Ried im Innkreis zurück. Helga Donath hilft ihm in der Praxis. 1953 stirbt ihr Vater im achtzigsten Lebensjahr.

Helga Donath heiratet und nimmt den Namen ihres Mannes, Hallas, an. Trotz der Erfahrungen im Nationalsozialismus, so berichtet sie, haben ihre Freundschaften mit den Kolleginnen aus Schule und Pensionat gehalten. Helga Hallas stirbt 2007 in Ried im Innkreis.

Quellen:
Mitteilungen von Gottfried Gansinger. Verena Wagner, Jüdisches Leben in Linz. 1849–1943, Band 2: Familien, Linz 2008, S. 977–984.

# August Eigruber: Gauleiter von Oberdonau

August Eigruber ist seit seiner Jugend fanatischer Nationalsozialist. Als mächtigster Mann in Oberdonau nutzt er seine Machtposition skrupellos aus. Er reißt gestohlenes Eigentum an sich, bestimmt über Leben und Tod, befiehlt Gehorsam bis zum Letzten. Nach dem Krieg ist er nicht bereit, Verantwortung für seine Verbrechen zu übernehmen.

## Nationalsozialist der ersten Stunde

1907 in Steyr als uneheliches Kind geboren, arbeitet August Eigruber als Vermessungstechniker und Feinmechaniker, findet aber aufgrund der schlechten wirtschaftlichen Verhältnisse keine dauerhafte Anstellung. Schon als 15-Jähriger begeistert er sich für die aufstrebenden Nationalsozialisten, darf der Partei aber wegen seines Alters noch nicht beitreten. Er überbrückt die Jahre mit seiner Tätigkeit in der Nationalsozialistischen Arbeiterjugend, steigt zu ihrem Jugendführer in Oberösterreich auf und gründet nach seinem Eintritt in die NSDAP 1928 die Hitler-Jugend in Oberösterreich; im Kreis Steyr leitet er sie selbst. 1930 heiratet Eigruber Johanna Spatzenegger. Das Paar bekommt insgesamt sechs Kinder. In der Namensgebung der vier Söhne zeigt sich die nationalsozialistische Gesinnung des Paares: Adolf, Hermann, Alfred und Horst werden alle nach Nazi-Größen benannt – die drei Älteren zu einer Zeit, als die Machtübernahme der Nationalsozialisten noch Jahre entfernt ist. Unmittelbar nach dem Parteiverbot 1933, er ist inzwischen Kreisleiter der NSDAP Steyr, wird Eigruber erstmals verhaftet. Nach seiner Freilassung arbeitet er unbeirrt im Untergrund weiter, was zu weiteren Verhaftungen führt. 1936 wählen ihn seine Parteigenossen zum illegalen Gauleiter von Oberösterreich. Aufgrund einer abermaligen längeren Haft braucht er dringend Geld und wird vom NS-Hilfswerk um Franz Langoth unterstützt.

## Der allmächtige „Gaufürst"

Am 12. März 1938 spricht Adolf Hitler vom Balkon des Rathauses zu den jubelnden Menschenmassen. August Eigruber steht unmittelbar neben ihm. Hitler schätzt die „anti-intellektuelle und auch anti-bürokratische Geradlinigkeit" Eigrubers und ernennt ihn – trotz Widerständen aus intellektuellen Kreisen der NSDAP – zum Gauleiter, der die Partei anführt, und später auch zum Reichsstatthalter, einer Art Landeshauptmann mit erweiterten Befugnissen.[57] Mit knapp 31 Jahren ist Eigruber der mächtigste Mann in Oberdonau, wo er wie ein „Gaufürst" über sein Reich herrscht.[58] Sein Wort ist Befehl, es gibt kein Politikfeld, in dem er nicht gestaltend eingreift: sei es im Linzer Wohnungsbau, in der Behandlung von Zwangsarbeitern und Zwangsarbeiterinnen, der Errichtung eines „Zigeuneranhaltelagers" in Weyer oder in der Durchführung der Verbrechen in der Tötungsanstalt Hartheim und im Konzentrationslager Mauthausen. Obwohl Eigruber selbst nicht aus der katholischen Kirche austritt, bekämpft er sie mit harten Maßnahmen, beschlagnahmt Stifte und lässt unzählige Priester verhaften.

Eigruber in seiner Heimatstadt Steyr 1944
(Foto: Otto Treml)

Eigruber ist fanatischer Nationalsozialist, skrupellos und korrupt: Er will Macht und Geld – für die ständige Ausweitung seiner Herrschaft im Gau und für sich persönlich. Eigruber treibt nicht nur die „Entjudung" voran, er greift auch selbst zu und sichert sich und seiner Familie die wertvollsten Liegenschaften wie die „Hatschek-Villa" auf der Gugl. In seinem maßlosen Streben nach Bereicherung bricht er nationalsozialistische Gesetze und ist in mindestens einen Betrugsfall in Millionenhöhe verwickelt. Die Ermittlungen der Staatsanwaltschaft wegen seiner kriminellen Machenschaften bringen ihn in Gefahr, doch letztlich kommt Eigruber ungeschoren davon.

### Verbrecher ohne Schuldbewusstsein

August Eigruber gehört zu den fanatischsten Gauleitern in Österreich. Seine Durchhalteparolen und seine Politik des Kampfes bis zum letzten Mann verursachen noch in den letzten Kriegstagen den Tod unzähliger Menschen. Kurz vor der Befreiung der Häftlinge im KZ Mauthausen erteilt Eigruber den Befehl, oberösterreichische Kommunisten zu ermorden. Er selbst setzt sich nach Kirchdorf an der Krems ab und versteckt sich in den umliegenden Bergen mit falschen Papieren unter dem Namen „Bernhard Gruber". Erst im August 1945 gelingt es den US-amerikanischen Behörden, Eigruber zu verhaften. Im Verhör bekennt er sich weiterhin als überzeugter Nationalsozialist, doch der einst mächtigste Mann des NS-Systems in Oberösterreich weist jede Verantwortung für die zahllosen Verbrechen zurück. Er habe nur Befehle befolgt. Über die Zustände in der Todesanstalt Hartheim habe er kaum etwas mitbekommen. Was im KZ Mauthausen im Detail passiert sei, wisse er nicht.

Im Oktober 1945 wird Eigruber nach Nürnberg überstellt, wo er als Zeuge im Nürnberger Prozess gegen führende NS-Kriegsverbrecher erscheinen muss. Im März 1946 steht er mit 60 anderen Angeklagten im so genannten „Mauthausen Prozess" vor einem US-Militärgericht im ehemaligen KZ Dachau, wo Nazigrößen interniert sind, vor Gericht. Dokumente und Zeugenaussagen von überlebenden Häftlingen belasten ihn schwer und weisen seine Schuld bei der Tötung tausender Menschen eindeutig nach. Wegen seiner Beteiligung an den Verbrechen im Konzentrationslager Mauthausen wird August Eigruber zum Tod verurteilt und am 28. Mai 1947 in Landsberg am Lech hingerichtet.

Quellen:
Daniela Ellmauer/Michael John/Regina Thumser, „Arisierungen", beschlagnahmte Vermögen, Rückstellungen und Entschädigungen in Oberösterreich, München 2004.
Josef Goldberger/Cornelia Sulzbacher, Oberdonau, Linz 2008.

# Franz Peterseil:
# Als NS-Täter davongekommen

Franz Peterseil gehört zu den ranghöchsten Nationalsozialisten Oberösterreichs. So ist er an der „Aktion T4" und an der „Mühlviertler Hasenjagd" beteiligt. Nach Kriegsende entkommt er – mit tatkräftiger Unterstützung seiner Anhänger – den Justizbehörden und setzt nahe seiner Heimat sein Leben ungehindert fort.

## SA-Mitgliedschaft und Illegalität

Franz Peterseil kommt im Mai 1907 in St. Georgen an der Gusen zur Welt, wo seine Eltern einen Bauernhof bewirtschaften. Peterseil besucht acht Jahre lang die Volksschule und arbeitet danach am elterlichen Hof. Mit 20 Jahren wird er Berufssoldat beim Österreichischen Bundesheer und kommt dort in Kontakt mit den Ideen des Nationalsozialismus. Schon wenige Monate nach Dienstbeginn tritt Peterseil der NSDAP bei und wird bald auch in der SA (Sturmabteilung) aktiv. Die SA hat den Ruf einer brutalen Schlägertruppe, die die Veranstaltungen politischer Gegner stört. Peterseil tut sich als besonders eifriger Teilnehmer hervor und wirbt darüber hinaus bei Familien und Freunden um neue Parteimitglieder. Ab 1933 widmet sich der junge Mann mit voller Kraft der nun illegalen Partei. Außerdem ist er in diesen Jahren für kurze Zeit bei der Linzer jüdischen Fabrikantenfamilie Mostny als Chauffeur und Hausknecht angestellt – angeblich, um diese auszuspionieren. In der nationalsozialistischen Hierarchie steigt er stetig auf. Ab 1937 führt Peterseil die oberösterreichische SA an.

Insgesamt verbringt er zwischen 1933 und 1938 fast zwei Jahre in Haft, darunter elf Monate im Anhaltelager Wöllersdorf. Viele Menschen in seinem Umkreis bewundern und achten ihn dafür.

## Karrierehöhepunkt

Mit dem Einmarsch der deutschen Truppen im März 1938 sieht sich Peterseil am Ziel. Fotos, die kurz nach dem „Anschluss" in Linz aufgenommen werden, zeigen ihn mitten unter den neuen Machthabern, auch an der Seite Adolf Hitlers. Bald darauf erhält er den „Blutorden" und ist damit einer der höchst ausgezeichneten Nationalsozialisten Oberösterreichs. Peterseil scheidet aus der SA aus und wechselt zur SS. Im November 1938 heiratet er Helene Kretschmer, eine Parteigenossin. Die Trauung vollzieht der Linzer Oberbürgermeister Sepp Wolkerstorfer. In den folgenden Jahren bekommt das Paar drei Kinder.

Bei Festnahmen jüdischer Bürger, die seit dem „Anschluss" auf der Tagesordnung stehen, tritt Peterseil als brutaler Schläger auf. Was er haben will, nimmt er sich: so die angesehene Likör-Produktionsfirma „Mostny und Brück" (heute: Spitz) seines früheren Arbeitgebers Leopold Mostny in Attnang-Puchheim. Mit seiner Familie zieht er in das dazugehörige Herrenhaus. Der leidenschaftliche Jäger und Fischer Peterseil bemächtigt sich auch bedenkenlos mehrerer Reviere des Stifts Schlägl im oberen Mühlviertel.

1940 wird Peterseil Gauinspekteur. Im Auftrag des Gauleiters und dessen Stellvertreter erfüllt er Sonderaufträge aller Art. Er ist es, der „zuverlässige" Mitarbeiter und Mitarbeiterinnen für die Tötungsanstalt Hartheim auswählt. Peterseil beliefert sie nicht nur zum eigenen Vorteil mit reichlich Alkohol aus seiner gestohlenen Fabrik, er beschafft zudem das tödliche Gas, mit dem in Hartheim kranke Menschen umgebracht werden. Auch für die Ermordungen im Zuge der „Mühlviertler Hasenjagd" im Februar 1945 trägt er Verantwortung – als Kommandant des Gausturms erteilt er Mordbefehle –, wenn auch seine Rolle nicht letztgültig geklärt ist.

### Versteck und Neubeginn

Gegen Kriegsende taucht Peterseil unter und hält sich in den kommenden Monaten in seiner Heimat im Mühlviertel versteckt. Verwandte und Freunde versorgen ihn mit Unterkunft und Lebensmitteln und helfen ihm über die Grenze nach Deutschland. Die Behörden suchen ihn vergeblich. Peterseil betreibt in München zunächst unter dem Namen Bergmann ein Likörgeschäft. 1949 kommt seine Familie nach und bald schon hat er – nun wieder unter seinem richtigen Namen – wirtschaftlichen Erfolg beim Betreiben einer Wäscherei. Die österreichische Justiz erhält stichhaltige Hinweise über den Verbleib Peterseils, verfolgt diese aber nicht weiter und informiert auch nicht die bayrischen Behörden.

In den 1960er Jahren wird Peterseil zu seiner Rolle im Zuge der Mordaktionen in Hartheim einvernommen, das Gericht erhebt aber keine Anklage gegen ihn. In den 1970er Jahren stößt der Historiker Peter Kammerstätter bei seinen Gesprächen mit Zeitzeugen und Zeitzeuginnen der „Mühlviertler Hasenjagd" immer wieder auf den Namen Peterseil. Er fordert auf, alles zu unternehmen, um den ehemaligen SA-Brigadeführer Peterseil zu stellen und seine Rolle bei der „Mühlviertler Hasenjagd" aufzuklären. Doch Kammerstätters Aufruf stößt auf taube Ohren. Peterseil hält sich, als ob nichts geschehen wäre, regelmäßig in seiner alten Heimat auf und baut in Julbach sogar ein kleines Haus, das er zeitweise bewohnt. Er stirbt unbehelligt im November 1991 mit 84 Jahren.

Quellen:
Franz Gindelstrasser, Franz Peterseil. Eine nationalsozialistische Karriere, Grünbach 2003.
OÖLA, Biografische Datenbank: Peterseil, Franz.

# Ferdinand Rydl:
# Anpassung an den Nationalsozialismus

Ferdinand Rydl, geboren 1912, stammt aus einer Bergarbeiterfamilie im Hausruckviertler Kohlerevier. So wie viele österreichische Sozialdemokraten steht er im „Ständestaat" ab 1934 und besonders nach dem „Anschluss" 1938 vor Zwängen und Entscheidungen zur Anpassung an das herrschende System.

### Kindheit im Kohlerevier

Mit sieben Geschwistern wächst Ferdinand Rydl in der Bergarbeitersiedlung Hausruckedt auf. In den ersten Jahren lebt er mit den Eltern und einigen Geschwistern – Ferdinand Rydl ist der Zweitälteste – auf engstem Raum ohne Wasserleitung und Strom, die Küche muss sich die Familie Rydl mit einer anderen Familie teilen. Die soziale Lage der Arbeiterschaft bessert sich nach der Gründung der Republik 1918. Die sozialdemokratischen Arbeiter und Arbeiterinnen im Kohlerevier entwickeln ein reges politisches und kulturelles Leben mit vielen Vereinen. Ferdinand Rydl schließt sich den Kinderfreunden und den Roten Falken an.

### Bergmann und Sozialdemokrat

1926 beginnt Ferdinand Rydl für die Wolfsegg-Traunthaler-Kohlenwerks- und Eisenbahngesellschaft (WTK) zu arbeiten, in der auch sein Vater und sein älterer Bruder beschäftigt sind. Zunächst verrichtet er schwere Hilfsarbeiten. Der Jugendliche begleitet die Hunte, die von Pferden gezogenen Grubenwägen, mit denen die Kohle aus dem Bergwerk transportiert wird. In seiner Freizeit betätigt er sich als Funktionär bei der Sozialistischen Arbeiterjugend, als Kinderturnwart im Arbeiterturnverein und als Hornist in der Blasmusikkapelle der Bergleute. Während die Arbeiterschaft der WTK sozialistisch organisiert ist, gehören fast alle Angestellten des Betriebes der Heimwehr an. Ferdinand Rydl ist Mitglied des Republikanischen Schutzbundes. Nach Verkaufsrückgängen entlässt die Firmenleitung der WTK 1933 viele sozialdemokratische Bergleute. Ferdinand Rydl beteiligt sich an einem erfolglosen Streik gegen die Entlassungen. Dennoch verliert er seine Arbeit nicht.

### Bürgerkrieg und „Ständestaat"

Das Kohlerevier im Hausruck ist im Februar 1934 einer der blutigen Kampforte in Oberösterreich. Ferdinand Rydl und zwei seiner Brüder nehmen an den Gefechten um das Arbeiterheim in Holzleithen teil. Nach der Niederlage werden seine Brüder entlassen und vor Gericht gestellt, Ferdinand Rydl wird begnadigt. Er arbeitet weiter für die WTK. Als jedoch im „Ständestaat" auch seine Entlassung droht, tritt er der Vaterländischen Front bei, um seinen Arbeitsplatz zu sichern und seine Eltern und Geschwister finanziell unterstützen zu können. Viele ehemalige Schutzbundkameraden haben sich inzwischen in Deutschland der Österreichischen Legion der SA angeschlossen. Einer von ihnen schickt Briefe an Rydl, in denen

Ferdinand Rydl (Dritter von links stehend) mit Eltern und Geschwistern in Hausruckedt 1939 (Foto: Hannes Koch)

er von den nationalsozialistischen Leistungen für die Arbeiter schwärmt. Aber Ferdinand Rydl weigert sich, zu den illegalen österreichischen Nationalsozialisten zu gehen.

### Aufstieg im Nationalsozialismus

Nach der Machtübernahme 1938 kurbeln die Nationalsozialisten den Kohlebergbau im Hausruck an. Arbeitslose Bergleute werden wieder eingestellt und Bergarbeitersiedlungen gebaut. Ehemalige sozialdemokratische Weggefährten Rydls, die nach 1934 zu den Nationalsozialisten gewechselt sind, erhalten höhere Stellen im Bergbau. Ferdinand Rydl entschließt sich 1938, die Bergschule in Leoben zu besuchen. Um bessere Chancen in der Ausbildung zu haben, tritt er der SA bei und beantragt die Mitgliedschaft in der NSDAP. Sie wird ihm verwehrt, weil er als hartnäckiger Sozialist gilt. Dennoch schließt er 1939 die Bergschule erfolgreich ab. Als Grubensteiger hat er nun die Aufsicht über mehrere Bergleute. 1940 heiratet Ferdinand Rydl, seine Tochter wird 1941 geboren. In diesem Jahr übernimmt er das Amt des Kassiers in der NSDAP-Ortsgruppe Geboltskirchen. „Kassieren darf ich für Euch, bei der Partei wollt Ihr mich jedoch nicht haben"[59], sagt Rydl – daraufhin wird er in die NSDAP aufgenommen. Als Bergmann und Parteikassier ist er „unabkömmlich" und muss nicht als Soldat in den Krieg ziehen.

### Entnazifizierung

Nach dem Ende des NS-Regimes verhaften die US-Amerikaner Ferdinand Rydl. Er wird bei der Entnazifizierung wegen seiner SA-Mitgliedschaft und seinem Parteiamt als „Belasteter", als Aktivist eingestuft und in mehreren Lagern interniert. Erst dort erfährt er nach eigenen Angaben von den nationalsozialistischen Verbrechen. Ende 1946 kehrt er aus dem Lager Glasenbach bei Salzburg nach Gschwendt bei Geboltskirchen zurück. Rydl bemüht sich darum, vom „Belasteten" zum „Minderbelasteten", zum Mitläufer, umgestuft zu werden, damit er seinen Beruf in der WTK wieder ausüben kann. 1947 stellt ihn die WTK erneut ein. Er arbeitet zunächst als Steiger, schließlich als Schichtführer bis zu seiner Pensionierung 1972.

Nach dem Tod seiner Frau zieht Ferdinand Rydl von Ampflwang zu seiner Tochter ins Burgenland. Er stirbt im Jahr 2006.

Quelle:
Hannes Koch, Ferdinand Rydl – „Eine Schinderei war es schon sehr!", in: Anita Kuisle (Hg.), Kohle und Dampf. Oberösterreichische Landesausstellung Ampflwang 2006, Linz 2006, S. 164–172.

# Aufbruchsstimmung und neue Zwänge

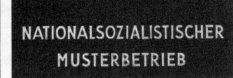

Nach dem „Anschluss" herrscht Jubelstimmung bei den meisten Oberösterreichern und Oberösterreicherinnen. In den ersten Wochen und Monaten nach dem Machtwechsel scheinen sich die Sehnsüchte der Menschen zu erfüllen: Die Zeichen stehen ganz auf Aufschwung. Doch die rasche Beseitigung der Arbeitslosigkeit ist nur möglich, weil die heimische Wirtschaft in die Kriegsvorbereitungen der Deutschen Wehrmacht einbezogen wird. Die Euphorie hält nicht lange an, bald schon bekommen die Menschen die Zwänge der NS-Diktatur zu spüren: Überwachung, Kontrolle und Verfolgung stehen an der Tagesordnung.[60]

## Wie wird die Arbeitslosigkeit beseitigt?

Fast jeder Fünfte ist in Oberösterreich im Dezember 1937 arbeitslos. Die neuen Machthaber versprechen „Arbeit und Brot" und setzen sofort Maßnahmen, welche die Arbeitslosigkeit tatsächlich rasch verringern. Nach sechs Monaten NS-Herrschaft gibt es in manchen Bereichen sogar einen Arbeitskräftemangel.

**Aufbruchsstimmung und neue Zwänge**

## Mythos Autobahn

Der junge Leopold Engleitner lebt im Salzkammergut. Auch wenn er dem neuen Regime als Zeuge Jehovas ablehnend gegenübersteht, ist er erleichtert, dass es jetzt auch für ihn nach schwierigen Jahren endlich wieder Arbeit gibt. Er wird unter anderem bei Verbreiterungsarbeiten der Seestraße in St. Wolfgang eingesetzt.

In vielen Orten Oberdonaus entstehen ab dem Frühjahr 1938 neue Straßen. Der Ausbau des Verkehrsnetzes, und hier vor allem der Bau der Autobahnen, ist ein Vorzeigeprojekt der Nationalsozialisten – die Schlagwörter „Arbeit" und „Modernisierung" stoßen bei der Bevölkerung auf offene Ohren. Planungen zum Bau und Ausbau von Autobahnen gibt es schon vor der Machtübernahme. Den Nationalsozialisten gelingt es aber, die Autobahnen als Idee von Adolf Hitler darzustellen. Am 26. März 1938 prahlt Hermann Göring in Wien mit der Ankündigung, dass 1.100 km Reichsautobahnen gebaut werden sollen. In Linz macht in diesen Wochen die Propagandaausstellung „Die Straßen Adolf Hitlers" Station. Sie stimmt die Menschen auf die bevorstehenden Baumaßnahmen ein: In Oberösterreich sind die Strecken Salzburg–Linz–Wien, Passau–Linz, Wels–Liezen und Linz–Budweis vom geplanten Autobahnbau betroffen. Bekannte Persönlichkeiten helfen bei der Entstehung des Mythos Autobahn tatkräftig mit, schreiben Gedichte und malen Bilder. Alexander Popp, der bekannte Architekt der Linzer Tabakfabrik, plant die Autobahnbrücken bei Eberstalzell und über das Aiterbachtal sowie Autobahn-Tankstellen in „Gmunden-West" (Steyrermühl) und Linz-Oed.

Letztlich erweisen sich die Ankündigungen als große Propagandalüge. Der Bau dauert viel länger als geplant. 1941/42 werden wegen des Krieges überhaupt alle Arbeiten

Leopold Engleitner (Mitte) mit Freunden bei einer Bergwanderung auf die Zimnitz
(Foto: Bernhard Rammerstorfer)

Bau einer Straße in Kleinmünchen 1938
(Foto: Archiv der Stadt Linz)

an der Autobahn eingestellt. In der gesamten „Ostmark" sind zu Kriegsende nur zwei kurze Teilstücke in Salzburg mit einer Länge von nicht einmal 17 km fertig gebaut.

Wofür der Ausbau des Straßennetzes eigentlich dient, ist den Erinnerungen von Anna Woldan aus Bad Zell im Mühlviertel zu entnehmen: „Im Frühjahr 1938 wurde unsere Straße (…) verbreitert. Viele Arbeiter kamen, es musste schnell gehen (…). Im September 1938 zog schon viel deutsches Militär durch – Übernahme des Sudetenlandes, 1939 Polenfeldzug, Durchfahrt zum Truppenübungsplatz in Döllersheim."⁶¹

Alexander Popp (1891–1947). Neben seiner Tätigkeit für den Autobahnbau macht er sich im Nationalsozialismus durch die Hallenbauten der Hermann-Göring-Werke einen Namen.
(Foto: Österreichische Nationalbibliothek)

## Aufschwung in der Industrie

Auch die zahlreichen Betriebsgründungen und der Ausbau von Unternehmen dienen nicht nur der Beseitigung der Arbeitslosigkeit. Das Deutsche Reich soll vom Ausland wirtschaftlich unabhängig sein und sich selbst versorgen können, um für die kriegerische Zukunft gerüstet zu sein. Doch vorerst spüren viele Menschen den Aufschwung, der ihr Leben positiv beeinflusst.

In Linz steigt der Beschäftigungsstand im Bereich der Industrie bis Kriegsbeginn im September 1939 um ein Drittel an. Die bedeutendste industrielle Neugründung in Oberösterreich sind die Reichswerke „Hermann Göring" in Linz, die den Charakter der Stadt prägen und ihr den Ruf einer Industrie- und Stahlstadt einbringen.

Auch die Linzer Tabakfabrik profitiert vom wirtschaftlichen Aufschwung. Die Menschen können sich mehr leisten, mehr konsumieren – und mehr rauchen. Der Betrieb steigt zu einer der größten Zigarettenfabriken des Deutschen Reiches auf. Im Juli 1939 arbeiten so viele Menschen wie noch nie in der Tabakfabrik. Einer von ihnen ist der

Die von Alexander Popp 1929–1935 erbaute Tabakfabrik, Teilansicht
(Foto: Österreichische Nationalbibliothek)

## Aufbruchs-stimmung und neue Zwänge

Sepp Teufl (rechts) als Arbeiter in der Tabakfabrik (Foto: Peter Kammerstätter, Materialsammlung Teufl, Linz 1984)

Maschinenschlosser Sepp Teufl. Im „Ständestaat" noch wegen illegaler kommunistischer Betätigung entlassen, stellen ihn die Nationalsozialisten nach dem „Anschluss" wieder ein. Sie wollen die Arbeiterschaft für sich gewinnen. Einen beliebten und mutigen Arbeiter wie Sepp Teufl auf ihre Seite zu ziehen, wäre ein großer Erfolg, gerade bei den skeptischen Arbeitern und Arbeiterinnen. Aber Sepp Teufl lässt die Nationalsozialisten abblitzen. Er übernimmt eine führende Rolle im kommunistischen Widerstand und wird 1945 im KZ Mauthausen ermordet.

Im neu errichteten Zellwollewerk in Lenzing sieht die Situation anders aus. Prominente Schutzbündler, die im Februaraufstand 1934 noch für die Demokratie kämpften, laufen zu den Nationalsozialisten über. Das Regime nutzt sie als Aushängeschild.

Die Lenzing Zellwollewerke zählen in Oberösterreich zu den größten Unternehmensgründungen im Nationalsozialismus. Die früheren Besitzer der Papierfabrik sind Juden. Sie werden gezwungen, ihren Betrieb billig zu verkaufen. Auch die umliegenden Bauern werden enteignet. Im Juli 1938, zur Zeit des Spatenstiches, sind 1.200 Menschen im Lenzinger Werk beschäftigt, im November sind es bereits mehr als doppelt so viele.

Der wirtschaftliche Aufschwung schafft eine große Zahl neuer Arbeitsplätze und überzeugt viele Menschen, die dem Nationalsozialismus noch zweifelnd gegenüberstehen. Doch diese Verbesserungen haben eine Kehrseite – auch die nationalsozialistisch gesinnten Arbeiter und Arbeiterinnen spüren schon bald die Zwänge der NS-Diktatur.

## Zwänge der neuen Arbeitswelt

Anton Denk arbeitet im Aluminiumwerk Ranshofen bei Braunau, einem neu gegründeten Betrieb, der für die Kriegsvorbereitungen des Deutschen Reiches eine wichtige Rolle spielt. Sein Lohn reicht nicht aus, um die große Familie zu ernähren. Deshalb beschließt er, vier Tage lang nicht in die Fabrik zu gehen, sondern einem Bauern bei der Ernte zu helfen, der ihm „fürs ordentliche Zupacken" Lebensmittel verspricht.[62] Seine Arbeitgeber lassen ihn wegen unerlaubten Fernbleibens in das Arbeitserziehungslager im nahe gelegenen Weyer einweisen, das von der Einheitsgewerkschaft Deutsche Arbeitsfront (DAF) betrieben wird. Seit dem „Anschluss" gibt es keine freien Gewerkschaften mehr. Streiks sind verboten und die Mitsprache der Arbeiter und Arbeiterinnen ist weder erwünscht noch vorgesehen. Der DAF geht es um die Kontrolle der Arbeiterschaft, doch sie wirbt mit arbeiterfreundlichen Initiativen um die Gunst der Belegschaften. Betriebsappelle, Kameradschaftsabende und nationale Weihestunden sollen die Menschen auf den Nationalsozialismus einschwören. Kraft durch Freude (KdF), eine Unterorganisation der DAF, sorgt für Konzertbesuche und billige Reisen und bietet vielen Menschen Freizeitmöglichkeiten, die sie sich bis dahin nicht leisten konnten.

In Betrieben wie den Lenzinger Zellwollewerken möchte die DAF das Bild einer gleichberechtigten Werksgemeinschaft vermitteln. Dort gibt es im Speisesaal Sechser-Tische, an denen der Generaldirektor ebenso Platz nehmen soll wie seine Angestellten und einfachen Arbeiter. In Wirklichkeit zieht sich die Führungsebene aber in ihre abgesonderten Bereiche zurück.

↖ Kraft durch Freude-Monatsprogramm März 1939
(Abbildung: Kurt Cerwenka)

↑ Juni 1938: Die Ankunft eines KdF-Schiffes in Linz wird pompös inszeniert.
(Foto: Archiv der Stadt Linz)

**Aufbruchs-stimmung und neue Zwänge**

Aus dem „Ratgeber für den Leistungskampf der deutschen Betriebe". 1939 organisiert die DAF in Oberdonau erstmals den „Leistungskampf der Betriebe", der die Produktivität steigern soll. Drei Mittelbetriebe dürfen sich „Nationalsozialistischer Musterbetrieb" nennen und ein Jahr lang die goldene Fahne der DAF führen, unter ihnen die Baufirma Mayreder. 18 weitere Betriebe erwerben ein „Gaudiplom für hervorragende Leistungen", wie die Brauerei Zipf.
(Abbildungen: Maria Ecker)

Die Betriebe sind nach dem nationalsozialistischen Führerprinzip organisiert: An oberster Stelle steht der „Betriebsführer" und leitet seine „Gefolgschaft". Er geht mehrere Male täglich „durch die Räume des Werks. Die Leute grüßen ihn, wenn sie seiner ansichtig werden und – arbeiten wie zuvor. (…) Der Mann geht durch die Räume als Kamerad. (…) Jeder weiß, dass er hier sprechen kann wie zu einem Freund", heißt es in einer Zeitschrift.[63] Gleichzeitig hat der Betriebsführer viel Macht und übt oft großen Druck auf seine Belegschaft aus. Im Nationalsozialismus herrscht Arbeits- und Leistungszwang. Menschen, die nicht so arbeiten, wie es die Nationalsozialisten wollen, oder sich unangepasst verhalten, werden als „asozial" oder „arbeitsfaul" beschimpft. Dann drohen Geldstrafen oder die Einweisung in ein Arbeitserziehungslager – wie bei Anton Denk.

# Was begeistert die Menschen am Nationalsozialismus?

Der Nationalsozialismus macht allen, die er zur deutschen „Volksgemeinschaft" zählt, viele attraktive Angebote, wie Gemeinschaftserlebnisse und soziale Aufstiegsmöglichkeiten. Hinter diesen Zuwendungen steht jedoch eine Ideologie, die auf gewaltsame Herrschaft, Verfolgung und Krieg hinausläuft.

Eine Propaganda-Massenveranstaltung am Linzer Hauptplatz. Gottfried Bauerecker aus Puchenau erinnert sich rückblickend kritisch an solche Ereignisse: „Das ist nichts als sinnloses Wald-und-Wiesen-Reden hören, Zeitverschwendung und leeres Stroh dreschen (…) freiwillig brachte mich mein ganzes Leben lang nichts mehr zu einer Massenveranstaltung."[64] (Foto: Archiv der Stadt Linz)

**Aufbruchsstimmung und neue Zwänge**

### Sehnsucht „Volksgemeinschaft"

Im Nationalsozialismus spielt die Vorstellung der „Volksgemeinschaft" eine zentrale Rolle. Wer dazugehört, zählt zu den Gewinnern. Wer nicht dazugehört, muss mit Verfolgung rechnen. Das betrifft Juden und Jüdinnen, Roma und Sinti, Widerständige, Kranke und „Asoziale". Erst die Abwertung der „anderen" erzeugt ein Überlegenheitsgefühl, das verbindet und stärkt. Die Menschen können sich als Teil einer erhabenen Bewegung fühlen, sich mit ihr identifizieren. Das spricht die Sehnsüchte vieler an. Die Zugehörigkeit zur „Volksgemeinschaft" bringt aber auch viele konkrete materielle Vorteile und Vergünstigungen mit sich: So können die „Volksgenossen" um Förderungen ansuchen, Produkte wie den Volksempfänger billig erwerben und im Notfall auf staatliche Hilfe zählen. Solche Anreize verstärken die Zustimmung zum NS-Regime insgesamt. Auch die Verfolgungsmaßnahmen gegen die Ausgegrenzten werden mehrheitlich gutgeheißen oder zumindest widerstandslos hingenommen.

Die Propaganda weiß um die Wirkung der „Volksgemeinschaft" und versteht sie geschickt zu erzeugen. Ritualisierte Feste und pompös inszenierte Massenveranstaltungen sorgen für unvergessliche Gemeinschaftserlebnisse. Viele Menschen berichten überschwänglich davon in ihren Tagebüchern und Briefen. Helmut J. Kislinger nimmt als „Hitlerjunge" an Aufmärschen und Kundgebungen teil: „Die Linzer Landstraße dröhnte dann vom Marschtritt der Kolonnen (…); Fanfaren schmetterten (…); Spielmannszüge sorgten für Stimmung; Sieg-Heil-Rufe der vielen kleine Hakenkreuzfähnchen schwingenden Zuschauer ertönten und patriotische Marschlieder wurden gesungen. Es war ein Heidenspektakel! Wir Jungvolkbuben waren mittendrin in diesem Geschehen …", erinnert er sich.[65]

### Kultur für alle

Den meisten Oberösterreichern und Oberösterreicherinnen sind bis 1938 die großen Bühnen und Theaterproduktionen des Landes fern. Das NS-Regime gibt sich volksnah und sorgt für erschwingliche Eintrittspreise, die einen Kulturgenuss für alle ermöglichen sollen. Doch der demokratische Schein trügt – auch der Kulturbetrieb wird bis ins letzte Detail vom NS-Staat bestimmt und kontrolliert. So werden nur Stücke von politisch-ideologisch erwünschten Autoren und Autorinnen zur Aufführung gebracht. Außerdem stehen die kulturellen Türen nur all jenen offen, die in das rassistische Weltbild der Nationalsozialisten passen.

Das seit 1925 im Zweijahrestakt aufgeführte Freilichtstück „Frankenburger Würfelspiel" wird zu einer der größten oberösterreichischen Theaterveranstaltungen im Nationalsozialismus. Das Stück stammt vom bekannten oberösterreichischen Autor Karl Itzinger, der darin das Auftaktereignis zum Bauernkrieg von 1625 behandelt. Die Nationalsozialisten sehen im Aufbegehren der Bauernschaft eine nationale Volksbewe-

Gauleiter August Eigruber (vorne Mitte) im Theater (Foto: Oberösterreichisches Landesarchiv)

gung und vermarkten das Stück entsprechend. Die Aufführungen werden als großes Spektakel inszeniert. Zahlreiche freiwillige Helfer richten in einer ehemaligen Schliergrube eine neue Spielstätte her, die Platz für tausende Zuseher und Zuseherinnen bietet.

Neue Wohnungen

In Linz und Steyr herrscht in den 1930er Jahren drückende Wohnungsnot. Nach dem „Anschluss" verschlechtert sich anfänglich die Situation noch, weil im Zuge der Betriebsgründungen viele Arbeitskräfte aus dem Ausland zuziehen. Die Nationalsozialisten beginnen rasch mit der Realisierung großer Wohnbauprojekte. In Steyr-Münichholz soll eine „nationalsozialistische Mustersiedlung" mit 4.500 Wohnungen entstehen. In Linz werden 11.000 Wohnungen („Hitlerbauten") errichtet, die das Stadtbild verändern. Am Keferfeld etwa wird eine neue Siedlung gebaut, vor allem für Menschen, die wegen des Baus der Hermann-Göring-Werke umsiedeln müssen. Die Familienhäuser sind modern ausgestattet und trösten die Umzügler schnell über den Verlust ihres alten Heimes hinweg: „Kanalisation, Wasserleitung, Gasversorgung, Strom, Raumeinteilung mit Bad, Clo und Keller war in dieser Ausführung damals für viele neu. Der Grund war viel fruchtbarer, und es gedieh alles besser", erinnert sich Josef Theurer.[66]

Viele Menschen erleben den Wohnungsbau als Verbesserung ihrer persönlichen Lebenssituation – auch wenn es soziale Unterschiede gibt. Die Offiziere ziehen in eine der begehrtesten Gegenden der Stadt, auf den Froschberg. Die Arbeiter und Arbeiterinnen müssen mit den Wohnungen am Spallerhof und am Bindermichl Vorlieb nehmen. Die

## Aufbruchsstimmung und neue Zwänge

Im Stadtteil St. Magdalena befindet sich das Barackenlager Schlantenfeld, das in zwei Abteilungen gegliedert ist. In Schlantenfeld I sind Arbeiter und Arbeiterinnen aus bis zu 15 Nationen untergebracht. In Schlantenfeld II werden französische Kriegsgefangene interniert.
(Foto: Archiv der Stadt Linz)

Blick auf die Harbachsiedlung, die für Parteigünstlinge gedacht ist. Als Vorbild für viele „Hitlerbauten" dienen die für Oberösterreich typischen Vierkanthöfe. Dieser Stil soll Heimatverbundenheit ausdrücken.
(Foto: Archiv der Stadt Linz)

mährischen und italienischen Arbeiter, die als erste für den Wohnbau nach Oberdonau angeworben werden, sind in armseligen Baracken untergebracht. Linz sei nicht die „Patenstadt", sondern vielmehr die „Barackenstadt des Führers", spottet deshalb schon bald der eine oder andere.

Doch auch durch die Vertreibung der jüdischen Bevölkerung werden Häuser und Wohnungen frei. Die besten Lagen sichern sich die Parteibonzen. So zieht Gauleiter Eigruber mit seiner Familie in eine Villa auf der Gugl.

Eines von mehreren „Müttererholungsheimen" auf oberösterreichischem Boden: das Dietlgut in Hinterstoder.
(Abbildung: Maria Ecker)

## Soziale Fürsorge – und Kontrolle

Der Linzer Franz Langoth ist ein altgedienter Parteifunktionär und bringt viel organisatorische Erfahrung mit. Als Belohnung für seine Verdienste wird ihm die Leitung der Nationalsozialistischen Volkswohlfahrt (NSV) übertragen, die vor allem in der Familien- und Jugendfürsorge tätig ist. Von der Zentrale in der Linzer Seilerstätte aus organisiert sie etwa für viele Mütter einen Urlaub in einem „Müttererholungsheim". In einer Werbeeinschaltung heißt es: „Sie, die einfachen Bauern- und Arbeiterfrauen, sind ‚Kurgäste' wie die Frau irgendeines Generaldirektors; sie erhalten fünf Mahlzeiten am Tage; sie gehen spazieren oder (…) sie baden im See. Sie vertreiben sich bei Schlechtwetter die Zeit mit Basteleien für die Kinder und mit Spielen jeglicher Art."[67]

Für den Beitritt zur NSV wird in Zeitungen massiv geworben.
(Abb.: Christian Kloyber/Christian Wasmeier)

Die NSV ist in diesen Jahren fast überall sichtbar und tritt auch durch öffentliche Sammlungen und Spendenaktionen für „bedürftige Volksgenossen" in Erscheinung. Wegen dieser sozialen Leistungen ist die Organisation bei vielen Menschen beliebt. Auf der anderen Seite übt die NSV Kontrolle und Druck aus, nicht nur, um die Menschen zum Beitritt und zu Spenden zu zwingen. Sie bestimmt, wer die neu eingeführten finanziellen Leistungen der zinslosen Ehestandsdarlehen und der Kinderbeihilfe erhält. In den Genuss dieser Fürsorgemaßnahmen kommt nur, wer als politisch zuverlässig und „erbbiologisch" gesund gilt. Dabei ist nicht nur das Urteil von Ärzten und Ärztinnen ausschlaggebend, auch die Stellungnahmen von Bürgermeistern, Kreis- und Ortsgruppenleitern sind von Bedeutung.

So unterstellt ein Bürgermeister des Bezirks Grieskirchen einer Antragstellerin, die heiraten möchte und um ein Ehestandsdarlehen ansucht, geistige Beschränktheit: „In-

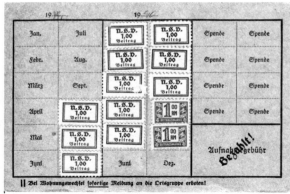

NSV-Mitgliedskarte Hans Mieß. 1944 bezahlen etwa 200.000 Oberösterreicher und Oberösterreicherinnen monatliche Mitgliedsbeiträge für die NSV. (Abbildung: Maria Ecker)

folge teilweiser Absonderung von der Außenwelt hat sie sich selber auch nicht die nötigen Umgangsformen angeeignet. Eine nicht richtige Erziehung hat ebenfalls hiezu beigetragen. Auch ist eine Erbanlage gegeben, da ein Bruder der Mutter geisteskrank ist."[68] In solchen Fällen stellen die Behörden keine „Bescheinigung auf Eignung zur Ehe" aus. Sind „erbbiologische" Bedenken einmal amtlich erfasst, können den Betroffenen nicht nur staatliche Leistungen entzogen werden, sondern drohen auch weitere Schritte wie Zwangssterilisation.

# Welche Rollen sollen Frauen einnehmen?

„Die Schlichtheit ihres Äußeren und der Ausdruck ihres Wesens ist hinreißend. Sie spricht über die hohen Ideen, die Erfüllung vielseitiger Aufgaben und entwirft das Idealbild einer echten, deutschen Frau", so schwärmt das Linzer Volksblatt am 4. April 1938 über die Reichsfrauenführerin Gertrud Scholtz-Klink aus Berlin.[69] Sie ist in Linz, um die Werbetrommel für die kommende Volksabstimmung zu rühren, und wird dabei tatkräftig von der oberösterreichischen Gaufrauenschaftsleiterin Maria Schicho unterstützt.

Das „Idealbild einer echten, deutschen Frau" ist – bis zum Ausbruch des Krieges – das der Gattin, Mutter und Hausfrau.

### Mutterschaft ist Pflicht

Mutterschaft erklären die Nationalsozialisten zur höchsten Pflicht der Frau, als Belohnung winken finanzielle Zuwendungen und Auszeichnungen. „Ob und wieviele Kinder einer hat – danach wird sein Wert für die Gemeinschaft bemessen. Wer Kinder haben

Gertrud Scholtz-Klink in Linz im April 1938
(Foto: Archiv der Stadt Linz)

Eine Verleihung des „Ehrenkreuzes der deutschen Mutter" in Linz 1940
(Foto: Archiv der Stadt Linz)

**Aufbruchs-stimmung und neue Zwänge**

darf – soll und muss Kinder haben. Das ist ein Grundgesetz im Dritten Reich!", verkündet die Linzer Volksstimme im Juni 1938.[70] Die Idealisierung der Mutterschaft, finanzielle Förderungen und der wirtschaftliche Aufschwung zeigen Wirkung: 1940 kommen in Oberdonau so viele Kinder zur Welt wie noch nie zuvor.

Frauen mit vier oder mehr Kindern erhalten das „Ehrenkreuz der deutschen Mutter", das in einer feierlichen Zeremonie am „Tag der deutschen Mutter" überreicht wird. Im Kreis (Bezirk) Rohrbach, einer bäuerlich dominierten Region, verleihen Bürgermeister und Ortsgruppenleiter der NSDAP in nicht einmal vier Jahren mehr als 5.000 Ehrenkreuze. Rohrbach darf sich stolz „kinderreichster Kreis" nennen.[71]

### Weltanschauliche Schulung

Um die Botschaft vom „Idealbild der deutschen Frau" bis in die kleinsten Landgemeinden zu tragen, organisiert die NS-Frauenschaft unter der Leitung von Maria Schicho in ganz Oberdonau zahlreiche Kundgebungen und Schulungstage für Frauen. Nationalsozialistisch geschulte Referentinnen sollen die Anwesenden auf die Parteilinie einschwören und ihnen nebenbei auch mütterliche und hauswirtschaftliche Fertigkeiten vermitteln.

Großer Beliebtheit erfreuen sich die so genannten „Heimabende", wie jener in Hofkirchen im Mühlviertel, über den die Propaganda berichtet: „Der erste Teil des Abends wurde weltanschaulichen Aufklärungen gewidmet, hernach unterhielt man sich durch fleißiges Plaudern, Singen und Spielen. Es entwickelte sich große Fröhlichkeit und herzliches Lachen. Die Zeit verging wie im Fluge und die Frauen gingen befriedigt und in gehobener Stimmung nach Hause, dass sich ein so gemütlicher Abend recht bald wiederholen möge."[72] Auch wenn Frauen für den NS-Staat nur als Mütter und Unterstützerinnen ihrer Ehemänner von Wert sind – viele Frauen empfinden die ihnen entgegengebrachte öffentliche Aufmerksamkeit als positiv.

Das „Knorr-Kochbuch der Ostmärkischen Hausfrau" enthält Ratschläge und Rezepte.
(Abbildung: Maria Ecker)

# Wie geht es der Bauernschaft und den landwirtschaftlichen Hilfskräften?

Franz Saxinger wächst auf einem Bauernhof in Kollerschlag im Grenzgebiet zu Bayern auf. Als Jugendlicher erlebt er in den 1930er Jahren, wie die hiesigen Bauern sehnsuchtsvoll über die Grenze schielen, weil sich dort die Situation in der Landwirtschaft sichtbar bessert. „Bei uns war es ein Dahinfretten, scheinbar ohne Ende", schreibt Saxinger in seinen Lebenserinnerungen.[73] Beinahe die Hälfte der oberösterreichischen Bevölkerung ist kurz vor dem „Anschluss" in der Landwirtschaft tätig. Vielen der 92.200 Bauernhöfe geht es wirtschaftlich außerordentlich schlecht. Schulden und Zwangsversteigerungen stehen an der Tagesordnung. Die oberösterreichischen Bauern und Bäuerinnen erhoffen sich vom „Anschluss" ein Ende ihrer Not, obwohl viele dem Nationalsozialismus distanziert gegenüberstehen.

## Gleichschaltung und Landflucht

Auch die Landwirtschaft wird unmittelbar nach der Eingliederung in das Deutsche Reich in das nationalsozialistische Einheitssystem gepresst. Landwirtschaftskammer und Interessenvertretungen werden aufgelöst, an ihre Stelle tritt der „Reichsnährstand". Oberdonau gehört zur Landesbauernschaft „Donauland". An ihrer Spitze steht der aus Mettmach stammende Landesbauernführer, Landesjägermeister und SS-Brigadeführer Anton Reinthaller.

Die NS-Gemeindepolitik in den Dörfern wird vom so genannten „Ortsdreieck" bestimmt: dem Bürgermeister, Ortsgruppenleiter und Ortsbauernführer. Der Ortsbauernführer ist für die Umsetzung der NS-Agrarpolitik im Dorf verantwortlich. Dabei gerät er mitunter in die Zwickmühle zwischen bäuerlichen Interessen und Parteilinie. Von seinem Handeln hängt viel ab, er hat etwa bei der Erfüllung der Vorgaben beachtliche Spielräume.

Im April 1938 treffen sich die Ortsbauernführer aus Hofkirchen im Mühlkreis und Umgebung, um von Kreisbauernführer Josef Pühringer auf ihre Aufgaben und die neue Zeit eingestimmt zu werden. Im Laufe des Abends spricht der Ortsbauernführer der Grenzgemeinde Oberkappel sehr angeregt über die vielen Verbesserungen, die jetzt zu erwarten seien. Stichworte wie „Entschuldung" finden bei den Anwesenden großen Anklang. Es herrscht Aufbruchsstimmung in der oberösterreichischen Bauernschaft. Sie wird jedoch durch die bald einsetzende Landflucht der landwirtschaftlichen Hilfskräfte etwas getrübt. Denn schon im Sommer 1938 haben so viele Landarbeiter und Landarbeiterinnen die Höfe zugunsten neuer Arbeitsmöglichkeiten in der Industrie

Anton Reinthaller (1895–1958). Nach dem Krieg ist Reinthaller Mitbegründer der FPÖ und ihr erster Bundesparteiobmann. (Foto: Österreichische Nationalbibliothek)

**Aufbruchs-stimmung und neue Zwänge**

verlassen, dass sogar die Einbringung der Ernte gefährdet ist. Als Folge steigen die Löhne für die landwirtschaftlichen Hilfskräfte. Das NS-Regime versucht, die Landflucht mit der Gewährung von Begünstigungen zu verhindern. Knechte und Mägde können, oft zum ersten Mal in ihrem Leben, einen Erholungsurlaub machen. Sie erhalten Zuschüsse für Wohnungen, Einrichtungen und sonstige Hilfen, die die Heiratsmöglichkeiten verbessern. Viele Landarbeiter und Landarbeiterinnen konnten es sich nämlich wegen ihres geringen Einkommens nicht leisten, eine Ehe einzugehen. Dennoch ist die Abwanderung aus der Landwirtschaft nicht zu verhindern.

### Zweischneidige Erleichterungen

Die Nationalsozialisten versuchen, die Bauernschaft mit allerlei Angeboten für sich zu gewinnen. Sie preisen das Bauerntum als den gesunden Kern des deutschen Volkes und idealisieren das einfache bäuerliche Leben. Viele Geld- und Sachleistungen tragen zur Existenzsicherung der Höfe bei. So unterstützt der NS-Staat den Ankauf von landwirtschaftlichen Geräten wie Traktoren und Mähmaschinen. Dadurch soll die rückständige Landwirtschaft modernisiert und die Produktivität gesteigert werden. Franz Saxinger beobachtet als Jugendlicher das sich verändernde Umfeld: „Vereinzelt tauchten die ersten Pferdemähwerke auf, ein Bauer konnte sich sogar einen Traktor leisten (…). Neugierig bestaunten wir das Gefährt".[74]

Ein wichtiger Werbeträger des NS-Systems ist die „Entschuldungsaktion". Der Begriff „Entschuldung" bezeichnet eigentlich eine Umschuldungsaktion auf langfristige, niedrig verzinste staatliche Darlehen. Das bringt einerseits eine große Erleichterung durch geringere jährliche Rückzahlungsraten mit sich, andererseits aber auch Einschränkungen. Der Staat ist der neue Gläubiger und übernimmt die Kontrolle, die Bauern verlieren an Eigenständigkeit.

Die verstärkte Kontrolle des NS-Staates macht sich auch in der Überwachung der landwirtschaftlichen Produktion bemerkbar. Die Bauern und Bäuerinnen klagen über die Abgabepflichten. Wer nicht liefert, dem droht Gefängnis oder der Entzug der begehrten Uk-Stellung: Er ist also nicht mehr „unabkömmlich", weil er als Arbeitskraft gebraucht wird, sondern muss an die Front gehen.

### Reichserbhofgesetz

Im Sommer 1938 tritt das Reichserbhofgesetz in Kraft, das sich an mittelgroße Betriebe zwischen 7,5 und 125 Hektar richtet. Nur Besitzer von Erbhöfen dürfen sich „Bauern" nennen, alle anderen werden abwertend als „Landwirte" bezeichnet. Erbhöfe dürfen nicht verkauft, finanziell belastet oder aufgeteilt werden. Viele Bauern begrüßen den Schutz vor Versteigerung und Zwangsvollstreckung, doch es gibt auch Bedenken – denn das neue Gesetz bringt Zwänge mit sich. So ist es für Bauern schwierig, den

Die Reichsnährstandshalle Wels
(Foto: Irene Keller)

Betrieb zu modernisieren, wenn der Hof finanziell nicht belastet werden darf. Wer sein Anwesen nicht ordentlich bewirtschaftet oder gegen nationalsozialistische Moralvorstellungen verstößt, dem droht der Verlust des Hofes. Die Ehefrau findet im Gesetz keine Erwähnung, die Tochter folgt in der Reihenfolge der Erbberechtigten als erste weibliche Anerbin auf Platz neun. Das bedeutet den Ausschluss der Frau als Besitzerin von Grund und Hof. Zwar wird das Gesetz bis 1943 verbessert, aber es versagt in der Praxis. Bis 1943 werden nicht einmal sieben Prozent aller landwirtschaftlichen Betriebe in Oberdonau zu Erbhöfen erklärt.

Insgesamt macht das NS-Regime den Bauern und Bäuerinnen viele Angebote, die deren Lebenssituation verbessern. Gleichzeitig sind diese Anreize mit Vorschriften, Kontrollen und Strafen verzahnt. Im Grunde sind alle Maßnahmen der Agrarpolitik auf die Kriegsvorbereitung ausgerichtet oder von ihr beeinflusst. Immer mehr Bauern müssen schließlich doch einrücken. Die Produktion kann nur unter Einsatz von Zwangsarbeitern und Zwangsarbeiterinnen aufrechterhalten werden.

**Aufbruchsstimmung und neue Zwänge**

# Wie verhalten sich die Kirchen?

Das Verhältnis der Kirchen zum Nationalsozialismus ist zwiespältig. Ein Eckpfeiler der NS-Ideologie, der Antisemitismus, hat sowohl in der katholischen als auch in der evangelischen Kirche Tradition. In anderen Bereichen, wie der NS-Euthanasie, verhalten sich die Kirchen ablehnend.

## Katholische Kirche

Alois Nikolussi
(Foto: Egbert Bernauer)

Tausende Oberösterreicher und Oberösterreicherinnen kehren nach dem „Anschluss" der katholischen Kirche den Rücken und nennen sich „gottgläubig". Diejenigen, die weiterhin dem katholischen Glauben folgen, hören von ihren Priestern unterschiedliche, teils widersprechende Botschaften. Einige stehen dem Nationalsozialismus sehr positiv gegenüber. So auch Alois Nikolussi vom Stift St. Florian, ein begeisterter Anhänger der nationalsozialistischen Ideen. In zahlreichen Veranstaltungen hilft er als Redner, noch vorhandene Zweifel zu beseitigen. Doch er ist auch schreibend aktiv, wie in der „Amtlichen Linzer Zeitung": „Es ergeht an die Priester die Einladung, an der großen deutschen Bewegung aktiv mitzuarbeiten. Wenn wir die große Stunde nicht erkennen, werden wir einmal ohne Volk sein."[75]

Der Linzer Bischof Johannes Maria Gföllner ist vor 1938 ein ausgesprochener Gegner des Nationalsozialismus. Nach dem „Anschluss" verhält er sich den neuen Machthabern gegenüber zwar distanziert, aber er passt sich an. So unterzeichnet auch er den Aufruf der österreichischen Bischöfe, sich bei der Volksabstimmung am 10. April 1938 zum „Anschluss" zu bekennen: „Am Tage der Volksabstimmung ist es für uns Bischöfe selbstverständliche nationale Pflicht, uns als Deutsche zum Deutschen Reich zu bekennen, und wir erwarten auch von allen gläubigen Christen, dass sie wissen, was sie ihrem Volke schuldig sind."[76]

Nach Gföllners Tod 1941 übernimmt Josef Calasanz Fließer die Verantwortung für die Diözese. Er pflegt einen konfliktfreudigeren Umgang mit den Machthabern und trifft sich mehrmals mit Gauleiter Eigruber, um strittige Punkte direkt mit ihm zu verhandeln. Dabei geht es Fließer darum, die Interessen der Kirche schützen. So erreicht er, dass von den Nationalsozialisten beschlagnahmte kirchliche Gebäude durch billige Pachtverträge weiterhin für kirchliche Zwecke verfügbar bleiben.

Die Amtskirche erkennt das NS-Regime als legitime Obrigkeit an und stellt sich nie offen gegen dessen Politik. Sie teilt wesentliche Grundzüge der nationalsozialistischen Ideologie, wie den Kampf gegen das Judentum und den „Bolschewismus". Die Nationalsozialisten wollen die Macht und den Einfluss der Kirche eindämmen. Sie schränken den religiösen Alltag stark ein: Predigten werden bespitzelt, das Schulgebet abge-

Der todkranke Bischof Gföllner (links) mit seinem Nachfolger Fließer
(Foto: Diözesanarchiv Linz)

schafft oder nationalsozialistisch angepasst, einzelne kirchliche Feiertage aufgehoben. Das NS-Regime will die Jugenderziehung uneingeschränkt selbst durchführen und beseitigt deshalb das katholische Bildungswesen. Klöster und Konvente werden beschlagnahmt, katholische Privatschulen aufgelöst. Die Beschneidung des katholischen Lebens und vor allem die Zurechtweisungen von Priestern führen bei der gläubigen Bevölkerung zu Protesten. Anton Einsiedl, seit kurzem Pfarrer in Zell am Pettenfirst, maßregelt einen Jungen, weil dieser den „Hitlergruß" benützt. Im Oktober 1939 erhält er dafür Unterrichtsverbot – eine besonders häufig verhängte Strafe. Das löst in der katholischen Gemeinde des Dorfes eine „ungeheure Erregung" aus, Menschen treten aus der NSV aus, die NS-Frauenschaft löst sich sogar ganz auf.[77] Als besonders schmerzlich empfindet die katholische Bevölkerung auch den Verlust der Kirchenglocken, die ab 1940 zu Kriegszwecken abgegeben werden müssen. Pfarrvikar Michael Kirnbauer aus Ried in der Riedmark stellt in der Pfarrchronik als Reaktion darauf die Frage: „Ist das die Freiheit, die uns Hitler gebracht hat?"[78]

## Evangelische Kirche

Die wenigen evangelischen Gemeinden Oberösterreichs haben es schwer im katholischen „Ständestaat" und wünschen sich den Zusammenschluss mit der viel mächtigeren und reicheren Bruderkirche in Deutschland. Die evangelische Kirche begegnet deshalb dem Nationalsozialismus zunächst mit viel Sympathie und bewertet den „Anschluss" überaus positiv. Die Jubelstimmung wird auch aus dem Schreiben des evangelischen Oberkirchenrates in Wien, das am 17. März 1938 an die evangelischen

**Aufbruchs-stimmung und neue Zwänge**

Gemeinden Österreichs geht, deutlich: „Gott hat an dem deutschen Volk und unserer Heimat ein großes Wunder getan. Der Führer des deutschen Volkes hat es aus schwerer Drangsal befreit (…) Das deutsche Volk in Österreich lebt wieder mit seinen Brüdern innerhalb einer gemeinsamen Grenze im Großdeutschen Reich. (…) Wir danken dem Führer für seine große Tat."[79]

Doch auch die evangelische Kirche leidet bald ähnlich der katholischen Kirche unter den Zugriffen der neuen Machthaber: Vereine werden aufgelöst, das Vermögen beschlagnahmt, die konfessionelle Jugendarbeit wird verboten.

Gosau ist eine der wenigen evangelisch dominierten Gemeinden Oberösterreichs. Hans Eder, evangelischer Pfarrer und bald erster Bischof, feiert dort den „Anschluss" mit enthusiastischen Worten. Die SA von Gosau bereitet ihm dafür einen ehrenden Fackelzug. Später distanziert er sich immer mehr, äußert sich verbittert über das NS-Regime und wird dafür geschmäht. Eders Nachfolger in Gosau, Leopold Temmel, beschreibt die Entwicklung rückblickend so: „Was man sich so hart erkämpft und erhalten hatte, ging binnen Jahresfrist verloren. Mit Ende des Schuljahres 1937/38 wurde die evangelische private Volksschule vom Staat übernommen."[80]

Temmel erinnert sich an die Begeisterung rund um den „Anschluss". Sein resignierter Nachsatz trifft wohl auf viele Oberösterreicher und Oberösterreicherinnen zu: „Aber die Hochstimmung verflog bald."[81]

Spätestens mit den Siegeszügen der deutschen Truppen in der ersten Phase des Krieges kehrt die Begeisterung in der Bevölkerung jedoch zurück.

# Lebensgeschichten

## Maria Schicho:
## Die oberste Frau in Oberdonau

Maria Schicho ist die ranghöchste weibliche NS-Funktionärin in Oberdonau. Nach 1945 behauptet sie, dass sie nur durch die Gefälligkeit eines Bekannten in diese Position geraten sei. Mit ihrer Strategie, die Verantwortung auf andere abzuschieben, befindet sie sich im Nachkriegsösterreich in guter Gesellschaft.

### Ausbildung und erste Kontakte mit der NSDAP

Maria Schicho kommt 1891 in Grünau im Almtal zur Welt. Über ihre ersten 40 Lebensjahre sind nur Eckdaten bekannt: Besuch der Volks- und Bürgerschule, Haushaltungsschule, schließlich Lehrerinnenbildungsanstalt (Fach Schneiderei), Heirat, zwei Kinder, ein Pflegekind.

Erst mit Beginn ihres Engagements für die Nationalsozialisten nimmt die Lebensgeschichte der Maria Schicho mehr Gestalt an. Anfang der 1930er Jahre arbeitet sie in einer Schneiderei in Bad Schallerbach, wo sie auch wohnt. Zu ihren Stammkunden zählen SS- und SA-Leute, die sich von Schicho die Hemden nähen lassen. Unter ihnen ist auch ihr Nachbar Alois Dornetshuber, der schon seit Längerem in einflussreicher Position für die Nationalsozialisten aktiv ist – später, während des Krieges wird er sogar Landesbauernführer. Durch ihn kommt Maria Schicho, wie sie später sagt, in Kontakt mit den nationalsozialistischen Ideen. 1932 tritt sie der NSDAP bei und zahlt bis Kriegsende ohne Unterbrechung Mitgliedsbeiträge. In den Verbotsjahren der NSDAP engagiert sie sich auch im Kleintierzüchterverband, der sich eine Siedlung bei Bad Schallerbach erbaut. Diese Tätigkeit ist nicht so unpolitisch, wie sie Schicho nach dem Krieg darstellt: Sie erhält für ihren Einsatz um den Bau der Wohnsiedlung von den Nationalsozialisten 1938 immerhin die „Medaille für deutsche Volkspflege".

### Rascher Aufstieg

Im Frühjahr 1938, kurz vor dem „Anschluss", steigt Maria Schicho zur Kreisfrauenschaftsleiterin der NSDAP für den Kreis Hausruck/Grieskirchen auf. In diesen Wochen verfasst sie ein Weisungsblatt „an alle Mitglieder der NS-Frauenschaft". Darin schwört sie ihre Genossinnen auf die neue Zeit ein und ermahnt sie, sich „ohne Kritik den Weisungen ihrer Leiterin zu fügen", da die ganze Parteiorganisation auf dem „Führerprinzip" aufbaue. „Das Leben jeder Parteigenossin bedeutet, ebenso wie das des Mannes, Kampf gegen jeden unserer Gegner und gegen jede seiner Einrichtungen (…). Ich glaube fest und unerschütterlich an unsere freie deutsche Zukunft, so wie ich an unseren herrlichen Führer Adolf Hitler glaube!"[82] Kurz nach der Machtübernahme ernennt Gauleiter Eigruber sie zur Gaufrauenschaftsleiterin – angeblich auf Betreiben ihres Gönners Alois Dornetshuber.

Maria Schicho zieht mit ihrer Familie nach Linz in die Volksgartenstraße 18, wo auch die Räumlichkeiten der Gaufrauenschaftsleitung angesiedelt sind. In ihrer neuen Funktion tritt sie als flammende Rednerin in Erscheinung, ob bei einer großen Kundgebung zur „Volksabstimmung" 1938 oder der „Führerinnen-Tagung" im Juni 1939. Zu ihren Aufgaben zählen die Auflösung der Frauenorganisationen des „Ständestaates", die Sicherstellung ihrer Vermögen sowie überhaupt der Aufbau der Gaufrauenschaft. Maria Schicho bleibt bis Kriegsende Gaufrauenschaftsleiterin von Oberdonau.

Leugnung der Verantwortung

Ende Mai 1945 verhaften die US-amerikanischen Militärbehörden Maria Schicho und bringen sie in das Anhaltelager Glasenbach, wo sie zwei Jahre inhaftiert und dann nach Linz überstellt wird. Wegen eines schweren Herzleidens wird sie gegen Gelöbnis entlassen. In den Vernehmungen versucht sie ihre Tätigkeit während der NS-Zeit zu beschönigen: „Als ich nach der Berufung zur Gaufrauenschaftsleiterin in meiner neuen Dienststelle tätig war, wurden verschiedene Male von Seiten meiner Angestellten mir gegenüber Äußerungen laut, dass es verwunderlich wäre, dass ich zur Gaufrauenschafsleiterin berufen worden bin, woselbst ich mich doch niemals illegal betätigt hätte."[83] Jede Eigenverantwortung weist sie weit von sich, ihre Karriere sei nur das Ergebnis „reiner Gefälligkeit und Begünstigung durch den damaligen Kreisleiter" Dornetshuber gewesen. Der ehemalige Landesbauernführer kann dazu nicht mehr befragt werden, er nimmt sich bei Kriegsende das Leben. 1948 wird Maria Schicho für schuldig befunden, weil sie durch ihre Tätigkeit „wesentlich zur Verlängerung des Krieges beigetragen" hat. Maria Schicho stirbt 1955 in Linz.

Quellen:
Dagmar Höss/Monika Sommer/Heidemarie Uhl (Hg.), In Situ. Zeitgeschichte findet Stadt: Nationalsozialismus in Linz, Linz 2009, S. 136.
OÖLA, Biografische Datenbank: Schicho, Maria.
OÖLA, Bestand „Materialien zu NS-Biographien", Sondergerichte, Sch. 269.

# Josef (Sepp) Teufl: Arbeiterführer im Widerstand

Josef (Sepp) Teufl setzt sich als Kommunist für die Rechte der Arbeiterschaft ein. Als vehementer Gegner der Nationalsozialisten baut er unter Lebensgefahr ein Widerstandsnetzwerk in Oberösterreich auf. Er wird verraten und kurz vor Kriegsende im Konzentrationslager Mauthausen ermordet.

### Politische Prägung

Josef Teufl wird 1904 in Wien als uneheliches Kind geboren. Da die Mutter den Lebensunterhalt verdienen muss, wächst er bei der Großmutter und verschiedenen Kostgebern auf. Sepp Teufl besucht die Schule in Amstetten und Urfahr, anschließend macht er eine Lehre als Maschinenschlosser. Von 1926 bis 1929 arbeitet er in den Steyr-Werken, „wo sich sein revolutionäres Bewusstsein herausbildet."[84] Er empfindet die Behandlung der Arbeiterschaft als große Ungerechtigkeit. Vor allem stört ihn die Einführung der Akkordarbeit, die er für ein besonders raffiniertes System der Ausbeutung hält. 1929 tritt Sepp Teufl der KPÖ bei. Im selben Jahr beginnt er in der Linzer Tabakfabrik zu arbeiten. Seine Kollegen und Kolleginnen vertrauen dem jungen Mann, der überlegt handelt und doch bestimmt auftritt, und wählen ihn zum Betriebsrat. „Wenn du irgendjemand gefragt hast von der Fabrik, ja der Teufl, der Teufl, der hat jedem geholfen, der war beliebt. (…) Er war ein äußerst bescheidener Mensch, ruhig, besonnen, kein Schwanerer (…) Politisch war er äußerst stark. Ich glaube, er hat eine gute politische Schulung hinter sich gehabt", erinnert sich sein Freund Alois Gröblinger.[85]

### Familienmensch

Als Kind träumt Sepp Teufl davon, Musik zu studieren. Dazu gibt es aber im Hause Teufl kein Geld. Die Liebe zur Musik begleitet ihn sein Leben lang. Als Instrument wählt er die Mandoline, die er hervorragend spielt. Die Proben im Mandolinenverein dienen in den 1930er Jahren häufig auch zur Besprechung und Planung politischer Aktivitäten. Oft finden diese „musikalischen" Zusammenkünfte in der Wohnung von Sepp Teufls Familie statt. Er ist seit 1926 mit Johanna Teufl verheiratet, die einen Sohn in die Ehe mitbringt. Gemeinsam hat das Paar eine kleine Tochter. In ihrem Bekanntenkreis gelten die Teufls als „Musterfamilie", weil sie einen äußerst liebevollen Umgang miteinander pflegen und viel gemeinsam unternehmen.[86] Johanna Teufl steht voll und ganz hinter den politischen Aktivitäten ihres Mannes und unterstützt ihn, wo sie kann.

Einige Monate nach dem Verbot der KPÖ im Mai 1933 wählt ihn die Kommunistische Partei bei einer illegalen Versammlung zum Leiter der Landesorganisation in Oberösterreich. Im Bürgerkrieg Februar 1934 kämpft Sepp Teufl rund um den Linzer Wirtschaftshof und unterstützt danach die Familien von Verhafteten. Aufgrund seiner politischen Tätigkeit verliert Sepp Teufl seinen Posten in der Tabakfabrik. In den folgenden Jahren ist er

Sepp Teufl (Zweiter von links) mit seinen Musikfreunden (Foto: Peter Kammerstätter, Materialsammlung Teufl, Linz 1984)

mehrmals in Haft, unter anderem im Anhaltelager Wöllersdorf, wo er in einer Zelle mit dem späteren Gauleiter August Eigruber sitzt und mit diesem hitzige Diskussionen führt.

## Im Widerstand

Nach dem „Anschluss" stellt die Tabakfabrik Sepp Teufl wieder ein. Damit wollen die Nationalsozialisten den beliebten Arbeiterführer auf ihre Seite ziehen. Sie laden ihn zum Parteitag nach Nürnberg ein. Teufl muss einen Bericht über das Erlebte schreiben, der dann als Aushang in der Tabakfabrik veröffentlicht wird und andere skeptische Arbeiter und Arbeiterinnen überzeugen soll. Er ist auch verpflichtet, eine Reihe von Vorträgen zu halten. Diese Tätigkeiten erfordern von ihm viel Fingerspitzengefühl. Einerseits darf er seine wahren Gedanken nicht verraten, um die Nationalsozialisten nicht zu verärgern und sich zu gefährden. Andererseits müssen seine Aussagen distanziert genug sein, um seine politischen Mitstreiter nicht zu enttäuschen. Für Sepp Teufl gibt es keinen Zweifel: Er ist von der kommunistischen Ideologie überzeugt und lehnt den Nationalsozialismus entschieden ab. Im Untergrund leitet er die Widerstandtätigkeiten der Kommunistischen Partei in Oberösterreich, baut Netzwerke von Gleichgesinnten auf, organisiert finanzielle Hilfe für bedürftige Genossen und Genossinnen. Durch diese Tätigkeiten ist Sepp Teufl in ständiger Gefahr, von den Nationalsozialisten verhaftet zu werden. Als er die Möglichkeit erhält, mit einem gefälschten Pass ins Ausland zu flüchten, lehnt er ab. Er möchte seine Mitstreiter nicht im Stich lassen, zudem fürchtet er, dass seine Familie in „Sippenhaft" genommen wird.

## Verhaftung und Ermordung

Im September 1944 verhaftet die Gestapo Sepp Teufl und andere führende Köpfe der Widerstandsbewegung und verschleppt sie in das Konzentrationslager Mauthausen. Dort wird Sepp Teufl mehrmals verhört und brutal gefoltert. Im Steinbruch Wiener Graben muss er Zwangsarbeit für die deutsche Rüstungsindustrie leisten. Sepp Teufl gelingt es dennoch, Verbindungen zu Widerstandsgruppen im Lager aufzubauen. In den Briefen an seine Frau gibt er sich zuversichtlich. Am 30. März 1945 schreibt er, auf das nahe Kriegsende hoffend: „Es ist das allerletzte Tief, das wir noch zu überwinden haben. Weine Dir nicht deine Augen trübe, denn ich will mich bald darin wiederspiegeln (sic). (…) Meine Rechnung geht jetzt bis zum 1. Mai!"[87] Ende April trifft in Mauthausen ein Funkbefehl von Gauleiter August Eigruber ein: Alle oberösterreichischen Kommunisten sollen ermordet werden, damit die Alliierten „keine aufbauwilligen Kräfte" vorfinden.[88] Die Betroffenen erfahren von diesem Befehl, hoffen aber, dass die Alliierten das Lager befreien, bevor er vollstreckt werden kann. Ein Freund versucht Sepp Teufl zu überreden, mit ihm zu fliehen. Dieser lehnt ab, weil er sich nicht von seinen Kameraden trennen will. Am 28. April 1945, eine Woche vor der Befreiung des Konzentrationslagers Mauthausen, wird Sepp Teufl gemeinsam mit 41 weiteren Menschen in der Gaskammer ermordet.

Quellen:
Ingeborg Ertelt, Meine Rechnung geht bis Anfang Mai. Aus dem Leben des Widerstandskämpfers Sepp Teufl (1904–1945), Linz 2003.
Peter Kammerstätter, Teufl Josef (Pepi – Sepp) (Teufel). Geb. 23.11.1904, gest. 29.4.1945 im KZ Mauthausen. Dokumentensammlung, Linz 1984.
Sepp Teufl. Widerstandskämpfer. Eine Dokumentation der KPÖ-Oberösterreich, Linz 2010.

# Linz – „Patenstadt des Führers"

## Warum hat Linz im Nationalsozialismus eine besondere Bedeutung?

Adolf Hitler ist in Oberösterreich geboren und aufgewachsen. Deshalb spielt Oberdonau als „Heimatgau des Führers" in der nationalsozialistischen Ideologie, Propaganda und Politik eine wichtige Rolle. Besonders viel liegt Hitler an den Plänen, die Landeshauptstadt Linz sowohl wirtschaftlich als auch kulturell zu einer der bedeutendsten Städte des Deutschen Reiches auszubauen.[89]

„Heimatgau des Führers"

Nach dem „Anschluss" 1938 wird die oberösterreichische Volkskunde-Zeitschrift „Heimatgaue" in „Heimatgau" umgetauft, aus Stolz darüber, dass der „Führer" in diesem Gau „dem deutschen Volk geschenkt wurde".[90] „Eine wahrhaft weltgeschichtliche Stunde für Heimat und Welt schlug, als Adolf Hitler auf unserem Boden ins Leben trat", schreibt Rudolf Lenk, der oberösterreichische Landesrat für Erziehung, 1940 in einem Band über

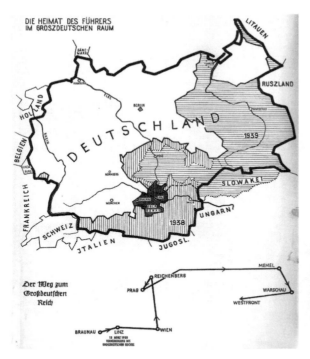

↑ Die Karte „Die Heimat des Führers im großdeutschen Raum" aus dem Band „Oberdonau, die Heimat des Führers" verdeutlicht die besondere Stellung von Braunau und Linz in der NS-Ideologie.
(Abbildung: Lenk/Dunzendorfer, Oberdonau, München 1940)

↗ Adolf Hitler besucht am 13. März 1938, beim „Anschluss" Österreichs an das Deutsche Reich, das Grab seiner Eltern in Leonding. Mit Propagandaaufnahmen wie dieser aus dem Bildband „Hitler in seiner Heimat" fachen die Nationalsozialisten den Kult um Hitler, Oberösterreich und Linz an.
(Foto: Österreichische Nationalbibliothek)

Oberdonau.[91] Hinter dem Kult um die „Heimat des Führers" stehen politische Absichten: Das Land erhofft sich mehr Fördermittel, und die oberösterreichische Bevölkerung soll sich ganz besonders mit dem Nationalsozialismus identifizieren. Im Kunst- und Literaturgeschichtsbuch „Unser Oberdonau" wird die innige Verbundenheit der Oberösterreicher und Oberösterreicherinnen mit ihrem Boden und dem deutschen Volk beschworen; sie folgen, so wird behauptet, dem „Geheimnis ihres Blutes" und spüren, dass ein Leben „außerhalb der Volksgemeinschaft" „nicht denkbar und nicht möglich" ist.[92] Adalbert Stifter, Franz Stelzhamer und Anton Bruckner erscheinen im Buch als die großen, heimatverbundenen „Söhne" des Landes, bevor die Lebensstationen des bewunderten „Führers" nachgezeichnet werden: Braunau, Fischlham, Lambach, Leonding, Linz und Steyr. Insbesondere die Geburtsstadt Braunau und Leonding, wo sich das Grab von Hitlers Eltern befindet, gelten als Pilgerstätten. „Das Geburtshaus des ‚Führers': ein Heiligtum wie Mariazell und so. Sie glauben gar net, wie verrückt das war", erinnert sich der Braunauer Stadtpfarrer Johann Ludwig nach 1945.[93]

## Provinzstadt – „Patenstadt" – „Führerstadt"

Viel mehr jedoch als seiner Geburtsstadt Braunau fühlt sich Adolf Hitler der Landeshauptstadt Linz nahe, in der er einen wichtigen Abschnitt seiner Jugend verbracht hat. Die Stadt beeinflusst um die Wende vom 19. zum 20. Jahrhundert die politische Einstel-

Der Kult um den „Heimatgau" und die „Jugendstadt des Führers" macht auch vor der Zurschaustellung sehr persönlicher Gefühle nicht Halt. Auf dem Titelblatt der Zeitschrift des Oberösterreichischen Landeslehrervereines im April 1938 wird mit Hilfe eines angeblich von Adolf Hitler geschriebenen Gedichtes seine Liebe zur Mutter propagandistisch verwertet. (Abbildung: Kurt Cerwenka)

lung des heranwachsenden Hitler. In Linz ist der Deutschnationalismus stark vertreten, und der Realschüler begeistert sich, wie viele seiner Mitschüler, für die Alldeutschen. Sie verlangen den Zusammenschluss der deutschsprachigen Gebiete der Monarchie mit dem Deutschen Reich. Angeheizt wird die deutschnationale Stimmung in Linz durch die geschürte Angst vor dem Zustrom tschechischer Saisonarbeiter. Linz, eine

**Linz – „Patenstadt des Führers"**

„fast einheitlich deutschsprachige Stadt", führt in diesen Jahren einen propagandistischen „Kampf gegen die Slawisierung".[94] Beim jungen Adolf Hitler setzt sich das positive Bild von Linz als „deutscher" und bodenständiger Provinzstadt fest – im Gegensatz zur multinationalen und intellektuellen Hauptstadt Wien, die er später verabscheut.

In Linz nehmen auch die Lebensträume des Jugendlichen ihren Anfang. Nach dem gescheiterten Besuch der Realschule lebt er in Linz zwei Jahre lang nur für seine künstlerischen Neigungen. Im Linzer Landestheater erfasst ihn die Faszination für die Opern Richard Wagners, in denen er deutsches Nationalbewusstsein mit musikalischer Wucht ausgedrückt findet. Sich selbst sieht der junge Adolf Hitler als bildenden Künstler, dem eine große Zukunft bevorsteht.

Nach dem „Anschluss" hegt Hitler den persönlichen Ehrgeiz, die Stadt seines politischen Erwachens und seiner Jugendträume zu einer nationalsozialistischen Musterstadt umzugestalten. Bereits am 13. März 1938 übernimmt er die Patenschaft für Linz. Sofort beginnen die Planungen für einen gigantischen Ausbau der Stadt. 1940 wird Linz, neben Berlin, München, Nürnberg und Hamburg, als „Jugendstadt des Führers" zu einer der fünf bevorzugten „Führerstädte" des Deutschen Reiches ernannt.[95]

## Welche Pläne verfolgt Adolf Hitler mit Linz?

Durch die Gründung von Großindustrie, die Schaffung eines Verkehrsknotenpunktes und die Errichtung von Wohnbauten soll die Stadt florieren und wachsen. Doch das Herzstück von Adolf Hitlers Linz-Phantasien ist der Wunsch, aus Linz „die schönste Stadt an der Donau" zu machen, wie Propagandaminister Joseph Goebbels 1941 in seinem Tagebuch festhält.[96] Linz soll zu einer kulturellen Metropole im Großdeutschen Reich aufsteigen, die mit ihren Kunstschätzen und ihrer monumentalen nationalsozialistischen Architektur Wien in den Schatten stellt.

### Architektonische Träume und Alpträume

Die Planungen zur Neugestaltung von Linz konzentrieren sich auf die Donauufer und auf den Süden der Stadt. Auf vorhandene Gebäude wird dabei kaum Rücksicht genommen. Adolf Hitler selbst gibt die Ideen vor, prüft die Pläne in allen Details und trifft die Entscheidungen. Er bedient sich vieler berühmter Architekten des Deutschen Reiches. Führende Rollen, oft in Konkurrenz zueinander, spielen Albert Speer, der als Hitlers Lieblingsarchitekt gilt und mächtige Ämter bekleidet, Roderich Fick, der 1939

Die Arbeiten an den Brückenkopfbauten an der Linzer Nibelungenbrücke um 1941. In den Holzverschlägen sind die Gipsmodelle der Nibelungenstatuen (Siegfried und Kriemhild) zu sehen, die der Brücke den Namen geben. Die Steinfiguren werden nie aufgestellt. (Foto: Archiv der Stadt Linz)

Reichsbaurat für Linz wird, und Hermann Giesler, dem Hitler ab 1943 den Großteil der Planungen überträgt. Im Streit um Flächenwidmung, Baustoffe und architektonische Gestaltung mischt sich immer stärker Gauleiter August Eigruber ein. Die Stadt Linz hingegen bleibt in ihrem Mitspracherecht sehr beschränkt.

Hitler möchte, dass Linz beiderseits des Flusses eine überwältigende Kulisse in nationalsozialistischer Monumental- und Blockbauweise bietet, mit der „die Macht des Staates in all seinen Belangen wie Partei, Militär, Wissenschaft, Freizeit und nationalem Geschichtsbewusstsein demonstriert" wird.[97] Die einzelnen Menschen sollen sich angesichts dieser Bauten wie kleine und unbedeutende Ameisen vorkommen.

An Stelle des Schlosses erhebt sich nach den Plänen Hitlers Alterssitz in Form eines mächtigen Vierkanthofes. Von dort bietet sich ein freier Blick hinunter auf die Donau, auf die Nibelungenbrücke und die Brückenkopfgebäude, die bis Anfang der 1940er Jahre tatsächlich errichtet werden. Am Linzer Flussufer sind weiter ein vornehmes Donauhotel, ein langgestrecktes Einkaufszentrum und ein KdF-Hotelturm vorgesehen, um den Fremdenverkehr anzukurbeln. Bei diesem Hotel soll eine Hängebrücke die Donau überspannen. Das Ufer flussabwärts zwischen der Hängebrücke und der dritten geplanten Donaubrücke, der Bismarckbrücke, ist den riesigen Vierkantern für die Verwaltung der Hermann-Göring-Werke und der Technischen Universität vorbehalten. Weiter donauabwärts entsteht nach der Flussbiegung der neue Donauhafen. Überquert man bei der Universität – so die Planung – die Bismarckbrücke Richtung Urfahr, gelangt man zu einem gewaltigen runden Kuppelbau, der Otto von Bismarck, dem Gründer des Deutschen Kaiserreiches, gewidmet ist. Auf

## Linz – „Patenstadt des Führers"

der Urfahrer Seite flussaufwärts reihen sich die eintönigen Blöcke eines Heereskommandos und eines Militärmuseums aneinander, ehe man, an einer großen Veranstaltungshalle vorbei, eine terrassierte Parkanlage mit Ausstellungspavillons betritt. Nach der Hängebrücke folgt am Urfahrer Ufer das politische Zentrum von Linz und Oberdonau: die gigantische Gauanlage. Die Gauhalle, „eine Art nationalsozialistische Basilika", soll 30.000 Menschen fassen.[98] An ihrer Seite ragt direkt am Fluss ein 160 m hoher Glockenturm in den Himmel, das neue Wahrzeichen von Linz. Im Sockel soll er das Grab von Hitlers Eltern beherbergen. Daneben öffnet sich zur Donau hin ein Platz, auf dem sich 100.000 Menschen versammeln können. Begrenzt wird der Platz vom Herrschaftssitz des Reichstatthalters nahe der Nibelungenbrücke. Ein turmartiges NSDAP-Gebäude und das Rathaus ergänzen den Urfahrer Brückenkopf. Flussaufwärts ziehen sich Wohnblöcke bis zu den Urfahrer Höhen, wo hoch über der Donau der ausgedehnte Komplex einer Adolf-Hitler-Schule, einer Internatsschule für künftige Parteifunktionäre, thront.

Am südlichen Ende der Landstraße, auf der Blumau, befindet sich der zweite Brennpunkt der Planung. Dort sollen ein Opernhaus, ein Kunstmuseum, eine Bibliothek und eine Konzerthalle entstehen. Von diesem Kulturzentrum führt nach den Entwürfen die etwa einen Kilometer lange und 60 m breite Prachtstraße „Zu den Lauben" Richtung Süden zum Verkehrszentrum, wo der neue Personenbahnhof und die Einmündung des Autobahnzubringers geplant sind. Für den Bahnhof verlangt Hitler eine Anlage mit 16 Gleisen und mit einer Station für die Breitspurbahn, die die Atlantikküste mit dem Ural verbinden soll. Auch entlang dieser neuen Achse von Linz sehen die Pläne mächtige

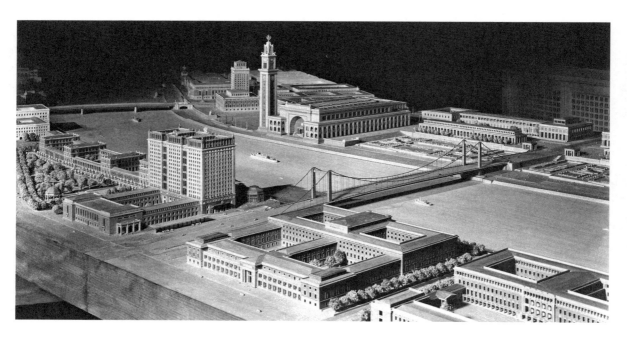

Ausschnitt aus dem Modell der geplanten Bauten am Linzer Donauufer. Im Hintergrund in der Mitte befinden sich die riesige Gauhalle und der Glockenturm.
(Foto: Archiv der Stadt Linz)

Baublöcke vor. Durch breite Gehsteige unter Arkaden gelangt man zu Restaurants, Museen, Geschäften und Büros. Flankiert wird die Prunkstraße von einem Schauspielhaus und einem weitläufigen Park bis zum Froschberg.

Eine Untergrundbahn soll vom Bahnhof zum KdF-Hotel an der Donau verkehren. Ungelöst bleibt jedoch die Straßenverbindung zwischen beiden monumentalen Anlagen am Donauufer und im Süden. Erwogen wird neben Ringstraßen beiderseits des Zentrums auch der direkte Durchbruch von der Nibelungenbrücke zur Blumau, der die Zerstörung der historischen Landstraße nach sich ziehen würde.

## Auswirkungen auf das Linzer Umland

Wegen der überdimensionalen Planungen für Industrie, Verkehr, Wohnbau, Verwaltung und Kultur und der beabsichtigten Verdreifachung der Stadtbevölkerung auf 350.000 Menschen ist eine Vergrößerung des Stadtgebietes notwendig. St. Magdalena im Norden und Ebelsberg im Süden werden eingemeindet, doch die weitere Ausdehnung der Stadt nach Westen und nach Süden kommt nicht zustande. Persönliche Bezüge Adolf Hitlers zu Nachbargemeinden bilden Hindernisse. Leonding soll als Hitler-Gedenkstätte erhalten bleiben, und Hitler stoppt die Planungen für einen Industriegürtel von Linz bis Asten, weil er das idyllische Hügelland um St. Florian, wo der von ihm verehrte Komponist Anton Bruckner gewirkt hat, nicht verbauen will. 1941 wird das Stift St. Florian beschlagnahmt. Heinrich Glasmeier, der Reichsintendant des Deutschen Rundfunks, übernimmt das Stift, um dort im Sinne Hitlers eine „Bruckner-

Reichsrundfunkintendant Heinrich Glasmeier, vorne rechts, empfängt im Stift St. Florian den Dirigenten Wilhelm Furtwängler, der am 11. Oktober 1944 mit dem Bruckner-Orchester Anton Bruckners Neunte Symphonie in der Stiftskirche aufführt. Das St. Florianer Bruckner-Orchester ist Teil der nationalsozialistischen Planungen für Linz als Zentrum der Hochkultur. (Foto: Stiftsarchiv St. Florian)

## Linz – „Patenstadt des Führers"

Weihestätte" als „Mittelpunkt ernster musikalischer Kultur nicht nur für Oberdonau, sondern für das Großdeutsche Reich, ja für ganz Europa" einzurichten.[99] St. Florian ist für die Zeit nach dem Krieg als Reichssender für ernste Musik vorgesehen. Zu diesem Zweck wird 1943 unter der Aufsicht Glasmeiers ein Bruckner-Orchester mit hervorragenden deutschen Musikern gegründet. Trotz der kriegsbedingten Engpässe stellt Hitler viel Geld dafür zur Verfügung, da er dieses Orchester als zukünftigen Bestandteil der Linzer Hochkultur betrachtet. 1944 tritt das Bruckner-Orchester erstmals in Wien auf. Der Rundfunk überträgt, das Publikum ist begeistert und Hitler lässt daraufhin den Namen in „Linzer Reichs-Bruckner-Orchester des Großdeutschen Rundfunks" ändern.[100] Das Orchester aus St. Florian konzertiert, teilweise unter der Leitung Wilhelm Furtwänglers und Herbert von Karajans, bis Anfang April 1945 in Wien, Graz, Salzburg, St. Florian und Linz und nimmt insgesamt fast 100 Werke auf Band auf. Einige Monate nach Kriegsende wird das Orchester aufgelöst.

### „Sonderauftrag Linz"

Während sich das bereits bestehende oberösterreichische Landesmuseum der regionalen Kunst und der Volkskunde widmen soll, ist für das geplante neue Kunstmuseum, auch Linzer „Führermuseum" genannt, eine Gemäldesammlung von Weltgeltung vorgesehen. 1939 erteilt Adolf Hitler dem Dresdner Museumsdirektor Hans Posse den „Sonderauftrag Linz" zur Sammlung auserlesener Kunstwerke. „Während einer Dreiviertelstunde entwickelt er seinen Plan für das neue Linzer Museum. Das Museum seiner Heimatstadt, das er als Gegengewicht zu den großen industriellen Plänen von Linz neben anderen kulturellen Einrichtungen schaffen will", notiert Posse nach dem Gespräch mit Hitler in sein Tagebuch.[101] Posse und sein Nachfolger Hermann Voss bauen die Sammlung vor allem mittels Kunstraub auf. Sie bedienen sich bei den 1938 in Wien enteigneten Kunstsammlungen aus jüdischem Besitz und bei geraubten Kunstwerken in Frankreich. Für den Erwerb von Gemälden im Kunsthandel stehen enorme Summen zur Verfügung, noch 1944 mehrere Millionen Reichsmark im Monat. Tausende Bilder werden gesammelt. Da jedoch das Museumsgebäude nie gebaut wird, lagern die Gemälde in Depots, unter anderem im Stift Kremsmünster. Schließlich werden sie zum Schutz vor dem Bombenkrieg ins Salzbergwerk von Altaussee gebracht. Dort stoßen die US-Amerikaner bei Kriegsende auf die ungeheuren Kunstschätze.

### Wahn und Wirklichkeit

Die Errichtung von Großindustrie, der Wohnbau und die wegen des Bevölkerungswachstums steigende Wohnungsnot, die im Bombenkrieg zerstörte Stadt und die unzureichenden Luftschutzbauten, das Elend der Zwangsarbeiter und Zwangsarbeiterinnen sowie der KZ-Häftlinge prägen das tatsächliche Antlitz der Stadt Linz im

Modell des „Führermuseums" nach einem Entwurf von Roderich Fick. Die geplanten Bauten weisen Merkmale der klassischen Antike und der Barockarchitektur auf. (Foto: Archiv der Stadt Linz)

Salinenarbeiter und Widerstandskämpfer bewahren die im Salzbergwerk von Altaussee gelagerten Kunstschätze in den letzten Kriegstagen vor der Zerstörung durch die Nationalsozialisten. Die US-amerikanischen Truppen bergen die Gemälde und Skulpturen. (Foto: Oberösterreichisches Landesarchiv/ Slapnicka)

Nationalsozialismus. Der zunehmende Mangel an Arbeitskräften und Baustoffen während des Krieges verhindert eine Umsetzung der großen Pläne für Linz. Nur die Nibelungenbrücke und die Brückenkopfgebäude entstehen. Doch unbeirrt von den fehlenden Voraussetzungen arbeiten Architekten, Fachleute und Politiker weiter eifrig an den größenwahnsinnigen Plänen von der Kulturmetropole Linz. Hitler ist die treibende Kraft. Noch im Februar 1945 lässt er sich vom Architekten Hermann Giesler ein neues Modell der Gebäude am Linzer Donauufer in den Keller der Reichskanzlei in Berlin bringen. Mit Scheinwerfern wird die Wirkung der Bauten zu verschiedenen Tageszeiten simuliert. Stundenlang erklärt Hitler Besuchern die Einzelheiten. Bei der

## Linz – „Patenstadt des Führers"

Adolf Hitler sitzt 1943 vor dem Modell der Bebauung des Linzer Donauufers. Links und rechts von ihm stehen die Architekten Hermann Giesler und Roderich Fick, rechts sitzt Gauleiter August Eigruber. (Foto: Hanns-Peter Frentz)

Betrachtung des Modells von Linz entspannt er sich im näherrollenden Kriegstosen und flüchtet in Machtphantasien – und er kann sich an dem Gedanken festhalten, dass auch unausgeführte Baupläne „ihr Eigenleben in der Welt der Architektur" entwickeln und die Nachwelt beschäftigen werden.[102]

# Lebensgeschichten

## Adolf Hitler: Jugendjahre eines Diktators

Bereits als Heranwachsender identifiziert sich Adolf Hitler mit dem Deutschnationalismus. Künstlerische und architektonische Vorlieben bilden sich aus. Obwohl er mit dem tyrannischen Vater im Konflikt liegt, ahmt er dessen Verhalten nach und entwickelt sich zu einem unduldsamen, herrschsüchtigen Menschen. Als Mittel, mit dem er andere beherrschen kann, entdeckt er die Sprache.

### Von Braunau nach Leonding

Adolf Hitler kommt 1889 in Braunau am Inn zur Welt. Sein Vater Alois Hitler, der wie seine Mutter Klara aus dem niederösterreichischen Waldviertel stammt, arbeitet dort als Zollinspektor. Adolf ist das vierte Kind seiner Eltern, die ersten drei sind im Kindesalter gestorben. Zwei Kinder hat der Vater in die Ehe mitgebracht. Adolfs jüngerer Bruder Edmund stirbt mit sechs Jahren. Das jüngste Kind ist die Schwester Paula. Nach drei Jahren in Passau lebt die Familie Hitler ab 1895 zwei Jahre auf einem Bauernhof in Fischlham bei Lambach. In Fischlham und Lambach besucht Adolf die ersten Volksschulklassen. 1898 übersiedelt die Familie nach Leonding bei Linz. Der neunjährige Volksschüler findet größten Gefallen am Kriegspielen mit den Freunden. Er begeistert sich für den deutsch-französischen Krieg und den deutschen Reichsgründer Bismarck, besonders aber für den gerade stattfindenden Kampf der südafrikanischen Buren gegen die englischen Eroberer.

### Der Konflikt mit dem Vater

Ab Herbst 1900 schickt Alois Hitler seinen Sohn, für den er die Beamtenlaufbahn vorsieht, an die Realschule in Linz. Der elfjährige Landbub kommt dort nicht zurecht. Gleich das erste Schuljahr muss er wiederholen. In Adolf Hitler wächst die Abneigung gegen die Schule ebenso wie gegen den Vater. Er verachtet die Beamtenkarriere des Vaters, verweigert Fleiß und Strebsamkeit und beschäftigt sich lieber mit Zeichnen und Träumen. Gerne lässt er sich von seinem Lieblingsautor Karl May in exotische Abenteuerwelten entführen. Auch politisch ist er mit dem Vater uneins: Während der Vater ein Habsburg-treuer Deutschnationaler ist, wünscht sich der Sohn mit den Alldeutschen die Auflösung der Habsburgermonarchie und den Anschluss der deutschsprachigen Gebiete an das Deutsche Kaiserreich.

1903 setzt der Tod des tyrannischen Vaters dem Konflikt ein Ende. „Meinen Vater habe ich nicht geliebt", erzählt Hitler später seiner Sekretärin, „dafür aber um so mehr gefürchtet. Er war jähzornig und schlug sofort zu. Meine arme Mutter hatte dann immer Angst um mich."[103] Wegen seines Misserfolges muss Adolf die Linzer Realschule verlassen. Nach

Adolf Hitler, hinten rechts, 1901 in der Klasse I B der
k.k. Staats-Oberrealschule in Linz
(Foto: Lenk/Dunzendorfer, Oberdonau, München 1940)

einem Schuljahr in Steyr schafft er 1905 mit Mühe den Abschluss der niederen Realschule. Dann beendet er seine Schullaufbahn.

### Müßiggänger in Linz

1905 übersiedelt Klara Hitler mit den Kindern und mit ihrer Schwester von Leonding in eine Wohnung in der Linzer Humboldtstraße. Dank Witwenpension und Rücklagen hält die Mutter die Familie über Wasser. Ihren geliebten Sohn Adolf, der nun weder eine Schule besucht noch einer Arbeit nachgeht, verwöhnt sie nach Kräften. Zwei Jahre lang führt er in Linz das ziellose Leben eines Müßiggängers mit künstlerischen Neigungen. Der Jugendliche zeichnet, malt, liest, schreibt, geht ins Theater, in Opern und Konzerte. Oft wird er dabei von seinem einzigen Freund August Kubizek begleitet. Die beiden ergänzen sich: Der dominante Hitler spricht, Kubizek hört beeindruckt zu. Auf langen abendlichen Spaziergängen legt Hitler dem Freund seine Ansichten über Politik und Kunst dar. Beide träumen von einer Zukunft als große Künstler, Hitler als Maler, Kubizek als Musiker. Hitler ist ein leidenschaftlicher Bewunderer Richard Wagners, dessen Opern „Lohengrin" und „Rienzi" er im Linzer Landestheater sieht. Außerdem fasziniert ihn Architektur. Er zeigt Kubizek Skizzen zur Neugestaltung von Linz. In „Mein Kampf" heißt es über diese Zeit: „Es waren die glücklichsten Tage, die mir nahezu als ein schöner Traum erschienen; und ein Traum sollte es ja auch nur sein. Zwei Jahre später machte der Tod der Mutter all den schönen Plänen ein jähes Ende."[104]

### Der Tod der Mutter und der Umzug nach Wien

Klara Hitler erkrankt an Brustkrebs. Ihr Zustand verschlechtert sich 1907. Im selben Jahr nimmt sich Adolf Hitler vor, an der Akademie für Bildende Künste in Wien zu studieren. Doch er scheitert, für ihn völlig überraschend, an der Aufnahmeprüfung. Niedergeschlagen kehrt er nach Linz zurück, wo er erfährt, dass für die Mutter keine Aussicht auf Heilung besteht. Der Sohn ist tief betroffen. Er kümmert sich in der Urfahrer Wohnung, in welche die Familie umgezogen ist, hingebungsvoll um die Mutter. Sie stirbt Ende 1907. „Ich habe noch nie einen vom Schmerz so gebrochenen Menschen gesehen wie

Adolf Hitler", berichtet Eduard Bloch, der jüdische Hausarzt der Familie Hitler.[105] Adolf Hitler bleibt dem Arzt für die Betreuung der Mutter immer dankbar und schützt ihn 1938 vor antisemitischer Verfolgung.

Wenige Wochen nach dem Tod der Mutter übersiedelt der knapp 19-Jährige nach Wien, um seine künstlerischen Pläne zu verwirklichen. Doch alle Versuche misslingen. Hitler führt eine kümmerliche Existenz als Postkartenmaler und Bewohner von Obdachlosenheimen. In Wien saugt er rassistische und antisemitische Ideologien in sich auf. Besonders den Antisemitismus der Alldeutschen, den er in Linz schon kennen gelernt hat, nimmt er sich zum Vorbild. Die mächtige Arbeiterbewegung erfährt er in Wien als Bedrohung.

1913 verlässt Adolf Hitler den verhassten Vielvölkerstaat und geht nach München. Im Ersten Weltkrieg kämpft er für das Deutsche Kaiserreich.

### Der ersehnte „Führer"

Drei Jahrzehnte lang verläuft Adolf Hitlers Leben unscheinbar. Doch nach dem Ersten Weltkrieg erkennt er, dass er mit seiner faschistischen und rassistischen Weltanschauung einen politischen Nerv der Zeit trifft. Viele Menschen sehnen sich nach einem Anführer, auf den sie nach der Niederlage alle Hoffnung setzen können, und nach Sündenböcken, die an allem Elend schuld sind. Hitler kann reden, er preist sich mit der NSDAP als Erlöser der erniedrigten Deutschen an und stellt „die Juden" als die Verursacher aller Probleme hin. So erfüllt er, was die Menschenmassen von ihm erwarten. Sie machen die NSDAP bei den Wahlen zur stärksten Partei, und Hitler wird Reichskanzler. Ein großer Teil der deutschen und österreichischen Bevölkerung gibt ihm bereitwillig die Rolle des verherrlichten „Führers" – in die weltgeschichtliche Katastrophe.

Quellen:
Brigitte Hamann, Hitlers Wien. Lehrjahre eines Diktators, München/Zürich 1996.
Ian Kershaw, Hitler. 1889–1936, München 2002.

# Franz Kinzl:
# Vom Nationalsozialisten zum Kommunisten

Franz Kinzl ist bis heute ein klingender Name in der oberösterreichischen Blasmusikkultur. Bei genauerem Hinsehen übertönt sein bisher weniger beachtetes politisches Wirken jedoch sein künstlerisches Talent.

### Illegale Tätigkeit für NSDAP

Franz Kinzl wird am 2. Juli 1895 in Mettmach geboren. So wie sein älterer Bruder entscheidet er sich für den Lehrberuf – und begeistert sich wie er schon bald nach dem Ersten Weltkrieg für die Ideen der Nationalsozialisten. Als Komponist und Kapellmeister macht er sich einen Namen. Im April 1933 tritt er der NSDAP, bald darauf dem NS-Lehrerbund, den sein Bruder gründet, bei. Franz Kinzl ist als Nationalsozialist höchst aktiv, wegen seiner illegalen Tätigkeiten verhängt der Landesschulrat mehrere Disziplinarverfahren gegen ihn, schließlich erfolgt seine Strafversetzung. Er muss von Atzbach bei Schwanenstadt nach Hirschbach bei Freistadt wechseln; und gründet an seiner neuen Wirkstätte sogleich eine illegale Ortsgruppe der NSDAP.

### Reichsmusikkammer und Wehrmacht

Nach dem „Anschluss" wächst seine Macht als neu ernannter Ortsgruppenleiter. Kinzl setzt den Bürgermeister ab, veranlasst seine Verhaftung und übernimmt selbst für kurze Zeit das Amt. Im Juni 1938 wird er an eine Schule nach Linz versetzt – als „Wiedergutmachung", wie er es selbst bezeichnet. Oberbürgermeister Sepp Wolkerstorfer schlägt den bekannten Komponisten Kinzl für einen Posten in der Reichsmusikkammer vor. Zwar steigt er zum Musikbeauftragten der Reichsmusikkammer auf, doch interne Rivalitäten veranlassen Kinzl dazu, sich freiwillig zur Wehrmacht zu melden. Doch schon im August 1940 wird er bis zum 1. September 1941 „uk" (unabkömmlich) gestellt und zum Landesleiter der Reichsmusikkammer ernannt. Er beteiligt sich maßgeblich an den Verfolgungsmaßnahmen gegen jüdische Musiker und verantwortet das Erscheinen des Heftes „Judentum und Musik (Liste der jüdischen Komponisten als Unterlage für die Säuberungsaktionen auf dem Gebiete der Musik)". Mehrfach kommt es zu Konflikten mit Kollegen, weil er gegen sie intrigiert oder sich in Bereiche einmischt, die über seinen Tätigkeitsbereich hinausgehen. Im Herbst 1941 rückt Kinzl erneut zur Wehrmacht ein. Ob freiwillig oder nicht, ist unbekannt.

### Gefangenschaft und Kehrtwendung

Am 3. Mai 1945 kommt Kinzl in Haft, bis 6. März 1946 bleibt er in Glasenbach in US-amerikanischer Gefangenschaft. Danach zieht er mit seiner Frau und seinem Bruder Fritz nach Stadl-Paura. Kurz darauf, im Juli 1946, verhaften ihn die österreichischen Justizbehörden und klagen ihn wegen seiner illegalen Tätigkeit für die NSDAP und des Tatbestandes der

Franz Kinzl
(Foto: Archiv der Stadt Linz)

Denunziation an. Kinzl bestreitet alles. Im Mai 1947 wird er entlassen und „außer Verfolgung gesetzt", weil die gegen ihn erhobenen Vorwürfe weder bewiesen noch entkräftet werden können.

In Freiheit arbeitet Kinzl als Maler und Komponist, seine Werke sind bei den Blasmusikkapellen sehr beliebt. Er betätigt sich aber auch weiterhin politisch – und vollzieht eine kaum zu glaubende Kehrtwendung. Er tritt der KPÖ bei und sitzt für sie von 1949 bis 1953 im Gemeinderat von Stadl-Paura. In der kommunistischen „Neuen Zeit" verfasst Kinzl zahlreiche Beiträge.

## Preise und Auszeichnungen

Sein musikalisches Engagement bringen Kinzl eine Reihe von Preisen und Auszeichnungen ein, 1965 wird ihm der Professorentitel verliehen. Franz Kinzl stirbt 1978 im 80. Lebensjahr. 2008 huldigt die „Landeschronik Oberösterreich" dem allseits „beliebten" Musiker, „Original" und „begnadeten Künstler" Franz Kinzl in einer biographischen Skizze. Seine politischen und ideologischen Anschauungen und Aktivitäten werden mit keinem Wort erwähnt.[106] Auch die vom oberösterreichischen Blasmusikverband und der Landesregierung verliehene „Prof.-Franz-Kinzl-Medaille" gilt bis heute als besondere Ehrung in Blasmusikkreisen, auf welche die ausgezeichneten Vereine stolz verweisen.

Quelle:
Regina Thumser, Franz Kinzl. Vom Nationalsozialismus zum Kommunismus, in: „Kulturhauptstadt des Führers". Kunst und Nationalsozialismus in Linz und Oberösterreich, hg. v. Birgit Kirchmayr. Linz/Weitra 2008, S. 255–256.

# Franz Langoth:
# Der Mythos vom „guten Nazi"

In seiner langen politischen Laufbahn prägt Franz Langoth die Geschichte seiner Heimatstadt Linz über Jahrzehnte hinweg. Diese feiert und würdigt den „guten Nazi" Langoth bis lange nach seinem Tod hinaus.

## Deutschnational und nationalsozialistisch

Franz Langoth wird 1877 in Linz geboren. Er besucht die Lehrerbildungsanstalt und arbeitet ab 1896 als Volksschullehrer. Schon als junger Mensch betätigt er sich politisch. Er ist deutschnational eingestellt und von den radikalen antisemitischen und rassistischen Anschauungen Georg von Schönerers angetan. Nach dem Ersten Weltkrieg wird Langoth Mitglied der oberösterreichischen Landesregierung und sogar Landeshauptmannstellvertreter. Ab den 1920er Jahren engagiert er sich in der Großdeutschen Volkspartei. Diese Bewegung schwört auf die deutsche „Volksgemeinschaft", von der alle „volksfremden" und „schädlichen" Einflüsse entfernt werden müssen. Auch die Nationalsozialisten, denen sich Langoth mehr und mehr zuwendet, stellen die „Volksgemeinschaft" ins Zentrum ihrer Ideologie.

1934 gründet er das „legale Hilfswerk Langoth". Nationalsozialisten, die durch die Illegalität in Bedrängnis geraten, wenden sich an Langoth und dürfen auf Unterstützung hoffen. Diese umfangreiche Tätigkeit, die sich über ganz Österreich erstreckt, bringt ihm den Beinamen „Vater Langoth" ein. Nach dem „Anschluss" wird Langoth für diesen Einsatz belohnt und mit Angeboten überhäuft.

## Karriere im Nationalsozialismus

Am 13. März 1938 lädt Hitler die „Treuesten der Treuen" zum Mittagessen ins Linzer Hotel Weinzinger. Dort verkündet Hitler zunächst den „Anschluss" im kleinen Kreis. Langoth ruft euphorisch: „Mein Führer, das ist die größte Stunde der deutschen Geschichte".[107] Seine Gesinnungstreue wird belohnt. Hermann Göring ernennt ihn kurzerhand zum SS-Oberführer. Mit dem Totenkopfring und dem Ehrendegen werden ihm die höchsten SS-Auszeichnungen verliehen. Franz Langoth wird außerdem Mitglied des Volksgerichtshofes und verantwortet in dieser Funktion die Verkündung und Vollstreckung von Todesurteilen für Gegner und Gegnerinnen des Regimes. Er sei von dieser Bestellung zum Richter „unangenehm überrascht" gewesen, behauptet Langoth in seiner Rechtfertigungsschrift nach 1945: „Ich konnte aber nicht ablehnen."[108] Tatsächlich steht der ehrgeizige Politiker unter keinerlei Druck, möchte aber seiner Karriere nicht schaden. Denn immerhin hat er es unter anderem zum Leiter der Nationalsozialistischen Volkswohlfahrt (NSV) in der Ostmark gebracht. Die NSV ist vor allem in der Familien- und Jugendfürsorge tätig. Sie unterstützt viele Menschen – aber nur jene, die zur nationalsozialistischen „Volksgemeinschaft" gehören. In den von der NSV geführten „fremdvölkischen Kinderheimen" werden zahllose Babys und Kleinkinder dem Sterben überlassen.

Franz Langoth
(Foto: Österreichische Nationalbibliothek)

## Oberbürgermeister von Linz

Gegen Ende 1943 ist Gauleiter Eigruber auf der Suche nach einem neuen Oberbürgermeister für Linz und bietet diesen Posten dem allseits geschätzten Franz Langoth an. Der sagt zu und übernimmt sein nächstes prestigeträchtiges Amt. In seiner neuen Funktion verantwortet er unter anderem die Tätigkeiten des Jugend- und Fürsorgeamtes, das „Asoziale" verfolgt, oder des Gesundheitsamtes, das Zwangssterilisierungen anordnet. Anfang Mai 1945 muss Langoth den US-amerikanischen Streitkräften weichen – seine Rolle bei der kampflosen Übergabe der Stadt Linz überhöht er, indem er den zeitgenössischen Bericht seines Sekretärs im Nachhinein fälscht.

## Unverbesserlicher Nationalsozialist

Nach Kriegsende wird Franz Langoth verhaftet und kommt in das Lager Glasenbach bei Salzburg. Die Tatsache, dass sein Name auf der Kriegsverbrecherliste steht, empfindet er als große Ungerechtigkeit. Auch sonst erweist er sich in den Nachkriegsjahren als unverbesserlicher Nationalsozialist. In seinen Memoiren stellt sich Langoth als sozialer Wohltäter dar. Er beklagt die fehlende Anerkennung seiner Arbeit und der „gewaltigen Leistung, die die NSV vollbrachte."[109] 1949 gründet er gemeinsam mit dem Salzburger Erzbischof Andreas Rohracher die Stiftung „Soziales Friedenswerk", das nationalsozialistisch schwer Belastete – vor allem ehemalige „Glasenbacher" – finanziell, politisch und rechtlich unterstützt. So fordern ihre Mitglieder eine Amnestie der Verbrecher der „Mühlviertler Hasenjagd", der unzählige Häftlinge des KZ Mauthausen zum Opfer gefallen waren. Franz Langoth betätigt sich bald wieder politisch und wird das erste Ehrenmitglied des Verbandes der Unabhängigen (VdU), der Vorgängerpartei der FPÖ.

In der Linzer Nachkriegsgeschichte gilt er lange als der „gute Nazi", der vielen Menschen geholfen hat. 1950 wird Franz Langoth vom Bundespräsidenten amnestiert. Nach seinem Tod 1953 erscheinen eine Reihe verherrlichender Nachrufe. In den 1970er Jahren benennt die Stadt Linz eine Straße nach ihm. Erst nach jahrelangen Protesten – vor allem von kommunistischer Seite – wird 1986 die Benennung wieder rückgängig gemacht. Rolle und Bedeutung des Nationalsozialisten Franz Langoth werden seitdem kritischer beleuchtet.

Quellen:
Franz Langoth, Kampf um Österreich. Erinnerungen eines Politikers, Wels 1951.
Walter Schuster, Deutschnational, nationalsozialistisch, entnazifiziert. Franz Langoth – eine NS-Laufbahn, Linz 1999.

# Jugend und Schule

Der Nationalsozialismus gibt sich als jugendliche Bewegung, die das Bestehende hinwegfegt und eine neue Welt aufbaut. So schreibt Reichsjugendführer Baldur von Schirach: „Fort mit dem Alten! Nur das ewig Junge soll in unserem Deutschland seine Heimat haben."[110] Jugendlichkeit wird als eine politisch radikale Haltung verstanden, die auch Erwachsene einnehmen können, um die herkömmlichen Autoritäten von Kirche, Adel und Bürgertum zu bekämpfen. Tatsächlich fühlen sich aber überdurchschnittlich viele junge Menschen vom Nationalsozialismus angezogen und übernehmen eine aktive Rolle in dieser politischen Bewegung.

Doch so sehr sich der Nationalsozialismus den jugendlichen Tatendrang zu Nutze macht, so eng sind die Grenzen, die er den Jugendlichen setzt. Die Jugend soll zwar mit aller Kraft für das deutsche Volk und für den NS-Staat eintreten, aber eigenständiges Denken, Widerspruch und unangepasstes Verhalten werden abgelehnt und bestraft. Die nationalsozialistische Führung bindet die Jugend durch verlockende Angebote und durch Zwang an sich.[111]

**Jugend und Schule**

# Was beabsichtigt Erziehung im Nationalsozialismus?

Im Lauf der Erziehung soll den jungen Menschen die nationalsozialistische Ideologie in Fleisch und Blut übergehen. An oberster Stelle stehen das körperliche Training und die Ausbildung zur Willensstärke. Die Jugendlichen werden dazu bereit gemacht, dem „Führer" gläubig zu folgen und für ihn sowie für das deutsche Volk letztlich im Krieg ihr Leben einzusetzen. Demgegenüber gelten der Erwerb von Wissen und die Schärfung des Verstandes als nebensächlich. Adolf Hitler fasst die Rangordnung der Erziehungsziele im Buch „Mein Kampf" zusammen: „Der völkische Staat hat (…) seine gesamte Erziehungsarbeit in erster Linie nicht auf das Einpumpen bloßen Wissens einzustellen, sondern auf das Heranzüchten kerngesunder Körper. Erst in zweiter Linie kommt dann die Ausbildung der geistigen Fähigkeiten. Hier aber wieder an der Spitze die Entwicklung des Charakters, besonders die Förderung der Willens- und Entschlußkraft, verbunden mit der Erziehung zur Verantwortungsfreudigkeit, und erst als letztes die wissenschaftliche Schulung."[112] Denn wissenschaftliche Bildung kann aus nationalsozialistischer Sicht sogar schädlich sein, wenn sie zu Zweifeln und Kritik an der NS-Ideologie führt.

Im Mittelpunkt der nationalsozialistischen Weltanschauung steht die Vorstellung, dass sich die Rassen und Völker in einem ständigen Kampf gegeneinander befinden,

Die Schuljugend von Walding marschiert in den 1930er Jahren mit ihren Lehrern aus und trägt die Fahne mit dem austrofaschistischen Kruckenkreuz voran. Auch der autoritäre „Ständestaat" setzt die Schüler und Schülerinnen für politische Zwecke ein.
(Foto: Josef Eidenberger)

in dem nur die Stärksten ein Lebensrecht haben. Schwache, Kranke und so genannte Minderwertige sollen zu Grunde gehen. Dem deutschen Volk wird die Führungsrolle im Kampf der Völker zugeschrieben. Deshalb erhalten körperliche Gesundheit und Fitness einen so hohen Stellenwert. Die jungen Männer sollen zu siegreichen Soldaten, die jungen Frauen zu tüchtigen und kinderreichen Müttern herangezogen werden.

Nationalsozialistische Erziehung packt die jungen Menschen beim Gefühl. Sie dürfen sich als Mitglieder einer Gemeinschaft empfinden, der Gemeinschaft des deutschen Volkes, das anderen Völkern überlegen sein soll. Für die „Volksgemeinschaft" können sie im Kampf gegen ihre angeblichen Feinde etwas Wichtiges leisten. Für eine solche Erziehung reicht die Schule nicht aus, die sich mit ihrer Wissensvermittlung hauptsächlich an den Verstand richtet. Die emotionale Bindung an den Nationalsozialismus schafft die Jugendorganisation der NSDAP, die Hitler-Jugend (HJ).

# Wie verändert sich die Schule im Nationalsozialismus?

Politische Gleichschaltung der Lehrer und Lehrerinnen

Unmittelbar nach dem „Anschluss" 1938 wird das katholische austrofaschistische Schulsystem, aus dem 1934 bereits die sozialistischen Lehrkräfte entfernt wurden, nationalsozialistisch ausgerichtet. Der oberösterreichische Landesschulinspektor Hubert Messenböck wird verhaftet und durch den Nationalsozialisten Rudolf Lenk ersetzt, der nun als Landesrat für das Schulwesen zuständig ist. Auf allen Ebenen der Schulbehörde üben die Vertreter der NSDAP, des Nationalsozialistischen Lehrerbundes (NSLB) und der HJ Einfluss aus, während die katholische Kirche keine Rolle mehr spielt.

In den Monaten nach dem „Anschluss" wird die oberösterreichische Lehrerschaft rassistisch und politisch „gesäubert". Jüdische sowie „politisch unzuverlässige", in erster Linie katholisch engagierte Lehrer und Lehrerinnen werden außer Dienst gestellt oder versetzt. Etwa 10 % der Lehrkräfte verlieren ihre Arbeitsstelle. Zahlreiche Schulleiterposten werden neu besetzt.

Viele Lehrkräfte schalten beim „Anschluss" 1938 ideologisch blitzschnell um. Im Schulläufer (Dienstbuch) der Hauptschule Mauthausen gibt der Schulleiter Wilhelm Förster Ende Februar 1938, etwa drei Wochen vor dem „Anschluss", genaue Anweisungen für eine austrofaschistische „Vaterländische Feier", bei der er selbst die Festrede hält: „Die Fahnenträger nehmen in der Mitte des Vorgartens Aufstellung. Ist dies geschehen, Kommando: Fahnengruß! Alle Schüler sprechen gleichzeitig (…): ‚Treu

**Jugend und Schule**

Nachruf auf Rudolf Lengauer im Mitteilungsblatt des NS-Lehrerbundes 1939. Rudolf Lengauer aus Vöcklamarkt tritt bereits 1922 während seiner Ausbildung zum Lehrer der NSDAP bei. Er ist Mitbegründer des NS-Lehrerbundes in Oberösterreich. Nach dem NS-Putschversuch 1934 flieht Lengauer nach München, wo er sich publizistisch für den Nationalsozialismus betätigt. Nach seiner Rückkehr 1938 setzt Gauleiter August Eigruber den Schwerkranken in hohe Regierungsämter ein. Rudolf Lengauer stirbt 1939 in Schwanenstadt.
(Abbildung: Kurt Cerwenka)

Österreich."[113] Am 17. März 1938 fordert derselbe Schulleiter im Dienstbuch den Lehrkörper nachdrücklich auf, gemäß der Anordnung der Behörden ab nun den „Deutschen Gruß: ‚Heil Hitler'" zu verwenden und in allen Klassen eine Feierstunde zur „Bedeutung der Parole ‚Ein Volk – ein Reich – ein Führer' im Zusammenhang des historischen Umbruches in der Heimat" zu gestalten.[114]

Zum Teil erklärt sich das Überlaufen vieler Lehrer und Lehrerinnen dadurch, dass sie als Beamte direkt von den Machthabern abhängig sind. Vor einer Anstellung oder Beförderung werden sie politisch überprüft. „Ich ersuche die Lehrkräfte, in nachstehendem Verzeichnis die Stellung und Tätigkeit in der Partei einzutragen. Die Angaben werden für eine Meldung an die Schulabteilung in Perg benötigt", schreibt der Mauthausener Schulleiter Förster 1942 ins Dienstbuch – es stellt sich heraus, dass fünf von sechs Lehrkräften NSDAP-Mitglieder sind.[115] Neben denjenigen, die von vornherein nationalsozialistisch eingestellt sind, treten viele Lehrer und Lehrerinnen dem NS-Lehrerbund bei, um ihre Laufbahn nicht aufs Spiel zu setzen. Oft sind sie zusätzlich in der SA, HJ oder Nationalsozialistischen Volkswohlfahrt (NSV) aktiv.

In den ländlichen Regionen begrüßen manche Lehrer und Lehrerinnen die kirchenfeindliche Haltung des NS-Regimes. Mit Hilfe der NSDAP kann die Lehrerschaft nun jene Machtposition im Dorf übernehmen, die vorher der Pfarrer innehatte.

## Kirchenkampf in der Schule

Im Herbst 1938 werden alle kirchlichen, hauptsächlich katholischen Privatschulen geschlossen. Betroffen davon sind die Stiftsgymnasien, zum Beispiel in Kremsmünster, St. Florian und Wilhering, die Linzer Privatgymnasien wie das Kollegium Petrinum und weit über 200 Pflichtschulen oder Kindergärten in ganz Oberösterreich. Viele ehemals kirchliche Schulen werden in staatliche Schulen umgewandelt. Die meisten großen oberösterreichischen Stifte werden im Lauf der Kriegsjahre enteignet, die Räumlichkeiten dienen als Flüchtlingsunterkünfte oder für staatliche Zwecke.

Ab 1938 drängt die nationalsozialistische Schulverwaltung den bisher dominanten Religionsunterricht Schritt für Schritt zurück. Das morgendliche Schulgebet für die Sechs- bis Zehnjährigen bekommt eine nationalsozialistische Fassung:

„Uns'rer Schule Arbeit leite,
segne deutsches Volk und Land!
Über uns'ren Führer breite
deine starke Gnadenhand.
Hilf empor aus aller Not
und sei ewig unser Gott!"[116]

Die Religionsstunden werden gekürzt und oft in den Nachmittag verlegt. Die Eltern müssen die Kinder für den Religionsunterricht eigens anmelden, Kinder über 14 Jahren können selbst die Entscheidung treffen, ob sie teilnehmen wollen. Das Fach „Konfessionsunterricht", wie es seit 1939 heißt, rutscht von der ersten an die letzte Stelle des Zeugnisses und scheint schließlich als unbenoteter Freigegenstand im Zeugnis nicht mehr auf. An Lehrerbildungsanstalten, an der Oberstufe der höheren Schulen und an berufsbildenden Schulen wird er ganz beseitigt.

Da vor allem die Landbevölkerung stark in der katholischen Tradition verwurzelt ist, haben diese Maßnahmen nur beschränkt Erfolg. Bei einer Erhebung in den Mühlviertler Pfarren im Frühjahr 1941 stellt sich heraus, dass fast alle Kinder – auch die Kinder von NSDAP-Mitgliedern – den Religionsunterricht besuchen. Die Zahl der Ministranten bleibt hoch. Außerschulische religiöse Treffen wie Kinderandachten finden teilweise großen Zulauf.

Es gibt aber auch Schulen, an denen kein Religionsunterricht mehr möglich ist, weil dem Pfarrer oder Kaplan wegen regimekritischer Einstellung die Unterrichtserlaubnis entzogen wird. Nicht selten denunziert der nationalsozialistische Oberlehrer der örtlichen Schule den katholischen Geistlichen. Im Konflikt zwischen Lehrer und Pfarrer greift die katholische Bevölkerung mehrmals zu Gunsten des Geistlichen ein. Als Ende 1938 der Pfarrer von Tarsdorf im Innviertel versetzt wird, demonstrieren 122 Personen vor dem Schulhaus und fordern: „1. Her mit dem Schulgebet, 2. Heraus mit dem Religionsunterricht, 3. Weg mit den Lehrern."[117] Schließlich muss die Gendarmerie eingreifen.

## Jugend und Schule

Ein Klassenzimmer am Realgymnasium Linz (Staatliche Oberschule für Jungen): Das Hitlerbild ist an die Stelle des Schulkreuzes getreten. In der Diözese Linz gibt es keine einheitliche Regelung. In manchen Schulen wird das Kreuz ganz entfernt, in anderen an der Seitenwand geduldet.
(Foto: Schularchiv Khevenhüller Gymnasium Linz)

Viele katholische Jugendliche und Erwachsene gewinnen dem Nationalsozialismus zwar etwas Positives ab, wollen sich aber zugleich ihre Religion nicht wegnehmen lassen.

### NS-Ideologie im Unterricht

Nach den raschen Neubesetzungen in Schulbehörden und Lehrerschaft werden im März 1938 auch die Unterrichtsmaterialien politisch „gesäubert". NS-kritische Bücher müssen aus der Schule verschwinden, die bisherigen Schulbücher werden eingesammelt und vom Lehrpersonal im nationalsozialistischen Sinn korrigiert. Die Schulchronik von Ottensheim berichtet über eine Konferenz am 29. März 1938: „Die Lehrkräfte müssen sich mit dem nationalsozialistischen Gedankengut vertraut machen. Mittel: Lesen der Tageszeitungen, Einstellung [in die Schulbibliothek] der Zeitschrift ‚Schule und Volk' von Karl Springenschmied. ‚Mein Kampf', das grundlegende Werk von Adolf Hitler, muß in der Lehrerbibliothek sein. In jeder Konferenz ist abwechselnd ein Referat über den Führer und sein Werk zu erstatten. Täglich soll am Schluß des Unterrichts den Kindern zehn Minuten über den Führer und Deutschland erzählt werden."[118]

Für den Rest des Schuljahres 1938 sind die Schüler und Schülerinnen in ein dichtes Programm von Feiern und Parteiaktivitäten einbezogen: zur „Heimkehr der Ostmark", zur Volksabstimmung am 10. April, zum Geburtstag des „Führers", bei Sammlungen für die NSV. Nationalsozialistische Propagandafilme wie „Triumph des Willens" und „Hitlerjunge Quex" werden ihnen gezeigt. In den Schulen entsteht ab dem Schuljahr 1938/39 ein ganzer Jahreskreis von Festen und Totenehrungen, die an besondere Er-

Durch die Initiative von Lehrern fährt das gesamte Realgymnasium Linz, Khevenhüllerstraße, am 19. Mai 1938 auf Besuch zu Adolf Hitler auf den Berghof. Mit einem Sonderzug reisen 500 Schüler (und einige Schülerinnen) sowie alle Lehrer mit ihren Frauen von Linz nach Berchtesgaden und wandern auf den Obersalzberg. Der „Führer" lässt sich mit jeder Klasse fotografieren. Bereits im „Ständestaat" gab es sowohl unter Lehrern als auch Schülern eine starke illegale nationalsozialistische Bewegung an der Schule: Der Empfang bei Adolf Hitler ist die Belohnung dafür.
(Foto: Schularchiv Khevenhüller Gymnasium Linz)

eignisse der NS-Bewegung erinnern. Bei diesen feierlichen Inszenierungen sollen die jungen Menschen die „Volksgemeinschaft" erleben.

Ab Juli 1938 setzen intensive Ausbildungen für die Lehrerschaft im „Ausrichtelager" des NS-Lehrerbundes in Schloss Schmiding bei Wels statt. Wichtige Themen sind deutsche Geschichte und Rassenkunde. In Deutsch, Geschichte, Erdkunde, Biologie und Kunsterziehung soll das Unterrichtsprinzip Rassenkunde einen Schwerpunkt bilden. Die Deutschen werden „Arier" genannt und als höchst entwickelte Rasse dargestellt, während die slawischen Völker, die Roma und Sinti, insbesondere aber die Juden und Jüdinnen als minderwertig und gefährlich gelten. „In Biologie haben wir uns viel mit der Vererbungslehre befasst, mit den Mendelschen Regeln, den Rassen (dinarisch, ostisch usw.), den Kopfvermessungen", erinnert sich Walter Kellermayr, der die Oberschule für Jungen in Linz besucht.[119]

Ein deutsches Lehrerhandbuch aus dem Jahr 1936 betont, der „Rassengedanke" kann letzten Endes „nicht gelehrt, er muß vielmehr erlebt werden."[120] Dem rassistischen Unterricht kommt es also darauf an, bei den Schülern und Schülerinnen Emotionen zu wecken. Dazu dienen vor allem Fotos oder Zeichnungen, die „den Juden" als abstoßendes Gegenbild zum „edlen Deutschen" zeigen – diese Bilder sollen sich den jungen Menschen unauslöschlich einprägen.

## Auslese durch die Schulen

Dem NS-Schulsystem liegt der Gedanke der Auslese zu Grunde. Der einzelne Mensch wird nicht als eigene Persönlichkeit betrachtet, sondern nach seiner Leistungsfähigkeit

## Jugend und Schule

Dieses Volksschulzeugnis bescheinigt dem zehnjährigen Schüler, dass er für die Hauptschule geeignet ist. Da der Nationalsozialismus die körperliche Ausbildung am höchsten bewertet, steht in den Zeugnissen „Leibeserziehung" an erster Stelle, während Religion als Freigegenstand ohne Benotung schließlich ganz aus der Fächerliste verschwindet.
(Abbildung: Kurt Cerwenka)

für die deutsche „Volksgemeinschaft" beurteilt. Schule sieht die „Minderwertigen" aus. Der Großteil der Bevölkerung besucht die achtklassige Volksschule. Dort gibt es keinen Fremdsprachenunterricht. Für höhere Bildung ausgewählte Zehnjährige kommen in die vierklassige Hauptschule oder in die achtklassige Oberschule. Die Oberschule für Jungen hat einen sprachlichen und naturwissenschaftlichen, die Oberschule für Mädchen einen sprachlichen und hauswirtschaftlichen Zweig. Das Gymnasium mit den klassischen Bildungsfächern bleibt als Sonderform einer kleinen Minderheit vorbehalten. Es ist nur zehnjährigen Burschen nach einer Aufnahmeprüfung zugänglich. Oberschule oder Gymnasium berechtigen zu einem Hochschulstudium. Stark gefördert werden die berufsbildenden Mittelschulen, in Oberdonau zum Beispiel mit der Errichtung von zehn landwirtschaftlichen Berufsschulen für Mädchen.

Kinder mit großen Lernschwierigkeiten werden in „Hilfsschulen" gesteckt. Dort erhalten sie eine bescheidene Ausbildung, damit sie für Hilfsarbeiten verwendbar sind. Die Lehrkräfte haben geistig oder körperlich behinderte Kinder mit Erbkrankheiten zu melden. Wenn sie als „bildungsunfähig" erklärt werden, hat das für die Kinder schreckliche Konsequenzen: Sie fallen dem Mord im Zuge der NS-Euthanasie zum Opfer.

Zur Ausbildung der nationalsozialistischen Elite werden die Nationalpolitischen Erziehungsanstalten (NPEA oder NAPOLA) eingerichtet. In diesen achtjährigen Internatsschulen sollen die zehn- bis 18-jährigen Burschen und Mädchen zum Führungsnachwuchs in allen beruflichen Feldern und in der Partei herangezogen werden. Für die Aufnahme in die NAPOLA sind – neben einer einwandfreien „arischen" Abstammung – besondere körperliche Leistungsfähigkeit und politische Zuverlässigkeit erforderlich. Im verstaatlichten Stift Lambach bei Wels nimmt im Herbst 1943 eine NAPOLA für Jungen ihren Betrieb auf.

# Wie ergeht es den jüdischen Schülern und Schülerinnen?

Ilse Rubinstein wird 1938 aus der Volksschule ausgeschlossen. Die begabte Tänzerin und Sängerin, hier auf einem Foto aus dem Jahr 1934, besucht die Tanzschule der Linzer Jüdin Edith Wilensky, die 1939 nach England flüchten muss.
(Foto: Ilse Rubinstein)

In Nachbarschaft und Schule fühlen sich die oberösterreichischen Juden und Jüdinnen unterschiedlich gut integriert. Viele jüdische Linzer Kinder und Jugendliche gehören dem jüdischen Wanderbund Blau-Weiß an, der in Pulgarn bei Luftenberg ein Landheim besitzt. Im Wanderbund spielt die Beschäftigung mit dem Zionismus, also mit der Auswanderung nach Palästina, eine wichtige Rolle.

Den lange aufgestauten Judenhass, der bei der Machtübernahme der Nationalsozialisten im März 1938 offen ausbricht, bekommen auch die jüdischen Schüler und Schülerinnen zu spüren. Wie der 17-jährige Kurt Hauptschein, der die Höhere Bundeslehranstalt für Maschinenbau, Elektronik und Hochbau in der Linzer Goethestraße besucht: „Nach dem ‚Anschluss' kamen einige Mitschüler mit SA-Uniformen in die Klasse. Nicht genug dessen, wurde befohlen, alle Schüler hätten den Lehrer stehend und mit ‚Heil Hitler' zu begrüßen. Ich wusste nicht, ob ich das darf oder muss, suchte

## Jugend und Schule

Zum Leiter der Linzer „Judenschule" wird im Mai 1938 der Linzer Paul Schimmerl bestellt, bis dahin Lehrer in Schenkenfelden. Paul Schimmerl gilt als „Halbjude". Er schreibt eine Chronik der Linzer „Judenschule" bis zu ihrer Auflösung Ende 1938. Im Mai 1940 wird er „wegen Verdachts der Homosexualität" verhaftet.[123] Paul Schimmerl wird in das KZ Mauthausen eingeliefert und am 30. April 1942 in Gusen ermordet. (Foto: Verena Wagner)

den goldenen Mittelweg, indem ich aufstand, aber nicht ‚Heil Hitler' sagte. Das war unangenehm und furchterregend, wurde aber von allen wortlos akzeptiert. Zu Hause erzählte ich das meinen Eltern, die mir sofort erlaubten, die Schule zu verlassen."[121]

Ilse Rubinstein ist 1938 zehn Jahre alt. Sie geht in die Volksschule in der Linzer Mozartstraße, wo sie sich sehr wohl fühlt. Kurze Zeit nach dem „Anschluss" teilt ihr die Lehrerin mit, dass die Schule „judenrein" gemacht wird: „Sie hat mich zum Pult gerufen – nicht vor den anderen Kindern, so viel Anstand hat sie gehabt. (…) Ein paar Tage durfte ich noch kommen. Dann hat man gesagt: ‚Du bist Jüdin. Du darfst die Schule nicht mehr besuchen.'"[122] Ihre beste Freundin und Schulkameradin Helga hat sie zu diesem Zeitpunkt bereits verloren, weil Helgas Vater seiner Tochter verbietet, sich weiter mit Ilse zu treffen.

Die jüdischen Schüler und Schülerinnen der Linzer Volks- und Hauptschulen müssen nun in die „Judenschule" gehen, die am 23. Mai 1938 im Gebäude Altstadt 12 eröffnet wird. Dort unterrichten zwei als „Halbjuden" eingestufte Lehrkräfte zunächst 18 Burschen und Mädchen in zwei Klassen am Nachmittag. Die Kosten für die Schule sowie für den Lehrer und die Lehrerin hat die jüdische Kultusgemeinde Linz zu tragen. Mit Beginn des Schuljahres 1938/39 werden kurzzeitig 24 Schüler und Schülerinnen unterrichtet, da nun auch die jüdischen Gymnasiasten der Unterstufe und drei Mädchen aus Steyr und Perg dazukommen. Doch mit der Vertreibung und Deportation der jüdischen Familien sinkt die Zahl der Schulkinder rasch. Kurz nach der „Reichskristallnacht" am 9./10. November 1938, in der SA-Leute die Linzer Synagoge niederbrennen und Juden und Jüdinnen misshandeln, wird die „Judenschule" geschlossen.

Viele Linzer jüdische Familien müssen in Sammelquartiere nach Wien umsiedeln. Jene, denen die Auswanderung nicht gelingt, werden in den nationalsozialistischen Lagern ermordet. Kurt Hauptschein und Ilse Rubinstein gehören zu jenen Jugendlichen, die Glück haben, sie überleben. Hauptschein emigriert im Juni 1938 nach Palästina, Ilse Rubinstein flüchtet 1939 mit ihrer Familie nach Shanghai und 1949 weiter in den neu gegründeten Staat Israel.

# Wie erleben die jungen Menschen HJ und BDM?

Auch im „Ständestaat" gibt es eine autoritär aufgebaute staatliche Jugendorganisation, das katholische Österreichische Jungvolk. Doch die Hitler-Jugend (HJ) geht mit ihrem Anspruch, möglichst alle Kinder und Jugendlichen zu erfassen und ideologisch zu erziehen, viel weiter.

```
NSDAP Hitlerjugend                  Wels, den 1.August 1940.
Bann Wels 543
Bismarckstrasse 28


                    B e f e h l !
                    ─────────────

              Du hast am Freitag den 2. August 1940
        um 15 Uhr im Gemeinschaftsraum der Hitlerjugend Wels
        Bismarckstrasse 28/II gestellt zu sein. Papier und Blei
        ist mitzubringen.
        Entschuldigungen werden nicht entgegenommen.
        Nichterscheinen zieht polizeiliche Verfolgung nach sich.
        Nicht HJ Angehörige haben auf Grund der Jugenddienst-
        pflicht ebenfalls zu erscheinen.


                        Heil Hitler !
                   Der K.-Führer des Bannes Wels (543) :

                        gez. Etzold Hermann
                        Hauptgefolgschaftsführer .


                   Der Mitarbeiter im Bann Wels (543) :
                            ( Fürtner )
                         Kameradschaftsführer .
```

Der Befehl der HJ Wels vom August 1940 droht unter Hinweis auf die Jugenddienstpflicht mit polizeilicher Verfolgung, wenn Jugendliche dem Treffen fernbleiben. Die meisten gehen jedoch gerne zu den HJ-Veranstaltungen.
(Abbildung: Kurt Cerwenka)

HJ ist die Bezeichnung für die gesamte Organisation, in die Burschen und Mädchen ab dem zehnten Lebensjahr eintreten. Die zehn- bis 14-jährigen Burschen kommen als „Pimpfe" zum Deutschen Jungvolk (DJ), die 14- bis 18-jährigen bilden die eigentliche HJ; die zehn- bis 14-jährigen Mädchen beginnen im Jungmädelbund (JM), die 14- bis 21-jährigen sind im Bund deutscher Mädel (BDM) zusammengefasst. Alle diese HJ-Gruppen treffen sich an zwei Nachmittagen in der Woche, zusätzlich gibt es viele Veranstaltungen und Ausflüge. Die gesamte HJ ist nach militärischem Muster aufgebaut. Sowohl Burschen als auch Mädchen tragen Uniform. Die HJ gliedert sich in Einheiten. Ganz unten steht die kleinste Einheit mit zehn bis 15 Angehörigen (bei den Burschen heißt sie „Kameradschaft"), ganz oben die größte Einheit, die den ganzen Reichsgau

## Jugend und Schule

Oberdonau mit zehntausenden HJ-Mitgliedern umfasst („Gebiet"). Über jede Einheit befiehlt ein HJ-Führer oder eine HJ-Führerin.

Die Aufnahme in die HJ findet grundsätzlich am Vorabend von Hitlers Geburtstag statt. Besonders pompös fällt dieses Ritual am 19. April 1939 im Linzer Stadion aus, als vor dem 50. Geburtstag des „Führers" tausende Burschen und Mädchen aus Oberdonau in die HJ aufgenommen werden.

Im Frühjahr 1939 wird die Jugenddienstpflicht angeordnet, die Mitgliedschaft in der HJ ist damit verpflichtend. Die systematische Umsetzung dieser Jugenddienstpflicht beginnt in Oberdonau 1941. Die Burschen und Mädchen werden einberufen und den HJ-Gruppen zugeteilt. Weigerung oder Fernbleiben werden mit Geldbußen oder Jugendarrest bestraft. Nur in Ausnahmefällen, zum Beispiel bei beruflicher Unabkömmlichkeit, können Jugendliche vom HJ-Dienst befreit werden.

### Aufgaben und Ziele der HJ

„Ich verspreche in der Hitlerjugend allzeit meine Pflicht zu tun, in Liebe und Treue zum Führer und unserer Fahne!", so lautet der Eid, den die Kinder beim Eintritt in die HJ ablegen.[124] Durch ideologische Schulung, vor allem aber durch gemeinsame Erlebnisse sollen sie sich mit dem Nationalsozialismus völlig identifizieren. Die Rassenlehre und die Vorstellung vom Lebensrecht des Stärkeren, der sich im „Kampf ums Dasein" durchsetzt, bilden den Kern der vermittelten Weltanschauung. In einer Dienstanweisung der HJ Oberdonau wird im März 1939 folgendes „Spiel des Monats" empfohlen: „Kampf ums Dasein: Wir teilen drei Felder ein. Alle sind im Feld 1. Jeder sucht jeden hinauszudrängen. Wer ins 2. Feld gestoßen wird, kämpft hier weiter, sucht die anderen ins Feld 3 zu drängen. Dort geschieht dasselbe. Wer aus dem Feld 3 gestoßen ist scheidet aus."[125]

Die Burschen erfahren in der HJ eine vormilitärische Ausbildung. Sie lernen nicht nur – ebenso wie die Mädchen – zu gehorchen und zu befehlen, zu exerzieren und zu marschieren, sondern auch zu schießen und bei militärischen Geländespielen den „Feind" zu bekämpfen. Ein Auszug aus den Richtlinien für den Geländesport im „Handbuch für die Hitler-Jugend": „Drill in geschlossenen Formationen", „Kartenlesen", „Zielübungen, Schätzen von Entfernungen", „Deckung-Suchen", „Beschützen einer marschierenden Kolonne".[126]

Auch im BDM sind Disziplin und Sport zentral. Auf dem Programm stehen für die Mädchen „Ordnungsübungen" – „In Linie antreten!", „In Reihe antreten!", „In Marschordnung antreten!"[127] – sowie Laufen, Springen, Ballwerfen und Schwimmen. Sie sollen zu gesunden jungen Frauen werden, die möglichst viele Kinder zur Welt bringen und die nationalsozialistische Weltanschauung in der Familie vorleben. Demselben Zweck dient die zur HJ gehörende Organisation Glaube und Schönheit, in der die 18- bis 21-jährigen Frauen in Sport, Tanz und Körperpflege unterwiesen werden.

Bei einem großen Aufmarsch der Hitler-Jugend im Juli 1940 präsentiert sich die Organisation Glaube und Schönheit mit Sport und Tanz auf der Promenade in Linz. Dass sie nun erstmals in kurzer Sportkleidung öffentlich auftreten dürfen, stärkt das Selbstbewusstsein vieler Mädchen und junger Frauen.
(Foto: Kurt Cerwenka)

HJ marschiert auf der Wiener Straße in Linz mit Trommeln, Trompeten und Fahnen.
(Foto: Oberösterreichisches Landesarchiv/Slapnicka)

**Jugend und Schule**

Die Anziehungskraft der HJ

Viele Burschen und Mädchen erleben die HJ nicht als Zwang, sondern als etwas Reizvolles und Abenteuerliches. Dank der HJ können sie sich aus der Obhut der Eltern, die sie als beengend empfinden, ein Stück weit befreien. Sie dürfen viel in der Gruppe von Gleichaltrigen gemeinsam machen, ohne von Erwachsenen beaufsichtigt zu sein. Die wichtigen Aufgaben, die sie bei der HJ für „Führer" und Volk leisten, die Uniform und die feierlich verehrten Symbole (z.B. Hakenkreuzfahne) verleihen ihnen ein neues Selbstwertgefühl. Umso mehr, wenn sie in der Hierarchie aufsteigen, Kameradschaftsführer oder Mädelschaftsführerin werden und das Kommando über eine Gruppe bekommen. „Jugend führt Jugend" lautet das Motto bei der HJ – auch wenn letztlich die Erwachsenen die Entscheidungen treffen. Die HJ schafft eine Illusion von Gleichheit: Nicht die soziale Herkunft soll zählen, sondern nur die eigene Leistung. Für Kinder aus unteren sozialen Schichten ist das ein großer Ansporn, obwohl die sozialen Unterschiede trotzdem weiterbestehen.

Sowohl im Sommer als auch im Winter fährt die HJ auf Sportlager. Im Sommer 1939 werden in ganz Oberdonau ca. 40 Lager aus Zwölf-Mann-Rundzelten für insgesamt etwa 6.000 Pimpfe und Hitler-Jungen errichtet. Trotz des militärischen Drills umweht ein Hauch von Abenteuer und Romantik diese Zeltlager. Stärker noch als in den Heimstunden der HJ fühlen sich hier viele Kinder beim gemeinsamen Organisieren des Lagerlebens, beim Marschieren, Spielen und Singen wie in einer anderen, aufregenden Welt.

Die HJ eröffnet den jungen Menschen neue Freizeitangebote und Freiräume. So können die Burschen im Zuge der vormilitärischen Ausbildung das Motorradfahren lernen, Segelfliegermodelle bauen und sogar eine Pilotenschule (im ehemaligen Stift Reichersberg) absolvieren, sich im Funken ausbilden lassen und Kletter- und Schitouren unternehmen. Für die Mädchen ist neu, dass sie nun Sport betreiben, an Leistungswettkämpfen teilnehmen und bei HJ-Veranstaltungen verstärkt öffentlich auftreten dürfen, sogar in Leibchen und kurzen Hosen.

HJ-Veranstaltungen haben meist Vorrang vor dem Schulunterricht. Das entspricht auch den Wünschen der jungen Menschen. „Die Schule war nur sekundär damals, wichtig waren die HJ-Lager: zweimal pro Jahr, in Krumau, am Traunstein, da gab es drei Wochen keine Schule. Das war das Wesentliche, der Sport war sehr wichtig", erzählt Gerhard Wöß über seine Schulzeit in Linz.[128] Lehrer und Lehrerinnen beklagen sich über entfallene Schulstunden und mangelhafte Schulleistungen. Manchmal auch über den schlechten Einfluss der HJ auf die Jugendlichen: Die Leiterin der Volksschule in Altmünster, eine Anhängerin des NS-Regimes, beschwert sich 1943 über die fehlende Zusammenarbeit zwischen Schule und HJ in der Erziehung. Die HJ-Führer bezeichnet sie als „Raufbolde", die die Schüler dazu anleiten, Fenster einzuwerfen, Schulmobiliar zu zerstören, im HJ-Dienst zu rauchen und bis in die Nacht mit BDM-Mädchen zu tanzen. Sie wünscht sich: „Wenn man nun dies Jahr einen tüchtigen hauptamtlichen

Eine Linzer Gruppe des Deutschen Jungvolks, der Organisation der Hitler-Jugend für die zehn- bis 14-jährigen Jungen, macht einen Ausflug.
(Foto: Schularchiv Khevenhüller Gymnasium Linz)

1939 findet auf der Trabrennbahn in Wels ein großes Sportfest der HJ statt.
(Foto: Stadtarchiv Wels)

HJ-Führer nach Altmünster schickte, so freute ich mich sehr und hielt gleich zu Anfang eine gute Aussprache mit ihm."[129] Ausgebildete HJ-Führer werden aber im Krieg immer knapper.

Der nationalsozialistische Staat beschneidet die Macht von Schule und Elternhaus, um über die HJ stärker in die Erziehung einzugreifen. Für die Kinder und Jugendlichen hat das zur Folge, dass sie gegenüber den bisherigen Autoritäten in Familie, Schule und Kirche selbstbewusster, mitunter auch aggressiv auftreten können. Es kommt vor, dass HJ-Angehörige Verwandte oder Lehrpersonal bespitzeln. HJ-Gruppen suchen die Konfrontation mit Gläubigen, indem sie katholische Messen und Prozessionen stören.

**Jugend und Schule**

Die Schulen wirken an der politischen Überwachung der Schüler und Schülerinnen mit. Da ein auswärtiger Schüler bei einem Verwandten in Linz untergebracht ist, dem die NSDAP misstraut, weist der Direktor den Jugendlichen in ein NS-Schülerheim ein.
(Abbildung: Schularchiv Khevenhüller Gymnasium Linz)

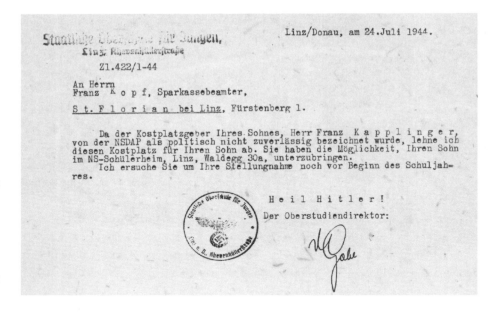

### Distanz und Verweigerung

Nicht alle Burschen und Mädchen sind von der HJ begeistert. Vor allem, wenn ihnen Bezugspersonen in Familie oder Bekanntschaft eine kritische Sicht auf den Nationalsozialismus vermitteln. Das Kommandieren und Exerzieren finden diese Jugendlichen langweilig und geistlos, die sportlichen Wettkämpfe belastend. Dass sie ständig in der Gruppe sein müssen, dass ihnen vorgeschrieben wird, was sie denken und sagen dürfen, erfahren sie als Einschränkung ihrer Freiheit. Kritisch eingestellte Jugendliche verbergen sich hinter den HJ-Ritualen, die sie ohne innere Anteilnahme mitmachen.

HJ-Veranstaltungen sind verpflichtend. Aber nicht überall wird der Druck, daran teilzunehmen, mit derselben Konsequenz ausgeübt. Im ländlichen Raum ist die Kontrolle leichter möglich als in den größeren Städten. Manchmal gelingt es Jugendlichen, sich vor der ungeliebten HJ zu drücken. Siegfried Kainberger, der als 14-Jähriger von Linz nach Ried im Innkreis übersiedelt, berichtet: „Wenn man in Ried eine Heimstunde ausließ, wurde man von den HJ-Jungen so arg verprügelt. In Linz war ich kaum in einer HJ-Stunde."[130]

In Oberdonau wenden sich junge Menschen, die sich dem Nationalsozialismus und der HJ nicht ganz verschreiben wollen, oft der Kirche zu. Im Mai 1939 nehmen zur Überraschung der Behörden fast 1.000 Jugendliche an einer Jugendwallfahrt nach Maria Scharten bei Eferding teil. Jugendliche, die sich für die katholische Kirche statt für die HJ engagieren, sind Repressalien ausgesetzt. So ergeht es Anna Reitmair, die sich in Linz zur Lehrerin für Wäsche- und Kleidermachen ausbilden lassen will. Sie weigert sich aus religiösen Gründen, zum BDM zu gehen. Die Gestapo verbietet ihr den Schulbesuch und verlangt von ihr eine Entscheidung zwischen katholischer Jugend und BDM: „Erst nach vier Wochen und dem Entschluss, formell der Hitlerjugend beizutreten, wurde ich wieder in die Schule aufgenommen, um das dritte Schuljahr zu beenden. (…) Ein Weiterstudieren an einer Lehrerinnenbildungsanstalt wurde mir aber weiterhin versagt, weil ich nicht Führerin beim BdM wurde."[131]

# Welche Aufgaben übernehmen die Jugendlichen im Krieg?

Im Zweiten Weltkrieg werden die Kinder und Jugendlichen massiv zum Arbeitseinsatz oder Militärdienst herangezogen. Während für die 17- bis 24-jährigen Burschen (die nicht bereits Soldaten sind) und Mädchen der Reichsarbeitsdienst (RAD) zuständig ist, organisieren HJ, BDM und Schule den Einsatz für die Jüngeren.

### Arbeit für den Krieg

Jährlich sind ab 1940 in Oberdonau tausende Kinder ab zehn Jahren bei der Ernte auf dem Land tätig. Zwischen April und November werden sie für eine oder zwei Wochen in über 150 Lagern im ganzen Land untergebracht und von Lehrern, Lehrerinnen, HJ-Führern und BDM-Führerinnen beaufsichtigt.

Regelmäßig organisieren HJ und Schule Sammeldienste. Die Kinder und Jugendlichen sammeln Rohstoffe zur Wiederverwertung, die im Krieg Mangelware sind, wie Alteisen, Altpapier oder Alttextilien. BDM-Mädchen schwärmen gruppenweise aus, um Heilkräuter zu pflücken, zum Beispiel Schafgarbe, Huflattich und Brennnessel, denn der Import von Tee ist im Krieg zum Erliegen gekommen. Für die fleißigsten Sammler und Sammlerinnen Oberdonaus gibt es Preise. Unablässig sind die HJ-Angehörigen auch mit Spendenbüchsen unterwegs und sammeln Geld zu verschiedenen Anlässen, vor allem für das Winterhilfswerk der NSV. Im November 1940 lobt Gauleiter August Eigruber die „Jungen und Mädel" für weit über zwei Millionen Arbeitsstunden im „Einsatz der Jugend im Kriege".[132]

Burschen und Mädchen der HJ verteilen Propagandamaterial der NSDAP, sie unterstützen Wehrmacht, Bahn und Post beim Verladen und bei der Nachrichtenübermittlung, in den Gemeinden verstärken sie Luftschutz und Feuerwehr. Eines der wichtigsten Aufgabengebiete des BDM wird im Lauf des Krieges der „Kriegsbetreuungsdienst". BDM-Mädchen besuchen verwundete Soldaten in den Lazaretten, helfen bei der Verpflegung der Wehrmacht und versenden Feldpostpäckchen an die Frontsoldaten.

Zur unmittelbaren Vorbereitung auf den Dienst bei Wehrmacht oder Waffen-SS werden 15- bis 17-jährige Burschen in Wehrertüchtigungslager der HJ einberufen.

↑ Hitler-Jungen aus Gallneukirchen versammeln sich 1939/40 zu einem Gruppenfoto. Mit Beginn des Zweiten Weltkrieges übernehmen HJ und BDM zahlreiche Hilfsdienste. (Abbildung: Kurt Cerwenka)

↗ Unter der Überschrift „Die Ostfront ruft, und wir alle geben" berichtet die Presse 1942 über eine Aufsehen erregende Aktion, mit der die Freistädter HJ zur Sammlung von Wintersachen für die Soldaten auffordert. (Abbildung: Kurt Cerwenka)

Während der mehrwöchigen Ausbildung im scharfen Schießen herrscht strengster militärischer Drill. Eines dieser Lager besteht in Kammer-Schörfling am Attersee.

## Im Bombenkrieg

Bis zur Eroberung Süditaliens durch die alliierten Truppen im Sommer 1943 befindet sich Oberdonau außerhalb der Reichweite der britischen und US-amerikanischen Bomber. Deshalb kommen tausende Kinder aus den bombardierten Städten Deutschlands im Rahmen der Kinderlandverschickung (KLV) der HJ nach Oberdonau. Sie verbringen sechs bis neun Monate in den KLV-Lagern.

Schon ein Jahr bevor Anfang 1944 die Bombenangriffe auch auf die Städte Oberdonaus beginnen, werden 16- und 17-jährige Oberschüler als Luftwaffenhelfer eingezogen. Sie müssen die Fliegerabwehrkanonen (Flak) bedienen und wohnen in eigenen Lagern bei den Flak-Stellungen. Lehrer erteilen ihnen dort einen behelfsmäßigen Unterricht, der aber oft wegen Fliegeralarms ausfällt. Dass sie nun eine wichtige militärische Aufgabe innehaben, erfüllt manche Jugendliche mit Stolz: „Wir waren die ersten Luftwaffenhelfer, deshalb gefürchtet, niemand wusste, ob wir Soldaten waren oder nicht. Wir trugen eine blaue Uniform mit Hakenkreuzschleife. Die gab man herunter, um als Soldat zu erscheinen."[133] Ab Ende 1944 stehen auch junge Flakhelferinnen an den Scheinwerfern und Messgeräten für die Fliegerabwehrkanonen.

22-mal bombardieren die alliierten Flugzeuge von Sommer 1944 bis April 1945 Linz, fast 1.700 Menschen werden dabei getötet. Unter den Bombenangriffen bricht der gesamte Schulbetrieb in Linz zusammen, die Linzer Schulen schließen Ende 1944.

← Helmut Mitterndorfer legt 1942 an der Staatlichen Oberschule für Jungen in Linz die Matura ab. In der allgemeinen Beurteilung beschreiben ihn die Lehrer als „fleißig" und „gewissenhaft".

↙ Im Juli 1942 findet im Restaurant Weinzinger die Abschiedsfeier für die Maturanten der Staatlichen Oberschule Linz statt. Danach werden die jungen Männer, unter ihnen Helmut Mitterndorfer, zur Wehrmacht eingezogen.

→ Knapp zwei Jahre nach seiner Matura, im Frühjahr 1944, stirbt Helmut Mitterndorfer an der Front. Der Direktor der Schule spricht dem Vater das Beileid zum „Heldentode" seines Sohnes aus, der „sein Opfer für Deutschlands Freiheit und Zukunft" erbracht hat.
(Alle Abbildungen: Schularchiv Khevenhüller Gymnasium Linz)

## Jugend und Schule

Jugendliche Luftwaffenhelfer üben an der Flak in der Nähe von Linz.
(Foto: Schularchiv Khevenhüller Gymnasium Linz)

Anfang Februar 1945 wird die Schließung der Schulen in ganz Oberdonau verfügt. Schulgebäude werden als Unterkünfte für Flüchtlinge und Soldaten genützt.

### Volkssturm

Der Krieg ist längst verloren, doch das NS-Regime mobilisiert im Herbst 1944 mit der Aufstellung des Volkssturms noch einmal alle Kräfte. Alle Burschen ab 16 und Männer bis 60 werden kurz militärisch ausgebildet und dann notdürftig bewaffnet in den Kampf geschickt. Für die Jugendlichen übernimmt die HJ die Ausbildung.

Als Anfang Februar 1945 etwa 400 sowjetischen Offizieren die Flucht aus dem KZ Mauthausen gelingt, beteiligt sich der Volkssturm mit Burschen aus der HJ an der mörderischen Jagd auf die entkräfteten Häftlinge („Mühlviertler Hasenjagd"). Bei der Erschießung von Widerstandskämpfern und Widerstandskämpferinnen am 1. Mai 1945 in Treffling besteht das Exekutionskommando aus 16- bis 17-jährigen Hitler-Jungen.

Hitler-Jungen stürzen sich, angeleitet von Wehrmachtsoffizieren, SS-Männern oder NSDAP-Funktionären, entschlossen in den sinnlosen Kampf an der näher rückenden Front. Manche lassen dabei ihr Leben. Am 1. Mai 1945, wenige Tage vor dem Ende des Krieges, stellen sich in Peilstein im Mühlviertel fünf 15- bis 16-Jährige den US-amerikanischen Panzern entgegen. Sie recken die Köpfe aus den Schützenlöchern. „Doch eine MG-Garbe mähte einen nach dem anderen nieder, sodaß alle fünf an dieser Stelle ihr Leben lassen mußten."[134]

# Lebensgeschichten

## Elfriede Ecker: Schülerin der NAPOLA

Die große Zustimmung zum Nationalsozialismus in ihrem familiären Umfeld prägt die heranwachsende Elfriede Ecker. Als sie zehn Jahre alt ist, entscheidet sie sich für den Besuch der Nationalpolitischen Erziehungsanstalt (abgekürzt NPEA oder NAPOLA) für Mädel, wo die weibliche Elite der NSDAP ausgebildet wird. An diese zweieinhalb Jahre in der NAPOLA Türnitz erinnert sich Elfriede Ecker bis ins hohe Alter gerne.

„Wir alle freuten uns sehr …"

Elfriede Eckers Eltern betreiben ein Kaufhaus in Ampflwang. Augustin Ecker tritt bereits 1932 der österreichischen NSDAP bei. Im selben Jahr kommt Elfriede, genannt Friedl, zur Welt. Als Sechsjährige erlebt sie beim „Anschluss" Österreichs an NS-Deutschland die Begeisterung in ihrer Familie und im Ort. Unter der Überschrift „Österreich kehrt heim" berichtet Friedl später als etwa Zwölfjährige in ihrer kleinen Familienchronik: „In der Nacht vom 12.III.-13.III.1938 war bei uns ein großer Fackelzug. Am nächsten Tag marschierten reichsdeutsche Truppen durch Ampflwang. Da verweilten sie einige Stunden. Wir alle freuten uns sehr und begrüßten sie herzlich."[135]

### Der Eintritt in die NAPOLA

In der vierten Klasse Volksschule hört Friedl Ecker von der NAPOLA für Mädel in Türnitz im südlichen Niederösterreich – dort möchte sie hin. Die Eltern erlauben es, obwohl für Internat und Ausrüstung beträchtliche Kosten anfallen. Als „Stätte nationalsozialistischer Gemeinschaftserziehung" nimmt die NAPOLA „nur gesunde, rassisch und charakterlich einwandfreie und geistig überdurchschnittlich begabte Mädel" auf.[136] Im Sommer 1942 macht Friedl die Aufnahmeprüfung: Ihr „arisches" Aussehen wird begutachtet, sie muss mit einem Ahnenpass ihre „arische" Herkunft bis ins 18. Jahrhundert nachweisen und eine Mutprobe, einen Sprung aus großer Höhe, bestehen. Friedl darf im September 1942 in den „1. Zug", wie die Klasse in der NAPOLA genannt wird, eintreten, zunächst für ein halbes Jahr auf Probe.

Die Nationalpolitische Erziehungsanstalt Hubertendorf-Türnitz in Niederdonau ist die erste NAPOLA für Mädchen. Sie besteht seit 1938. In Türnitz werden die Zehn- bis 14-Jährigen unterrichtet, im Schloss Hubertendorf bei Blindenmarkt die 15- bis 18-Jährigen. 1941 wird von Hubertendorf-Türnitz aus eine zweite Anstalt in Colmar-Berg in Luxemburg eingerichtet. Weitere Anstalten für Mädchen kommen jedoch nicht hinzu, da innerhalb der nationalsozialistischen Führung umstritten ist, ob sie dem Frauenbild in der NS-Ideologie entsprechen.

### Der Unterricht an der NAPOLA Türnitz

Die NAPOLA erfüllt die Aufgabe einer Kaderschmiede für die nationalsozialistische Führungsschicht.

Elfriede Ecker (rechts)
mit ihrer jüngeren Schwester Irene
(Foto: Elfriede Ketter)

Im Mittelpunkt steht die Charakterbildung, die unbedingte Eingliederung des einzelnen Mädchens in die Gemeinschaft. Die körperliche und musische Ausbildung ist auf Gemeinschaftserfahrungen ausgerichtet: Spiele, Gymnastik, Leichtathletik, Schilauf, Volkstanz, Singen und Musizieren. Großer Wert wird laut Merkblatt der Anstalt auf die Ausbildung „in allen Arten des Frauenschaffens" gelegt, auf Hauswirtschaft, Kinderbetreuung, Krankenpflege und Handarbeit.[137] Zu den wissenschaftlichen Fächern gehören auch Englisch und Latein. Den gesamten Unterricht erteilen Frauen. Im Jahresbericht 1943 wird die wichtige Rolle der Frauen für die „Volksgemeinschaft" zu Kriegszeiten hervorgehoben: „Wir wollen nicht kleiner, nicht ärmer sein / als die draußen geblutet fürs Vaterland; / wir kämpfen daheim, und wir halten stand!"[138]

Friedl Ecker gefällt es sehr gut in Türnitz. Eindrucksvolle Erlebnisse sind für sie der Schikurs, der Auftritt mit einem Chor vor verwundeten Soldaten in einem Lazarett, der Sieg in einem überregionalen Sing- und Bastelwettbewerb sowie das Sommerlager 1944 mit Mädchen aus Hubertendorf und Luxemburg. Die Erzieherinnen betonen in den Zeugnissen, dass sich Friedl bestens in die Gemeinschaft einfügt. Ihre vier Jahre jüngere Schwester Irene blickt neidisch auf Friedl, die so eine außergewöhnliche Schule besuchen darf.

Ende März 1945 wird die NAPOLA Türnitz wegen der näher rückenden Roten Armee aufgelöst. Die Mädchen werden über St. Pölten, wo sie Bombenruinen und hungernde Menschen zu Gesicht bekommen, nach Hubertendorf gebracht. Von dort fährt Friedl mit dem Zug nach Hause. „(…) und bald darnach kam auch der Tod des Führers und der Zusammenbruch", schreibt die 18-jährige Elfriede, noch ganz unter dem Einfluss ihrer emotionalen Bindung an den Nationalsozialismus, 1950 in ihre Chronik.[139]

### Erinnerungen

Nach dem Ende des Zweiten Weltkrieges geht Elfriede Ecker noch einige Jahre in Salzburg zur Schule. Sie arbeitet eine Zeitlang im Kaufhaus ihres Vaters in Ampflwang. 1955 heiratet sie Josef Ketter, mit dem sie zwei Töchter bekommt.

Elfriede Ketter bewahrt die Dokumente aus der NAPOLA in Türnitz sorgsam auf und behält diese Jahre in positiver Erinnerung.

Quellen:
Gespräch mit Elfriede Ketter, 26.2.2012.
Privatarchiv Elfriede Ketter.

# Wilhelm Gärtner:
# Ein Humanist wird Nationalsozialist

Der Linzer Gymnasialprofessor Wilhelm Gärtner gilt als hervorragender Gelehrter. Er leistet Bildungsarbeit für breite Bevölkerungsschichten. Doch in den 1930er Jahren wird er trotz seiner humanistischen Lehre von Wert und Würde jedes einzelnen Menschen zum Mitläufer des Nationalsozialismus.

### Bildungsweg

Wilhelm Gärtners Familie stammt aus Nordböhmen. Zu seinen Vorfahren im 19. Jahrhundert zählt ein bekannter Priester und Schriftsteller gleichen Namens. Wilhelm Gärtner, Jahrgang 1885, besucht das Humanistische Gymnasium in Reichenberg in Böhmen und studiert dann an den Universitäten Prag und Zürich, unter anderem bei dem berühmten Germanisten August Sauer. Er legt die Lehramtsprüfung für Deutsch, Latein und Griechisch ab und promoviert zum Doktor der Philosophie. Ihm eilt der Ruf eines ausgezeichneten Germanisten voraus. Gärtner möchte einem breiten Publikum Bildung vermitteln.

### Gymnasiallehrer und Volksbildner

Von 1909 bis 1916 unterrichtet Wilhelm Gärtner am Staatsgymnasium Ried im Innkreis. „(…) ein begeisternder Interpret hoher Dichtung, ein Wegweiser zum Reich des Geistes", so charakterisiert ihn später einer seiner Schüler.[140] Mit Hilde Wetzelsberger gründet Gärtner 1913 eine Familie. In Ried beginnt er auch mit seiner Tätigkeit in der Volksbildung. Er betreibt Forschungen zu regionalen Lebensformen und ist Mitbegründer eines Museums. In mehreren Schriften legt Gärtner sein Verständnis von Volksbildung dar: Sie soll den Menschen, die sich durch soziale, wirtschaftliche und politische Umbrüche entwurzelt fühlen, das Erlebnis von „Heimat" ermöglichen.

1916 übersiedelt Gärtner nach Linz und unterrichtet am Staatsgymnasium an der Spittelwiese, ab 1919 am Realgymnasium. Mit Beginn der Ersten Republik ruft er den Landesverband zur Förderung der Volksbildung in Oberösterreich ins Leben. Durch Volkshochschulen, Büchereien, Konzerte und Museen soll vor allem die Arbeiterschaft Bildung und Selbstbewusstsein erwerben. Gärtner arbeitet eng mit dem sozialdemokratischen Bildungsreferenten Ernst Koref zusammen. Der Kampf der politischen Lager bereitet dem überparteilichen Volksbildungs-Verband jedoch ein rasches Ende. Bis 1924 übt Gärtner neben dem Katholisch-Konservativen Adalbert Depiny das Amt eines staatlich eingesetzten Landesreferenten für Volksbildung aus.

### Vom Humanismus zum Nationalsozialismus

Auch danach ist Wilhelm Gärtner als Lehrer, Vortragender und Förderer für die Vermittlung von Wissenschaft und Kunst tätig. Große Hoffnungen setzt er auf die Jugendbewegung. Zunächst warnt er davor, dass sie vom Nationalsozialismus vereinnahmt wird, doch in den 1930er Jahren gerät der humanistische

Wilhelm Gärtner Mitte der 1930er Jahre am Realgymnasium Linz
(Foto: Schularchiv Khevenhüller Gymnasium Linz)

Gelehrte selbst immer mehr in ein nationales Fahrwasser. Als Deutscher aus dem Sudetenland bringt er eine deutschnationale Grundeinstellung mit, die sich mit einer Abneigung gegenüber der katholischen Kirche und dem österreichischen „Ständestaat" verbindet. In einem Gedicht drückt er 1935 seinen Wunsch nach einem „Führer des Volks aus Not und Schmach" aus[141] – ein Wunsch, der sich zunehmend nicht nur auf geistige Führung, sondern auch auf einen politischen Führer der Nation bezieht. Ein Schüler der Maturaklasse 1934/35 schreibt 1960 in einem Brief an einen ehemaligen Mitschüler von der „sicherlich überragenden Persönlichkeit eines Prof. Dr. Gärtners", „der, von der sozialistischen Seite kommend, auch dem Ideal des ‚Deutschland, Deutschland über alles' huldigte."[142] Gärtner zählt zwar noch nicht zu den aktiven Nationalsozialisten, deckt aber die nationalsozialistischen Umtriebe von Schülern und Kollegen. Daher verbietet ihm die Schulbehörde, Philosophie zu lehren, und versetzt ihn 1935 für ein Semester strafweise nach Gmunden.

Einige Wochen nach dem „Anschluss" 1938 wird Wilhelm Gärtner provisorischer Leiter des Realgymnasiums. Nach einem halben Jahr folgt ihm ein Kollege, der illegaler Nationalsozialist war, als Direktor nach. 1941 tritt auch Wilhelm Gärtner der NSDAP bei. Im selben Jahr wird er Mitglied des Reichsprüfungsamtes für das Lehramt an höheren Schulen. „Er, der immer ein so scharfsichtiger Kritiker des Nazismus gewesen war, war dann auch in die Nähe der NS-Organisation geraten", urteilt ein Freund in seinen Erinnerungen.[143]

### Lebensabend

1945 wird Wilhelm Gärtner aus dem Schuldienst entlassen. Der Verlust seines Berufes und familiäre Tragödien hinterlassen Spuren. Bereits 1935 ist sein älterer Sohn Wilhelm bei einem Kletterunfall gestorben, 1943 ist sein zweiter Sohn Rudolf an der Ostfront gefallen. Gärtner wirkt müde und enttäuscht. 1949 lädt die Stadt Linz Gärtner ein, die Rede zum 200. Geburtstag Goethes zu halten. Gärtners Entwurf der Goethe-Rede spiegelt seine zwiespältige Haltung wider: Einerseits spricht er vom Recht eines jeden Menschen, seine eigene Persönlichkeit zu entwickeln, andererseits betont er die Pflicht, sich einer Gemeinschaft unterzuordnen, um gemeinsam große Taten zu vollbringen. Während sich der Humanist Gärtner den ersten Grundsatz zu eigen macht, folgt der Nationalsozialist dem zweiten.

Wilhelm Gärtner kann die Rede aus gesundheitlichen Gründen nicht mehr halten. Er stirbt 1952 in Linz.

Quellen:
Schularchiv Khevenhüller Gymnasium Linz.
Ernst Wenisch, Wilhelm Gärtner und die Neuanfänge der Volksbildung in Oberösterreich nach dem Ersten Weltkrieg, in: Oberösterreichische Heimatblätter 1/2 (1981), S. 86–98.
Ernst Wenisch, Einige persönliche Erinnerungen an Wilhelm Gärtner. Zu seinem 100. Geburtstag am 1. September 1985, in: Oberösterreichische Heimatblätter 3 (1985), S. 246–255.

# Brunhilde Hörrack: Schule und BDM

„Ich hörte in der Schule und bei den Jungmädeln nichts anderes als nur ‚Deutschland, Deutschland über alles' (…). Auch zu Hause sprach niemand Abwertendes über den Nationalsozialismus"144 – so erklärt sich Brunhilde Hörrack im Rückblick, warum sie als junges Mädchen vom Nationalsozialismus überzeugt war.

### Kindheit im Forsthaus

Brunhilde Hörrack, geboren 1930, wächst in Traunfall bei Roitham auf. Von klein auf liebt sie die Natur und die Tiere. Sie streift mit den Buben im Freien umher, statt mit ihrer Puppe zu spielen. Ihr Vater, der Förster, ist deutschnational gesinnt und geht nach der Machtübernahme zu den Nationalsozialisten. Er wird Schulungsleiter der NSDAP-Ortsgruppe. Auch ihre Mutter ist mit dem Nationalsozialismus einverstanden, legt aber zugleich viel Wert auf die katholische Religion und auf religiöses Brauchtum. Der Großvater lehnt den Nationalsozialismus ab. Doch in Gegenwart des Kindes wird im Haus nicht über Politik diskutiert. Oft sind im Forsthaus in Traunfall Jagdgesellschaften eingeladen. Darunter befinden sich wiederholt prominente Gäste wie Gauleiter August Eigruber und der Chef des Reichssicherheitshauptamtes Ernst Kaltenbrunner.

### Schulerfahrungen

Zur Volksschule geht Brunhilde Hörrack in Roitham. Nach dem „Anschluss" sind die meisten Lehrkräfte in NS-Organisationen aktiv. Die Volksschülerin nimmt nun mit ihrer Klasse an einer Reihe von NS-Veranstaltungen in der Region teil, etwa an einer Sonnwendfeier in Roitham und an einem Erntedankfest in Schwanenstadt.

Als Zehnjährige kommt sie in die Hauptschule in Gmunden. Ab Ende 1942 müssen die Schüler und Schülerinnen ein Kriegstagebuch führen, in dem sie die von der Propaganda verkündeten „Erfolge" der deutschen Wehrmacht festhalten. Brunhilde Hörrack besitzt außerdem ein Stammbuch, in das sich ihre Mitschülerinnen und manche Lehrkräfte eintragen. Oft haben die Sprüche in ihrem Stammbuch politischen Charakter. Einer lautet: „Sei stolz, eine Deutsche zu sein!"145

Brunhilde Hörrack besucht, auch auf Wunsch der Eltern, den Religionsunterricht. In der weiterführenden fünften Klasse Hauptschule in Lambach gibt es das Fach Religion jedoch nicht mehr. Die vielen Turnstunden, auf die nun besonderer Wert gelegt wird, empfindet sie als Belastung, weil sie nicht gerne Sport betreibt.

### Bei den Jungmädeln

Sport wird auch bei den Jungmädeln im BDM großgeschrieben, denen Brunhilde Hörrack ab 1940 angehört. Trotzdem geht sie gerne in die Heimstunden. Denn dort fühlt sie sich durch die ständig beschworene „Kameradschaft" und „Volksgemeinschaft" mit den anderen verbunden. Die Mädchen sammeln für das Winterhilfswerk und verteilen bei Spenden kleine, bunt bemalte Figuren: „Das waren Figuren aus Holz, die als Christbaumschmuck gedacht waren,

Brunhilde Hörrack im September 1944
(Foto: Walter Limberger)

oder Anstecknadeln in Form von Blumen, Wilhelm-Busch-Figuren, Märchenfiguren. Es gab auch kleine Trommeln und Kriegsmaterial wie Fahnen, Geschütze, Schiffe."[146] In den Heimstunden schreiben die Jungmädel Feldpostbriefe an unbekannte Soldaten. Als die Front im Frühjahr 1945 näher rückt, flechten sie Weidenmatten für die Schützengräben der Soldaten.

## Weltuntergangsstimmung

Mit den Anfang 1944 einsetzenden Bombenangriffen auf Oberdonau beginnt für das heranwachsende Mädchen ein Leben in Angst. „Eines Morgens beim Aufwachen strahlte ein wunderschöner Morgen über Traunfall, das war ein ideales Wetter für die Flieger. Ich musste nach Wels, das besonders oft bombardiert wurde. An diesem Tag dachte ich, vielleicht käme ich gar nicht mehr nach Hause. Und trotzdem waren wir im Handumdrehen wieder furchtbar lustig und quietschvergnügt."[147]

Hoffen, Bangen, Normalität wechseln einander ab. Bis zum Kriegsende steigert sich die Angst: die Angst vor den Bomben, die Angst um die Angehörigen an der Front, die Angst vor den Russen. Die letzten Monate der NS-Zeit erlebt Brunhilde Hörrack in einer Weltuntergangsstimmung. Schauerliche Erzählungen der durchziehenden Flüchtlinge tragen dazu bei.

Im April 1945 treibt die SS KZ-Häftlinge auf dem Todesmarsch von Mauthausen nach Ebensee am Forsthaus vorbei. Die Fünfzehnjährige sieht entsetzt, wie Erschöpfte erschossen werden und die Leichen im Straßengraben liegen bleiben. Sie weiß zwar, dass es Konzentrationslager gibt, aber erst jetzt erahnt sie das Ausmaß der Verbrechen.

## Nachkriegszeit

Nach dem Krieg wird Brunhilde Hörracks Vater als NSDAP-Funktionär von den US-Amerikanern bis 1946 inhaftiert. Oft fährt sie zum Lager Glasenbach bei Salzburg, um Lebensmittelpakete für ihn abzugeben. Nahrung ist knapp in den Nachkriegsjahren, Brunhilde Hörrack lernt den Hunger kennen. Es sind auch die Jahre, in denen sie sich, unter dem Eindruck der Berichte über die NS-Verbrechen, von ihrer nationalsozialistischen Erziehung löst.

1950 heiratet sie und nimmt den Namen Limberger an. Sie arbeitet später als Leiterin der Gemeindebücherei von Puchenau. Ende der 1990er Jahre erzählt sie über ihre Kindheit in der NS-Zeit, die Erinnerungen werden in einem Buch veröffentlicht. Brunhilde Limberger stirbt im Jahr 2011.

Quelle:
Elisabeth Schiffkorn, „So war es". Oberösterreich von 1934 bis 1955. ZeitzeugInnen erinnern sich, Linz 2005.

# Helmut J. Kislinger: Heldenträume in der HJ

Viele junge Burschen schwärmen in den 1920er und 1930er Jahren für Krieg und Soldatentum. Im Nationalsozialismus und bei der Hitler-Jugend können sie ihre Phantasien ausleben. Helmut J. Kislinger ist einer dieser Jugendlichen. Nachdem er die Schrecken des Krieges und den Untergang des Nationalsozialismus erfahren hat, ändert er seine Einstellung.

## Militärische Kindheitsträume

Helmut J. Kislinger, 1929 in Ried im Innkreis geboren, stammt aus einer christlichsozialen Beamten- und Lehrerfamilie. Der Sechsjährige bewundert das Militär, das immer wieder durch die Straßen seiner Heimatstadt marschiert. Auch er möchte eine Uniform tragen. Seine Eltern melden ihn bei Jung-Vaterland an, der Jugendorganisation der Vaterländischen Front. Sein Wunschtraum ist es, ein „Kriegsheld" zu werden.

## Als Neunjähriger zur HJ

Die Familie übersiedelt 1937 nach Linz. Dort erlebt der Neunjährige am 12. März 1938 Adolf Hitlers bejubelten Einzug. Während sich die Mutter bereits vor dem „Anschluss" in eine überzeugte Nationalsozialistin verwandelt und 1938 sogar Propagandaleiterin in der NS-Frauenschaft wird, lehnt der Habsburg-treue Vater den Nationalsozialismus ab. Helmut J. Kislinger möchte sofort dem Deutschen Jungvolk in der HJ beitreten, obwohl er eigentlich noch zu jung ist. Seine Mutter unterstützt ihn dabei.

Mit Stolz trägt er die Uniform der Pimpfe: schwarze Schnürlsamthose, braunes Hemd, schwarzes dreieckiges Halstuch, Koppel (Gürtel) mit dem Sigrunen-S, weiße Kniestrümpfe, braune Halbschuhe, braunes Schiffchen auf dem Kopf. Neben 60-Meterlauf, Schlagballwerfen und Weitsprung lernt er den Lebenslauf Adolf Hitlers und eine Reihe von NS-Liedern. An den Text des HJ-Fahnenliedes, der mit „Unsere Fahne flattert uns voran" beginnt und mit „Ja, die Fahne ist mehr als der Tod!" endet, kann er sich noch viele Jahrzehnte später genau erinnern.

## Im Sommerlager

In den Ferien 1939 fährt Helmut J. Kislinger mit dem Deutschen Jungvolk auf ein zweiwöchiges Zeltlager in Hinterstoder. Zunächst leidet der Zehnjährige unter dem rauen Ton und dem sinnlosen Exerzieren. Auch das schlechte Essen, die Enge im Zehn-Mann-Zelt und das Heimweh machen ihm anfangs schwer zu schaffen. Doch indem er andere, denen es ähnlich geht, tröstet, überwindet er seine „Schwäche". Die militärischen Geländeübungen, das Schießen mit dem Luftdruckgewehr, das gemeinsame Singen am nächtlichen Lagerfeuer ziehen ihn zunehmend in ihren Bann. Er fühlt sich immer stärker als Teil einer verschworenen Gemeinschaft.

## Ein Hitler-Junge im Krieg

Die Schule spielt für Helmut J. Kislinger eine untergeordnete Rolle. Es ist Krieg. Auf dem Linzer Südbahnhofplatz sind 1940/41 erbeutete Waffen aus dem Frankreichfeldzug ausgestellt. Diese Waffenschau fesselt den Zwölfjährigen. Mit der HJ kann er nun wichtige

Dienste für die Kriegswirtschaft leisten: Mithelfen beim Ernteeinsatz, bei der Post, beim Luftschutz, Sammeln von Altstoffen und Geld. An den NS-Feiertagen marschiert er mit der HJ in einem Fahnenmeer und unter dem Klang von Marschliedern auf der Linzer Landstraße. Zu Hause markiert er auf einer Landkarte mit bunten Stecknadeln den Vormarsch der deutschen Truppen: „Und nach jeder Sondermeldung wuchs meine Begeisterung und gleich vielen Jugendlichen meines Alters konnte ich es kaum erwarten, erwachsen zu werden, um am großen Krieg teilzunehmen."[148] In dieselbe Zeit fällt für ihn aber auch ein erster kleiner Schritt zur Distanzierung vom Nationalsozialismus. Seine schwer kranke Mutter bittet ihn 1943 auf dem Sterbebett, sich wieder der katholischen Kirche zuzuwenden. Und sie fügt hinzu: „Glaube nicht alles, was man dir beim Jungvolk Schlechtes über die Kirche und die Juden gesagt hat. Auch bei den Nazis gibt es böse Menschen."[149] Der Sohn befolgt den Rat der Mutter. Den Religionsunterricht besucht er heimlich, weil er höherer Pimpfenführer ist. Seine Faszination für den Krieg aber bleibt.

### Der Alptraum des Krieges

1943 tritt der 14-Jährige ein Forstpraktikum an, zuerst in der Nähe von Kaplitz, dann in Friedburg im Kobernaußerwald. Ende 1944 kommt Kislinger in ein Wehrertüchtigungslager nach Braunau. Dort meldet er sich freiwillig für den Fronteinsatz.

Seine HJ-Wehrmachtsbrigade ist in der Nähe von Dresden stationiert. Nach der Bombardierung von Dresden Mitte Februar 1945 müssen Kislinger und seine HJ-Kameraden in der zerstörten Stadt Leichen einsammeln – ein alptraumhaftes Erlebnis, das ihn bis ins hohe Alter verfolgt.

Doch noch immer glaubt der knapp 16-Jährige an den Sieg. Nach einer Spezialausbildung in einer SS-Kaserne bei Berlin nahe dem Konzentrationslager Sachsenhausen – von dem er damals kaum etwas

Helmut J. Kislinger kurz nach Kriegsende (Foto: Helmut J. Kislinger)

wahrnimmt – wird Helmut J. Kislinger mit seiner HJ-Einheit an die Front geschickt. Er freut sich darauf. Im April 1945 kämpft Kislinger gegen die Sowjets, die nach Berlin vorstoßen. Mehrmals entrinnt er in furchtbaren Schlachten knapp dem Tod, ehe er Anfang Mai in Kriegsgefangenschaft gerät.

Nach einigen Monaten wird er entlassen. Er schlägt sich nach Österreich durch. Rückblickend meint er über die unmittelbare Nachkriegszeit: „Nur mit Schaudern dachte ich an die Kriegszeit zurück. Mein Faible für den Soldatenberuf war mir restlos vergangen."[150]

### Nachkriegszeit

Nach dem Zweiten Weltkrieg macht Helmut J. Kislinger die Matura und tritt in den oberösterreichischen Landesdienst ein. Er schreibt im Alter ein Buch über seine Erfahrungen als Hitler-Junge. Darin stellt er sich die Frage, wie es möglich war, dass er als junger Mensch zum fanatischen Anhänger von Krieg und Nationalsozialismus wurde.

Quelle:
Helmut J. Kislinger, Verführt und missbraucht. Ein ehemaliger Hitlerjunge erzählt aus der Kriegs- und Nachkriegszeit, 2., erweiterte und veränderte Auflage, Steyr 2009.

# Richard Mendler:
# „Ich hatte keine Freunde mehr"

Für den zwölfjährigen Richard Mendler aus Linz bricht mit dem „Anschluss" 1938 eine Welt zusammen. Er begreift nicht, warum er als Jude plötzlich aus einer Gesellschaft, in der er sich heimisch gefühlt hat, ausgestoßen wird. Diese Wunde schmerzt ihn sein Leben lang.

### Kindheit in Linz

Während des Ersten Weltkrieges kommen Richard Mendlers Eltern nach Linz. Der Vater stammt aus der Nähe von Krakau, die Mutter aus Klausenburg. 1926 wird Richard Mendler geboren, drei Jahre später sein Bruder Albert. Als der Vater, ein Kaufmann, 1934 stirbt, beginnt die Mutter als Hilfsarbeiterin in der Spirituosen-Fabrik Stock, um die Familie durchzubringen.

Richard Mendler fühlt sich in der Nachbarschaft und in der Schule wohl. Er hat viele nichtjüdische Freunde. Zugleich nimmt er am kulturellen Leben der jüdischen Gemeinde Linz teil. Seine Familie ist zwar nicht fromm und geht nur an den hohen jüdischen Feiertagen in die Synagoge, aber Richard Mendler schließt sich dem jüdischen Wanderbund Blau-Weiß an. Jeden Sonntag finden Ausflüge statt, vor allem zum Landheim des Vereines in Pulgarn bei Luftenberg. Er ist überdies ein hervorragender Turner. 1937 gewinnt Richard Mendler im Turnsaal der Diesterwegschule – dem modernsten der Stadt – die Schülerwertung beim Gerätewettkampf des Jüdischen Turn- und Sportvereines ITUS.

Seit 1936 ist er Schüler des Bundes-Realgymnasiums Khevenhüllerstraße. Die ersten eineinhalb Jahre dort empfindet er als schöne Zeit – bis zur Machtübernahme der Nationalsozialisten.

### „Ich hatte keine Freunde mehr"

In den Tagen des „Anschlusses" 1938 setzen die Demütigungen, Entlassungen, Enteignungen und Verhaftungen der Juden und Jüdinnen ein. Der zwölfjährige Richard Mendler erlebt schlagartig Erniedrigung und Ausschluss: „Plötzlich wurde ich wie ein Pariah oder ein Leprakranker behandelt. Ich war vollkommen isoliert, verfolgt und verachtet. Ich hatte keine Freunde mehr. Die ganze Umgebung behandelte mich, als ob ich kein Mensch bin."[151]

Das Schuljahr kann er im feindseligen Umfeld am Realgymnasium noch beenden. Doch im Herbst 1938 muss er die „Judenschule" in der Altstadt besuchen.

### Flucht nach Palästina

Anfang November 1938 bekommt Richard Mendler dank der jüdischen Kultusgemeinde Linz einen Platz in einer Kindergruppe, die von der Organisation Jugend-Alijah nach Palästina gebracht wird. Er fährt mit dem Zug nach Triest und von dort mit etwa sechzig Kindern und Jugendlichen auf dem Schiff „Galiläa" nach Palästina. Seine Mutter und sein jüngerer Bruder bleiben in Linz zurück: „Keiner von uns wusste, wo und überhaupt ob wir uns je wiedersehen

Richard Mendler 1938
(Foto: Jecheskel R. Mendler)

werden und was unser Los sein wird. Wer kann sich vorstellen, was im Herz und im Gehirn meiner Mutter vorging und wie groß ihr Leid war? Meine Vergangenheit, die seelische und physische Umgebung, in der ich aufgewachsen bin, waren ausradiert. Die Gegenwart war unglaublich schwer, die Zukunft vollkommen unklar."[152]

Richard Mendlers Mutter und sein Bruder müssen nach Wien in eine jüdische Sammelwohnung übersiedeln. Im November 1939 gelingt ihnen die Flucht auf einem Donauschiff ins Schwarze Meer. Nach beschwerlicher Fahrt erreichen die beiden auf einem Frachtschiff im Frühling 1940 Palästina. Sie reisen illegal ein und werden daher von den Engländern, die Palästina verwalten, einige Monate in einem Lager interniert. Dann treffen Richard Mendler und seine Familie einander wieder.

### Lebensweg in Palästina und Israel

Richard Mendler besucht zunächst eine landwirtschaftliche Schule und beginnt dort Hebräisch zu lernen. Er wird Automechaniker. In den Jahren um die Staatsgründung Israels 1948 leistet er den Militärdienst ab. Er heiratet und wird Vater zweier Töchter. Bei einer großen israelischen Autobusgesellschaft schlägt er den Berufsweg als Techniker ein. Sein Bruder Albert fällt 1973 als israelischer General im Jom Kippur-Krieg gegen Ägypten, seine Mutter stirbt 1982.

„Ich bin in Linz geboren und bin mit dieser Stadt seelisch verbunden. Denn dort verbrachte ich einen Teil meiner Kindheit, gute und schöne Jahre. Zuerst wollte ich nicht zurückkehren und besuchen. Jetzt komme ich einmal in ein paar Jahren", schreibt Jecheskel R. Mendler – diesen Namen nimmt er in Israel an – in einem Brief 2003.[153] Im Juli 2004 wird am Khevenhüller Gymnasium Linz eine Gedenktafel für die vertriebenen und ermordeten jüdischen Schüler enthüllt. Jecheskel R. Mendler nimmt gemeinsam mit Kurt David Lior (früher Kurt Hauptschein) an dieser Feier teil.

Sein Verhältnis zu Linz und Österreich ist zwiespältig. Sosehr er den Ort seiner Kindheit liebt, sosehr quält ihn die Erinnerung daran, wie brutal ihn die Menschen von dort vertrieben haben.

Quellen:
Privatarchiv Christian Angerer, Brief von Jecheskel R. Mendler an Christian Angerer und Wolfgang Plöchl, 12.6.2003.
Verena Wagner, Jüdisches Leben in Linz. 1849–1943, 2 Bände, Linz 2008.

# Krieg und Alltagsleben

Der Nationalsozialismus ist eine Bewegung, die von Beginn an auf Krieg ausgerichtet ist. Seine Anhänger und Anhängerinnen glauben, dass das deutsche Volk ausersehen ist, Europa und die Welt zu beherrschen. 1939 beginnen die Nationalsozialisten einen Eroberungs- und Vernichtungskrieg, der unvorstellbares Leid über Millionen von Menschen bringt. Oberösterreich bleibt zwar lange von Bombenangriffen verschont, die Auswirkungen des Krieges bekommen die Menschen aber schon lange vorher zu spüren.[154]

## Wie verläuft der Krieg?

Der Zweite Weltkrieg beginnt am 1. September 1939 mit dem Überfall der Deutschen Wehrmacht auf Polen. Zwei Tage später erklären Frankreich und Großbritannien dem Deutschen Reich den Krieg. Im Gegensatz zum Ersten Weltkrieg ist die Begeisterung in der Bevölkerung diesmal zunächst gering, auch im Gau Oberdonau. Die Stimmung sei „sehr gedrückt" und die Menschen sähen dem Krieg „mit Bangen" entgegen, heißt es in zeitgenössischen Berichten.[155] Die Lage ändert sich aber, als 1940 Norwegen, Dänemark, Belgien, Niederlande, Luxemburg, Frankreich, Griechenland und Jugoslawien von deutschen Truppen angegriffen und in Blitzkriegen besiegt werden.

**Krieg und Alltagsleben**

Kriegsbegeisterung

Die Siege im Westen lösen in der Bevölkerung eine Kriegseuphorie aus. „Auch die Meckerer verstummen oder halten sich zurück", notiert der Linzer Oberlandesgerichtspräsident.[156] Der Soldat Ferdinand Barnreiter aus Unterweitersdorf erinnert sich an den Durchzug seiner Kompanie durch Linz: „Aus den Fenstern und von Gehsteigen winkten uns Frauen und Mädchen begeistert zu."[157] Zu diesem Zeitpunkt erwarten die meisten Oberösterreicher und Oberösterreicherinnen ein baldiges Ende des Krieges und sehen der geplanten Invasion Großbritanniens mit Zuversicht entgegen. Dieser Angriff scheitert jedoch nach schweren Verlusten in der Luftschlacht über England.

Durch sein Bündnis mit Italien und Japan wird das Deutsche Reich in einen Krieg in Afrika und gegen die USA verwickelt. Wenige Tage nach dem Angriff Japans auf den US-Flottenstützpunkt Pearl Harbor auf Hawaii erklärt Hitler am 11. Dezember 1941 den USA den Krieg. Ab 1941 kämpft das deutsche Afrikakorps an der Seite Italiens in Nordafrika und Ägypten. Im Mai 1943 muss es vor den britisch-amerikanischen Streitkräften kapitulieren.

Die Kriegswende

Am 22. Juni 1941 überfällt die Deutsche Wehrmacht die Sowjetunion. Diese Nachricht löst in der Bevölkerung einen Schock aus. Russland wird als mächtiger Kriegsgegner gesehen. Die anfänglichen Erfolge – die deutschen Truppen stoßen bis in die Nähe

Auf Heimaturlaub:
Walding 1940
(Foto: Josef Eidenberger)

Ein oberösterreichischer Soldat schickt mit seiner Feldpost „Schnappschüsse" aus dem Krieg in Osteuropa.
(Fotos: Herbert Ecker)

## Krieg und Alltagsleben

Ferdinand Humer (zweite Reihe sitzend, ganz rechts) schreibt seiner Frau rund 450 Briefe aus seinem Einsatzgebiet in Weißrussland. 1944 reißt die Korrespondenz ab. Ort und Umstände seines Todes bleiben bis heute ungeklärt.
(Foto: Helmut Wagner)

Moskaus und in den Kaukasus vor – verbessern die Stimmung kurzfristig. Doch als die deutsche Offensive im Spätherbst 1941 kurz vor Moskau zum Stehen kommt, ist die Serie der siegreichen Blitzkriege zu Ende. Die Chancen, einen langen Krieg gegen die Sowjetunion zu gewinnen, sind gering. Gleichzeitig sickern immer öfter unfassbare Nachrichten durch: Heimaturlauber berichten ihren Familien über Gräueltaten, die deutsche Soldaten in Osteuropa begehen. Sie erzählen von Massenmorden, Vergewaltigungen und Plünderungen, vom Auslöschen ganzer Dörfer. Vor allem gegenüber Juden und Jüdinnen sowie gegen slawische Völker, die nach der NS-Ideologie als Untermenschen gelten, begehen die Wehrmacht und besonders häufig SS-Mitglieder schwere Verbrechen.

Ferdinand Humer aus Vorchdorf ist als Soldat in Weißrussland stationiert. Er ist streng katholisch und steht dem Nationalsozialismus kritisch gegenüber. In zahlreichen Briefen berichtet er seiner Frau von den Verbrechen an „Greisen, Weibern und unschuldigen Kindern", an denen er selbst teilnimmt: „Wir sollen bald wieder fort zu einer solchen Aktion wie jetzt (…). Ich habe mich, soviel ich konnte, zurück gehalten. So mancher konnte es nicht. (…) Solches Morden wie in diesem Krieg hat es noch nie gegeben, solange man die Weltgeschichte schreibt."[158]

In den Neujahrstagen 1943 macht in Oberdonau ein Gerücht die Runde: Die 6. Armee soll in Stalingrad eingeschlossen sein. Bald bestätigt sich die militärische Katastrophe. Der Sicherheitsdienst fasst die allgemeine Stimmung in der Bevölkerung so zusammen: „Verweinte Augen, zunehmende Nervosität, Angst und Besorgnis sind allgemein zu bemerken."[159]

Die Kapitulation der 6. Armee in Stalingrad am 31. Jänner 1943 und die gescheiterte Offensive in der Panzerschlacht von Kursk im Sommer 1943 bringen die endgültige Kriegswende.

### Die Stimmung schwankt

Die Verlustmeldungen wirken sich auch dramatisch auf die Verhältnisse an der „Heimatfront" aus. Viele Menschen sind verzweifelt und wütend. Als der Ortsgruppenleiter von Wallern an der Trattnach einer Bäuerin sein Beileid über den gefallenen Sohn ausdrücken möchte, ohrfeigt ihn die aufgebrachte Mutter. Sie ruft: „Ihr habt die Schuld, dass es so weit gekommen ist!" Ihr Mann stimmt in die Beschimpfungen ein, diese setzen sich auf der Straße und im Gasthaus fort und enden mit der Verhaftung des Bauern.[160] Die Behörden reagieren jetzt mit zunehmender Härte auf regimekritische Äußerungen und Handlungen. Schon geringe Vergehen können zu Todesurteilen führen. Der Rauchfangkehrer Richard Groher sagt im Sommer 1943 in Lenzing zu einer Kundin: „Wir müssen den Krieg verlieren, weil wir ansonsten so und so verloren sind."[161] Wegen dieser Bemerkung wird er kurz darauf verhaftet und wenige Monate später enthauptet.

Im Juli 1943 landen britische und US-amerikanische Truppen in Sizilien, im Juni 1944 in der Normandie in Frankreich. Diese Entwicklungen lassen die Moral in der Bevölkerung weiter sinken. Friederike Kaltenberger, eine junge Fabrikarbeiterin in Linz, notiert daheim auf einem Blatt Papier: „Noch immer ist Krieg, und die Menschen werden immer mürrischer und böser. (…) Ich verstehe nichts von Politik, aber trotzdem habe ich das entsetzliche Gefühl, dass wir den Krieg verlieren werden. Obwohl es verboten ist, so etwas zu denken."[162]

Am 20. Juli 1944 misslingt ein Attentat auf Adolf Hitler. Noch in derselben Nacht wendet er sich in einer Radioansprache an die Bevölkerung und spricht davon, dass er sich von der „Vorsehung" bestätigt sehe, sein Lebensziel weiter zu verfolgen wie er es bisher getan habe.[163] Wie fast überall im Deutschen Reich reagieren auch die Menschen im „Heimatgau des Führers" erleichtert und mit neuer Zuversicht auf diese Botschaft. Die optimistische Stimmung hält aber nicht lange an, weil der Krieg im Sommer 1944 durch die sich häufenden Bombenangriffe ganz nah kommt und die Versorgungslage in den Städten immer schwieriger wird. Das führt dazu, dass immer weniger Oberösterreicher und Oberösterreicherinnen an den „Endsieg" glauben.

### Das Kriegsende

Die US-amerikanischen Streitkräfte sowie die englischen und französischen Truppen besetzen von Westen kommend seit Herbst 1944 deutsche Städte. Von Osten rückt die sowjetische Armee vor und erobert im April 1945 nach und nach Berlin. Am 30. April 1945 begeht Adolf Hitler Selbstmord. Am 2. Mai ergeben sich die letzten deutschen

**Krieg und Alltagsleben**

Johann Holl rückt 1939 mit 18 Jahren an die Ostfront ein und stirbt dort im September 1941 „den Heldentod", wie es in der Todesanzeige heißt. Auch seine zwei älteren Brüder Heinrich und Friedrich kehren nicht mehr aus dem Krieg zurück.
(Abbildung: Herbert Ecker)

Einheiten in Berlin. Zwischen 7. und 9. Mai kapitulieren alle deutschen Streitkräfte bedingungslos. Der Krieg im Pazifik zwischen den USA und Japan endet erst am 2. September 1945 nach dem Abwurf von Atombomben über den Städten Hiroshima und Nagasaki am 6. und 9. August.

Zwischen 55 und 60 Millionen Menschen – rund die Hälfte davon aus der Zivilbevölkerung – kommen im Krieg um. 260.000 Österreicher sterben als Soldaten der Deutschen Wehrmacht. Mehr als 200.000 Oberösterreicher werden während des gesamten Zweiten Weltkrieges in die Deutsche Wehrmacht einberufen, 40.000 von ihnen kehren nicht mehr zurück.

# Wie werden die Oberösterreicher und Oberösterreicherinnen vom Krieg abgelenkt?

Um die Bevölkerung von ihren Sorgen und Alltagsproblemen abzulenken, organisiert das NS-Regime zahlreiche Feste und Feiern. Zu diesem Zweck werden auch Kino und Radio großzügig gefördert.

## Kino

Unmittelbar nach dem „Anschluss" im März 1938 sind in den Kinos viele Propagandafilme zu sehen, die den Nationalsozialismus verherrlichen. So läuft im Linzer Lifka-Kino Leni Riefenstahls „Triumph des Willens" über den Nürnberger Reichsparteitag an. Ab Kriegsbeginn dienen die Kinofilme vor allem der Zerstreuung und Unterhaltung. Vor Beginn des Hauptfilmes informiert die Deutsche Wochenschau propagandistisch über das aktuelle Kriegsgeschehen.

Die Linzer Gaufilmstelle sorgt dafür, dass neun Tonfilmwagen auch in die abgelegenen Dörfer fahren und allein im Jahr 1940 fast 100.000 Oberösterreichern und Oberösterreicherinnen – so das Linzer Gaupropagandaamt – ein Kinoerlebnis bescheren. Viele Menschen haben noch nie einen Tonfilm gesehen und sind vom neuen Medium fasziniert. Die Filmvorführungen in den Dorfgasthäusern sind mit NS-Symbolen und Hakenkreuzen versehen. Vor Beginn hält ein NS-Funktionär eine Rede. So erreicht die NSDAP auch Menschen, die sonst Parteiveranstaltungen fernbleiben. „Welche Begeisterung die Bevölkerung für derartig schöne und zweckentsprechende Filme zeigt, beweist der Umstand, dass sich der geräumige Saal als viel zu klein erwies, obwohl schon am gleichen Nachmittag für die Jugend eine solche Vorführung stattfand", heißt es in der Chronik von Hofkirchen im Mühlviertel.[164] Das Publikum bestaunt an diesem Abend den bekannten österreichischen Schauspieler Paul Richter in der Verfilmung des Romans „Der Jäger von Fall" von Ludwig Ganghofer. Nicht nur Richter, auch Hans Moser, Paul Hörbiger oder Paula Wessely, allesamt beim Publikum äußerst beliebt, stellen sich in den Dienst des nationalsozialistischen Kinos und gaukeln den Menschen eine heile Welt vor.

## Radio

Auch das Radio hält in Form des erschwinglichen Volksempfängers in den oberösterreichischen Dörfern und Familien Einzug. Es ist in der NS-Zeit das wichtigste Medium für Unterhaltung und Information. Im Krieg soll es die Durchhaltebereitschaft an der „Heimatfront" stärken.

Die Nationalsozialisten fördern das gemeinschaftliche Hören von Radioansprachen Hitlers und anderer NS-Größen in Gasthäusern oder am Arbeitsplatz, um das Gefühl der nationalsozialistischen „Volksgemeinschaft" zu vermitteln. Das Radio überträgt regelmäßig Wehrmachtsberichte, die den Kriegsverlauf aus deutscher Propagandasicht beschreiben. Die Sendereihe „Wunschkonzert für die Wehrmacht" erfreut sich besonderer Beliebtheit und wird auch von vielen Oberösterreichern und Oberösterreicherinnen begeistert gehört. Soldaten und Angehörige können Grüße senden und sich Lieder wünschen. Das Soldatenlied „Lili Marleen" gelangt so zu Weltruhm und wird zum Symbol für Heimweh, Sehnsucht und Hoffnung auf ein Wiedersehen. Der so

**Krieg und Alltagsleben**

genannte „Kuckucksruf", der die Bevölkerung vor Bombenangriffen warnt, gehört zu den prägendsten Hörerfahrungen der Kriegsgeneration.

### Nationalsozialistische Festkultur

Der nationalsozialistische Festtagskalender bietet mit bis zu 14 Feierlichkeiten zahlreiche Gelegenheiten, dem Kriegsalltag für kurze Zeit zu entfliehen und ein Gemeinschaftsgefühl zu erleben. So wird am 30. Jänner mit Aufmärschen des „Tages

Erntedankfest Ried im Innkreis 1943: Gauleiter August Eigruber grüßt eine Bauernfamilie. (Foto: Gottfried Gansinger/Gaupresseamt Linz)

der Machtergreifung" in Deutschland 1933 gedacht und am 20. April der Geburtstag Adolf Hitlers inszeniert. Am 1. Mai – eigentlich der Kampftag der Arbeiterbewegung – veranstaltet das NS-Regime ein germanisches Frühlingsfest. Am Vorabend stimmen Fackelzüge in Ried im Traunkreis, Hallstatt, Kleinzell und vielen weiteren oberösterreichischen Orten auf dieses Fest ein.

Auf allen Feiern sind nationalsozialistische Symbole und Phrasen allgegenwärtig. Die nationalsozialistische Festkultur soll möglichst breite Schichten ansprechen und den kirchlichen Feiertagskalender ersetzen. So wird aus dem Erntedankfest ein bäuerliches Volksfest mit nationalsozialistischer Ausrichtung. 1943 ist Ried im Innkreis der Schauplatz des Gau-Erntedankfestes, das die Massen anzieht. Ein Erntezug mit über hundert von Pferden gezogenen Wagen samt anschließender Erntefeier umrahmt das Volksfest. Besonderes Augenmerk gilt der Ehrung jener Bäuerinnen, deren Mann oder Sohn gefallen ist. HJ-Buben überreichen ihnen Blumen und bringen ihnen ein Ständchen dar.

Trotz dieser aufwändigen Inszenierungen gelingt es den Nationalsozialisten nur begrenzt, den Einfluss der Kirche zurückzudrängen. Kirchliche Veranstaltungen, vor allem Wallfahrten, bleiben bei der oberösterreichischen Bevölkerung überaus beliebt.

# Wie steht es um die Versorgung mit Nahrungsmitteln?

„Wenn gehungert wird, dann hungert nicht der Deutsche, sondern andere", lautet eine Parole der Nationalsozialisten im Krieg.[165] Um die Versorgung der Bevölkerung des Deutschen Reiches zu gewährleisten, führen sie einen rücksichtslosen Raubzug in den besetzten Gebieten. Auch oberösterreichische Soldaten schicken aus Osteuropa prall gefüllte Pakete an ihre Familien, die so ihre Lebensmittelrationen aufbessern können.

### Rationierungen

Kurz nach Ausbruch des Krieges beginnen die Verwaltungsbehörden mit der Ausgabe von Lebensmittel- und Kleiderkarten. Butter, Speck, Öl, Milch, Zucker, Marmelade, Kaffeeersatz, Backwaren, Mehl, Brot, Haferflocken, Reis, Teigwaren, Fleischwaren, Textilien, Seife etc. gibt es ab nun nur noch „auf Karte" – die Bevölkerung muss sich einschränken. Die für ein Jahr gültige „Reichskleiderkarte" besteht aus 100 Punkten: Ein Paar Strümpfe „kostet" vier, ein Pullover 25 und ein Damenkostüm 45 Punkte.

↑ Reichskleiderkarte
(Abbildung: Maria Ecker)

↗ Reichsfettkarte
(Abbildung: Kurt Cerwenka)

Wechselnde Versorgungslage

Um die Stimmung positiv zu beeinflussen, hält das Regime die Ernährungslage so lange es geht möglichst stabil. Trotz aller Einschränkungen kann die Bevölkerung während des Krieges fast durchgehend ausreichend ernährt werden und bleibt von einer Hungerkrise wie im Ersten Weltkrieg verschont. Wenn es zu Engpässen kommt, reagieren die Machthaber schnell – wie im März 1942, als die Kürzung von Lebensmittelrationen zu Klagen in der oberösterreichischen Bevölkerung führt. Das Regime erhöht bald darauf die Zuteilungen von Brot, Fett und Fleisch und verdoppelt die Kartoffelration. Sogar echter Kaffee ist kurzfristig erhältlich. Der Versuch, die Aufmerksamkeit der Bevölkerung von der sich verschlechternden Situation an der Front abzulenken, gelingt. Zu Weihnachten 1942 stürmen die Linzer und Linzerinnen die Geschäfte. Die Tische sind gut gedeckt, der Winter ist mild – der Krieg scheint beinahe vergessen.

Erst gegen Ende des Krieges, im Februar 1945, erreicht die Ernährungslage mit einer Tagesration von 1.500 Kalorien ihren Tiefpunkt. Dazu kommt es in Linz infolge der Luftangriffe zu Problemen mit der Wasserversorgung. Die Sorgen und andauernden Einschränkungen zehren an den Kräften der Menschen. Wie viele andere klagt auch die junge Friederike Kaltenberger in ihren Tagebuchaufzeichnungen über ein ständiges Schwächegefühl, das sie auf „den ewigen Hunger" zurückführt.[166]

Ursachen für die relativ gute Ernährungssituation

Die ausreichende Versorgung der Bevölkerung ist vor allem aus zwei Gründen möglich: durch Zwangsarbeit und Lebensmittelraub. In der oberösterreichischen Landwirtschaft rackern zehntausende Zwangsarbeiter und Zwangsarbeiterinnen und sorgen so für die Produktion von Lebensmitteln. In den von der Wehrmacht besetzten Gebieten verhungern die Menschen. Die Besatzungsmacht belagert Städte wie Leningrad (St. Petersburg), statt sie einzunehmen, um die Zivilbevölkerung nicht ernähren zu müssen. Mindestens eine Million Menschen sterben den Hungertod. Von Herbst 1941 bis Frühjahr 1942 lässt die Wehrmacht zwei Millionen sowjetische Kriegsgefangene absichtlich verhungern. In Polen ermorden die Nationalsozialisten im Jahr 1942 eine Million Juden und Jüdinnen – „nicht zuletzt auch wegen der Nahrungsmittelengpässe im Deutschen Reich"[167]. Tonnen von Lebensmitteln werden aus den besetzten Gebieten ins Reich und damit auch nach Oberösterreich transportiert. Sepp Gamsjäger aus Gosau ist als Soldat in Rumänien stationiert und erlebt dort als junger Mann die Raubzüge mit. Er schreibt dazu in seinen Lebenserinnerungen: „Wir haben dieses Land für uns ausgebeutet. Es hieß nicht ‚Deutschland über alles' sondern ‚Deutschland nimm dir alles'.[168]

# Welche Bedeutung haben Frauen im Arbeitseinsatz?

Zu Beginn ihrer Herrschaft verherrlichen die Nationalsozialisten die Frau als Gattin, Mutter und Hausfrau. Aufgrund des Krieges verändert sich dieses Frauenbild, weil dringend Arbeitskräfte gebraucht werden. Deshalb preist die Propaganda nun Frauen, die als Arbeiterinnen „ihren Mann stehen" und damit beim Siegen helfen. Das Regime versucht durch verschiedene Maßnahmen, die Erwerbstätigkeit von Frauen anzukurbeln.

„Reichsarbeitsdienst für die weibliche Jugend"

Seit September 1939 müssen junge Frauen einen sechsmonatigen „Reichsarbeitsdienst für die weibliche Jugend" absolvieren, der 1941 um ein halbes Jahr Kriegshilfsdienst verlängert wird. In Bad Leonfelden und Spital am Pyhrn treffen nun regelmäßig Gruppen von jungen Frauen ein, die ihren Arbeitsdienst in der Umgebung verrichten. Sie wohnen in eigens erbauten Lagern, wo sie in ihrer Freizeit ideologisch geschult werden: Morgen- und Abendappelle, Sport und kulturelle Aktivitäten stehen ganz im Zeichen der nationalsozialistischen Gesinnung.

# Krieg und Alltagsleben

Reichsarbeitsdienstlager Bad Leonfelden. Eine Zeitschrift berichtet: „Von der Bevölkerung dieses Mädchendorfes, 48 insgesamt, ist nicht viel zu sehen. Die meisten radeln ja morgens als Helferinnen in die Bauerngehöfte der Umgebung."[169] (Abbildung: Kurt Cerwenka)

Die jungen Frauen arbeiten zunächst meistens in landwirtschaftlichen Betrieben und erhalten dafür ein kleines Taschengeld. Im Lauf des Krieges werden die Frauen immer mehr in Rüstungsbetrieben dienstverpflichtet, gegen Kriegsende auch im militärischen Bereich in der Luftüberwachung (Flak). Trotz der oft schwierigen und manchmal gefährlichen Bedingungen erinnern sich viele Frauen gern an den Reichsarbeitsdienst. Grete Wernitznigg aus Lauffen bei Bad Ischl, die in einer Textilfabrik in der Nähe von Amstetten eingesetzt wird, schwärmt noch 70 Jahre später: „Der Arbeitsdienst, das war trotz Uniform und Schlafsaal und Dienstpflicht zum ersten Mal das Gefühl von Freundschaft und Freude und Freiheit".[170]

„Reiht euch ein in die Front"

Friederike Kaltenberger hat ihren Reichsarbeitsdienst auf einem Bergbauernhof und in einem Linzer Kindergarten in weniger guter Erinnerung. Auch danach läuft es für sie nicht nach Wunsch: „Und plötzlich war mein Arbeitsdienst vorbei, und ich wurde, ohne lange gefragt zu werden, anderweitig verpflichtet, das heißt in einem Rüstungsbetrieb in der Stadt (…) eingewiesen,[171] schreibt sie in ihrem Tagebuch. Die Nationalsozialisten versuchen in mehreren Verordnungen, auch erwachsene Frauen in den Arbeitseinsatz zu zwingen. Diese Maßnahmen treffen Frauen aus der Unterschicht meist härter. Sie müssen oft in der Rüstungsindustrie arbeiten, wo die Arbeitsbedingungen schwierig sind. Bessergestellte Frauen entziehen sich häufig der Dienstpflicht durch ärztliche Atteste oder nutzen ihre Verbindungen und werden in begehrteren Bereichen wie im Fürsorge- oder Sozialwesen tätig.

← Eine junge Mühlviertlerin gestaltet über ihren Einsatz beim Reichsarbeitsdienst ein umfangreiches Fotoalbum.
(Abbildung: Thomas Zaglmaier)

↙ 1941 soll die aufwändig angelegte Propagandaaktion „Frauen helfen siegen" die Anzahl der sich freiwillig zur Arbeit meldenden Frauen erhöhen.
(Abbildung: Maria Ecker)

↓ Frauen am Linzer Hauptplatz
(Foto: Oberösterreichisches Landesarchiv)

Frauen, die von Dienstpflichtverordnungen nicht betroffen sind, sollen zum freiwilligen Arbeitseinsatz motiviert werden. „Bleibt nicht abseits, reiht euch ein in die Front der arbeitenden Heimat", heißt es etwa in der Zeitschrift „Frau und Mutter".[172] Die Zahl der sich freiwillig meldenden Frauen bleibt aber weit hinter den Erwartungen zurück. In den ersten Kriegsjahren schrumpft der Anteil an weiblichen Arbeitskräf-

**Krieg und Alltagsleben**

ten sogar. Mit ein Grund dafür liegt in der Einführung der Familienunterstützung. Soldatenfrauen erhalten vom Staat großzügige Zahlungen und können es sich deshalb leisten, zu Hause zu bleiben. Nicht so die ledige Friederike Kaltenberger. Sie bleibt bis Kriegsende im ihr zugewiesenen Rüstungsbetrieb. Trotz der oft schwierigen Bedingungen hat die Erwerbstätigkeit für sie auch positive Seiten. Zum einen steigt sie im Betrieb auf und arbeitet zuletzt sogar als Stenotypistin im Büro des Direktors; zum anderen belohnt das Regime arbeitende Frauen wie sie mit gesellschaftlicher Anerkennung.

# Wie wirkt sich der Bombenkrieg auf Oberösterreich aus?

„Schon ab Beginn des Polenfeldzuges im September 1939 wurden wir Hitlerjungen in Kursen, Vorträgen und Lehrfilmen über den Luftschutz belehrt", schreibt Helmut J. Kislinger in seinen Erinnerungen. Er ist 1929 geboren und geht in Linz zur Schule. Weil Österreich bis 1943 von Bombenangriffen verschont bleibt, kennt er den Bombenkrieg bis dahin aber hauptsächlich aus „geschönten Pressemeldungen bzw. von der Wochenschau im Kino." Als deutsche Bomber im Sommer und Herbst 1940 in der Luftschlacht um England Angriffe gegen London und Coventry fliegen, überschlägt sich die Presse mit Jubelmeldungen über die „Heldentaten" der Flieger. „Wir Heranwachsenden schwärmten vielfach von unseren Kriegshelden (…). Ihnen wollten wir nacheifern. Sie verehrten wir", erinnert sich Kislinger.[173] Von den Leiden der Menschen in den bombardierten Städten erfährt er aus den Berichten nichts.

Im Zweiten Weltkrieg kommen unzählige Menschen durch Bombenangriffe ums Leben. Schon im ersten Kriegsjahr fliegen deutsche Bomber massive Luftangriffe gegen Städte wie Warschau und Rotterdam und auch die alliierten Luftflotten greifen deutsche Ziele an. In der Luftschlacht um England radikalisiert sich der Bombenkrieg: Zigtausende Zivilisten und Zivilistinnen sterben; die Härte der Angriffe provoziert Gegenschläge. Auf der Konferenz von Casablanca im Jänner 1943 beschließen die USA und Großbritannien, die Luftangriffe auf das Deutsche Reich zu verstärken und flächendeckend zu bombardieren. Mit dieser Vorgangsweise wollen sie die Luftabwehr zermürben, die Rüstungsindustrie zerstören und die Moral der Bevölkerung brechen. Sie glauben, dass der Krieg gegen das NS-Regime nur so gewonnen werden kann. Damit nehmen die Alliierten den Tod hunderttausender Menschen in Kauf. Letzten Endes müssen so auch viele Oberösterreicher und Oberösterreicherinnen für den Vernichtungs- und Eroberungskrieg der Nationalsozialisten bitter bezahlen.

## Beim Luftangriff auf die Gauhauptstadt Linz am 25. Juli 1944 fielen:

| | | | | | | | |
|---|---|---|---|---|---|---|---|
| Ablinger Anton | 7. 10. 1925 | Höller Thomas | 11. 10. 1888 | Landt Leopoldine | 28. 8. 1904 | Sadek Rosina | 29. 12. 1899 |
| Abram Elisabeth | 15. 9. 1915 | Huber Johann | 26. 7. 1898 | Leibelt Josef | 7. 3. 1892 | Salachner Josef | 27. 7. 1907 |
| Adam Johann Karl | 15. 4. 1891 | Hundhauser Heinrich | 28. 9. 1901 | Leiß Gisela | 19. 8. 1927 | Scherer Franz | 16. 5. 1884 |
| Becker Peter | 18. 1. 1891 | Kaindlstorfer Josef | 30. 8. 1897 | Leitner Georg | 22. 2. 1876 | Schmidt Ewald | 2. 7. 1906 |
| Beer Artur Ernst | 17. 3. 1907 | Kaiser Michael | 22. 5. 1910 | Lenhard Thomas | 12. 2. 1894 | Schmidt Johann Karl | 6. 8. 1914 |
| Blaslbauer Stephanie | 2. 2. 1923 | Kaspar Jaroslaus | 31. 5. 1901 | Maderer Johann | 1. 12. 1890 | Schubani Anton | 2. 4. 1891 |
| Bogner Alois | 15. 6. 1900 | Kempl Rudolf | 18. 4. 1907 | Mayrhofer Maria | 2. 7. 1909 | Schulz Laurenz | 2. 8. 1891 |
| Diwald Josef | 5. 3. 1890 | Klammer Georg | 17. 12. 1877 | Max Katharina | 14. 11. 1894 | Seiser Josef | 12. 11. 1894 |
| Dutko Theresia | 18. 10. 1899 | Klimesch Marie | 11. 9. 1897 | Minichberger Franz | 2. 12. 1894 | Stadlmayer Franz | 9. 9. 1894 |
| Fiedler Friedrich | 3. 5. 1906 | Kocyan Helene | 19. 2. 1925 | Moritz Friedrich | 20. 12. 1878 | Starzer Johann | 20. 11. 1920 |
| Frischauf Ingeborg | 1. 9. 1929 | Köck Wenzel | 26. 9. 1905 | Möderl Karl | 1. 10. 1913 | Staszko Karl | 13. 3. 1921 |
| Fröschl Josef | 7. 3. 1892 | Köster Anton | 1. 9. 1893 | Obernberger Cäcilie | 21. 11. 1911 | Strempel Karl | 2. 4. 1893 |
| Fumagalli Alexander | 3. 10. 1905 | Knopfloch Karl | 30. 12. 1912 | Ohler Karl | 10. 10. 1883 | Strobmaier Franz | 6. 11. 1900 |
| Gruber Katharina | 6. 6. 1904 | Knotzer Engelbert | 13. 10. 1883 | Plöderl Alois | 29. 1. 1890 | Suchy Johann | 7. 9. 1893 |
| Guttenbrunner Franz | 22. 3. 1897 | Krenauer Josef | 13. 8. 1879 | Pollanz Franz | 4. 9. 1903 | Tarnawiecki Anton | 13. 6. 1917 |
| Hamedinger Heinrich | 26. 1. 1921 | Krajewski August | 2. 9. 1901 | Pramhas Franz | 28. 1. 1898 | Trupp Anton | 3. 5. 1898 |
| Hampl Ludwig | 4. 6. 1913 | Krauk Franz | 30. 11. 1920 | Pribyl Josef | 17. 11. 1913 | Truxer Franz | 6. 7. 1897 |
| Hanke Alois | 19. 7. 1897 | Kraus Hermine | 2. 5. 1924 | Pühringer Alois | 9. 4. 1924 | Veigl Emmerich | 15. 9. 1891 |
| Hellmich Winfried | 7. 1. 1929 | Lackinger Rudolf | 26. 2. 1882 | Raunigg Franz | 31. 3. 1902 | Vorderwinkler Hans | 13. 4. 1890 |
| Hofer Olga | 24. 10. 1923 | Landerl Johann | 28. 9. 1908 | Reger Erich | 13. 9. 1927 | Winkler Alfred | 8. 10. 1904 |
| Höfler Leopold | 4. 9. 1891 | Landsmann Maria | 17. 12. 1908 | Reindl Matthias | 5. 5. 1917 | Ziehfreund Josefa | 27. 1. 1902 |

Totenliste des Bombenangriffs auf Linz am 25. Juli 1944. Einem Erlass des Oberkommandos der Wehrmacht folgend werden alle im Bombenkrieg Getöteten vom Regime als „Gefallene" bezeichnet.
(Abbildung: Kurt Cerwenka)

### Bomben auf Oberdonau

Bis weit in den Krieg hinein gilt Oberdonau als „Luftschutzkeller des Reiches". Die Menschen wiegen sich in Sicherheit – bis zum 23. Februar 1944, als Flieger der US-amerikanischen Luftflotte die Industriestadt Steyr bombardieren. Hunderte Menschen kommen ums Leben, über tausend werden obdachlos.

Am 25. Juli 1944 fallen erstmals Bomben auf die Landeshauptstadt Linz. Ziel sind die Rüstungsbetriebe im Südosten der Stadt. Viele Linzer und Linzerinnen nehmen den Fliegeralarm nicht ernst und glauben, wie so oft, an blinden Alarm. Über hundert Menschen sterben. Bis Kriegsende folgen weitere 21 Bombenangriffe auf Linz. Die ständige Bedrohung zehrt an den Nerven der Menschen. Friederike Kaltenberger schreibt darüber in ihren Notizen: „Überall dasselbe Bild: hastende, bleiche Menschen, zertrümmerte Häuser und solche, die bizarren Ruinen gleichen: Berge von rohem Schutt und nassen, aufgeweichten Einrichtungsgegenständen. (…) Nachts wird die Angst riesengroß, weil man mit ihr allein ist."[174]

## Krieg und Alltagsleben

Die 15-jährige Schülerin Poldi Winklehner kommt beim Bombenangriff auf Linz am 16. Oktober 1944 ums Leben. Mit ihr sterben 34 weitere Schülerinnen der Dürnbergerschule, deren Hausluftschutzkeller nur unzureichend Schutz bietet.
(Abbildung: Thomas Zaglmaier)

Blick auf Linz nach einem Bombenangriff, vom Pöstlingberg aus gesehen. Im Hintergrund die Schlote der Hermann-Göring-Werke, eines der Hauptziele der alliierten Luftflotte.
(Foto: Kurt Cerwenka)

## „Tag der Tränen" in Attnang-Puchheim

Die 21-jährige Hermine Aigenberger verbringt im April 1945 einige Tage bei ihrer Schwester in Ried im Innkreis. Am 21. April ist sie auf dem Heimweg nach Lambach. Am überfüllten Bahnhof Attnang-Puchheim wartet sie auf einen Verbindungszug Richtung Linz. Plötzlich nähern sich Bomber der US-amerikanischen Flotte dem strategisch wichtigen Bahnknotenpunkt. Die Menschen werden zu spät alarmiert und suchen erst Schutz, als schon die ersten Bomben fallen. Die junge Volksschullehrerin Hermine Bogner schafft es unverletzt durch den Bombenhagel: „Ein fürchterliches Dröhnen und Krachen und Bersten lag in der Luft. Die Bomben pfiffen und die Häuser stürzten ein. Es flogen Trümmer durch die Luft. Ich lief und stolperte und kroch und lief wieder, weil ich ja um mein Leben lief! (…) Die Bomben fielen links und rechts. Die Leute lagen umher, die einen waren tot, die anderen schrien, weil sie verwundet waren und nicht mehr weiter konnten."[175]

Hermine Aigenberger überlebt den Angriff nicht. Wie sie sterben an diesem Tag über 700 Menschen. Weite Teile der Gemeinde sind völlig zerstört, unzählige Menschen obdachlos. Attnang-Puchheim ist, gemessen am Verhältnis Einwohner- und Opferzahl, der von Bombenangriffen am stärksten betroffene Ort in ganz Österreich.

Hermine Aigenberger, geboren am 10. Dezember 1924, gestorben am 21. April 1945
(Foto: Helmut Böhm)

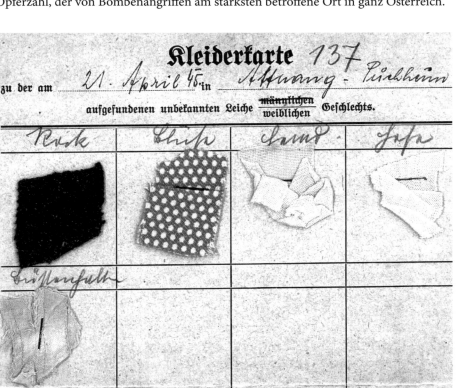

Hermine Aigenberger kann an Hand einer so genannten „Kleiderkarte" identifiziert werden. Ihre Mutter und Schwester erkennen sie an ihrer rot-weiß getupften Bluse.
(Foto: Helmut Böhm)

**Krieg und Alltagsleben**

Der zerstörte Bahnhof von Attnang-Puchheim. Der Bombenangriff geht als „Tag der Tränen" in die Geschichte der Kleinstadt ein.
(Foto: Oberösterreichisches Landesarchiv)

In Oberdonau kosten die Bombenangriffe insgesamt etwa 3.000 Menschen das Leben, mehr als die Hälfte der Opfer kommen aus Linz. In ganz Österreich sterben im Luftkrieg zwischen 15.000 und 20.000 Frauen, Männer und Kinder.

## Wie endet der Krieg in Oberösterreich?

Kurz vor Kriegsende herrschen in Oberösterreich chaotische Zustände, alles ist in Auflösung begriffen. Millionen Menschen sind in ganz Europa auf der Flucht. „Heimatvertriebene", Deserteure und auch Kriegsverbrecher suchen – aus unterschiedlichen Beweggründen – in Oberösterreich Aufnahme. Gleichzeitig rücken die Fronten immer näher. Das Regime gibt Durchhalteparolen aus, an die am Ende nur mehr wenige Oberösterreicher und Oberösterreicherinnen glauben.

Auf der Suche nach Unterschlupf

Gegen Kriegsende fliehen hunderttausende volksdeutsche Flüchtlinge aus Rumänien, Jugoslawien, Ungarn und dem Sudetenland vor der Roten Armee. Die zentrale Lage und die noch immer relativ gute Ernährungssituation veranlassen die Reichsführung, viele dieser Flüchtlingsströme nach Oberösterreich zu leiten. Öffentliche Gebäude wie

Schulen werden zu Herbergen, Lehrpersonen müssen die Flüchtlinge betreuen. Weil diese Notunterkünfte bei weitem nicht ausreichen, werden viele Menschen privat einquartiert. Katharina Koller beschreibt die Zustände in ihrem Heimatort St. Martin im Innkreis so: „In den letzten Apriltagen waren die Straßen überfüllt mit Flüchtlingen zu Fuß oder mit Pferdewagen und endlosen Kolonnen von Militärwagen. Unser Schloss war schon vorher vollgestopft mit Flüchtlingen aus verschiedenen Ländern (…). In meinem Elternhaus, einem Bauernhof, war die letzte noch so kleine Kammer mit Flüchtlingen belegt."[176]

Im Stift Kremsmünster trifft im April 1945 der slowakische Staatspräsident Jozef Tiso, ein Priester und Kriegsverbrecher, mit seiner Regierung ein. Die Kollaborateure des Naziregimes verstecken sich vor den Alliierten. Auch einheimische Nazigrößen wie Ernst Kaltenbrunner tauchen im oberösterreichischen Gebirge unter und können auf die Hilfe von Einheimischen vertrauen.

Schließlich suchen in den letzten Kriegswochen auch Deserteure in den oberösterreichischen Wäldern und Bergen Unterschlupf, oder werden von Familien und Freunden aufgenommen. Hedwig Fuchs aus Hartkirchen bangt in diesen Tagen um das Leben ihres Bruders: „Einige Wochen vor Kriegsende stand er plötzlich vor der Tür. Er sagte: ‚Ich bin abgehauen!' Obwohl wir uns freuten, dass er wieder bei uns war, erschraken wir sehr. Er brachte sich und uns in große Gefahr. Wir vergruben seine Uniform und seine Ausrüstung in einer Kiste im Garten. Er selbst versteckte sich am Dachboden. Wir brachten ihm heimlich das Essen, nur nachts traute er sich herunter."[177]

Ihr Bruder hat Glück und überlebt den Krieg – im Gegensatz zu zahlreichen anderen Deserteuren, die verraten, aufgegriffen und noch in den letzten Kriegstagen hingerichtet werden. In Weyer im Ennstal befindet sich ein Feldstandgericht der Wehrmacht. Die Verantwortlichen lassen alleine am 13. April 1945 mindestens 32 Soldaten erschießen. Bis Kriegsende sind es noch viel mehr.

### Verhängnisvolle Befehle des Gauleiters

August Eigruber ist fanatischer Nationalsozialist bis zuletzt. Durch seine Anordnungen verantwortet er noch in den letzten Kriegstagen den Tod vieler Menschen in Oberösterreich. Im Radio gibt er Durchhalteparolen aus: „Für Oberdonau gibt es nur eine Chance: Stehenbleiben und kämpfen." Die Mehrheit der Oberösterreicher und Oberösterreicherinnen will nur noch eines: dass das Sterben endlich aufhört. Sie hält von solchen Befehlen nichts mehr. So auch der Chronist von Pregarten, der am 10. April als Tagesnotiz schreibt: „Stehenbleiben und Kämpfen! Wie stellt sich das der Gauleiter vor? Vom Westen Angloamerikaner, vom Osten die Russen. Sie kommen in Eilmärschen näher und näher und wir warten in der Klemme. Nur ein Verblendeter kann solche Reden führen."[178]

## Krieg und Alltagsleben

„Oberdonau wird gehalten!" Mit solchen Parolen soll die Durchhaltebereitschaft der Bevölkerung gestärkt werden.
(Abbildung: Kurt Cerwenka)

In den letzten Kriegswochen herrscht der blanke Terror gegen jeden und alle, die nicht gewillt sind, weiterzukämpfen. Am 30. März 1945 wird in Oberösterreich das Standrecht verhängt. Damit kann Menschen ohne ordentliches Gerichtsverfahren „kurzer Prozess" gemacht werden. In Peilstein beseitigt Ende April eine Gruppe mutiger Gemeindebürger die einige Tage zuvor errichteten Panzersperren, um weitere sinnlose Kämpfe mit unnötigem Blutvergießen zu vermeiden. Schließlich sind die US-amerikanischen Truppen bereits bis auf wenige Kilometer vorgerückt. Volkssturmmänner und NS-Funktionäre zwingen die besonnenen Männer, die Sperren wieder zu errichten. Als Eigruber dieser Vorfall zu Ohren kommt, fährt er persönlich nach Peilstein und lässt die Gruppe unverzüglich verhaften. Der Gauleiter tobt: „Jetzt, da wir dem Sieg so nahe sind, fallen uns die Schweinehunde in den Rücken."[179] Fünf der Männer werden vom Standgericht zum Tod verurteilt und erschossen.

Der Volkssturm wird im Herbst 1944 aus allen „waffenfähigen Männern im Alter von 16 bis 60 Jahren" gebildet. Sie sollen den „Heimatboden mit allen Mitteln und Waffen verteidigen." Das NS-Regime zwingt die Minderjährigen und Alten in ein Himmelfahrtskommando ohne Ausbildung mit äußerst mangelhafter Ausrüstung.
(Foto: Österreichische Nationalbibliothek)

Nach der Eroberung Wiens durch die sowjetische Armee bildet der Sozialist Karl Renner bereits am 27. April eine provisorische Regierung. Am selben Tag erteilt Gauleiter Eigruber noch die Weisung, dass oberösterreichische politische Häftlinge des Konzentrationslagers Mauthausen umgebracht werden müssen. Wenige Tage später setzt er sich nach Kirchdorf an der Krems ab. Völlig realitätsfern plant Eigruber im Salzkammergut die Errichtung einer Art Mini-Alpenfestung.

### Die letzten Kriegstage

Während sich im April 1945 die US-Armee von Westen her zügig der Landesgrenze nähert, rückt die Rote Armee von Osten vor. „Liebe Mirzl, glaubst Du, dass die Russen auch zu uns herkommen?", heißt es in einem Brief aus Rossleithen. „Das wäre ja furchtbar. Mit Gottes Hilfe kommen sie doch nicht her zu uns",[181] hofft die Verfasserin. Nach dem deutschen Vernichtungskrieg gegen die UdSSR ist die Angst vor der Rache der sowjetischen Soldaten in der Bevölkerung groß. Als am 29. April US-amerikanische Truppen bei Passau die Donau überschreiten und Richtung Mühlviertel ziehen, atmen viele Oberösterreicher und Oberösterreicherinnen kurz auf. In einigen Dörfern des Mühlviertels, wie in Bad Zell und Königswiesen, liefern sich bis zuletzt SS-Einheiten, zum Teil mit Unterstützung der Bevölkerung, einen erbitterten Kampf mit den amerikanischen Soldaten. Meistens verlaufen die Begegnungen aber friedlicher, wie in Pregarten, wo am 5. Mai der Bürgermeister, der Ortskommandant des Volkssturms und

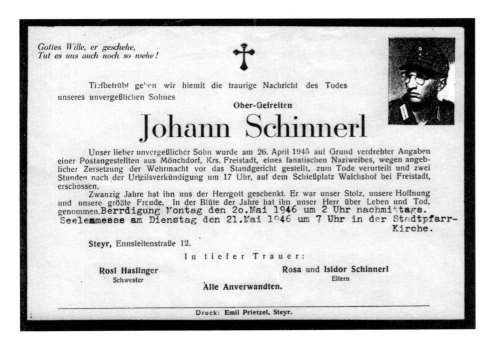

Johann Schinnerl, ein 20-jähriger Soldat aus Steyr, ruft am 24. April 1945 von Mönchdorf seine besorgten Eltern an. Er werde demnächst heimkommen, weil „sowieso bald Schluss sei", versichert er ihnen.[180] Die Telefonistin Marianne Reindl hört das Gespräch mit und zeigt den jungen Mann an. Zwei Tage später wird Johann Schinnerl in Freistadt hingerichtet. (Abbildung: Otto Treml)

**Krieg und Alltagsleben**

Am 5. Mai rücken US-amerikanische Truppen mit Jeeps und Panzern am Linzer Hauptplatz ein. Oberbürgermeister Franz Langoth übergibt die Stadt offiziell an General Willard Ames Holbrook. (Foto: Oberösterreichisches Landesarchiv/ National Archives Washington)

ein Gendarm den Amerikanern mit einer weißen Fahne entgegengehen. Am gleichen Tag nehmen die ersten US-Truppen auch die Landeshauptstadt Linz kampflos ein.

Die Amerikaner richten ihr Hauptquartier im Schloss von St. Martin im Innkreis ein. Am 7. Mai unterzeichnet dort Generaloberst Lothar Rendulic die Kapitulation seiner Heeresgruppe „Ostmark". Am 9. Mai ist mit der Kapitulation der Deutschen Wehrmacht der Krieg in Europa zu Ende.

Zwischen dem 10. und 12. Mai besetzen sowjetische Einheiten Gemeinden im Mühlviertel und östlich der Enns. Ab Juli 1945 wird das ganze Mühlviertel zur sowjetischen, das Gebiet südlich der Donau zur US-amerikanischen Besatzungszone erklärt.

# Lebensgeschichten

## Josef (Sepp) Gamsjäger: Vom Nationalsozialisten zum Deserteur

Sepp Gamsjäger ist wie viele junge Oberösterreicher zunächst von den Nationalsozialisten begeistert und profitiert von deren Aufstieg. Als Soldat fürchtet er um sein Leben und erlebt die verbrecherischen Seiten dieser Ideologie. Bitter enttäuscht wendet er sich noch während des Krieges vom Nationalsozialismus ab.

### Kindheit

Sepp Gamsjäger wird 1912 in Gosau geboren. „Es war eine arme, aber für uns lustige Heimat", schreibt er in seinen Lebensaufzeichnungen.[182] Als er drei Jahre alt ist, stirbt die Mutter und der Vater muss in den Ersten Weltkrieg ziehen. Seit seiner Kindheit verbringt Sepp Gamsjäger seine Zeit am liebsten in den Wäldern und Bergen im Salzkammergut. Am Schulbesuch zeigt er hingegen weniger Freude und ärgert die Lehrer mit seinem aufsässigen Verhalten. Einige Jahre nach der Heimkehr aus dem Ersten Weltkrieg heiratet der Vater wieder, es kommen noch vier weitere Geschwister dazu. Schon früh entdeckt Sepp Gamsjäger auch seine Leidenschaft fürs Wildern. Mit sechzehn Jahren beginnt er für die Holzknechte zu arbeiten.

### Versprechen Nationalsozialismus

Zu Beginn der 1930er Jahre steigt die Arbeitslosigkeit rapide an und trifft auch den jungen Sepp Gamsjäger. Er kann nur noch wochenweise als Zimmer-Lehrling arbeiten. In dieser Zeit kommt er auch mehrmals wegen Wilddiebstahls mit den Behörden in Konflikt. Er schließt sich den – von 1933 bis 1938 illegalen – Nationalsozialisten an, von denen er sich eine bessere Zukunft verspricht. Aufgrund dieser Zugehörigkeit fürchtet Sepp Gamsjäger eine längere Haftstrafe. Deshalb geht er, wie viele Gleichgesinnte, nach Deutschland. Er hat gehört, dass dort alle österreichischen Nazi aufgenommen und gut behandelt würden. Doch Sepp Gamsjäger plagt das Heimweh und so kehrt er schon nach drei Monaten nach Gosau zurück. Bald darauf holt ihn die Gendarmerie ab. Er muss für mehrere Wochen wegen Wilderns und Hochverrats ins Gefängnis.

### Erfüllte Sehnsüchte

Nach dem „Anschluss" findet Sepp Gamsjäger rasch bei den Bundesforsten als Holzknecht eine feste Anstellung. Er sieht sich in seinem Glauben an den Nationalsozialismus bestätigt. Es geht weiter bergauf. Er legt die Revierjägerprüfung ab und wird ab Jänner 1939 als Revierjäger angestellt. Damit erfüllt sich für ihn ein Traum: „Mein größter Wunsch war nun erfüllt (…) Das waren die schönsten Tage meines Lebens, im Jahr 1939."[183]

Sepp Gamsjäger
(Foto: Paul Gamsjäger)

Im Februar 1939 heiratet er außerdem die Sennerin Ludmilla Posch und wird noch in diesem Jahr Vater einer Tochter.

### Kriegseinsatz und Desertion

Im April 1940 wird Gamsjäger zur Wehrmacht einberufen. Über den Winter 1940/41 ist er als Panzersoldat in Rumänien eingesetzt. Zunächst fühlt er sich wohl und gut versorgt. Mit der Zeit beginnt er die Schattenseiten des Feldzuges wahrzunehmen und kritisiert die Ausbeutung des Landes. Später nimmt Gamsjäger mit seiner Kompanie in der nordwestlichen Ukraine an Kampfeinsätzen teil. Vom Nationalsozialismus hat er sich „Kameradschaft, Gleichheit, Brüderlichkeit" erhofft. Nun ist er ist vom überheblichen Verhalten der Vorgesetzten und höheren Offiziere gegenüber einfachen Rekruten wie ihn schwer enttäuscht. Als bei einem Kampfeinsatz sein bester Freund stirbt, hat er genug vom Krieg. „Ich wollte nur mehr zurück. Die Worte des Führers hatten für mich keinen Klang mehr. Die armen Mütter sollen Kinder auf die Welt bringen, damit die Führer und die reichen Leute genug Kämpfer bekommen. Nein, da tue ich nicht mehr mit"![184]
Er versucht, sich kampfunfähig zu hungern, und fährt mit dem Panzer mit Absicht gegen einen Baum. Das bringt ihn für ein paar Wochen ins Lazarett. Als er wieder einrücken soll, beschließt er mit einem Freund, sich selbst zu verstümmeln. Sie schießen sich in die Hand bzw. den Fuß. Mit einem Rotkreuztransport landet Sepp Gamsjäger in Regensburg und wird danach mit Urlaubsschein für 12 Tage nach Hause geschickt. Er weiß, das Kriegsende ist nahe. Deshalb beschließt er, zu desertieren. Gamsjäger versteckt sich in den Wäldern um Gosau und im Ausseerland.

### Nach 1945

Nach Kriegsende erhält Gamsjäger aufgrund seiner Zugehörigkeit zu den Nationalsozialisten für drei Jahre Berufsverbot: „Auch ich, ein Nazi ab 1933 bis zum Krieg, verlor den sicheren Posten als Revierjäger der Bundesforste."[185] Bis er wieder eingestellt wird, hält er sich als Holzknecht über Wasser. 1949 wird er erneut Vater, diesmal eines Sohnes. Beruflich gerät Gamsjäger mehrfach in Konflikt mit Forstmeistern, Jagdherren und ihren Jagdgästen. Kurz vor seiner Pensionierung verliert er seinen Posten. Sepp Gamsjäger stirbt im Alter von 87 Jahren. In seinen Lebenserinnerungen schreibt er über einen Orden, den er im Krieg bekam: „Wer eine Freude damit hat, an diesem Mörderabzeichen, soll es ruhig tragen! Jede Auszeichnung ist eine Bestätigung, dass er ein Mörder war und dass er sich beim Leut-Umbringen bewährt hat. Es ekelt mich immer, wenn ich bei uns daheim oder irgendwo so ein Mordszeichen in einer Stube hängen sehe."[186]

Quelle:
Paul Gamsjäger (Hg.), Wilderer – Jäger – Wilderer. Erzählungen von Sepp Gamsjäger aus Gosau, Gosau/Salzburg/Wien 2012.

# Ferdinand Humer:
# Ein Soldat, der von den Verbrechen erzählt

Ferdinand Humer kann sich mit dem Soldatenleben nicht anfreunden. Seine Feldpostbriefe haben – anders als die vieler seiner Kameraden – keinen abenteuerlichen Unterton, sondern erzählen überraschend offen von den Verbrechen der deutschen Besatzer an der Ostfront.

### Widerwillig in die neue Zeit

Ferdinand Humer kommt 1902 in Lambach zur Welt. In seiner Jugend sei er ein „ziemlich liederlicher Mensch" gewesen, schreibt er später über sich.[187] 1926 heiratet er seine Frau Theresia und wendet sich dem römisch-katholischen Glauben zu. Das Ehepaar bekommt vier Kinder: Ferdinand, Maria, Johann und Rosa. Die Familie bewirtschaftet eine kleine Landwirtschaft in Vorchdorf. Außerdem ist Ferdinand Humer als Hilfsarbeiter in der Schuhfabrik Kitzmantel angestellt. Die Anschauungen und Pläne der Nationalsozialisten beeindrucken ihn nicht, obwohl seine Geschwister für die neue Bewegung schwärmen. Nur widerwillig folgt er ab 1938 den Anweisungen der neuen Machthaber. Als die Dorfbewohner und -bewohnerinnen angehalten werden, gemeinsam eine Radioansprache von Adolf Hitler zu hören, seufzt er: „Horchen wir uns halt an, was der Malerbub uns zu sagen hat."[188] Jemand zeigt ihn an und kurz darauf hält er die Einberufung zur Deutschen Wehrmacht in Händen.

### „Ich habe dir viel zu erzählen"

Im Familienalbum heißt es über Ferdinand Humer: „Am 9. Februar 1942 wird Vater aus dem Kreis seiner Lieben gerissen (…). Mit dem Herzen wird Vater nie Soldat werden."[189] Ferdinand Humer kommt nach Weißrussland und ist dort zunächst vor allem als Wachposten eingesetzt. Bis August 1944 verfasst er 450 Briefe an seine Frau. Immer wieder beteuert er darin seine Liebe zu ihr und sein Vertrauen auf Gottes Willen. Aber auch die Schilderungen seines Soldatenlebens nehmen einen breiten Raum ein. Er berichtet, wie seine Kameraden weißrussischen Frauen Gewalt antun, wie sie sich betrinken und mit ihren Eroberungen prahlen. Er fühlt sich isoliert und sehnt sich nach Gesprächen mit seiner geliebten Frau. „Wenn ich nach Hause komme, habe ich dir sehr viel zu erzählen", schreibt er in einem frühen Brief. „Du weißt, was ich immer war, aber ich werde es immer entschiedener. Denn man sieht so viel. Du würdest es nicht anschauen können. Darum danken wir unserem Herrgott, dass wir unseren katholischen Glauben haben."[190]

Sehr offen äußert er sich über die Ermordung der jüdischen Bevölkerung, die er beobachtet. Als seine Kompanie in Riwne Halt macht, schreibt er: „Wenn man so durch die Stadt geht, sieht man meist nicht viel. Meist elende Hütten. Die meisten sind leer, denn es waren zu zwei Drittel Juden in dieser Stadt und sie sind doch weg gemacht worden. Ich werde dir, wenn ich einmal nach Hause komme, alles erzählen. Denn wir sahen es. Die meisten konnten nicht lange zusehen."[191]

Ferdinand Humer (Zweiter von links) als Soldat in Weißrussland (Foto: Helmut Wagner)

### Teilnahme an Verbrechen

Immer öfter beteiligt sich seine Kompanie auch an der Auslöschung ganzer Dörfer. Die Wehrmachtssoldaten umzingeln die Dörfer, plündern die Häuser und stecken sie in Brand, ermorden die verbliebenen Kinder, Frauen und Männer. Ferdinand Humer berichtet immer wieder, dass auch er an solchen „Aktionen" teilnimmt. „Ich habe mich, soviel ich konnte, zurück gehalten", schreibt er dazu eher ausweichend an seine Frau. Dann findet er wieder deutliche Worte. „So ein Morden und Vernichten hat die Welt noch nie gesehen."[192] In den späteren Briefen ist von der anfänglichen moralischen Empörung nur mehr wenig zu spüren, zu normal sind die Verbrechen geworden. „Essen hätten wir genug, weil wir wieder ein Dorf angezündet haben", erwähnt Ferdinand Humer Anfang Jänner 1944 ganz beiläufig.[193]

### Vermisst

„Wenn es nicht sein will, kann uns niemand ein Haar krümmen", beruft sich Ferdinand Humer einmal mehr auf die göttliche Fügung, als er am 3. August 1944 seiner Frau vom bevorstehenden Truppenabzug berichtet.[194] Wohin es gehen soll, wisse er noch nicht. Als Theresia Humer wochenlang keinen weiteren Brief erhält, schreibt sie ihrem Mann voll Sorge: „Ich war in der Früh ziemlich krank. Das machen die wilden Träume und die schlaflosen Stunden der Nacht. (…) Aber alles ist wieder gut, wenn ich endlich einmal wüsste, wo du bist", schreibt sie an ihren Mann.[195] Doch ihr Brief erreicht ihren Mann nicht, er kommt mit dem Vermerk zurück: „Neue Anschrift abwarten." – Sie wartet vergeblich.

Nach Kriegsende geht Theresia Humer mit den Kindern ab und zu zum Bahnhof. Sie hofft, dass ihr Mann in einem der Heimkehrertransporte sitzt und doch noch wohlbehalten wiederkommt. 1955 wird Ferdinand Humer für tot erklärt. Über seine letzten Lebenstage ist trotz Nachforschungen bis heute nichts bekannt.

Quelle:
Gregor Humer (Hg.), „Vermisst". Die Briefe des Soldaten Ferdinand Humer aus dem Krieg. Weißrussland 1942–1944, Redaktion: Christine Haiden, Linz 2012.

# Grete Wernitznigg: NS-Sympathisantin und Sozialdemokratin

Grete Wernitznigg bekleidet weder eine Funktion im NS-Staat, noch ist sie Parteimitglied. Dennoch glaubt sie an die guten Seiten des Nationalsozialismus und hält an dieser Meinung – trotz ernüchternder Erfahrungen – bis lange nach dem Krieg fest. Diese Einstellung teilt sie mit vielen ihrer Landsleute.

### Rastlose Kindheit

Grete Wernitznigg kommt 1921 in Sierning zur Welt. Ihre Eltern trennen sich noch vor der Geburt. Sie wächst zunächst bei der Großmutter in Sierning, ab 1926 für einige Jahre bei ihrem Vater in einem deutschnationalen Milieu in Graz auf. Dann nimmt ihre Mutter Maria sie wieder zu sich. Die beiden ziehen auf einen Bauernhof in St. Florian. Dort ist die 11-jährige Grete sehr unglücklich. In der Schule ist sie eine Außenseiterin, weil sie Hochdeutsch spricht. Sie vermisst ihren Vater, den sie über alles liebt. Mit ihrer jähzornigen und unberechenbaren Mutter streitet sie viel. In den folgenden Jahren zieht die Familie mehrmals um. Die Mutter pachtet Gasthäuser, aber meist nur für kurze Zeit. Immer wieder erfasst sie die Unruhe und sie zieht mit ihrer Tochter weiter an einen anderen Ort.

### Begeisterung für den Nationalsozialismus

1937 lassen sich Mutter und Tochter in Lauffen bei Bad Ischl nieder. Dort verliebt sich Grete in Sepp Fuchs, der von den Ideen der Nationalsozialisten begeistert ist – und Grete mit ihm. Am Morgen des 12. März 1938 verbreitet sich in und um Bad Ischl ein Gerücht: Adolf Hitler soll bei seinem Triumphzug durch Österreich auch in Ischl vorbeikommen. Das will sich das junge Paar nicht entgehen lassen. Stundenlang warten sie – vergeblich. Ihrer Begeisterung tut das aber keinen Abbruch.

Noch vor Kriegsbeginn leistet Grete ihren Arbeitsdienst, den sie rückblickend als die beste Zeit ihres Lebens beschreibt. Sie ist in einer Textilfabrik in der Nähe von Amstetten eingesetzt, wo sie in der Buchhaltung arbeitet. Sie genießt ihre Selbständigkeit. Der Arbeitsdienst bedeutet für sie „das Gefühl von Freundschaft und Freude und Freiheit."[196]

### Heirat und Mutterschaft

Gretes Verlobter Sepp Fuchs stirbt 1941 als Soldat bei einem Flugunfall. 1942 lernt sie den Kölner Ausbildungsoffizier Hubert Haag kennen und verliebt sich in ihn. Nach vierzehn Tagen verloben sie sich und heiraten kurz darauf. „Schließlich war Krieg, und wer wusste schon, was der nächste Tag bringen würde", beschreibt sie ihre Gefühlslage.[197] Sie wird schwanger und bekommt ein Kind, Christa. Die Zuneigung zwischen den Eheleuten erkaltet schnell. Nach dem Krieg lassen sie sich scheiden.

### „Es kann doch nicht alles falsch gewesen sein ..."

Gretes Mutter, die einmal mehr ein Gasthaus gepachtet hat, den „Grünen Anker" in Bad Ischl, wird eines Tages

Grete Wernitznigg mit Sepp Fuchs 1938
(Foto: Fritz Dittlbacher)

Grete Wernitznigg auf Urlaub 1995
(Foto: Fritz Dittlbacher)

wegen Schwarzschlachtens angezeigt. Vor Gericht redet sie sich um Kopf und Kragen, schimpft wüst über Gauleiter Eigruber. Schließlich wird sie zu einer KZ-Haft in Groß-Rosen verurteilt. Grete bekommt eine Sondererlaubnis und kann sie dort besuchen. Sie ist völlig entsetzt, als sie ihre ausgemergelte Mutter und die Zustände im KZ sieht.

Doch diese Erfahrung ändert an Gretes grundsätzlicher Sympathie für den Nationalsozialismus vorerst ebenso wenig wie eine Besichtigung des Konzentrationslagers Ebensee nach Kriegsende: „Aber es kann doch nicht alles falsch gewesen sein, was zeitlebens richtig war", meint sie.[198]

### Ein ideologischer Spagat

Nach dem Krieg lernt Grete ihren zweiten Ehemann Walter kennen und zieht mit ihm nach Kirchdorf an der Krems. Im Zuge ihrer Arbeit im Büro des SPÖ-Bezirkssekretariats wird Grete mit Leib und Seele Sozialdemokratin und Bruno Kreisky zu ihrem großen Idol. Im Keller des Ehepaares kleben zwischen einer Sammlung von Bierdeckeln zwei Fotos an der Wand: eines von Bruno Kreisky und eines von Adolf Hitler. Mit dem Nationalsozialismus bricht Grete erst 1979, als sie mit ihrem erwachsenen Enkelsohn die Fernsehserie „Holocaust – die Geschichte der Familie Weiß" ansieht und weinend das Schicksal der dargestellten Menschen mitverfolgt. Sie kann gar nicht fassen, wie „den armen Menschen übel mitgespielt wird, nur weil sie Juden sind."[199] Vom Massenmord an der jüdischen Bevölkerung habe sie nichts gewusst, beteuert sie ihrem Enkel gegenüber.

Grete Wernitznigg stirbt 2011 in Kirchdorf.

Quelle:
Fritz Dittlbacher, Kleine Zeiten. Die Geschichte meiner Großmutter, Wien 2012.

# Zwangsarbeit

In Oberösterreich ist der Anteil von Zwangsarbeitern und Zwangsarbeiterinnen höher als in den meisten anderen Bundesländern. Aufgrund der strategisch günstigen geografischen Lage entwickeln sich das Land und insbesondere die Städte Linz und Steyr zu einem der wichtigsten Rüstungszentren des Deutschen Reiches.

Für deren Ausbau braucht das NS-Regime viele Arbeiter und Arbeiterinnen. Die einheimischen Arbeitskraftreserven reichen dafür bei Weitem nicht aus. Deshalb werden immer mehr ausländische Männer und Frauen angeworben oder gewaltsam nach Oberösterreich verschleppt. Die Zwangsarbeiter und Zwangsarbeiterinnen haben wesentlichen Anteil am Aufbau der Großindustrie und damit auch am wirtschaftlichen Erfolg nach 1945. Sie werden nicht nur in Rüstungsbetrieben, sondern in fast allen Wirtschaftsbereichen eingesetzt und halten dort die Produktion aufrecht.[200]

Ansichtskarten von Linz, 1930er Jahre. Noch dominieren in der kleinen Provinzstadt die Grünflächen.
(Abbildungen: Maria Ecker)

# Wie entsteht in Oberdonau eine Großindustrie?

General Edmund Glaise-Horstenau, kurze Zeit Vizekanzler nach dem „Anschluss" und in Braunau geboren, verfolgt aufmerksam die Entwicklungen in seinem Heimatgau. 1942 macht er in einer Niederschrift seinem Ärger Luft: Linz habe sich innerhalb kurzer Zeit von einer „süßen kleinen Bauernstadt in eine Millionenstadt" verwandelt, klagt er. Aus der „schönen Landseligkeit" sei „ein Ruhrgebiet grauenhaftester Art" geworden. Vom Linzer Pöstlingberg aus seien nur noch „Schlot auf Schlot, Schutthalden, Gasometer, eine dichte, schwarze Rauchwolke über der ganzen Gegend"[201] zu sehen.

Linz wird Industriestadt

1938 sieht es noch ganz anders aus: Oberösterreich ist vorwiegend von der Landwirtschaft geprägt, die Industrie hat geringe Bedeutung. Es gibt nur einzelne größere Betriebe, allen voran die Steyr-Daimler-Puch AG. Selbst die Hauptstadt Linz hat trotz einiger mittelgroßer Betriebe noch ländlichen Charakter. Das ändert sich mit dem „Anschluss", als „der Heimatgau des Führers" einen mächtigen Industrialisierungsschub erfährt.

Die Nationalsozialisten machen sich die günstige Verkehrslage der Stadt zunutze. Linz ist ein Schnittpunkt wichtiger Ost-West- und Nord-Süd-Verbindungen und liegt an der

Aufbauarbeiten bei den Hermann-Göring-Werken (Foto: Geschichteclub Stahl)

Donau. Auch der Weg zu den benötigten Rohstoffen ist nicht weit. Schon wenige Wochen nach dem „Anschluss" beginnt nach hektischen Verhandlungen über den Standort der Bau der Reichswerke „Hermann Göring" in Linz (heute voestalpine). In St. Peter/Zizlau im Osten von Linz entsteht ein riesiger Betrieb, in dem in Hochöfen Roheisen geschmolzen wird. Hitler persönlich beharrt auf dem Bauplatz nahe dem Stadtzentrum und weist alle Einwände wegen der zu erwartenden Rauch-, Abgas- und Geruchsbelästigung zurück. So wird Linz zu einem Zentrum der Eisen- und Stahlproduktion.

Planungsfehler und Mangel an Material und Arbeitskräften verzögern den geplanten Aufbau. Das Werk geht erst ab 1941 nach und nach in Betrieb und ist voll auf die Kriegsindustrie ausgerichtet. Der Arbeitskräftebedarf ist enorm und kann nur durch die systematische Ausbeutung von ausländischen Zwangsarbeitern und Zwangsarbeiterinnen gedeckt werden. Im Stahlwerk, in der Gießerei und der Schmiede liegt der Ausländeranteil bei 85–90 %. Ab 1943 müssen auch tausende Häftlinge aus dem nahe gelegenen Konzentrationslager Mauthausen in den Einsatz. Sie verarbeiten die Hochofenschlacke und werden zu Aufräumarbeiten nach Fliegerangriffen herangezogen.

In unmittelbarer Nachbarschaft zum mächtigen Betriebskomplex der Hermann-Göring-Werke entstehen fast zeitgleich die Ostmärkischen Stickstoffwerke (heute Chemiepark Linz), die Düngemittel und Sprengstoff erzeugen. Auch hier sind tausende ausländische Arbeiter und Arbeiterinnen beschäftigt.

Zahlreiche weitere Linzer Betriebe profitieren vom industriellen Aufschwung der Stadt. Im Verlauf des Zweiten Weltkrieges verdreifacht sich die Zahl der Beschäftigten in der Linzer Industrie. Die Hauptstadt überflügelt damit sogar Steyr und rückt zum größten Industriestandort Oberösterreichs auf.

Zwangsarbeiter bei Aufräumarbeiten nach dem Bombenangriff am 25. Juli 1944. (Foto: Geschichteclub Stahl)

**Zwangsarbeit**

Hermann Göring bei seiner Ansprache zum Spatenstich am 13. Mai 1938. Linz werde nunmehr aus seinem bisherigen Traum eines kleinen Provinzstädtchens erwachen und zu einem mächtigen Wirtschaftszentrum werden, verkündet er unter tosendem Applaus der Anwesenden.
(Foto: Österreichische Nationalbibliothek)

### Weitere Industriestandorte

Auch an anderen Orten entstehen neue industrielle Produktionsstätten oder werden weiter ausgebaut, wie das Aluminiumwerk Ranshofen oder die Zellwolle Lenzing AG. Besonders bedeutsam ist die Steyr-Daimler-Puch AG (kurz Steyr-Werke), die Autos und Waffen herstellt. Nach dem „Anschluss" fließen alle Investitionen in die militärische Produktion, die Waffenfertigung rückt in den Vordergrund. Die Steyr-Werke wachsen zu einem der größten Rüstungskonzerne im „Dritten Reich". 1944 sind dort 50.000 Menschen beschäftigt. Je nach Einsatzbereich stammen bis zur Hälfte der Arbeiter und Arbeiterinnen aus dem Ausland.

# Wer sind die Zwangsarbeiter und Zwangsarbeiterinnen und wo werden sie eingesetzt?

Die Zwangsarbeiter und Zwangsarbeiterinnen kommen aus allen von der deutschen Wehrmacht besetzten Gebieten. Sie sind „zivile Arbeiter" oder Kriegsgefangene. Ab 1942 setzt das NS-Regime verstärkt KZ-Häftlinge in der Kriegswirtschaft ein. Zunächst versuchen die deutschen Besatzer, junge Männer und Frauen mit falschen Versprechungen „freiwillig" ins Deutsche Reich zu locken. Guter Lohn, ein sicherer Arbeitsplatz und die Aussicht auf Rückkehr in die Heimat nach sechs bis zwölf Monaten sollen die Menschen zum Arbeitseinsatz motivieren. Trotz dieser Lügen gibt es viel zu wenige Interessierte. Deshalb setzen die deutschen Machthaber verstärkt auf Zwangsmaßnahmen. Menschen werden zum Teil wahllos auf der Straße eingefangen und auf Transport geschickt – so wie Marija Kozlova.

### Menschen und Zahlen

Marija Kozlova wird als 15-jähriges Mädchen in ihrer Heimatstadt Smolensk (Russland) von deutschen Behörden aufgegriffen und in einen Transport gepfercht. „Sie haben uns mitgenommen, und als sie uns wegführten, haben wir geweint und geschrien",[202] erinnert sie sich. In Braunau am Inn wird sie mit anderen Gefangenen in einen Keller geführt und entlang einer Wand aufgestellt. Dort suchen sich die Bauern aus der Umgebung diejenigen aus, die sie für geeignete Arbeitskräfte halten. Marija Kozlova kommt zu einem Bauern in Polling im Innkreis.

Sie ist eine der insgesamt etwa 150.000 ausländischen Arbeitskräfte, die im Herbst 1944 im Gau Oberdonau unfreiwillig für das Deutsche Reich schuften. Sie setzen sich aus mindestens 90.000 „zivilen Arbeitern", 30.000 Kriegsgefangenen und zumindest 30.000 bis 40.000 Häftlingen des Konzentrationslagernetzes Mauthausen zusammen.[203] Marija Kozlova gilt aufgrund ihrer Herkunft als „Ostarbeiterin" – diese Gruppe macht im Herbst 1944 mit rund einem Drittel den größten Teil der Zwangsarbeiter und Zwangsarbeiterinnen in Oberösterreich aus. Die zweitgrößte Gruppe bilden die Polen und Polinnen.

Marija Kozlova erinnert sich bei einem Interview in Moskau im Jahr 2000 an ihre Zeit als Zwangsarbeiterin. (Foto: Peter Ruggenthaler)

↑ „Ostarbeiterinnen" der Baufirma Mayreder 1943 in Linz
(Foto: Archiv der Stadt Linz)

↗ Arbeitslager Traunkirchen. Ab 1940 gibt es in Oberösterreich mehrere Arbeitslager, in denen Juden und Jüdinnen Zwangsarbeit verrichten müssen. Private Bauunternehmer wie Mayreder & Kraus profitieren vom billigen Arbeitseinsatz der Verfolgten, bis diese 1941/42 in Lager im Osten deportiert und umgebracht werden.
(Foto: Zeitgeschichte Museum Ebensee)

Fast die Hälfte aller Beschäftigten in der oberösterreichischen Rüstungsindustrie und Landwirtschaft stammen 1944 aus dem Ausland. Auf dem Gebiet des heutigen Österreich gibt es zu diesem Zeitpunkt fast eine Million, im gesamten Deutschen Reich mehr als 7,5 Millionen ausländische Arbeitskräfte. Ohne ihre Arbeitsleistung könnte Deutschland den Krieg schon 1943 nicht mehr fortsetzen.

## Wie werden die ausländischen Arbeitskräfte behandelt?

Bei den Lebensverhältnissen der Zwangsarbeiter und Zwangsarbeiterinnen gibt es große Unterschiede. Eine Rolle spielen ihre Herkunft, ihr Einsatzort, ihr Geschlecht, der Zeitpunkt ihres Einsatzes, das Verhalten ihrer einheimischen Vorgesetzten sowie die Einstellung der Bevölkerung.

### Die Herkunft bestimmt die Behandlung

Ein Erlass des Reichsführers SS Heinrich Himmler von November 1942 gibt eine Rangliste vor, die die Basis für den Umgang mit „fremdvölkischen Zivilarbeitern" bildet. Sie richtet sich nach dem rassistischen Weltbild der Nationalsozialisten. Auf der obersten Stufe der neunteiligen Skala stehen die „Arbeitskräfte germanischer Abstammung"

(Flamen, Holländer, Dänen, Norweger). Danach folgen „Arbeitskräfte verbündeter bzw. befreundeter souveräner Staaten" (z.B. Italiener, Slowaken, Ungarn), dann jene aus den „besetzten Gebieten im Westen" (z.B. Franzosen, Belgier). Sie finden im Allgemeinen relativ gute Lebensbedingungen vor.

Grundsätzlich gilt: je weiter östlich die Herkunft, desto niedriger die Stellung und desto schwieriger die Arbeits- und Lebensbedingungen der Zwangsarbeiter und Zwangsarbeiterinnen, besonders je länger der Krieg dauert. Am unteren Ende der Skala finden sich Menschen polnischer Herkunft und die so genannten „Ostarbeiter" (sowjetische Zivilarbeiter und Zivilarbeiterinnen) – sie sind am stärksten Diskriminierungen und rassistischen Anfeindungen ausgesetzt, werden gekennzeichnet, in bewachten Lagern untergebracht und dürfen keine öffentlichen Verkehrsmittel benutzen. Sie haben längere Arbeitszeiten und üblicherweise keinen Urlaubsanspruch. Außerdem erhalten sie geringere Löhne im Vergleich zu anderen ausländischen Gruppen, die ohnehin bereits viel weniger bezahlt bekommen als die einheimischen Arbeiter und Arbeiterinnen.

Auch im Umgang mit Kriegsgefangenen drückt sich die rassistische Haltung der Machthaber und der Bevölkerung aus. In Pupping bei Eferding befindet sich das einzige Kriegsgefangenenlager in Oberdonau. Hygienische Zustände und Ernährungslage sind unzureichend. Die Franzosen stellen den größten Anteil der Kriegsgefangenen, gefolgt von italienischen Militärinternierten und Gefangenen sowjetischer Herkunft. Die sowjetischen Kriegsgefangenen werden allgemein schlechter behandelt als andere. Auch in der Bevölkerung ist das Misstrauen ihnen gegenüber größer. „Aus der Gesamtverfassung der russischen Kriegsgefangenen ist die niedrige Kultur und das Gesicht des Bolschewismus augenscheinlich zu erkennen. Die französischen Kriegsgefangenen (…) waren durchwegs intelligent und arbeitsam. Schließlich wa-

↖ Sowjetische Kriegsgefangene bei Erweiterungsarbeiten im von der Stadt Wels geführten Wiesenlager 1942. Seit 1941 sind hier Zwangsarbeiter verschiedener Länder untergebracht.
(Foto: Stadtarchiv Wels)

↑ Französische Kriegsgefangene, die auf einem Bauernhof in der Umgebung von Ried im Innkreis eingesetzt sind. In der Mitte Paul Pichon, mit dem die Bauernfamilie auch nach dem Krieg Kontakt hält.
(Foto: Gottfried Gansinger)

**Zwangsarbeit**

ren sie bei der Bevölkerung beliebt", heißt es in einem Bericht des Gendarmeriepostens von Laakirchen.[204]

### Unterschiede je nach Einsatzorten

Die Zwangsarbeiter und Zwangsarbeiterinnen in der Bauwirtschaft und Industrie sind in Barackenlagern untergebracht, werden miserabel verpflegt, stehen unter enormem Arbeitsdruck und sind den Launen ihrer (österreichischen) Vorarbeiter ausgesetzt.

In der Land- und Forstwirtschaft werden sie grundsätzlich besser versorgt als in der Rüstungsindustrie. Die zwischenmenschlichen Beziehungen sind weitaus enger, weil sie bei Bauernfamilien wohnen und mit ihnen essen. Das kann aber auch zum Verhängnis werden, weil die Zwangsarbeiter und Zwangsarbeiterinnen durch den engen Kontakt nicht nur das Wohlwollen, sondern auch die Feindseligkeit der Bauersleute hautnah zu spüren bekommen. Nicht selten werden Zwangsarbeiterinnen von Bauern und Knechten sexuell bedrängt.

Manche erinnern sich positiv an ihren Einsatz in der Landwirtschaft, oft ist aber von Schikanen und Diskriminierung die Rede. Zofia Trojan, eine polnische Zwangsarbeiterin, ist bei einem Bauern in Spital am Pyhrn beschäftigt: „Schrecklich wenig hat sie [die Bäuerin] mir zu essen gegeben (…) Ich habe schrecklich geweint. Dort habe ich schrecklichen Hunger gehabt. (…) Nie haben sie ein gutes Wort gesagt, nur: ‚Du polnisches Schwein!'"[205]

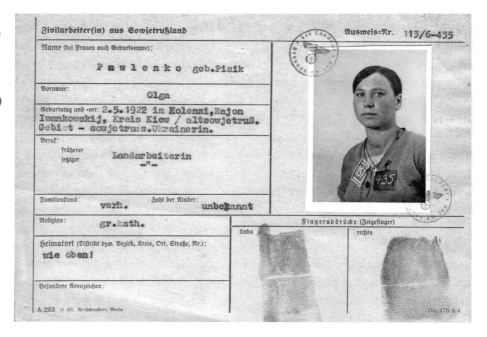

Olga Pawlenko kommt im Juni 1942 zu einem Bauern in St. Pantaleon. Fast drei Monate später flüchtet sie. Was weiter mit ihr geschehen ist, ist nicht bekannt. (Abbildung: Kurt Cerwenka)

Liebesbeziehungen zwischen Einheimischen und „Fremdvölkischen" sind verboten und werden von der Gestapo aufs Härteste geahndet. 1942 wird der 24-jährige polnische Landarbeiter Franciszek Urbanczyk wegen sexueller Beziehungen zur 25-jährigen Theresia Moser, Melkerin im gleichen Haus in der Gemeinde Molln, hingerichtet. Gestapobeamte hängen ihn unweit vom Bauernhof auf. Alle in Molln beschäftigten Polen müssen der Hinrichtung beiwohnen. Theresia Moser wird „am Kirchenplatze in Molln öffentlich an den Pranger gestellt" und danach dem Gendarmerieposten übergeben.[206] Über ihr weiteres Schicksal ist nichts bekannt. In solchen Fällen droht die Einweisung ins Konzentrationslager und gesellschaftliche Ächtung, auch nach dem Krieg.

## Das Verhalten der einheimischen Bevölkerung

Zwangsarbeiter und Zwangsarbeiterinnen sind auf Bauernhöfen und in Betrieben in ganz Oberösterreich beschäftigt. Als Arbeitskräfte, die man ausbeuten kann, sind sie gern gesehen, als Menschen aber nicht willkommen. In Linz leben 1944 rund 20.000 ausländische Arbeitskräfte, das sind 13–14 % der Stadtbevölkerung. Befürchtungen werden laut, dass der „Heimatgau des Führers" zu den „Vereinigten Staaten von Oberdonau" verkommen und eine „beachtliche Schwächung des deutschen Elements" eintreten könnte.[207] Die Empörung in der Bevölkerung ist groß, weil nur „Ostarbeitern" der Zutritt ins größte Linzer Freibad verboten ist, nicht aber den anderen Zwangsarbeitern und Zwangsarbeiterinnen. Das sei „für Deutsche körperlich und seelisch unangenehm", heißt es.[208]

Nur selten setzt sich jemand offen für Zwangsarbeiter und Zwangsarbeiterinnen ein. Viel öfter wirken Einheimische tatkräftig bei der Anzeige und Ergreifung von ausländischen Arbeitskräften mit, die sich regimekritisch äußern, „Feindsender" hören, die Arbeit sabotieren oder Fluchtversuche unternehmen. Meist sperrt die Gestapo sie ins Arbeitserziehungslager Schörgenhub südlich von Linz ein.

## Arbeitserziehungslager Schörgenhub

Der 17-jährige Oledij Petrowitsch Derid aus Charkov in der Ukraine leistet seit 1941 Zwangsarbeit in den Hermann-Göring-Werken. Er ist einsam und von Heimweh und Hunger geplagt. In seiner Verzweiflung schließt er sich einem Fluchtversuch an, der misslingt und ihn ins Arbeitserziehungslager Schörgenhub bringt.

Die Gestapo hat dieses Lager für Zwangsarbeiter eingerichtet, die in den Augen ihrer Arbeitgeber „vertragsbrüchig" werden, weil sie dem Arbeitsplatz fernbleiben, zu spät kommen oder zu wenig leisten. Die Häftlinge müssen Bahngleise reparieren und Bombentrichter mit Schutt füllen. Nach zwei bis acht Wochen werden sie wieder entlassen. Manchmal kommen auch politische Häftlinge in das Lager Schörgenhub, das als Zwischenstation für den Transport in Konzentrations- und Vernichtungslager dient.

Oledij Derid als betagter Mann bei einem Interview in Chisinau im Juni 1999. An seine Zeit im Arbeitserziehungslager erinnert er sich als „die Hölle!" (Foto: Michaela Schober/voestalpine)

**Zwangsarbeit**

Zur völlig unzureichenden Verpflegung und zur harten Arbeit kommt die ständige Angst vor dem Sadismus der SS-Männer und des Lagerführers. Sie prügeln Menschen zu Tode, erschießen sie nach Belieben, niemand ist vor ihren Launen sicher. George Slazak, ein junger polnischer Zwangsarbeiter, berichtet: „Ich erinnere mich an einen Sonntag, als am frühen Abend einige der SS-Männer von einem Trinkgelage aus Linz ins Lager zurückkehrten. Einige waren sehr betrunken, zogen ihre Revolver und begannen wahllos auf uns zu schießen, brüllend und lachend. Wir konnten uns nirgends verstecken. Zwölf oder fünfzehn Menschen wurden an diesem Tag ermordet."[209]

Im Februar 1944 beschwert sich ein Betrieb bei der Lagerleitung wegen des schlechten Gesundheitszustandes ausländischer Arbeiter, der „einen sofortigen, vollen Einsatz dieser Kräfte unmöglich macht."[210] Daraufhin richten die Verantwortlichen in Schörgenhub eine so genannte „Erholungsbaracke" ein, in welche die Häftlinge eine Woche vor der Entlassung verlegt werden, damit sie ihren Arbeitgebern in einem „einsatzfähigen" Zustand übergeben werden können.

# Was geschieht mit den Kindern der Zwangsarbeiterinnen?

Im Juli 1942 schreibt Gauleiter August Eigruber in einem Brief an den Reichsführer SS Heinrich Himmler: „Ich habe im Gau Oberdonau Tausende von Ausländerinnen und mache nun die Feststellung, dass diese ausländischen Arbeiterinnen (…) schwanger werden und Kinder in die Welt setzen (…) Die Situation drängt nach einer Lösung."[211] Schwangerschaften und Geburten mindern die Arbeitsleistung, sie sind unerwünscht, vor allem bei „Ostarbeiterinnen" und Polinnen. Alleine in Linz sind 972 erzwungene Schwangerschaftsabbrüche an Zwangsarbeiterinnen belegt, insgesamt sind es weit mehr.

### „Fremdvölkische Kinderheime"

Imelda Marinelli, die Leiterin des „fremdvölkischen Kinderheimes" in Schloss Etzelsdorf (Foto: Martin Kranzl-Greinecker)

Für den Fall, dass Kinder von Zwangsarbeiterinnen doch zur Welt kommen, schlägt Gauleiter Eigruber vor, sie den Müttern wegzunehmen und in eigenen Heimen unterzubringen. Himmler findet an dieser Idee Gefallen und beauftragt einen seiner Mitarbeiter mit konkreten Schritten: „Ich darf Sie bitten, nun vielleicht in Oberdonau mit der Errichtung von zwei solchen Heimen zu beginnen. (…) Hier könnten wir die Dinge einmal gleich in der Praxis durchführen und Erfahrungen sammeln."[212] Im März 1943 wird in Spital am Pyhrn das erste „fremdvölkische Kinderheim" für

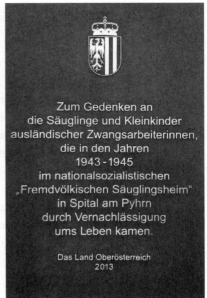

Kinder von „Ostarbeiterinnen" und Polinnen unter der Leitung der Nationalsozialistischen Volkswohlfahrt (NSV) eröffnet. Die Zustände im Heim sind katastrophal. Die Säuglinge werden selten gewickelt und unzureichend mit Nahrung versorgt. Die Kinder liegen dort „oft nicht appetitlich (…) in primitiven Betterln", wie sich eine ehemalige Mitarbeiterin erinnert.[213] Von 97 Kindern sterben mindestens 38. Eines dieser ermordeten Kinder ist Iwan. Er wird 19 Tage nach der Geburt von seiner Mutter getrennt und in das Kinderheim in Spital am Pyhrn eingeliefert. Vier Monate später ist er verhungert.

Das Heim wird Ende Jänner 1945 aufgelöst und ein Teil der Kinder und Pflegerinnen nach Schloss Etzelsdorf bei Wels überstellt, wo sich ein weiteres der insgesamt etwa ein Dutzend oberösterreichischen „fremdvölkischen Kinderheime" befindet. Auch dort verwahrlosen und sterben die Kinder. Die im Schloss tätige Küchengehilfin Mitzi Hofinger notiert die Todesfälle in ihrem Tagebuch. „Bei uns ist ein Massensterben!", schreibt sie verzweifelt. „Ich sehe schon lauter tote Kinder vor mir. Mein Gemüt ist ein trauriger Trümmerhaufen. Ich könnte weinen, weinen, weinen."[214]

Die Lebenswege jener Kinder, die den Krieg überleben, verlaufen unterschiedlich. Manche kommen über Umwege zu österreichischen Adoptivfamilien oder Zieheltern, weil die leiblichen Mütter nicht mehr auffindbar sind oder sie ihre Kinder bewusst zurücklassen, um in ihrer Heimat nicht Anfeindungen ausgesetzt zu sein. Manche Kinder werden bei der Rückgabe an ihre Mütter vertauscht. Als Erwachsene begeben sich viele Kinder von Zwangsarbeiterinnen auf die verzweifelte Suche nach ihren Eltern und nach ihrer wahren Identität.

↖ Der Lindenhof in Spital am Pyhrn. Die einzige bekannte Aufnahme vom Lindenhof zur Zeit des „fremdvölkischen Kinderheimes".
(Foto: Martin Kranzl-Greinecker)

↑ Im Mai 2014 wird in Spital am Pyhrn eine Gedenktafel für die am Lindenhof verstorbenen Kinder eingeweiht.
(Foto: Martin Kranzl-Greinecker)

**Zwangsarbeit**   „Lebensborn"-Heim „Alpenland"

Im „Lebensborn"-Heim „Alpenland" in Laakirchen bei Gmunden sind 230 polnische Kinder untergebracht. Von ihren Eltern getrennt und aus ihrer Heimat verschleppt, sollen sie in Oberdonau „eingedeutscht" und nach nationalsozialistischen Idealen erzogen werden, um schließlich in einer deutschen Pflegefamilie Aufnahme zu finden. Anna Kociuba ist sieben Jahre alt, als sie ins Heim nach Laakirchen kommt, in dem sie traumatische Erfahrungen macht: „(…) nur deutsche Sprache, Hunger und körperliche Züchtigung für jede kleine Verfehlung. An Einsamkeit und Hunger war ich gewöhnt, aber ich hatte sehr große Angst vor der Einsperrung im Keller (…), vor den körperlichen Züchtigungen und vor allem vor den Gesichtsschlägen."[215]

Nach ihrer „Umerziehung" kommt Anna Kociuba zu Pflegeeltern nach Gmunden, sie heißt nun Anna Planek. Anna fühlt sich in der neuen Familie wohl, kehrt aber nach dem Krieg zu ihren Eltern nach Polen zurück.

# Lebensgeschichten

## Aloisia Hofinger: Verliebt in einen Zwangsarbeiter

Die Liebe zu Jozef, einem polnischen Zwangsarbeiter, stellt das Leben der jungen Aloisia Hofinger völlig auf den Kopf. Doch ihr Glück findet ein jähes Ende, als die Behörden von der Beziehung erfahren.

### Traum und Wirklichkeit

Aloisia Hofinger, 1922 geboren, wächst mit noch vier Geschwistern in einer Arbeiterfamilie in Walding auf. Nach Abschluss der Volks- und Bürgerschule träumt sie von einer Lehre als Schneiderin oder Bürokraft. Doch dafür reicht das Einkommen des Vaters nicht, sie muss deshalb als Hilfskraft bei benachbarten Bauern arbeiten.

### Liebe und Verrat

Im Frühjahr 1940 kommt Aloisia Hofinger als Stalldirne zu einem Bauern in Ottensheim. Dort lernt die 18-Jährige einen polnischen Zwangsarbeiter kennen und verliebt sich in ihn: „Er hat Jozef geheißen, und ich hab ihn gesehen und hab mir gedacht, es ist vorbei um mich."[216] Da private Kontakte zwischen „Arierinnen" und Zwangsarbeitern verboten sind, müssen sie ihre Liebesbeziehung geheim halten und sich vor Denunzianten in der Nachbarschaft in Acht nehmen. Zwei Jahre geht alles gut, dann lässt sich die Beziehung nicht mehr verheimlichen – Aloisia Hofinger ist schwanger. Unbekannte verraten sie an die Behörden.

### Angst und Verzweiflung

Die Gestapo verhaftet das Paar und bringt es ins Gefängnis nach Linz. Die junge Frau möchte Jozef um jeden Preis schützen und verweigert in den Verhören jede Aussage über ihre Beziehung. 14 Tage später lässt die Gestapo sie laufen, die Geburt steht kurz bevor. Jozef aber bleibt in Gestapohaft, die Beamten schlagen erbarmungslos auf ihn ein.

Im Juli 1942 bringt Aloisia Hofinger ihre Tochter Anneliese zur Welt. Die junge Mutter lebt in ständiger Angst vor einer neuerlichen Verhaftung. Am Allerseelentag 1942 erwacht sie mit einem „komischen Kribbeln am ganzen Körper"[217], das sie nicht mehr los lässt. Tatsächlich: Gegen Mittag kommen Gendarmen, nehmen sie fest und fordern sie auf, mit nach Linz zu kommen. Den Tränen nahe muss sie sich von ihrer kleinen Tochter verabschieden. In der Gestapohaft trifft sie ein letztes Mal auf Jozef, von den vielen Misshandlungen ist er schwer gezeichnet. Jozef deutet Aloisia mit einer schnellen Handbewegung, dass der Galgen auf ihn wartet: „Auf einmal steht der Jozef neben mir und macht so. Mein Gott, ich hätte so viel schreien können, wie ich das gesehen hab. Aber ich hab ja nicht dürfen."[218]

Aloisia Hofinger bei der Feldarbeit
in Walding 1940
(Foto: Josef Eidenberger)

Auch mit Aloisia Hofinger kennt die Gestapo keinen Pardon und liefert sie im November 1942 in das Frauenkonzentrationslager Ravensbrück im Norden Deutschlands ein. Die Zwangsarbeit für die Firma Siemens ist schon schwer genug, doch ein Jahr nach ihrer Überstellung ins KZ erfährt sie, dass ihre Tochter an Diphtherie gestorben ist. Bald darauf im November 1943 kommt Aloisia Hofinger zwar frei, doch die zwei ihr liebsten Menschen sind tot.

### Schuldgefühle und Isolation

Das Wiedersehen mit der Bauernfamilie gestaltet sich sehr herzlich, doch von ihren Eltern und vielen Menschen in ihrer Umgebung bekommt sie Ablehnung und Vorwürfe zu spüren. Dieses Verhalten hinterlässt Spuren. Aloisia Hofinger sucht die Schuld für den Tod von Jozef und ihrer kleinen Tochter bei sich selbst: „Ich hab ja die ganze Schuld auf mich genommen. Ich bin die Schuldige. Gell. Ich hab mir ja eingebildet, ich hätte ein Verbrechen begangen."[219] Bis weit nach Kriegsende zieht sie sich völlig zurück, lebt sozial isoliert: „Ich habe da gewohnt, und ich bin zehn Jahre nicht durchs Dorf gegangen, weil ich alleweil Angst gehabt habe, dass die Leute hinter mir nachschauen. Ich habe mich nicht daran gewöhnen können. Ich habe alleweil das Gefühl gehabt, die verachten mich."[220]

Im April 1945 heiratet Aloisia einen Waldinger Bauern. Sie bekommen einen Sohn und zwei Töchter. Lange, sehr lange schämt sie sich zu sehr, als dass sie über ihre Erfahrungen sprechen könnte. Erst die Fragen und das Interesse ihrer Nachkommen machen es ihr möglich, darüber zu reden. Aloisia Hofinger stirbt 2012.

Quellen:
Helga Amesberger/Brigitte Halbmayr (Hg.), Vom Leben und Überleben – Wege nach Ravensbrück. Das Frauenkonzentrationslager in der Erinnerung, Band 2: Lebensgeschichten, Wien 2001.
Josef Eidenberger, Waldinger Geschichts-Bilderbuch, Walding 2007.
Gespräch mit Josef Eidenberger, 21.8.2013.
Privatarchiv Josef Eidenberger, Handschriftliche Notizen von Aloisia Hofinger.

# Imelda Marinelli:
# Leiterin des „fremdvölkischen Kinderheimes" Schloss Etzelsdorf

Imelda Marinelli führt ein widersprüchliches Leben. Die ausgesprochen kinderliebe Frau lässt zu, dass unter ihrer Leitung Säuglinge und Kleinkinder vor Verwahrlosung sterben. Ihren Nachkommen, die davon erst nach ihrem Tod erfahren, hinterlässt sie viele offene Fragen.

## Katholisch und „gottgläubig"

Imelda Marinelli wird im April 1919 in Bludenz in Vorarlberg geboren. Sie ist vier Jahre alt, als die Eltern mit ihr ins oberösterreichische Mühlviertel ziehen. Dort beginnt der Vater im Mühl-Kraftwerk Partenstein zu arbeiten.

Imelda Marinelli hat Kinder gerne. Sie beschließt deshalb, in Linz die Ausbildung zur Kinderkrankenschwester zu machen. Wie die junge Frau die politisch turbulenten 1930er Jahre erlebt, ist nicht bekannt. Jedenfalls tritt sie aus der katholischen Kirche aus und wird „gottgläubig" – ein deutlicher Hinweis darauf, dass sie den Nationalsozialisten nahesteht.

## Fürsorge und Verwahrlosung

1943 beginnt sie als Kinderschwester im „fremdvölkischen Kinderheim" am Lindenhof in Spital am Pyhrn zu arbeiten. Von ihr selbst gibt es keine Berichte über diese Zeit. Eines der wenigen erhaltenen Fotos zeigt die junge Frau in Schwesterntracht, wie sie sich dem Kleinkind auf ihrem Arm lächelnd und fürsorglich zuwendet. Das Foto vermittelt eine trügerische Idylle, die völlig im Widerspruch zu den tatsächlichen Vorgängen im Kinderheim steht. Laut Zeugenaussagen sind die Zustände dort katastrophal. Alle Säuglinge sind unterernährt und krank, jedes dritte Kind stirbt.

Im Sommer 1944 übersiedelt Imelda Marinelli nach Schloss Etzelsdorf in Pichl bei Wels, wo sich ebenfalls ein Heim für Kinder ausländischer Zwangsarbeiterinnen befindet. Dort steigt sie zur Heimleiterin auf und trägt als solche die Hauptverantwortung für das „Wohl" der ihr anvertrauten Kinder. Über ihr Verhalten gibt es unterschiedliche Aussagen. Eine Zeitzeugin meint, Marinelli habe sich bereichert, indem sie den Säuglingen gewässerte Milch gegeben habe, um die Hälfte der Milch schwarz verkaufen zu können. Im Gegensatz dazu zeichnet Mitzi Hofinger, die ebenfalls im Schloss Etzelsdorf arbeitet, in ihrem Tagebuch ein liebevolles Bild ihrer Vorgesetzten. Die „liebe Schwester Imelda" ist für die junge Frau eine mütterliche Ratgeberin.[221] Zur gleichen Zeit sind Säuglinge und Kleinkinder an den Betten festgebunden, niemand spricht mit ihnen. Viele sterben. Imelda Marinelli unternimmt nichts dagegen. Im Jänner 1945 verlässt Marinelli Schloss Etzelsdorf und übersiedelt nach Neumarkt im Mühlkreis. Die Ursachen für ihren Wechsel sind nicht geklärt und auch über ihre weitere Tätigkeit gibt es nur Vermutungen.

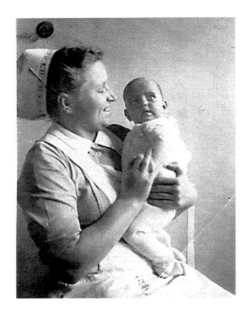

Imelda Marinelli mit einem Baby im
„fremdvölkischen Kinderheim"
(Foto: Martin Kranzl-Greinecker)

Ein Leben voller Widersprüche

1946 bringt Imelda Marinelli eine uneheliche Tochter zur Welt. Sie übersiedelt in die Schweiz und zieht sich einige Jahre als Köchin ins Benediktinerkloster Einsiedeln zurück. 1952 heiratet sie einen Schweizer, bekommt zwei Söhne und nimmt in regelmäßigen Abständen auch Pflegekinder zu sich. Über ihre Tätigkeit während des Nationalsozialismus schweigt sie. Im Februar 1984 stirbt Imelda Marinelli. Erst Jahrzehnte nach ihrem Tod erfahren die Kinder von den Verbrechen ihrer Mutter, die sie so fürsorglich und liebend in Erinnerung haben.

Quellen:
Gespräch mit Martin Kranzl-Greinecker, 21.1.2014.
Privatarchiv Martin Kranzl-Greinecker, Notizen zum NSV-Heim für fremdvölkische Kinder in Schloss Etzelsdorf (April 2002) und Aufzeichnungen über den Besuch bei Walter Gurtner in Däniken, Schweiz (März 2002).

# NS-Euthanasie: Tötung von psychisch Kranken und Behinderten

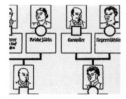

## Welche Vorgeschichte hat die Ermordung psychisch Kranker und Behinderter?

Im 19. Jahrhundert beginnen Wissenschaftler mit der systematischen Erforschung und Einteilung von „Arten". Sie vermessen Pflanzen, Tiere und schließlich auch Menschen und erfassen ihre Eigenheiten. Zu den einflussreichsten Lehren zählt der Sozialdarwinismus, der sich auf die Anschauungen des britischen Naturwissenschaftlers Charles Darwin beruft. Darwins Artenlehre wird dabei in wissenschaftlich unhaltbarer Weise auf Mensch und Gesellschaft übertragen. Die Anhänger des Sozialdarwinismus behaupten, es gäbe einen Überlebenskampf zwischen Menschen und Nationen, der zu einer „natürlichen Selektion" führe, bei der sich nur die Tüchtigsten und Stärksten durchsetzen. Die Anhänger dieser Ideen stufen Menschen als „rassisch minderwer-

## NS-Euthanasie: Tötung von psychisch Kranken und Behinderten

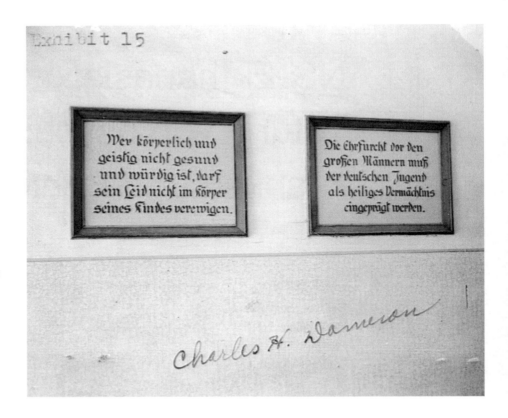

Diese Zitate aus Hitlers „Mein Kampf" sind im Torbogen der Tötungsanstalt Hartheim angebracht.
(Foto: Dokumentationsstelle Hartheim des OÖLA/National Archives Washington)

tig" oder „erbkrank" ein und erklären, dass sie als „unnütze Esser" dem Staat unnötig Geld kosten. „Rassenhygienische" Theoretiker schlagen konkrete Maßnahmen vor. Einerseits verlangen sie die Förderung der Fortpflanzung „hochwertiger" Menschen, etwa durch finanzielle Unterstützungen wie Kinderbeihilfen und Ehestandsdarlehen. Andererseits sollen die so genannten „Minderwertigen" nicht mehr heiraten dürfen, unfruchtbar gemacht (sterilisiert) oder sogar getötet werden.

Diese „rassenhygienischen" Vorstellungen werden weltweit in vielen Ländern diskutiert und teilweise umgesetzt. Auch in Österreich sind sie schon lange vor dem „Anschluss" bekannt. Oberösterreich ist 1923 das erste Bundesland, in dem es zur Gründung einer „Gesellschaft für Rassenhygiene" kommt. Ihre Mitglieder verbreiten ihre Theorien in Schriften und Vorträgen. Als sie Fortbildungskurse für Lehrer und Lehrerinnen organisieren, erteilen daraufhin drei Linzer Schulen Unterricht über „Vererbung und Rassenhygiene".[222]

# Welche Folgen hat das „Gesetz zur Verhütung erbkranken Nachwuchses"?

Im Juli 1933, wenige Monate nach ihrer Machtübernahme in Deutschland, formulieren die Nationalsozialisten das „Gesetz zur Verhütung erbkranken Nachwuchses". Nun können Menschen mit „Erbkrankheiten" zwangsweise sterilisiert werden. Laut Gesetz zählen zu den „Erbkrankheiten" angeborener Schwachsinn, Schizophrenie, Epilepsie, erbliche Blindheit und Taubheit, schwere körperliche Missbildung, schwerer Alkoholismus und manisch-depressive Zustände. In den meisten Fällen ist es nach dem damaligen wissenschaftlichen Stand aber schwierig bis unmöglich, eine „Erbkrankheit" nachzuweisen. Es genügt schon, wenn Ärzte eine derartige Krankheit nur vermuten. Frauen, bei denen eine „Erbkrankheit" angenommen wird, können von den Gesundheitsbehörden bis zum sechsten Monat ihrer Schwangerschaft zu einer Abtreibung gezwungen werden. Auch Menschen mit einer Lebensweise, die vom NS-Regime abgelehnt wird, fallen der Zwangssterilisierung zum Opfer. Die Nationalsozialisten behaupten einfach, dass „asoziale Charaktereigenschaften" weitervererbt würden. Das „Gesetz zur Verhütung erbkranken Nachwuchses" trifft also vor allem Menschen am Rand der Gesellschaft und solche, die in schwierigen sozialen Verhältnissen leben.

### Zwangssterilisierungen in Oberdonau

Die NS-Behörden und viele Parteifunktionäre in Oberdonau werden bereits vor der die Einführung des Gesetzes aktiv. Im Jänner 1939 fordern die zuständigen Behörden vom Amtsarzt in Grieskirchen die Begutachtung einer jungen Frau, die „erbbiologisch nicht ganz in Ordnung sei". Sie schlagen eine zwangsweise Abtreibung der bereits fortgeschrittenen Schwangerschaft mit anschließender Sterilisation vor. Doch der Landrat von Grieskirchen erinnert die Antragsteller daran, „dass derzeit noch nicht die Möglichkeiten zu diesen Maßnahmen bestehen, da das Gesetz über die Durchführung der Sterilisationen in der Ostmark noch nicht in Kraft getreten ist."[223]

Am 1. Jänner 1940 ist es aber so weit. Sofort beginnen die NS-Behörden mit der systematischen Erfassung von Menschen mit vermuteten „Erbkrankheiten". Laut Gesetz sind Ärzte, Krankenschwestern, Hebammen und Gesundheitsfürsorgerinnen zur Anzeige an den Amtsarzt verpflichtet. Oft kommen die Hinweise direkt aus der Bevölkerung oder von Parteifunktionären in den Dörfern. Nach erfolgter Anzeige lädt der Amtsarzt die Betroffenen zur Untersuchung vor. Ausschlaggebend für seine Diagnose sind ein Intelligenztest, die Überprüfung des Vorkommens von Krankheiten in der Familie und die bisherige „Lebensbewährung". Diagnostiziert der Amtsarzt eine

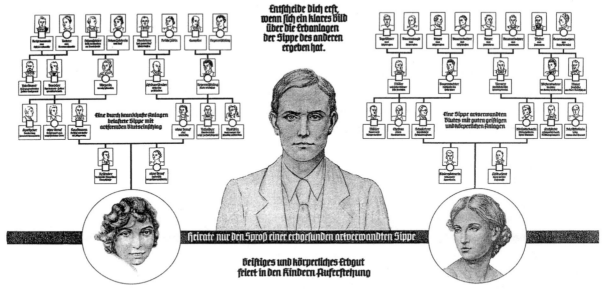

Die NS-Behörden entscheiden, ob ein Paar heiraten und Kinder in die Welt setzen darf. Wer als „erbkrank" eingestuft wird, erhält Eheverbot oder wird sogar zwangsweise unfruchtbar gemacht. Da die Wissenschaft kaum in der Lage ist, „Erbkrankheiten" nachzuweisen, genügt für ein derart schwerwiegendes Vorgehen die bloße Vermutung oder das Vorkommen bestimmter Krankheiten in der Familie.
(Abbildung: Tiroler Landesarchiv)

„Erbkrankheit", stellt er einen Antrag auf Unfruchtbarmachung an das zuständige Erbgesundheitsgericht in Linz, Wels, Steyr, Ried oder Krumau, das in den meisten Fällen die Unfruchtbarmachung beschließt. In fast jedem Bezirkskrankenhaus in Oberdonau führen Ärzte Sterilisationen durch. Die Betroffenen haben keine Wahl und werden zu diesem Eingriff gezwungen, manchmal unter Gewaltanwendung. Die Ärzte, Richter und Angestellten in den Gesundheitsämtern handeln aus freiem Willen, sie haben bei ihren Entscheidungen einen großen Spielraum.

Die zwangsweise Sterilisation hat für die Betroffenen tiefgreifende Folgen. Einige sterben sogar, vor allem Frauen, für die der Eingriff riskanter ist als für Männer. Auch die psychischen Belastungen wiegen schwer. Eine 31-jährige Bäuerin aus dem Innviertel, die im Juni 1943 zwangssterilisiert wird, klagt nach der Operation über dauernde Erschöpfungszustände. Sie sei immerzu bedrückt und mutlos und habe „keinen Lebens- und Arbeitsmut mehr", bezeugen Angehörige und Bekannte.[224]

Laut Schätzungen, genaue Zahlen gibt es nicht, sind in Oberdonau über 1.000 Menschen von Zwangssterilisierungen betroffen; österreichweit sind es 5.000 bis 10.000 Menschen, im gesamten Deutschen Reich und in den von der Wehrmacht besetzten Gebieten etwa 400.000 Menschen. Bis heute ist über die Namen und das Leben dieser Menschen wenig bekannt.

# Was ist NS-Euthanasie und wie wird sie durchgeführt?

Die Nationalsozialisten geben ihren verbrecherischen Vorhaben oft Bezeichnungen, die verschleiern und verharmlosen. Das trifft auch auf die NS-Euthanasie zu. Eigentlich bedeutet das aus dem Griechischen stammende Wort „schöner Tod". Im Nationalsozialismus verbirgt sich hinter dem Begriff „Euthanasie" der Massenmord an psychisch Kranken, geistig und körperlich behinderten Menschen aus rassischen und wirtschaftlichen Gründen.

Nach ihrer Machtübernahme verbreiten die Nationalsozialisten gezielt Botschaften, die bereits vorhandene Zweifel am „Lebenswert" von psychisch Kranken und Behinderten verstärken sollen. In den Schulen vermitteln Lehrkräfte die Themen „Rassenhygiene" und „Erblehre". Zahlreiche Bücher, Plakate und Filme stellen psychisch Kranke als abstoßende und furchterregende Menschen dar, die keinerlei Bewusstsein hätten. Ihr Leben wäre eine Qual, ihre Tötung käme einer Erlösung von ihrem Leid gleich; so die Propaganda. Diese menschenverachtenden Botschaften bilden den Nährboden für den ersten systematisch geplanten und staatlich durchgeführten Massenmord – die NS-Euthanasie.

Nach einem geheimen Erlass des Reichsinnenministeriums im August 1938 beginnt 1939 die NS-Kindereuthanasie. Ärzte töten bis zum Ende des NS-Regimes mehr als 5.000 behinderte Babys und Kinder, die ihnen zur Behandlung anvertraut sind, durch Medikamentenüberdosis oder Nahrungsmittelentzug. Im Kreis Grieskirchen meldet im Juli 1942 die Fürsorgerin ein sieben Tage altes Kind wegen einer körperlichen Missbildung an das Gesundheitsamt. Der zuständige Ausschuss reagiert prompt – angeblich um dem Kind „die beste Pflege und im Rahmen des Möglichen eine neuzeitliche Therapie"[225] zu ermöglichen – und veranlasst die Einweisung des Babys in die „Kinderfachabteilung" der Landesheilanstalt Eglfing-Haar bei München. Dort werden die Kinder getötet.

Ab Juli 1939 plant das NS-Regime die „Aktion T4", benannt nach dem Standort der Planungszentrale der Mordaktion in der Tiergartenstraße 4 in Berlin. Die „Aktion T4" weitet die NS-Kindereuthanasie auf psychisch kranke und behinderte Menschen aller Altersgruppen aus, die sich in Anstalten befinden. Eine rechtliche Grundlage dafür existiert nicht. Es gibt lediglich ein auf Privatpapier ausgestelltes Schreiben Adolf Hitlers von Oktober 1939, das auf den 1. September 1939, dem Beginn des Krieges, zurückdatiert ist. In der für die Nationalsozialisten typisch beschönigenden Sprache besagt die „Ermächtigung", dass „nach menschlichem Ermessen unheilbar Kranken bei kritischster Beurteilung ihres Krankheitszustandes der Gnadentod gewährt werden kann."[226]

**Meldebogen 1**

Lfde. Nr. ...........

        Ist mit Schreibmaschine auszufüllen!

**Name der Anstalt:** ..................................................

**in:** ..................................................

Vor- und Zuname des Patienten: ..................................... geborene: .....................................
Geburtsdatum: ........................... Ort: ........................... Kreis: ...........................
Letzter Wohnort: ........................... Kreis: ...........................
ledig, verh., verw. od. gesch.: ........... Konf.: ........... Rasse¹): ........... Staatsang.: ...........
Anschrift d. nächsten Angeh.: ...........................

Regelmäßig Besuch und von wem (Anschrift): ...........................

Vormund oder Pfleger (Name, Anschrift): ...........................

Kostenträger: ........................... Seit wann in dortiger Anst.: ...........................
In anderen Anstalten gewesen, wo und wie lange: ...........................
Seit wann krank: ........................... Woher und wann eingeliefert: ...........................
Zwilling $\frac{ja}{nein}$ ........... Geisteskranke Blutsverwandte: ...........................
Diagnose: ...........................

Hauptsymptome: ...........................

Vorwiegend bettlägerig? $\frac{ja}{nein}$ ........... sehr unruhig? $\frac{ja}{nein}$ ........... in festem Haus? $\frac{ja}{nein}$ ...........
Körperl. unheilb. Leiden: $\frac{ja}{nein}$ ........... Kriegsbeschäd.: $\frac{ja}{nein}$ ...........
    Bei Schizophrenie: Frischfall ........... Endzustand ........... gut remittierend ...........
    Bei Schwachsinn: debil ........... imbezill ........... Idiot ...........
    Bei Epilepsie: psych. verändert ........... durchschnittliche Häufigkeit der Anfälle ...........
    Bei senilen Erkrankungen: stärker verwirrt ........... unsauber ...........
Therapie (Insulin, Cardiazol, Malaria, Salvarsan usw.): ........... Dauererfolg: $\frac{ja}{nein}$ ...........
Eingewiesen auf Grund § 51, § 42b StGB. usw. ........... durch: ...........
Delikt: ........... Frühere Straftaten: ...........
Art der Beschäftigung: (Genaueste Bezeichnung der Arbeit und der Arbeitsleistung, z. B. Feldarbeit, leistet nicht viel. — Schlosserei, guter Facharbeiter. — Keine unbestimmten Angaben, wie Hausarbeit, sondern eindeutige: Zimmerreinigung usw. Auch immer angeben, ob dauernd, häufig oder nur zeitweise beschäftigt.)
...........................

Ist mit Entlassung demnächst zu rechnen: ...........................
Bemerkungen: ...........................

**Dieser Raum ist frei zu lassen.**

                                                  Ort, Datum

                                      (Unterschrift des ärztlichen Leiters oder seines Vertreters)

¹) Deutschen oder artverwandten Blutes (deutschblütig), Jude, jüdischer Mischling I. oder II. Grades, Neger (Mischling), Zigeuner (-Mischling) usw.

## Bürokratie des Massenmordes

Zur Durchführung der NS-Euthanasie benötigt es viele Helfer und Helferinnen an den Schreibtischen, in den Heil- und Pflegeanstalten, an den Tötungsstätten. Die Bürokratie des Massenmordes geht so vor sich: Die Berliner Zentrale erstellt einen Fragebogen, der an alle Heil- und Pflegeanstalten verschickt wird. In Oberösterreich betrifft das die Anstalten in Niedernhart bei Linz (sowie die Außenstelle Gschwendt in Neuhofen an der Krems), Gallneukirchen, Schlierbach und Baumgartenberg. Die jeweiligen Anstaltsleiter sollen daraufhin all jene Patienten und Patientinnen melden, die bestimmte Krankheitsbilder aufweisen. Dabei sind genaue Angaben zu Krankheit und Arbeitsunfähigkeit in den Fragebogen einzutragen. Den Anstalten wird nicht mitgeteilt, dass diesen Menschen die Ermordung droht. Die Meldebögen kommen in die Zentrale zurück, wo Karteikarten angelegt werden. Jeweils drei Gutachter markieren die Karteikarten zur Tarnung ihrer Absichten mit einem blauen „–" (Weiterleben) oder einem roten „+" (Töten). Schließlich fällt der Obergutachter die letzte Entscheidung. Einer dieser Gutachter ist der Linzer Arzt Rudolf Lonauer. In der Regel haben die Gutachter die Patienten und Patientinnen, über deren Leben sie urteilen, nie gesehen. Sie tragen die Namen der Menschen, die getötet werden sollen, in Listen ein und senden sie an die Heil- und Pflegeanstalten. Von dort aus erfolgt der Abtransport der Patienten und Patientinnen in die Tötungsanstalten, wo sie in Gaskammern ermordet werden. Die Verwandten erhalten eine vorgefertigte Benachrichtigung unter Angabe einer erfundenen Todesursache.

Abbildung links:
Diese Meldebögen mussten von den Heil- und Pflegeanstalten ausgefüllt werden.
(Abbildung: Dokumentationsstelle Hartheim des OÖLA)

Rudolf Lonauer (Pfeil) mit Angestellten vor dem Linzer Hauptbahnhof
(Foto: Dokumentationsstelle Hartheim des OÖLA)

**NS-Euthanasie: Tötung von psychisch Kranken und Behinderten**

Insgesamt werden im Deutschen Reich im Rahmen der „Aktion T4" mehr als 70.000 Menschen in sechs Tötungsanstalten ermordet. Eine davon befindet sich in Oberösterreich: die „Landesanstalt Hartheim" in der Gemeinde Alkoven nahe Linz.

# Was geschieht im Schloss Hartheim?

Schloss Hartheim, ein Renaissancebau aus dem 17. Jahrhundert, ist seit 1898 ein Heim für behinderte Menschen. Die Patienten und Patientinnen arbeiten zum Teil in der zum Schloss gehörenden Landwirtschaft und kommen so auch regelmäßig in Kontakt mit der Bevölkerung.

Bis in die 1930er Jahre gilt Hartheim als fortschrittliche Anstalt bei der Betreuung von Menschen mit Behinderung – bis die Nationalsozialisten das Pflegeheim in eine Tötungsanstalt verwandeln. Im März 1940 werden die Hartheimer Patienten und Patientinnen in andere Einrichtungen verlegt. Arbeiter kommen ins Schloss und führen im Geheimen die nötigen Umbauarbeiten durch. Schon im Mai 1940 treffen in Hartheim die ersten Todestransporte mit psychisch kranken und behinderten Menschen ein.

Pfleglinge in Hartheim um 1910
(Foto: Dokumentationsstelle Hartheim des OÖLA)

Der Ablauf der Ermordungen

Die Transporte kommen zu einem großen Teil aus den Heil- und Pflegeanstalten sowie zahllosen kleineren Einrichtungen der „Ostmark", aber auch darüber hinaus. Es ist recht wenig darüber bekannt, wie die Transporte in den Heil- und Pflegeanstalten im Einzelnen ablaufen, was das Pflegepersonal über die Maßnahmen denkt und wie es sich verhält. In den meisten Fällen tragen die Pfleger und Pflegerinnen zum reibungslosen Ablauf bei. Manche sehen ihre Aufgabe darin, die verängstigten Menschen zu beruhigen und zu trösten. Eine Pflegerin erinnert sich an die Schuldgefühle nach den Transporten: „Ich konnte eines Tages nicht mehr weiter. Nacht für Nacht standen die ermordeten Kinder vor meinem Bett und weinten, dass ich sie weggegeben hatte."[227]

Manchmal greifen Anstaltsleiter, Anstaltsärzte oder Pflegepersonal in den geplanten Ablauf ein. Aus der evangelischen Diakonissenanstalt Gallneukirchen ist eine solche Aktion überliefert. Sie zeigt, dass es durchaus möglich war, sich gegen die Anordnungen der NS-Behörden zur Wehr zu setzen. Als die Patienten und Patientinnen abgeholt werden, verstecken die Pflegeschwestern einige ihrer Schützlinge. Auch der Anstaltsarzt Wilhelm Pokorny rettet einzelnen Menschen das Leben. Er erwirkt, dass sie von den Hartheim-Transportlisten gestrichen werden. Außerdem entlässt er einige Menschen aus der Anstalt, bevor die Busse kommen, die sie nach Hartheim bringen sollen.

Das Schloss Hartheim ist weitgehend von der Außenwelt abgeriegelt. Erst nach dem Krieg kommt der genaue Ablauf des Massenmords ans Tageslicht: Das Begleitpersonal führt die Menschen in den Entkleidungsraum, auch mit Gewalt, wenn es nötig ist.

Die „grauen Busse" transportieren die Pfleglinge in die Tötungsanstalten. (Foto: Dokumentationsstelle Hartheim des OÖLA)

## NS-Euthanasie: Tötung von psychisch Kranken und Behinderten

Bürokräfte aus dem Schloss unterstützen sie dabei. Danach bringen die Pfleger und Pflegerinnen sie in den Aufnahmeraum, wo ein Arzt wartet: der Leiter der Tötungsanstalt, Rudolf Lonauer, oder sein Stellvertreter Georg Renno. Sie ordnen an, jene Menschen, die sich für sie als „medizinisch interessant" erweisen oder einen Zahnersatz besitzen, besonders zu kennzeichnen und zu fotografieren. Danach bringt das Pflegepersonal die Menschen in die Gaskammer, die wie ein Brausebad aussieht. Die Pflegerin Maria Hammelsbeck erinnert sich an die Reaktionen der Menschen: „Wenn sie ansprechbar waren, sagte man ihnen, sie würden gebadet. Viele freuten sich auf das Baden, auch wenn sie sonst nichts erfassten. Manche wollten sich nicht waschen lassen, man musste sie ins Bad zerren."[228]

30 bis 60 Menschen, manchmal auch mehr, werden pro Mordaktion in die Gaskammer gepfercht. Anschließend betätigt der anwesende Arzt den Gashahn – manchmal überträgt er diese Aufgabe an Angestellte – und setzt damit die Tötung durch Kohlenmonoxid in Gang. Nach 10 bis 15 Minuten sind die Menschen tot.

Eine Stunde später beginnt die Arbeit der Brenner. Sie entfernen die Toten aus der Gaskammer und ziehen ihre Goldzähne. Die „medizinisch interessanten" Menschen werden obduziert. Danach veraschen die Brenner die Leichname in einem Krematoriumsofen. Währenddessen säubern Reinigungskräfte die Gaskammer und die umliegenden Räume. Mit einem Teil der Asche werden Urnen befüllt, der andere Teil wird in die Donau geleert oder vergraben. Die Schreibkräfte haben die Aufgabe, „Trostbriefe" mit erfundenen Todesursachen an die Angehörigen zu formulieren. Dabei benutzen sie vorgefertigte Formulierungen: „In Erfüllung einer traurigen Pflicht müssen wir Ihnen mitteilen, dass ihre Tochter (...) unerwartet am 18. Juni 1940 infolge Ohrspeicheldrüsenentzündung verstorben ist. Eine ärztliche Hilfe war leider nicht mehr möglich. Da jedoch bei der Art und der Schwere des Leidens ihrer Tochter mit einer Besserung und damit auch mit einer Entlassung aus der Anstalt nicht mehr zu rechnen war, kann man ihren Tod, der sie von ihrem Leiden befreite und sie vor einer lebenslänglichen Anstaltspflege bewahrte, nur als Erlösung für sie ansehen; möge ihnen diese Gewissheit zum Trost gereichen. (...)"[229]

Rudolf Jahoda, 1888 geboren, ist Revierförster im Stift Lambach, verheiratet und mehrfacher Vater. Als Patient der Heil- und Pflegeanstalt Niedernhart bei Linz wird er am 10. März 1941 nach Hartheim gebracht und ermordet. Er ist einer von mehr als 18.000 Menschen, die von Mai 1940 bis August 1941 in Hartheim getötet werden.
(Foto: Dokumentationsstelle Hartheim des OÖLA)

### Leben und Arbeiten in der Tötungsanstalt

In Hartheim selbst sind 60 bis 70 Menschen direkt oder indirekt an der Durchführung der Mordaktionen beteiligt. Viele kommen aus Deutschland, etwa die Hälfte aus der Umgebung des Ortes. Der Linzer Arzt Rudolf Lonauer ist nicht nur Leiter der Tötungsanstalt, sondern auch Direktor der Heil- und Pflegeanstalt Niedernhart. Auch seine Sekretärin Helene Hintersteiner ist Oberösterreicherin, ebenso der Büroleiter Franz Stangl, der Koch Hans Wies(n)er, der Autobuschauffeur Franz Hödl, der Fotograf Bruno Bruckner, der Brenner Vinzenz Nohel und viele mehr. Einige melden sich freiwillig für diese Arbeit, andere werden angeworben, wieder andere dienstverpflichtet. Eine

Ausflug der Hartheimer Belegschaft (Foto: Dokumentationsstelle Hartheim des OÖLA)

ganze Reihe der Täter aus Hartheim erlangt später in den Vernichtungslagern im Osten traurige Berühmtheit, allen voran Franz Stangl, der als Kommandant von Sobibor und Treblinka die Ermordung von hunderttausenden Juden und Jüdinnen verantwortet.

Die Angestellten erfahren erst vor Ort mehr über ihre genaue Tätigkeit und die Vorgänge im Schloss. Vor Beginn ihrer Arbeit müssen sie eine Verschwiegenheitserklärung unterschreiben. Sie verpflichten sich, nichts über diese „Geheime Reichssache" weiterzuerzählen. Die meisten der Angestellten wohnen im Schloss. Sie lenken sich bei abendlichen Festen und Ausflügen von den Verbrechen ab, singen und musizieren gemeinsam. Sogar eine Hochzeit wird im Schloss gefeiert. Ein beliebtes Ausflugsziel der Hartheimer Belegschaft ist die „Villa Schoberstein" in Weißenbach am Attersee, die Angestellten aus dem ganzen Deutschen Reich zur Verfügung steht.

Villa Schoberstein in Weißenbach am Attersee. Der stellvertretende Leiter von Hartheim, Georg Renno, erholt sich von einer Tuberkulosekrankheit in der Villa Schoberstein, wo er die letzten Kriegsmonate verbringt. (Foto: Dokumentationsstelle Hartheim des OÖLA)

Niemand zwingt die Angestellten dazu, sich an den Verbrechen zu beteiligen. Für Hartheim ist ein Fall belegt, in dem ein Mann die Mitarbeit an den Ermordungen ablehnt. Franz Sitter, Pfleger aus Ybbs, wird nach Hartheim dienstverpflichtet. Als er miterlebt, was in der Tötungsanstalt geschieht, spricht er bei Lonauer vor. Er könne seine Beteiligung nicht mit seinem Gewissen vereinbaren und möchte sofort nach Ybbs zurückversetzt werden. Lonauer will ihn zunächst überreden, erinnert ihn an die „Vorteile" seiner Arbeit: Er erhält für seine Tätigkeit ein gutes Gehalt und muss nicht in die Wehrmacht einrücken. Franz Sitter: „[Lonauer] sagte mir, ich solle mir die Sache noch einmal gut überlegen. Ich erklärte ihm darauf, dass es für mich kein Überlegen gebe."[230] Sitter kehrt in seinen Heimatort zurück, bald darauf wird er zur Wehrmacht einberufen. Anfang Mai 1946 lebt er wieder in Ybbs nach seiner Entlassung aus US-amerikanischer Kriegsgefangenschaft.

## NS-Euthanasie: Tötung von psychisch Kranken und Behinderten

Karl Schuhmann ist es wichtig, das schreckliche Geschehen in Hartheim festzuhalten. Eines Tages nimmt der begeisterte Fotograf heimlich ein Foto vom Schloss auf. Sein Schnappschuss ist das einzige Bild, das aufsteigenden Rauch aus dem Krematorium festhält.
(Foto: Karl Schuhmann)

### Reaktionen der Bevölkerung

Obwohl die Täter und Täterinnen sich um strengste Geheimhaltung bemühen, bleibt der Bevölkerung im Umfeld von Schloss Hartheim nicht verborgen, was dort geschieht. Karl Schuhmann ist ein junger Mann, der mit seinen Eltern und Geschwistern auf dem benachbarten Bauernhof lebt: „Wir haben es nicht glauben können, dass so etwas geschieht, dass so etwas gemacht wird. Aber im Inneren haben wir doch gewusst, was da passiert. Was soll man anderes denken, wenn man tagtäglich ein, zwei Autobusse sieht, voll mit Menschen, das Schloss wird aber nicht voller. (…) Und dann der Rauch dazu, was soll man sich darauf reimen?"[231]

In den Dörfern rund um Hartheim reagieren die Menschen unterschiedlich auf das Morden und die Gerüchte darüber. Die einen reagieren gleichgültig und kümmern sich nicht weiter darum. Wieder andere sind entsetzt. Das Wissen um die Vorgänge geht weit über die Umgebung von Hartheim hinaus. In vielen Dörfern Oberdonaus treffen fast gleichzeitig „Trostbriefe" und Urnen der Ermordeten ein – und werden zum Ortsgespräch. Angehörige schöpfen Verdacht und nehmen mit den Pflegeanstalten Kontakt auf, um Antworten auf ihre Fragen zu erhalten. Einige fahren sogar nach Hartheim und Niedernhart, um vor Ort nachzufragen.

Der Bischof von Münster, Clemens August von Galen, gehört zu den wenigen, die offen gegen die NS-Euthanasie auftreten. In seinen Predigten spricht er von der Ermordung Unschuldiger, die nur deshalb getötet werden, weil sie in den Augen der Nationalsozialisten unproduktiv wären und keine Arbeitsleistung erbringen würden.

Ein Beamter des Reichsjustizministeriums, der in Gmunden am Traunsee seinen Urlaub verbringt, bemerkt „in weiten Teilen der ostmärkischen Bevölkerung eine nicht unbedenkliche Erregung" über die Vorgänge in Hartheim. Er registriert „die Besorgnis gewisser Bevölkerungskreise, dass auch aus anderen Gründen arbeitsunfähige Menschen in absehbarer Zeit aus der Welt geschafft werden könnten."[232]

Die Proteste von kirchlicher Seite und die zunehmende Unruhe in der Bevölkerung tragen zur Einstellung der Aktion „T4" am 24. August 1941 bei.

# Was ist unter „wilder Euthanasie" zu verstehen?

Das Tötungsprogramm wird zwar offiziell abgebrochen, die Ermordungen gehen dennoch bis kurz vor Kriegsende weiter, wenn auch mit anderen Methoden. Insgesamt werden in dieser zweiten Phase von Sommer 1941 bis Kriegsende 1945 mehr Menschen getötet als während der „Aktion T4".

Ärzte und Ärztinnen morden unter Beteiligung von Pflegepersonal eigenmächtig in ihren Krankenhäusern und Heil- und Pflegeanstalten – durch Medikamentenüberdosierung oder Medikamentenentzug, Injektionen und gezieltes Verhungernlassen. Viele Menschen kommen als „Versuchskaninchen" für medizinische Experimente um. Es trifft insbesondere sozial Unangepasste, Verhaltensauffällige und Benachteiligte. Einmal mehr spielt der Linzer Arzt Rudolf Lonauer eine tragende Rolle. Die Heil- und Pflegeanstalt Niedernhart bei Linz, deren Leiter er ist, dient während der „Aktion T4" als Durchgangsstation. Unzählige Menschen werden hier vorübergehend untergebracht, bevor sie nach Hartheim transportiert werden. Gleichzeitig richtet Lonauer in Niedernhart eine eigene „Todesabteilung" ein. Er ordnet an, die Essensrationen zu kürzen. Dadurch werden die Patienten und Patientinnen körperlich geschwächt, die verabreichten Medikamente zeigen eine stärkere Wirkung. Lonauer und sein Pflegeperso-

**NS-Euthanasie: Tötung von psychisch Kranken und Behinderten**

nal töten die Menschen gezielt durch Medikamentenüberdosierung. „Ich bin dadurch zu der Überzeugung gekommen, dass diese Behandlungsmethode praktischer und reibungsloser ist als die frühere", stellt Lonauer im November 1942 zufrieden fest.[233]

Der 14-jährige Josef Barth aus Obernberg am Inn ist einer von hunderten Menschen, die zwischen 1940 und 1945 in Niedernhart ums Leben gebracht werden. Im März 1942 weist ihn der Gemeindearzt in die Heil- und Pflegeanstalt Niedernhart ein. Sein Ziehvater bringt ihn in die Anstalt. Im Untersuchungsbericht heißt es, Josef sei auf einem Auge blind und könne nicht sprechen. Da Verwandte taubstumm sind, gilt er als „erblich belastet": Drei Wochen nach seiner Ankunft ist Josef tot. Die offizielle Todesursache lautet „Lungenentzündung u. Herzstillstand."[234]

„Aktion 14f13"

In drei der sechs Tötungsanstalten, darunter Hartheim, geht das Morden auch nach dem Ende der „Aktion T4" bis kurz vor Kriegsende weiter. Nun sind es kranke und nicht mehr arbeitsfähige Häftlinge aus Konzentrationslagern sowie „Ostarbeiter", die dorthin zur Vernichtung gebracht werden, dieses Mal unter der Tarnbezeichnung „Aktion 14f13". Die Lager-SS macht den KZ-Häftlingen vor, Kranke und Schwache würden in ein „Erholungslager" verlegt. Wer sich meldet, wird auf einer Liste erfasst und von Ärzten „begutachtet". Im Juni und Juli 1941 kommt eine solche „Gutachterkommission" mit Rudolf Lonauer und Georg Renno in die Konzentrationslager Mauthausen und Gusen. Ein ehemaliger Häftling berichtet über die Auswahl der Menschen: „Es handelte sich weniger um kranke als um geschwächte und ausgezehrte Menschen, die zu einer Anstrengung nicht fähig und psychisch gebrochen waren. (…) Nach Meinung der SS-Führer stellten sie einen unnützen Ballast dar."[235]

Henryk Lesinski, geboren am 13. Juli 1906, Häftlingsnummer 8570, wird am 3. Dezember 1941 nach Hartheim gebracht und ermordet. 2002 wird seine Häftlingsmarke bei Grabungen in Hartheim entdeckt.
(Foto: Dokumentationsstelle Hartheim des OÖLA)

Die zur Ermordung ausgewählten Menschen werden nach Hartheim transportiert und dort in der Gaskammer getötet. Die Forschung geht davon aus, dass auf diese Art und Weise in Hartheim von 1941 bis 1944 zwischen 7.000 und 10.000 Menschen ermordet werden.

Im Herbst 1944 ist ein Sieg der Alliierten nur mehr eine Frage der Zeit. In Hartheim herrscht hektisches Treiben: Die Angestellten beseitigen alle Akten und verlassen anschließend das Schloss. Eine Gruppe von 20 Häftlingen aus Mauthausen muss ab Dezember 1944 die Tötungseinrichtungen abbauen und die Wände neu verputzen und weißen. Nichts soll mehr an die hier begangenen Verbrechen erinnern. Im Jänner 1945 geht in der ehemaligen Tötungsanstalt ein Kinderheim in Betrieb. Helene Hintersteiner, die ehemalige Sekretärin Rudolf Lonauers, betreut nun als Verwaltungschefin die untergebrachten Kinder. Kurz nach Kriegsende trifft ein Team des US-amerikanischen Militärs in Hartheim ein und beginnt mit der Untersuchung der Massenmorde.

Georg Renno (Bildmitte) bei einem Fest in Hartheim (Foto: Dokumentationsstelle Hartheim des OÖLA)

# Was geschieht mit den Tätern und Täterinnen nach 1945?

Von den Verantwortlichen der NS-Euthanasie werden nach 1945 nur wenige zur Rechenschaft gezogen. Viele der Verfahren enden mit milden Strafen oder sogar mit Freisprüchen. Die meisten der ehemaligen Brenner, Fahrer, Pflege- und Schreibkräfte verteidigen sich damit, nur ihre Pflicht getan und Befehle durchgeführt zu haben, gegen die sie nicht angekommen wären. Mitleid und Schuldbewusstsein finden sich in diesen Berichten nicht. Eine Ausnahme bildet die Aussage des Brenners Vinzenz Nohel, der offen über die Verbrechen und seine Beteiligung daran spricht – und auch über die psychische Belastung: „Ich leide heute noch unter schweren Träumen. Bei solchen Anlässen erscheinen mir die vielen Toten im Geiste und glaube ich manchesmal, ich werde närrisch."[236] Das US-amerikanische Militärgericht spricht Nohel im Mai 1946 schuldig und hängt ihn auf. Er ist der einzige Hartheim-Täter, der mit dem Tod bestraft wird.

Die Hauptverantwortlichen entziehen sich der Verfolgung durch Selbstmord, wie der Anstaltsleiter Rudolf Lonauer, oder durch Flucht, wie sein Stellvertreter Georg Renno, der viele Jahre fast unbehelligt in Deutschland lebt. Ein Verfahren gegen ihn wird 1975 aufgrund seines angeblich schlechten Gesundheitszustandes wegen „Verhandlungsunfähigkeit" eingestellt. Renno stirbt 1997. Noch kurz vor seinem Tod erklärt er in einem Interview, dass er sich nicht schuldig fühle.

# Lebensgeschichten

## Helene Hintersteiner: Gewissenhafte Bürokraft der Tötungsanstalt

Helene Hintersteiner arbeitet als leitende Angestellte im Büro der Tötungsanstalt Schloss Hartheim. Dort trägt sie zum reibungslosen Ablauf der Mordaktionen bei. Unzählige weitere – meist weibliche – Schreibtischkräfte erfüllen wie Hintersteiner gewissenhaft ihre Aufgaben und helfen so bei der Ermordung von unzähligen psychisch Kranken und Behinderten mit.

### Reiz der gut bezahlten Arbeit

Helene Hintersteiner, 1907 in Linz geboren, besucht fünf Jahre die Volksschule und danach drei Jahre die öffentliche Mädchen-Bürgerschule. Anschließend absolviert sie eine kaufmännische Lehre bei der Firma Haas in Linz, wo sie bis 1940 als Bürokraft angestellt ist. In ihrer Freizeit geht sie gerne Schi laufen und schwimmen und sie betätigt sich im Deutschen Turnerbund. Kurz nach dem „Anschluss" tritt Helene Hintersteiner der NSDAP bei und aus der katholischen Kirche aus. Ihr Bruder ist schon längere Zeit Nationalsozialist; einer seiner Bekannten ist Gustav Kaufmann, der eine einflussreiche Position innerhalb der „Aktion T4" einnimmt. Kaufmann erzählt Helene Hintersteiner im Frühjahr 1940 von einer „gut bezahlten Stellung bei der Gauleitung".[237] Sie meldet sich beim zuständigen Gauinspekteur und erfährt, dass sie im Schloss Hartheim für die Buchhaltung und Kassa zuständig sein soll.

### Hilfsdienste für den Massenmord in Hartheim

Am 14. Mai 1940 tritt sie ihre neue Stelle an. „Als ich in die Dienste eintrat wusste ich nicht, worum es sich handelt (…). Bei meinem Erscheinen wurde ich in die Verwaltung im 1. Stock geführt, wo mir eröffnet wurde, dass in diesem Hause Idioten und Geisteskranke auf Befehl des Führers getötet werden."[238] Die ersten Wochen ihrer Tätigkeit beschreibt sie als sehr unbefriedigend – sie fühlt sich unterfordert. Hintersteiner wird in das Hauptbüro versetzt, wo sie für Rudolf Lonauer, den Leiter der Tötungsanstalt tätig ist. Sie schreibt Briefe mit erfundenen Todesursachen an Angehörige von Ermordeten, regelt eigenständig den Schriftverkehr mit Behörden, beaufsichtigt Kolleginnen bei der Arbeit. Wie die meisten anderen Angestellten wohnt auch Helene Hintersteiner im Schloss. Von Jänner 1942 bis Juni 1943 ist sie bei der Gauleitung tätig, im Oktober 1943 bringt sie einen Sohn zur Welt, danach ist sie länger im Krankenstand. Ab Juli 1944 arbeitet sie wieder im Schloss Hartheim. Ende 1944 werden dort die Spuren des Mordens verwischt, nach und nach verlassen die Angestellten die Tötungsanstalt, nicht so Helene Hintersteiner. Sie bleibt und wird mit Jänner 1945 Verwalterin des neu gegründeten Kinderheimes in Schloss Hartheim.

Helene Hintersteiner kurz nach Kriegsende
(Foto: Dokumentationsstelle Hartheim des OÖLA/National Archives Washington)

### Zeugenaussagen

Kurz nach Kriegsende trifft eine US-amerikanische Kommission unter der Leitung von Charles Dameron in Hartheim ein, um die Vorgänge in der Tötungsanstalt Hartheim zu untersuchen. Bei den Einvernahmen erweist sich Helene Hintersteiner als äußerst kenntnisreiche Zeugin. Sie schildert detailliert den Ablauf der Ermordungen und gibt Auskunft über die Beteiligten und deren Verbleib. Von sich selbst behauptet sie, nie gesehen zu haben, dass in Hartheim Menschen getötet werden. Mit den Ermordungen will sie rein gar nichts zu tun gehabt haben. Eine Woche später muss sie jedoch zugeben, auch beim Entkleiden der Menschen auf ihrem Weg in die Gaskammer beteiligt gewesen zu sein.

Die österreichischen Behörden stellen Helene Hintersteiner außer Dienst, „da sie aus dienstlichen und politischen Gründen als Leiterin des Kinderheimes Hartheim nicht mehr in Frage kommt."[239] Anfang 1946 bringt sie ihr zweites Kind zur Welt. Etwa zur selben Zeit beginnen die österreichischen Justizbehörden gegen Hintersteiner zu ermitteln. „Besonders die Hintersteiner Helene (…) soll, wie der Volksmund in Hartheim sagt, die Vergasung der Menschen mit besonderem Wohlgefallen betrachtet haben", heißt es in einem Erhebungsbericht der Gendarmerie.[240] Die Polizei beschreibt sie als „eingefleischte und fanatische Nationalsozialistin."[241] Hintersteiner selbst gibt sich geläutert – mit Erfolg. Das Volksgerichtsverfahren gegen Helene Hintersteiner endet 1947 mit einem Freispruch. In den kommenden Jahrzehnten wird sie noch mehrmals als Zeugin bei Nachkriegsprozessen einvernommen. An ihre Arbeit im Schloss Hartheim kann sie sich aber nur mehr flüchtig erinnern. 1990 stirbt Helene Hintersteiner 83-jährig in Linz.

Quellen:
Dokumentationsstelle Hartheim, Personalakt Helene Hintersteiner. Brigitte Kepplinger/Irene Leitner (Hg.), Dameron Report. Bericht des War Crimes Investigating Teams No. 6824 der U.S. Army vom 17.7.1945 über die Tötungsanstalt Hartheim, Innsbruck 2012.

# Johann Hocheneder:
# Ermordet in Schloss Hartheim

Eine Grippe löst bei Johann Hocheneder eine schwere chronische Erkrankung aus. Für die Gesellschaft wird er zu einem wertlosen Menschen, sogar seine Familie scheint sich für ihn zu schämen – auch nach seiner Ermordung im Rahmen der „Aktion T4".

### Soldat im Ersten Weltkrieg

Johann Hocheneder kommt 1897 als siebtes von zehn Kindern auf die Welt. Er wächst in Thalheim bei Wels auf, wo der Vater als Schneider Ansehen genießt. Nach dem Besuch der Volksschule arbeitet Hocheneder bei einem Bauern, 1915 wird er in den Wehrdienst einberufen. Nach dem Ende des Ersten Weltkrieges beginnt er eine Lehre als Huf- und Wagenschmied in Timelkam.

### Erkrankung und Einweisungen in Niedernhart

Hans Hocheneder ist 24 Jahre alt, als sich sein Leben für immer verändert. Er erkrankt an einem gefährlichen Grippevirus, die Folge ist eine Gehirnentzündung mit schweren körperlichen und psychischen Auswirkungen. Über ein halbes Jahr muss er in der „Landesirrenanstalt" Niedernhart verbringen. Aber auch nach seiner Entlassung verschlechtert sich sein Zustand weiter, immer neue Symptome kommen hinzu, er leidet an Schwerhörigkeit und schrecklichen Kopfschmerzen. Er muss für weitere zwei Monate nach Niedernhart. Danach folgen eine Reihe von unglücklichen Verletzungen und Folgeerkrankungen.

Schließlich erhält Hocheneder kein Krankengeld mehr. Seine Heimatgemeinde Weißkirchen bei Wels muss ihn unterstützen und weist ihm einen Platz im Armenhaus zu. Diese Entwicklung macht dem 32-Jährigen Angst und treibt ihn zu Wutausbrüchen. Seinen Eltern droht er mit der Beschädigung des Hauses. Als sie den Bruder zu Hilfe rufen, kommt es zu einer Rauferei. Der schwer verletzte Johann Hocheneder muss ins Krankenhaus nach Wels gebracht werden, von dort aus kommt er wieder nach Niedernhart. Hocheneder schreibt einen Brief an die Eltern, entschuldigt sich für sein Verhalten und bittet um ihren Besuch.

Im Dezember 1929 holt ihn der Gemeindediener von Weißkirchen ab und bringt ihn ins hiesige Armenhaus. 1934 wird Hocheneder wegen „leichter Körperverletzung und boshafter Sachbeschädigung" angezeigt und erneut nach Niedernhart überstellt. Mitbewohner hätten ihn als „närrisch" bezeichnet, das habe ihn aufgeregt, erzählt Hocheneder dem Arzt. Das Bezirksgericht Wels beschließt daraufhin seine dauerhafte Unterbringung in einer „geschlossenen Anstalt". Sein Bruder Franz Hocheneder und Bürgermeister Florian Auerbach tragen mit ihren Zeugenaussagen zu diesem Beschluss bei.

### „Mein letzter Wunsch wäre nämlich, in meiner Heimat zu sterben"

Hocheneders Gesundheitszustand verschlechtert sich. Als die Eltern sterben, übernimmt der älteste

Bruder Franz die Obsorge für Johann Hocheneder, der endlich entlassen werden will. Verzweifelt richtet er ein Schreiben an Josef Böhm, den Anstaltsleiter von Niedernhart. „Bei Betrachtung meines krankhaften Zustandes bin ich schon vor längerer Zeit zur sinnlichen Entdeckung gekommen dass meine Nerven von Zeit zu Zeit schwächer werden. Den Druck verspür ich am stärksten durch den Speichelfluss, zunehmende Sprechstörung, Appetitlosigkeit und Beschwerden beim Essen. (…) Mein letzter Wunsch wäre nämlich, in meiner Heimat zu sterben."[242]

Böhm beantragt in den folgenden Jahren zweimal die Entlassung beim Bürgermeister von Weißkirchen, ohne Erfolg. Ende 1939 werden die Patienten und Patientinnen aller Heil- und Pflegeanstalten erfasst. Damit beginnt die systematische Ermordung von körperlich und psychisch kranken Menschen. Im Juli 1940 ist im Krankenakt Hocheneders erhöhte Temperatur vermerkt, und dass er über Schmerzen im rechten Bein klage. Wenige Tage später fährt ein Krankentransport von Niedernhart nach Hartheim: Alle Kranken werden in der Gaskammer ermordet. Auch der 43-jährige Johann Hocheneder.

### Familiengeheimnis

Wie die Geschwister auf den Tod von Johann Hocheneder reagieren, ist nicht bekannt. Jahrzehnte später existiert er im Familiengedächtnis nur in Form von geheimnisvollen Andeutungen. Wenn über ihn gesprochen wird, dann nur negativ. Ein Neffe erinnert sich: „Uns Kindern wurde nie erzählt, was geschehen ist. Man hielt uns für dumm."[243] Das Leben und Sterben von Johann Hocheneder blieb ein Tabu, bis Angelika Schlackl 2010 im Rahmen des Projektes „Lebensspuren" seine Geschichte recherchierte und bald darauf in einem Buchbeitrag erzählte.

Quelle:
Angelika Schlackl, Johann Hocheneder, in: Florian Schwanninger/Irene Zauner-Leitner (Hg.), Lebensspuren. Biografische Skizzen von Opfern der NS-Tötungsanstalt Hartheim, Innsbruck 2013, S. 57–67.

# Rudolf Lonauer:
# Leiter der Tötungsanstalt Hartheim

Rudolf Lonauer ist durch und durch vom Nationalsozialismus überzeugt. Im NS-Staat macht er Karriere, indem er Kranke und Behinderte tötet. Trotz seiner tragenden Rolle bei der NS-Euthanasie ist Lonauers Leben bis heute erstaunlich spärlich erforscht. Rund um seine Biographie gibt es viele Gerüchte und Spekulationen – und dadurch zahlreiche offene Fragen.

### Ideologische Prägung

Rudolf Lonauer wird am 9. Jänner 1907 in Linz geboren. Er wächst in einem deutschnationalen Umfeld auf. Während seines Medizin-Studiums in Graz kommt er in Kontakt mit „rassenhygienischen" Lehren. Er studiert bei Fritz Hartmann, der die „höchste und wertvollste Förderung seines Volkes, die reinrassige eheliche Verbindung zur Zeugung ebensolcher Nachkommenschaft" fordert.[244] Hartmanns rassistische Lehren machen – wie auf einige andere spätere Täter der „Aktion T4" auch – großen Eindruck auf den angehenden Arzt. Auch seine Freunde in der Burschenschaft und dem steirischen Heimatschutz festigen die politischen Anschauungen des jungen Mannes. 1931 promoviert er an der Universität Graz. Zuerst arbeitet er als Assistenz-, dann als Amtsarzt und eröffnet schließlich 1938 eine private Praxis, ebenfalls in Graz. Er ist auf Nerven- und Geisteskrankheiten spezialisiert. Zu diesem Zeitpunkt ist er längst Mitglied der NSDAP und auch der SS. Auch seine Frau Maria, die er 1932 heiratet, ist eine fanatische Nationalsozialistin und bestärkt ihn in seiner politischen Einstellung.

### Karriere im Nationalsozialismus

Mit dem „Anschluss" Österreichs beginnt Lonauers steiler Aufstieg. Er hat gute Kontakte zu ranghohen Nationalsozialisten und gilt aufgrund seiner niedrigen NSDAP-Mitgliedsnummer als „alter Kämpfer" – dafür wird er nun belohnt. Ab Juli 1938 ist Lonauer Leiter der Landesheil- und Pflegeanstalt Niedernhart bei Linz und mit 1. April 1940 auch Direktor der Tötungsanstalt Hartheim. Außerdem ist er ab Mai 1940 als „T4"-Gutachter tätig und entscheidet als solcher anhand von Meldebögen mit den Daten von Kranken und Behinderten, wer getötet werden soll. In Hartheim ist Lonauer für die reibungslose Durchführung des Massenmordes verantwortlich. Oft betätigt er den Gashahn selbst. Auch in Niedernhart tötet er unzählige Menschen durch Medikamentenüberdosierung. Ab 1941 ist Lonauer außerdem an den Häftlingsselektionen im Rahmen der „Sonderbehandlung 14f13" in den Konzentrationslagern beteiligt. Lonauer gilt als pflichtbewusster und ehrgeiziger Mensch, der auch im Familienkreis gern ideologische Ansprachen hält. „Er hat immer gesagt, die Kranken lässt man am Leben und die Gesunden werden von den Bomben erschlagen", erinnert sich seine ehemalige Haushälterin, die ihren Chef auch rückblickend als „umgänglichen und zuvorkommenden Menschen mit keinerlei Standesdünkel" schätzt.[245] Der Vater von zwei Mädchen, die ihn „Babuschki" rufen, zeigt sich – das hat er mit vielen anderen NS-Tätern gemeinsam – gleichzeitig als gefühlloser Massenmörder und

Rudolf Lonauer mit seiner Frau
(Foto: Dokumentationsstelle
Hartheim des OÖLA)

liebevoller Familienmensch. Mehrmals täglich ruft er zuhause an, um mit seiner älteren Tochter Rosemarie zu sprechen.

### Fanatisch bis zum Schluss

Auch als Lonauer im Sommer 1943 bei der SS-Division „Prinz Eugen" nach Jugoslawien einrückt, schreibt er fast täglich einen Brief an die Familie. Warum er dort stationiert ist und was er bis Herbst 1944 in dieser Einheit macht, ist nicht bekannt. Sicher ist, dass diese SS-Division bei ihren Einsätzen unfassbare Grausamkeiten gegen die Zivilbevölkerung begeht. Die SS-Männer foltern und erschießen Greise, Frauen und Kinder oder verbrennen sie bei lebendigem Leib.

Nach seiner Rückkehr nach Linz mordet Rudolf Lonauer in der ihm unterstellten Anstalt Niedernhart und deren Zweigstelle Schloss Gschwendt in Neuhofen an der Krems weiter – bis Ende April 1945, also kurz vor Kriegsende. Rechtzeitig vernichtet er beinahe alle Akten, die auf seine Tätigkeiten im Schloss Hartheim und in Niedernhart hinweisen. Ein Leben nach dem „Dritten Reich" ist für den glühenden Vertreter der nationalsozialistischen Ideologie nicht vorstellbar. Am 5. Mai 1945, dem Tag der Befreiung, vergiftet Rudolf Lonauer seine Frau, seine Kinder und sich selbst.

Quellen:
Gespräch mit Simone Loistl, 12.8.2014.
Tom Matzek, Das Mordschloss. Auf der Spur von NS-Verbrechen in Schloss Hartheim, Wien 2002.

# Das Konzentrationslager Mauthausen

Von Anfang an sperren die Nationalsozialisten politische Gegner in Konzentrationslager. Das 1933 gegründete Lager in Dachau bei München wird zum Vorbild für die anderen Konzentrationslager. Allmählich gelingt es der SS unter Heinrich Himmler, die Macht über die gesamte Polizei und die alleinige Zuständigkeit für die Konzentrationslager zu erlangen. Der Einfluss der Justiz, die bei Todesfällen ermitteln und die Polizei kontrollieren sollte, wird zurückgedrängt.

Nach der raschen Ausschaltung der politischen Opposition liefert die Polizei ab 1936 tausende Menschen als „Asoziale" oder „Kriminelle" in die Konzentrationslager Sachsenhausen bei Berlin und Buchenwald bei Weimar ein. Das Lager Dachau bleibt weiterhin vorwiegend für die politischen Häftlinge bestimmt. Am 1. April 1938, also wenige Wochen nach dem „Anschluss", fährt der erste Zug mit österreichischen NS-Gegnern von Wien nach Dachau. Weitere Transporte folgen, auch mit politischen Gefangenen aus Oberösterreich.

Während der ersten Jahre der NS-Diktatur in Deutschland bildet sich durch Zeitungsberichte und Gerüchte in der Bevölkerung eine Vorstellung davon, was „KZ" – so die gängige Abkürzung, die amtliche lautet „KL" – bedeutet. Der Begriff „KZ" ist mit Furcht, aber auch mit dem Versprechen von Sicherheit und sogar mit Stolz besetzt. Gauleiter August Eigruber kündigt in einer Rede am 27. März 1938 in Gmunden an, dass das „Konzentrationslager für Österreich" „nach Oberösterreich verlegt" wird, und

## Das Konzentrationslager Mauthausen

Der Steinbruch Wiener Graben ist ausschlaggebend für die Wahl des Standortes für das KZ. Auf der „Todesstiege" im Hintergrund quält die SS regelmäßig Häftlinge zu Tode.
(Foto: Fotoarchiv der KZ-Gedenkstätte Mauthausen)

KZ-Häftlinge und Zivilarbeiter verladen Granitsteine zum Weitertransport auf der Donau.
(Foto: Fotoarchiv der KZ-Gedenkstätte Mauthausen)

die Zuhörerschaft jubelt.[246] In diesen Tagen fällt die Entscheidung für den genauen Standort des Lagers: Mauthausen.[247]

# Wie kommt es zur Errichtung des KZ Mauthausen?

Die SS will die Zwangsarbeit im KZ für eigene wirtschaftliche Zwecke nutzen. Im Mittelpunkt steht zunächst die Produktion von Ziegeln und Steinen für die großen Bauvorhaben. Ein geeigneter Platz für ein neues Lager findet sich bei Mauthausen. Dort übernimmt die SS von der Stadt Wien den stillgelegten Granitsteinbruch Wiener Graben. Günstig ist auch die Nähe zu Linz, wo monumentale Bauwerke geplant sind, und zur Donau als Transportweg. Zur Vermarktung der Steine gründet die SS die Firma Deutsche Erd- und Steinwerke (DESt).

Am 8. August 1938 trifft der erste Transport mit etwa 300 österreichischen und deutschen Gefangenen, die als „Kriminelle" inhaftiert sind, aus dem KZ Dachau in Mauthausen ein. Unter quälendem Hunger, Durst und ständigen Misshandlungen müssen sie das Lager selber aufbauen. Bis Ende des Jahres 1939 entstehen auf dem Hügel oberhalb des Steinbruches 20 in Reihen angeordnete hölzerne Häftlingsbaracken mit einem großen Appellplatz, auf dem die Gefangenen täglich zur Zählung antreten müssen. Sie bauen Mauern und Wachtürme, Wäscherei und Küche, SS-Kommandantur und Baracken für die Wachmannschaften. Bis 1945 wird das KZ Mauthausen auf einem Areal von über 15 Hektar ständig erweitert, weil die Zahl der Häftlinge im Zweiten Weltkrieg enorm ansteigt.

### Doppellager Mauthausen-Gusen

1939/40 müssen deutsche, österreichische und polnische Häftlinge auch bei den Granitsteinbrüchen im benachbarten Ort Gusen ein Lager errichten. Mauthausen und Gusen bilden ein Doppellager. Das KZ Gusen wird ebenfalls laufend vergrößert, und zeitweise sind hier mehr Häftlinge eingesperrt als in Mauthausen. In der Region zwischen Mauthausen und St. Georgen an der Gusen wächst inmitten der ansässigen Bevölkerung ein SS-Imperium: Es besteht aus Konzentrationslagern, Wohnsiedlungen der SS-Leute und DESt-Angestellten, Steinbruchbetrieben, Gleisanlagen, Schiffsverladestellen, Verwaltungsgebäuden der DESt, Werkstätten, Lehrlingsheimen, Waffenfabriken und schließlich Stollenanlagen für unterirdische Rüstungsbetriebe.

## Das Konzentrationslager Mauthausen

Ähnlich wie in Mauthausen müssen die Häftlinge auch in Gusen Mauern und Türme mit Granitsteinen aus dem Steinbruch bauen. (Foto: Fotoarchiv der KZ-Gedenkstätte Mauthausen/ Jüdisches Museum Prag)

Mehrmals fotografieren die Alliierten das KZ Mauthausen aus der Luft. Dieser Ausschnitt aus einem Luftbild vom 4. Mai 1945 verdeutlicht die riesige Ausdehnung des KZ Mauthausen kurz vor der Befreiung: das Hauptlager, angrenzend links oben das Sanitätslager, rechts oben der Steinbruch mit Teichen, rechts unten das Zeltlager. Einige Bauernhöfe befinden sich in der unmittelbaren Nähe des Lagers. (Foto: Fotoarchiv der KZ-Gedenkstätte Mauthausen/ luftbilddatenbank.de)

# Welche Menschen werden im Lagersystem Mauthausen eingesperrt?

„Kriminelle" und „Asoziale"

In den ersten eineinhalb Jahren ist das Konzentrationslager Mauthausen hauptsächlich für Deutsche und Österreicher bestimmt, die in der NS-Ideologie als „Kriminelle" und „Asoziale" gelten: Menschen, die Vorstrafen haben, obdachlos sind oder keiner geregelten Arbeit nachgehen. Auch die Roma und Sinti werden als „Zigeuner" zu den „Asozialen" gezählt. Die Kriminalpolizei sperrt all diese Gruppen im Zuge der „vorbeugenden Verbrechensbekämpfung" ohne gerichtliche Verurteilung in Lager, weil sie wegen ihrer angeblich schlechten Erbanlagen die deutsche „Volksgemeinschaft" gefährden.[248] Die „Kriminellen" erhalten zur Kennzeichnung ein grünes Stoffdreieck auf der gestreiften Uniform, die „Asozialen" ein schwarzes. Tausende dieser Häftlinge fallen vor allem 1942/43 in Mauthausen-Gusen der gezielten „Vernichtung durch Arbeit" zum Opfer.[249] Zugleich gelangen einzelne „Kriminelle" in Machtpositionen unter den Häftlingen im Lager.

Von der Verfolgung durch Kriminalpolizei und Gerichte sind auch die Homosexuellen betroffen, denn Homosexualität ist gesetzlich verboten. Die SS kennzeichnet sie im KZ als eigene Gruppe mit einem rosaroten Dreieck.

Schutzhäftlinge – die politischen Gegner

Mit der „Verordnung zum Schutz von Volk und Staat" hebt das NS-Regime bereits im Februar 1933 die persönlichen Freiheitsrechte auf, um politische Gegner ohne Gerichtsverfahren verfolgen zu können. Die Geheime Staatspolizei (Gestapo) weist sie als Schutzhäftlinge in Konzentrationslager ein.

Erwin Gostner aus Innsbruck war im austrofaschistischen „Ständestaat" Polizist. 1939 wird er aus dem KZ Dachau nach Mauthausen überstellt. Der Weg seines Transportes führt vom Bahnhof mitten durch den Ort und durch den Steinbruch ins Lager: „Die Frühdämmerung sieht uns auf dem Marsch durch Mauthausen, ein größeres Dorf, in dem hier und da verstohlen ein verschlafenes Gesicht aus den verhängten Fenstern lugt. Scheue Blicke fliegen uns nach. Es sind wieder ‚Neue' da. Nach eineinhalb Stunden Fußmarsch nähern wir uns dem Lager. Es liegt in einer hügeligen Landschaft (…). In die anmutigen Täler schmiegen sich saubere Bauernhäuser. Es ist ein anheimelndes Bild. Wir biegen in einen Steinbruch ein und hören von den uns begleitenden SS-Männern, daß dies unser zukünftiger Arbeitsplatz ist. Vorbei an einigen Baubaracken und riesigen Granitblöcken führt der Weg zu einer Stiege, die in steilem Bogen nach oben läuft. Wir

Der Arbeiter Ludwig Wesner aus Leopoldschlag ist vorbestraft. Nach dem „Anschluss" wird er als „Krimineller" in das KZ Dachau eingeliefert. Er befindet sich im August 1938 im ersten Häftlingstransport nach Mauthausen. Zwei Monate später stirbt der 36-Jährige im KZ. (Foto: Christian Forstner)

**Das Konzentrationslager Mauthausen**

steigen über zahlreiche Stufen hinauf, rechts fällt die Wand fast senkrecht ab, von unten blinkt ein See herauf. Wir ahnen nicht, wie berühmt diese Stiege einmal werden soll."250

Die deutschen und österreichischen politischen Häftlinge – Kommunisten, Sozialisten, Katholisch-Konservative – tragen als Kennzeichen das rote Dreieck. Sie bleiben im KZ Mauthausen gegenüber den „Kriminellen" und „Asozialen" deutlich in der Minderheit.

Wegen ihrer Weigerung, sich einem weltlichen „Führer" zu unterwerfen und Kriegsdienst zu leisten, werden die Zeugen Jehovas unter der Bezeichnung „Bibelforscher" ins KZ gesperrt.

Für politische Häftlinge stellt die Gestapo Schutzhaftbefehle aus, mit denen sie auf unbestimmte Zeit in Konzentrationslager eingewiesen werden. (Abbildung: Archiv der KZ-Gedenkstätte Mauthausen)

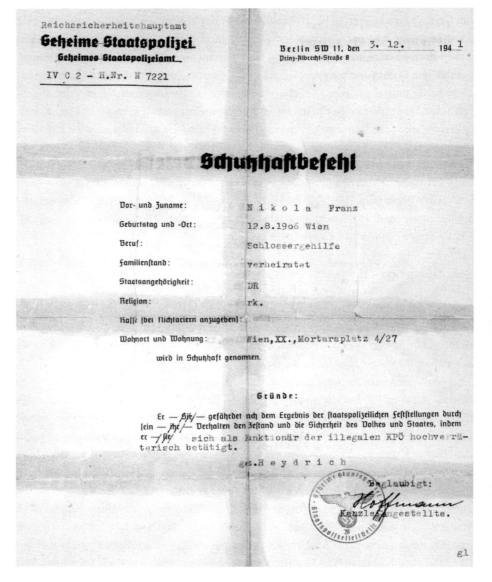

## Die internationale Häftlingsgesellschaft

Ab dem Frühjahr 1940 wird die Häftlingsgesellschaft international. Laufend bringt die SS Menschen aus den im Krieg eroberten und besetzten Gebieten ins KZ. Aus nationalsozialistischer Sicht gelten sie als gefährliche politische Feinde oder als „rassisch Minderwertige"; auf diejenigen, die nicht sofort ermordet werden, wartet die Zwangsarbeit im Steinbruch, beim Lageraufbau oder für die Rüstungsindustrie.

Tschechen, Polen, Spanier, Jugoslawen, Bürger der Sowjetunion, Holländer, Franzosen, Belgier, Luxemburger, Italiener, Griechen, Albaner, Ungarn und weitere Nationen prägen die Häftlingsgesellschaft im Lagersystem Mauthausen-Gusen von 1940 bis 1945. Die Zahl der Häftlinge klettert von 3.000 Deutschen und Österreichern im Jahr 1939 auf über 80.000 Menschen aus ganz Europa im Jahr 1945.

## Polnische Intellektuelle und Widerstandskämpfer

„Der Zug blieb an der Station Sankt Georgen stehen. Wir mussten einen Fluss überqueren (…). Auf der Brücke stand ein herrliches, großes Kruzifix. Mir schien, dass hier, wo es ein so schönes Kreuz gab, sicherlich ein besserer Ort sei. (…) Aber in dem Moment, als das Tor hinter uns ins Schloss fiel, war bereits klar, dass es hier schlimmer als in Dachau sein würde", erinnert sich der Pole Marian Zelazek an seine Ankunft in Gusen 1940.[251] Er ist 22 Jahre alt und Novize. Die nationalsozialistische Vernichtungspolitik sieht vor, die polnische Intelligenz – katholische Geistliche, Lehrer, Offiziersschüler, Studenten – in Lagern zu ermorden, um die Polen als ungebildetes Sklavenvolk unterwerfen zu können. Tausende Polen, oft junge Männer wie Zelazek, sterben nach wenigen Tagen oder Wochen an „Körperschwäche", „Herzschwäche" oder „Altersschwäche" – allesamt Tarnbezeichnungen für Mord in den SS-Dokumenten.

Zehntausende Polen folgen in den nächsten Jahren. Sie werden nach Widerstandstätigkeiten, nach einer Flucht von der Zwangsarbeit oder einfach nach Razzien verhaftet. Etwa die Hälfte aller 40.000 polnischen Häftlinge von Mauthausen-Gusen kommt ums Leben.

## Die republikanischen Spanier

Von 1936 bis 1939 tobt in Spanien ein Bürgerkrieg. Die Konservativen und Faschisten unter General Francisco Franco putschen gegen die rechtmäßig gewählte linke Regierung und besiegen schließlich die Republikaner. Hunderttausende, darunter ganze Familien, flüchten nach Frankreich, wo sie 1940 in die Fänge der deutschen Wehrmacht geraten. Für die Nationalsozialisten stellen sie als linke „Rotspanier" ein besonderes Feindbild dar. 1940/41 deportieren die Deutschen mit Wissen des Franco-Regimes 7.000 Spanier ins KZ Mauthausen-Gusen, viele von ihnen sind Jugendliche.

Bis 1942 bringt die SS zwei Drittel der Spanier planmäßig ums Leben, die meisten in Gusen. „Der Tod war zu einem Teil unseres Lebens geworden, wie die Arbeit, der Hunger, der ständig in unseren Eingeweiden wühlte, oder die Kälte, die an unseren Körpern nagte. Wir rochen nach Tod, dachten dauernd an den Tod und lebten mit dem Tod", schreibt der spanische Anarchist Lope Massaguer in seinen Erinnerungen. [252]

Jene Spanier, die diese Vernichtungsphase überleben, erhalten in den folgenden Jahren relativ gute Positionen im Lager. Spanische Jugendliche werden, gemeinsam mit polnischen und sowjetischen Kindern und Jugendlichen, als Steinmetzlehrlinge ausgebildet, denn die SS will Fachkräfte für die Bauvorhaben gewinnen. Im Herbst 1944 werden etwa 50 spanische Jugendliche aus dem KZ entlassen und als Steinmetze der Mauthausener Firma Poschacher zugeteilt.

### Sowjetische Kriegsgefangene und Zivilarbeiter

Das Deutsche Reich beginnt im Juni 1941 einen Vernichtungskrieg gegen die Sowjetunion. Den Nationalsozialisten geht es um die Auslöschung des „Bolschewismus" und um die Versklavung des russischen Volkes. Russische Menschenleben zählen nichts: In den deutschen Kriegsgefangenenlagern werden bis Anfang 1942 zwei Millionen Soldaten der Roten Armee dem Hunger- und Kältetod preisgegeben.

Ein Teil der sowjetischen Kriegsgefangenen wird in Konzentrationslager eingewiesen, unter ihnen jüdische Sowjetsoldaten, kommunistische Funktionäre, Offiziere und Intellektuelle. Wehrmacht und SS arbeiten dabei eng zusammen. Im KZ Mauthausen-Gusen treffen 1941/42 über 5.300 Sowjets ein. Nur wenige sind Anfang 1943 noch am

Francisco Roman Roman aus Malaga flüchtet im Spanischen Bürgerkrieg vor den Franco-Truppen nach Frankreich. Dort entsteht dieses Foto. 1939 schreibt er nach Hause, dass er an die baldige Rückkehr zu seiner Mutter glaubt, „da sie dabei sind, die Papiere vorzubereiten, es braucht nur mehr ein bisschen Geduld."[253] 1940 verschleppen ihn die Nationalsozialisten mit tausenden Landsleuten in das KZ Gusen. Am 30. April 1942 trägt die SS in das Totenbuch des KZ Gusen ein, dass der 24-jährige Francisco Roman Roman an „akuter Herz- und Kreislaufschwäche" gestorben ist.[254]
(Foto: Eva Fernandez Vallejo)

SS-Männer lassen im Oktober 1941 die ersten sowjetischen Kriegsgefangenen im KZ Mauthausen auf dem Appellplatz antreten. Nur wenige aus dieser Gruppe werden das Lager überleben.
(Foto: Amical de Mauthausen Barcelona)

Leben. Dann entschließt sich die SS auf Grund des allgemeinen Arbeitskräftemangels, tausende sowjetische Kriegsgefangene und Zivilisten im Lagernetz des KZ Mauthausen zur Arbeit einzusetzen.

### Die jüdischen Häftlinge von Mauthausen

Die erste große Gruppe jüdischer Häftlinge im KZ Mauthausen kommt aus Holland. Nach der Besetzung Hollands durch die Deutsche Wehrmacht 1940 beginnt auch dort die Verfolgung der Juden und Jüdinnen. Als sich im jüdischen Viertel Amsterdams Bewohner dagegen zur Wehr setzen, verschleppt die Gestapo 1941 und 1942 in einer Strafaktion etwa 1.400 junge Juden in das KZ Mauthausen. Sie fallen allesamt Mordaktionen zum Opfer.

Im letzten Jahr vor der Befreiung gelangen Massentransporte mit zehntausenden polnischen und ungarischen Juden und Jüdinnen ins Lagersystem von Mauthausen-Gusen. Viele von ihnen sterben – beim Stollenbau, durch Unterversorgung, auf den Todesmärschen.

### Frauen im Lagernetz Mauthausen

Ab 1942 werden einige internationale Gruppen von Widerstandskämpferinnen zur sofortigen Hinrichtung ins KZ Mauthausen transportiert. Die ersten Frauen, die längere Zeit im KZ Mauthausen-Gusen verbringen, sind rund 20 Häftlinge aus dem KZ Ravensbrück, die seit 1942 als Zwangsprostituierte im Häftlingsbordell arbeiten. Eine

Der sowjetische Kriegsgefangene Major Filip Georgiewitsch Ostrikow, hier im Ausschnitt aus einem Familienfoto, wird im April 1942 zur Hinrichtung ins KZ Mauthausen gebracht, weil er gemäß dem „Kommissarbefehl" der deutschen Wehrmacht als politischer Funktionär in der Roten Armee gilt. Ostrikow stirbt am 9. Mai 1942 in der Gaskammer. (Foto: Tatiana Konstantinowna Gayda)

Ab Sommer 1944 weist die SS tausende Menschen, meist jüdische Häftlinge, ins Zeltlager ein. In den überfüllten Militärzelten gibt es keine Betten, keine sanitären Einrichtungen und kaum Nahrung. Ein Massensterben ist die Folge. (Foto: Fotoarchiv der KZ-Gedenkstätte Mauthausen/Národní archiv Praha)

**Das Konzentrationslager Mauthausen**

Erlaubnis zum Bordellbesuch soll für ausgewählte männliche Häftlinge ein Anreiz sein, die Arbeitsleistung zu steigern. Außerdem soll so die Homosexualität im Lager verringert werden.

Oft ist das KZ Mauthausen für Frauentransporte eine kurze Durchgangsstation vor der Weiterfahrt in andere Lager. Frauen werden Außenlagern des KZ Mauthausen zum Arbeitseinsatz zugeteilt. Ab Herbst 1944 legt die SS für die weiblichen Häftlinge eine eigene Nummerierung an – damit existiert ein Frauen-Konzentrationslager Mauthausen mit einigen tausend Häftlingen.

In den Massentransporten der chaotischen letzten Kriegsmonate, bei denen die SS in den Akten keine Namen mehr festhält, befinden sich tausende Frauen, manchmal mit Kindern. Sie werden in heillos überfüllte Baracken oder Zelte gepfercht. Marta Fyerlicht erreicht mit einem Transport von 2.000 Jüdinnen Ende April 1945 Mauthausen und kommt in eines der großen Militärzelte des Zeltlagers: „(…) dort waren alle auf dem Fußboden, kein Bett, kein gar nichts (…). Wir waren dort, nicht tot und nicht lebendig."[255]

Drei „Mauthausen-Babys" im Jahr 2010 an der KZ-Gedenkstätte Mauthausen: Eva Clark, Mark Olsky und Hana Berger Moran kommen 1945 kurz vor der Befreiung des KZ Mauthausen in Transporten mit jüdischen Häftlingen zur Welt.
(Foto: Albert Lichtblau)

# Wer sind die Bewacher und Bewacherinnen?

In den Konzentrationslagern herrscht die Schutzstaffel (SS). Ursprünglich Leibwächtertruppe für Adolf Hitler und andere Parteiführer, steigt die SS in den 1930er Jahren unter Heinrich Himmler zu einer der mächtigsten Organisationen im NS-Staat auf. Sie erlangt die Kontrolle über die gesamte Polizei, gründet eigene Firmen und übernimmt die ideologische Führungsrolle in der nationalsozialistischen Vernichtungspolitik. Diese drei Absichten, polizeiliche Kontrolle, wirtschaftliches Profitstreben und rassistischer Vernichtungswille, verbinden sich im System der Konzentrationslager. Die SS-Totenkopfverbände als Teil der Waffen-SS stellen die Wachtruppe für die Lager.

## Die SS: Wie werden gewöhnliche Menschen zu Massenmördern?

In der SS sollten die „rassisch" und ideologisch wertvollsten deutschen Männer wie in einer Art „Orden" versammelt sein – aus dieser Vorstellung leitet die SS ihr überlegenes Selbstbewusstsein ab. Der Beitritt zur SS ist bis in den Zweiten Weltkrieg hinein freiwillig. Die SS-Männer erfüllen – so ihre Selbstwahrnehmung – als Kämpfer gegen die Feinde an der „inneren Front" eine blutige Mission für die große Zukunft des deutschen Volkes. Mit diesem ideologischen Auftrag verleihen sie ihren Verbrechen Sinn und Rechtfertigung.

Doch hinter dem Größenwahn stehen gewöhnliche Menschen, die nun die Macht über Leben und Tod besitzen. Der harte militärische Drill, den sie in ihrer Ausbildung durchlaufen haben, verhärtet sie auch gegen andere. Die Gewissheit, dass ihre Untaten vom Staat gedeckt sind und dass sie keine Bestrafung fürchten müssen, lässt moralische Hemmungen fallen. Tief sitzende Feindbilder von „Volksschädlingen", „Bolschewiken", „rassisch Minderwertigen" und „Juden" spornen sie zusätzlich an. Die SS-Leute fühlen sich als verschworene Gemeinschaft und bestätigen sich gegenseitig in ihrem Tun. Da sie die Verbrechen gemeinsam begehen, teilt sich die Verantwortung auf viele auf – so lässt sie sich leichter tragen. Zugleich bietet die SS im Konzentrationslager einen gut bezahlten „Arbeitsplatz", Aussicht auf berufliche Karriere und einen Dienstort fernab der Front.

## Der Kommandanturstab

Der Kommandanturstab, die Leitung des Konzentrationslagers, setzt sich aus einigen hundert deutschen und österreichischen SS-Offizieren und SS-Unteroffizieren zusammen. Vielfach bleiben sie über Jahre hinweg in Mauthausen oder in den dazugehörigen Außenlagern. Die Häftlinge müssen für diese SS-Männer und ihre Familien Siedlungshäuser im Ort Mauthausen bauen.

## Das Konzentrationslager Mauthausen

Anlässlich der Geburtstagsfeier des Kommandanten im August 1943 posieren SS-Offiziere im Lager für ein Gruppenfoto: in der Mitte Lagerkommandant Franz Ziereis, rechts von ihm Schutzhaftlagerführer Georg Bachmayer, ganz links der Kommandant des KZ Gusen, Fritz Seidler. (Foto: Fotoarchiv der KZ-Gedenkstätte Mauthausen)

Der junge Linzer Handelsangestellte Hermann Sturm meldet sich zur Waffen-SS. An der Front verliert er durch eine Verwundung ein Auge. 1943 wird er SS-Unteroffizier im KZ Mauthausen, dann einer der Lagerführer in den Linzer Außenlagern. Nach dem Krieg wird Sturm im Dachauer Mauthausen-Prozess zu 20 Jahren Haft verurteilt, doch bereits 1954 aus der Haft entlassen. (Foto: Bundesarchiv Berlin)

Von 1939 bis 1945 nimmt Franz Ziereis, ein gelernter Kaufmann aus München, die Position des Lagerkommandanten ein. Ihm unterstellt ist der Schutzhaftlagerführer Georg Bachmayer, der für das Häftlingslager (genannt Schutzhaftlager) zuständig ist. Die Arbeitseinsatzführung teilt die Zwangsarbeit der Gefangenen ein, die Politische Abteilung führt unter Folter Verhöre durch und legt Häftlingsakten an, die Verwaltung wickelt die „(Unter-)Versorgung"[256] der Gefangenen ab. Eine Gruppe von SS-Ärzten leitet die medizinische Abteilung des KZ und ermordet die Kranken.

Viele dieser SS-Männer in der Führung des KZ Mauthausen sind nicht „nur" Schreibtischtäter, die von ihren Büros aus den Mord organisieren, sondern legen selber Hand an bei der Misshandlung oder Tötung von Häftlingen. Damit zeigen sie ihren Untergebenen, dass sie ihre Führungsposition zu Recht innehaben. Als der Münchner Joseph Drexel 1944 als politischer Häftling im Lager ankommt, tritt ihm ein SS-Offizier in Begleitung anderer SS-Leute entgegen: „Ich (…) blickte in das gebräunte Gesicht eines gedrungenen Mannes im Alter von etwa 40 Jahren. Er trug einen langen Ledermantel, Reitstiefel und ein breites Koppel umgeschnallt. Seine Hände, die beide in eleganten Wildlederhandschuhen steckten, hielten eine Peitsche und einen großen Hund an der Leine. (…) Der Mann frug mich nach meinem Namen und meiner Herkunft und nach dem Grund meines Hierseins. Ich gab ihm so zuverlässig wie möglich Auskunft. Aber sie schien ihn nicht zu befriedigen. (…) Er blickte einen Augenblick unschlüssig im Kreis herum, trat dann einen Schritt näher auf mich zu und schrie: ‚Kennst Du mich nicht?!' Ich verneinte. ‚Ich bin der Kommandant des Lagers, Du Drecksau! Du kannst mich noch näher kennenlernen.' Und er schlug mir mit der behandschuhten Faust ins Gesicht, daß ich an die Wand taumelte und im Fallen mit der Hand auf den Sterbenden neben mir fiel."[257]

Reichsführer SS Heinrich Himmler, Lagerkommandant Franz Ziereis und Ernst Kaltenbrunner (rechts) besichtigen am 27. April 1941 das KZ Mauthausen. Ernst Kaltenbrunner stammt aus Raab im Innviertel. Nach dem Besuch des Linzer Realgymnasiums studiert er Jus und wird Rechtsanwalt in Linz. Kaltenbrunner ist einer der höchsten SS-Führer im Deutschen Reich. 1943 gelangt er an die Spitze des Reichssicherheitshauptamtes. Diese Polizeizentrale plant und organisiert die politische Verfolgung und den rassistischen Massenmord. Ernst Kaltenbrunner wird 1946 im Nürnberger Prozess zum Tode verurteilt und hingerichtet.
(Foto: Fotoarchiv der KZ-Gedenkstätte Mauthausen)

Franz Ziereis verdankt seine lange Laufbahn an der Spitze des KZ Mauthausen nicht zuletzt der Tatsache, dass er in den Augen der SS-Führung seinen Auftrag im Lager bestens erfüllt – ebenso wie die Kommandanten Karl Chmielewski und Fritz Seidler in Gusen, die bei den Häftlingen für ihre Grausamkeit berüchtigt sind.

## Die Wachmannschaften

Beim Wachpersonal gibt es einen häufigen Wechsel. Jüngere SS-Angehörige werden kriegsbedingt durch ältere ersetzt. Die Wachleute wohnen in den Baracken des SS-Lagers im KZ Mauthausen, das ihnen mit Gasthaus, Kino und Sportanlagen auch Freizeiteinrichtungen bietet. Auf einen SS-Mann kommen durchschnittlich 15 Häftlinge. Mit der Zahl der Häftlinge vervielfacht sich auch der Personalstand der Wachmannschaften. Ab Ende 1942 stoßen zu den deutschen und österreichischen SS-Männern „Volksdeutsche" aus Rumänien und anderen Ländern. 1944 werden große Einheiten mit Wehrmachtssoldaten der SS zugeteilt, um den Personalbedarf zu decken. In der Schlussphase befinden sich im Lagersystem Mauthausen-Gusen mit den Außenlagern etwa 8.000 Wachmänner und 65 Aufseherinnen.

Die Wachleute sind dem Kommandanturstab unterstellt, treffen jedoch auch eigene Entscheidungen, etwa wenn sie Häftlinge „auf der Flucht" oder wegen Arbeitsverweigerung erschießen. „(...) dass man aufpassen muss, dass keiner davonrennt. Und dass man'n niederschießen können jederzeit, wenn einer was Unrechtes macht" – das habe man ihnen in der Schulung beigebracht, erzählt ein Bediensteter der Stadt Linz, der 1943 zur SS-Wachmannschaft in Mauthausen kommt.[258]

## Das Konzentrationslager Mauthausen

Der Reichsführer SS Heinrich Himmler streckt 1941 im Steinbruch des KZ Mauthausen einem stolz strammstehenden SS-Wachmann die Hand entgegen. Auch ein Zivilist nimmt an der Inspektion teil. Himmler stattet dem KZ Mauthausen mehrere Besuche ab.
(Foto: Amical de Mauthausen Barcelona)

Mit dem „Bilderbuch ‚Falsch-Richtig' für die Posten im KL-Dienst" sollen sich SS-Männer das „richtige" Verhalten beim Wachdienst einprägen. (Abbildung: Archiv der KZ Gedenkstätte Mauthausen/Panstwowe Muzeum Auschwitz-Birkenau)

# Welche Lebensbedingungen herrschen im KZ Mauthausen?

Im Unterschied zu den Vernichtungslagern im Osten werden im Konzentrationslager die meisten Menschen nicht gleich nach der Ankunft getötet, sondern zur Arbeit gezwungen. Ihre Überlebenschancen hängen von ihrer Position im rassistischen Weltbild der SS, von der zugeteilten Arbeit und von ihrer körperlichen und psychischen Verfassung ab.

### Der Schock bei der Ankunft im Lager

Vom ersten Moment an will die SS die Häftlinge psychisch brechen. Der Sinto Reinhard Florian aus Ostpreußen berichtet über seine Ankunft im KZ Mauthausen im November 1941: „Da mußten wir alle durch, durch das Bad. (…) Da war der Friseur da. (…) Dann mußten die fünfzig Mann abgefertigt werden und zwar nackt ausziehen, sämtliche Haare abgeschnitten vom ganzen Körper. (…) Und dann sind wir rüber, wenn wir fertig waren, alles desinfiziert, nackt. (…) Alles antreten in Reih und Glied und dann sind wir in die Baracke rinmarschiert. (…) Uns ist die Sprache weggeblieben vor Angst und vor Aufregung. (…) Ich habe bis dahin, da war ich achtzehn Jahre alt, habe ich noch keinen Toten gesehen. (…) Das waren die ersten Toten, wo ich habe zu sehen gekriegt da, die da drinne erschlagen wurden gleich beim Einmarschieren im Lager. (…) Da haben wir schon gesehen, hier ist das Ende. Hier ist das Ende. Hier geht die Welt unter für uns."[259] Durch Entwürdigung, Angst, und Schock stößt die SS die Menschen in das KZ-Inferno hinein. Erniedrigung und Gewalt sollen sie seelisch und körperlich brechen. Die blau-weiß-gestreiften Uniformen machen sie zu „Menschenmaterial", das die SS mit Nummern versieht.

### Hunger und Krankheit

Die SS schwächt und zermürbt die eingesperrten Menschen systematisch durch extreme Unterversorgung. Vinko Skerl, ehemaliger slowenischer Häftling in Gusen, beschreibt die täglichen Essensrationen: „In der Früh ungezuckerter, schwarzer Kaffee, in Ausnahmefällen ein Röstkaffee, zu Mittag Krautblätter oder gemahlene Kohlrabi, dazwischen Stücke von Erdäpfeln, an Sonntagen einige Stückchen Fleisch dazwischen (…). Am Abend gab es bis zu dreihundert Gramm Brot mit einem Löffel Marmelade, dann und wann ein Stück Käse oder eine Schnitte Pferdesalami."[260]

Tag und Nacht leiden die Häftlinge Hunger. „Muselmänner" heißen in der Lagersprache die kurz vor ihrem Tod völlig antriebslos gewordenen Verhungernden. Dem

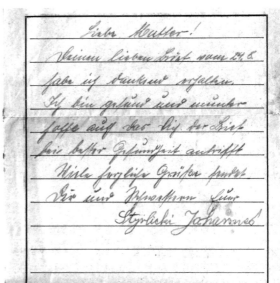

Einmal im Monat dürfen Häftlinge einen Brief schreiben, der von der SS kontrolliert wird. Er darf nichts Negatives über das Lager enthalten. „Ich bin gesund und munter", schreibt Johannes Styrbicki 1942 aus dem KZ Gusen an seine Mutter in Deutschland.
(Abbildung: Maria Ecker)

Hunger folgen Seuchen. Die Kranken werden in eigenen Baracken untergebracht, wo sie nur die Hälfte der Nahrung beziehen. Diese „Sonderreviere" sind Sterbeorte. Der 18-jährige Pole Wieslaw Wach kommt 1944 ins Krankenrevier von Gusen: „Im Revier wurden diejenigen, die Ruhr oder Typhus hatten, auf dreistöckige Betten ohne Bettwäsche gelegt. Es waren eine Art Bottiche – wenn ein Kranker da hochgeklettert war, konnte er nicht mehr runter. (…) Auf einer dieser Kojen – so nannten wir aus dem Russischen die Pritschen – lag mit mir ein russischer Hauptmann. (…) Eines Nachts wollte ich mich auf die andere Seite drehen, da sehe ich, dass er sich nicht bewegt, steif und kalt war er. Mit einem Toten im Bett konnte ich mich nicht mehr auf die andere Seite drehen. Ich ging also zu den Sanitätern. Sie kamen, schleiften ihn hinaus und warfen ihn auf den Betonboden. Und ich legte mich alleine aufs Bett."[261]

In Mauthausen werden die Kranken ab 1943 in das Sanitätslager verlegt. Mehrere tausend Menschen sind dort auf engstem Raum zusammengedrängt und siechen ohne medizinische Versorgung dahin. Immer wieder nimmt die SS Selektionen unter den kranken Häftlingen vor, um die Schwächsten zu töten.

### Der Tagesablauf – Monotonie und Terror

Die meisten Gefangenen hausen in völlig überfüllten Baracken mit Stockbetten. Strohsack und Decke müssen sie mit einem anderen teilen. In einigen Lagerbereichen liegen die Menschen eng aneinander gepresst auf dem Boden.

Massenbelegung, Zeitdruck und eine schikanöse Ordnung bestimmen das Lagerleben. Nach dem frühmorgendlichen Wecken müssen die Häftlinge die Decken pein-

lich genau glätten, sich vor dem Waschraum und dann zur Kaffeeausgabe anstellen, in militärischer Formation zum Zählappell antreten, danach hastig die Arbeitskommandos bilden und im Gleichschritt unter dem Gebrüll der Aufpasser durch das Lagertor hinausmarschieren. Die dünne Uniformkleidung – in der Schlussphase sind es oft nur mehr Lumpen – und die Holzpantoffeln schützen sie nicht vor Kälte, Wind und Nässe. Nach meist elf Stunden Arbeit kehren sie zum Abendappell ins Lager zurück, der manchmal eine Stunde oder länger dauert. Dann wird das Abendessen verteilt. Kleidung und Schuhe müssen gereinigt werden. Manche begeben sich auf die verzweifelte Suche nach zusätzlicher Nahrung, andere stehen in der langen Warteschlange für medizinische Behandlung. Um 21 Uhr ist Bettruhe. Oft verkürzt die SS die spärlichen Ruhezeiten durch Laus- und Sauberkeits-Kontrollen, die Strafen nach sich ziehen. Nur am Sonntag finden die Häftlinge vielleicht Zeit, mit Freunden im Lager zu sprechen.

Der Tagesablauf ist ebenso monoton wie unberechenbar. Für alle möglichen „Vergehen" – zu langsames Arbeiten, unordentliches Bett, beschädigte Kleidung, zu lautes Sprechen – verhängt die SS Strafen. Sie reichen von Essensentzug und Strafarbeit über Dunkelhaft im Lagergefängnis bis hin zu stundenlangem Strafestehen, Prügelstrafe oder „Pfahlhängen" mit am Rücken zusammengebundenen Armen.

## Die Funktionshäftlinge

Um die Häftlinge gegeneinander auszuspielen, richtet die SS das System der Funktionshäftlinge ein. Häftlinge müssen Aufgaben in der Verwaltung und Bewachung der

↖ Der französische Cartoonist Bernard Jean Aldebert wird wegen NS-kritischer Karikaturen verhaftet. 1944 kommt er ins KZ Gusen II. Aldebert überlebt das Lager. Kurz nach der Befreiung fertigt er Zeichnungen und Texte über die Verhältnisse im KZ an. Diese Zeichnung stellt den Zählappell dar: „Die Toten werden nackt vor uns aufgereiht; auch sie dürfen beim Appell nicht fehlen" – denn die Zahl muss stimmen.[262] (Abbildung: Archiv der KZ-Gedenkstätte Mauthausen)

↑ Das Innere einer Häftlingsbaracke des KZ Mauthausen, fotografiert nach der Befreiung des Lagers.
(Foto: Fotoarchiv der KZ-Gedenkstätte Mauthausen/Amicale Paris)

# Das Konzentrationslager Mauthausen

Bernard Aldeberts Zeichnung zeigt eine der Lagerstrafen und die zentrale Rolle, die Funktionshäftlinge dabei einnehmen. (Abbildung: Archiv der KZ-Gedenkstätte Mauthausen)

Gefangenen übernehmen. An der Spitze der Funktionshäftlinge stehen die Lagerschreiber und die Lagerältesten. In den Arbeitskommandos führen die „Kapos" die Aufsicht, in den Baracken das Blockpersonal. Um selbst zu überleben, werden viele Funktionshäftlinge mitschuldig an den Verbrechen, sie quälen und töten Mithäftlinge. Für ihre Handlangerdienste erhalten sie Privilegien: nahrhaftes Essen, gute Kleidung, ein eigenes Bett, die Erlaubnis für Bordellbesuche und die Beteiligung an Sport- oder Musikveranstaltungen im Lager. Im März 1945, zu einer Zeit, als im KZ Mauthausen täglich an die 200 Menschen sterben und die Krematorien mit der Verbrennung der Leichen nicht nachkommen, berichtet eine lagerinterne Reportage von einem der Fußballspiele zwischen Funktionshäftlingen: „Das letzte Spiel zwischen ‚Vienna' und der spanischen Meisterelf wurde wieder zu einem großen sportlichen Ereignis. Diesmal siegte die ‚Vienna' mit 5:2 Toren (…)."[263]

Bis Anfang 1944 setzt die SS hauptsächlich deutsche und österreichische „Kriminelle" und „Asoziale" als Funktionshäftlinge ein. Im KZ Mauthausen gelingt es den politischen Häftlingen erst im letzten Jahr, einige Schlüsselstellen zu besetzen und für Widerstand zu nützen.

## Zwangsarbeit im KZ

Zwangsarbeit im KZ dient sowohl dem wirtschaftlichen Profit der SS als auch der Vernichtung von Menschen durch Arbeit. Nach dem Überfall auf die Sowjetunion 1941, der eine lange und verlustreiche Kriegsführung nach sich zieht, wird der Arbeitskräftemangel im Deutschen Reich dramatisch. NS-Führung, Wehrmacht, Rüstungsindustrie und SS beschließen 1942, die KZ-Häftlinge massiv in der Waffenproduktion einzusetzen. Die Konzentrationslager unterstehen ab da dem SS-Wirtschaftsverwaltungshauptamt. Neben Verfolgung und Vernichtung soll die Arbeitskraft nun besser ausgebeutet werden. Nicht mehr arbeitsfähig zu sein, kommt für die Häftlinge einem Todesurteil gleich. In dieser Phase ab 1942 entstehen die meisten Außenlager des KZ Mauthausen.

# Wo entstehen Außenlager des KZ Mauthausen?

Von 1941 bis 1944 errichtet die SS kleinere Außenlager des KZ Mauthausen für ihre eigenen Zwecke in verschiedenen Regionen Österreichs. In diesen Lagern sind die Lebensbedingungen meist wesentlich besser als in Mauthausen-Gusen. 1941/42 befinden sich ungefähr 300 spanische Häftlinge im Außenlager Vöcklabruck. Nach der Schließung des Lagers bedankt sich der Vöcklabrucker Bürgermeister Hermann Stadlbauer beim Kommandanten des KZ Mauthausen dafür, dass er die KZ-Häftlinge „sowohl für den Wasserleitungs- und Straßenbau als auch für verschiedene andere öffentliche Arbeiten der Stadtgemeinde" zur Verfügung gestellt habe.[264] Das letzte dieser Lager für SS-Zwecke ist das Zweiglager Gusen III in Lungitz bei Katsdorf, wo die Häftlinge in einer Großbäckerei für das Lagersystem Mauthausen-Gusen arbeiten.

Sklavenarbeit für die Kriegswirtschaft

Die meisten der insgesamt über 40 Außenlager von Mauthausen entstehen ab 1942/43, als KZ-Häftlinge in großer Zahl in der Rüstungsindustrie eingesetzt werden. Die Firmen zahlen pro Häftling und Tag vier bis sechs Reichsmark an die SS. Erschöpfte und kranke Häftlinge werden vielfach zum Sterben in das Sanitätslager von Mauthausen zurücktransportiert.

1942 wird auf Initiative der Steyr-Daimler-Puch AG das Außenlager Steyr-Münichholz gegründet. Die 1.000 bis 2.000 Häftlinge bauen Fabrikanlagen und stellen Rüstungsteile her. In Linz gibt es zwei Außenlager auf dem Gelände der Hermann-Göring-Werke, wo die KZ-Häftlinge in der Schlackenproduktion und ab 1944 beim Bau von Panzern eingesetzt werden. Mehrere tausend Gefangene sind dort untergebracht. Die Todesrate in Linz steigt in der Schlussphase durch Unterversorgung, Morde und Bombenangriffe enorm. Gemeinsam mit dem Panzerwerk St. Valentin in Niederdonau, wo sich ebenfalls ein Außenlager befindet, bilden Steyr und Linz das Rüstungsdreieck der Region.

## Das Konzentrationslager Mauthausen

Georg Meindl, Generaldirektor der Steyr-Daimler-Puch AG und SS-Offizier (in der Bildmitte in Zivilkleidung), bespricht sich mit dem Rüstungsinspektor Generalmajor Leo Pummerer aus Linz (links). Meindl lässt 1942 ein Außenlager in Steyr-Münichholz errichten, um KZ-Häftlinge in den Steyr-Werken einzusetzen.
(Foto: Otto Treml/Steyr-Daimler-Puch-AG)

Mit der kriegsbedingten Mobilisierung der Wirtschaftskraft hängt auch zusammen, dass die spanischen KZ-Häftlinge 1942 von Vöcklabruck nach Ternberg im Ennstal gebracht werden, um dort ein Kraftwerk zu bauen. Ab 1943 errichten Häftlinge das Kraftwerk Großraming, viele von ihnen kommen ums Leben. Ende 1944 werden 500 ungarische Jüdinnen ins Außenlager Lenzing gebracht, wo sie in der Kunstfaserproduktion arbeiten.

Weitere Außenlager für die Rüstungsindustrie existieren im Raum Wien, in Wiener Neustadt und bei Graz. Dem Bau einer wichtigen Verkehrsverbindung dient das Außenlager Loiblpass in Kärnten.

### Stollenbau

Unterirdische Anlagen sollen ab 1943 die Rüstungsindustrie vor Bombenangriffen schützen. Die SS steuert KZ-Häftlinge als Arbeitskräfte bei. So entsteht im Herbst 1943 das Außenlager Redl-Zipf (Tarnbezeichnung „Schlier"), wo bis zu 1.900 Häftlinge die Brauereistollen für eine Flüssigsauerstoff-Fabrik ausbauen und mächtige Prüfstände für Raketentriebwerke errichten müssen. In Ebensee gründet die SS Ende desselben Jahres ein großes Außenlager (Tarnname „Zement") mit mehreren tausend Gefangenen, die riesige Stollen für Rüstungsanlagen in den Fels treiben. Die Arbeits- und Lebensbedingungen in Ebensee sind mörderisch. Der Italiener Franco Ferrante erinnert sich: „Wir waren schon so abgestumpft, dass wir teilnahmslos mitansahen, wie die zerquetschten Körper aus dem Schutt gezogen wurden, wie die Verletzten ohne

Eine der mörderischsten Arbeiten ist für die KZ-Häftlinge der Stollenbau. Der französische Zeichner Bernard Aldebert berichtet über den Stollenbau in St. Georgen an der Gusen: „Zivilisten arbeiten mit uns, vielmehr treiben sie uns zur Arbeit an, fügen ihre Brutalität noch jener der Kapos hinzu. Die meisten von ihnen sind Österreicher."[266]
(Abbildung: Archiv der KZ-Gedenkstätte Mauthausen)

große Sorgfalt auf improvisierte Bahren gelegt und abtransportiert wurden, wie sie völlig durcheinander auf einen Lastwagen gelegt wurden, der sie auf dem Weg ins Lager kräftig durchrüttelte."[265] Wegen der vielen Toten nimmt die SS im KZ Ebensee ein eigenes Krematorium in Betrieb.

In St. Georgen an der Gusen beginnen 1944 die Arbeiten an einem gigantischen Stollensystem für eine unterirdische Düsenjäger-Fabrik (Tarnname „Bergkristall"). Tausende Häftlinge, darunter viele ungarische und polnische Juden, werden zu dieser Arbeit gezwungen. Die Zahl der Häftlinge im KZ Gusen verdreifacht sich auf 24.000. Beim Stollenbau in St. Georgen herrschen katastrophale Verhältnisse, ebenso wie im neu errichteten Zweiglager Gusen II.

Ein weiteres großes Außenlager für den Stollenbau entsteht im niederösterreichischen Melk. Ende 1944 arbeiten fast 50 % aller Häftlinge des KZ-Systems Mauthausen für die unterirdische Verlagerung der Rüstungsindustrie. KZ-Häftlinge graben außerdem kleinere Stollenanlagen für unterschiedliche Zwecke in Gusen, in Linz (Außenlager Linz II) und in Grein.

**Das Konzentrationslager Mauthausen**

# Wie werden Menschen im Lager ermordet?

1941 teilt die SS die Konzentrationslager in drei Stufen ein. Sie reiht Mauthausen-Gusen zunächst als einziges KZ (später kommt das KZ Groß-Rosen hinzu) in die „Lagerstufe III" mit den härtesten Haftbedingungen ein. Wenn die Gestapo auf den Einweisungspapieren den Vermerk „RU" anbringt, bedeutet das: „Rückkehr unerwünscht". Zahllose Menschen sterben an Hunger, Erschöpfung und Krankheit – darüber hinaus werden Häftlinge Opfer von Mordaktionen.

### Tatort Mauthausen-Gusen

In Mauthausen müssen die Angehörigen der Strafkompanie jene schweren Granitquader, die zum Lageraufbau dienen, über die lange und steile „Todesstiege" hinauftragen. Oft quält die Wachmannschaft Häftlinge auf der Stiege zu Tode oder stürzt sie von einem Felsen, zynisch „Fallschirmspringerwand" genannt, in den Abgrund. Immer wieder erschießt die SS am Lagerzaun Gefangene „auf der Flucht" und tarnt diese Morde als rechtmäßiges Handeln. Kranke Häftlinge werden im Freien oder in den Duschräumen so lange mit kaltem Wasser abgespritzt, bis sie zusammenbrechen. SS-Ärzte und ihre Helfer töten Kranke durch die Injektion einer Benzinlösung direkt ins Herz. Gefangene fallen den medizinischen Experimenten der SS-Ärzte zum Opfer, die Operationen, Ernährungs- und Medikamentenversuche durchführen. Andere werden in den Selbstmord getrieben und sterben im elektrischen Stacheldraht.

All diese Untaten begehen die SS-Leute aus eigenem Antrieb. Um keine schriftlichen Beweise für die Verbrechen zu hinterlassen, tragen sie in die Totenbücher erfundene Todesursachen ein. SS-Führung und Regierung wissen Bescheid und decken die Morde. Die Gestapo überstellt hunderte Menschen ins KZ Mauthausen zur sofortigen Hinrichtung: Sie sterben durch Erschießung, am Galgen oder in der Gaskammer.

### Morde durch Giftgas

Ab Sommer 1941 ermordet die SS kranke Häftlinge, Juden und politische Gegner aus dem KZ Mauthausen in der Gaskammer von Hartheim. Bis Ende 1944 fallen einige tausend Menschen diesen Aktionen zum Opfer, die als Transport in ein „Erholungslager" getarnt werden. Die Lager-Verwaltung verwendet dafür den Code „Aktion 14f13". Im Frühjahr 1942 nimmt die SS im KZ Mauthausen eine eigene Gaskammer in Betrieb, denn der Massenmord soll reibungsloser und für die Täter einfacher ablaufen.

Max Heftmann stammt aus einer polnisch-österreichischen jüdischen Familie. 1937 übersiedelt der 24-jährige Elektrotechniker von Wien nach Holland. Mit hunderten jungen Amsterdamer Juden wird er 1941 ins KZ Mauthausen deportiert. Dort erwartet sie die „systematische Ermordung".[267] Max Heftmann stirbt am 18. Oktober 1941 nach einer Operation durch den SS-Arzt Aribert Heim, der medizinische Experimente durchführt.
(Foto: Archiv der KZ-Gedenkstätte Mauthausen/Stichting Vriendenkring Mauthausen)

Zwei jüdische Häftlinge, 1942 „auf der Flucht" erschossen. Häufig tarnt die SS gezielte Morde als verhinderte Fluchtversuche.
(Foto: Fotoarchiv der KZ-Gedenkstätte Mauthausen/Humanité)

Die Gaskammer ist ein kleiner fensterloser Kellerraum, in den die SS-Männer durch ein Rohr Blausäuregas einleiten. Sowjetische Kriegsgefangene, zur Hinrichtung Eingewiesene, arbeitsunfähige Häftlinge und politische Gegner werden in der Gaskammer von Mauthausen erstickt – bis Ende April 1945 insgesamt über 3.500 Menschen. Hunderte Häftlinge sterben durch Gasmorde in den Baracken von Gusen. Zusätzlich ist zwischen Mauthausen und Gusen ein Gaswagen unterwegs, mit dem mindestens 900 Menschen getötet werden.

### Verbrennung der Toten

Um die Spuren zu verwischen, verbrennt die SS die Toten des Lagers. Bis 1940 werden sie in die städtischen Krematorien von Steyr und Linz gebracht, dann in eigenen Krematorien in den Lagern Mauthausen und Gusen eingeäschert. Die Asche der Toten wird auf die Müllhalde gekippt. Am Ende sind es in Mauthausen drei Öfen, in denen pausenlos Tote verbrannt werden. Dennoch reicht die Kapazität nicht aus, so dass die SS in den letzten Monaten in der Nähe des KZ Mauthausen ein Massengrab mit 10.000 Leichen anlegt.

**Das Konzentrationslager Mauthausen**

# Was hat die Bevölkerung mit den Konzentrationslagern zu tun?

### Wirtschaftsfaktor Konzentrationslager

Als der Bürgermeister von Mauthausen und der Landrat in Perg von den Plänen für ein Konzentrationslager erfahren, legen sie bei Reichsführer SS Heinrich Himmler Beschwerde ein – erfolglos. Bürgermeister August Gattinger fürchtet, die Gemeinde werde einen wirtschaftlichen Schaden erleiden. Es stellt sich jedoch bald heraus, dass das Konzentrationslager der lokalen – und auch der überregionalen – Wirtschaft Vorteile bringt. Bauern müssen zwar Gründe an die SS verkaufen, werden aber dafür zu Lebensmittellieferanten für das Lager. Baufirmen errichten Betriebsgebäude beim Steinbruch, Tischler zimmern Einrichtungen für die Häftlingsbaracken, Geschirrerzeuger liefern Gläser und Töpfe. Anton Slupetzky versorgt mit seiner Linzer Desinfektionsfirma das KZ Mauthausen-Gusen mit dem Giftgas Zyklon B, das die SS für Morde verwendet. Hunderte Steinmetze arbeiten als DESt-Angestellte mit den Häftlingen in den Steinbrüchen. Die SS stellt den Gemeinden, Bauern und Unternehmern, so auch dem Mauthausener Steinwerk Anton Poschacher, KZ-Häftlinge zur Verfügung. Der Bauunternehmer Ernst Kirschbichler tritt 1939 der SS bei und übernimmt eine Funktion in der Bauleitung des KZ; zugleich betreibt er seine Firma weiter, die „durchschnittlich 20 bis 50 Häftlinge pro Tag" bei verschiedenen Bauvorhaben in der Umgebung einsetzt.[268]

### Die SS-Leute in der Dorfgesellschaft

Die SS-Männer setzen sich über Bräuche und Gesetze hinweg. Sie schänden religiöse Symbole wie Kreuze und Heiligenbilder. In Wirtshäusern und auf der Straße treten sie oft gewalttätig auf. Beim Gendarmerieposten Mauthausen treffen deshalb Beschwerden aus der Bevölkerung ein. Der schwerwiegendste Fall ereignet sich 1943, als der SS-Arzt Eduard Krebsbach nach einem Streit einen jungen Langensteiner erschießt. Doch im Allgemeinen sind die SS-Leute in das gesellschaftliche Leben integriert. Kommandant Franz Ziereis schließt sich der örtlichen Jägerschaft an und die SS-Musikkapelle spielt bei Feiern auf. Zuschauer besuchen „regelmäßig" den Fußballplatz im KZ Mauthausen, der unmittelbar neben dem Sanitätslager, dem Sterbelager von Mauthausen, liegt und auf dem die SS-Mannschaft 1944 ihre Heimspiele in der Oberdonau-Meisterschaft austrägt.[269] Auch private Bande werden geknüpft. SS-Männer heiraten Frauen aus der Umgebung, und zuweilen findet eine „schöne Hochzeit" im Konzentrationslager statt.[270]

## Wissen und Schweigen

Gewollt oder ungewollt sind die Menschen in Mauthausen, Gusen und vielen anderen Orten Zeugen der Untaten der SS. Sie reagieren mit Entsetzen oder Zustimmung – aber fast immer schweigend. In einem ungeschriebenen Pakt verständigen sich SS-Leute und Bevölkerung darauf, über die Verbrechen, die weithin bekannt sind, nicht zu sprechen. Natürlich wird trotzdem geredet: wenn der psychische Druck zu groß geworden ist, manchmal unter Alkoholeinfluss, hinter vorgehaltener Hand. Das allgemeine Schweigen über den sichtbaren Schrecken vergrößert die Gefahr für jene, die doch etwas sagen. Johann Steinmüller, Steinmetz und früherer sozialdemokratischer Bürgermeister von Langenstein, setzt sich 1939 als DESt-Arbeiter mehrmals für Häftlinge im Wiener Graben ein und wird deshalb entlassen. Weil er in einem Gasthaus angeblich von Morden im Lager erzählt und die SS beschimpft, wird Steinmüller zunächst ins KZ Buchenwald gesperrt und 1940 „wegen Vergehens gegen das Heimtückegesetz" zu acht Monaten Gefängnis verurteilt.[271]

Das Konzentrationslager Mauthausen liegt weithin sichtbar auf einem Hügel, und an vielen Orten sind Außenlager. Doch das Schweigen der meisten trägt dazu bei, dass der Massenmord inmitten der Gesellschaft für die Nachbarn der Lager zur gewohnten „Normalität" wird und für die weiter entfernt Lebenden an den Rand der Wahrnehmung rückt.

„Sommerfrische Mauthausen a.d. Donau": Erholungsuchende schreiben 1943 diese Postkarte aus dem Urlaub in der Nähe des Konzentrationslagers. Gleichzeitig berichten Anrainer von der Geruchsbelästigung durch den Rauch aus den Krematorien. (Abbildung: Archiv der KZ-Gedenkstätte Mauthausen)

**Das Konzentrationslager Mauthausen**

# Wie leisten Häftlinge Widerstand?

Der Wiener Kommunist Josef Kohl ist von 1939 bis 1945 im KZ Mauthausen inhaftiert. Als Funktionshäftling unterstützt er Mithäftlinge und baut ein Widerstandskomitee auf. Viele Überlebende erinnern sich dankbar an ihren Helfer und Retter Josef „Pepi" Kohl, so wie Valentin Sacharov: „Wäre er nicht gewesen, dann wäre von mir nur Asche zurückgeblieben!"272 Nach 1945 setzt sich Kohl für die Errichtung der KZ-Gedenkstätte Mauthausen ein.
(Foto: Fotoarchiv der KZ-Gedenkstätte Mauthausen)

Im Konzentrationslager sind dem Widerstand enge Grenzen gesetzt. Individueller Widerstand zeigt sich in Fluchtversuchen. Diese scheitern in Mauthausen-Gusen bis Ende 1944 fast ausnahmslos, weil es für die Geflüchteten äußerst schwierig ist, von der Bevölkerung Hilfe zu bekommen. Erst in der chaotischen Schlussphase und vor allem in weniger gut bewachten Außenlagern gelingt einigen Häftlingen die Flucht.

Vereinzelt bilden sich im Lager kleine Gemeinschaften, in denen Häftlinge einander mit Essen unterstützen. Manche nationale Gruppen entwickeln ein kulturelles Leben im Untergrund. So veranstalten die Polen in Gusen heimlich Konzerte, Literaturabende, Messen und organisieren eine Schule für die Jugendlichen. Lange Zeit jedoch scheitert ein gemeinsamer Widerstand an Feindseligkeiten zwischen nationalen Gruppen. Die SS verstärkt diese Gegensätze, indem sie die Häftlinge, insbesondere durch das System der Funktionshäftlinge, gegeneinander ausspielt.

Ab 1944 übernehmen politische Häftlinge führende Positionen in der Lagerschreibstube des KZ Mauthausen, sie organisieren und unterstützen den Widerstand. Am aktivsten sind die Kommunisten. Es entsteht ein kleines Hilfsnetzwerk und schließlich ein illegales internationales Häftlingskomitee. Nahrungsmittel und Bekleidung werden heimlich gesammelt und an bestimmte Häftlinge verteilt, einzelne Häftlinge werden durch Namen- und Nummerntausch mit bereits Verstorbenen vor der Exekution gerettet.

### Die „Mühlviertler Hasenjagd"

Die größte Widerstandsaktion im KZ Mauthausen ereignet sich in der Nacht vom 1. auf den 2. Februar 1945. Über 500 sowjetische Offiziere, die nach der Flucht aus einem Zwangsarbeitskommando wiederergriffen wurden, sind im isolierten Block 20 als „K-Häftlinge" (K steht für Kugel) dem Tod geweiht, wie schon tausende vor ihnen. Einige Organisatoren planen für die 500 im Block 20 den „Sturm auf die Mauer mit anschließender Massenflucht".273 Sie greifen mit Wurfgeschoßen die SS-Männer auf den Wachtürmen an, schließen den elektrischen Zaun kurz und klettern über die Mauer. Etwa 400 Häftlinge überstehen den Kampf und fliehen – entkräftet, in dünner Kleidung, oft barfuß – durch das winterliche Mühlviertel Richtung Norden. Die SS ruft zur „Hasenjagd" auf. SS-Männer, Einheiten von Wehrmacht und SA, Gendarmerie, Volkssturm und Hitler-Jugend beteiligen sich an der Menschenhatz. Bereits wenige Tage nach dem Ausbruch sind fast alle Geflüchteten wiederergriffen, sie werden meist an Ort und Stelle getötet. Volkssturmangehörige morden dabei aus eigener Initiative. Der Schwertberger Gemischtwarenhändler Leopold Böhmberger erschießt – laut Gendarmeriechronik im „Blutrausch" – sieben Gefangene.274

Doch es gibt auch Menschen in der Umgebung, Einheimische ebenso wie Zwangsarbeiter, die den Geflüchteten mit Nahrung und Bekleidung helfen. In seltenen Fällen riskieren Bauernfamilien schwere Bestrafung, indem sie Häftlinge verstecken. Die Familien Langthaler und Mascherbauer verbergen Geflüchtete auf ihren Höfen in Schwertberg bis zur Befreiung, in Gallneukirchen versorgen zwei Familien wochenlang einige Häftlinge. Nur wenige sowjetische Offiziere überleben die „Mühlviertler Hasenjagd" – acht sind namentlich bekannt.

Die Personalkarte des kriegsgefangenen Unterleutnants Konstantin Rumjancew. Er ist einer der etwa 500 Sowjets, die beim Massenausbruch mit der folgenden „Mühlviertler Hasenjagd" im Februar 1945 ums Leben kommen.
(Abbildung: http://obd-memorial.ru/html/info.htm?id=272186335)

**Das Konzentrationslager Mauthausen**

# Wie werden die Lager des KZ-Systems Mauthausen befreit?

### Massentransporte und Todesmärsche

1944/45 gelangen noch zehntausende Menschen in das Lagersystem Mauthausen: ungarische und polnische Juden und Jüdinnen, die in Auschwitz zum Arbeitseinsatz ausgesucht werden, aufständische Polen aus Warschau, Widerstandskämpfer aus Italien, Männer und Frauen aus anderen Lagern, die kurz vor der Befreiung geräumt werden. Anfang 1945 bricht die Versorgung in Mauthausen-Gusen zusammen. Zum Teil werden nur mehr die Toten ausgeladen und die Lebenden in Außenlager weitergeleitet, vor allem nach Ebensee. Etwa 20.000 ungarische Juden und Jüdinnen aus den Arbeitslagern am „Südostwall" treffen nach Todesmärschen im April 1945 in Mauthausen ein. Kurz danach müssen sie sich über Enns, St. Florian, Ansfelden, Pucking, Weißkirchen, Thalheim und Wels in das Auffanglager Gunskirchen weiterschleppen. Tausende sterben auf dem Weg an Schwäche oder werden von den Wachmannschaften erschossen. Im Lager Gunskirchen geht das Massensterben bis zur Befreiung am 5. Mai 1945 weiter.

### Letzte Mordaktionen

Auch in der Schlussphase setzt die SS die gezielten Morde in den Lagern fort. Im April 1945 werden in Gusen kranke Häftlinge mit Gas erstickt oder erschlagen, in Mauthausen tausende geschwächte Menschen aus dem Sanitätslager in der Gaskammer getötet. Noch Ende April sterben auf Anordnung von Gauleiter August Eigruber 43 Widerstandskämpfer, darunter viele Oberösterreicher, in der Gaskammer. Danach lässt die SS die technischen Einrichtungen der Gaskammer abmontieren und Schriftstücke vernichten, um die Spuren der Verbrechen zu beseitigen. Aber Häftlingen gelingt es, viele Totenbücher, Listen und Fotografien als Beweismittel in Sicherheit zu bringen.

### Die Befreiung

Die Fronten im Osten und im Westen rücken näher. Am 2. und 3. Mai 1945 verlässt die SS das KZ Mauthausen-Gusen und übergibt die Bewachung der Wiener Feuerwehr. In Mauthausen übernimmt das internationale Häftlingskomitee die Organisation des Lagerlebens. Am 5. Mai 1945 befreien Einheiten der 11. Division der 3. US-Armee kampflos die Lager Mauthausen, Gusen, Linz, Steyr und Gunskirchen. In Ebensee versucht die SS an diesem Tag, die Häftlinge in die Stollen zu treiben, um sie dort durch

Zwei junge weibliche Häftlinge sitzen nach der Befreiung des KZ Mauthausen vor einer Baracke. Fotograf ist der ehemalige spanische Häftling Francisco Boix, der die Tage nach der Befreiung im Mai 1945 mit seiner Kamera dokumentiert.
(Foto: Fotoarchiv der KZ-Gedenkstätte Mauthausen/Amical de Mauthausen Barcelona)

Ein befreiter Häftling des KZ Ebensee im Mai 1945
(Foto: Oberösterreichisches Landesarchiv/ National Archives Washington)

Sprengung zu töten – doch die Gefangenen weigern sich, dem Befehl Folge zu leisten. Am 6. Mai 1945 erreichen die Befreier Ebensee. Der Franzose Homère Fonteneau erinnert sich an diesen Moment: „Wir sind frei! Die Freude ist dennoch nicht einhellig. Einzig den Kameraden, die noch gesund sind und ausreichend Kraft haben, den Befreiern entgegenzugehen, wird klar, wie unglaublich und wunderbar diese Augenblicke sind. (…) Die große Mehrheit der Gefangenen ist jedoch völlig apathisch. Sie sind noch am Leben, sicher, aber es hängt an einem dünnen Faden. (…) Viele werden sterben, ohne zu wissen, dass sie befreit worden sind."[275]

## Das Konzentrationslager Mauthausen

Die US-Amerikaner ziehen im Mai 1945 NSDAP-Mitglieder aus der Umgebung des KZ Mauthausen dazu heran, auf dem ehemaligen Fußballplatz der SS ein Massengrab für über 1.900 KZ-Häftlinge anzulegen. In den 1950er Jahren werden die Gebeine der Toten in ihre Heimatländer überführt oder auf einen Friedhof in der KZ-Gedenkstätte umgebettet.
(Foto: Fotoarchiv der KZ-Gedenkstätte Mauthausen)

In den oberösterreichischen Lagern finden die US-Amerikaner tausende Tote vor. Unzählige Häftlinge sind bis zum Skelett abgemagert und krank, so dass viele noch nach der Befreiung sterben. Von den 200.000 Menschen, die die SS von 1938 bis 1945 in das Lagernetz Mauthausen verschleppt, kommt etwa die Hälfte ums Leben. Die Überlebenden verlassen die Lager in den Wochen und Monaten nach der Befreiung.

### Die Verfolgung der Täter

In den Tagen der Befreiung üben Häftlinge Lynchjustiz an verhassten Funktionshäftlingen. Die US-amerikanischen Truppen übernehmen rasch die Kontrolle in den befreiten Lagern, bestatten die Toten in Massengräbern, stellen die Versorgung für die Überlebenden sicher, sammeln Beweise zur gerichtlichen Verfolgung der Täter und verhaften SS-Angehörige. Jack H. Taylor, ein amerikanischer Agent, der in der Schlussphase im KZ Mauthausen inhaftiert war, erstellt einen umfangreichen Bericht mit Zeugenaussagen, SS-Dokumenten und Fotos. Dieser „Taylor-Report" dient als eines der „wichtigsten Beweisdokumente für die in Mauthausen begangenen Verbrechen" in den Gerichtsverhandlungen.[276]

Franz Ziereis, der Kommandant des KZ Mauthausen, wird Ende Mai 1945 in seinem Versteck im Gebirge ausgeforscht und angeschossen, er stirbt kurz darauf im amerikanischen Militärspital in Gusen. Über 200 SS-Männer des KZ-Systems Mauthausen stehen 1946/47 in Dachau vor einem US-amerikanischen Militärgericht. Es spricht Todesurteile und Haftstrafen aus. Doch bereits wenige Jahre später werden viele vorzeitig aus der Haft entlassen. Manche Täter kommen nie vor Gericht. Sie tauchen unter und kehren in ein unauffälliges bürgerliches Leben zurück.

# Lebensgeschichten

## Johann Gruber:
## Der Weg eines Unbequemen

Mit seinen modernen pädagogischen Ideen wird der Priester Johann Gruber der katholischen Kirche lästig. Den Nationalsozialisten ist er als politischer Gegner ein Dorn im Auge. Selbst im Konzentrationslager geht Gruber zum Wohl vieler Mithäftlinge seinen eigenen, mutigen Weg, bis er dem Terror zum Opfer fällt.

### Mustergültige geistliche Laufbahn

Johann Gruber, geboren 1889, wächst in einem kleinen Bauernhaus in Tegernbach bei Grieskirchen auf. Im Jahr 1900 sterben die Eltern kurz hintereinander und hinterlassen vier Kinder. Der elfjährige Johann ist der Älteste. Der gute Schüler wird 1902 in das Bischöfliche Gymnasium Petrinum in Linz aufgenommen. Damit ist seine geistliche Laufbahn vorbestimmt. Nach der Matura tritt Johann Gruber in das Linzer Priesterseminar ein und empfängt 1913 die Priesterweihe.

### Lehrer und Querdenker

1918 wird Johann Gruber dem Katholischen Waisenhaus Linz als Lehrer zugeteilt. Der Bischof schickt den vielversprechenden jungen Geistlichen zum Studium nach Wien. Gruber schließt in Geschichte und Geografie 1923 mit dem Doktorat ab. In Wien lernt er die Reformpädagogik kennen. Sie stellt die jungen Menschen und ihre Bedürfnisse in den Mittelpunkt. Zurück in Linz, stürzt er sich mit Feuereifer in seine Lehrtätigkeit im Waisenhaus, an der Bischöflichen Lehrerbildungsanstalt und an Gymnasien. Bei seinen Schülern und Schülerinnen ist er wegen seines lebhaften Unterrichts überaus beliebt. Doch mit der konservativen Schulleitung des Katholischen Waisenhauses gerät der reformfreudige Gruber in einen heftigen Konflikt. Er muss das Waisenhaus verlassen.

### Leiter der Katholischen Privat-Blindenanstalt

1934 bestellt ihn der Bischof zum Direktor der Katholischen Privat-Blindenanstalt in Linz. Gruber sorgt mit unternehmerischem Talent für einen verstärkten Verkauf handwerklicher Produkte der Blinden und verfolgt den Plan von Wohnhäusern für erwachsene Blinde. Tatsächlich bereitet er 1938 die Errichtung einer ganzen Wohnanlage – nicht nur für Blinde – in der Linzer Anzengruberstraße vor. Einen verhängnisvollen Verlauf nehmen jedoch die Konflikte um seine pädagogischen Reformen. Die geistlichen Schwestern und der Bischof wollen es nicht hinnehmen, dass Gruber die strenge Trennung der Geschlechter in der Blindenanstalt aufhebt. Sein unkonventioneller Umgang mit den Jugendlichen, zu dem auch Körperkontakte wie Handhalten, Umarmen und Kitzeln gehören, trägt ihm den Vorwurf sexueller Belästigung von Mädchen ein. „Jeder sexuelle Beweggrund liegt mir vollständig fern", schreibt er empört an den Bischof.[277]

### Der inszenierte Skandal

Nach dem „Anschluss" Österreichs bekommt der Konflikt eine politische Dimension. Nationalsozialistische Jugendliche und ein Lehrer der Blindenanstalt wollen den geistlichen Direktor absetzen. Sie zeigen ihn wegen abfälliger Bemerkungen über Hitler und wegen sexueller Übergriffe bei der Gestapo an. Zum Prozess im Sommer 1938 liefert die nationalsozialistische Presse ein übles Begleitkonzert: Sie stellt Johann Gruber als „Lüstling und Hetzer" und „Unmenschen im Priestergewande" dar.[278] Das Urteil lautet drei Jahre Kerker. Doch Gruber, ein äußerst streitbarer Mensch, erwirkt die Aufhebung des Urteils wegen schwerer Verfahrensmängel. Im Jänner 1939 folgt der zweite Prozess in Linz. Trotz vieler Zweifel an der Glaubwürdigkeit der Belastungszeugen wird Gruber wegen politischer „Aufwiegelung" und „Verführung zur Unzucht" erneut verurteilt: zu zwei Jahren Kerker.[279]

### Das Hilfsnetzwerk des „Père Gruber" im KZ Gusen

Nach einem halben Jahr in der Strafanstalt Garsten sperrt die Gestapo Johann Gruber 1940 zuerst in das KZ Dachau, danach in das KZ Gusen. Dort gelingt es ihm, Positionen als Funktionshäftling zu erlangen. Er wird „Kapo" des Lagermuseums, das urgeschichtliche Funde sammelt, die bei den Arbeiten im KZ Gusen auftauchen. Gruber nützt diese bevorzugte Stellung zum Aufbau einer umfangreichen Hilfsorganisation für Mithäftlinge. Durch den Handel mit Zigaretten und durch Kontakte nach außen beschafft er Medikamente und Lebensmittel. Viele französische, belgische und polnische Häftlinge berichten, dass sie „Père Gruber" (Pater/Vater Gruber) ihr Leben verdanken. „Pater Gruber war ein wunderbarer Mensch. Am Tag, als er mich traf, hatte ich nur mehr 48 Stunden zu leben. (…) Also kam er und brachte mir 5 Liter Kartoffelbrei mit", erinnert sich der französische Autor Jean Cayrol.[280] Regelmäßig bringt er seinen Schützlingen einen großen Suppentopf in die Baracke, die „Gruber-Suppe". Mit einem polnischen Kollegen organisiert er heimlichen Unterricht für polnische Jugendliche im KZ Gusen.

Anfang April 1944 kommen Gestapo und SS hinter Johann Grubers Netzwerk und Außenbezie-

Johann Gruber mit Schülern des Katholischen Waisenhauses
(Foto: Helmut Wagner)

hungen. Mehrere Personen werden verhaftet. Der Gusener Lagerkommandant Fritz Seidler ist außer sich vor Wut. Er sperrt Gruber in den Bunker, das Lagergefängnis im Torgebäude („Jourhaus"), und misshandelt ihn tagelang aufs Schrecklichste. Am Karfreitag, den 7. April 1944, stirbt Johann Gruber im Bunker. Seidler stellt seinen Tod offiziell als Selbstmord dar.

Das lange Schweigen der Kirche

Zahlreiche Häftlinge berichten immer wieder über Grubers außerordentliche Hilfstätigkeit. Doch in Österreich bleibt es jahrzehntelang still um Geistliche, die im KZ waren. Besonders mit dem unbequemen Priester Johann Gruber, der zudem mit dem Makel einer – sehr zweifelhaften – Verurteilung wegen sexueller Belästigung behaftet ist, tut sich die katholische Kirche schwer. Erst seit Ende der 1980er Jahre wird Johann Grubers Leben und Wirken gewürdigt.

Quelle:
Helmut Wagner, Dr. Johann Gruber. Priester – Lehrer – Patriot (1889–1944). Nonkonformität und ihre Folgen in der Zeit des Nationalsozialismus, Linz 2011.

# Maria Langthaler:
# Die entschlossene Helferin

Die schönste Geschichte von Barmherzigkeit: Durchs Mühlviertel fegt die blutige Jagd nach über 400 geflüchteten sowjetischen KZ-Häftlingen. An einem kalten Februarmorgen steht ein zerlumpter junger Mann vor der Haustür eines Bauernhofes und bittet um Essen. Er sei ein ukrainischer Dolmetscher. Doch die Bäuerin sagt: „Ich weiß schon, wer du bist", nimmt ihn am Arm und zieht ihn ins Haus herein.[281] Diese Bäuerin ist Maria Langthaler.

## Arbeit und Glaube

Maria Kapplmüller wird 1888 auf einem Bauernhof in Tragwein geboren. Sie hat acht Geschwister. Der Vater stirbt früh. Die Mutter ist krank, die Brüder sind im Ersten Weltkrieg eingerückt. Deshalb muss die junge Frau den Hof bewirtschaften. Obwohl sie schmächtig erscheint, setzt sie sich beim Ochsenhandel durch. Sie ist hilfsbereit und freigebig, aber auch bestimmt, und sie kann mit allen reden. Den katholischen Glauben bekommt Maria Kapplmüller in die Wiege gelegt. Marias älterer Bruder Alois wird Pfarrer, eine Schwester geht ins Kloster.

1920 heiratet sie den Witwer Johann Langthaler, der einen Bauernhof in Winden bei Schwertberg besitzt. Er bringt vier Kinder mit in die Ehe. Bis 1931 kommen fünf gemeinsame Kinder von Johann und Maria Langthaler hinzu. Johann Langthaler arbeitet als Steinbruchaufseher bei der Firma Poschacher im Ort Mauthausen. Die kleine Landwirtschaft führt Maria Langthaler.

## Im Nationalsozialismus

Alois, der ältere Sohn, will gleich nach dem „Anschluss" zur SS. Da er noch nicht ganz 18 ist, muss der Vater für ihn unterschreiben. „Er hat gemeint, wir können ihm doch nicht das Glück vertun", erzählt Maria Langthaler, und: „Ich habe viel geweint."[282] Sie mag die Nationalsozialisten nicht. Alois kommt zur Ausbildung und zum KZ-Wachdienst nach Sachsenhausen. Nach der Gründung des KZ Mauthausen im Sommer 1938 schlägt sie ihrem Sohn vor, sich hierher versetzen zu lassen. Doch Alois Langthaler ist abgestoßen vom Dienst im KZ. Er meldet sich im Krieg an die Front und kämpft als Sturmscharführer der Waffen-SS in Russland.

Johann Langthaler fährt täglich mit dem Zug zur Arbeit nach Mauthausen. Am Bahnhof sieht er die Toten und den Marsch der Elendsgestalten ins KZ auf dem Berg. „Da ist er manchmal ganz erschüttert heimgekommen", berichtet die ältere Tochter Maria.[283] Mit anderen wird über diese Erfahrungen nicht gesprochen.

## Michail und Nikolaj

Nach dem Ausbruch der sowjetischen Offiziere aus dem KZ Mauthausen Anfang Februar 1945 durchstreifen SS und Volkssturm das Mühlviertel. Das große Morden, die „Mühlviertler Hasenjagd" ist im Gange. Da steht am Morgen des 3. Februar Michail Rybčinskij vor der Tür des Langthaler-Hofes. „Weißt

Sitzend von links: Maria Langthaler, Johann Langthaler, Tochter Maria. Stehend von links: Sohn Alfred, Nikolaj Cemkalo, Tochter Anna, Sohn Josef, Michail Rybčinskij. Das Foto entsteht unmittelbar nach Kriegsende. (Foto: Anna Hackl)

du was, ich habe fünf Söhne im Krieg, ich will, daß alle meine Söhne vom Krieg nach Hause kommen und du hast auch vielleicht noch eine Mutter, die will, daß ihr Sohn nach Hause kommt", sagt sie zu ihm.[284] Ihr Mann ist zuerst entsetzt, fürchtet Entdeckung und Strafe, aber Maria Langthaler überredet ihn. Die beiden Töchter Maria und Anna und der sehbehinderte Sohn Alfred, der sich mit dem Volkssturm an der Hatz beteiligen muss, wissen sofort Bescheid. Michail Rybčinskij fasst Vertrauen und führt sie zu seinem Fluchtgefährten Nikolaj Cemkalo auf den Heuboden.

Die Eltern und die drei Kinder helfen zusammen, um den beiden jungen Ukrainern das Leben zu retten. Gleich am nächsten Tag muss die 14-jährige Anna vom Kirchgang zurücklaufen, um die Schwester Maria und die beiden Flüchtigen vor einem nahenden SS-Suchtrupp zu warnen. Tief im Heu vergraben bleiben sie den Spürhunden verborgen. Michail und Nikolaj erhalten ein Versteck auf dem Dachboden. Dort verbringen sie die drei Monate bis zum Kriegsende. Immer wieder gibt es gefährliche Situationen und Begegnungen zu bestehen. Maria Langthaler weiht nur ihren Bruder Alois Kapplmüller, den Pfarrer von Urfahr, ein. Er besucht die Familie und spricht mit den beiden. Oft holt die Familie Michail und Nikolaj zum Reden zu sich in die Stube. Michail kann sich auf Deutsch verständigen – er hat „wohl als Kind auf Grund seiner jüdischen Herkunft Jiddisch zumindest passiv beherrscht".[285] Zu Ostern redet Maria Langthaler ihrem jüngsten Sohn Josef zu, nicht zur Wehrmacht einzurücken. In den letzten Wochen dient der Dachboden also drei jungen Männern als Versteck.

### Abschied und Wiedersehen

Nach Kriegsende macht Michail der älteren Tochter Maria einen Heiratsantrag, doch die junge Frau hat sich bereits für das Kloster entschieden. Ein

Gruppenfoto wird angefertigt, Rybčinskij übergibt der Familie ein Schreiben mit der Geschichte der Rettung, dann kehren die beiden in die Sowjetunion zurück. Maria Langthaler steht große Ängste um ihren Sohn Alois aus, der bei der SS war. Zwei Monate lang versteckt sie ihn. Schließlich bleibt er vor Strafverfolgung verschont, weil er beim Eintritt in die SS noch minderjährig war. Alois Langthaler lernt Steinmetz. 1962 erhält er den Auftrag, das Denkmal für General Karbyšev an der KZ-Gedenkstätte Mauthausen auszuführen und kommt dabei in Kontakt mit sowjetischen Beamten. Er erzählt ihnen von der Rettung der beiden Häftlinge und zeigt ihnen Michails Brief.

Die Geschichte wird in der Sowjetunion bekannt. 1964 überreicht der sowjetische Botschafter Maria Langthaler eine hohe Auszeichnung, und die beiden Ukrainer kommen zum ersten Mal nach Mauthausen und Winden zurück. 1967 findet der Gegenbesuch in Kiew und Lugansk statt. Dort lernt Maria Langthaler Nikolaj Cemkalos Mutter kennen, die seine österreichische „Mutter" vor Dankbarkeit gar nicht mehr loslassen will – Nikolaj ist der einzige ihrer acht Söhne, der aus dem Krieg zurückgekehrt ist. Michail Rybčinskijs Eltern wurden im Holocaust ermordet.

Maria Langthaler stirbt 1975. Der Kontakt zwischen der Familie Langthaler und den beiden Ukrainern besteht bis zu deren Tod. Während der Dreharbeiten zu Andreas Grubers Spielfilm über die „Mühlviertler Hasenjagd", der 1995 das 50-jährige Schweigen in der Region bricht, ist Michail Rybčinskij die ganze Zeit anwesend. Anna Hackl, die jüngere Tochter von Maria Langthaler, reist bis heute als begehrte Zeitzeugin unermüdlich durch das Land.

Quellen:
Gespräch mit Anna Hackl, 29.5.2013.
Matthias Kaltenbrunner, Flucht aus dem Todesblock. Der Massenausbruch sowjetischer Offiziere aus dem Block 20 des KZ Mauthausen und die „Mühlviertler Hasenjagd" – Hintergründe, Folgen, Aufarbeitung, Innsbruck u.a. 2012.
Peter Kammerstätter, Der Ausbruch der russischen Offiziere und Kommissare aus dem Block 20 des Konzentrationslagers Mauthausen am 2. Februar 1945 (Die Mühlviertler Hasenjagd). Materialsammlung. Aussagen von Menschen, die an der Verfolgung beteiligt waren oder zusehen mussten, und solchen, die Hilfe gaben, Linz 1979.
Walter Kohl, Auch auf dich wartet eine Mutter. Die Familie Langthaler inmitten der „Mühlviertler Hasenjagd", Grünbach 2005.

# Otto Pensl: Ein Spitzensportler im kommunistischen Widerstand

Nach dem Bürgerkrieg 1934 schließt sich Otto Pensl – wie so viele ehemalige Sozialisten – der illegalen KPÖ an, betätigt sich im Nationalsozialismus in der kommunistischen Widerstandsbewegung und wird schließlich im Konzentrationslager ermordet. Zuvor, in den 1920er Jahren, hat er österreichische Sportgeschichte geschrieben.

## Sportlicher Allrounder, Marathonmeister, Kommunist

Otto Pensl, Jahrgang 1895, besucht in Linz die Schule und lernt das Handwerk des Mechanikers. Als Zwanzigjähriger muss er als Soldat in den Ersten Weltkrieg einrücken. Danach arbeitet er in den Steyr-Werken. In dieser Zeit entfaltet sich sein vielfältiges sportliches Talent. Er ist Turner und Leichtathlet im Arbeiterturnverein Vorwärts Steyr sowie Kletterer und Schispringer bei den Naturfreunden. Oft nimmt er als Bergrettungsmann an Einsätzen im Gesäuse teil. Seine besondere Vorliebe aber gilt dem Marathonlauf. Die Strecke von Steyr nach Linz, die ungefähr dieser Distanz entspricht, läuft er mehrmals zum Training. 1925 liefert er sein Meisterstück ab: Er schwingt sich in Steyr aufs Fahrrad, fährt nach Wien, bestreitet dort die österreichische Marathonmeisterschaft, holt sich als erster Österreicher mit einer Marathonzeit unter drei Stunden den Titel, steigt wieder aufs Rad und kehrt nach Steyr zurück.

Bereits 1929, zu Beginn der Weltwirtschaftskrise, wird Otto Pensl arbeitslos. Im Bürgerkrieg 1934 kämpft er im Republikanischen Schutzbund gegen den Austrofaschismus, nach der Niederlage geht er zu den Kommunisten in den Untergrund. Wegen kommunistischer Betätigung erhält er 1934 drei Monate Haft. Erst 1935 kann er seine Arbeit in den Steyr-Werken wieder aufnehmen.

## Ein scharfsichtiger Kritiker des Nationalsozialismus

1939 entlassen die Steyr-Werke Otto Pensl aus politischen Gründen. Er wird Monteur bei der Installationsfirma Schützner in Steyr. Im bitterkalten Winter 1941/42 frieren viele Wasserleitungen ein. Die Firma schickt im Februar 1942 Otto Pensl und einen Lehrling in ein Haus in Steyr, um die Wasserleitung zu reparieren. Danach lädt die Hausfrau die beiden frierenden Arbeiter zu einer Tasse Tee in die Wohnung ein. Dabei entwickelt sich ein zwangloses Gespräch, das schwerwiegende Folgen hat. Wegen seiner kritischen Äußerungen über den Nationalsozialismus zeigt die Frau den Monteur an. Im Juni 1942 steht Otto Pensl vor dem Sondergericht beim Landesgericht Linz. „Aufgrund der vollständig glaubwürdigen Aussagen der Zeugen Hilde Rubenzucker und Friedrich Bichler in Verbindung mit einem teilweisen Geständnis des Angeklagten" nimmt es das Gericht als erwiesen an, dass der Angeklagte gesagt hat: „Schauens, unsere jungen Leute müssen heute für diesen Krieg die Schädel hinhalten und büßen! (…) Schauen Sie, ist das etwa menschlich, wie man

Otto Pensl
(Foto: Otto Treml)

bei uns die Juden und die russischen Kriegsgefangenen behandelt! Wenn bei uns etwas nicht klappt, sind immer die Juden daran schuld! (…) Wir müssen erst abwarten, ob wir den Krieg gewinnen. (…) Die Soldaten, die von der Ostfront zurückkehren, erzählen etwas ganz anderes, als in der Presse berichtet wird. (…) Im KZ-Lager Mauthausen werden die Leute nur so weggeputzt."[286] Das Urteil lautet: ein Jahr Gefängnis „wegen Vergehens gegen das Heimtückegesetz".

### Ermordet im KZ Mauthausen

Nach einem Jahr im Gefängnis kommt Otto Pensl frei, aber 1944 holt ihn die Gestapo im Zuge einer Verhaftungswelle gegen Kommunisten wieder ab. Diesmal wird er in das KZ Mauthausen eingeliefert. Otto Pensl „der zähe Sportler", so wird über ihn berichtet, „half seinen Kameraden, wo es nur möglich war und wie er es stets gewohnt war. Er strahlte Mut und Zuversicht aus. Nur mehr wenige Tage, und wir sind frei, war sein Ausspruch im Frühjahr 1945."[287] Doch am 27. April 1945, eine Woche vor der Befreiung des Konzentrationslagers, ordnet Gauleiter August Eigruber an, die 34 oberösterreichischen Kommunisten im Lager zu töten. Politische Funktionshäftlinge in der Lagerschreibstube zögern die sofortige Hinrichtung durch Falschmeldungen an die SS hinaus. Sie fordern die Oberösterreicher auf, in der Nacht über den Zaun zu flüchten, und rüsten sie mit einigen Waffen aus. Zwar findet der Fluchtversuch statt, aber sehr unentschlossen, und bei der ersten Schwierigkeit wird er abgebrochen. Denn die „meisten der Todeskandidaten konnten nicht glauben, dass sie noch kurz vor der Befreiung sterben sollten", berichtet Hans Maršálek, der als einer der Funktionshäftlinge diese versuchte Rettungsaktion organisiert.[288] Nur Richard Dietl kann sich am nächsten Morgen vor der SS im Krankenlager verstecken. 33 Oberösterreicher, unter ihnen Otto Pensl, und zehn weitere Häftlinge sterben am 28. April 1945 in der Gaskammer von Mauthausen.

Heute ist in Steyr eine Straße nach dem Widerstandskämpfer Otto Pensl benannt.

Quellen:
Otto Treml, Otto Pensl aus Steyr, österreichischer Marathonmeister 1925 (Manuskript).
Widerstand und Verfolgung in Oberösterreich 1934–1945.
Eine Dokumentation, hg. v. Dokumentationsarchiv des österreichischen Widerstandes, Band 1, Wien/Linz 1982, S. 295.
Alois Zehetner, In Erinnerung an Otto Pensl. Ein Opfer der Vernichtungsmaschinerie, in: Steyrer Zeitung vom 1.12.1988, S. 6 und 8.

# Johanna Rittenschober: Die Augenzeugin

Johanna Rittenschober (damals noch Lampelmaier) wird als junge Frau auf einem Bauernhof in der Nähe des Konzentrationslagers Gusen Zeugin der Verbrechen. Mehr als 40 Jahre danach befragen sie ein Journalist und ein Autor zu ihrem Leben – und sie erzählt bereitwillig von ihren Erfahrungen.

### Die Magd

Johanna Lampelmaier wird 1921 in Pregarten im Mühlviertel geboren. Sie wächst in einer Bauernfamilie auf. Ihr Vater herrscht über die Frauen in der Familie mit großem Eigensinn und unerbittlicher Strenge. Schon als junges Mädchen wird sie, wie allgemein üblich, als Magd auf Bauernhöfe geschickt, wo sie im Stall und auf den Feldern arbeiten muss. In dieser Zeit entsteht das Foto der etwa 20-Jährigen.

### Begeisterung und Ernüchterung

Als Österreich 1938 Teil des Deutschen Reiches wird, schwimmt auch Johanna Lampelmaier auf der Welle der Begeisterung mit. Den Nationalsozialismus erlebt sie zuerst als faszinierendes Versprechen. Landarbeitern und Landarbeiterinnen eröffnen sich im Nationalsozialismus neue Lebensmöglichkeiten. Viele finden Arbeitsplätze in der Stadt. Aber Johanna Lampelmaier bleibt in der Landwirtschaft. Die NS-Regierung greift den Knechten und Mägden finanziell unter die Arme. Auch von der Ideologie der deutschen „Volksgemeinschaft" fühlt sich Johanna angesprochen.

Doch während des Krieges begreift sie, dass die frühere Unterdrückung von einem viel schrecklicheren neuen Zwang abgelöst wurde. Besonders deutlich erfährt sie das, als sie Magd auf einem Bauernhof in der Nähe des KZ Gusen wird.

### Die Augenzeugin

Auf diesem Bauernhof in Langenstein ist Johanna Lampelmaier Augen- und Ohrenzeugin der Ereignisse im KZ Gusen. Johannas Vater arbeitet als Zivilbediensteter im Steinbruch. SS-Männer kehren manchmal zum Essen und Trinken auf den Bauernhöfen ein. „Ein Scharführer ist oft auf den Hof gekommen/ (…) / Der hat uns viel erzählt ohne daß wir danach gefragt haben / weil wir es gar nicht wissen wollten."[289] Er berichtet von Morden durch Giftgas. Der Verbrennungsgeruch aus den Krematorien hängt über der Gegend. Johanna Lampelmaier erlebt Tag für Tag mit, wie Häftlinge misshandelt und ermordet werden: „Direkt neben ihnen hab ich oft den ganzen Tag gearbeitet / Direkt neben dem Lager Gusen / um das herum haben wir unsere Felder gehabt / und daneben waren KZler / die haben Straßen gebaut und Kanäle gegraben / (…) / Eine große Schotterwalze haben sie gehabt / die haben zwanzig oder fünfundzwanzig Häftlinge ziehen müssen / und wenns nicht können haben / wenns zu schwach waren / sinds zusammengeschlagen worden / sind auf einen Schlitten geworfen und wegverfrachtet worden / haben wir alles gesehen".[290] Einmal versuchen der Bauer und sie, diesen Menschen zu helfen. Sie lassen Rüben von einem Wa-

Johanna Rittenschober (damals noch Lampelmaier) um 1940
(Foto: Johanna Rittenschober)

Johanna Rittenschober im Jahr 2011
(Foto: Maria Ecker)

gen fallen, damit die Häftlinge sie finden. Dabei werden sie von SS-Männern beobachtet, die ihnen damit drohen, sie einzusperren.

Die Bevölkerung schweigt zu den Vorgängen, auch Johanna Lampelmaier. Sie schweigt nicht nur aus Angst vor der SS, sondern auch aus Angst vor den Bekannten, unter denen sie lebt – und mit dem Schrecken über das eigene Schweigen in sich. Neben dem Schrecken läuft der Alltag mit seinen Bedürfnissen nach Lachen und Vergnügungen weiter.

### Männerherrschaft

Noch während des Zweiten Weltkrieges heiratet Johanna. Sie heißt nun Rittenschober. Ihr Mann kehrt verstört und aggressiv aus Krieg und Kriegsgefangenschaft zurück. Er ist gewalttätig, trinkt, betrügt sie, macht ihr ständig Vorwürfe und lässt sie mit der Erziehung der Kinder meist allein. Zugleich herrscht der alte Vater bis zu seinem Ende tyrannisch über Johanna und ihre Mutter. Vater und Ehemann sterben Anfang der 1970er Jahre.

### „Man bringt das nie mehr aus sich heraus"

Knapp 20 Jahre später stößt der Journalist Helmut Schödel zufällig auf Johanna Rittenschober. Ihm und dem Schriftsteller Franz Innerhofer erzählt sie ausführlich über ihr Leben. Johanna Rittenschober kann nun frei über die Unterdrückung sprechen, die sie durch die Männer erlebt hat. Sie ärgert sich, dass sie so viel über sich ergehen hat lassen. Ebenso offen redet sie über ihre Erfahrungen im Umfeld des KZ Gusen, über das Wissen und Schweigen damals: „Das kriegt man nicht los / Man bringt das nie mehr aus sich heraus / Ob ich schlaf oder wach bin / ich hab das in mir drinnen / ich denk immer daran wie das gewesen ist / Man muss sich vorstellen / wir haben das alles gewusst / alle rundherum haben wir davon gewusst".[291]

Quellen:
Franz Innerhofer, Scheibtruhe, Salzburg 1996.
Helmut Schödel, Härter als das Leben. Eine Reise über die Dörfer, bis an den Rand der Heimatliteratur und weiter, in: Die Zeit, 23.3.1990.

# Die Verfolgung der Roma und Sinti

## Wer sind die Roma und Sinti?

Roma und Sinti bilden die größte Minderheit in Europa. Ihre Vorfahren kommen aus Indien. Sie sprechen eine Sprache (Romani oder Romanes), die mit anderen indischen Sprachen verwandt ist. Sinti leben von Roma getrennt und gebrauchen einen eigenen Dialekt, das Sinti Tikkes. Es gibt eine Reihe von weiteren Untergruppen der Roma und Sinti mit jeweils eigenen Dialekten und Bräuchen. Zu ihnen gehören die Lovara, Kalduraš, Gubet und Arlije.

Behörden und Bevölkerung verwenden für Roma und Sinti Jahrhunderte lang den abwertenden Begriff „Zigeuner". Für sich selbst wählen diese Volksgruppen seit den 1970er Jahren den Oberbegriff „Roma und Sinti", eine Bezeichnung, die sich allmählich in der Alltagssprache der Mehrheitsgesellschaft durchsetzt.[292]

**Die Verfolgung der Roma und Sinti**

# Wie ergeht es Roma und Sinti vor der NS-Zeit?

In Oberösterreich sind Sinti – Roma gibt es hier kaum – seit der zweiten Hälfte des 15. Jahrhunderts nachweisbar. Die Einstellung der Mehrheitsbevölkerung ihnen gegenüber ist von Beginn an widersprüchlich. Sie schwankt zwischen Misstrauen und Bewunderung. Die als fremd und exotisch wahrgenommenen Roma und Sinti lösen bei vielen Menschen Unmut und Ängste aus. Das angeblich „lustige Zigeunerleben" rührt aber auch an ihre Wünsche und Sehnsüchte. Wenn Roma und Sinti durch die Dörfer ziehen oder sich zeitweise dort niederlassen, bieten sie den „Einheimischen" ihre Fertigkeiten als Pferdehändler, Kesselflicker oder Scherenschleifer an.

Ab der zweiten Hälfte des 18. Jahrhunderts schlägt die Sinti-Familie Kerndlbacher in Hochburg-Ach, einem kleinen Ort im Innviertel, ihr „Winterlager" auf. Jedes Jahr im Spätherbst kommen die Kerndlbachers hierher und ziehen im Frühjahr wieder los, um in Böhmen, Bayern und Österreich ihre Geschäfte zu machen. Sie sind für ihr Wissen über Pferde und ihre Fertigkeit beim Umgang mit Tieren bekannt.

Neben den Kerndlbachers gibt es eine Reihe weiterer Sinti-Großfamilien, die sich auf diese Weise in Oberösterreich beheimaten, wie die Rosenfels in Weng bei Altheim, die Blachs in Buchkirchen bei Wels oder die Lichtenbergers in Gaspoltshofen.

### Lebensweise unerwünscht

Die Behörden und Obrigkeiten stempeln die Lebensweise der Roma und Sinti als unerwünscht ab. Seit Ende des 15. Jahrhunderts versuchen sie durch unzählige Erlässe und Vorschriften, den Roma und Sinti ihre Vorstellungen eines geregelten Lebens aufzuzwingen. Auch Maria Theresia (und ihr Sohn Joseph II.) verfolgen im 18. Jahrhundert mit einer Reihe von Maßnahmen dieses Ziel. So ordnen sie an, den Roma und Sinti die Kinder wegzunehmen und christlichen Bürgern und Bürgerinnen zur Erziehung zu übergeben.

Im 19. Jahrhundert werden Roma und Sinti noch stärker an den Rand gedrängt. Ihre nomadische Lebensweise ist den Behörden zunehmend ein Dorn im Auge. Sie verleumden Roma und Sinti als „von Natur aus" arbeitsscheu, faul und kriminell. Diese Stimmung spiegelt sich auch im oberösterreichischen Landtag wider. Seit den 1870er Jahren wettern die Abgeordneten aller politischen Lager immer heftiger gegen Roma und Sinti. Sie verweisen auf die angeblich wiederkehrenden Klagen der Landbevölkerung. Noch meinen sie damit vor allem die aus dem Osten Durchreisenden und Zuziehenden und weniger die in Oberösterreich heimatberechtigten Sinti. Die Frage des

Auszug aus den Tauf-
matriken der Gemeinde
Hochburg-Ach
(Abbildung: Gitta Martl)

```
Zl.139.                     Hochburg, am 7.III.1938.
Zur d.a.Zl.296/38.

            An das
              Gemeindeamt
                       in Hochburg-Ach.

     Lt hiesiger Taufmatriken scheinen folgende Eintra=
gungen „Kerndlbacher" auf:
Kerndlbacher Anna Kath. geb.am 18.1.1765.
Kerndlbacher Anna Maria,  "   27.1.1766.
Kerndlbacher Anna Elis.   "   3.11.1767.
Kerndlbacher Anna Maria
             Kreszentie,  "   1. 1.1769.
Kerndlbacher Maria Josepha "  1.2.1770.
Kerndlbacher Josef Joh.v.N. " 17.3. 1771.
Kerndlbacher Maria Anna geb. " 19.10.1772.
Kerndlbacher Maria Walp.  "   22.2. 1774.
Kerndlbacher Regina,      "   5.9.1773.
Kerndlbacher Magdalena,   "   23.7. 1775.
Kerndlbacher Michael      "   29.9.1775.
Kerndlbacher Maria Rosalia, " 8.9.  1776.
Kerndlbacher Maria Korona, "  10.5. 1777.
Kerndlbacher Agnes,   geb. "  18.1. 1778.
Kerndlbacher Joh.Josef,   "   13.2. 1780.

Klendlbacher Anna Kath.   "   17.11.1781.
Kerndlbacher Anna Maria   "   21.3. 1785.
Kerndlbacher Maria,geb.   "   15.5. 1787.
Kerndlbacher Philipp      "   3.8.  1790.
Kerndlbacher Josef        "   20.7.1797.
Kerndlbacher Jackob       "   19.7. 1797
Kerndlbacher Johann       "   22.8. 1799.
Kerndlbacher Sebastian    "   17.1. 1813.
Kerndlbacher Elisabeth    "   24.11.1814.
Kerndltacher Georg        "   10.12.1891.

           Pfarramt Hochburg.
```

Die in Hochburg-Ach getauften Kerndlbachers seit 1765

Heimatrechts gewinnt immer mehr an Bedeutung. Wer heimatberechtigt, also einer Gemeinde zugehörig ist, hat auch Anspruch auf Unterstützung im Notfall. Die Kosten muss die Heimatgemeinde tragen.

Der „Zigeunererlass" von 1888 bildet eine wichtige rechtliche Grundlage für die Verfolgungspolitik gegen die Roma und Sinti. Er sieht die Ausweisung aller „ausländischen Zigeuner" und die zwangsweise Sesshaftmachung aller anderen Roma und Sinti vor.

↑ Rosa Winters Onkel in k.u.k. Soldatenuniform
(Foto: Gitta Martl)

↗ Johann Kerndlbacher (Rosa Winters Vater, Fünfter von links) im Kreis von Verwandten in den 1920er Jahren
(Foto: Gitta Martl)

Am Ende des 19. Jahrhunderts setzt sich ein rassistisch geprägtes Bild von Roma und Sinti durch. Ethnologen und Kriminologen stellen „Zigeuner" – unabhängig davon, ob sie sesshaft sind oder nicht – als genetisch bedingt kriminell, primitiv, arbeitsscheu und asozial dar.

Trotz dieser Entwicklungen gehören regelmäßige Kontakte zu Roma und Sinti zum Alltag vieler Menschen in Oberösterreich. Die ansässigen Sinti nehmen am Gemeindeleben teil. So besitzen die Kerndlbacher-Kinder in Hochburg-Ach nicht nur ihr Heimatrecht, sondern gehen auch in Ach in die Volksschule. Die erwachsenen Männer der Familie leisten im Ersten Weltkrieg ihren Militärdienst.

### Kontrollen und Schikanen

Die Wirtschaftskrise und die bittere Armut der Zwischenkriegszeit verschärfen die Aggressionen gegenüber den Roma und Sinti. Für die Gemeinden sind Pflege- und Fürsorgekosten, die sie zu tragen haben, eine zunehmende Belastung. 1929 schlägt ein Revierinspektor aus Mauerkirchen im Bezirk Braunau vor, die Kinder der Roma und Sinti im schulpflichtigen Alter zwangsweise in eine Anstalt zu bringen. Noch bleibt es bei der Idee.

Der Alltag der Roma und Sinti ist durch zunehmende Kontrollen und Schikanen der Gendarmerie geprägt. Dies bekommt auch die Familie Kerndlbacher zu spüren. Rosa Winter, Jahrgang 1923, ist ein Mitglied dieser Großfamilie. Sie erinnert sich: „Wir waren so viele Geschwister, elf Schwestern und ein Bruder insgesamt, vier davon waren

blond mit blauen Augen. Wenn die Gendarmerie uns kontrolliert hat, hat es geheißen, diese Kinder da hat meine Mutter gestohlen. Ausweis haben wir keinen richtigen gehabt, der Vater hat den Gewerbeschein zeigen müssen, und dann ist alles genau überprüft worden immer wieder (…). Die Gendarmen, die uns gekannt haben, waren eh oft in Ordnung, aber die anderen (…)."[293]

Die meisten oberösterreichischen Sinti gehen zu dieser Zeit nur noch in der warmen Jahreszeit auf die Reise. Viele haben inzwischen eine feste Anstellung, etwa in der Bachmanninger Ziegelfabrik. Sie leben in den Gemeinden, die Kinder feiern gemeinsam Erstkommunion, spielen und raufen miteinander und freuen sich auf ein Wiedersehen in den Wintermonaten.

↖ Anna (geb. 1926) und Hildegard Kerndlbacher (geb. 1937) im Jahr 1939 in Ach
(Foto: Ludwig Laher)

↑ Kinder beim Spielen in Buchkirchen bei Wels, darunter solche der Familie Blach, in den 1930er Jahren
(Foto: Ludwig Laher)

# Wie werden Roma und Sinti im Nationalsozialismus verfolgt?

Die NS-Behörden schaffen nach dem „Anschluss" in rascher Folge die gesetzliche Basis, um systematisch gegen Roma und Sinti vorzugehen. Im Rahmen der „vorbeugenden Verbrechensbekämpfung" verhaftet die Polizei „Verbrecher" und „Asoziale". Ein entsprechender Erlass tritt in der „Ostmark" im Juli 1938 in Kraft, er trifft viele Roma

## Die Verfolgung der Roma und Sinti

und Sinti – auch die Familie Kerndlbacher, erzählt Rosa Winter: „Gleich nach Hitlers Machtübernahme ist es losgegangen. Die Hitlerjugend haben sie gleich aufgehetzt, die sind uns mit den Radln in die Füße reingefahren. (…) Da sind die Gendarmen gekommen und haben die Männer alle weggenommen (…) und dann sind sie noch 1938 ins Lager eingewiesen worden, ins KZ Dachau und später ins KZ Buchenwald."[294]

Die Nationalsozialisten verbieten Roma und Sinti, ihr Gewerbe auszuüben und ihre Kinder in die Schule zu schicken. Sie registrieren die Menschen und sammeln die Informationen zentral in der Wiener „Zigeunernachrichtenstelle", die im November 1938 eingerichtet wird.

Gauleiter August Eigruber weist im Spätherbst 1938 alle Bezirkshauptmannschaften an, im Gau Oberdonau eine „Kontrolle der Zigeuner" durchzuführen. Die Maßnahme dient der Abschreckung und soll Roma und Sinti dazu bringen, so schnell wie möglich das Land zu verlassen. Am 15. Dezember 1938 werden „20 Zigeuner, drei Männer, vier Frauen und 13 Kinder unter 14 Jahren" im Bezirk Grieskirchen aufgegriffen.[295] Dem einzigen nicht heimatberechtigten „reichsdeutschen Zigeuner" scheren Gendarmen die Haare, bevor sie ihn über die Landesgrenze abschieben. Seine Lebensgefährtin und die vier minderjährigen Kinder müssen ebenso das Land verlassen. Den anderen Sinti nehmen die Beamten die Gewerbescheine ab und drohen ihnen mit der baldigen Einweisung in ein Arbeitslager.

Im Sommer 1939 gibt Gauleiter Eigruber den Landräten seinen ausdrücklichen Wunsch bekannt, „den Heimatgau des Führers zigeunerfrei zu machen." Er ordnet an, „alles daranzusetzen, dieses Ziel bald zu erreichen."[296] Vielen Gemeinden, die Fürsorgekosten für Roma und Sinti zu tragen haben, kommt diese Ankündigung mehr als gelegen. Denunziationen aus der Bevölkerung nehmen zu. So beschwert sich der Gemeindearzt Albert Meierl von Bad Ischl beim Bürgermeister, dass fast kein Tag vergehe, an dem nicht „Zigeuner" seine Ordination aufsuchten. Es sei „für die deutschen Volksgenossen keine Annehmlichkeit, mit diesen ungewaschenen Zigeunern den Warteraum zu teilen", schreibt er abschätzig. Und weiter: „Ich verzichte gerne auf die zweifelhafte Ehre, ‚Leibarzt der Ischler Zigeunerdynastie' zu sein. Ich bitte Sie, nach größter Möglichkeit für Abhilfe zu sorgen."[297]

### Der „Festsetzungserlass"

Im Oktober 1939 gibt das Reichssicherheitshauptamt in Berlin den so genannten „Festsetzungserlass" heraus – mit fatalen Folgen für Roma und Sinti. Die Behörden veranlassen nicht nur ihre erneute Zählung und Registrierung. Bis auf Weiteres dürfen sie ihren Wohnsitz oder aktuellen Aufenthaltsort nicht mehr verlassen. Bei Nichtbefolgung droht die Einweisung in ein Konzentrationslager. Rosa Winter und einige ihrer Familienmitglieder halten sich in der Stadt Salzburg auf, als der „Festsetzungserlass" in Kraft tritt. Wenige Monate später werden sie in den Stadtteil Parsch verschleppt: „In der Nacht (…)

ist ein Polizeikommando gekommen mit Lastautos, die haben gesagt, wir müssen alles liegen und stehen lassen und auf die Lastautos rauf. (…) Dann haben sie uns zur Salzburger Rennbahn transportiert in die Boxen. Normal ist ein Pferd in so einer Box, wir waren aber drei Familien in einer Box, also mehr als fünfzehn Leute. Wir haben uns nicht einmal richtig hinlegen können. Die Sinti sind an sich sehr schamhafte Menschen, aber in dieser Box hat sich natürlich schon alles aufgehört, furchtbar war das."[298]

Rosa Winter (links) mit ihrer Cousine
(Foto: Gitta Martl)

### Das „Zigeuneranhaltelager Weyer"

Auf Grundlage des „Festsetzungserlasses" richten die Behörden schließlich ein „Zigeunerlager" in Salzburg-Maxglan ein, in das auch Rosa Winter gezwungen wird. Viele ihrer Familienmitglieder sitzen inzwischen in verschiedenen oberösterreichischen Gemeinden fest und warten auf Nachricht.

Im Oktober 1940 sieht ein neuer Erlass der NS-Führung vor, Roma und Sinti in „geeigneten Unterkünften" zusammenzuziehen und dort ihre Arbeitskraft auszubeuten. Daraufhin drängt der Linzer Kriminalpolizeistellenleiter Herbert Schäringer darauf, „eine Gesamtkonzentrierung aller Zigeuner in Oberdonau durchzuführen", bedauert aber am 20. Dezember 1940, dass noch nicht feststehe, ob er diese Idee verwirklichen könne. Seinen Dienststellen empfiehlt er vorsorglich, „für die örtliche Konzentrierung der Zigeuner vorläufig nur möglichst geringe Kostenaufwendungen zu machen, da sich vielleicht in nächster Zeit eine Sammelunterbringung sämtlicher im Gaugebiet Oberdonau vorhandenen Zigeuner ermöglichen lassen wird."[299]

Einen Monat später ist es so weit. Im Jänner 1941 wird das „Arbeitserziehungslager" in Weyer im Innviertel geschlossen und stattdessen auf demselben Gelände ein „Zigeuneranhaltelager" eingerichtet. In den kommenden Monaten werden die oberösterreichischen Roma und Sinti in ihren jeweiligen Aufenthaltsorten auf Lastwagen geladen und nach Weyer verschleppt. Widerstandshandlungen von Anrainern gegen die Abholungen sind nicht überliefert – im Gegenteil. Der Schulchronist des Ortes Bachmanning, in dem die Sinti-Familien Rosenfels und Jungwirth leben, applaudiert den Ereignissen. Er schreibt: „Damit gibt es in Bachmanning keine Zigeuner mehr, was auch vom pädagogischen Standpunkte nur zu begrüßen ist."[300]

Mindestens 345 zumeist oberösterreichische Roma und Sinti werden in Weyer interniert, fast die Hälfte unter ihnen sind Kinder unter 14 Jahren. Auch viele Mitglieder der Familie Kerndlbacher kommen ins Lager, wie Rosa Winters Vater Johann Kerndlbacher.

Heinrich Neudorfer, ein Kriminalsekretär der Kripo Linz, übernimmt die Lagerleitung, zehn Polizeireservisten die Bewachung. Mithäftlinge müssen die Bewacher unterstützen. Josef Brandner wird zu diesem Zweck aus dem KZ Mauthausen, Berta Leimberger aus dem KZ Ravensbrück entlassen und nach Weyer gebracht. Das Lager ist – mitten im Winter – für eine so große Anzahl von Menschen nicht eingerichtet. Waschanlagen und Öfen müssen erst noch beschafft und eingebaut werden. Die

Passfoto von Rosa Winters Vater aus der Zwischenkriegszeit
(Foto: Gitta Martl)

**Die Verfolgung der Roma und Sinti**

Häftlinge verrichten Zwangsarbeit: die Frauen auf den umliegenden Bauernhöfen, die Männer im Ibmer Moor. Ende April bricht im Lager eine Epidemie aus. Mehrere Menschen erkranken an Lungenentzündung, drei Menschen sterben: die fünfjährige Maria Daniel, der im Lager geborene Rudolf Haas und die 75-jährige Justine Müller. Ihre Leichen werden in das Totengräberkammerl des nahen Friedhofs gelegt und nachts achtlos auf dem Gelände verscharrt.

Auch wenn sonst über die Vorgänge im Lager Weyer wenig bekannt ist, so steht mit Gewissheit fest, dass nur zwölf der hier inhaftierten Menschen den Krieg überleben. Von diesen wenigen Überlebenden sind keine Erinnerungsberichte überliefert. Die außergewöhnlichen Farbfotos, die der Lagerarzt Alois Staufer von den Roma und Sinti im Sommer 1941 im Lager Weyer anfertigt, vermitteln eine trügerische idyllische Atmosphäre. Zu sehen sind fast ausschließlich Frauen, Kinder und junge Männer. Die Fotografierten, manchmal festlich gekleidet, blinzeln teils fröhlich, teils skeptisch in die Kamera. Die Fotos laden zum Betrachten ein und werfen viele Fragen auf: Aus welchem Anlass sind diese Bilder entstanden? Was waren die Absichten des Lagerarztes als Fotograf? Was mögen die Menschen davon gehalten haben, fotografiert zu werden? Wie lauten die Namen der Fotografierten? Was ist ihnen zugestoßen?

Lagerfotos Weyer, aufgenommen vom Lagerarzt Alois Staufer (Fotos: Dokumentationsarchiv des österreichischen Widerstandes)

## Deportation und Ermordung

Anfang November 1941 werden über 300 Roma und Sinti aus dem Lager Weyer ins Lager Lackenbach im Burgenland überstellt, ihr Hab und Gut gestohlen. Eine Beobachterin erinnert sich an den Abtransport: „Auf einmal haben sie sich versammelt, draußen am Hof und haben ein Packerl getragen. Sie waren barfuß, keinen Schuh, nichts an, nichts an, so haben sie sie fortgetrieben. Die Kinder haben noch nicht verstanden, was sie vorhaben, was los ist mit ihnen, aber die Frauen und die Männer (…)."[301]

Noch im November 1941 deportieren die NS-Behörden über 5.000 österreichische Roma und Sinti von Lackenbach in das Ghetto Litzmannstadt (Łódź), darunter auch die oberösterreichischen Sinti. Sie sterben an einer Fleckfieberepidemie, die kurz nach ihrer Einlieferung ausbricht, oder in den Gaswagen des Vernichtungslagers Kulmhof (Chełmno). Unter den in Łódź Verstorbenen ist auch Johann Kerndlbacher, Rosa Winters Vater.

Rosa Winters Großmutter Aloisia Winter in jungen Jahren (links). Sie wird in hohem Alter zunächst im Lager Maxglan interniert und dann in Auschwitz ermordet.
(Foto: Gitta Martl)

Im Jahr 1942 führt die Kriminalpolizeistelle Linz nur mehr etwa fünfzehn Roma und Sinti in ihrer Kartei. Sieben von ihnen werden 1943 nach Auschwitz deportiert. Weitere kommen über Umwege aus anderen Lagern nach Auschwitz, wie die zehnjährige Sidonie Adlersburg. Die Behörden nehmen sie ihren Pflegeeltern in Letten bei Steyr weg und transportieren das Kind in den Tod. Insgesamt verschleppen die Nationalsozialisten im Frühjahr 1943 tausende Roma und Sinti aus den von ihnen besetzten Gebieten nach Auschwitz und pferchen sie dort ins „Zigeunerlager". Bis Ende 1943 sterben 70 % der Häftlinge des „Zigeunerlagers". Diejenigen, die noch als arbeitsfähig gelten, werden bis Ende Juli 1944 abtransportiert. In der Nacht vom 2. auf den 3. August 1944 lösen die Nationalsozialisten das „Zigeunerlager" auf und ermorden die rund 2.900 verbliebenen Menschen in den Gaskammern.

Nach Angaben der Kriminalpolizeileitstelle Wien leben nach den Auschwitztransporten 1943 noch acht „Sinte-Zigeuner" im Gau Oberdonau. Wahrscheinlich hat sie ein Arbeitsverhältnis in einem kriegswichtigen Betrieb vor der Deportation geschützt. In Sicherheit sind sie aber noch keineswegs. Josef Fels etwa ist bei den Steyr-Werken beschäftigt. Als er aus familiären Gründen den Arbeitsplatz verlässt, wird er wegen Arbeitsvertragsbruch verurteilt, 1944 nach Auschwitz und von dort in weitere Lager deportiert. In Bergen-Belsen erlebt er im Mai 1945 die Befreiung.

„Sobald es die Arbeitslage gestattet", sollen auch die wenigen noch verbliebenen Roma und Sinti in Konzentrationslager verbracht werden, heißt es aus der Kripoleitstelle. Und weiter: „Was dann noch zurückbleibt, wird der Sterilisation zugeführt".[302] Tatsächlich werden nach 1943 mindestens drei Roma- und Sintifrauen in Linz zwangssterilisiert.

Laut Schätzungen finden von den 370 oberösterreichischen Roma und Sinti 330 einen gewaltsamen Tod. Österreichweit werden 9.000 der 11.000 Roma und Sinti ermordet.

**Die Verfolgung der Roma und Sinti**

„Die Leute müssen doch wissen, was wir mitgemacht haben …"

Rosa Winter überlebt die Verfolgung und das Frauenkonzentrationslager Ravensbrück. Sie kehrt zunächst nach Wien, dann nach Linz zurück, um nach Verwandten zu suchen. Nach und nach erfährt sie, dass ihre Eltern, Geschwister, Onkel, Tanten, Cousinen und Cousins von den Nationalsozialisten ermordet wurden. Das Zusammenleben im großen Familienverband, der einen so zentralen Stellenwert in der Kultur der Roma und Sinti hat, gibt es nach 1945 nicht mehr.

Gitta Martl, die Tochter Rosa Winters, kämpft fünfzehn Jahre für die Rechte ihrer Mutter. Erst 1991 wird Rosa Winter offiziell als Opfer des NS-Regimes anerkannt. Sie erhält eine geringfügige Haftentschädigung und eine bescheidene Opferrente. Nur selten gehen Roma und Sinti mit ihrer Geschichte an die Öffentlichkeit. Rosa Winter ist eine der wenigen, die offen und regelmäßig über ihre Erfahrungen spricht: „Die meisten Sinti wollen mit so Sachen, wie ich sie mache, von früher erzählen und so, gar nichts zu tun haben, gar nichts. Ich aber denke mir, die Leute müssen doch wissen, was wir mitgemacht haben, und überhaupt, wie es so war, unser Leben."[303]

Rosa Winter stirbt 2005. Gitta Martl gründet 1998 den Linzer Verein „Ketani", der sich um die Anliegen der Roma und Sinti bemüht. Heute leitet sie ihn mit ihrer Tochter Nicole Sevik. Neben vielen anderen Tätigkeiten gehen sie an Schulen, erzählen dort die Geschichte ihrer Volksgruppe und die Geschichte ihrer Familie.

Rosa Winter, Gitta Martl und Nicole Sevik (Foto: Gitta Martl)

# Lebensgeschichten

## Sidonie Adlersburg: „Zigeunerkind" unerwünscht

Als Sidonie Adlersburg 1943 in den sicheren Tod abgeschoben werden soll, kämpfen ihre Pflegeeltern verzweifelt um den Verbleib des Roma-Mädchens. Mit etwas Mut und gutem Willen könnte Sidonie gerettet werden. Wie werden die verantwortlichen Behörden reagieren?

### Die Breirathers

Josefa und Hans Breirather aus Letten bei Steyr haben ein Kind, ihren Sohn Manfred, und wünschen sich sehnlich noch weitere. 1933 nehmen sie das weggelegte Baby Sidonie Adlersburg in Pflege.

Sidonie ist ein aufgeschlossenes, herzliches und anhängliches Kind, das von den Breirathers liebevoll umsorgt wird. Beim Spielen mit den Nachbarkindern gibt es manchmal Streit. Dann hänseln die Kinder Sidonie wegen ihrer dunklen Hautfarbe und schimpfen sie „Zigeunerkind". Es gibt aber auch welche, die sich der Ausgrenzung ganz entschieden entgegenstellen. So zum Beispiel Frau Hinteregger, eine Bekannte der Familie. Sie bietet sich als Sidonies Firmpatin an. Um Sidonie zu überraschen und die Neider zu ärgern, holt sie am Firmungstag ihr Patenkind mit einer Kutsche ab und fährt mit ihr demonstrativ durch die Nachbarschaft und Umgebung.

Nach dem „Anschluss" haben die Breirathers große Angst um Sidonie und fürchten, dass sie ihnen weggenommen werden könnte. „Später, da haben mein Mann und ich schon gehofft: Jetzt haben wir schon ein paar Jahre übertaucht, jetzt wird's schon sicher sein", erinnert sich Josefa Breirather später.[304]

### Die Rolle der Behörden

Schon kurz nach Sidonies Geburt 1933 versuchen die Behörden, ihre biologische Mutter ausfindig zu machen. Es geht dabei um die Frage, wer bzw. welche Gemeinde die Fürsorgekosten für Sidonie zu tragen hat. 1943 meldet das Jugendamt, dass Sidonies biologische Mutter gefunden wurde. Sidonie soll zu ihr nach Hopfgarten in Tirol gebracht werden, wo diese mit anderen Roma und Sinti in einem „Anhaltelager" eingesperrt ist. Dass die Roma und Sinti von den Nationalsozialisten erbarmungslos verfolgt werden, dass ihr Leben nichts mehr wert ist, ist zu diesem Zeitpunkt längst für jeden deutlich, der Augen und Ohren offen hält.

Die Breirathers wehren sich verzweifelt, bieten an, Sidonie auch ohne finanzielle Unterstützung der Behörden großzuziehen. Sie schlagen sogar vor, das gesamte bisher erhaltene Pflegegeld zurückzuzahlen, wenn Sidonie bei ihnen bleiben kann. „Nichts zu machen. Befehl ist Befehl", redet sich die Leiterin des Jugendamtes heraus.[305] Die Kriminalpolizei fordert das Jugendamt auf, Stellung zu nehmen: Soll Sidonie

Sidonie Adlersburg (vorne rechts) mit Josefa Breirather (links) und Hans Breirather (Zweiter von rechts).
(Foto: Otto Treml)

bei den Pflegeeltern belassen oder zu ihrer Mutter „rücküberstellt" werden? Die Beamtinnen wollen nicht allein entscheiden und fragen beim Lehrer nach. Der stellt dem Mädchen dienstfertig ein gemischtes Zeugnis aus: Sidonie sei empfindlich und lernschwach, aber auch aufmerksam und arbeitsfreudig. Auch der Bürgermeister und der Oberinspektor werden gefragt – denn auch ihre Meinung hat Gewicht, sie haben die Möglichkeit, für den Verbleib des Mädchens bei ihren Pflegeeltern einzutreten. Sie tun es nicht, finden es „ganz in Ordnung, wenn das Kind zu seiner Mutter kommt."[306] In ihrer Stellungnahme an die Kriminalpolizei spricht sich die Leiterin des Jugendamtes für eine Verschickung zur leiblichen Mutter aus. Es sei ohnehin besser, wenn Sidonie zu „ihresgleichen" komme, behauptet sie.

## Tod in Auschwitz

Die Trennung fällt der Pflegefamilie unendlich schwer. Im März 1943 wird Sidonie Adlersburg von einer Betreuerin des Jugendamtes Steyr nach Tirol gebracht. Dort wird sie ihrer leiblichen Mutter übergeben. Wenige Tage später deportieren die Behörden die Roma und Sinti aus Hopfgarten in das Vernichtungslager Auschwitz. Dort stirbt die seit der Trennung von ihren Pflegeeltern verzweifelte und entkräftete Sidonie wenige Tage nach der Ankunft. Sie sei an Kränkung gestorben, betont ihr leiblicher Bruder Joschi Adlersburg, der ihr Sterben miterlebt, später.

## Spätes Gedenken

Die Breirathers erfahren nach Kriegsende vom Schicksal Sidonies. Die Bemühungen der Familie, eine Gedenktafel für ihre Tochter zu errichten, bleiben jahrzehntelang ohne Erfolg – über das Schicksal von Sidonie Adlersburg wird geschwiegen, oder es wird nicht zugehört. In den 1980er Jahren beginnt der Schriftsteller Erich Hackl die Geschichte Sidonies zu recherchieren. Er spricht mit Zeitzeugen und Zeitzeuginnen und schreibt ein Drehbuch, das erfolgreich verfilmt wird. Auch das später publizierte Buch „Abschied von Sidonie" löst erstmals eine breitere Beschäftigung mit der Geschichte des Roma-Mädchens und damit der Geschichte der Roma und Sinti allgemein aus.

Quellen:
Ursula Baumhauer (Hg.), Abschied von Sidonie. Materialien zu einem Buch und seiner Geschichte, Zürich 2000.
Erich Hackl, Abschied von Sidonie. Erzählung, Zürich 1989.

# Kassian (Christian) Lichtenberger: Kontrolliert, verfolgt, ermordet

Über das Leben des Sinto Kassian Lichtenberger gibt es – wie über so viele andere Roma und Sinti auch – nur spärliche Informationen. Aus den behördlichen Dokumenten erschließen sich zwar einige wichtige Eckdaten. Über den Menschen Kassian Lichtenberger erzählen sie uns aber wenig.

## Misstrauische Behörden

Kassian Lichtenberger wird 1883 „auf der Reise" in Minden, Westfalen, geboren. Er ist das älteste Kind von Albert und Margareta Lichtenberger. In den darauffolgenden Jahren kommen seine Geschwister Emil, Johanna, Stefan und schließlich Anton zur Welt. Die Eltern (und damit auch Kassian und seine Geschwister) besitzen das Heimatrecht der Gemeinde Gaspoltshofen im Bezirk Grieskirchen. Über die Kindheit von Kassian Lichtenberger und das Leben seiner Familie vor 1938 ist nur bekannt, was die Behörden über ihn erheben. In den amtlichen Schriftstücken schwingt stets das vorherrschende Misstrauen gegen Roma und Sinti mit. Sie sind vor allem dazu abgefasst, um Vergehen nachzuweisen und Ausgrenzungsmaßnahmen zu rechtfertigen. So ist aus den behördlichen Erhebungen zu erfahren, dass ein Bruder anlässlich einer Schlägerei in Innsbruck ums Leben gekommen sei, dass Christian, „der sich Kassian nennt", mit Sabine Lichtenberger „im Konkubinate" – also in unehelicher Gemeinschaft – lebe, „bereits einige Kinder" habe und außerdem mehrfach vorbestraft sei.[307]

## Bedeutung von Ausweisen

Ab 1932 bemüht sich Kassian Lichtenberger um die Ausstellung des Heimatscheins der Gemeinde Gaspoltshofen, der ihm rechtlich auch zusteht. Er braucht diesen Nachweis, um die finanzielle Unterstützung der Gemeinde in Anspruch nehmen zu können. Diese schreibt an die Bezirkshauptmannschaft: „Über die Zig.Familie Lichtenberger konnte hier auch von den ältesten Personen keine entsprechende und bindende Auskunft erfahren werden, weil die Lichtenberger in Gaspoltshofen nie ansässig waren, stets umherzogen und nur zumeist behördliche Organe mit ihnen in Verbindung kamen."[308] Als es in der Angelegenheit bis April 1933 keine Fortschritte gibt, wird Kassian Lichtenberger bei der Bezirkshauptmannschaft Grieskirchen vorstellig und ersucht um Hilfe: „Ich bitte daher auf meine Heimatgemeinde Gaspoltshofen dahin zu wirken, dass sie mein Heimatrecht dortselbst anerkennt und mir endlich einen Heimatschein ausstellt."[309] Bald darauf hält er den Nachweis in Händen.

Kassian Lichtenberger ist als Marktfahrer tätig. Mit seiner Schwester verdient er sich zudem als Musiker seinen Lebensunterhalt. Im Mai 1936 erhält er dafür einen Musikerberechtigungsschein.

## Verfolgung und Ermordung

Mit dem „Anschluss" verschärft sich die ohnehin schwierige Situation für Roma und Sinti dramatisch.

Im Dezember 1938 erhalten alle Gendarmerieposten in Oberdonau den Auftrag, eine „Kontrolle der Zigeuner" durchzuführen. Die Gendarmen zählen die Roma und Sinti der Umgebung und schieben die Menschen ohne Heimatrecht unter Anwendung von Gewalt und Drohungen ab. Sie nehmen Kassian Lichtenberger den Musikerberechtigungsschein und entziehen ihm damit die Lebensgrundlage. Außerdem setzen sie ihn und seine Familie „in Kenntnis, dass sie in Kürze in ein Arbeitslager überstellt werden."[310] Es ist nichts darüber bekannt, wo und wie die Lichtenbergers die folgenden zwei Jahre überstehen. Am 26. Jänner 1941 deportieren die Nationalsozialisten Kassian Lichtenberger in das eben eingerichtete „Zigeuneranhaltelager" Weyer im Innviertel. Für denselben Tag sind 73 weitere „Zugänge" in den Lagerlisten eingetragen, darunter möglicherweise auch Kassian Lichtenbergers Kinder. Am 28. August 1941 wird mit einem der letzten Transporte seine Frau Sabine Lichtenberger nach Weyer gebracht. Wie fast alle Eingesperrten werden die Lichtenbergers Anfang November 1941 nach Lackenbach im Burgenland und von dort vermutlich weiter nach Łódź in Polen deportiert. Es gibt keine Hinweise, dass jemand aus der Familie Lichtenberger den Krieg überlebt.

### Nach dem Krieg

Die österreichischen Nachkriegsbehörden schließen nahtlos an ihre Vorgänger an und erkundigen sich 1955 bei den Gendarmerieposten wegen eines „Zigeunerproblems". Der Gendarmerieposten Gaspoltshofen antwortet dienstbeflissen „daß im hiesigen Überwachungsbereich Zigeuner im größeren Umfange nicht aufgetreten sind. (…) Die Zigeuner haben sich hier [seit 1945] nie aufgehalten sich auch nie in irgendeiner Weise bemerkbar gemacht."[311]

In der Gemeinde Gaspoltshofen finden sich heute keine Spuren der Familie Lichtenberger, die dort beheimatet war.

Quellen:
Gespräche mit Martin Demelmair, März 2013.
OÖLA, BH Grieskirchen, Abt. II, Schachtel 12; Abt III, Schachtel 266; Abt. III, Faszikel 357.

# Herbert Schäringer: Ein ehrgeiziger Beamter

Was ist das für ein Mensch, der von seinem Schreibtisch aus die Verfolgungsmaßnahmen gegen die oberösterreichischen Roma und Sinti steuert? Rassismus und Karrieredenken spielen im Leben des 1890 in Salzburg geborenen Herbert Schäringer eine zentrale Rolle.

### Ein deutschnationaler Burschenschafter

Herbert Schäringer studiert an der juridischen Fakultät in Prag, wo er Mitglied der deutschnationalen schlagenden Verbindung der „Franken" ist. Rückblickend meint er über seine Prager Zeit: „Die lustigen und kämpferischen Jahre auf dieser deutschen Sprachinsel zählen zu meinen schönsten Erinnerungen".[312] Bei Ausbruch des Ersten Weltkrieges meldet sich der 24-Jährige als Kriegsfreiwilliger, wird mehrfach ausgezeichnet und zum Oberleutnant befördert. Nach dem Krieg beendet er sein juristisches Doktorexamen in Innsbruck.

### Alles für Deutschland

1919 tritt Schäringer in den Dienst der Stadtpolizei Salzburg, noch im selben Jahr heiratet er. Politisch engagiert sich Schäringer in der Großdeutschen Volkspartei, einer antiklerikalen und antisemitischen Verbindung. Er ist ein leidenschaftlicher Befürworter des „Anschluss"-Gedankens. 1923 steigt Schäringer zum Abteilungsleiter der Landespolizeidirektion Salzburg auf. Ein Jahr später stirbt seine Frau bei der Geburt der zweiten Tochter. 1925 heiratet er Rose Recheis, eine deutsche Staatsbürgerin. Beide treten 1933 der inzwischen in Österreich verbotenen NSDAP bei. Kurz darauf wird er strafweise nach Linz versetzt, weil seine Parteizugehörigkeit bekannt wird. Von 1933 bis 1938 ist er in Linz „ununterbrochen" im illegalen Einsatz für die Partei tätig – so schreibt er später karrierefördernd in seinem Lebenslauf an die NS-Behörden.

### Karriere im NS-Staat

Nach der Machtübernahme der Nationalsozialisten in Österreich macht Schäringer einen großen Karrieresprung: Er wird Leiter der Staatlichen Kriminalpolizeistelle Linz. Der neue Stellenleiter hat ausgezeichnete Beziehungen zu einflussreichen Parteigenossen. Josef Plakolm, der Polizeipräsident, verbürgt sich für ihn. Rudolf Lonauer, Leiter der Mordanstalten Hartheim und Niedernhart, ist sein Vertrauensarzt.

In Schäringers Aufgabenbereich als Leiter der Kriminalpolizeistelle fällt die Koordination der Maßnahmen gegen die oberösterreichischen Roma und Sinti. Von seinem Schreibtisch aus leitet er nicht nur Anordnungen aus Berlin an seine Dienststellen weiter, sondern entwickelt auch eigene Ideen und drückt der Verfolgungspolitik gegen Roma und Sinti in Oberösterreich seinen Stempel auf. Es sei seine Absicht, heißt es da in einem Schreiben vom Dezember 1940 an alle Gendarmerieposten, „eine Gesamtkonzentrierung aller Zigeuner in Oberdonau durchzuführen"[313]. Nur wenige Wochen später wird in Weyer im Innviertel tatsächlich ein „Zigeuneranhaltelager" eingerichtet, in das nach und nach die oberösterreichischen Roma und Sinti verschleppt werden. Die Leitung des Lagers übernimmt die Kriminalpolizei Linz in der Person von Kriminalsekretär Heinrich Neudorfer. Sein Vorgesetzter heißt Herbert Schäringer, der es inzwischen zum Oberregierungs- und Kriminalrat gebracht hat. Auf seine Mitarbeit im Rassenpolitischen Amt der Gauleitung Oberdonau verweist er mehrmals mit besonderem Stolz.

## Plötzliches Ende

Während Schäringer ab Jänner 1941 die oberösterreichischen Roma und Sinti in den Dörfern aufgreifen und ins Lager Weyer sperren lässt, plant er bereits seine nächsten beruflichen und privaten Schritte. Im Februar 1941 richtet Schäringer – er ist inzwischen auch „SS-Bewerber" – ein Gesuch an das Rasse- und Siedlungshauptamt in Berlin. Er möchte Maria Krenn, eine junge Frau aus Linz, heiraten, nachdem seine zweite Frau bereits im Frühjahr 1938 verstorben war. Schäringer bittet um bevorzugte Bearbeitung des Ansuchens, da seine Versetzung unmittelbar bevorstünde. Über die Details dieser neuen Aufgabe gibt Schäringer keine Auskunft, betont aber: „Meine Braut könnte sonst nicht mitkommen und mir den Haushalt führen und könnte mich überhaupt nicht besuchen."[314] Seine Zukunftsaussichten scheinen vielversprechend, doch schließlich kommt alles ganz anders. Im Oktober 1941 zieht Schäringer sein Gesuch zurück. Er ist an Lungentuberkulose erkrankt, einer ansteckenden und lebensgefährlichen Infektion. Für kranke Menschen ist im NS-Staat kein Platz, Schäringer bekommt nun selbst die Erbarmungslosigkeit jener Ideologie zu spüren, die er so leidenschaftlich vertritt. Seine Parteifreunde lassen ihn fallen, die Karriere findet ein jähes Ende. Die Mitgliedschaft in der SS und die bevorstehende Versetzung lösen sich in Luft auf. Ende 1942 geht Herbert Schäringer in Pension. Im Mai 1944 heiratet er Maria Krenn. Er stirbt einen Monat später 54-jährig in Linz.

Quelle:
OÖLA, Bestand „Materialien zu NS-Biographien", Schachtel 11, Herbert Schäringer.

# Der Völkermord an den Juden und Jüdinnen

## Woher kommt die Judenfeindschaft?

Die Wurzeln der Judenfeindschaft reichen bis in die Zeit um Christi Geburt zurück. Römische Soldaten erobern Palästina, das von Juden und Jüdinnen bewohnt wird. Als diese sich mit Aufständen gegen die Fremdherrschaft wehren, töten die Römer hunderttausende Juden und Jüdinnen und vertreiben viele aus ihrem Land. Sie sind gezwungen, sich eine neue Heimat zu suchen. Im heutigen Österreich siedeln sich Juden und Jüdinnen Ende des 12. Jahrhunderts an. In Oberösterreich gibt es seit dem frühen 14. Jahrhundert Spuren jüdischen Lebens.[315]

**Der Völkermord an den Juden und Jüdinnen**

Religiöse Judenfeindschaft

Das Christentum geht aus dem Judentum hervor. Seine Anhänger greifen Juden und Jüdinnen an, weil sie nicht zum Christentum übertreten und nicht an Jesus als Sohn Gottes glauben. Sie behaupten, die jüdische Bevölkerung hätte sich gegen sie verschworen. Außerdem seien „die Juden" für den Tod von Jesus verantwortlich und daher Gottesmörder. Alles Böse gehe auf sie zurück. Diese Botschaften werden in Predigten, Bildern, Büchern und Sagen beharrlich wiederholt und setzen sich so in den Köpfen der Menschen fest. Immer neue Vorwürfe kommen hinzu. Geschieht ein Unglück, bricht ein Krieg oder eine Epidemie aus – schuld sind „die Juden". Als sich Mitte des 14. Jahrhunderts in Europa das erste Mal die Pest ausbreitet und Millionen sterben, suchen die Menschen verzweifelt nach einer Erklärung. Die christliche Mehrheit beschuldigt die jüdische Bevölkerung, die Brunnen vergiftet zu haben. In vielen Städten Europas gehen aufgebrachte Menschenmengen auf sie los und töten sie.

Christen und Christinnen werfen der jüdischen Bevölkerung auch vor, Kinder zu töten und Hostien zu schänden. 1420 behauptet in Enns die Frau des Mesners unter Folter, sie habe Juden eine Hostie verkauft, die dann von ihnen geschändet worden sei. Diese Falschaussage liefert den Obrigkeiten den Vorwand, alle Juden und Jüdinnen Oberösterreichs einzusperren, ihr Vermögen einzuziehen und viele von ihnen auf dem Scheiterhaufen zu verbrennen. Die Mord- und Vertreibungsaktion breitet sich auf das gesamte Gebiet des Herzogtums Österreich aus.

Wirtschaftliche Judenfeindschaft

Die Behörden erlassen während des Mittelalters zahlreiche judenfeindliche Verordnungen und Gesetze. Demnach haben Juden und Jüdinnen in bestimmten Wohnbezirken zu leben. Verlassen sie diese Ghettos, müssen sie einen gelben Fleck und einen gelben Judenhut tragen. Sie dürfen kein Handwerk oder Gewerbe ausüben, weder öffentliche Ämter bekleiden noch Grundbesitz erwerben. Juden bleibt daher nichts anderes übrig, als vor allem im Handel und im Geldwesen zu arbeiten. Sie übernehmen Kreditgeschäfte, die Christen aus religiösen Gründen nicht ausüben dürfen. So entsteht das Bild „des Juden" als Wucherer. In Wirklichkeit kämpfen viele Juden und Jüdinnen ums finanzielle Überleben.

Die antijüdische Stimmung macht sich für die christliche Mehrheit bezahlt. Wenn Juden und Jüdinnen getötet oder vertrieben werden, müssen Schuldner ihren Kredit nicht mehr begleichen, ist die unliebsame Konkurrenz ausgeschaltet und ihr Besitz günstig zu kaufen.

## Rassischer Antisemitismus

Ab dem letzten Drittel des 19. Jahrhunderts verbreitet sich in Europa eine neue Form der Judenfeindschaft: der rassische Antisemitismus. Rassentheoretiker teilen die Menschen in „höherwertige" und „minderwertige" Rassen ein. Auf der untersten Stufe stünde als Fremdkörper des Volkes die jüdische Rasse, behaupten sie. Juden und Jüdinnen würden die „Reinheit" und Überlegenheit der Nation gefährden und nicht zuletzt nach der Weltherrschaft streben. Deshalb müsse die jüdische Bevölkerung ein für alle Mal weggeschafft werden. Viele Menschen, von den Feindbildern der Kirche beeinflusst, fühlen sich in ihren antijüdischen Einstellungen bestätigt; so auch im katholischen Österreich, wo die politischen Parteien mit antijüdischen Parolen um die Gunst ihrer Wähler und Wählerinnen buhlen. Treibende antisemitische Kraft sind die Deutschnationalen, speziell die Burschenschaften. Aber auch die Christlichsozialen hetzen gegen Juden und Jüdinnen. Selbst in der sozialdemokratischen Partei gibt es judenfeindliche Einstellungen. Sie ist aber die einzige politische Gruppierung, die auch gegen die antijüdische Stimmung auftritt.

Salomon Spitz, 1828–1918. Salomon Spitz gründet 1857 in Urfahr das Unternehmen „S. Spitz", das Rum, Schnaps und Liköre produziert. Seine Nachkommen führen den Betrieb bis 1938 erfolgreich weiter.
(Foto: S. Spitz GmbH)

# Wie lebt die jüdische Bevölkerung in Oberösterreich vor 1938?

Juden dürfen das Land Oberösterreich lange Zeit nur als Händler bereisen, müssen es aber innerhalb von drei Tagen wieder verlassen. 1849 tritt eine neue Reichsverfassung in Kraft, die es Juden und Jüdinnen erlaubt, sich in Oberösterreich niederzulassen und Grund zu erwerben. Obwohl diese Berechtigungen ab 1853 wieder eingeschränkt werden, ziehen in diesen Jahren dutzende jüdische Familien nach Oberösterreich zu. Der junge Salomon Spitz etwa übersiedelt aus Böhmen nach Linz und gründet eine Likörfabrik, die rasch zu einem bedeutenden Unternehmen wächst. 1866 kommt Ludwig Hatschek als Zehnjähriger mit seinen Eltern und Geschwistern aus Mähren nach Linz. Die Familie kauft sich zunächst einen Brauereibetrieb und wird später mit den „Eternitwerken" weltbekannt.

Erst 1867 erhält die jüdische Bevölkerung in Österreich endlich die gleichen Rechte wie alle anderen Bürger und Bürgerinnen der österreichisch-ungarischen Monarchie. Das ermutigt weitere jüdische Familien, sich in Oberösterreich niederzulassen. In Linz und Steyr entstehen Israelitische Kultusgemeinden, die die Anliegen der jüdischen Bürger und Bürgerinnen vertreten. Die meisten oberösterreichischen Juden und Jüdinnen passen sich dem Lebensstil der Mehrheitsbevölkerung an und entfernen sich

Ludwig Hatschek, 1856–1914. Ludwig Hatschek tritt zum katholischen Glauben über. Der angesehene Unternehmer errichtet am Bauernberg eine große Parkanlage und schenkt sie der Stadt Linz.
(Foto: Österreichische Nationalbibliothek)

**Der Völkermord an den Juden und Jüdinnen**

zunehmend von religiösen Ritualen. Einige sind wirtschaftlich sehr erfolgreich, andere leben in bescheidenen, ja ärmlichen Verhältnissen. Die Wohlhabenderen gründen jüdische Vereine, die den Bedürftigen finanziell unter die Arme greifen. Im letzten Drittel des 19. Jahrhunderts entwickelt sich zwar ein jüdisches Leben in Oberösterreich, die jüdische Bevölkerung bleibt trotz allen Bemühens dennoch eine „abgesonderte Gemeinschaft", so Karl Schwager, der spätere Präsident der Kultusgemeinde.[316]

Antisemitismus

Bei den Oberösterreichern und Oberösterreicherinnen sind die Zuwanderer nicht gern gesehen. Als sich die ersten jüdischen Familien dauerhaft niederlassen, greifen sie jüdische Kaufleute körperlich an, schimpfen über ihre „lästige Zudringlichkeit" und „Hinterlist", oder beleidigen „die Juden" in ihren Schriften, wie der gefeierte Mundartdichter Franz Stelzhamer.[317] Um 1900 bläst den Linzer Juden und Jüdinnen ein besonders rauer Wind entgegen. Die Landeshauptstadt ist eine Hochburg der deutschnationalen, antisemitischen Bewegung – judenfeindliche Parolen gehören in diesen Kreisen zum

1877 wird die imposante Linzer Synagoge in der Bethlehemstraße eingeweiht.
(Foto: Oberösterreichisches Landesarchiv/Sampel)

Karl Schwager (ganz rechts) mit einer Jugendgruppe 1913. Um die Jahrhundertwende führen immer mehr Vereine den „Arierparagraphen" ein und schließen Juden und Jüdinnen aus. Daher gründen sie eigene Vereine. Die erste Ortsgruppe des jüdischen Wanderbundes Blau-Weiß, der ein eigenes Landheim in Pulgarn nahe Steyregg besitzt, entsteht 1911.
(Foto: Verena Wagner)

Die in Linz aufgewachsene Hansi Herzhaft (Zweite von rechts) ist eine leidenschaftliche Sportlerin und im jüdischen Jugendbund Blau-Weiß aktiv. Dieses Foto entsteht 1926 bei einem Ausflug der Mädchensportgruppe.
(Foto: Verena Wagner)

1927 heiraten in Linz Margit und Walter Eichner in der Linzer Synagoge. Die Hochzeitsgesellschaft prostet auf das Glück der Frischvermählten. 1929 kommt ihre Tochter Helga Eichner zur Welt.
(Foto: Verena Wagner)

# Der Völkermord an den Juden und Jüdinnen

Werbung im Amtskalender „Der Oberösterreicher" 1938 mit antisemitischem Kommentar (Abbildung: Verena Wagner)

guten Ton. Zeitungen starten regelrechte Hetzkampagnen gegen einzelne Geschäftstreibende. Manche wehren sich, wie der Kleiderhändler Salomon Benesch, der bei Rechtsanwalt Hermann Schneeweiß Hilfe sucht. Dieser droht den Tätern mit einer „Strafanzeige wegen Verbreitung der Ehrenbeleidigung" und gerät dadurch selbst ins Visier der Antisemiten.[318] Außerhalb von Linz kommt es kaum zu solchen Vorfällen, weil dort nur wenige Juden und Jüdinnen leben. Trotzdem ist die katholisch geprägte Bevölkerung am Land überaus judenfeindlich eingestellt, beeinflusst vom christlichsozialen Antisemitismus, der sich aus den jahrhundertealten Feindbildern speist.

Nach dem Ersten Weltkrieg ist die Stimmung in der Bevölkerung extrem antijüdisch. Viele Menschen sind hungrig und mittellos, haben Angst vor der ungewissen Zukunft – im „Juden" glauben sie den Schuldigen gefunden zu haben. Nach einer kurzen Phase der Entspannung verschlimmert sich die Lage durch die Weltwirtschaftskrise zu Beginn der 1930er Jahre wieder. Immer häufiger kommt es nun zu tätlichen Angriffen: gegen jüdische Sportler bei den Schwimm- und Wasserballmeisterschaften im Linzer Parkbad ebenso wie gegen die Eigentümer und Eigentümerinnen jüdischer Geschäfte. Randalierende Nationalsozialisten werfen mit Steinen auf Menschen und ihren Besitz, im November 1937 rufen sie zu einem „Judenboykott" auf.

Die oberösterreichischen Juden und Jüdinnen reagieren unterschiedlich auf die Bedrohung. Die meisten ziehen sich verängstigt in ihre eigenen vier Wände zurück, andere üben sich in Zweckoptimismus und einzelne wehren sich, auch handgreiflich. Hans Pasch, Besitzer eines Schuhgeschäfts in der Linzer Landstraße erinnert sich an die häufigen Zusammenstöße mit den illegalen Nationalsozialisten, vor allem mit dem späteren NS-Oberbürgermeister Sepp Wolkerstorfer: „Meist haben wir uns blöd angeredet. Er hat gesagt: ‚Du Saujud!' – Und ich habe was gesagt wie: ‚Du blöder Hund!' Oder den schönen Spruch: ‚Von der Nordsee bis an die Grenzen der Schweiz, erkennt man das Rindvieh am Hakenkreuz.' Da sind die Nazis wütend geworden."[319]

Bis 1938 können Juden und Jüdinnen mit rechtlichen Mitteln gegen Übergriffe vorgehen. Mit dem „Anschluss" gibt es diesen staatlichen Schutz nicht mehr.

# Wie ändert sich das Leben der jüdischen Bevölkerung nach dem „Anschluss"?

In den Märztagen 1938 feiert ein Großteil der oberösterreichischen Bevölkerung den „Anschluss" an das Deutsche Reich. Am 12. März erwartet eine jubelnde Menschenmenge auf dem Linzer Hauptplatz die Ankunft Adolf Hitlers. Helga Eichner, die aus einer jüdischen Familie stammt, verfolgt die Szene von einer Wohnung an der Landstraße mit: „(…) und die Leute haben gerufen, ‚Lieber Führer komme bald, unsere Füße werden kalt!' (…) Und wir haben dann bei den Fenstern hinuntergeschaut und vis-à-vis haben die Leute gerufen: ‚Juden, macht's die Fenster zu!'"[320]

Diese Zurufe sind ein kleiner Vorgeschmack auf die systematische Ausgrenzung der nächsten Stunden, Tage und Wochen. Die neuen Machthaber gehen sofort mit äußerster Brutalität gegen Juden und Jüdinnen vor. Sie dringen in Wohnungen ein, plündern und beschlagnahmen, misshandeln und verhaften die männlichen Juden. Unter den Festgenommenen ist der 40-jährige Viktor Spitz, Inhaber der angesehenen gleichnamigen Firma. Im Gefängnis zwingt man die Männer zu erniedrigenden Bildaufnahmen, die in Zeitungen abgedruckt werden. Für Viktor Spitz kommt es noch schlimmer – er wird ins KZ Dachau überstellt.

Besonders hart trifft es die jüdische Bevölkerung in Steyr. Hier werden sogar Frauen und Kinder eingesperrt. Eine von ihnen ist die 15-jährige Lotte Hermann. Sie wird nach Linz gebracht und von der Gestapo einen ganzen Tag verhört: „Auf einmal führte mich ein SS-Mann auf das Dach und sagte: ‚Du bist so ein nettes Mädchen, du tust mir so leid. Ich weiß, was dir bevorsteht, ich rate dir, hinunterzuspringen.'"[321]

In Wels müssen Juden und Jüdinnen „unter dem Hohngelächter der Zuschauer" Aufrufe des „Ständestaates" zur Volksabstimmung entfernen.[322] Österreichische SS-Männer stehen vor jüdischen Geschäften in Wels Wache, einem Mädchen, das bei einem jüdischen Fahrradhändler einkaufen will, hängt man eine Spotttafel um. Das Geschäft des Kaufmanns Hans Baumann in Aigen im Mühlkreis wird mit der Aufschrift „Nur ein Schwein kauft bei Juden ein" beschmiert; Baumann, Rettungsfahrer und Feuerwehrmann in der Gemeinde, wird ins KZ Dachau gebracht.[323]

## Der Völkermord an den Juden und Jüdinnen

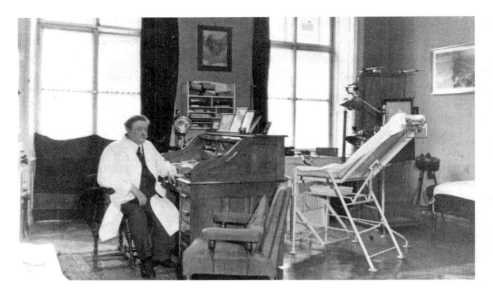

Eduard Bloch (1872–1945) 1938 in seiner Ordination an der Landstraße, fotografiert von den NS-Behörden. Der jüdische Arzt, der Adolf Hitlers Eltern behandelt hat, kann nach dem „Anschluss" relativ unbehelligt in Linz leben. Hitler selbst hält seine schützende Hand über ihn. Eduard Bloch emigriert 1940 nach New York.
(Foto: Bundesarchiv Koblenz)

Der NS-Terror versetzt die jüdische Bevölkerung in Angst und Schrecken, manche sind so verzweifelt, dass sie sich das Leben nehmen. Am 19. März 1938 erhängen sich die Mutter Friederike und die beiden Brüder von Viktor Spitz, Alexander und Eduard, in ihrer Wohnung in Urfahr.

### Schrittweise Entrechtung

Nach den Gewaltakten unmittelbar nach dem „Anschluss" berauben die Nationalsozialisten Juden und Jüdinnen systematisch ihrer Rechte. Sie müssen Sportvereine verlassen, dürfen keine Tracht mehr tragen. Jüdische Ärzte, Rechtsanwälte, Universitätslehrer und öffentlich Bedienstete verlieren ihren Arbeitsplatz. Jüdische Studierende werden der Universität verwiesen, jüdische Kinder vom Unterricht ausgesperrt. Bald dürfen Juden und Jüdinnen keine Theater, Kinos, Konzerte und Sportveranstaltungen mehr besuchen. Anfang 1939 führen die Behörden eine mit „J" gekennzeichnete „Judenkennkarte" ab dem 15. Lebensjahr ein. Außerdem müssen Juden und Jüdinnen die zusätzlichen Vornamen „Israel" bzw. „Sara" tragen.

### Einführung und Bedeutung der „Nürnberger Rassegesetze"

Trudy Körösi ist 1933 geboren. Ihre Eltern Viktor und Margarethe, beide jüdisch erzogen, sind zum Katholizismus übergetreten. Trudy geht in den katholischen Kindergarten der Linzer Ursulinen und besucht sonntags die Kirche. Das NS-Regime macht die Familie von einem Tag auf den anderen wieder zu Juden. In den „Nürnberger Rassegesetzen" legen die Nationalsozialisten in Deutschland 1935 fest, wer in ihren Augen als

Jude oder Jüdin gilt. 1938 treten diese Gesetze in Österreich in Kraft. „Volljude" ist, wer mindestens drei jüdische Großeltern hat. Als „Mischling 1. Grades" und „Mischling 2. Grades" werden Menschen bezeichnet, die zwei oder einen jüdischen Großelternteil haben. Dabei spielt es keine Rolle, ob jemand, wie die Familie Körösi, aus der jüdischen Religionsgemeinschaft ausgetreten ist. Auch viele Menschen, die sich selbst nie als Jude oder Jüdin gesehen haben, geraten wegen der „Rassegesetze" in den Kreis der Verfolgten. Für Grete Kernek bricht eine Welt zusammen, als sie von Mitschülerinnen als „Judensau" beschimpft wird: „Ich wusste nicht, dass meine Familie jüdisch war oder als jüdisch durch die Nazis definiert wurde. (…) Es war ein schrecklicher Zustand. Ich kam sehr bestürzt nach Hause. (…) Ich sagte meiner Mutter, was gesagt worden war. Sie schaute sehr betroffen und sagte: „Ja, du bist es."324

Die „Nürnberger Rassegesetze" verbieten Beziehungen und Eheschließungen zwischen Juden, Jüdinnen und „Angehörigen deutschen oder artverwandten Blutes".

Trudy Körösis Mutter Margarethe 1937 mit Trudys Bruder Georg in Kleinmünchen (Foto: Verena Wagner)

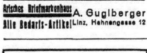

In den Wirren nach den Tagen des „Anschlusses" ist es Geschäftsleuten wichtig, darauf hinzuweisen, dass ihr Geschäft „arisch" ist.
(Abbildung: http://www.insitu-linz09.at, Zugriff 3.9.2014)

**Der Völkermord an den Juden und Jüdinnen**

Mit NS-Plakaten verklebte Fassade des jüdischen Kleiderhauses Hrzan in Wels, Bäckergasse 11, in den Tagen nach dem „Anschluss". Der Inhaber Richard Jellinek wird 1938 aus Wels vertrieben und 1942 in Auschwitz ermordet.
(Foto: Stadtarchiv Wels)

Bereits bestehende Ehen sind zwar nicht betroffen, aber die Nationalsozialisten legen den nichtjüdischen Ehemännern und Ehefrauen nahe, sich scheiden zu lassen. Wer dies nicht tut, muss mit Schmähungen und Benachteiligungen rechnen.

## Was sind „Arisierungen"?

Das NS-Regime verdrängt die jüdische Bevölkerung systematisch aus dem Wirtschaftsleben, beraubt sie ihrer Geschäfte, Häuser und Wohnungen. Die „Arisierung" jüdischer Betriebe geht oft so vor sich: Zuerst kleben SA-Männer gelbe Plakate an die Schaufenster, um das Geschäft als jüdisch zu kennzeichnen, dann stellen sie sich vor die Eingänge und hindern die Menschen am Einkauf. In vielen Fällen erscheint schon wenige Tage nach dem „Anschluss" ein „kommissarischer Verwalter" im Betrieb, verlangt die Schlüssel und verkündet die Übernahme der Geschäftsführung. Diese von den NS-Behörden eingesetzten Leiter nutzen oft die Gelegenheit, sich persönlich zu bereichern. Häufig schaden sie dem Geschäft schon deshalb, weil sie von Betriebsführung wenig Ahnung haben. Die jüdischen Eigentümer müssen ihre Betriebe weit unter ihrem Wert veräußern. Den Verkaufserlös erhalten sie nicht – er wird auf einem Sperrkonto deponiert. Die NS-Behörden erfinden eine Reihe von Gebühren, die Juden und Jüdinnen zu leisten haben, wie die „Judenvermögens-

Anzeige Tagespost Übernahme „Kraus & Schober" (Abbildung: http://www.insitu-linz09.at, Zugriff 3.9.2014)

abgabe" oder die „Reichsfluchtsteuer". Nur für Lebensführung und Ausreise bekommen sie kleinere Beträge ausgezahlt. Nach Kriegsbeginn beschlagnahmt das Deutsche Reich die auf den Sperrkonten liegenden Gelder der Geflohenen und Ermordeten.

Die „Arisierung" Linzer Geschäfte und Betriebe

In Linz streiten sich oft mehrere Bewerber um die Übernahme der bekannten jüdischen Betriebe. Der „Zuckerl-Schwager" in der Bischofstraße, die Firma Spitz in Urfahr, das Kolosseum Kino am Schillerplatz zählen zu den besonders gefragten Objekten. Meist bekommen altgediente Nationalsozialisten den Zuschlag. Auch beim Raub des modernsten und größten Linzer Kaufhauses Kraus & Schober am Hauptplatz verlieren die neuen Machthaber keine Zeit. Bereits am 15. März 1938 verkündet ein Aushang, dass „alle Juden aus dem Betrieb entfernt worden sind" und das Unternehmen ab nun von einer „nationalsozialistischen Betriebsgemeinschaft" geführt wird. Später „arisieren" nationalsozialistische Angestellte als Gesellschafter das lukrative Geschäft.

Jüdische Betriebe in zentraler Lage wie am Hauptplatz und auf der Landstraße sind auch deshalb so gefragt, weil einige „arische" Geschäftsleute ihre Firma wegen des Baus der Nibelungenbrücke umsiedeln müssen. Neben diesen begehrten Betrieben gibt es auch viele Geschäfte, die finanziell wenig ertragreich sind und deshalb aufgelassen werden.

## Der Völkermord an den Juden und Jüdinnen

→ Hermann Schneeweiß ist ein anerkannter Linzer Rechtsanwalt. 1933 fährt er mit seiner Frau und den drei Kindern auf Sommerfrische nach St. Wolfgang. (Foto: Verena Wagner)

→→ Der bekannte österreichische Librettist Friedrich Löhner-Beda – hier 1925 in Bad Ischl – kommt am 1. April 1938 mit dem „Prominententransport" in das Konzentrationslager Dachau. Er stirbt 1942 in Auschwitz. Helene Löhner und ihre beiden Töchter werden 1942 nach Maly Trostinec deportiert und dort ermordet. (Foto: Fritz Bauer Institut/ Jack Jellins)

### „Arisierungen" im Salzkammergut

Im Salzkammergut, vor allem in Bad Ischl, gibt es viele Sommerhäuser von in- und ausländischen Juden und Jüdinnen, deren rasche Übernahme die lokalen NS-Behörden anstreben. Helene Löhner ist die Besitzerin der Villa Felicitas („Schratt-Villa"). Im Juli 1938 wird sie vom Ischler Ortsgruppenleiter Anton Kaindlstorfer vorgeladen, der ihr mitteilt, dass sie ihre Villa unter allen Umständen verkaufen müsse. Helene Löhner ist aber nicht bereit, in einen Zwangsverkauf einzuwilligen. Daraufhin legt ihr Kaindlstorfer Denunziationen von „Volksgenossen" vor, um sie unter Druck zu setzen. Die Drohung, dass ihr in KZ-Haft befindlicher Mann Friedrich Löhner-Beda „überhaupt nicht mehr herauskomme, wenn ich den Vertrag nicht unterschreibe und anderes mehr", zwingt Helene Löhner schließlich zur Einwilligung des Zwangsverkaufes, wie sie kurz darauf schildert.[325]

Auch Wilhelm Haenel, der die meisten „Arisierungen" in und um Bad Ischl abwickelt, spart bei den Verhandlungen nicht mit Drohungen und Erpressungen. Eigenmächtig verwaltet er das geraubte Vermögen, hebt von den Juden und Jüdinnen nach Belieben Gebühren ein und „spendet" davon hohe Beträge an Parteiorganisationen wie HJ, SA und SS.

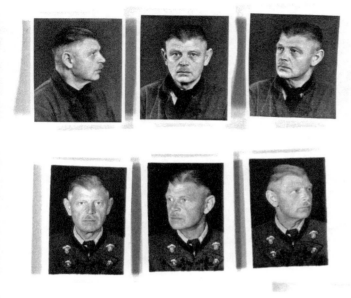

Wilhelm Walter Ernst Haenel auf Verhaftungsfotos 1945. Haenel ist Beauftragter der NSDAP für die „Arisierung" in Bad Ischl. Er wickelt die meisten Zwangsverkäufe von Geschäften in jüdischem Besitz ab und bereichert sich persönlich. Nach Kriegsende verbüßt Wilhelm Haenel eine kurze Haftstrafe und lebt dann als geachteter Bürger in Bad Ischl.
(Foto: Zeitgeschichte Museum Ebensee/Staatsarchiv München)

# Was geschieht beim Novemberpogrom?

Am 7. November 1938 schießt in Paris der 17-jährige Jude Herschel Grynszpan auf das deutsche Botschaftsmitglied Ernst vom Rath. Als der Diplomat zwei Tage später stirbt, hat das NS-Regime einen willkommenen Vorwand, gegen die jüdische Bevölkerung vorzugehen. Am 9. und 10. November kommt es im gesamten Deutschen Reich zu brutalen Ausschreitungen, die genau geplant sind.

In Linz verhaften die Nationalsozialisten schon am 8. November eine Reihe jüdischer Männer. In den Nachtstunden des 10. November versammeln sich SA-Männer vor der Synagoge in der Betlehemstraße. Erst plündern sie das Bethaus, dann zünden sie es an. Familie Hesky lebt in einem angrenzenden Zimmer und möchte sich in Sicherheit bringen, doch ein SA-Führer sperrt von außen ab. Der Tempel brennt lichterloh, die Familie ruft panisch nach Hilfe, droht im Rauch, der das Zimmer füllt, zu ersticken. Im letzten Moment öffnet ein SA-Mann die Türe. Ein Anrainer setzt sich nahe dem Eingang des Tempels nieder und stimmt inmitten des Leides höhnisch einen hebräisch-klingenden Singsang an. „Das Gegröle des angesammelten Pöbels dankte ihm für seine ‚humoristische' Vorstellung", erinnert sich Karl Löwy, der diese Szene erschüttert beobachtet.[326] Auch Margarethe Adelberg sieht von ihrer Wohnung aus die Synagoge brennen. Sie ist außer sich vor Sorge um ihre Familie und kann sich nicht

## Der Völkermord an den Juden und Jüdinnen

Die ausgebrannte Synagoge mit Schaulustigen und Feuerwehrleuten. Die Feuerwehr ist zwar beim Brand anwesend, sorgt aber nur dafür, dass das Feuer nicht auf benachbarte Gebäude übergreift. (Foto: Archiv der Stadt Linz)

mehr beruhigen. Die alte Frau erleidet einen Herzanfall, an dem sie wenige Stunden später stirbt.

Im Laufe der Nacht breiten sich die Ausschreitungen auf die ganze Stadt aus. SA-Männer durchkämmen die Wohnungen der Linzer Juden und Jüdinnen und befehlen ihnen, die Stadt innerhalb von drei Tagen zu verlassen. Dabei scheuen einige nicht davor zurück, sexuelle Gewalt gegen Frauen auszuüben.

Die Bevölkerung reagiert unterschiedlich auf den Pogrom. Manche nutzen die Gelegenheit, sich zu bereichern. Die allermeisten nehmen die Ausschreitungen achselzuckend hin, auch wenn sie diese Vorgänge nicht unbedingt befürworten. Nur zwei Linzer protestieren bei den NS-Behörden gegen die Übergriffe.

# Wohin wird die jüdische Bevölkerung Oberösterreichs vertrieben?

Die oberösterreichischen Nationalsozialisten haben ein ehrgeiziges Ziel: Der „Heimatgau des Führers" soll der erste sein, der „judenrein" ist. Sie drängen die jüdische Bevölkerung zur möglichst raschen Ausreise aus ihrer Heimat. Gleichzeitig legen sie den Juden und Jüdinnen bei der Organisation ihrer Flucht alle nur erdenklichen Steine in den Weg, schikanieren sie mit Formularen, Behördenwegen und finanziellen Abgaben.

Die Menschen stehen vor der Wahl, entweder ins Ausland zu fliehen oder nach Wien in völlig überfüllte „Judenwohnungen" und Massenquartiere umzusiedeln. Die Vertreibung geht so vor sich: Die Nationalsozialisten zwingen viele Juden und Jüdinnen, innerhalb weniger Tage ihre Häuser und Wohnungen in Oberösterreich zu räumen. Diese müssen kurzfristig bei anderen Familien unterkommen oder in eine der Sammelwohnungen ziehen, wie sie etwa in der Linzer Altstadt entstehen. Fieberhaft suchen die Verfolgten nach einer Fluchtmöglichkeit oder schreiben Anträge an ausländische Konsulate. Doch oft fehlen die notwendigen Kontakte und finanziellen Mittel. Ob Großbritannien, die Schweiz oder die USA, die Staaten lassen nur eine bestimmte Zahl an Flüchtlingen ins Land. Die Israelitische Kultusgemeinde, allen voran ihr Leiter Max Hirschfeld, unterstützt mit ihren beschränkten Mitteln die jüdischen Familien so gut es geht. Dem 15-jährigen Richard Mendler kann Hirschfeld zur Flucht nach Palästina verhelfen: „Meine Mutter, und mein jüngerer Bruder (9 Jahre alt) blieben in Linz", erinnert sich Mendler. „Keiner von uns wusste wo und überhaupt ob wir uns je wiedersehen werden und was unser Los sein wird. Wer kann sich vorstellen, was im Herz und im Gehirn meiner Mutter vorging und wie groß ihr Leid war? (…) Die Gegenwart war unglaublich schwer, die Zukunft vollkommen unklar. Kein Mensch wusste, was mit uns passieren wird. Palästina war ein fernes und nicht entwickeltes Land, irgendwo im Nahen Osten."[327] Die Mehrheit der oberösterreichischen Juden und Jüdinnen, denen die Ausreise gelingt, fliehen wie Richard Mendler nach Palästina, einige auch in die USA oder nach Großbritannien.

Im Zuge des Novemberpogroms erhöhen die Nationalsozialisten den Druck auf die noch verbliebene jüdische Bevölkerung, sodass im Frühjahr 1939 nur mehr wenige Juden und Jüdinnen in Oberösterreich leben. Einer von ihnen ist Erich Kernek. Im Juni 1939 wird er zur Gestapo vorgeladen, wo ihn einer der Beamten anschreit: „Warum sind Sie noch hier, (…) das ist die Patenstadt des Führers, Sie gehören weg von hier!"[328]

**Der Völkermord an den Juden und Jüdinnen**

# Wie kommt es zum Massenmord an Juden und Jüdinnen?

1941/42 kontrollieren die Nationalsozialisten weite Teile Europas. Rund zehn Millionen Juden und Jüdinnen leben im deutschen Herrschaftsbereich, die meisten in Osteuropa. Die NS-Führung plant zunächst, die gesamte jüdische Bevölkerung Europas in unwirtliche Gegenden abzuschieben, etwa auf die ostafrikanische Insel Madagaskar oder nach Sibirien. Bald zeigt sich, dass solche Vorhaben nicht zu verwirklichen sind. Schließlich setzt sich das NS-Regime die Vernichtung aller Juden und Jüdinnen zum Ziel. Der millionenfache Massenmord findet vor allem in Osteuropa statt – unter Beteiligung einiger Oberösterreicher und Oberösterreicherinnen in einflussreichen Positionen.

## Deportationen in den Osten

Friedrich Kranebitter, 1903 in Wildshut geboren, tritt bereits 1931 der NSDAP bei, nach dem „Anschluss" wird er Mitarbeiter der Wiener Gestapo. Ab 1942 ist er in Charkow Kommandeur der Sicherheitspolizei und des Sicherheitsdienstes. Nach dem Krieg wird Kranebitter zu einem Jahr Haft wegen illegaler Mitgliedschaft bei der NSDAP verurteilt.
(Foto: Yad Vashem Photo Archive)

Der Linzer Adolf Eichmann gehört zu den Hauptverantwortlichen des Völkermordes. Er organisiert zuerst die Vertreibung der Juden und Jüdinnen und ab 1941 ihre systematische Deportation in die Ghettos und Todeslager im Osten. Als die Transporte beginnen, leben fast alle der noch in Österreich verbliebenen Juden und Jüdinnen in Wien – unter ihnen auch um die 200 Menschen aus Oberösterreich. Im Februar und März 1941 müssen sich etwa 5.000 Juden und Jüdinnen in Sammellagern im Zweiten Wiener Gemeindebezirk einfinden. Dort werden sie ihrer Wertsachen und Papiere beraubt, gedemütigt und misshandelt. Dann deportieren sie die NS-Behörden in die Ghettos des polnischen Distrikts Lublin, wo die Todesrate durch Zwangsarbeit, Mangelernährung und hygienisch katastrophale Zustände extrem hoch ist. Viele weitere Transporte folgen, als ab Herbst 1941 die Massendeportationen der jüdischen Bevölkerung aus allen von Deutschland besetzten Gebieten Europas in die Vernichtungslager in Polen einsetzen.

## Massenerschießungen in der Sowjetunion

Bereits ab Kriegsbeginn im September 1939 töten SS- und Polizeieinheiten sowie Wehrmachtssoldaten tausende Juden und Jüdinnen in Polen. Mit dem Angriff Deutschlands auf die Sowjetunion am 22. Juni 1941 beginnt die Vernichtung der jüdischen Bevölkerung. Einsatzgruppen der SS ermorden unter Beteiligung von Einheiten der Wehrmacht kommunistische Funktionäre, Sinti und Roma, Juden und Jüdinnen sowie einheimische Bevölkerung. Die Männer, Frauen und Kinder werden in Massengräbern, die sie selbst ausheben müssen, verscharrt. Einer der Täter bei den Massenerschießungen ist der im Innviertel aufgewachsene Friedrich Kranebitter. Er ist in führender Position in Charkow (Ukraine) stationiert, wo er die Erschießung von zehntausenden Menschen leitet.

## Der Beschluss zur „Endlösung"

Im Laufe des Jahres 1941 kommt die NS-Führung zum Entschluss, die gesamte jüdische Bevölkerung im deutschen Einflussbereich zu ermorden. Ausschlaggebend dafür sind mehrere Gründe. Das Bild von „den Juden" als Weltverschwörer und Parasiten, deren man sich entledigen muss, ist in den Köpfen fest verankert. Dazu kommt, dass die deutschen Besatzer Millionen polnischer und sowjetischer Bürger und Bürgerinnen aus ihren Wohnorten vertreiben, um Deutsche anzusiedeln. Die Ermordung der Juden und Jüdinnen schafft dafür Platz. Außerdem droht im Deutschen Reich aufgrund der langen Kriegsdauer eine Nahrungsmittelknappheit. Durch die rasche Tötung von Millionen Juden und Jüdinnen, die als „unnütze Esser" gelten, soll diese Gefahr gebannt werden.

Seit Juli 1941 ist Reinhard Heydrich, der Chef des Reichssicherheitshauptamtes, mit der Gesamtplanung der Ermordung der jüdischen Bevölkerung beauftragt. Im Jänner 1942 treffen sich in Berlin-Wannsee hohe Funktionäre, um die organisatorischen und technischen Details des Massenmordes zu besprechen. Adolf Eichmann führt Protokoll. Weder in seiner Niederschrift noch in anderen offiziellen Dokumenten nennen er und die Nationalsozialisten den Genozid beim Namen. Sie gebrauchen verschleiernde Begriffe wie „Umsiedlung" und „Endlösung der Judenfrage". Die Geschichtsschreibung verwendet für den nationalsozialistischen Massenmord am europäischen Judentum die Begriffe „Holocaust" oder „Shoa".

## Die Vernichtungslager

Die NS-Führung ist mit der Methode der Massenerschießungen nicht zufrieden. In ihren Augen geht das Morden nicht schnell genug. Außerdem werden Befürchtungen laut, dass die Täter der psychischen Belastung auf Dauer nicht gewachsen sind. Die Morde sollen distanzierter, anonymer und mit höherem Tempo durchgeführt werden. Mit Hilfe von Fachleuten erprobt man – zunächst an psychisch Kranken – eine neue Methode: Giftgas.

Das erste Vernichtungslager entsteht im kleinen polnischen Ort Chełmno (Kulmhof) im November 1941. Schon ein Monat später werden dort Juden und Jüdinnen in Lastwagen durch eingeleitete Abgase ermordet. Kurz danach erbauen die Nationalsozialisten in Belzec, Sobibor und Treblinka Vernichtungslager, die mit Gaskammern ausgestattet sind. In diesen Todeslagern kommt das Personal aus dem NS-Euthanasie-

Franz Stangl, geboren 1908 in Altmünster, wird 1940 Verwaltungsleiter in der Tötungsanstalt Hartheim, 1942 Kommandant des Vernichtungslagers Sobibor und Treblinka. Nach dem Krieg flüchtet er zunächst nach Syrien, dann weiter nach Brasilien. 1967 erfolgt die Verhaftung und Auslieferung nach Deutschland. Er wird zu lebenslanger Haft verurteilt. Stangl stirbt 1971.
(Foto: Yad Vashem Photo Archive)

## Der Völkermord an den Juden und Jüdinnen

Ankunft und Selektion von Juden und Jüdinnen in Auschwitz. Diese Fotos stammen aus dem „Auschwitz-Album" und wurden im Mai 1944 von SS-Männern aufgenommen.
(Fotos: Yad Vashem Photo Archive)

programm gegen psychisch Kranke und Behinderte erneut zum Einsatz. Franz Stangl, der zuvor bei der Gestapo Linz und in der Tötungsanstalt Hartheim tätig war, leitet das Vernichtungslager Treblinka und verantwortet die Ermordung von etwa einer Million Menschen.

Ein weiterer Oberösterreicher, Fritz Ertl, prägt als stellvertretender Leiter der SS-Zentralbauleitung das Geschehen im Konzentrations- und Vernichtungslager Auschwitz in Polen, dem Zentrum der NS-Vernichtungspolitik. Er entwirft die Baracken und koordiniert den Bau der Gaskammern, die er „Badeanstalten für Sonderaktionen" nennt.[329] Seit Anfang 1942 fahren Deportationszüge aus ganz Europa nach Auschwitz. Bei der Ankunft werden die nicht arbeitsfähigen Menschen ausgewählt („selektiert"), in einer der Gaskammern mit Zyklon B getötet und anschließend im Krematorium verbrannt. Alle anderen sollen durch Zwangsarbeit vernichtet werden. Durch Hunger, Seuchen, medizinische Menschenversuche, regelmäßige Selektionen und Hinrichtungen kommen in Auschwitz mehr als eine Million Menschen um, der Großteil Juden und Jüdinnen. Insgesamt fallen über sechs Millionen Juden und Jüdinnen dem Völkermord zum Opfer.

Der Architekt Fritz Ertl, 1908 in Breitbrunn bei Hörsching geboren, beantragt 1943 seine Versetzung aus Auschwitz in eine kämpfende Einheit. 1972 wird er in Wien als „Architekt der Krematorien" angeklagt und freigesprochen. (Foto: Österreichische Nationalbibliothek)

### Jüdischer Widerstand

Obwohl die jüdischen Häftlinge extrem geschwächt sind, wagen sie in den Vernichtungslagern Sobibor und Treblinka einen Aufstand. Sie töten einige Wachleute, aber nur wenige können fliehen. Auch im Warschauer Ghetto kämpft die jüdische Bevölkerung ab April 1943 einen Monat lang gegen SS und Wehrmacht – bis zur völligen Zerstörung des Ghettos. Ferdinand Sammern-Frankenegg aus Grieskirchen ist zu diesem Zeitpunkt als SS- und Polizeiführer für das Ghetto verantwortlich. Da er in den Augen seiner Vorgesetzten versagt hat, wird er noch am ersten Tag des Aufstands abgelöst.

Ferdinand Sammern-Frankenegg, 1897 in Grieskirchen geboren, ist seit 1932 Mitglied der SS. Ab Juli 1942 ist er als SS- und Polizeiführer im Distrikt Warschau stationiert. Wegen seines zögerlichen Handelns beim Warschauer Ghettoaufstand wird er nach Kroatien versetzt und im September 1944 in einem Gefecht mit Partisanen getötet. (Fotos: Yad Vashem Photo Archive)

# Wie ergeht es den oberösterreichischen Juden und Jüdinnen im Holocaust?

Ab Kriegsbeginn ist es nur noch schwer möglich, ins Ausland zu flüchten, ab Herbst 1941 besteht Ausreiseverbot. Zu diesem Zeitpunkt leben nur mehr vereinzelt Juden und Jüdinnen in Linz. Seit September 1941 müssen sie in der Öffentlichkeit einen Judenstern tragen. Sie dürfen keine Parkanlagen betreten, nicht in Gasthäuser oder ins

## Der Völkermord an den Juden und Jüdinnen

Kino gehen. Ende 1941 verlieren Juden und Jüdinnen jedes Recht auf öffentliche Fürsorge. Gleichzeitig bekommen sie immer weniger Lebensmittelkarten. Die 1942 noch in Linz lebenden Juden und Jüdinnen werden meist auf direktem Transport mit dem Lastwagen in das KZ-ähnliche Ghetto Theresienstadt deportiert. Unter ihnen ist der knapp 100-jährige Leopold Mostny, der kurz nach seiner Ankunft im Lager stirbt.

### Von Wien in die Vernichtungslager

Die 64-jährige Linzerin Ida Tandler gehört zu jener Gruppe der oberösterreichischen Juden und Jüdinnen, die zunächst nach Wien vertrieben werden und dort in völlig überfüllten „Judenwohnungen" und Massenquartieren leben müssen – ohne ausreichend zu essen zu haben und nur notdürftig medizinisch betreut. „Wir freuen uns immer, wenn Du einige Zeilen schreibst", beginnt sie am 26. Dezember 1940 einen Brief an ihre Freundin Adele Pasch, der die Flucht nach New York geglückt ist. „Es ist in unserem Einerlei eine Abwechslung. Furchtbar unbequem ist das alles", fährt sie fort. Ihre Briefe klingen harmlos, weil Ida Tandler sie wegen der Zensur verschlüsselt. So muss Adele Pasch im Schreiben ihrer Freundin vom 27. Oktober 1941 zwischen den Zeilen lesen: „Alle verschickt, viele schon fort. Großer Jammer und Elend." Einen knappen Monat später kommt Ida Tandlers letzter Brief in den USA an. Die verdeckte Botschaft lässt keinen Raum für Hoffnung: „Werden weggeschickt. Auch Großmutter. Kann jeden Tag sein. Müssen alles hier lassen."[330] Dass ihre Freundin bereits wenige Tage nach der Aufgabe ihres Briefes ins Ghetto Riga deportiert wird und dort stirbt, erfährt Adele Pasch erst nach dem Krieg.

Hunderte oberösterreichische Juden und Jüdinnen werden wie Ida Tandler zumeist über Wien in die Vernichtungsstätten im Osten verschleppt. Die meisten von ihnen kommen ums Leben.

### Menschen in „Mischehen" und „jüdische Mischlinge"

Je länger der Krieg dauert, desto schwieriger werden die Lebensbedingungen von „jüdischen Mischlingen" und Menschen, die in „Mischehen" leben. Sie stehen unter ständiger Beobachtung und Kontrolle der Gestapo.

Der Druck, sich scheiden zu lassen, ist für die jüdischen Ehemänner und Ehefrauen sehr hoch, besonders wenn die Ehe kinderlos ist. Bei Scheidung und Tod des „arischen" Partners oder Elternteils droht die Deportation. Ida Praskas „arischer" Ehemann ist Abteilungsleiter der Hermann-Göring-Werke in Linz. Im Jänner 1942 muss er an die Ostfront, wo er wenige Monate später fällt. Ida Praska verliert nicht nur ihren Mann, sondern auch ihren Schutz vor Verfolgung. 1943 wird sie verhaftet und ins Lager Theresienstadt deportiert, wo sie am 8. März 1945 die Befreiung durch die Rote Armee erlebt.

Hans Hatschek, Eigentümer der Eternit-Werke, gilt als „Mischling 1. Grades". 1944 nötigen ihn die Nationalsozialisten zum Verkauf der „Hatschek-Villa" auf der Gugl (dritte von rechts). Sie wird Arbeits- und Wohnstätte von Gauleiter August Eigruber. (Abbildung: Maria Ecker)

Ab Herbst 1942 müssen Kinder, die nach den „Nürnberger Rassegesetzen" als „Mischlinge 1. Grades" gelten, nach der 8. Schulstufe die Schule verlassen. „Mischlinge 2. Grades" mit nur einem jüdischen Großelternteil dürfen in der Regel keine Hauptschule und höhere Schule mehr besuchen. Um zu überleben, müssen sie daher jede noch so schlecht bezahlte Arbeit annehmen. Bis Herbst 1944 leben „Mischlinge", wenngleich in ständiger Angst, relativ unbehelligt. Danach müssen sie Zwangsarbeit leisten. Herbert und Otto Smolka aus Wels werden im April 1944 als Zwangsarbeiter zur Organisation Todt einberufen und nach Paris abtransportiert. Auch deren Schwester Gertraud erhält im Dezember 1944 eine Aufforderung zur Zwangsarbeit. Sie hat Glück, weil ihr Arbeitgeber sie nicht freigibt. Über die Lebensbedingungen als „Mischling" im „Dritten Reich" sagt sie später: „Mir kommt vor ich war 7 Jahre im Kerker."[331]

## Die Opferzahlen

Viele Lebensgeschichten und Schicksale der etwa 800 oberösterreichischen Juden und Jüdinnen sind bis heute unerforscht und können nicht erzählt werden. Bisher sind die Namen von knapp über 200 Menschen, die dem Holocaust zum Opfer fallen, bekannt. Mit hoher Wahrscheinlichkeit sind es aber einige mehr. Insgesamt werden in Österreich während der NS-Zeit von den 206.000 Menschen, die nach den „Nürnberger Rassegesetzen" als „Juden" oder „jüdische Mischlinge" eingestuft werden, rund 65.000 ermordet.

## Der Völkermord an den Juden und Jüdinnen

Der in Linz aufgewachsene Walter Herzhaft (ganz rechts) mit Freunden bei einem Ausflug 1928. Er wird gemeinsam mit seiner Frau und Tochter 1942 von Wien nach Maly Trostinec verschleppt und sofort nach der Ankunft ermordet. Ganz links Eduard Spitz, der sich im März 1938 das Leben nimmt.
(Foto: Verena Wagner)

### Jüdisches Leben heute

Nach dem Krieg gibt es in Oberösterreich so gut wie kein jüdisches Leben mehr. Nur ein gutes Dutzend Überlebender kehrt aus den Lagern und dem Exil zurück. Dazu kommen einige wenige Überlebende aus anderen Ländern, die in ihre alte Heimat nicht mehr zurückkehren können oder wollen. Dennoch wird unter schwierigen Bedingungen eine neue Israelitische Kultusgemeinde gegründet und in den 1960er Jahren am Platz der zerstörten Synagoge ein schlichtes Bethaus errichtet. Die jüdische Gemeinde bleibt bis heute sehr klein und tritt in der Öffentlichkeit kaum in Erscheinung.

# Was wussten die Oberösterreicher und Oberösterreicherinnen über den Holocaust?

Grete Wernitznigg erlebt den Nationalsozialismus als junge Frau. Das Schicksal der Juden und Jüdinnen interessiert sie sich nicht besonders. Die antijüdischen Feindbilder, jahrhundertelang verbreitet, sitzen tief – und die Nationalsozialisten fördern den Judenhass mit allen Mitteln. Außerdem ist in Kriegszeiten die Bevölkerung hauptsäch-

Die in den 1960er Jahren erbaute Linzer Synagoge (Foto: Maria Ecker)

lich mit sich selbst und den eigenen Nöten beschäftigt. Jahrzehnte nach Kriegsende rechtfertigt sich Grete Wernitznigg vor ihrem Enkel: „Das mit den Juden hab ich so nicht gewusst (…). Da habe ich keine Ahnung gehabt."[332] So wie Grete Wernitznigg behaupten viele Oberösterreicher und Oberösterreicherinnen, nicht gewusst zu haben, was mit der jüdischen Bevölkerung geschehen ist. Doch stimmt das wirklich?

Den industriellen Massenmord führt das NS-Regime unter weitgehender Geheimhaltung im Osten durch. Doch die Ausgrenzung und Vertreibung spielt sich vor den Augen der Menschen ab. Auch am Land, wo kaum Juden und Jüdinnen leben, kann die Bevölkerung wissen, was passiert. In Zeitungen, Radioansprachen und Reden kündigen die führenden Nationalsozialisten mehr oder weniger deutlich die Vernichtung der jüdischen Bevölkerung an. Verwandte tragen bei ihren Wochenendbesuchen Nachrichten über die Vorgänge in der Landeshauptstadt in die Dörfer. Soldaten berichten in Feldpostbriefen und auf Urlaub von der Ermordung der jüdischen Bevölkerung in Osteuropa. Und viele Verbrechen geschehen in unmittelbarer Nähe, in Lagern die sich wie ein Netz über Oberösterreich erstrecken: im Konzentrationslager Mauthausen samt seinen zahlreichen Außenlagern und in jüdischen Zwangsarbeitslagern wie in Traunkirchen. Diese Lager sind nicht abgeschottet, es gibt zahlreiche Berührungspunkte mit der Bevölkerung. Menschen aus dem Umfeld liefern Lebensmittel, beobachten Häftlinge bei ihren Arbeiten und werden dabei oft zu Zeugen und Zeuginnen von Misshandlungen. Eine davon ist Johanna Rittenschober, die als junge Magd in der Nähe des Konzentrationslagers Gusen lebt. „Jeden Tag haben wir vom Lager gewusst", sagt sie. Und fügt hinzu: „Jeden Tag haben wir nicht über das Lager geredet (…) haben einfach mit dem Schrecken in uns / dem Schrecken zugeschaut."[333]

# Lebensgeschichten

## Adolf Eichmann: Organisator des Holocaust

Adolf Eichmann, aufgewachsen in Linz, ist einer der Hauptverantwortlichen der nationalsozialistischen Massenmorde. Er organisiert in ganz Europa die Deportationszüge mit Millionen Juden und Jüdinnen in die Vernichtungslager im Osten. Nach Kriegsende hält er daran fest, gute Arbeit geleistet zu haben.

### Deutschnationale Prägung

Adolf Eichmann, 1906 in Solingen in Deutschland geboren, zieht mit seinen Eltern als Achtjähriger nach Linz, wo die Deutschnationalen bis zum Ende des Ersten Weltkriegs regieren. Eichmann wächst im Klima eines rabiaten Antisemitismus auf. Noch als Jugendlicher tritt er den Wandervögeln bei – einer deutschnational orientierten Vereinigung, über die er in engen Kontakt mit rechtsextremen Kampfverbänden kommt. 1932 trifft er im Linzer Märzenkeller auf einer Wahlveranstaltung der NSDAP seinen Bekannten Ernst Kaltenbrunner, der Mitglieder anwirbt. „Du, du gehörst zu uns", hofiert ihn Kaltenbrunner schulterklopfend.[334] Am Ende des Abends ist Eichmann Parteimitglied, wenige Monate später tritt er auch der SS bei.

### Der Experte für die erzwungene Auswanderung der jüdischen Bevölkerung

1933 geht Eichmann nach Deutschland und arbeitet dort für den Sicherheitsdienst der NSDAP. Seine Hauptaufgabe in diesen Jahren ist es, die Auswanderung der Juden und Jüdinnen aus Deutschland zu beschleunigen.

Nach dem „Anschluss" kehrt Adolf Eichmann nach Österreich zurück und baut in Wien die „Zentralstelle für jüdische Auswanderung" auf. Er zwingt jüdische Organisationen, mit ihm zusammenzuarbeiten. Eichmann prahlt mit seiner Tätigkeit und genießt die Macht, die er über die jüdische Bevölkerung hat. Er schreibt an einen Kollegen: „Ich habe sie hier vollständig in der Hand, sie trauen sich keinen Schritt ohne vorherige Rückfrage bei mir zu machen."[335] Seine nächsten Stationen sind Prag und Berlin, wo er ebenfalls die Vertreibung der jüdischen Bevölkerung organisiert.

### Wegbereiter des Massenmordes

Im Laufe des Jahres 1941 kommt die NS-Führung zum Entschluss, die gesamte jüdische Bevölkerung im deutschen Einflussbereich zu ermorden. Ab Herbst 1941 wird Eichmann der Cheforganisator der Deportationen nach Osteuropa. Er plant und

Adolf Eichmann
(Foto: Oberösterreichisches Landesarchiv)

überwacht die Verschleppung von hunderttausenden Menschen in die Vernichtungsstätten und schafft so – mit seinen zahlreichen Mitarbeitern und Mitarbeiterinnen – die Voraussetzung für den Massenmord. Vor Ort verhandelt er mit Funktionären der SS und NSDAP, der nationalsozialistischen Verwaltung, aber auch mit der Wehrmacht, die Details der „Endlösung", wie die Nationalsozialisten den Völkermord in ihrer bürokratischen Tarnsprache nennen. Als Eichmann das erste Mal Massenerschießungen und Vergasungen von Juden und Jüdinnen beobachtet, befallen ihn für einen Moment Zweifel; er ist bestürzt und aufgewühlt. Doch rasch überwindet er seine menschlichen Regungen und „managt den Völkermord wie ein Vorstandsvorsitzender, der einen multinationalen Konzern führt."[336] In seiner Freizeit tritt der Schreibtischtäter als feinsinniger Geist auf. Er trifft sich zu Abenden mit Hausmusik, bei denen er gern zur Violine greift.

Seit dem Sommer 1944 bereitet Eichmann der Ausgang des Krieges zunehmend Sorgen, am meisten kümmert ihn sein eigenes Schicksal. Er raucht und trinkt viel, ist fahrig und nervös. Eichmann beginnt damit, die Spuren seiner Verbrechen zu verwischen und die belastenden Dokumente seiner Dienststelle zu verbrennen. Seiner „Arbeit" geht er aber bis zum totalen Zusammenbruch des Deutschen Reichs mit höchster Energie und mörderischer Sorgfalt nach. Obwohl die Rote Armee bedrohlich nahe ist und das NS-Regime alle nur erdenklichen Transportkapazitäten für den Nachschub an der Front braucht, organisiert Eichmann die Züge, die für die Deportation von 440.000 ungarischen Juden und Jüdinnen in die Gaskammern von Auschwitz notwendig sind.

„Mich reut gar nichts"

Nach Kriegsende verbringt Adolf Eichmann einige Zeit unerkannt in US-amerikanischer Gefangenschaft und taucht mit falschem Namen zunächst in Deutschland und dann in Südtirol unter. 1950 flüchtet er nach Argentinien, holt seine Frau mit seinen drei Söhnen nach, zeugt einen weiteren Sohn und lebt unbehelligt als Elektriker bei Daimler-Benz in Buenos Aires. In Gesprächen mit Gleichgesinnten wird klar, dass er seiner nationalsozialistischen Einstellung treu geblieben ist. Ärgerlich findet Eichmann, dass seine Rolle bei der Ermordung von Millionen Juden und Jüdinnen zu wenig gewürdigt werde und dass er die „Endlösung" nicht zu Ende bringen konnte. „Mich reut gar nichts, ich krieche in keinster Weise zu Kreuze …", unterstreicht er seine Haltung.[337]

1960 wird Adolf Eichmann in Argentinien gefasst und in Israel vor Gericht gestellt. Die Vollstreckung des Todesurteils am Galgen erfolgt im Mai 1962.

Quelle:
David Cesarani, Adolf Eichmann. Bürokrat und Massenmörder, Berlin 2002.

# Agathe Kronberger:
# In Auschwitz ermordet

Die Linzerin Agathe Kronberger ist ein lebensfroher und fürsorglicher Mensch. Sie möchte Kinderärztin werden und verfolgt diesen Traum zielstrebig – bis zur Machtübernahme der Nationalsozialisten, die ihr Leben zerstört.

„Eine der besten Schülerinnen …"

Agathe Kronberger wird 1922 in eine jüdische Familie geboren, die in einfachen Verhältnissen lebt. Vater Norbert ist Prokurist, hat aber für seinen Beruf wenig übrig und verbringt seine Zeit am liebsten in den Bergen und auf den Schipisten. Mutter Olga ist intellektuell veranlagt und künstlerisch begabt. Ehrgeizig fördert sie die Schulbildung ihrer Kinder. Agathe ist wie ihr älterer Bruder Hans Vorzeigeschülerin und träumt von einem Leben als Kinderärztin. In der Schule freundet sie sich mit ihrer katholischen Mitschülerin Elfriede Landl an, die sich noch gut an die Familie erinnert: „Es waren einfache schlichte Leute (…). Agy war eine sehr liebe und fleißige Schülerin, sie war etwas rundlich und hatte dunkles Haar, rote Wangen und sie trug eine Brille. (…) Sie war eine der besten Schülerinnen, ein heiteres fröhliches Wesen hatte die Agy."[338]

Träume bleiben unerfüllt

Als die Nationalsozialisten im März 1938 die Macht übernehmen, ändert sich das Leben von Agathe Kronberger grundlegend. Elfriede Landl ist die einzige Mitschülerin, die auch nach dem „Anschluss" zu ihr hält. Alle anderen behandeln sie wie eine Aussätzige. Gemeinsam mit ihrem Bruder und ihren Eltern sucht Agathe nach Fluchtmöglichkeiten. Doch ihnen fehlen die Kontakte ins Ausland und so bleiben ihre Bemühungen vorerst ohne Erfolg. Lediglich Hans kann rechtzeitig seine Heimat verlassen. Die NS-Behörden zwingen die Familie Kronberger, ihre Wohnung in der Marienstraße zu räumen. Sie zieht zunächst in eine Sammelwohnung mit fremden Menschen, allesamt Juden und Jüdinnen, in der Linzer Altstadt. Ende des Jahres 1938 muss Agathe mit ihren Eltern nach Wien übersiedeln und die Schule aufgeben; der Traum von der Kinderärztin ist in weite Ferne gerückt. In ihren Briefen an eine ehemalige Hausangestellte der Familie in Linz berichtet Agathe von den schwierigen Lebensumständen in Wien, von den Gesetzen und Verboten, die ihr Leben immer mehr einengen, von ihrer Arbeit als Krankenschwester. Im Frühjahr 1940 trifft die Familie ein weiterer Schicksalsschlag. Mutter Olga wird in das Wiener Psychiatrische Krankenhaus Am Steinhof eingewiesen. Am 22. Juli 1940 transportieren sie die Behörden in die Tötungsanstalt Schloss Hartheim, wo sie ermordet wird. Agathe bleibt mit ihrem Vater allein zurück in Wien in einer Sammelwohnung in der Floßgasse im 2. Wiener Gemeindebezirk – bis zum 1. Oktober 1942: An diesem Tag werden sie gemeinsam mit über tausend Juden und Jüdinnen ins Lager Theresienstadt verschleppt.

Agathe Kronberger
(Foto: Verena Wagner)

## Optimismus trotz schwieriger Lage

In Theresienstadt arbeitet Agathe Kronberger als Säuglings- und Kinderschwester. Sie versucht, ihren Lebensmut nicht zu verlieren. „Ich glaube aber, dass ich eine vernünftige, große Tochter geworden bin, die trotz allen Ernstes den gewöhnten (sic) Humor nicht verloren [hat]", schreibt sie an eine Freundin nach Wien.[339] Sie ist froh, den Vater in ihrer Nähe zu wissen, und kümmert sich um ihn, so gut es geht. Am 11. August 1944, nach fast zweijährigem Aufenthalt in Theresienstadt, schreibt sie: „Meine Lieben! Es freut mich Euch wieder einmal mitteilen zu können, dass bei uns alles beim Alten geblieben ist. Ihr wisst gar nicht, wie sehr Ihr mich mit Eurem Schreiben immer erfreut, aber leider so selten. (…) Meine Freizeit verwende ich nützlich. Papa ist gottlob gesund und fleißig."[340] In ihrem letzten Brief malt sie sich immer noch zuversichtlich ein Wiedersehen nach dem Krieg aus: „Jedenfalls könnt ich jetzt schon ein Buch schreiben von meiner Odysee (sic) und wie ich mich bis jetzt doch immer durchgewurstelt hab."[341]

Am 19. Oktober 1944 wird Agathe Kronberger in das Vernichtungslager Auschwitz deportiert und dort ermordet.

## Das Schicksal der weiteren Familienmitglieder

Agathes Vater Norbert Kronberger erlebt im Mai 1945 im Konzentrationslager Dachau die Befreiung. Er stirbt 1952 in Wien. Auf seinem Grab am Zentralfriedhof sind Gedenksteine für Olga und Agathe Kronberger angebracht. Hans Kronberger findet in England eine neue Heimat und macht als Kernphysiker Karriere. Er nimmt sich 1970 das Leben.

Quelle:
Verena Wagner, Jüdisches Leben in Linz 1849–1943, Band 2: Familien, Linz 2008.

# Maria Mandl: Aufseherin in Auschwitz

Maria Mandl ist als kaltblütige KZ-Aufseherin berüchtigt. Sie selbst sieht in ihrem Verhalten nichts Falsches. In ihrer oberösterreichischen Heimat werden Mandls Taten bis heute kaum wahrgenommen.

### Karriere als Aufseherin

Maria Mandl wird 1912 geboren, wächst in der kleinen Innviertler Gemeinde Münzkirchen auf. Nach Absolvierung der Pflichtschule arbeitet sie als Putzkraft und als Aushilfe bei der Post. Als sie kurz nach dem „Anschluss" ihre Arbeitsstelle verliert, bewirbt sich Maria Mandl auf der Suche nach einer neuen Tätigkeit mit guten Verdienstmöglichkeiten im Oktober 1938 erfolgreich als Aufseherin im KZ Lichtenburg und kommt wenig später in das KZ Ravensbrück. Dort verbreitet sie Angst und Schrecken. Bei jeder sich bietenden Gelegenheit schlägt sie zu und denkt sich immer neue Quälereien aus. Mit ihren Misshandlungen verschuldet sie den Tod zahlreicher Häftlinge. Im KZ Ravensbrück werden Frauen für pseudomedizinische Experimente missbraucht. Maria Mandl ist es, die sie auswählt. Ihre Vorgesetzten belohnen ihr unmenschliches Verhalten und befördern sie. 1942 kommt Maria Mandl als Oberaufseherin in die Frauenabteilung des Vernichtungslagers Auschwitz-Birkenau, wo sie bei den Häftlingen wegen ihres sadistischen und jähzornigen Verhaltens gefürchtet ist. An der Rampe von Auschwitz wählt sie unter den neu Ankommenden unzählige für die sofortige Ermordung in der Gaskammer aus.

### „Warum hat sie's getan?"

Maria Mandl liebt klassische Musik, sie überwacht das „Mädchenorchester von Auschwitz". Die mitwirkenden Häftlinge müssen bei Appellen, Exekutionen und zum Vergnügen des KZ-Personals aufspielen. Wann immer Maria Mandl danach ist, zwingt sie die Musikerinnen zu Privatvorstellungen. Meist verlangt sie ihr Lieblingsstück, die Arie der Madame Butterfly aus der gleichnamigen Oper von Puccini.

Ihre Lust an der Macht über das Leben anderer lebt sie auch an Kindern aus. Sie streichelt und liebkost sie, um dann wieder aus einer Laune heraus zu töten. So nimmt Maria Mandl einen kleinen polnischen Jungen aus einem neu eingetroffenen Gefangenentransport zu sich und umsorgt ihn mehrere Tage lang. Fania Fénelon, Musikerin im „Mädchenorchester", erinnert sich an die Reaktionen ihrer Mithäftlinge: „,Siehst du', sagt die große Irène zu mir, ,vielleicht ist sie gar nicht so schlecht.' (…) Am nächsten Tag erfahren wir (…), die Mandl habe das Kind eigenhändig zur Gaskammer getragen. Die Reaktionen sind stark. Eva: ,Entsetzlich! Wie kann man das tun? Warum hat sie's getan?' (…) Viele weichen dieser Frage aus und stellen fest: ,Sie ist verrückt, eine Verrückte!' Ich protestiere: ,Nein, sie ist nicht verrückt. Das ist zu einfach, so leicht kann man ihr die Verantwortung nicht abnehmen.'"[342]

Maria Mandl als Gefangene in Krakau 1947, der Nachname auf der Tafel besagt fälschlicherweise „Mandel".
(Foto: Panstwowe Muzeum Auschwitz-Birkenau)

## Flucht vor der Verantwortung

Im Zuge der Auflösung des Vernichtungslagers wird Maria Mandl zu Kriegsende nach Mühldorf am Inn versetzt. Kurz vor der Befreiung durch die US-Armee flüchtet sie, wird aber ausgeforscht und 1946 nach Polen ausgeliefert, wo ihr der Prozess gemacht wird. Vor Gericht verteidigt sie sich mit ihrer schweren Jugend, nie habe sie ein selbstbestimmtes Leben führen können. In ihren Aussagen deutet nichts darauf hin, dass sie nach dem Krieg ein Schuldbewusstsein für ihre Taten entwickelt hat. Sie versucht sogar, Zeugen und Zeuginnen zur Falschaussage zu überreden und Beweise zu beseitigen. 1947 wird Maria Mandl für ihre Taten als Aufseherin zum Tod verurteilt und 1948 in Krakau hingerichtet.

## Die Täterin als Opfer

In Oberösterreich gilt Maria Mandl nach Kriegsende offiziell als vermisst. 1975 wird sie auf Antrag der Staatsanwaltschaft vom Kreisgericht Ried für tot erklärt. Im Zuge der uninteressiert und schlampig geführten Nachforschungen wird aus der Mörderin ein Opfer des Nationalsozialismus.
Es sei erwiesen, behauptet das Kreisgericht, dass Maria Mandl 1939 in ein deutsches Konzentrationslager eingewiesen worden ist; seither gebe es kein Lebenszeichen von ihr; es sei deshalb höchstwahrscheinlich, dass sie in KZ-Haft gestorben ist. Als Todestag setzt das Gericht den 31. Dezember 1944 fest.

Es dauert noch Jahrzehnte, bis in regionalen Veröffentlichungen auf die Geschichtslüge und die Verbrechen von Maria Mandl aufmerksam gemacht wird.

Quellen:
Fania Fénelon, Das Mädchenorchester in Auschwitz, München 1994.
Monika Müller, Die Oberaufseherin Maria Mandl. Werdegang, Dienstpraxis und Selbstdarstellung nach Kriegsende, in: Simone Erpel (Hg.), Im Gefolge der SS. Aufseherinnen des Frauen-KZ Ravensbrück, Berlin 2007, S. 48–58.

# Hermann Schneeweiß:
# Als Jude aus der Heimat vertrieben

Der Linzer Hermann Schneeweiß ist ein angesehener und erfolgreicher Anwalt und Politiker. 1939 vertreiben die Nationalsozialisten die jüdische Familie Schneeweiß aus ihrer Heimat. Fast allen oberösterreichischen Juden und Jüdinnen ergeht es ähnlich. Kaum jemand kehrt nach 1945 zurück.

## Wurzeln schlagen

Hermann Schneeweiß, 1872 im schlesischen Bielitz geboren, studiert in Wien Jus. 1904 beschließt der junge Anwalt, sich in Linz niederzulassen. Dort gibt es eine kleine jüdische Gemeinde, in die er sich schnell einlebt. Er betet täglich in der Synagoge und engagiert sich in der Kultusgemeinde. Linz ist in diesen Jahren fest in deutschnationaler Hand, die Judenhetze an der Tagesordnung. Hermann Schneeweiß vertritt wiederholt Mandanten, die sich mit rechtlichen Mitteln gegen antisemitische Angriffe wehren.

1909 heiratet er Clara Heymann, zwei Jahre später kommt Tochter Ruth zur Welt. In den folgenden Jahren gibt es mit den Söhnen Walter und Hans Georg weiteren Familienzuwachs. Die Familie lebt in einer Villa auf der Gugl, in einem der begehrtesten Stadtteile von Linz.

Nach dem Ersten Weltkrieg engagiert sich Hermann Schneeweiß in der Sozialdemokratischen Partei und zieht 1919 für sie in den Gemeinderat ein. Wegen seiner besonnenen und ausgleichenden Persönlichkeit ist er über Parteigrenzen hinaus geachtet. Im Gegensatz zu seinen heranwachsenden Kindern, die nach Palästina auswandern wollen, um mitzuhelfen, einen jüdischen Staat aufzubauen, kann sich Hermann Schneeweiß nicht vorstellen, Linz zu verlassen – obwohl sich antisemitische Angriffe gegen seine Person häufen und das nationalsozialistische Hetzblatt „Linzer Volksstimme" ihn auf das Unflätigste beschimpft.

## Abschied nehmen

Mit dem Bürgerkrieg im Jahr 1934 beginnt für Hermann Schneeweiß eine schmerzvolle Lebensphase. Als Sozialdemokrat wird er mehrmals verhört, mit dem Verbot seiner Partei muss er die Politik aufgeben. 1935 trifft die Familie der nächste Schicksalsschlag: Die älteste Tochter Ruth stirbt an den Folgen einer Grippe.

Nach dem „Anschluss" 1938 verhaftet die Gestapo Hermann Schneeweiß. Die Familie muss ihre Villa, die sich Gauleiter Eigruber aneignet, innerhalb einer Woche räumen. Während seine Frau Clara bei Freunden unterkommt, wird Hermann Schneeweiß im Juli 1938 in das Konzentrationslager Dachau verschleppt, im September weiter nach Buchenwald. Über den Transport von Dachau nach Buchenwald schreibt Schneeweiß: „Acht Stunden waren wir in Reih und Glied gestanden. Dann war es plötzlich so eilig, dass wir laufen mussten, um in Viehwaggons verladen zu werden. Wir waren darin eng aneinander gepfercht. Kameraden halfen mir in den Waggon hinauf und

Hermann Schneeweiß mit seiner Familie 1925
(Foto: Verena Wagner)

schützten mich auf dem Weg dorthin, indem sie mich unter den Arm nahmen, damit ich nicht Misshandlungen durch SS-Leute, welche hinter uns her waren und uns antrieben, ausgesetzt sei."[343]

Ende Jänner 1939 wird Hermann Schneeweiß, körperlich und seelisch schwer gezeichnet, aus der KZ-Haft entlassen. Die Söhne Walter und Hans Georg konnten sich in der Zwischenzeit ins Ausland retten, seine Frau für die gesamte Familie ein Visum für Australien auftreiben. Ausreisen darf das Ehepaar aber erst nach der Zahlung eines hohen Geldbetrages – die so genannte „Reichsfluchtsteuer".

## Neu beginnen?

Für einen Neuanfang in Australien fehlt Hermann Schneeweiß im Alter von 67 Jahren die Kraft. Seinen Beruf darf er nicht ausüben, Englisch spricht er kaum. Da sich die Söhne in Australien gut einleben, bleibt er im Land, trotz seiner quälenden Sehnsucht nach Österreich. Wenige Jahre nach seiner Flucht, im Juni 1946, stirbt Hermann Schneeweiß. „Er ist gestorben, ich glaube das war wegen gebrochenem Herz, er hat doch nur für das Recht gelebt", bemerkt sein Sohn Walter.[344]

Quelle:
Verena Wagner, Jüdische Lebenswelten.
Zehn Linzer Biographien, Linz 2013.

# Theresia Stangl:
# An der Seite eines Täters

Theresia Stangl – fromm, ehrgeizig und allseits beliebt – ist die Frau des Massenmörders Franz Stangl. Die Geschichtsschreibung konzentriert sich gewöhnlich auf seine Person – doch wie steht Theresia Stangl zum Nationalsozialismus? Was weiß sie über die Verbrechen ihres Mannes? Und: Wie geht sie damit um?

### Begegnung mit Franz Stangl

Theresia Stangl, 1907 geboren, wächst in Steyr auf. Sie ist das älteste von fünf Kindern und der erklärte Liebling ihrer Mutter Thea. Sie sorgt dafür, dass Theresia in der Klosterschule der Linzer Ursulinen einen Platz bekommt, was das wissbegierige Mädchen als großes Glück empfindet. Sie lernt gern und ist stolz auf ihre überdurchschnittlichen Schulleistungen. Dennoch beendet sie ihre Schullaufbahn vor der Matura und arbeitet einige Jahre als Sekretärin in den Steyr-Werken, um die Familie zu unterstützen.

Anfang der 1930er Jahre besucht Theresia eine Schule für Sozialarbeit in Linz. Sie genießt die neue Ausbildung. Eines Tages stellt ihr eine Freundin einen jungen Mann vor, Franz Stangl. „In dem Augenblick, als ich ihn zum ersten Mal sah, sagte ich mir: Das ist jemand, der dir gefällt", erinnert sie sich später.[345] Franz Stangl ist Kriminalpolizist und hat es schon weit gebracht. Das imponiert der ehrgeizigen jungen Frau. Die beiden heiraten 1935, bald darauf wird sie schwanger und bringt die erste von drei Töchtern zur Welt. Sie ist stolz auf ihren Mann und seinen beruflichen Aufstieg; über seine Arbeit weiß sie wenig und fragt auch nicht nach.

Als Franz Stangl kurz nach dem „Anschluss" NSDAP-Mitglied wird und aus der Kirche austritt, ist das für die fromme Katholikin ein Schock. Sie distanziert sich von ihm, aber nur für kurze Zeit. Franz Stangl ist inzwischen bei der Gestapo in Linz tätig. 1940 wird er Büroleiter im Schloss Hartheim, wo behinderte Menschen ermordet werden. Dass ihr Mann dort arbeitet und was in Hartheim geschieht, weiß sie vorerst nicht – zumindest behauptet sie das nach 1945. Als sie davon erfährt, meint sie: „Nein, wenn ich ganz ehrlich bin, kann ich nicht sagen, dass ich Hartheim gar so schlimm fand."[346]

### „Ich wollte ja überzeugt werden"

1942 wird Franz Stangl Lagerkommandant im Vernichtungslager Sobibor, später in Treblinka. In diesen Tötungsstätten im besetzten Polen ermordet die SS innerhalb kurzer Zeit hunderttausende Juden und Jüdinnen in Gaskammern. Nach einigen Wochen kommt ihn Theresia Stangl mit den zwei kleinen Mädchen besuchen. Sie wohnen nur wenige Kilometer vom Lager Sobibor entfernt. Franz Stangl spricht wenig über Dienstangelegenheiten und sie will über seine Aufgaben auch nichts wissen. Eines Tages erzählt ihr ein betrunkener SS-Offizier von den unvorstellbaren Verbrechen, die im Lager geschehen. Theresia Stangl stellt ihren Mann zur Rede, fragt ihn, was er im Lager macht. Er weicht aus: „was immer

Unrechtes getan wird, ich habe damit nichts zu tun",[347] beruhigt er sie. Theresia Stangl gibt sich damit zufrieden: „Am Ende ließ ich mich überzeugen, dass seine Rolle im Lager wirklich rein administrativ war – natürlich, ich wollte ja überzeugt werden, oder?"[348] Nach einigen Wochen kehrt Theresia Stangl mit den Kindern zurück nach Wels. Sie zweifelt an der Aufrichtigkeit ihres Mannes, fragt beim nächsten Wiedersehen nochmals nach, lässt sich aber wieder von ihm beruhigen, sie möchte ihm glauben. Außerdem bringt ihr die Stellung von Franz Stangl finanzielle und gesellschaftliche Annehmlichkeiten – sie ist wer im NS-Staat, wozu also diesen Status gefährden? Dazu ihre Schwester: „Sie war auch sehr ehrgeizig (…) Die Resl – die wollte halt immer ganz nach oben. Na ja, irgendwie ist ihr das ja auch gelungen …"[349]

„Ich hab ihn nie danach gefragt …"

Nach der Internierung Franz Stangls nach Kriegsende in Glasenbach hält Theresia Stangl treu zu ihrem Mann und versorgt ihn mit Lebensmittelpaketen. Sie drängt ihn zur Flucht, damit er einer längeren Haftstrafe entgeht. Stangl flüchtet zunächst allein nach Syrien, holt dann die Familie nach, bevor sich alle gemeinsam in Brasilien ein neues Leben aufbauen. Theresia Stangl wird zur Hauptversorgerin der Familie, arbeitet bei Mercedes-Benz, beginnt als Bürokraft, steigt aber bald auf und findet das Leben in Brasilien „herrlich. (…) Die schlimmen Zeiten waren, wenn nicht vergessen, so doch verdrängt; (…) Ich redete mir weiter ein, dass die Männer in diesen Lagern getötet wurden wie Soldaten an der Front. Sie töteten sie – so sagte ich mir selbst – weil Krieg war. Oh, ganz tief in meinem Inneren wusste ich, dass es nicht so war. (…) Ich habe ihn nie danach gefragt, und er hat es mir nie erzählt."[350]

Als Franz Stangl 1967 verhaftet und ausgeliefert wird, holt sie die Vergangenheit ein. Im Zuge des Prozesses erfährt Theresia Stangl die Details der verbrecherischen Tätigkeiten ihres Mannes, dennoch steht sie weiter zu ihm. Nach Franz Stangls Tod 1971 führt eine britische Journalistin mehrere Gespräche mit Theresia Stangl. Sie trifft auf eine nachdenkliche Frau mit Selbstzweifeln, die ihr Verhalten zwar hinterfragt, aber auch weiterhin rechtfertigt.

Quelle:
Gitta Sereny, Am Abgrund. Gespräche mit dem Henker. Franz Stangl und die Morde von Treblinka, München 1995.

# Widerstand

Viele Oberösterreicher und Oberösterreicherinnen stehen hinter der Hitler-Regierung. Sie fühlen sich als Teil der nationalsozialistischen deutschen „Volksgemeinschaft", vertrauen auf den „Führer" und hoffen auf den Sieg über den „Bolschewismus". Fanatiker, Mitläufer und Angepasste, sie alle zusammen bilden die große Mehrheit. Nur wenige tanzen aus der Reihe, setzen sich über Verbote hinweg oder arbeiten für den Sturz der NS-Herrschaft.[351]

## Aus welchen Gründen gibt es Widerstand gegen das NS-Regime?

### Politischer Kampf gegen den Nationalsozialismus

Den größten Anteil am Widerstand in Oberösterreich hat die Arbeiterbewegung. Für sie ist der Faschismus der gefährlichste „Klassenfeind", und umgekehrt schreibt sich der Nationalsozialismus den Kampf gegen den „Bolschewismus" auf die Fahnen. Die Nationalsozialisten versuchen die Arbeiter und Arbeiterinnen durch Versprechungen für sich zu gewinnen, und tatsächlich richtet „mancher österreichische Arbeiter seine

**Widerstand**

Hoffnung auf die neuen nationalsozialistischen Machthaber".[352] Doch der harte Kern der Arbeiterbewegung führt im Nationalsozialismus den illegalen Kampf aus der Zeit des „Ständestaates" fort. Die Zentren des linken Widerstandes in Oberösterreich sind die Industriestadt Steyr und das rebellische Salzkammergut.

Am entschlossensten setzen sich Kommunisten und Kommunistinnen im Widerstand ein. Viele von ihnen sind 1934 von der Sozialdemokratie zu den Kommunisten gewechselt. Sie halten ihre Parteiorganisation heimlich aufrecht, knüpfen Kontakte und gründen Gruppen. Mit Flugblättern versuchen sie die Bevölkerung aufzurütteln. Die Kommunisten sammeln Geld für ihre Organisation Rote Hilfe, die Familien verhafteter Parteigenossen unterstützt. Ihr Ziel ist nicht nur die Beseitigung der NS-Regierung und der Aufbau einer kommunistischen Gesellschaftsordnung, sondern auch die Schaffung eines eigenen österreichischen Staates. All dies erfüllt für die NS-Gerichte den Tatbestand des „Hochverrates" – dafür droht die Todesstrafe.

In geringerem Ausmaß betätigen sich Sozialisten und Sozialistinnen im Widerstand. Nach dem „Anschluss" lösen die Revolutionären Sozialisten ihre illegale Parteiorganisation auf. Oft sind es Einzelne, die wegen verbaler Angriffe auf den Nationalsozialismus vor Gericht landen. Im Unterschied zu den Kommunisten streben die Sozialisten zunächst kein selbständiges Österreich an. Aber Kommunisten und Sozialisten haben ähnliche Ansichten und handeln manchmal gemeinsam.

Den Gegenpol zu den Linken bilden im politischen Widerstand die Christlich-Konservativen. Ehemalige oberösterreichische Funktionäre und Anhänger des Austrofaschismus beteiligen sich an Widerstandsgruppen, die ein katholisches Österreich wiedererrichten wollen. Manche verfolgen den Plan, die Habsburger erneut als Herrscher einzusetzen. Der christlich-konservative Widerstand besitzt Verbindungen zu katholischen Geistlichen.

Schließlich formieren sich in Oberösterreich überparteiliche Widerstandsgruppen, die einen österreichischen Patriotismus vertreten. Die Mitglieder dieser Gruppen verbreiten Informationen über den tatsächlichen Kriegsverlauf, sammeln Spenden zur Unterstützung von Verfolgten und knüpfen Kontakte zu Zwangsarbeitern und Zwangsarbeiterinnen.

### Religiöse Beweggründe

Die Nationalsozialisten wollen den Einfluss der katholischen Kirche zurückdrängen. Die Kirchenführung versucht sich mit dem NS-Regime zu arrangieren, um die eigene Organisation nicht zu gefährden. Doch von den über 1.000 katholischen Geistlichen in Oberdonau werden fast 300 von Polizei oder Gericht „gemaßregelt und abgestraft"– oft, weil sie sich aus religiösen Gründen gegen den Nationalsozialismus geäußert haben.[353] 1939 gibt es nach der Einführung des Kirchenbeitrages eine Welle von Kirchenaustritten. Aber in der ländlichen Bevölkerung erregt das nationalsozialistische Vorgehen gegen die katholische Kirche immer wieder Unmut. Der Kirchenbesuch zeigt „nach anfänglichen Rückschlägen eine eher zunehmende Tendenz".[354] Trotz polizeilicher Verbote finden sich an vielen Orten Pfarrjugend- und Ministrantengruppen zusammen.

Die evangelische Kirche begegnet dem Nationalsozialismus zunächst mit Sympathie und distanziert sich erst im Verlauf des Zweiten Weltkrieges immer mehr. Einzelne evangelische Pfarrer in Oberdonau machen aus ihrer christlichen Ablehnung des Nationalsozialismus kein Hehl, teilweise im Widerspruch zu ihrer eigenen Kirchenführung.

Das NS-Regime nimmt sich vor, die Glaubensgemeinschaft der Zeugen Jehovas („Bibelforscher") auszulöschen. Sie gelten als staatsfeindliche religiöse Verbindung, weil sie den Eid auf den „Führer", den Militärdienst und die Arbeit in Rüstungsbetrieben ablehnen.

Einige Oberösterreicher – Katholiken oder Zeugen Jehovas – weigern sich aus ihrem christlichen Gewissen heraus, in den Krieg zu ziehen. Sie nehmen dafür die KZ-Haft oder die Todesstrafe in Kauf.

### Persönliche Unzufriedenheit und Missachtung von Verboten

In der Jubelstimmung beim „Anschluss" 1938 spiegeln sich hohe Erwartungen an den Nationalsozialismus wider, die dann vielfach nicht erfüllt werden. Die Unzufriedenheit drückt sich in der offenen Beschimpfung von nationalsozialistischen Politikern, im Erzählen von politischen Witzen, in „Raunzen", „Nörgeln" und „Meckern" aus.[356]

Franz Mayr, der Pfarrer von Gutau, ist als NS-Gegner bekannt. Mehrere Gemeindebürger geben seine regimekritischen Äußerungen zu Protokoll. 1940 wird Mayr zu zehn Monaten Gefängnis verurteilt. Die Zeitung berichtet in einem großen Artikel über den „Volksschädling Pfarrer Franz Mayr".[355] Nach der Gefängnishaft sperrt ihn die Gestapo bis 1945 ins KZ Dachau. Er überlebt das Konzentrationslager.
(Foto: Helmut Wagner)

Aus Protest gegen die Verhaftung des Gutauer Pfarrers Franz Mayr weigert sich die Pfarrhaushälterin Franziska Humer, der Hebamme ein Pferdefuhrwerk aus dem Pfarrhof zu leihen. Daraufhin hängt ihr der Bürgermeister, in SA-Uniform, am Sonntagmorgen ein Schild um und führt sie durch den Markt. Dieses Foto erscheint mit einem hämischen Gedicht im August 1940 im „Österreichischen Beobachter". Die Gestapo verhaftet Franziska Humer kurz danach, der Landrat verurteilt sie zu einer Geldstrafe und die Gemeinde Gutau erteilt ihr Ortsverbot.
(Foto: Helmut Wagner)

**Widerstand**

All dies steht als „Heimtücke" unter Strafe. Mit Beginn des Zweiten Weltkrieges drohen strengste Strafen für Kritik am Krieg („Wehrkraftzersetzung"), für das Abhören ausländischer Radiosender („Schwarzhören"), für Verstöße gegen die Kriegswirtschaft (Arbeitsverweigerung oder „Schwarzschlachten" von Vieh) und für persönliche Beziehungen mit Juden und Jüdinnen, mit Kriegsgefangenen oder Zwangsarbeitern und Zwangsarbeiterinnen. In Oberdonau stehen hunderte Menschen wegen solcher Übertretungen vor Gericht. Sie handeln aus politischen oder aus persönlichen Beweggründen als Einzelne gegen die NS-Diktatur: weil sie sich empören, weil sie sich informieren wollen, weil sie sich Vorteile erhoffen, weil sie sich verlieben.

### Mitleid mit Verfolgten

Immer wieder werden Menschen bestraft, weil sie Kriegsgefangenen oder Zwangsarbeitern und Zwangsarbeiterinnen Hilfe angeboten haben: von geschenkten Zigaretten über die regelmäßige Versorgung mit Lebensmitteln bis hin zur Unterstützung bei der Flucht. In der Schlussphase des Krieges kommt die Bevölkerung von Oberdonau durch Fluchtversuche und Todesmärsche häufig mit KZ-Häftlingen in Berührung. Neben denen, die gewalttätig mittun, und jenen, die wegschauen, gibt es auch beherzte Menschen, die sich zur Hilfe entschließen.

# Weshalb ist Widerstand im Nationalsozialismus schwierig?

### Widerstand inmitten des Nationalsozialismus

Im Unterschied zu Ländern wie Polen oder Frankreich wird Österreich nicht von einer feindlichen Deutschen Wehrmacht besetzt, sondern unter großer Zustimmung der Bevölkerung mit dem Deutschen Reich vereint. Auch während des Zweiten Weltkrieges besitzt der Nationalsozialismus starken Rückhalt im Land. „Der Krieg ist zwar unbeliebt, doch lässt er die Menschen näher zusammenrücken", die alliierten Bomben „stärken das Band der Bevölkerung mit der NS-Regierung."[357] Oberösterreicher und Oberösterreicherinnen, die Widerstand leisten, tun dies inmitten von Landsleuten, die das NS-Regime mittragen. Die Gefahr der Denunziation ist daher allgegenwärtig. Viele Menschen werden verhaftet und verurteilt, weil andere – Nachbarn, Arbeitskollegen, Bekannte – sie verraten.

## Der Widerstand ist gespalten

Die wichtigsten Milieus des politischen Widerstandes, die organisierte Arbeiterbewegung und das katholisch-konservative Lager, haben zwar Berührungspunkte und respektieren einander, arbeiten jedoch nicht in einer gemeinsamen Bewegung zusammen. Erst gegen Kriegsende bilden sich, in Verbindung mit einer zunehmenden Ablehnung der Deutschen, Ansätze eines überparteilichen österreichischen Widerstandes, jedoch nie unter einer zentralen Führung.

## Der nationalsozialistische Terrorapparat

Mit einer Reihe von Gesetzen und Verordnungen schaffen die Nationalsozialisten die juristischen Voraussetzungen für eine umfassende Bekämpfung von Widerstandshandlungen. Härteste Strafen sollen abschreckend wirken. Das Oberlandesgericht Wien und der Berliner Volksgerichtshof, der manchmal auch in Linz tagt, verfolgen den organisierten politischen Widerstand. Der Anklagepunkt „Vorbereitung zum Hochverrat" zieht meist mehrjährige Haftstrafen nach sich, „Hochverrat" die Todesstrafe. Am Landgericht Linz wird ein Sondergericht eingeführt, das kritische Äußerungen („Heimtücke" oder „Wehrkraftzersetzung"), „Schwarzhören", Wirtschaftsvergehen und den verbotenen Umgang mit Verfolgten ahndet. Das Sondergericht Linz verhängt „über 67 Männer und drei Frauen ein Todesurteil".[358] Dieses wird, wie im Fall von „Fahnenflucht" (Desertion), auch von Militärgerichten und von Standgerichten ausgesprochen.

Losgelöst von Gesetzen und Gerichten geht der Polizeiapparat der SS gegen politische Gegner und Gegnerinnen vor. In den Folterzellen der Gestapo, die ihre Zentrale für Oberdonau in der Langgasse in Linz einrichtet, und in den Konzentrationslagern sind sie ohne rechtlichen Schutz mörderischer Gewalt ausgeliefert.

# Wer leistet in Oberösterreich Widerstand?

## Die Industriearbeiter von Steyr

Im September 1938 berichtet der Führer einer SS-Einheit in Steyr, dass Arbeiter auf der Straße „die SS-Angehörigen beleidigen", „führende Männer der Partei" beschimpfen, öfters die Arbeit verweigern und eine kommunistische Versammlung planen.[359]

## Widerstand

Arbeiter der Steyr-Werke nützen den Betriebssport, um ihre Widerstandstätigkeit zu tarnen. Rechts vorne geht Josef Bloderer. Zu ihren geheimen Besprechungen treffen sie sich als Paddler in einem Bootshaus an der Enns. (Foto: Otto Treml)

Zu dieser Zeit nehmen kommunistische Steyrer Arbeiter die Organisation der Roten Hilfe aus der Zeit des „Ständestaates" wieder auf. Bis Anfang 1942 wächst im Werk ein System von kleinen Widerstandszellen. Nur bei wenigen Funktionären laufen die Informationen zusammen, einer von ihnen ist Josef Bloderer: „Wir hatten auch nicht alles organisatorisch erfasst. Auf einmal ist wieder jemand gekommen und hatte gesagt, dass sie beisammen sind. Wir hatten uns einfach als ein paar Leute zusammengetan und selbst beschlossen, wer für was zuständig war. Die Gruppen hatten untereinander nur lose Kontakte."[360] So verringert sich die Gefahr, dass die Gestapo alle Zellen aufdeckt. Monatlich zahlen die Mitglieder ein oder zwei Reichsmark für die Rote Hilfe ein.

1942 holt die Gestapo zum großen Schlag aus. Viele werden verhaftet, aber nicht alle. Der sichergestellte Betrag von über 1.600 Reichsmark „lässt den Rückschluss auf eine erhebliche Anzahl von Aktivisten zu."[361] Etwa 20 Verhaftete, darunter die Krankenschwester Herta Schweiger, sterben in der Gestapo-Haft, im KZ oder durch Hinrichtung. Josef Bloderer, Franz Draber und Karl Punzer warten im November 1944 in München-Stadlheim auf die Vollstreckung des Todesurteils, als sich ihnen die Chance zur Flucht bietet. Punzer wird rasch wiederergriffen und hingerichtet, doch Bloderer und Draber schaffen es auf abenteuerlichen Wegen nach Oberösterreich. Josef Bloderer berichtet später von der Hilfe durch Steyrer Genossen: „Trotz der Verhaftungswelle und des ständigen Drucks der Gestapo war die Organisation intakt geblieben. Schon nach einigen Tagen bekam ich aus Steyr Kleider, Schischuhe und eine Pistole. (…) Ich denke noch heute mit Ergriffenheit an die Genossen und Kameraden, die mir damals geholfen haben, obwohl sie dabei selbst allesamt ihr Leben aufs Spiel setzten."[362] Bloderer und Draber erleben das Kriegsende in Verstecken im Hinterland von Steyr.

Die Furtmühle bei Bad Hall. Hier richtet die Familie Jetzinger dem aus der Münchner Todeszelle geflüchteten Franz Draber Ende 1944 ein Versteck ein. (Foto: Otto Treml)

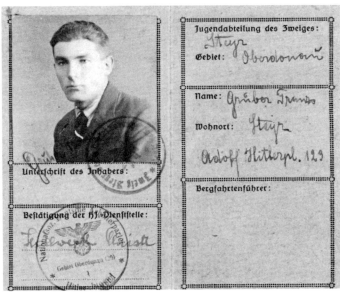

Franz Draber erhält von Freunden in Steyr einen gefälschten Alpenvereinsausweis auf den Namen Franz Gruber. Zu Ostern 1945 fährt Draber mit dem Fahrrad von Bad Hall nach Hinterstoder. Dort versteckt er sich, als Schafhirte getarnt, bis zum Kriegsende. (Abbildung: Otto Treml)

## Der Widerstand im Salzkammergut

Ab 1939 regt sich um den Schuster Johann Rettenbacher der kommunistische Widerstand in Bad Ischl, Goisern und Ebensee. Ein Dutzend Jugendliche sind beteiligt, unter ihnen Raimund Zimpernik, der in einem Flugblatt schreibt: „Genossen, Männer von Österreich! / Die Zeit ist da, erhebet Euch! / Wollt warten Ihr, bis Weib und Kind / Wir alle zerstampft und zertreten sind? / (…) Wollt Ihr als Schlachtvieh für Hitler sterben, / Um ihm die Weltherrschaft zu erwerben?"[363] 1941/42 bereitet die Gestapo dieser ersten Widerstandswelle im Salzkammergut ein Ende. Für die Angeklagten gibt es lange Haftstrafen.

## Widerstand

Johann Rettenbacher aus Bad Ischl ist Kommunist. Die Werkstätte des belesenen Schusters wird zum Treffpunkt des Widerstandes. Nach der Verhaftung 1941 nützt er seine Malariaanfälle, um „einen Närrischen zu spielen".[365] Die Nationalsozialisten stecken ihn bis 1945 in die Heil- und Pflegeanstalt Niedernhart. Rettenbacher stirbt 1952.
(Foto: Zeitgeschichte Museum Ebensee)

Sepp Plieseis benützt als Anführer der Gruppe Willy-Fred einen gefälschten Ausweis auf den Namen Ludwig Egger, Salinenangestellter.
(Abbildung: Peter Kammerstätter, Materialsammlung Willy-Fred, Linz 1978)

1943 setzt die zweite Welle mit einer Partisanenbewegung ein. Ihr Kopf ist der Bad Ischler Kommunist Josef (Sepp) Plieseis, der aus dem KZ Hallein, einem Außenlager von Dachau, entflieht. Gemeinsam mit Karl Gitzoller und Alois Straubinger, die aus Gefängnissen ausgebrochen sind, zieht er sich in die Berge um Ischl zurück. Sie knüpfen Kontakte nach Bad Aussee und gründen unter dem Tarnnamen Willy eine Widerstandsgruppe – später bekommt sie den Namen Fred. Die Gruppe wächst durch Deserteure. Im Igel, einem 1944 errichteten Unterschlupf im Toten Gebirge, verstecken sich manchmal zehn Verfolgte. Zu ihrem Überleben ist die Unterstützung von vielen Personen nötig. Der Revierjäger schützt die Gruppe, weil sich sein Sohn unter den Deserteuren befindet. Einige Bauern lagern in ihren Höfen Nahrung, Frauen – allen voran Resi Pesendorfer – überbringen Nachrichten und organisieren die Versorgung. Die Gruppe Willy-Fred sucht nicht den bewaffneten Kampf, sondern möchte den Widerstandkreis erweitern. Plieseis beschreibt die Strategie: „Wir haben jetzt nur ein Ziel: Vernichtung des Faschismus, um dadurch zur Befreiung Österreichs zu kommen. Daher können wir jeden in unseren Reihen gebrauchen, ganz gleich, ob er Sozialdemokrat oder Christlichsozialer war oder noch ist."[364] Einzelne Mitglieder von Willy-Fred fallen der Gestapo in die Hände, doch trotz groß angelegter Suchaktionen gelingt es nicht, die Gruppe auszuheben.

Im April 1945 wagt eine vierköpfige österreichische Gruppe um den Bad Ausseer Widerstandskämpfer Albrecht Gaiswinkler mit Hilfe der Briten einen tollkühnen Fallschirmabsprung über dem Höllengebirge. Ihr Auftrag: die Verhaftung von Joseph Goebbels in seinem Urlaubsort am Grundlsee. Da Goebbels jedoch schon abgereist ist, tauchen die vier unter und treten in Kontakt mit Willy-Fred.

## Kommunistische und sozialistische Gruppen in Linz

Eine wichtige Rolle im Widerstand spielen die Eisenbahner. Lehrlinge der Linzer Reichsbahn-Lehrwerkstätte bauen 1940 mit Unterstützung aus Salzburg und Wien einen kommunistischen Jugendverband auf, und der Eisenbahner Rudolf Häusl leitet bis 1943 eine sozialistische Widerstandsgruppe. Häusl stirbt unmittelbar nach Kriegsende an den Folgen der KZ-Haft in Mauthausen.

Richard Bernaschek, Schutzbundkommandant im Bürgerkrieg 1934, gründet mit seinem Bruder Ludwig in Linz die sozialistische Gruppe Freies Österreich. Auch mit überparteilichen Widerstandsgruppen ist er in Kontakt. Im Juli 1944 verhaftet die Gestapo Richard Bernaschek. Er wird im KZ Mauthausen schwer gefoltert und kurz vor der Befreiung des Lagers 1945 ermordet.

Der Deserteur Ludwig Telfner schart 1943/44 in Linz eine Gruppe von Männern und Frauen um sich, die Geld für die KPÖ sammeln und rote Kleidungsstücke mit kommunistischen Symbolen versehen. Anfang 1945 verurteilt der Volksgerichtshof Ludwig Telfner und drei weitere Mitglieder, darunter die Schneiderin Cäcilie Zinner, zum Tode. Telfner überlebt auf ungeklärte Weise, die drei anderen werden am 1. Mai 1945 in Treffling bei Linz erschossen.

## Die Eisenbahner im Innviertel und in Attnang-Puchheim

Die Tätigkeit der Innviertler Kommunisten ist „aufs engste mit der KP-Landesorganisation Salzburg verbunden."[366] Entlang der Zugstrecken bringen Eisenbahner die kommunistische Parteiorganisation in Orte mit industrieller Arbeiterschaft, nach Mattighofen, Braunau und Hackenbuch. Nach der Aufdeckung der Salzburger KPÖ und der oberösterreichischen Zellen werden der Maurer Josef Helmetsberger und der Eisenbahner Franz Amberger 1943 hingerichtet. Andere sterben im Gefängnis oder im KZ.

In Attnang-Puchheim sind Anfang der 1940er Jahre eine sozialistische Widerstandsgruppe um Karl Jakubetz und eine kommunistische Organisation um den pensionierten Oberschaffner Ludwig Gföller aktiv. Gföller gilt als „großer, starker Mensch", als glühender Idealist, „der andere Leute mitreißen" kann.[367] Er wirbt im Raum Wels Eisenbahner, Arbeiter und Handwerker für seine Gruppe an. Sie wird 1941 zerschlagen. Während die meisten Mitglieder mehrjährige Gefängnisstrafen erhalten, stellt der „gerichtsärztliche Sachverständige für Psychiatrie" Rudolf Lonauer, der leitende Arzt der Tötungsanstalt Hartheim, bei Gföller eine Geisteskrankheit fest.[368] Ludwig Gföller kommt in die Heil- und Pflegeanstalt Niedernhart. 1942 wird er in der Gaskammer von Schloss Hartheim ermordet.

Gerti Schindel (hier auf einem Foto aus dem Jahr 1949 im Waldviertel) und ihr Lebensgefährte René Hajek, beide jüdischer Herkunft, kehren 1943 aus Frankreich nach Österreich zurück. Sie wollen, getarnt als französische Fremdarbeiter, in Linz eine Widerstandsgruppe aufbauen. Ihr Sohn Robert kommt 1944 in Bad Hall zur Welt, bevor die Eltern ins KZ Auschwitz deportiert werden. René Hajek stirbt 1945 im KZ Dachau, Gerti Schindel überlebt – und auch Robert Schindel übersteht die NS-Zeit in einem Wiener Kinderheim. Er wird später Schriftsteller.
(Foto: Robert Schindel)

# Widerstand

Leopold Hilgarth nach seiner Verhaftung (Foto: Dokumentationsstelle Hartheim des OÖLA)

## Die ungleichen Rebellen von Alkoven

Im Februar 1943 steht an der Umfassungsmauer des Schlosses Hartheim: „Österreicher! Hitler hat den Krieg begonnen – Hitlers Sturz wird ihn beenden".[369] Weitere Mauerbeschriftungen in Alkoven, Drohbriefe gegen lokale NSDAP-Funktionäre und Flugblätter in Linz und Eferding folgen. Die Gestapo forscht 1944 Leopold Hilgarth aus Alkoven und Ignaz Schuhmann aus Hartheim als Täter aus. Während Hilgarth seit jeher Sozialist ist, kommt der christlichsozial geprägte Schuhmann zur Überzeugung, dass nur eine kampfbereite Arbeiterschaft das unmenschliche NS-Regime stürzen kann. Ihr letztes Flugblatt können die beiden nicht mehr vervielfältigen. Darin heißt es: „Zuerst Zwangsarbeit, Konzentrationslager Krieg und Not, dann Massenmord!"[370] Leopold Hilgarth und Ignaz Schuhmann werden Anfang 1945 hingerichtet.

## Katholisch-monarchistische Widerstandsgruppen

Im Stift Wilhering schließen sich Anfang 1940 fünf Chorherren der Großösterreichischen Freiheitsbewegung des Wieners Jakob Kastelic an. Sie wollen einen Staat unter Führung des Hauses Habsburg, der das ehemalige Habsburgerreich und Süddeutschland umfassen soll. Über die von Wilhering betreuten Pfarren Gramastetten, Leonfelden und Schörfling soll die Gruppe vergrößert werden. Als Josef Hofstätter, der Kaplan von Schörfling, im April 1940 das Stift Wilhering besucht, weiht ihn der Zisterzienserpater Florian Rath in die Widerstandspläne ein. Sie erörtern „die Frage der Waffenbeschaffung und die Besetzung der Rundfunksender im Zeitpunkte des Umsturzes. (…) Hofstätter erklärte sich abschließend bereit, in seinem geistlichen Wirkungskreis am Attersee für die GÖFB. zu werben."[371] Die Großösterreichische Freiheitsbewegung gewinnt vereinzelt auch Arbeiter und Bauern als Anhänger. Im Sommer 1940 fliegt die Organisation auf. Die oberösterreichischen Mitglieder, unter ihnen Josef Hofstätter, werden 1943 zu mehrjährigen Haftstrafen verurteilt. Gegen Jakob Kastelic wird die Todesstrafe ausgesprochen.

## Christlicher Widerstand

Den wenigen katholischen Geistlichen, die sich für den Nationalsozialismus begeistern, stehen in Oberdonau fast 100 Priester und Ordensmänner gegenüber, die länger als einen Monat inhaftiert werden. 16 von ihnen verlieren ihr Leben.

Überdurchschnittlich viele Priester sind im Bezirk Braunau, im „Heimatkreis des Führers", von der Verfolgung betroffen. Der Braunauer Stadtpfarrer Dechant Johann Ludwig, den die Gestapo als „schwarzen Kreisleiter" bezeichnet, und mehrere seiner Kollegen landen 1941/42 im Gefängnis oder im KZ.[372]

Der Braunauer Dechant Johann Ludwig, Zweiter von links, mit Priesterkollegen kurz vor seiner Verhaftung
(Foto: Veronika Haselhofer)

In Bad Schallerbach äußert sich der Jesuit und Kaplan Johann Nepomuk Schwingshackl immer wieder gegen das Regime. Nach seiner Verhaftung 1944 findet die Gestapo bei ihm ein Schriftstück, in dem er zum „frontmäßigen Kampf" gegen den Nationalsozialismus aufruft.[373] Deshalb verhängt der Volksgerichtshof die Todesstrafe. Schwingshackl stirbt im Februar 1945, knapp vor der Hinrichtung, an Tuberkulose.

Christlicher Widerstand richtet sich insbesondere gegen den Krieg. Ende 1940 verurteilt das Landgericht Linz 17 oberösterreichische Zeugen Jehovas, Männer und Frauen, wegen ihrer Zugehörigkeit zu dieser „staats- und wehrfeindlichen" Verbindung zu Gefängnisstrafen.[374] Franz Jägerstätter, Bauer und gläubiger Katholik aus St. Radegund im Innviertel, verweigert gegen den Rat des Linzer Bischofs aus Gewissensgründen den Kriegsdienst und wird 1943 in Brandenburg hingerichtet. Anfang 1945 sagt der evangelische Pfarrer von Wels, Jakob Julius Leibfritz, in einem seelsorgerischen Gespräch, dass sich Deutschland in diesem Krieg „schuldig gemacht habe".[375] Ein junger Soldat belauscht und denunziert ihn. Leibfritz wird bis Kriegsende in verschiedenen Gefängnissen und im Lager Schörgenhub eingesperrt.

## Kritische Äußerungen

Hunderte Menschen machen ihrem Ärger über die NSDAP oder über den Krieg Luft und stehen deshalb vor Gericht. Walter Klaffenböck ereifert sich Ende August 1939 in St. Ulrich bei Steyr über den Krieg, den er kommen sieht: „Für diesen Staat habe ich 4 Jahre in der Verbotszeit gekämpft; ich bin SA-Mann und Polizist in Steyr. Wenn es zum Krieg kommt, werde ich nicht einrücken, eher gehe ich in das Zuchthaus und,

## Widerstand

wenn es sein muß, auch nach Dachau."[376] Die Anwesenden sind empört und zeigen ihn an. Klaffenböck wird wegen „Heimtücke" zu sieben Monaten Gefängnis verurteilt. Wegen desselben Vergehens erhalten die Arbeiterinnen Katharina Straubinger und Elisabeth Stadler aus Goisern 1940 eine Gefängnisstrafe von fünf Monaten, nachdem sie ihren Freundinnen den Text eines gefundenen Flugblattes weitererzählt haben: „Wir wollen keinen Krieg, wir wollen keinen Sieg, wir wollen unser Österreich und eine schöne Führerleich."[377]

Kurz vor Weihnachten 1942 meint Katharina Kaiser in Pasching zu einem Unteroffizier: „Werft eure Uniform weg, es nützt sowieso nichts mehr, bei Stalingrad ist alles eingeschlossen, der Krieg ist ja bereits verspielt, er ist bald aus."[378] Wegen „wehrkraftzersetzender Äußerungen" wird sie zu zwei Jahren Zuchthaus verurteilt. Eine phantasievolle Form der Kritik am Krieg sind gefälschte Einberufungsbefehle zu einer „dreiwöchigen militärischen Ausbildung", die Unbekannte 1944 an NSDAP-Ortsgruppenleiter im Raum Steyr schicken.[379]

### Das Netzwerk um Josef Hofer

Josef Hofer (1898–1958): Polizist im „Ständestaat", Widerstandskämpfer im Nationalsozialismus, ab 1945 Bezirkshauptmann von Grieskirchen (Foto: Dokumentationsarchiv des österreichischen Widerstandes)

Josef Hofer, Jurist und im „Ständestaat" höherer Polizeibeamter in Linz, kommt im Frühjahr 1939 aus dem KZ Buchenwald heim: „Wir sind alle zerschlagen und in unserer Seele liegt das Grauen vor dem Überstandenen. Es traut sich einfach keiner. Ein offener Widerstand wäre Wahnsinn."[380] Deshalb beschließt Hofer einen heimlichen „Nachrichtendienst" aufzubauen, um den „geistigen Widerstand" zu stärken.[381] Im Zuge seiner Reisetätigkeit als Versicherungsbeamter knüpft er in Oberösterreich und Salzburg ein Netzwerk von NS-Gegnern: Sie hören ausländische Sender, beobachten die NSDAP und stellen Verbindungen zur Exekutive her. So gelingt es oft, Widerstandskämpfer vor Polizeiaktionen zu warnen. Josef Hofers weit gesponnenes Widerstandsgeflecht geht quer durch die politischen Lager. Der Heimwehrfunktionär und Monarchist Ferdinand Roitinger aus Weibern gehört ebenso dazu wie der sozialistische Gewerkschafter Franz Grüttner aus Wels. Hofer befreundet sich auch mit Richard Bernaschek. Die Gestapo verhört Josef Hofer zwar, doch sie kann die Organisation nicht aufdecken. In Grieskirchen, wo er seit 1943 wohnt, wirkt seine Gruppe Anfang Mai 1945 an der friedlichen Übergabe der Stadt an die Alliierten mit.

### Die Welser Gruppe

Jene Widerstandsorganisation, die von der Gestapo Welser Gruppe genannt wird, erstreckt sich über den Raum Wels hinaus bis nach Gmunden, Steyr und Linz. Illegale Gruppen in vielen Betrieben schließen sich zusammen. Vertreten sind alle politischen Lager, doch die Kommunisten haben das Übergewicht. Josef Teufl, Arbeiter in der Linzer Tabakfabrik und Landesobmann der oberösterreichischen KP, richtet heimlich eine Druckerei ein und organisiert Zusammenkünfte. Doch die Gestapo schleust einen Spitzel ein. Im Herbst 1944 werden in einer Großaktion in Oberdonau 158 Männer und Frauen verhaftet. Die meisten Männer kommen direkt ins KZ Mauthausen. Viele werden im Steinbruch ermordet. Ende April 1945 gibt Gauleiter August Eigruber den Befehl, die Überlebenden der Welser Gruppe zu töten, „damit die Alliierten in den Alpengauen keine aufbauwilligen Kräfte vorfinden".[382] Richard Dietl kann sich mit Hilfe der politischen Funktionshäftlinge im Lager verstecken – er überlebt als Einziger. Josef Teufl und 32 seiner oberösterreichischen Genossen sterben mit zehn anderen Häftlingen am 28. April 1945 in der Gaskammer von Mauthausen.

### Die Frauen im Kaplanhof-Gefängnis

Maria Ehmer aus Gmunden ist eine der vielen Frauen in der Welser Gruppe: „Im 43er, im 44er Jahr haben ja wir Frauen alles übernommen, was zuerst die Männer übergehabt haben. Hauptsächlich haben wir Gelder für die Rote Hilfe gesammelt. (…) Und wie mein Mann noch daheim gewesen ist, hab ich Flugblätter abzogen und gesteckt in der Nacht, wir haben alles miteinander gemacht."[383] Im Oktober 1944 wird Maria Ehmer verhaftet. Ihr Mann ist eingerückt, ihr 15-jähriger Sohn Bruno bleibt alleine zurück. Sie wird gemeinsam mit ihrer Freundin Cilli Spitzbart in das Linzer Frauengefängnis Kaplanhof gesperrt. Einen Tag lang wird Maria Ehmer im KZ Mauthausen unter Folter verhört – sie sagt nichts. Ende März 1945 treffen US-amerikanische Bomben die Gefängnisbaracke Kaplanhof. Etwa 100 der 160 inhaftierten Frauen sterben. Maria Ehmer überlebt schwerst verletzt: „Die Cilli soll mich aus einem Haufen Toter rauszogen haben, ist mir später erzählt worden."[384] Während die meisten anderen Überlebenden ins Arbeitserziehungslager Schörgenhub verlegt werden, kommt Maria Ehmer in eine Krankenbaracke in Ritzlhof. Ihr Sohn Bruno findet sie dort nach Kriegsende.

### Die Freistädter Gruppe

Im Jahr 1944 bildet sich in Freistadt um den Sozialisten Ludwig Hermentin, den Leiter der Krankenkasse, die Widerstandsgruppe Neues freies Österreich. Die meisten Mitglieder gehören dem christlichsozialen Bürgertum an, so wie Leopold Kotzmann aus St. Florian, Gemeindesekretär in Sandl und ehemaliger Landtagsabgeordneter. Sie sammeln Geld und beschaffen sich Waffen. „Unsere Aufgabe wäre gewesen, im Falle einer alliierten Luftlandung die Schlüsselpositionen der Zivilverwaltung zu besetzen. Ich sollte in Sandl Bürgermeister werden", berichtet Leopold Riepl.[386] Die Gestapo verhaftet im Herbst 1944 Dutzende Männer und Frauen. Es ergeht eine Reihe von Todesurteilen. Am 1. Mai 1945, wenige Tage vor Kriegsende, erschießt ein Hinrichtungskommando aus Hitler-Jungen auf dem Militärschießplatz Treffling 13 Männer und Frauen. Unter

Die Kärntnerin Gisela Taurer geht 1939 mit ihrem Lebensgefährten, dem Kommunisten Johann Tschofenig, für ein Jahr nach Belgien. Dort wird Tschofenig von den Deutschen verhaftet und in das KZ Dachau deportiert. Gisela Taurer bringt 1940 in Linz ihren Sohn Hermann zur Welt. Sie arbeitet bis 1944 in der kommunistischen Widerstandsgruppe um Josef Teufl. Im Juni 1944 heiratet sie Johann Tschofenig im KZ Dachau, danach beendet sie ihre Widerstandstätigkeit. „Sie hörte dann auf (…), weil es zu gefährlich wurde", berichtet eine Freundin.[385] Das Foto mit ihrem Sohn stammt aus dieser Zeit. Im September 1944 wird Gisela Tschofenig-Taurer in das Frauengefängnis Kaplanhof eingeliefert und kurz vor Kriegsende im Arbeitserziehungslager Schörgenhub erschossen. (Foto: Margit Kain)

**Widerstand**

ihnen sind Ludwig Hermentin, Leopold Kotzmann und weitere sechs Mitglieder der Freistädter Gruppe.

Der Freistädter NSDAP-Kreisleiter Martin Gittmair lässt Regime-Gegner mit besonderer Brutalität verfolgen: Ende April 1945 ermorden in Freistadt Volkssturmmänner nachts vier Sozialisten und einen polnischen Zwangsarbeiter.

### Helfer und Helferinnen

Dutzende Oberösterreicher und Oberösterreicherinnen stehen vor Gericht, weil sie Kriegsgefangenen helfen. Die Trafikantin Maria Homolka verkauft 1941 am Bahnhof Hinterstoder Zigaretten an serbische Kriegsgefangene. Dadurch verletzt sie „das gesunde Volksempfinden". „Die Angeklagte", so wird vermerkt, „steht dem Nationalsozialismus ablehnend gegenüber"; sie erhält sechs Wochen Haft und die Trafik wird ihr entzogen.[387]

Großen Mut beweisen die Familien Langthaler und Mascherbauer, die bei der „Mühlviertler Hasenjagd" 1945 geflüchtete KZ-Häftlinge verstecken. Maria und Johann Schatz aus St. Georgen an der Gusen nehmen im April 1945 die 19-jährige Jüdin Esther Zychlinski, die aus dem KZ Mauthausen entkommen ist, in ihr Haus auf. Auch bei den Todesmärschen der ungarischen Juden und Jüdinnen von Mauthausen nach Gunskirchen im April 1945 gibt es vereinzelt solche Fälle. Barbara und Ignaz Friedmann aus Kristein bei Enns verbergen, obwohl bei ihnen SS-Leute einquartiert sind, den jungen David Hersch auf dem Dachboden ihres Hauses: „Er war vollkommen fertig, er hatte eine Lungenentzündung. Sein Wunsch war, zu sterben. Und so haben wir ihn bis zum Tag der Befreiung gepflegt."[388] Wenn Augenzeugen der Todesmärsche den erschöpften Häftlingen Nahrungsmittel zustecken, werden sie oft von den Wachen bedroht, manchmal auch von anderen beschimpft oder angezeigt.

David Hersch überlebt im April 1945 den Todesmarsch der ungarischen Juden und Jüdinnen, weil ihn Barbara und Ignaz Friedmann in ihrem Haus in Kristein verstecken. (Foto: Peter Kammerstätter, Materialsammlung Todesmarsch, Linz 1971)

# Wie hängen Widerstand und Kriegsende zusammen?

Im Herbst 1943 halten die alliierten Außenminister in der Moskauer Deklaration fest, dass Österreich als Opfer der Angriffspolitik des Deutschen Reiches befreit werden soll. Zugleich erinnern sie Österreich an die Verantwortung, die es für den Krieg trägt. Nach dem Krieg soll berücksichtigt werden, wie viel Österreich selbst zu seiner Befreiung beigetragen hat. Mit dieser Ankündigung fordern die Alliierten Österreich zum Widerstand auf.

Doch der österreichische Widerstand bleibt bescheiden. Er ist „zu keinem Zeitpunkt stark genug, um das NS-Regime zu gefährden."[389] Österreich wird nicht von innen, sondern von außen, durch die Alliierten, befreit.

## Widerstand zu Kriegsende

Beim Eintreffen der alliierten Truppen sind Oberösterreicher und Oberösterreicherinnen, die Kampf und Zerstörung vermeiden wollen, den Gewaltaktionen fanatischer Nationalsozialisten ausgesetzt. Alleine in Peilstein fallen fünf Bürger dem Standrecht zum Opfer.

In Linz besteht seit 1942 um Hans Frenzel die überparteiliche Widerstandsgruppe Gegenbewegung. Sie stellt eine Verbindung zu hunderten italienischen Kriegsgefangenen und holländischen Arbeitern her. Bei Kriegsende schützen Angehörige der Gegenbewegung Brücken und Versorgungsbetriebe in Linz vor Schaden. In Lenzing bewahren die Werksleitung und eine Wehrmachtseinheit das Zellwollewerk vor der von Gauleiter Eigruber befohlenen Sprengung.

Der Widerstand innerhalb der Wehrmacht ist in Enns und in Wels am stärksten. Major Franz Peyrl besetzt mit 150 Soldaten am 4. Mai 1945 die Ennser Kaserne. SS-Truppen greifen die Aufständischen an, doch schließlich kann die Stadt Enns kampflos den US-Amerikanern übergeben werden. In Wels gründet Volkmar Vösleitner einige Wochen vor Kriegsende den Soldatenbund, dem sich „weite Teile des kriegsmüden Unteroffizierskorps" anschließen.[390] Der Soldatenbund sichert die Traunbrücken und ermöglicht die Übergabe der Kaserne.

Im Ausseerland unterstützen die Widerstandskämpfer, die mit der Gruppe Willy-Fred in Verbindung stehen, die heranrückenden US-Amerikaner durch Informationen und kleinere kühne Militäroperationen. Anfang Mai erbeuten sie den hierher verlagerten Sender Wien und berichten als Radio Freiheit Ausseerland. In den Salinenstollen von Altaussee lagern tausende – von den Nationalsozialisten in ganz Europa geraubte – Kunstwerke, die großteils für das „Führermuseum" in Linz bestimmt sind. Gauleiter August Eigruber befiehlt die Sprengung der Stollen, doch der Ausseer Saline und Widerstandskämpfern gelingt es, die Vernichtung der Kunstschätze zu vereiteln. Ernst Kaltenbrunner, der Chef des Reichssicherheitshauptamtes, der sich in das Salzkammergut zurückgezogen hat, versteckt sich beim Einmarsch der US-Truppen im Toten Gebirge. Widerstandskämpfer führen die Amerikaner zu seinem Zufluchtsort, wo er verhaftet wird.

**Widerstand**  Die Bedeutung des Widerstandes

Zwar kann der Widerstand einer Minderheit das NS-Regime nicht erschüttern, dennoch ist er von Bedeutung: Er zeigt, dass es den Menschen möglich ist, eine andere Wahl zu treffen. Männer und Frauen im Widerstand retten Menschenleben, treten für Grundrechte des Einzelnen und für politische Alternativen ein. Der österreichische Patriotismus im Widerstand gehört zu den Grundlagen der neuen Republik, die 1945 entsteht.

# Lebensgeschichten

## Leopold Engleitner: Ein willensstarker Zeuge Jehovas

Wegen seines unerschütterlichen Glaubens als Zeuge Jehovas verweigert Leopold Engleitner den Kriegsdienst. Selbst jahrelange Verfolgung und Misshandlung können ihn nicht von seinem Entschluss abbringen. Dafür erntet er – wie seine Glaubenskollegen und andere Deserteure – nach dem Krieg Spott und Hohn.

### Knecht und Hilfsarbeiter

Leopold Engleitner, 1905 in Strobl am Wolfgangsee geboren, wächst in Bad Ischl im Haus der Großmutter auf. Seit seiner Geburt leidet er an einer Wirbelsäulenverkrümmung und kann wegen starker Rückenschmerzen kaum aufrecht stehen. In der Schule wird er deshalb von Lehrern und Mitschülern gehänselt. Kurz nach dem Ende des Ersten Weltkrieges erkrankt der Jugendliche an der „Spanischen Grippe", einem lebensgefährlichen Virus, der sich in diesen Jahren rasant ausbreitet. Engleitner übersteht die Erkrankung. Ab 1919 verdient er sich als Knecht und Hilfsarbeiter ein kärgliches Einkommen. Er spart eisern und erfüllt sich seinen Traum von einem eigenen, kleinen Häuschen. In diese bescheidene Unterkunft nimmt er auch seinen Bruder und die Eltern auf. Aufgrund der katastrophalen wirtschaftlichen Situation muss er sich mit Gelegenheitsarbeiten über Wasser halten.

### Zeuge Jehovas

In seiner Freizeit liest Engleitner gern und unternimmt ausgedehnte Bergtouren mit Bekannten. An seinem Umfeld stören ihn „die zurückgebliebenen Ansichten über das Leben"[391] und die Dominanz der katholischen Kirche. Ein Bergwanderkamerad bringt ihn in Kontakt mit den Lehren der „Bibelforscher" (Zeugen Jehovas). Engleitner ist sofort begeistert, er tritt aus der katholischen Kirche aus und lässt sich als Zeuge Jehovas taufen. In den folgenden Jahren verbreitet er seine Religion in weiten Teilen Österreichs, kommt aber immer wieder in Konflikt mit den Behörden des „Ständestaates". Einmal muss er sogar eine mehrmonatige Haftstrafe absitzen.

Der „Anschluss" hat für Leopold Engleitner zunächst positive Auswirkungen. Er kann wieder regelmäßig einer Arbeit nachgehen. Doch die Nationalsozialisten verfolgen die Zeugen Jehovas immer härter. Weil sie den Hitlergruß, vor allem aber den Kriegsdienst, verweigern.

### Haft und Desertion

Im April 1939 verhaftet die Gestapo Engleitner und sperrt ihn für einige Monate in Linz ein, bevor ihn die Behörden in das Konzentrationslager Buchenwald deportieren. Dort wird er brutal misshandelt und

Leopold Engleitner in den 1950er Jahren
(Foto: Bernhard Rammerstorfer)

muss im Steinbruch Schwerarbeit leisten. Kraft schöpft Engleitner aus dem Zusammensein mit Menschen, die seinen Glauben teilen. 1941 wird er in das Lager Niederhagen überstellt, wo die SS Häftlinge zu Bauvorhaben rund um das Schloss Wewelsburg heranzieht. Die Arbeits- und Lebensbedingungen sind jenen im KZ Buchenwald ähnlich. Engleitner steht weiterhin zu seinem Glauben, obwohl ihm ein Austritt die Freiheit bringen würde. Im April 1943 überstellen die Nationalsozialisten ihn in das Konzentrationslager Ravensbrück, wo wegen Überfüllung besonders schreckliche Zustände herrschen. Vier Monate später wird Engleitner unter der Bedingung entlassen, sich zur Arbeit in der Landwirtschaft zu verpflichten. Der 38-Jährige ist am Ende seiner Kräfte, er wiegt nur noch 28 kg.

Nach der Rückkehr in seine Heimat findet Engleitner Arbeit bei einem befreundeten Bauern. Als er den Einberufungsbefehl erhält, leistet er ihm nicht Folge und versteckt sich unter abenteuerlichen Umständen im Gebirge. Dort erlebt der Wehrdienstverweigerer das Kriegsende.

### Späte Anerkennung

Engleiter hat Haft und Verfolgung überlebt, aber eines macht ihm zu schaffen: „Ich habe eigentlich gedacht, dass mich die Menschen mit offenen Armen empfangen werden, aber das Gegenteil war der Fall. Man war an meiner Geschichte nicht interessiert. Als Kriegsdienstverweigerer hat man mich als Vaterlandsverräter und Feigling beschimpft."[392]

Das Verhalten gegenüber Engleitner ändert sich erst in den 1990er Jahren, als ihn der Autor Bernhard Rammerstorfer kennen lernt, seine Geschichte aufschreibt und daraus mehrere Bücher und Filme macht, die großen Anklang finden. Die späte Anerkennung von Politik und Gesellschaft tut Engleitner gut. Bis ins hohe Alter geht er auf Reisen und hält Vorträge. Leopold Engleitner stirbt 2013 im Alter von 107 Jahren.

Quelle:
Bernhard Rammerstorfer, Im Zeugenstand. Was wir noch sagen wollten. 100 Fragen – 900 Antworten. Interviews mit Holocaust-Überlebenden und NS-Opfern, Herzogsdorf 2012.
Bernhard Rammerstorfer, Ungebrochener Wille. Der außergewöhnliche Mut eines einfachen Mannes: Leopold Engleitner, geb. 1905, Herzogsdorf 2011.

# Franz Jägerstätter:
# Bauer – Katholik – Wehrdienstverweigerer

Franz Jägerstätter ist heute die Ikone des oberösterreichischen Widerstandes. Der tiefgläubige Katholik verweigert den Wehrdienst aus Gewissensgründen und bezahlt dafür mit dem Tod. Seine Entscheidung sorgt lange Zeit für Kontroversen.

Ein „lustiger Bursche"

Franz Jägerstätter kommt 1907 in St. Radegund im Innviertel als uneheliches Kind einer Magd zur Welt. Die wichtigste Bezugsperson in seinen ersten Lebensjahren ist seine Großmutter Elisabeth Huber – eine starke, liebevolle und religiöse Frau. Als seine Mutter Rosalia 1917 einen Bauern heiratet und ihr Kind zu sich nehmen kann, beginnt für den jungen Franz Jägerstätter ein neuer Lebensabschnitt. Er wird Hoferbe und fühlt sich früh für seine Eltern verantwortlich. Ab 1927 arbeitet er einige Jahre in einem landwirtschaftlichen Betrieb in Bayern und beim Erzabbau in der Steiermark. Er schickt regelmäßig Geld nach Hause, „denn das hat es nicht not, dass Ihr Euch so schindet", schreibt er an die Eltern.[393] Nach seiner Rückkehr kauft sich Franz Jägerstätter als erster Dorfbewohner ein Motorrad – und wird dafür bewundert. Er gilt als „lustiger Bursche", ist für jeden Spaß zu haben, sieht gut aus und ist allseits beliebt.

Gegner des Nationalsozialismus

1935 lernt er Franziska Schwaninger kennen, eine humorvolle, charmante und sehr religiöse Frau. Die beiden verlieben sich ineinander und heiraten wenige Monate später. Sie führen eine innige Beziehung. Die Geburt dreier Töchter macht das Familienglück komplett. Angeregt durch seine Frau, vertieft Franz Jägerstätter seine Beziehung zur katholischen Kirche: Er besucht häufig den Gottesdienst, liest in der Bibel, diskutiert mit Franziska Jägerstätter und am Stammtisch gerne über seine Ansichten. Bei diesen Gelegenheiten macht er immer wieder klar, dass für ihn Glaube und Nationalsozialismus unvereinbar sind. Dennoch wird ihm nach dem „Anschluss" der Bürgermeisterposten angeboten, den er mit Bestimmtheit ablehnt. Bei der Volksabstimmung am 10. April 1938 stimmt Franz Jägerstätter mit „Nein". Die dörflichen Parteigrößen versuchen ihn dazu zu bewegen, für die NSDAP zu spenden oder finanzielle Zuwendungen wie die Kinderbeihilfe anzunehmen – ohne Erfolg. 1940 und 1941 wird Franz Jägerstätter zum Wehrdienst einberufen, kann aber zweimal wieder zurück nach St. Radegund, noch bevor er an die Front muss. Seine Hilfe am Hof wird dringend gebraucht, weil seine Frau nach der Geburt der dritten Tochter gesundheitliche Probleme hat.

Verweigerung des Wehrdienstes

Franz Jägerstätter findet sich beim Militär nicht zurecht. Er ist an selbständiges Denken und Handeln gewöhnt, der militärische Drill ist ihm zuwider. Während seiner zweiten Wehrdienstzeit sucht er Halt in einer religiösen Gemeinschaft und tritt einem

Franz Jägerstätter auf dem Motorrad. Die Zweite von links ist seine Mutter Rosalia, neben ihr der Adoptivvater Heinrich Jägerstätter. (Foto: Erna Putz)

Laienorden bei. Für den gläubigen Franz Jägerstätter ist der Gedanke, zur Waffe zu greifen, unvorstellbar geworden. Im April 1941 kehrt er mit dem festen Entschluss vom Wehrdienst zurück, kein weiteres Mal einzurücken. Er weiß, dass diese Entscheidung ihn das Leben kosten kann. Wieder daheim, geht er täglich zur Messe, fastet und betet. Er wird sogar Mesner, zieht sich aber ansonsten aus dem öffentlichen Leben zurück. Das Ehepaar Jägerstätter lebt täglich in der Sorge, der Postbote könnte die erneute Einberufung bringen. Als im Februar 1943 die befürchtete Nachricht eintrifft, versuchen Bekannte und Verwandte, Franz Jägerstätter zum Einrücken zu bewegen. Franziska Jägerstätter hält zu ihm und versucht ihn nicht länger zu überreden, als sie merkt, wie ernst es ihm ist.

### Verhaftung und Hinrichtung

Franz Jägerstätter bleibt bei seiner Weigerung und kommt ins Wehrmachtsuntersuchungsgefängnis nach Linz. Dort teilt er sich die Zelle mit gläubigen Menschen und festigt seine Haltung weiter. Im Mai 1943 wird er nach Berlin überstellt. Sein Entschluss steht fest, doch seine Gedanken und Sorgen kreisen vor allem um seine Familie. In einem Brief an Franziska Jägerstätter schreibt er: „Ich wollte, ich könnte Euch all dieses Leid, das Ihr jetzt um meinetwillen zu ertragen habt, ersparen. Aber Ihr wisst das, was Christus gesagt hat: ‚Wer Vater, Mutter, Gattin und Kinder mehr liebt als mich, ist meiner nicht wert.'"[394] Im Juli 1943 wird Franz Jägerstätter wegen „Wehrkraftzersetzung" zum Tode verurteilt. Sein Pflichtverteidiger drängt Franziska Jägerstätter und Vikar Ferdinand Fürthauer, aus St. Radegund nach Berlin zu kommen, um Franz Jägerstätter umzustimmen. Doch er bleibt auch nach diesem Gespräch bei seinem Standpunkt. Im August 1943 wird Franz Jägerstätter in Berlin-Brandenburg enthauptet. Kurz vor seiner Hinrichtung schreibt er: „Werde hier nun einige Worte niederschreiben, wie sie mir gerade aus dem Herzen kommen. Wenn ich sie auch mit gefesselten Händen schreibe, aber immer noch besser, als wenn der Wille gefesselt wäre."[395]

## Wahrnehmungen nach 1945: Sonderling, Unbequemer, Heiliger

Während Franz Jägerstätter in den 1960er Jahren in den USA zu einer Symbolfigur der Friedensbewegung wird, dauert es in Österreich Jahrzehnte, bis sein Leben und Sterben öffentliche Anerkennung erfährt. Lange Zeit wird er als Sonderling mit religiösem Wahn dargestellt, als jemand, der seine Familie im Stich gelassen habe. Für viele ist er ein Unbequemer: für ehemalige Wehrmachtsangehörige, weil er den Wehrdienst verweigert hat; aber auch für die katholische Amtskirche, die sich nie öffentlich gegen das NS-Regime gestellt hat. Erst ab den 1980er Jahren setzt innerhalb der Kirche und der Gesellschaft allmählich ein Umdenken ein, die Vorurteile gegen den Wehrdienstverweigerer halten sich hartnäckig lange. Über 60 Jahre nach seiner Hinrichtung wird Franz Jägerstätter 2007 in Linz selig gesprochen, weil er sein Leben hingegeben hat, „mit aufrichtigem Gewissen in Treue zum Evangelium für die Würde der menschlichen Person", so Papst Benedikt XVI.

Quelle:
Erna Putz, Franz Jägerstätter. „… besser die Hände als der Wille gefesselt …", Grünbach 1997.

# Theresia (Resi) Pesendorfer: Kommunistische Kämpferin im Hintergrund

Ohne die unermüdliche Tätigkeit von Theresia (Resi) Pesendorfer ist die Widerstandsgruppe Willy-Fred im Salzkammergut schwer vorstellbar. Sie überbringt Nachrichten, kümmert sich um Verstecke und hilft bei der Versorgung der Untergetauchten. Während die Geschichten von Männern im Widerstand nach 1945 einer breiten Öffentlichkeit bekannt werden, bleiben die wichtigen Rollen von Resi Pesendorfer, Marianne Feldhammer, Helene Egger und anderen Frauen lange Zeit unbeachtet.

### Entbehrungen in Kindheit und Jugend

Theresia Laimer wird 1902 in Bad Ischl in eine arme Salzarbeiterfamilie geboren. Sie hat fünf Geschwister. Ihre Mutter stirbt, als Resi zehn Jahre alt ist. Vom Vater fühlt sie sich ungerecht behandelt, weil er andere Geschwister bevorzugt. Statt in die Kirche zu gehen und zu beten, genießt sie die freie Zeit. Dafür bestraft sie der Vater mit Essensentzug. Mit 14 Jahren muss Resi als Magd auf einen Bauernhof. Kurz vor Ende des Ersten Weltkrieges holt die Stiefmutter sie auf ihren Hof. Sie lässt Resi deutlich spüren, dass sie weniger wert ist als die eigenen Kinder: „Ich bin mir vorgekommen wie ein Aschenbrödel."[396] Als sie zur Arbeit nicht mehr gebraucht wird, muss sie den Hof verlassen.

### Arbeiterin und Kommunistin

In den 1920er Jahren hält sich Resi Laimer als Haushaltshilfe über Wasser, einige Zeit lang auch in Wien. Zurück im Salzkammergut, heiratet sie Ferdinand Pesendorfer. Die beiden bekommen einen Sohn. Da ihr Mann arbeitslos wird, muss sie wieder waschen und putzen gehen. Sie erkrankt an Lungentuberkulose, an der sie zwölf Jahre lang leidet.

Resi Pesendorfer schließt sich der Arbeiterbewegung an. 1926 wird sie Sozialdemokratin und 1935, nach dem verlorenen Bürgerkrieg, tritt sie der verbotenen Kommunistischen Partei bei. Auch ihr Mann ist Kommunist. Er wird 1936 für ein halbes Jahr eingesperrt. Trotz ihres Lungenleidens muss Resi Pesendorfer arbeiten gehen, um den Lebensunterhalt zu bestreiten. Ihren zehnjährigen Sohn muss sie in dieser Zeit in ein Waisenhaus geben. 1937 gründet sie in Bad Ischl eine kommunistische Frauenorganisation, der 15 Frauen angehören.

### Organisatorin im Widerstand gegen den Nationalsozialismus

Als die Kommunisten im Salzkammergut ab 1939 die illegale Parteiorganisation wieder aufbauen, ist Resi Pesendorfer mit dabei. Sie leistet Kurierdienste, etwa für die Verbindung zur KPÖ-Landesleitung in Salzburg. Es folgt die Verhaftungswelle 1941/42. Im Mai 1942 holt die Gestapo auch Resi Pesendorfer ab und verhört sie. Doch die Gestapo traut ihr die Widerstandtätigkeit nicht zu, weil sie den Beamten zu einfältig erscheint: „Bei diesen Worten fiel mir ein Stein vom Herzen und ich dachte mir, lieber blöd aussehen und schlau arbeiten als umgekehrt."[397] Sie

Resi Pesendorfer
(Foto: Peter Kammerstätter, Materialsammlung Willy-Fred, Linz 1978)

wird wieder entlassen. 1942 lässt sie sich von ihrem Mann scheiden.

Resi Pesendorfer arbeitet als Putzfrau in einer Villa. Dort versteckt sie Ende 1942 den geflüchteten Kommunisten Karl Gitzoller. Im Herbst 1943 hilft sie, den Ausbruch von Sepp Plieseis aus dem KZ-Außenlager Hallein zu organisieren. Sie nimmt in Hallein Kontakt mit Plieseis auf, um mit ihm die Flucht zu besprechen, und schaltet den Kommunisten Franz Stieger ein, der gemeinsam mit Karl Gitzoller die Flucht vorbereitet. Plieseis und Gitzoller schlagen sich über die Berge von Hallein ins Salzkammergut durch. Resi Pesendorfer sucht mühsam ein Versteck für Plieseis. Schließlich nehmen ihn zwei Frauen, Mutter und Tochter, in ihr Haus in Bad Ischl auf. Die Tochter wird später die Ehefrau von Sepp Plieseis. Ende 1944 flüchten zwei weitere Kommunisten aus dem KZ Hallein und finden Hilfe bei Resi Pesendorfer.

Die Versorgung der Partisanen in der Gruppe Willy-Fred fordert die ganze Kraft der Frauen im Widerstand. Ständig ist Resi Pesendorfer auf der Suche nach Quartieren für den Winter 1944/45, den die Verfolgten nicht in ihrem Unterschlupf im Toten Gebirge verbringen können. „Die ganze Zeit bestand meine Aufgabe darin, Kurierdienst zu tun, nach Goisern, Ebensee, Hallein, Aussee. (…) Die Lebensmittelbeschaffung war eine sehr schwierige Aufgabe. Wir haben bei unseren Bekannten und verlässlichen Menschen in Bad Ischl gesammelt. Es waren auch ehemalige Nationalsozialisten, u.a. Geschäftsleute, dabei (…)."[398] Je näher das Kriegsende rückt und je mehr die Gefahr wächst, desto rastloser ist Resi Pesendorfer Tag und bei Nacht auf ihrem Fahrrad unterwegs, um Botschaften zu übermitteln.

### Ein unscheinbares, aber kämpferisches Leben

Nach dem Zweiten Weltkrieg führt Resi Pesendorfer ein Leben abseits der Öffentlichkeit in Bad Ischl und in Ebensee. Politisch ist sie im KZ-Verband, im Bund Demokratischer Frauen und in den KPÖ-Ortsgruppen aktiv. Ende der 1970er Jahre verleiht ihr der Bundespräsident das Ehrenzeichen für die Verdienste um die Befreiung Österreichs. Ruth Beckermann interviewt sie 1985 für ihren Dokumentarfilm „Der Igel".

Zu Peter Kammerstätter, mit dem sie über ihr Leben spricht, sagt sie: „Zum Schulbeginn hatte der Kampf begonnen und ist heute noch nicht zu Ende. Wann wird er überhaupt enden? Erst wenn ich meine Augen schließe."[399] Theresia Pesendorfer stirbt 1989.

Quellen:
Peter Kammerstätter, Materialsammlung über die Widerstands- und Partisanenbewegung Willy-Fred. Freiheitsbewegung im oberen Salzkammergut – Ausseerland 1943–1945, Linz 1978.
„Ein bescheidenes Leuterl …" Zur Erinnerung an Resi Pesendorfer (1902–1989). Eine Dokumentation der KPÖ Oberösterreich, Linz 2012.

# Ferdinand Roitinger: Der „Andreas Hofer von Weibern"

Der Gastwirt und Mühlenbesitzer Ferdinand Roitinger aus Weibern ist als überzeugter Anhänger der Heimwehr ein vehementer Gegner des Nationalsozialismus. Die Nationalsozialisten nennen ihn deshalb spöttisch „Andreas Hofer von Weibern" – ein Beiname, der ihm im Widerstand als Ehrentitel bleibt, weil er für ein eigenständiges Österreich eintritt.

## Mit der Heimwehr gegen die Nationalsozialisten

Der 1893 geborene Ferdinand Roitinger tritt im Juli 1934 ins Licht der Geschichte. Als nationalsozialistische Putschisten in Wien Bundeskanzler Dollfuß ermorden und an mehreren Orten in Österreich einen bewaffneten Aufstand versuchen, bekämpft er sie im Ennstal mit der Grieskirchner Heimwehr.

## Haft und Gerichtsprozess 1938

Nach dem „Anschluss" im März 1938 verhaften ihn die Nationalsozialisten. Sie treiben Ferdinand Roitinger durch Haag am Hausruck und verhöhnen ihn als „Andreas Hofer von Weibern". Monatelang verhören und misshandeln sie ihn in der Haft und stellen ihn schließlich in Wels vor Gericht. Roitinger werden Gräueltaten gegen Nationalsozialisten vorgeworfen. Doch in der Gerichtsverhandlung erweist sich seine Unschuld und er wird wieder auf freien Fuß gesetzt.

## Untergrundarbeit gegen den Nationalsozialismus

Obwohl er überwacht wird, beginnt er in seinem Umfeld damit, Stimmung gegen den Nationalsozialismus und für einen österreichischen Patriotismus zu machen. Er geht in Weibern von Bauernhof zu Bauernhof und flüstert den Leuten zu: „Kopf hoch! Net nachgeben! Das tausendjährige Reich dauert net ewig!"[400] Roitinger wird Pferdehändler. So kommt er in Oberdonau, Niederdonau und Salzburg herum und kann seine Untergrundarbeit gegen den Nationalsozialismus erweitern. Er erzählt den Bauern von nationalsozialistischer Misswirtschaft in der Molkereigenossenschaft und im Lagerhaus.

Während des Zweiten Weltkrieges verbreitet Roitinger Nachrichten der verbotenen Auslandssender, der „Feindsender". „Nicht nur selber zuhören, weiter sagen ist das Wichtigste!", schärft er seinen Bekannten ein.[401]

## Mit List und Waffen

Die NSDAP-Funktionäre im Ort wollen den unbequemen Ferdinand Roitinger loswerden. Er soll zur Wehrmacht eingezogen werden. Doch der Plan misslingt. Daraufhin drangsaliert ihn die lokale Parteiführung mit Einquartierungen in seinem Bauernhof und Gasthaus. Zunächst muss er fünfzehn Volksdeutsche aufnehmen, danach ein Arbeitskommando aus polnischen Zwangsarbeitern, das Baracken für ein

Ferdinand Roitinger
(Foto: Ferdinand Roitinger)

SS-Lager bauen soll. Es ist Frühjahr 1945. Roitinger nimmt mit den Polen freundschaftliche Beziehungen auf und hintertreibt den Barackenbau, indem er sie zum langsamen Arbeiten auffordert und ihnen zur Arbeit ungeeignete Schuhe gibt. Als die Polen verlegt werden sollen, händigt er ihnen Waffen aus, nennt ihnen Schlupfwinkel und schlägt ihnen vor, sich als Partisanen im Kobernaußerwald zu verstecken. Acht Polen tauchen im Wald unter.

Ende April 1945 quartieren sich SS-Männer in Ferdinand Roitingers Gasthaus in Weibern ein. Ein Gast warnt ihn, dass die SS etwas gegen ihn plant. Roitinger sucht in Grieskirchen Josef Hofer auf, von dessen Widerstandsnetzwerk er schon seit Längerem weiß. Die beiden besprechen die nächsten notwendigen Schritte. Ferdinand Roitinger tritt für den bewaffneten Widerstand in dieser Schlussphase des Krieges ein. Als er in der Nacht nach Weibern in sein Gasthaus zurückkehrt, wollen ihn SS-Leute verhaften. Er entkommt durch den Heustadel und verbirgt sich bei einem befreundeten Bauern. Dort sucht ihn seine Tochter in der Früh auf und berichtet ihm, dass die SS-Leute in der Nacht auf einer Wiese ein Grab für ihn ausgehoben haben. Und der NSDAP-Ortsgruppenleiter habe gemeint, „wenn schon alles schief ginge, ein paar müßten mit"[402] – die Nationalsozialisten wollen möglichst viele Gegner umbringen, bevor sie untergehen.

Roitinger versteckt sich bei einem anderen Bauern, wo er Mitverschworene trifft. Als sie erfahren, dass die NSDAP-Führung die Aufstellung der Panzersperren gegen die nahenden US-amerikanischen Truppen angeordnet hat, machen sich Ferdinand Roitinger und bewaffnete Polen auf, um die lokale Partei- und SS-Führung festzunehmen. Doch die SS-Truppen flüchten aus Weibern und die Amerikaner rücken ein.

### Ein Mann von gutem Ruf

Nach dem Krieg ist Ferdinand Roitinger ein angesehener Mann in Weibern. Er übt hohe Ämter in der Wasserwerksgenossenschaft, in der Molkereigenossenschaft und in der Brauerei Grieskirchen aus. 1954 stirbt er im 61. Lebensjahr.

Quelle:
Josef Theodor Hofer, Weggefährten. Vom österreichischen Freiheitskampf 1933 bis 1945, Wien/Michaelnbach 1946.

# Von der NS-Vergangenheit zur Gegenwart

Der Nationalsozialismus bricht mit der Niederlage des Deutschen Reiches am 8. Mai 1945 zusammen. Der Großteil Oberösterreichs ist von amerikanischen Truppen besetzt, während die sowjetische Armee in das östliche Mühlviertel und in die Gebiete östlich der Enns einrückt. Mitte Mai 1945 organisieren die US-Amerikaner den politischen Neuanfang in Oberösterreich. Aber schon mehr als zwei Wochen zuvor, Ende April 1945, hat sich in dem von der Roten Armee eroberten Wien eine provisorische österreichische Regierung gebildet.[403]

**Von der NS-Vergangenheit zur Gegenwart**

# Wie entsteht die Zweite Republik?

### Die provisorische Regierung Renner

Der Sozialdemokrat Karl Renner, Mitbegründer und erster Regierungschef der Ersten Republik, stellt im Einvernehmen mit den Sowjets eine Regierung aus Angehörigen der drei neu gegründeten politischen Parteien zusammen: der Sozialistischen Partei Österreichs (SPÖ), der Kommunistischen Partei Österreichs (KPÖ) und der Österreichischen Volkspartei (ÖVP), wie sich die ehemaligen Christlichsozialen jetzt nennen. Die Westmächte betrachten diese „österreichische Regierung von Gnaden der Sowjets" argwöhnisch.[404] Schließlich wird sie im Oktober 1945 vom Alliierten Rat anerkannt. Im Alliierten Rat üben die vier Besatzungsmächte UdSSR (Sowjetunion), USA, Großbritannien und Frankreich die oberste Gewalt in Österreich aus. Sie teilen sich die Macht, doch es zeichnen sich bereits die politischen Spannungen zwischen der UdSSR und den westlichen Verbündeten ab, die wenige Jahre später in den Kalten Krieg führen.

### Die Besatzungszonen – zweigeteiltes Oberösterreich

Österreich wird im Juli 1945 in vier Besatzungszonen unterteilt: Französische Truppen ziehen in Vorarlberg und Tirol ein, die britische Armee besetzt Kärnten und die Steiermark, die US-amerikanische Besatzungszone umfasst Salzburg und Oberösterreich südlich der Donau (einschließlich des Ausseerlandes), und die Sowjetunion besetzt das Mühlviertel (von dem Südböhmen wieder abgetrennt wird), Niederösterreich und das Burgenland. In der Hauptstadt Wien sind alle vier Besatzungsmächte vertreten.

Die Zonengrenze an der Donau bedeutet die Zweiteilung Oberösterreichs und der Stadt Linz. Bis 1953 befinden sich militärische Kontrollposten an den Linzer Brücken. Anfangs ist der Übertritt nur mit Passierscheinen möglich, die oft mühsam zu beschaffen sind. Die 16-jährige Frieda Moshammer aus Aigen-Schlägl studiert ab 1946 an der Lehrerbildungsanstalt in Linz. Sie borgt ihrer Mutter den Passierschein für die Brücke: „Wir sahen uns zwar ähnlich, aber wie eine 16jährige sah sie dann doch nicht mehr aus. Auf der Rückfahrt entlarvte sie der russische Posten. Sie mußte damit rechnen, tagelang bei Verhören festgehalten zu werden. Auch sind Frauen bei solchen Gelegenheiten schon verschleppt worden. Meine Mutter wendete aber ihre gesamte Überredungskunst auf, sodaß sie mit heiler Haut davonkam."[405]

Schlimme Erfahrungen der Besatzungszeit von 1945 bis 1955 prägen sich bei den Menschen stark ein. Die Klage über die „Leiden in der Besatzungszeit" drängt

Sowjetischer Kontrollposten an der Nordseite der Linzer Nibelungenbrücke. Die Nibelungenbrücke ist zunächst die einzige Verbindung zwischen der amerikanischen und der sowjetischen Zone.
(Foto: Oberösterreichisches Landesarchiv)

das Nachdenken über die eigene Beteiligung am Nationalsozialismus in den Hintergrund.[406] Sowohl in der österreichischen Bevölkerung als auch in der Politik setzt sich ab 1945 eine Haltung durch, die der Geschichte nicht gerecht wird: Die Österreicher und Österreicherinnen seien Opfer des Nationalsozialismus gewesen.

# Von der NS-Vergangenheit zur Gegenwart

US-amerikanischer Kontrollposten an der Südseite der Linzer Nibelungenbrücke
(Foto: Oberösterreichisches Landesarchiv)

Die Zonengrenze an der Brücke bei Enns. Im April 1951 wird hier der 20-jährige Mechaniker Hartmut Fechner aus Enns von den Sowjets verhaftet. Das sowjetische Militärtribunal in Baden verurteilt ihn wegen „Spionagetätigkeit für den US-amerikanischen Geheimdienst CIC" zum Tode.[407] Im August 1951 wird er in Moskau erschossen. Hartmut Fechner ist einer von über 100 Österreichern und Österreicherinnen, die dem stalinistischen Terror im Kalten Krieg zum Opfer fallen.
(Foto: Österreichische Nationalbibliothek)

## Opfermythos: Eine „Lebenslüge" der Zweiten Republik

Am 27. April 1945 beschließen SPÖ, ÖVP und KPÖ in Wien – weiter westlich kämpft noch die Wehrmacht und die SS mordet noch im KZ Mauthausen – die Wiederherstellung der demokratischen Republik Österreich. Diese österreichische Unabhängigkeitserklärung enthält den Satz, dass die „nationalsozialistische Reichsregierung Adolf Hitlers" „das macht- und willenlos gemachte Volk Österreichs in einen sinn- und aussichtslosen Eroberungskrieg geführt hat, den kein Österreicher jemals gewollt hat".[408] Österreich wird als unschuldiges Opfer des Nationalsozialismus dargestellt. Das ist eine „Halbwahrheit".[409] Wahr daran ist, dass der österreichische „Ständestaat" 1938 durch einmarschierende deutsche Truppen beseitigt wurde. In diesem Punkt können sich die Politiker auch auf die Moskauer Deklaration 1943 berufen, in der die alliierten Außenminister Österreich als erstes Opfer der deutschen Aggressionspolitik bezeichnen. Unwahr ist jedoch, dass die österreichische Bevölkerung „macht- und willenlos" war: Es gab eine starke österreichische NS-Bewegung, große Teile der Bevölkerung stimmten dem Nationalsozialismus begeistert zu, viele Österreicher und Österreicherinnen beteiligten sich aktiv an den NS-Verbrechen. Jener Teil der Moskauer Deklaration, der von Österreichs Mitverantwortung für Krieg und Befreiung spricht, wird am Ende der Unabhängigkeitserklärung zwar erwähnt, aber für bedeutungslos erklärt.

Am Beginn der Zweiten Republik steht eine „Lebenslüge".[410] Sie dient Österreich dazu, sich von Deutschland zu distanzieren und eine selbständige Entwicklung einzuschlagen. Überzeugend wirkt die österreichische Opferrolle dadurch, dass viele Politiker der jungen Zweiten Republik tatsächlich aus der KZ-Haft und den Gefängnissen kommen.

## Die Besatzung

Aus einer Opferrolle heraus erwarten weite Teile der Bevölkerung, dass sie von den Siegern nicht als Besiegte, sondern als Befreite behandelt werden. Doch für die einmarschierenden Alliierten sieht das anders aus. Sie erobern ein Land, in dem schreckliche Verbrechen begangen wurden und das sich heftig zur Wehr setzt. Oberösterreich gilt für die Amerikaner über das Kriegsende hinaus als „Frontgebiet".[411] Härte vergelten sie mit Härte. Am 14. Mai 1945 liefern sie 15.000 Angehörige der Waffen-SS und Wehrmachtssoldaten, die sich nach der Kapitulation Richtung Westen geflüchtet haben, an die Sowjets aus und treiben sie von Gallneukirchen bis Lest bei Freistadt. Die Gemeindechronik Unterweitersdorf berichtet darüber: „Da die jungen Leute infolge Hungers und des heißen Tages sehr erschöpft waren, wurden manche ohnmächtig und stürzten zusammen. Sie wurden von den Amerikanern auf der Stelle erschossen. (…) Auf der Straße von Gallneukirchen bis Pregarten sind 28 Soldaten erschossen worden."[412]

## Von der NS-Vergangenheit zur Gegenwart

Die Besatzungssoldaten bringen nicht nur das Ende des Krieges ins Land, sondern auch Fälle von Plünderungen und Vergewaltigungen. Besonders betroffen davon ist das sowjetisch besetzte Mühlviertel im ersten halben Jahr der Besatzung. Über 15.000 Soldaten lagern im Raum Freistadt, sie versorgen sich zum Teil aus dem besetzten Land. Einer von zahlreichen Fällen: „Eine Streife von drei Männern in russischer Uniform forderte bei mehreren Bauern (…) die Herausgabe einer Kuh."[413] Für den Bezirk Freistadt ermittelt die Gendarmerie: „Von Mai bis 31. Dezember 1945 kamen 6344 Plünderungen und Ausschreitungen vor, 861 Frauen und Mädchen wurden vergewaltigt, 189 Personen wurden verletzt (…). Außerdem waren bis Mitte Jänner 1946 25 Todesopfer aus den Reihen der Zivilbevölkerung zu beklagen."[414] Eine hohe Dunkelziffer ist anzunehmen. Verantwortlich gemacht werden meist sowjetische Soldaten, teilweise auch ehemalige KZ-Häftlinge und Zwangsarbeiter.

Oberösterreicher und Oberösterreicherinnen erfahren in diesen Fällen Unrecht und Gewalt. So verfestigt sich ihre Überzeugung, dass sie zum zweiten Mal Opfer werden: zuerst des Nationalsozialismus, dann der Besatzung. Diese Sichtweise blendet die Ursachen der Gewaltspirale aus, die nationalsozialistischen Verbrechen. In einem beiläufigen Satz berichtet der Freistädter Bezirkshauptmann über den sowjetischen Bezirkskommandanten Major Tigran Sacharjan, einen der vielen korrekten sowjetischen Besatzungssoldaten: „Seine Frau, eine Ukrainerin, seine beiden kleinen Kinder, ein Bub und ein Mädchen, sowie seine Schwiegereltern wurden, so erzählte er mir, von deutschen SS-Angehörigen ermordet."[415]

### Einheit des Landes, Eintracht der Parteien

Die US-amerikanische Militärregierung in Oberösterreich setzt eine provisorische Landesregierung ein, zunächst vorwiegend aus Beamten, nach der Zulassung der politischen Parteien ÖVP, SPÖ und KPÖ im Frühherbst aus Politikern. Doch diese oberösterreichische Landesregierung gilt nur für den amerikanisch besetzten Teil des Landes – nicht für das sowjetisch besetzte Mühlviertel. Die Einheit des Bundeslandes steht auf dem Spiel. Oberösterreichische Politiker aller drei Parteien handeln rasch. Sie bilden in Absprache mit den Alliierten und mit der Regierung in Wien die Zivilverwaltung Mühlviertel. An ihrer Spitze steht als Staatsbeauftragter der Bauer Johann Blöchl aus Lasberg. Er erwirbt sich durch sein unerschrockenes Auftreten gegenüber den Sowjets großes Ansehen bei der Mühlviertler Bevölkerung.

Am 25. November 1945 finden die ersten Wahlen zum Nationalrat und zum Landtag statt. Nicht wahlberechtigt sind die österreichweit rund 540.000 festgestellten ehemaligen NSDAP-Mitglieder. Für den Nationalrat erhält die ÖVP 50 % der Stimmen, die SPÖ 45 % und die KPÖ 5 %. Bundeskanzler Leopold Figl bildet eine Regierung aus allen drei Parteien. Die beiden großen politischen Lager, die sich in der Ersten Republik bekämpft haben, gehen nach der Erfahrung des Nationalsozialismus den Weg der Zu-

**Zivilverwaltung Mühlviertel**
**Büro des Sicherheitsdirektors**

Urfahr, den 7. August 1945.

# ERLASS

über

## Beschlagnahme von Fahrpapieren und Kraftfahrzeugen der ehemaligen Mitglieder der aufgelösten NSDAP und deren Gliederungen

Allen ehemaligen Mitgliedern der aufgelösten NSDAP und deren Gliederungen ist die Führung von Kraftfahrzeugen aller Art verboten. Diese Personen haben sich unter Mitnahme ihrer Kraftfahrpapiere beim zuständigen Polizeirevier bzw. nächsten Gendarmerieposten-Kommando zu melden. Ebenso werden die Kraftfahrzeuge aller Art, deren Eigentümer ehemals der aufgelösten NSDAP oder deren Gliederungen angehörten, für beschlagnahmt erklärt. Sie sind unter Ablieferung der Fahrzeugpapiere beim zuständigen Polizeirevier bzw. nächsten Gendarmerieposten-Kommando anzumelden. Die behördliche Sicherstellung dieser Fahrzeuge erfolgt zu einem späteren Zeitpunkt.

Die Unterlassung der Ablieferung oder jede andere Umgehung dieses Erlasses, insbesondere jede Veränderung des Fahrzeugstandes, zieht strengste Bestrafung nach sich.

Sebinger e. h.
Sicherheitsdirektor.

**Polizeidirektion Urfahr.**
H 8/45.

Urfahr, den 9. August 1945.

# ANORDNUNG

Alle ehemaligen Mitglieder der aufgelösten NSDAP und ihrer Gliederungen (SS, SA, NSKK, NSFK, HJ, NS-Frauenschaft), die Besitzer eines Führerscheines oder Eigentümer eines Kraftfahrzeuges sind, haben sich in der Zeit

## vom 20. bis 22. August 1945

bei der für ihre Wohnung zuständigen Polizeidienststelle (Polizeirevier, Revier-Zweigstelle, Polizeiposten) zu melden. Bei der Meldung sind abzugeben: Führerschein, Kraftfahrzeugbrief oder Typenschein und Kraftfahrzeugschein.

Grünberger e. h.
Polizeidirektor.

Fahrzeuge sind rar. Alle ehemaligen NSDAP-Mitglieder müssen nach einem Erlass der Zivilverwaltung Mühlviertel im August 1945 ihren Führerschein abgeben. Ihre Fahrzeuge werden beschlagnahmt. (Abbildung: Archiv der Stadt Linz)

sammenarbeit. Die Abgeordneten wählen Karl Renner zum ersten Bundespräsidenten der Zweiten Republik.

Bei der oberösterreichischen Landtagswahl siegt die ÖVP mit 59 % der Stimmen überlegen vor der SPÖ. Die KPÖ verfehlt ein Landtagsmandat. Landeshauptmann wird Heinrich Gleißner, der dieses Amt bereits im autoritären „Ständestaat" ausgeübt hat.

## Von der NS-Vergangenheit zur Gegenwart

Sowjetische Offiziere, Landeshauptmann Heinrich Gleißner, Bürgermeister Ernst Koref und Staatsbeauftragter Johann Blöchl feiern 1953 auf der Nibelungenbrücke das Ende der sowjetischen Zonenkontrolle. (Foto: Oberösterreichisches Landesarchiv)

Johann Blöchl, der Staatsbeauftragte für die Zivilverwaltung Mühlviertel, gehört nun als Landesrat der oberösterreichischen Landesregierung an. So wird die Einheit des geteilten Bundeslandes während der Besatzungszeit gewahrt.

In der Stadt Linz verbucht die SPÖ mit Bürgermeister Ernst Koref, den die US-Amerikaner bereits zu Kriegsende eingesetzt haben, eine Mehrheit von 59 % der Stimmen. Damit beginnt die Ära Gleißner und Koref, die bis in die 1960er Jahre dauert. Sie steht für die Zusammenarbeit von ÖVP und SPÖ beim Wiederaufbau in Oberösterreich und Linz.

# Welche Lebensverhältnisse herrschen im Oberösterreich der Nachkriegszeit?

### Versorgungskrise

Im Chaos des Kriegsendes bricht die Versorgung der Bevölkerung fast zusammen. Die Zuteilung von Lebensmitteln, Brennstoffen, Kleidung erfolgt jahrelang über Bezugsscheine. Vor allem in den Städten herrscht Hunger. In Linz geben große Gemeinschaftsküchen billige Tagesgerichte aus. Die Alliierten helfen mit Konservennahrung.

1947 kommt der erste Transport mit Heimkehrern aus der sowjetischen Kriegsgefangenschaft in Linz an. Tausende kehren nicht zurück, viele finden zerbrochene Beziehungen vor. (Foto: Archiv der Stadt Linz)

Zum Hunger kommen Seuchengefahr, Wohnungsnot und häufige Plünderungen. Der Schwarzmarkt blüht, dort werden tausendfach überhöhte Preise für Lebensmittel, Zigaretten oder Alkohol bezahlt. Gezahlt wird ab Ende 1945 wieder mit dem Schilling. Obwohl Hilfslieferungen aus dem Ausland einsetzen (insbesondere die Care-Pakete aus den USA), ist die Versorgung 1946/47 besonders schlecht, denn Oberösterreich muss mehr Lebensmittel an Wien abgeben. Wer kann, nützt seine Verbindungen zu Bauern. Alfred Hudec aus Enns, in der Nachkriegszeit ein Kleinkind, erinnert sich an die Lebensmittelpakete der befreundeten Bauernfamilie Miesenberger aus Neumarkt im Mühlkreis: „Fortan bekamen wir Pakete, vor allem zur Weihnachtszeit, lange bis in die fünfziger Jahre. Speck, Butterschmalz, Mehl, Grieß und dergleichen waren drinnen."[416] Die Familie Miesenberger veranschaulicht die wichtige wirtschaftliche Rolle der Frauen im Zweiten Weltkrieg und in der Nachkriegszeit: Die Bäuerin und ihre drei Töchter bewirtschaften zu Kriegsende den Hof. Auch nach dem Krieg sind es dann oftmals die Frauen, die für das Überleben der Familien sorgen. „Heimgekehrt sind im Juni und in der ersten Juli-Hälfte 14 Steyregger. 80 werden noch sehnlichst erwartet", heißt es am 18. Juli 1946 in der Wochenzeitung „Mühlviertler".[417] Viele Männer kehren, falls überhaupt, erst nach Jahren aus der Kriegsgefangenschaft zurück. Für manche dauert die sowjetische Kriegsgefangenschaft bis in die 1950er Jahre.

**Von der NS-Vergangenheit zur Gegenwart**

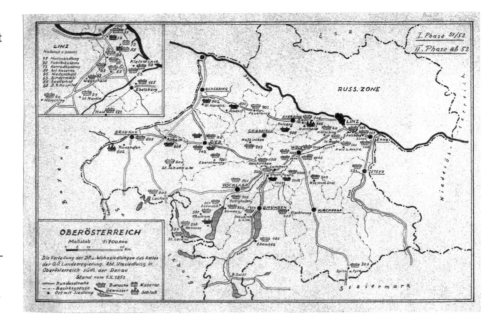

Die Karte zeigt die Flüchtlingslager in Oberösterreich im Jahr 1951. (Abbildung: Oberösterreichisches Landesarchiv)

„Flüchtlingsland" und „Barackenland"

Zu Kriegsende stranden in Oberösterreich rund eine Million Menschen, mit denen sich die Bevölkerung des Landes verdoppelt: Befreite und Gefangengenommene, Soldaten und Zivilisten, Flüchtlinge und Vertriebene. Diese „Landfremden" – so lautet der Sprachgebrauch der Zeit – stammen aus Deutschland, Österreich, der Sowjetunion, Frankreich, Italien, Ungarn, Polen, Jugoslawien, der Tschechoslowakei, insgesamt aus etwa 25 Nationen.[418]

Hunderte Lager in der amerikanischen Besatzungszone machen Oberösterreich zu einem „Flüchtlingsland" und „Barackenland".[419] Bis Ende 1945 organisieren die US-Besatzer und die Landesregierung den Transport vieler dieser entwurzelten Menschen, von den US-Amerikanern „Displaced Persons" (DPs) genannt, in ihre Heimat- oder Zielländer. Im Februar 1946 befinden sich noch über 200.000 DPs in Oberösterreich. Die größte Gruppe unter ihnen sind die „Volksdeutschen" aus Osteuropa. Nicht wenige werden bleiben.

Zwischen 10.000 und 20.000 Juden und Jüdinnen, Überlebende des Holocaust aus Osteuropa, leben 1946/47 in oberösterreichischen DP-Camps. Die größten Lager sind in Linz (Bindermichl, Ebelsberg, Wegscheid), Haid, Steyr und Wels. Die jüdischen Flüchtlinge wollen nicht zurück in ihre Herkunftsländer, wo sie – wie bei einem blutigen Pogrom in Polen 1946 – bedroht werden. Bis 1950 ziehen die meisten auf abenteuerlichen Wegen dank der jüdischen Fluchthilfe Bricha nach Palästina bzw. Israel weiter. Die jüdischen DPs werden von den Amerikanern und von internationalen Organi-

Die Wohnsiedlung 105 in Vöcklabruck, die im Zweiten Weltkrieg als Lager für das Flugwachkommando entstanden ist. In den Nachkriegsjahren sind dort hunderte „Volksdeutsche" untergebracht: Donauschwaben, Sudetendeutsche und Deutsche aus Siebenbürgen. Heute befindet sich an der Stelle die Wohnanlage Europahof.
(Abbildung: Oberösterreichisches Landesarchiv)

Essensausgabe im jüdischen DP-Camp Bindermichl in Linz. Im Camp Bindermichl leben die jüdischen DPs in großen Wohnblocks („Hitlerbauten"). Sie entfalten ein reges kulturelles und politisches Leben.
(Foto: Oberösterreichisches Landesarchiv/ National Archives Washington)

sationen versorgt. Viele sind nach NS-Verfolgung, Flucht und Lagern traumatisiert, sie betrachten Österreich als „Feindesland".[420] In der Bevölkerung erregen die Besserstellung jüdischer DPs und ihr manchmal forsches Auftreten Neid und Empörung. Dadurch bekommt vielerorts „der in Österreich tief verwurzelte Antisemitismus neue Aktualität".[421] In Bad Ischl protestieren im August 1947 einige hundert Ischler Frauen

**Von der NS-Vergangenheit zur Gegenwart**

mit einer Hungerdemonstration gegen die Kürzung von Frischmilch. Kommunistische Redner putschen die Demonstrierenden auf, auch NS-Anhängerschaft mischt sich unter die Menge. Sie strömt vor das Hotel „Goldenes Kreuz", in dem jüdische DPs untergebracht sind, und ruft „Heil Hitler!", „Hoch Stalin!" und „Schlagt die Juden tot!"[422] Ein US-amerikanisches Gericht verurteilt daraufhin einige Kommunisten und Kommunistinnen, unter ihnen Raimund Zimpernik, einen Widerstandskämpfer der NS-Zeit, zu Haftstrafen bis zu 15 Jahren. In der Öffentlichkeit werden Proteste gegen das Urteil laut. Die österreichische Regierung interveniert bei den US-Behörden und erreicht eine drastische Verringerung der Strafen.

### Wiederaufbau

Die Alliierten beanspruchen das Deutsche Eigentum in Österreich, das ist jeder Besitz, an dem das Deutsche Reich mit mehr als 10 % beteiligt war. Fast alle großen Betriebe fallen darunter. Für die Sowjetunion stellt das eine Kriegsentschädigung dar. Sie fasst die Betriebe im USIA-Konzern zusammen. In Oberösterreich führt die USIA den Steinbruchbetrieb im ehemaligen KZ Gusen weiter.

Anders als die Sowjets übergeben die US-Besatzer 1946 das Deutsche Eigentum dem Staat Österreich. Die Republik verstaatlicht die ehemaligen Linzer Hermann-Göring-Werke als Vereinigte Österreichische Eisen- und Stahlwerke AG (VÖEST), die Linzer Österreichische Stickstoffwerke AG und das Aluminiumwerk Ranshofen, um den Wiederaufbau und Ausbau der Betriebe zu ermöglichen; staatliche Banken halten die Aktienmehrheit bei der Steyr-Daimler-Puch AG und der Zellwolle Lenzing AG. Die Belegschaft der VÖEST verringert sich „durch den Abgang der im Unternehmen beschäftigten ‚Fremdarbeiter', Kriegsgefangenen und KZ-Häftlinge von 19.000 auf 4.400".[423] „Volksdeutsche" Flüchtlinge schließen die Lücke. Auch die im Nationalsozialismus durch Zwangsarbeit begonnenen Ennskraftwerke Ternberg und Großraming gehen nach einigen Jahren der Fertigstellung in Betrieb. Doch von Entschädigungszahlungen an ehemalige Zwangsarbeiter und Zwangsarbeiterinnen will man noch sehr lange nichts wissen.

Mit der wirtschaftlichen Entwicklung steht und fällt die Zustimmung zur Demokratie. Der Durchbruch gelingt dank der massiven Wirtschaftshilfe der USA mit dem European Recovery Program (ERP), nach dem US-Außenminister George C. Marshall auch Marshallplan genannt. Der Plan verfolgt das Ziel, Österreich in das westliche Wirtschaftssystem einzugliedern. Eine Milliarde Dollar fließt von 1948 bis 1953 nach Österreich und trägt zum enormen Wirtschaftsaufschwung bei.

Gewerkschaft und Unternehmervertretung beginnen einen neuen Stil der Zusammenarbeit: die Sozialpartnerschaft. Sie handeln ab 1947 die Löhne aus, um Marktwirtschaft, Wirtschaftswachstum und Sozialleistungen zu sichern. Ihre Bewährungsprobe muss die Sozialpartnerschaft im Herbst 1950 bestehen. Die Preise und Löhne klaffen so weit auseinander, dass die Arbeiterschaft von Linz und Steyr zu zehntausenden auf die Straße geht. Die sozialistisch dominierte Gewerkschaft bekämpft den Streik und seine kommunistischen Anführer, denen sie Pläne zum politischen Umsturz vorwirft.

# Wie geht die Nachkriegsgesellschaft mit der NS-Vergangenheit um?

### Entnazifizierung?

Eine Maßnahme der ersten Stunde ist das Verbotsgesetz, das die provisorische österreichische Regierung zu Kriegsende erlässt. Es gilt bis heute und verbietet die NSDAP mit all ihren Gliederungen. Ehemalige Angehörige der NSDAP und ihrer wichtigsten Organisationen wie SS und SA müssen sich nach Kriegsende registrieren lassen. In der US-Besatzungszone tritt das Gesetz 1946 in Kraft.

Bis dahin verhaftet die US-Militärregierung nach eigenen Richtlinien alle NS-Funktionäre und höheren Beamten, darunter auch Mitglieder der ersten provisorischen Landesregierung. Für die ehemaligen Nationalsozialisten errichten die Amerikaner das Lager Glasenbach (Camp Marcus W. Orr) bei Salzburg. Höhere NS-Funktionäre bleiben dort bis 1947 inhaftiert. So werden sie zwar für einige Zeit von politischen Schaltstellen ferngehalten, doch zugleich bestärken sie sich in Glasenbach in ihrer Ideologie und schlüpfen gemeinsam in die Rolle von „Opfern": Ihrem rassistischen Weltbild entsprechend empfinden sie es als schreckliche „Erniedrigung", dass „Neger, Mestizen, Mexikaner und Polen" nun ihre Bewacher sind.[424]

Im Frühjahr 1946 umfasst die Liste der registrierten ehemaligen Nationalsozialisten und Nationalsozialistinnen in Oberösterreich über 90.000 Personen, rund drei Viertel Männer und ein Viertel Frauen, etwa 7 % der Bevölkerung. Sie werden mit Geldbußen, Gehalts- und Pensionskürzungen sowie Berufsverboten belegt. 1947 unterscheidet eine neue Fassung des Verbotsgesetzes „Belastete" (SS-Angehörige und NS-Funktionäre) und „Minderbelastete" (Mitläufer und einfache Parteimitglieder). Sie teilen sich in Oberösterreich 1:9 auf. Die „Minderbelasteten" erhalten das Wahlrecht zurück, und 1948 beschließt der Nationalrat ihre Begnadigung (Amnestie). Übrig bleiben in Oberösterreich um 1950 knapp 6.000 „Belastete". Bis 1957 fallen auch für sie alle Einschränkungen weg.

Wichtigstes Ziel der Entnazifizierung ist es letztlich, die „Ehemaligen" rasch in das demokratische Österreich zu integrieren. Nach anfänglicher Härte kommen Registrierte vielfach in den Genuss von Ausnahmeregelungen. ÖVP und SPÖ, Landeshaupt-

Eine Maßnahme zur „Umerziehung" der Menschen: Die US-Amerikaner konfrontieren die Bevölkerung durch Fotos in Schaufenstern mit den vorgefundenen Gräueln in den nationalsozialistischen Konzentrationslagern. (Foto: Oberösterreichisches Landesarchiv/ National Archives Washington)

mann Gleißner und Bürgermeister Koref, einigen sich auf eine sehr milde Vorgangsweise. Gleißner weist darauf hin, dass eine systematische Entnazifizierung dem Land jene Fachkräfte entziehen würde, die es zum Wiederaufbau braucht; deshalb solle „nach sorgfältiger Erwägung aller Interessen und Umstände individuell" entschieden werden.[425] In Oberösterreich machen die Registrierten im öffentlichen Dienst 30 % aus, bei den höheren Beamten und der Lehrerschaft sogar um 70 %. Die Hälfte von ihnen bleibt in Amt und Würden, viele werden nach kurzer Zeit wieder eingestellt. Auch parteipolitische Interessen sind im Spiel. Mit der Amnestie für die „Minderbelasteten" beginnt 1948 zwischen ÖVP und SPÖ das Tauziehen um zehntausende Wählerstimmen. Ehemalige NSDAP-Mitglieder machen in den Parteien Karriere. Weltpolitisch wirft der Kalte Krieg seine Schatten. Als Hauptfeind gilt nun der Kommunismus, nicht mehr der Nationalsozialismus.

Die halbherzige Entnazifizierung hat ihren Preis: Eine „kritische und breite Auseinandersetzung mit der NS-Ideologie" unterbleibt.[426] NS-Gedankengut kann unter der Oberfläche weiterleben. „Glauben Sie, daß der Nationalsozialismus eine schlechte Idee war oder eine gute Idee, die nur schlecht durchgeführt wurde?", lautet die Frage einer US-amerikanischen Langzeitstudie 1946–1948.[427] Ein Drittel bis die Hälfte der Befragten hält den Nationalsozialismus für eine gute Idee.

Eine neue Partei, der Verband der Unabhängigen (VdU), bietet ab 1949 dem dritten Lager, den deutschnational Gesinnten, eine politische Heimat. Sie melden sich bei den Wahlen in diesem Jahr eindrucksvoll zurück. Während sie bei der Nationalratswahl fast 12 % erreichen, ist es bei der oberösterreichischen Landtagswahl beinahe das Doppelte: knapp 21 %. In der Stadt Linz wird der VdU zweitstärkste Partei hinter der SPÖ. Nach wechselvollen Wahlergebnissen in den folgenden Jahren geht aus dem VdU 1955 die Freiheitliche Partei Österreichs (FPÖ) hervor.

## Die Volksgerichte

In den Nürnberger Prozessen stellen die Alliierten ab Herbst 1945 führende NS-Täter vor Gericht, unter ihnen den Oberösterreicher Ernst Kaltenbrunner. Auch Österreich schafft 1945 eigene Gerichte zur Verfolgung der nationalsozialistischen Untaten: die Volksgerichte.

Volksgerichtssenate, bestehend aus zwei Berufsrichtern und drei Schöffen, urteilen in Wien, Graz, Innsbruck und Linz. In einer der ersten Verhandlungen des Volksgerichtes am Landesgericht Linz wird im Frühjahr 1946 eine Linzerin, die 1938 ein Ehepaar wegen NS-kritischer Äußerungen bei der Gestapo angezeigt hat, zu einem Jahr Kerker verurteilt. Neben solchen Fällen von Denunziation befasst sich das Volksgericht häufig mit illegaler NS-Aktivität vor 1938. Schwere und schwerste Strafen stehen auf Verbrechen gegen die Menschlichkeit laut Kriegsverbrechergesetz 1945. Begleitet von großem Echo in der Presse finden am Linzer Volksgericht Prozesse wegen Morden an KZ-Häftlingen während der „Mühlviertler Hasenjagd" im Februar 1945 statt. Prominentester Angeklagter ist der ehemalige Landrat (NS-Bezirkshauptmann) des Kreises Linz-Land, Adolf Dietscher, der als Leiter einer Volkssturmgruppe einen geflüchteten Häftling erschossen hat. Dietscher versucht zu leugnen, doch wird ihm zum Verhängnis, dass er sich im Februar 1945 mit dem Mord gebrüstet hat: „Einen KZler habe ich aus einem Saustall herausgezogen. (…) Ich habe ihn dann umgelegt", sagte er nach Aussage seiner Sekretärin in einem Telefongespräch.[428] Dietscher erhält zehn Jahre Kerker. Nach drei Jahren wird er vom Bundespräsidenten begnadigt.

Die intensive Tätigkeit der Volksgerichte erstreckt sich bis 1949, dann werden die Urteile seltener und milder. Österreichs Wille zur Verfolgung der NS-Verbrechen erlahmt, doch die Alliierten bestehen auf einer Weiterführung der Volksgerichte bis 1955. Von den rund 23.500 Urteilen aller Volksgerichte sind gut die Hälfte Schuldsprüche (in Linz knapp 2.000). 30 Todesurteile werden vollstreckt, eines davon 1948 in Linz. Befremdlich wirkt, dass diese einzige Hinrichtung in Linz nicht einen NS-Täter, sondern einen jüdischen Funktionshäftling aus dem KZ Gusen betrifft, der Mithäftlinge ermordet hat. Spätestens 1955 sind alle vom Linzer Volksgericht zu langen Haftstrafen Verurteilten wieder frei.

Heimrad Bäcker (1925–2003) war Gefolgschaftsführer der HJ in Linz und Hitler-Bewunderer. Die US-Amerikaner zeigen ihm und vielen anderen NS-Funktionären die schrecklichen Zustände im befreiten KZ Mauthausen. Für Bäcker beginnt damit die selbstkritische Auseinandersetzung mit seiner Lebensgeschichte. Als Schriftsteller beschäftigt er sich später mit den Spuren der NS-Verbrechen in der Sprache.
(Foto: Franz Linschinger)

In den 1960er und 1970er Jahren gibt es nur mehr 49 Anklagen gegen NS-Täter in Österreich. 28 enden mit – teilweise skandalösen – Einstellungen des Verfahrens oder Freisprüchen durch Geschworenengerichte.

### Wiedergutmachung – für wen?

Schon 1946 erklärt der ÖVP-Landesparteitag in Salzburg die Wiedergutmachung zur „Frage brennendster Dringlichkeit" – jedoch nicht die Wiedergutmachung für die Geschädigten des Nationalsozialismus, sondern für die von der Entnazifizierung Betroffenen.[430] Täter und Täterinnen werden in Österreich zu „Opfern". 1952 verlangen über 170 frühere Nationalsozialisten und Nationalsozialistinnen, die im Mai 1945 zu Beerdigungen und Aufräumarbeiten im befreiten KZ Ebensee herangezogen wurden, sogar Schadenersatz für ihre „Zwangsarbeit" – in diesem Fall vergeblich. „Diese Leute befleissigen sich heute, Ansprüche zu stellen, während ihre Opfer bis heute noch keine Entschädigung bekommen haben", empört sich der Ebenseer KPÖ-Gemeinderat Anton Rietzinger.[431] Kaum sind die Besatzungsmächte 1955 abgezogen, bekommen die während der Entnazifizierung entlassenen Beamten ihre Pensionsansprüche zurückerstattet. Auch SS-Dienstzeiten werden für die Pension angerechnet.

Hingegen läuft die Entschädigung für die tatsächlichen Opfer der NS-Zeit zögerlich an. Das Opferfürsorgegesetz 1947 beschränkt den Bezug einer Rente auf österreichische politisch Verfolgte und jüdische Opfer. Nur ein gutes Dutzend der oberösterreichischen Juden und Jüdinnen kehrt nach dem Krieg zurück. Man nimmt sie nicht mit offenen Armen auf. Ernst Töpfer, bis 1938 Antiquitätenhändler in der Linzer Altstadt, zieht 1948 wieder nach Linz. Die langwierigen und großteils vergeblichen Bemühungen um Rückerstattung seines Eigentums zermürben ihn. Als gebrochener Mann kehrt er in sein Exilland Israel zurück. Seine in Israel lebende Tochter berichtet: „1956 ist er hierher gekommen, aber er hat sich schwer eingeführt, er war so ein Linzer."

Der Südtiroler Johann Gogl war SS-Unteroffizier in den KZ Mauthausen und Ebensee. Nach 1945 lebt er als Uhrmacher in Ottnang am Hausruck. 1972 und 1975 wird ihm in Linz und Wien der Prozess gemacht. „Die Ottnanger Bevölkerung initiierte eine Unterschriftenliste, mit der sie Gogl als einen ‚anständigen Menschen' unterstützen wollte."[429] Viele KZ-Überlebende bezeugen, dass er Häftlinge schwer misshandelt und getötet hat. Das Geschworenengericht spricht Gogl frei. International ist die Empörung groß. Der Prozess gegen Johann Gogl ist eines der letzten Verfahren der österreichischen Justiz wegen NS-Gewaltverbrechen. (Foto: Archiv der KZ-Gedenkstätte Mauthausen)

# Wie entwickelt sich die Auseinandersetzung mit der NS-Zeit bis heute?

### Ein Schlussstrich ohne Ende

Ernst Koref, Linzer Bürgermeister und SPÖ-Landesparteiobmann, selber Verfolgter im Nationalsozialismus, meint 1949 über die vielen Mitläufer und Mitläuferinnen in der NS-Zeit: „Machen wir einen dicken Strich unter das Ganze, sagen wir: Es war

Der Holocaust-Überlebende Simon Wiesenthal (1908–2005) wird im KZ Mauthausen befreit. Nach 1945 baut er in Linz die Jüdische Historische Dokumentation auf, die bis 1954 Zeugenaussagen jüdischer Überlebender sammelt. 1961 gründet er das Jüdische Dokumentationszentrum in Wien. Wiesenthal liefert entscheidende Informationen zur Auffindung von NS-Tätern, allen voran von Adolf Eichmann und Franz Stangl. (Foto: APA-PictureDesk)

Franz Kain (1922–1997) aus Goisern schließt sich als Jugendlicher dem kommunistischen Widerstand gegen den Nationalsozialismus an. Das Foto zeigt Franz Kain (im Vordergrund) in dieser Zeit. Nach dem Krieg ist er Autor und KPÖ-Politiker in Linz. Kain behandelt als literarischer Pionier in seinen Erzählungen bereits in den 1970er Jahren Themen der oberösterreichischen NS-Geschichte. (Foto: Zeitgeschichte Museum Ebensee)

nichts!"[433] Ende der 1940er Jahre zieht das offizielle Österreich – und Oberösterreich – einen Schlussstrich unter die ernsthafte Beschäftigung mit der NS-Vergangenheit. Im Staatsvertrag mit den Alliierten 1955 erreicht Österreich seine Unabhängigkeit und beschließt in der Folge seine Neutralität. Es gelingt in letzter Minute, einen Passus über Österreichs Mitverantwortung für den Nationalsozialismus aus dem Staatsvertrag zu streichen.

Während die Politiker nach dem Krieg gegenüber den Alliierten gerne auf den (zahlenmäßig geringen) österreichischen Widerstand verweisen, um Österreichs Opferrolle zu betonen, gerät der Widerstand innenpolitisch zunehmend in Misskredit. Wenn

## Von der NS-Vergangenheit zur Gegenwart

die KPÖ immer wieder an ihn erinnert, ist das für die anderen Parteien kommunistische Propaganda. Ein anderes Gedenken überzieht ab 1950 flächendeckend das Land. Zahllose Kriegerdenkmäler entstehen, die „nicht nur der Trauer um gefallene Angehörige und Gemeindebürger dienen, sondern ein Bekenntnis zu den Soldaten und ihrem Kampf abgeben."[434] Die meist in der Nähe der Dorfkirche errichteten Denkmäler verehren die gefallenen „Helden" der Deutschen Wehrmacht. Parteien und Kirche bemühen sich um die ehemaligen Wehrmachtssoldaten und die Heimkehrer aus der Kriegsgefangenschaft. Im Kameradschaftsbund, der die Gedenkfeiern inszeniert, halten sich mitunter nationalsozialistische Einstellungen. Obwohl die österreichische Opferrolle und dieses Heldengedenken nicht zusammenpassen, existieren beide Erinnerungsformen lange nebeneinander.

Heftige öffentliche Debatten wie die Kreisky-Peter-Wiesenthal-Affäre 1975 spülen das unterdrückte Thema der NS-Vergangenheit manchmal hoch. Angestachelt vom offiziellen Desinteresse versuchen in diesen Jahrzehnten verschiedene Akteure und Akteurinnen, die Beschäftigung mit der NS-Geschichte in Gang zu bringen. Überlebende und Angehörige kümmern sich um die oberösterreichischen Gedenkstätten, die zeitgeschichtliche Forschung beginnt (an der Universität Linz, durch das Dokumentationsarchiv des österreichischen Widerstandes in Wien, durch Harry Slapnicka und Peter Kammerstätter), antifaschistische Studierende gehen in Wien auf die Straße, Bücher und Filme erscheinen (wie Axel Cortis Spielfilm über den Kriegsdienstverweigerer Franz Jägerstätter 1971), Geschichts- und Politikinitiativen nehmen sich Anfang der 1980er Jahre der NS-Geschichte ihres Ortes an, etwa in Vöcklabruck oder Wels: Es gärt gegen die Abwehr Österreich-kritischer Erinnerung.

### Vom Opfermythos zur Mitverantwortung

In eine Phase wachsender Sensibilität im Inneren und gesteigerter internationaler Aufmerksamkeit platzt 1986 die Debatte um die Kriegsvergangenheit des österreichischen Präsidentschaftskandidaten Kurt Waldheim. Offenbar war er als Wehrmachtssoldat Mitwisser von Kriegsverbrechen auf dem Balkan. Waldheim geht jedoch darauf nicht ein, sondern zieht sich auf den Satz zurück, er habe im Krieg „wie Hunderttausende andere Österreicher" nur seine „Pflicht als Soldat" erfüllt.[435] Damit tritt der Widerspruch zwischen „Opfer" und „Pflicht" in der österreichischen Erinnerungspolitik plötzlich auch international offen zutage. Waldheim wird zwar zum Präsidenten gewählt, doch der österreichische Opfermythos zerfällt.

Dieser „Bruch des traditionellen Geschichtsbildes" von der NS-Vergangenheit hat weitreichende Folgen.[436] Während in rechtsextremen Kreisen, oft im Bereich der FPÖ, der Nationalsozialismus weiterhin verharmlost wird, bekennt sich das offizielle Österreich zur Mitverantwortung für die nationalsozialistischen Verbrechen. Das schlägt sich nicht nur in Aussagen führender Politiker und Kirchenmänner nieder, sondern auch in konkreten Maßnahmen für die – tatsächlichen – Opfer. Die Roma und Sinti werden 1988 als Opfergruppe und 1993 als österreichische Volksgruppe anerkannt. 1995 gründet das österreichische Parlament den Nationalfonds der Republik Österreich für Opfer des Nationalsozialismus. Der Fonds leistet Entschädigungszahlungen für bisher missachtete Gruppen wie Zwangssterilisierte, Euthanasieopfer, Homosexuelle und so genannte „Asoziale". Von 1998 bis 2003 untersucht eine Kommission von österreichischen Historikern und Historikerinnen den Vermögensentzug im Nationalsozialismus. Unter dem Druck drohender Sammelklagen aus den USA richtet Österreich im Jahr 2000 den Versöhnungsfonds ein, der Entschädigungen an ehemalige Zwangsarbeiter und Zwangsarbeiterinnen auszahlt. Ebenfalls aus Anlass von Sammelklagen beginnt Österreich 2005 mit Entschädigungszahlungen für geraubtes jüdisches Vermögen. Im selben Jahr werden die Urteile der NS-Militärjustiz aufgehoben und Deserteure können eine Unterstützung beantragen.

Viele Betroffene erleben diese Maßnahmen nicht mehr. Am Beispiel des Versöhnungsfonds: 155.000 Menschen reichen um Entschädigung ein – weniger als ein Sechstel der einen Million Menschen, die in Österreich Zwangsarbeit geleistet haben. Bürokratische Hürden erschweren es, die Ansprüche geltend zu machen. Alle Zahlungen bewegen sich in einer Größenordnung, die weniger einer Entschädigung als einer symbolischen Geste gleicht. Doch diese Geste hat für die Menschen durchaus Bedeutung. Zur seelischen und körperlichen Verletzung durch erlittenes Unrecht, zur Verbitterung über vorenthaltene Wiedergutmachung und zum Schmerz über alles Verlorene kommt die Erfahrung einer späten Gerechtigkeit.

Seit 1998 gilt nach einem Beschluss des Parlamentes der 5. Mai, der Tag der Befreiung des KZ Mauthausen, als österreichischer „Gedenktag gegen Gewalt und Rassismus im Gedenken an die Opfer des Nationalsozialismus".

# Welche Gedenkstätten für die Opfer der NS-Zeit entstehen in Oberösterreich?

Auch in der oberösterreichischen Erinnerungslandschaft kommt mit den 1980er Jahren vieles in Bewegung. Die Intensität der Auseinandersetzung mit der NS-Geschichte nimmt zu: durch literarische Texte (Elisabeth Reichart, Erich Hackl, Ludwig Laher, Franzobel), durch Spielfilme (Andreas Gruber, Stefan Ruzowitzky), durch viele regionale Forschungsinitiativen ebenso wie durch große Forschungsprojekte (Ar-

## Von der NS-Vergangenheit zur Gegenwart

Landeshauptmann Heinrich Gleißner begrüßt die Festgäste bei der Befreiungsfeier 1946 im ehemaligen KZ Mauthausen am Fuß der „Todesstiege". Politische KZ-Überlebende organisieren jährlich im Mai Befreiungsfeiern, die erst seit den 1970er Jahren größere Aufmerksamkeit in der österreichischen Gesellschaft erfahren. Zwischen 1995 und 2000 wird die Gedenkstätte sogar „Bühne und Konzertsaal" für kulturelle Großveranstaltungen, was auch Kritik auslöst.[437] In der Nachfolge des Häftlingsverbandes veranstaltet das Mauthausen Komitee Österreich die Befreiungsfeiern an der KZ-Gedenkstätte.
(Foto: Fotoarchiv der KZ-Gedenkstätte Mauthausen)

chiv der Stadt Linz, Oberösterreichisches Landesarchiv, Universität Linz) und nicht zuletzt durch eine Vielzahl von Denkmälern und Gedenktafeln im ganzen Land. Der Verschüttete Raum im Linzer Schlossmuseum widmet sich seit 2011 der lange verschütteten Geschichte der oberösterreichischen Juden und Jüdinnen und Roma und Sinti. Eine besondere Funktion haben in Oberösterreich die Gedenkstätten, die an Orten der NS-Verbrechen entstanden sind. Sie ziehen zahlreiche Besucher und Besucherinnen an.

### Mauthausen, Gusen, Ebensee, Hartheim, Steyr

Das von der US-Armee befreite Konzentrationslager Mauthausen wird von der Roten Armee kurz als Truppenunterkunft benützt. 1947 übergeben die Sowjets das ehemalige Lager der Republik Österreich zur Errichtung einer Gedenkstätte. Ein österreichisches Komitee von ehemaligen politischen KZ-Häftlingen wirkt an ihrer Gestaltung mit. 1949 wird sie eröffnet. Zunächst verwaltet das Land Oberösterreich die KZ-Gedenkstätte Mauthausen, ab 1971 das Innenministerium. Sie bewahrt einige zentrale Gebäude des ehemaligen Lagers und umfasst ein großes Gelände, auf dem sich Friedhöfe, ein Denkmalbezirk und der Steinbruch mit der „Todesstiege" befinden. 1970 wird die erste Dauerausstellung installiert, 2013 tritt eine neue an ihre Stelle. Seit Jahrzehnten erfüllt die Gedenkstätte ihre Rolle als zentraler österreichischer Ort der Vermittlung von NS-Geschichte für Schulklassen. Pro Jahr besuchen rund 200.000 Menschen aus dem In- und Ausland die Gedenkstätte.

Hans Maršálek (1914–2011) bei einer Gedenkfeier an der KZ-Gedenkstätte Mauthausen. Maršálek war als Kommunist Häftling des KZ Mauthausen. Nach 1945 wird er zum maßgeblichen Historiker des Lagers. Er schreibt das grundlegende Buch über das KZ Mauthausen und gestaltet die 1970 eröffnete erste Dauerausstellung an der KZ-Gedenkstätte. (Foto: Fotoarchiv der KZ-Gedenkstätte Mauthausen)

Eine Schulklasse besucht im Jahr 1949 das ehemalige KZ Mauthausen. (Foto: Österreichische Nationalbibliothek/Hilscher)

## Von der NS-Vergangenheit zur Gegenwart

Nach der Befreiung des KZ Ebensee entsteht direkt an der Straße nach Bad Ischl ein Friedhof für KZ-Opfer mit einem Denkmal. Es trägt die Aufschrift, dass es „zur ewigen Schmach des deutschen Volkes" erbaut wurde. Deutsche Touristen beschweren sich. 1952 betten die Behörden die Toten auf einen Friedhof in der Gedenkstätte Ebensee um und sprengen das Denkmal.
(Foto: Zeitgeschichte Museum Ebensee/Franco Ferrante)

Gedenktafel im Lern- und Gedenkort Schloss Hartheim: Nach dem frühen Gedenken für die in Hartheim ermordeten KZ-Häftlinge erhalten die Opfer der NS-Euthanasie erst ab den 1970er Jahren ihren Platz in der Erinnerung.
(Foto: Lern- und Gedenkort Schloss Hartheim)

Ganz anders verläuft die Nachgeschichte des gleich großen KZ Gusen. Die Sowjets führen den Steinbruch als USIA-Betrieb bis 1955 weiter. Wenige Gebäude des KZ überdauern, sie werden von Privaten erworben und umgebaut. Internationale Opferverbände errichten bei den Überresten des Krematoriums ein Memorial, während die Gemeinde den Großteil des Geländes um 1960 in eine Siedlung verwandelt. Eine lokale Geschichtsinitiative hält die Erinnerung an die NS-Geschichte wach. Seit 2004 existiert in Gusen ein vom Innenministerium errichtetes Besucherzentrum.

Das ehemalige KZ Ebensee dient nach der Befreiung als Lager für SS-Angehörige und danach für DPs. Ende der 1940er Jahre ersetzt die Gemeinde das Lager durch eine Wohnsiedlung. Von den KZ-Gebäuden verschwindet fast alles. Nach der Beseitigung des ersten Friedhofes wird ein neuer KZ-Friedhof angelegt und nach und nach mit nationalen Denkmälern ausgestattet. Ein regionaler Geschichtsverein installiert mit Unterstützung der wissenschaftlichen Forschung 1997 in einem der Stollen des ehemaligen Lagers eine Ausstellung. 2001 öffnet das Zeitgeschichte Museum Ebensee im Ortszentrum seine Tore.

In der ehemaligen Tötungsanstalt Schloss Hartheim wohnen ab 1945 Flüchtlinge und Hochwassergeschädigte. Der französische Opferverband stellt 1950 ein erstes Denkmal für in Hartheim ermordete KZ-Häftlinge auf. 1969 weiht der Landeswohltätigkeitsverein nahe dem Schloss eine Betreuungseinrichtung für behinderte Menschen und gleichzeitig eine Gedenkstätte im Schloss ein. Die früheren Tötungsstätten im Schloss wurden bis dahin von den Hausparteien als Abstellräume benützt. Doch Schloss Hartheim bleibt weiterhin Wohnhaus. Erst Ende der 1990er Jahre sorgen ein Verein und das Land Oberösterreich für die Gestaltung des Schlosses als Lern- und Gedenkort. Er wird 2003 eröffnet. Die Ausstellung „Wert des Lebens" rückt die Geschichte des gesellschaftlichen Umgangs mit geistig und körperlich behinderten Menschen in den Mittelpunkt.

Der Stollen der Erinnerung in Steyr ist die jüngste oberösterreichische Gedenkstätte. Sie geht auf eine lokale Initiative zurück. Seit 2013 zeigt eine Ausstellung in einem Luftschutzstollen, den KZ-Häftlinge graben mussten, die Geschichte von Steyr im Nationalsozialismus.

Das ehemalige Tor- und Gefängnisgebäude („Jourhaus") des KZ Gusen, in dem die SS Folterungen durchführte und Morde verübte. Private Besitzer haben es zu einer Villa umgebaut.
(Foto: Bernhard Mühleder)

Der Stollen der Erinnerung in Steyr
(Foto: Andreas Buchberger)

## Vergangenheit und Gegenwart

Jährliche Befreiungs- und Gedenkfeiern mit vorwiegend internationaler Beteiligung haben an den KZ-Gedenkstätten Mauthausen, Gusen und Ebensee sowie im Schloss Hartheim eine lange Tradition. Das Gedenken an die Opfer ist eine zentrale Aufgabe dieser Orte. Ihre zweite, ebenso wichtige Aufgabe besteht darin, die Geschichte der nationalsozialistischen Verbrechen so zu erzählen, dass die Vergangenheit mit dem Blick auf Opfer, Täter und Zuschauer begreifbar wird – und dass Besucher und Besucherinnen mit ihren Fragen der Gegenwart an die Geschichte anknüpfen können.

# Lebensgeschichten

## Richard Groher: Lange „vergessenes" Opfer

Ab den 1980er Jahren engagieren sich in vielen Gemeinden Menschen für die Errichtung von Gedenktafeln und Gedenkstätten für bisher „vergessene" Opfer des Nationalsozialismus. Diese Initiativen lösen oft einen emotionalen und kontroversen Diskussionsprozess aus. Der Fall Richard Groher ist dafür ein Beispiel.

### Einer, der den Mund aufmacht

Richard Groher, 1902 in Vöcklamarkt geboren, arbeitet als Bergmann und Kaminfeger. Er ist belesen und philosophiert gerne über Politik und Gerechtigkeit. Vor Kollegen und Freunden äußert er sich immer wieder kritisch gegen das nationalsozialistische Regime. In seiner Wahlheimat, der bäuerlich-katholisch geprägten Gemeinde Zell am Pettenfirst, ist der „Zuagroaste" als Kommunist in Verruf. Im Sommer 1943 erzählt ihm ein Fronturlauber auf einer Zugfahrt von den Gräueltaten der deutschen Soldaten an der russischen Zivilbevölkerung. Groher ist darüber so entsetzt, dass er diese Neuigkeit umgehend mit einer Kundin in Lenzing, bei der er den Kamin fegt, bespricht. „Wir müssen den Krieg verlieren, weil wir ansonsten so und so verloren sind", meint er erregt.[438] Die Frau denunziert ihn. Kurz darauf wird Richard Groher verhaftet und wenige Monate später in Berlin wegen „Wehrkraftzersetzung" und „Feindbegünstigung" hingerichtet.

### Trauerverbot und Drohungen

Wenige Tage darauf erhält seine Frau Theresia Groher ein Paket mit seiner Kleidung und einem kurzen Abschiedsbrief. Sie und ihre dreizehnjährige Tochter Elfriede bekommen Besuch von den örtlichen NS-Funktionären, die ihr verbieten, öffentlich um ihren Mann zu trauern. Denn er sei ein Verräter und sie selbst müssten nach dem „Endsieg" ohnehin „dran glauben", warnen sie Mutter und Tochter.[439] Die Drohung wirkt bis weit über das Kriegsende hinaus. Noch Jahrzehnte später lehnt Theresia Groher ein Angebot ab, den Namen ihres Mannes auf einer Wiener Gedenktafel für Opfer des Widerstandes zu nennen. Sie hat Angst vor möglichen negativen Folgen für ihre Familie. Theresia Groher stirbt in den 1980er Jahren. Auf ihren ausdrücklichen Wunsch wird sie nicht in ihrem Heimatort Zell am Pettenfirst begraben.

### Kein öffentliches Gedenken

Anfang der 1950er Jahre wird in dem kleinen Dorf – wie in den meisten anderen Gemeinden auch – das Kriegerdenkmal eingeweiht, das den gefallenen und vermissten Männern gewidmet ist. Richard Groher hat auf diesem Denkmal keinen Platz, auch nach dem Krieg gilt er als Verräter. Über sein Leben und Schicksal sprechen die Menschen nur hinter vorgehaltener

Die 2005 errichtete Gedenktafel für Richard Groher
(Foto: Maria Ecker)

Hand. Über die Jahre entsteht so eine ganze Reihe an falschen Informationen. Groher sei gegen Kriegsende desertiert und deshalb hingerichtet worden, wird etwa getuschelt.

Anfang der 1990er Jahre wirbelt Pfarrer Josef Friedl mit einer provokanten Aktion mächtig Staub auf. Hunderte Kirchgeher trauen ihren Ohren nicht, als beim Beten der Allerheiligenlitanei plötzlich ein „heiliger Richard Groher" angerufen wird. Viele schütteln den Kopf, andere horchen auf. An den Stammtischen wird heftig diskutiert.

Die Kulturgruppe Zell E, bekannt für die Aufführung von Theaterstücken, die sich kritisch mit Österreichs NS-Vergangenheit befassen, regt die Umgestaltung des Kriegerdenkmals in ein „Anti-Kriegerdenkmal" an, auf dem alle Opfer aufscheinen sollen. Das führt zu heftigen Auseinandersetzungen, auch innerhalb der Gruppe selbst.

### Gedenktafel als Schlussstrich?

Im 1999 erschienenen Zeller „Heimatbuch" erzählt Autor Johann Dannbauer, was ihm über die Geschichte von Richard Groher bekannt ist – und gibt damit den Anstoß für weitere Nachforschungen und Initiativen. 2005 bildet sich eine Gedenkinitiative, die die Errichtung einer Gedenktafel für Richard Groher einfordert. Die Reaktionen sind gemischt. Einzelne beschimpfen Groher nach wie vor als Verräter und stellen sich vehement gegen die Gedenktafelpläne. Die Mehrheit jedoch begrüßt und unterstützt das Vorhaben, Gemeinde und die Pfarrgemeinde übernehmen die Initiative und die Verantwortung für die Errichtung der Gedenktafel. Aber die Diskussionen um ihren Standort und ihre Beschriftung zeigen deutlich die unterschiedlichen Vorstellungen der Beteiligten. Möglichst abgelegen soll die Tafel angebracht werden und möglichst nichtssagend soll sie sein, hoffen die einen. Eine Gedenktafel im Zentrum mit klaren Informationen zum Leben und Sterben Richard Grohers fordern hingegen die anderen. Letztlich wird die Tafel am Kirchplatz in unmittelbarer Nähe des Kriegerdenkmals angebracht – mit einer Inschrift, die mehr verschleiert, als sie verrät.

Seitdem bleibt es ruhig um das Gedenken an Richard Groher. Ein weiterer, selbstkritischer Diskussionsprozess über seinen Platz in der dörflichen Erinnerungskultur steht noch aus.

Quelle:
Maria Ecker, Spätes Gedenken. Richard Groher, 1902–1943, in: betrifft Widerstand. Zeitschrift des Zeitgeschichte Museums Ebensee, November 2005, S. 37–39.

# Peter Kammerstätter: Forscher und Volksbildner

Peter Kammerstätter ist im kommunistischen Widerstand tätig und wird nach dem Krieg zum Pionier der oberösterreichischen NS-Forschung. Er dokumentiert die Erzählungen der „kleinen Leute", macht seine Ergebnisse einem breiten Publikum bekannt und stößt damit viele weitere Projekte an.

### Der „narrische Sportler"

Peter Kammerstätter, 1911 in Triest geboren, übersiedelt mit seinen Eltern 1919 nach Linz. Die Einheimischen behandeln die Familie abweisend, beschimpfen sie als „Katzelmacher", eine damals gebräuchliche Beleidigung für italienische Zuwanderer. Nach dem Ersten Weltkrieg herrscht große Not. Die hungernden Arbeiter und Arbeiterinnen gehen in Linz auf die Barrikaden, streiken und plündern. Diese Aktionen machen auf den Heranwachsenden großen Eindruck. Nach dem Schulbesuch absolviert Peter Kammerstätter eine Lehre als Elektroschlosser und wird schon als Berufsschüler gewerkschaftlich tätig. Bald engagiert er sich auch in der Sozialistischen Arbeiterjugend und bei den Naturfreunden. Der junge Mann entspricht ganz dem sozialistischen Ideal dieser Zeit: Er ist nicht nur ein leidenschaftlicher Bergsteiger, Schiläufer, Ruderer und Leichtathlet, stets hat er auch ein Buch im Gepäck. In seinem Umfeld ist Peter Kammerstätter als der „narrische Sportler, der nix trinkt und nix raucht", bekannt und geachtet.[440]

### Kommunistischer Kämpfer

1933 tritt Peter Kammerstätter der illegalen KPÖ bei. Nach den Februarkämpfen 1934 sammelt er Geld für die politischen Gefangenen und die Familien der Opfer (Rote Hilfe). Seine Genossen und Genossinnen wählen ihn in die Landesleitung der Partei, bis 1938 muss er wegen seiner politischen Betätigung mehrmals in Haft. Auf einer Gestapoliste kurz nach dem „Anschluss" scheint auch Kammerstätters Name auf. Er sei „fanatisch" und bedürfe „steter Beobachtung", heißt es da.[441] Am Tag des Kriegsausbruchs wird er verhaftet und in das Konzentrationslager Buchenwald verschleppt. Im Jänner 1940 kommt er überraschend frei, weil ihn seine Firma Sprecher & Schuh als „kriegsnotwendig unabkömmlich" anfordert. Kammerstätter muss sich aber täglich bei der Polizei melden, seiner Widerstandstätigkeit geht er – mit äußerster Vorsicht – trotzdem weiter nach: Er kümmert sich um ausländische Zwangsarbeiter und Zwangsarbeiterinnen in seiner Firma.

Nach 1945 ist Peter Kammerstätter als Parteiangestellter der KPÖ tätig, ab 1948 als deren Landessekretär. Besonders wichtig ist ihm die Bildungsarbeit. Er setzt sich dafür ein, dass in der Linzer KP-Zentrale eine umfangreiche Bibliothek entsteht. 1950 heiratet er Elisabeth Diasek, eine KZ-Überlebende, die ihn in seinem Engagement stets unterstützt. Ende 1963 kommt es zum Bruch mit der KPÖ, Peter Kammerstätter scheidet aus allen Parteifunktionen aus und kündigt seine Anstellung.

Peter Kammerstätter auf der Postalm
(Foto: Zeitgeschichte Museum
Ebensee/Ernst Schuller)

Der phantastische Vermittler

Ab 1967 beginnt ein neuer Lebensabschnitt als Historiker und Volksbildner. Ihn stört, dass „über die Großen geschrieben wird, und über die Kleinen wird nicht geschrieben. Es wird nicht geschrieben über die, die gekämpft haben, die eingesperrt wurden, die gefoltert und getötet wurden (…) darin sehe ich meine Aufgabe."442 Peter Kammerstätter macht sich auf die Suche nach den Erzählungen der einfachen Leute und erforscht die regionale NS-Geschichte: den Todesmarsch der ungarischen Juden und Jüdinnen, die Widerstandstätigkeit im Salzkammergut, die „Mühlviertler Hasenjagd". Er sammelt unermüdlich Materialien, trägt Dokumente und Fotos zusammen und führt im Laufe der Jahre hunderte Interviews. In seiner Wohnung türmen sich in allen Räumen die gesammelten Materialien und Bücher. Doch er möchte nicht nur forschen, sondern seine Ergebnisse auch einem möglichst breiten Publikum vermitteln. Als Volksbildner beeindruckt er eine ganze Generation von Geschichtsinteressierten. Er hält keine abgehobenen Vorträge, sondern spricht die Teilnehmenden direkt an, geht auf ihre sozialen und biografischen Hintergründe ein. „Er konnte phantastisch erzählen und seine Zuhörer fesseln. Dass er dabei mehrfach vom begonnenen Erzählstrang abwich und Anekdoten einfließen ließ, störte überhaupt nicht", erinnert sich Wolfgang Quatember, Leiter des Zeitgeschichte Museums Ebensee – dessen Gründung Peter Kammerstätter in den späten 1980er Jahren anregt und einleitet.443 Auch seine Wanderungen zu den Stätten von Widerstand und Verfolgung sind legendär und werden noch lange nach seinem Tod weitergeführt. Für seine unermüdliche Arbeit erhält Peter Kammerstätter zahlreiche Auszeichnungen und den Berufstitel Professor. Er stirbt 1993. Drei Jahre nach seinem Tod bringt die Stadt Linz an seinem Wohnhaus eine Gedenktafel an.

Quelle:
Günther Grabner, Peter Kammerstätter. Biographie eines Widerstandskämpfers, Linz 2011.

# Anhang

# Anmerkungen

1 Basisliteratur für das Kapitel „Oberösterreich 1918–1938": Evan Burr Bukey, „Patenstadt des Führers". Eine Politik- und Sozialgeschichte von Linz 1908–1945, Frankfurt/New York 1993; F. L. Carsten, Faschismus in Österreich. Von Schönerer zu Hitler, München 1978; Thomas Dostal, Das „braune Netzwerk" in Linz. Die illegalen nationalsozialistischen Aktivitäten zwischen 1933 und 1938, in: Fritz Mayrhofer/Walter Schuster (Hg.), Nationalsozialismus in Linz, Band 1, Linz 2001, S. 21–136; Harry Slapnicka, Oberösterreich – von der Monarchie zur Republik (1918–1927), 3. Auflage, Linz 1979; Harry Slapnicka, Oberösterreich – zwischen Bürgerkrieg und Anschluß (1927–1938), Linz 1975.
2 Carsten, Faschismus in Österreich, S. 84.
3 Slapnicka, Oberösterreich – zwischen Bürgerkrieg und Anschluß, S. 29–30.
4 Carsten, Faschismus in Österreich, S. 118.
5 Ernst Hanisch, Der lange Schatten des Staates. Österreichische Gesellschaftsgeschichte im 20. Jahrhundert, Wien 1994, S. 286.
6 Felix Kern, Oberösterreichischer Bauern- und Kleinhäuslerbund, Band 2, Ried im Innkreis 1956, S. 356.
7 Bruce F. Pauley, Der Weg in den Nationalsozialismus. Ursprünge und Entwicklung in Österreich, Wien 1988, S. 54.
8 Kurt Tweraser, Das politische Parteiensystem im Linzer Gemeinderat, in: Fritz Mayrhofer/Walter Schuster (Hg.), Linz im 20. Jahrhundert, Beiträge 1, Linz 2010, S. 93–210, hier S. 148.
9 Hans Hautmann/Rudolf Kropf, Die österreichische Arbeiterbewegung vom Vormärz bis 1945. Sozialökonomische Ursprünge ihrer Ideologie und Politik, 2. korrigierte und ergänzte Auflage, Wien 1976, S. 155.
10 Pauley, Der Weg in den Nationalsozialismus, S. 95.
11 Thomas Hellmuth/Karin Tolar-Hellmuth, Der frühe Nationalsozialismus. Gesellschaftliche Grundlagen, Aufstieg und Illegalität, in: Nationalsozialismus in Wels, hg. v. der Stadt Wels, Band 2, Wels 2012, S. 11–51, hier S. 40.
12 Wolfgang Quatember/Ulrike Felber/Susanne Rolinek, Das Salzkammergut. Seine politische Kultur in der Ersten und Zweiten Republik, Grünbach 1999, S. 72.
13 Dostal, Das „braune Netzwerk", S. 59.
14 Inez Kykal/Karl R. Stadler, Richard Bernaschek. Odyssee eines Rebellen, Wien 1976, S. 128.
15 Ewald Wiederin, Christliche Bundesstaatlichkeit auf ständischer Grundlage: Eine Strukturanalyse der Verfassung 1934, in: Ilse Reiter-Zatloukal/Christiane Rothländer/Pia Schölnberger (Hg.), Österreich 1933–1938. Interdisziplinäre Annäherungen an das Dollfuß-/Schuschnigg-Regime, Wien/Köln/Weimar 2012, S. 31–41, hier S. 32.
16 Emmerich Tálos, Das austrofaschistische Herrschaftssystem. Österreich 1933–1938, Berlin u.a. 2013, S. 116.
17 100 Jahre Keferfeldschule. Festschrift zum Jubiläum. 1912–2012, Linz 2012, S. III.
18 Tálos, Das austrofaschistische Herrschaftssystem, S. 75.
19 Thomas Dostal, Intermezzo – Austrofaschismus in Linz, in: Fritz Mayrhofer/Walter Schuster (Hg.), Linz im 20. Jahrhundert. Beiträge 2, Linz 2010, S. 619–781, hier S. 731.
20 Dostal, Das „braune Netzwerk", S. 76.
21 Hellmuth/Tolar-Hellmuth, Der frühe Nationalsozialismus, S. 47.
22 Otto Kampmüller, Ottensheim 1938, Ottensheim 1999, S. 43–44.
23 Ebd., S. 63.
24 Ebd., S. 72.
25 Ebd., S. 88–89.
26 Ebd., S. 32.
27 Hedda Wagner, Im Zeichen der roten Nelke. Gedichte zu Parteifeiern, Linz 1928, S.15.
28 Zitiert nach Christine Roiter, Hedda Wagner. Komponistin, Dichterin, Frauenrechtlerin, Innsbruck u.a. 2004, S. 91.
29 Tálos, Das austrofaschistische Herrschaftssystem, S. 73.
30 Quatember/Felber/Rolinek, Das Salzkammergut, S. 91.
31 Basisliteratur für das Kapitel „Machtübernahme der Nationalsozialisten: Begeisterung und Verfolgung": „Anschluß" 1938. Eine Dokumentation, hg. v. Dokumentationsarchiv des österreichischen Widerstandes, Wien 1988; Hanns Haas, Der „Anschluss", in: Emmerich Tálos/Ernst Hanisch/Wolfgang Neugebauer/Reinhard Sieder (Hg.), NS-Herrschaft in Österreich. Ein Handbuch, Wien 2001, S. 26–54; Brigitte Kepplinger, Aspekte nationalsozialistischer Herrschaft in Oberösterreich, in: Tálos u.a. (Hg.), NS-Herrschaft in Österreich, S. 214–236; Harry Slapnicka, Oberösterreich – als es „Oberdonau" hieß (1938–1945), Linz 1978.
32 Pauley, Der Weg in den Nationalsozialismus, S. 171.
33 Christian Zentner, Adolf Hitlers Mein Kampf. Eine kommentierte Auswahl, 19. Auflage, Berlin 2007, S. 31.
33 „Anschluß" 1938, S. 167.
35 Kepplinger, Aspekte nationalsozialistischer Herrschaft, S. 216.
36 „Anschluß" 1938, S. 228.
37 Ebd., S. 261.
38 Erwin A. Schmidl, März 1938. Der deutsche Einmarsch in Österreich, Wien 1988, S. 213.
39 Hanisch, Der lange Schatten des Staates, S. 341.
40 Erlebte Geschichte. 90 Jahre Oberösterreich, erzählt von seinen Menschen, Linz [2008], S. 162.
41 Kampmüller, Ottensheim 1938, S. 147.
42 „Anschluß" 1938, S. 330.
43 Kampmüller, Ottensheim 1938, S. 148.
44 Gerhard Botz, Hitlers Aufenthalt in Linz im März 1938 und der „Anschluß", in: Historisches Jahrbuch der Stadt Linz 1970 (1971), S. 185–214, hier S. 189.

45 „Anschluß" 1938, S. 330.
46 Ebd., S. 340.
47 Evan Burr Bukey, Meldungen aus Linz und dem Gau Oberdonau 1938–1945. Eine Analyse der politischen und gesellschaftlichen Situation im Reichsgau Oberdonau auf Grund geheimer und vertraulicher Berichte von Gestapo, Sicherheitsdienst der SS, staatlicher Verwaltung (Gendarmerie) und Gerichtsbarkeit, in: Mayrhofer/Schuster (Hg.), Nationalsozialismus in Linz, Band 1, S. 597–648, hier S. 605.
48 Ebd., S. 613.
49 Ebd., S. 618.
50 Bukey, „Patenstadt des Führers", S. 254 und 256.
51 Waltraud Neuhauser-Pfeiffer/Karl Ramsmaier, Vergessene Spuren. Die Geschichte der Juden in Steyr, Grünbach 1998, S. 103.
52 Widerstand und Verfolgung in Oberösterreich 1934–1945. Eine Dokumentation, hg. v. Dokumentationsarchiv des österreichischen Widerstandes, Band 2, Wien/Linz 1982, S. 222–223.
53 Herbert G. Brandstetter, Mauerkirchen. Die Chronik, hg. v. der Marktgemeinde Mauerkirchen, Ried im Innkreis 2005, S. 294–295.
54 Gottfried Gansinger, Wenn das der Führer gewusst hätt'! Hintergründe zur Ermordung von Dr. Ludwig Bernegger – beleuchtet aus Gerichtsakten, in: K.Ö.St.V. Rugia Ried (Hg.): Einheit in Vielfalt. 1908–2008. Festschrift, S. 189–198, hier S. 191–192.
55 Verena Wagner, Jüdisches Leben in Linz. 1849–1943, Band 2: Familien, Linz 2008, S. 979.
56 Ebd.
57 Kurt Tweraser, Wirtschaftspolitik zwischen „Führerstaat" und „Gaupartikularismus". Eigruber und Hinterleitner: Der „Gaufürst" und sein Wirtschaftsberater, in: Historisches Jahrbuch der Stadt Linz 2003/2004, Linz 2004, S. 499–514, hier S. 499.
58 Ebd., S. 501.
59 Hannes Koch, Ferdinand Rydl – „Eine Schinderei war es schon sehr!", in: Anita Kuisle (Hg.), Kohle und Dampf. Oberösterreichische Landesausstellung Ampflwang 2006, Linz 2006, S. 164–172, hier S. 171.
60 Basisliteratur für das Kapitel „Aufbruchsstimmung und neue Zwänge": Josef Goldberger/Cornelia Sulzbacher, Oberdonau, Linz 2008; Horst Schreiber, Nationalsozialismus und Faschismus in Tirol und Südtirol. Opfer, Täter, Gegner. Mit einem Beitrag von Gerald Steinacher und Philipp Trafojer, Innsbruck u.a. 2008.
61 Erlebte Geschichte. 90 Jahre Oberösterreich, S. 116.
62 Ludwig Laher, Herzfleischentartung. Roman, Innsbruck/Wien 2009, S. 27.
63 Cornelia Schmitz-Berning, Vokabular des Nationalsozialismus, Berlin 2007, S. 96.
64 http://www.ooezeitgeschichte.at/Zeitzeugen/Zeitzeuge_BaivereckerG_5.html (Zugriff 5.8.2013).
65 Helmut J. Kislinger, Verführt und missbraucht. Ein ehemaliger Hitlerjunge erzählt aus der Kriegs- und Nachkriegszeit, 2., erweiterte und veränderte Auflage, Steyr 2009, S. 31.
66 Franz Aigenbauer, Die umgesiedelte Stadt. Der Stadtteil Keferfeld, in: Andrea Schmolmüller/Gerhard A. Stadler (Hg.), Stadtbuch Linz. Ein Stadtfänger für Wortführer und Fortschreiter, Wien 1993, S. 59–68, hier S. 64.

67 Christian Kloyber/Christian Wasmeier, Das Bürglgut. Von der Großbürgerlichkeit zur Restitution, Innsbruck u.a. 2011, S. 345.
68 Josef Goldberger, NS-Gesundheitspolitik in Oberdonau, Linz 2004, S. 72.
69 Daniela Ellmauer, Große Erwartungen – kleine Fluchten. Frauen in Linz 1938–1945, in: Fritz Mayrhofer/Walter Schuster (Hg.), Nationalsozialismus in Linz, Band 1, Linz 2001, S. 649–715, hier S. 650.
70 Ebd., S. 657.
71 Oberdonau. Querschnitt durch Kultur und Schaffen im Heimatgau des Führers, hg. von Gauleiter und Reichsstatthalter Eigruber, Folge 2, 2. Jahrgang, Juni–August 1942, o.S.
72 http://members.aon.at/hofkirchnerzeitgeschichte/1938.htm (Zugriff 29.7.2013)
73 Franz Saxinger, Mit Leib und Seele Bauer. Meine Lebenserinnerungen. Vom Holzpflug bis zum Computer, Kollerschlag 2003, S. 42.
74 Saxinger, Mit Leib und Seele Bauer, S. 48.
75 Amtliche Linzer Zeitung, 5. April 1938.
76 Rudolf Zinnhobler, Kirche und Nationalsozialismus, in: Fritz Mayrhofer/Walter Schuster (Hg.), Nationalsozialismus in Linz, Band 2, Linz 2001, S. 937–1025, hier S. 945.
77 Schulchronik Zell am Pettenfirst.
78 Helmut Wagner, Der NS-Kirchenkampf in den Pfarren. Auswirkungen des NS-Kirchenkampfes auf pfarrliches Leben und seelsorgliche Praxis vor, während und nach der Zeit des NS-Regimes (1938–1945) am Beispiel von Mühlviertler Pfarren, Linz 1998, S. 246.
79 Reinhard Lehner, Protestantismus, Hakenkreuz und Davidstern in Oberösterreich 1938–1945, Diplomarbeit Linz 1998, S. 102.
80 Leopold Temmel, 200 Jahre Evangelische Gemeinde Gosau. Festschrift, Gosau 1984, S. 51–52.
81 Ebd.
82 OÖLA, Bestand „Materialien zu NS-Biographien", Sondergerichte, Sch. 269.
83 Ebd.
84 Sepp Teufl. Widerstandskämpfer. Eine Dokumentation der KPÖ-Oberösterreich, Linz 2010, S. 3.
85 Peter Kammerstätter, Teufl Josef (Pepi – Sepp) (Teufel). Geb. 23.11.1904, gest. 29.4.1945 im KZ Mauthausen. Dokumentensammlung, Linz 1984, S. 37.
86 Ebd., S. 40.
87 Sepp Teufl. Widerstandskämpfer, S. 5.
88 Ebd., S. 6.
89 Basisliteratur für das Kapitel „Linz – ‚Patenstadt des Führers'": „Kulturhauptstadt des Führers". Kunst und Nationalsozialismus in Linz und Oberösterreich, hg. v. Birgit Kirchmayr, Linz/Weitra 2008; Hanns Christian Löhr, Hitlers Linz. Der „Heimatgau des Führers", Berlin 2013; Fritz Mayrhofer, Die „Patenstadt des Führers". Träume und Realität, in: Fritz Mayrhofer/Walter Schuster (Hg.), Nationalsozialismus in Linz, Band 1, Linz 2001, S. 327–386.
90 Harry Slapnicka, Hitler und Oberösterreich. Mythos, Propaganda und Wirklichkeit um den „Heimatgau des Führers", Grünbach 1998, S. 16.
91 Rudolf Lenk/Albrecht Dunzendorfer, Oberdonau, die Heimat des Führers, München 1940, S. 60.

92 Karl Emmerich Baumgärtel, Die Heimat des Führers, in: Unser Oberdonau. Ewiger Kraftquell der Heimat. Ein deutscher Gau in Kunst und Dichtung, ausgewählt und herausgegeben von Anton Fellner, Berlin 1944, S. 186–192, hier S. 187.
93 Florian Schwanninger, Im Heimatkreis des Führers. Nationalsozialismus, Widerstand und Verfolgung im Bezirk Braunau 1938 bis 1945, 2. Auflage, Grünbach 2007, S. 74.
94 Brigitte Hamann, Hitlers Wien. Lehrjahre eines Diktators, München/Zürich 1996, S. 29.
95 Mayrhofer, „Patenstadt des Führers", S. 335 und 343.
96 Die Tagebücher von Joseph Goebbels, hg. v. Elke Fröhlich, Teil 2: Band 2, München 1996, S. 345.
97 Ingo Sarlay, Adolf Hitlers Linz. Architektonische Visionen einer Stadt, in: „Kulturhauptstadt des Führers", S. 65–78, hier S. 72.
98 Löhr, Hitlers Linz, S. 63.
99 Friedrich Buchmayr, Kunstraub hinter Klostermauern. Aspekte der Enteignung und der Restitution von Kunstwerken und Kulturgütern in den oberösterreichischen Stiften und Klöstern, in: Birgit Kirchmayr/Friedrich Buchmayr/Michael John (Hg.), Geraubte Kunst in Oberdonau, Linz 2007, S. 319–502, hier S. 349–350.
100 Egbert Bernauer, St. Florian in der NS-Zeit, Linz 2005, S. 187.
101 Birgit Kirchmayr, Sonderauftrag Linz. Zur Fiktion eines Museums, in: Fritz Mayrhofer/Walter Schuster (Hg.), Nationalsozialismus in Linz, Band 1, Linz 2001, S. 557–596, hier S. 566.
102 Löhr, Hitlers Linz, S. 49.
103 Christa Schroeder, Er war mein Chef. Aus dem Nachlaß der Sekretärin von Adolf Hitler, hg. v. Anton Joachimsthaler, 4. Auflage, München/Wien 1989, S. 63.
104 Zentner, Adolf Hitlers Mein Kampf, S. 37.
105 Ian Kershaw, Hitler. 1889–1936, München 2002, S. 56.
106 Rudolf Lehr, Landeschronik Oberösterreich, Wien 2008, S. 449.
107 Walter Schuster, Deutschnational, nationalsozialistisch, entnazifiziert. Franz Langoth – eine NS-Laufbahn, Linz 1999, S. 111.
108 Ebd., S. 172.
109 Franz Langoth, Kampf um Österreich. Erinnerungen eines Politikers, Wels 1951, S. 259.
110 Baldur von Schirach, Die Hitler-Jugend. Idee und Gestalt, Leipzig 1938, S. 18–19, zitiert nach Thomas Dostal, Jugend in Oberdonau, in: Reichsgau Oberdonau. Aspekte 2, hg. v. Oberösterreichischen Landesarchiv, Linz 2005, S. 7–147, hier S. 9.
111 Basisliteratur für das Kapitel „Jugend und Schule": Oskar Achs (Hg.), Jugend unterm Hakenkreuz. Erziehung und Schule im Faschismus, Wien 1988; Kurt Cerwenka, Die Fahne ist mehr als der Tod. Nationalsozialistische Erziehung und Schule in „Oberdonau" 1938–1945, Grünbach 1996; Herbert Dachs, Schule in der „Ostmark", in: Tálos u.a. (Hg.), NS-Herrschaft in Österreich, S. 446–466; Oskar Dohle, Schule im Linz der NS-Zeit, in: Fritz Mayrhofer/Walter Schuster (Hg.), Nationalsozialismus in Linz, Band 2, Linz 2001, S. 907–935; Thomas Dostal, Jugend in Oberdonau, in: Reichsgau Oberdonau. Aspekte 2, hg. v. Oberösterreichischen Landesarchiv, Linz 2005, S. 7–147.
112 Zentner, Adolf Hitlers Mein Kampf, S. 103–104.
113 Kurt Lettner, Ein Schulläufer spiegelt Zeitgeschichte. Der Einfluß der Nationalsozialisten auf das Schulsystem zwischen 1938 und 1945, in: Oberösterreichische Heimatblätter 3 (1993), S. 208–216, hier S. 209.
114 Ebd., S. 209–210.
115 Ebd., S. 211–212.
116 Slapnicka, Oberösterreich – als es „Oberdonau" hieß, S. 200.
117 Wagner, Der NS-Kirchenkampf in den Pfarren, S. 272.
118 Cerwenka, Die Fahne ist mehr als der Tod, S. 17.
119 Privatarchiv Christian Angerer, Walter Kellermayr im Studienzirkel „Matura 1940–1950" am Khevenhüller Gymnasium Linz, 17.3.1995.
120 Cerwenka, Die Fahne ist mehr als der Tod, S. 20.
121 Privatarchiv Christian Angerer, Brief von Kurt David Lior (früher: Kurt Hauptschein) an Christian Angerer und Wolfgang Plöchl, 6.5.2003.
122 Interview mit Ilse Mass (früher: Ilse Rubinstein), Jerusalem 2010. Zitiert nach: http://www.weg-von-hier.at/das-problem-schule/ (Zugriff 15.8.2013)
123 Verena Wagner, Jüdisches Leben in Linz. 1849–1943, Band 1: Institutionen, Linz 2008, S. 767.
124 Kurt Cerwenka/Otto Kampmüller, An der Heimatfront. Frauen und Mädchen in Oberösterreich 1938–1945, Grünbach 2002, S. 31.
125 Dostal, Jugend in Oberdonau, S. 20–21.
126 Cerwenka, Die Fahne ist mehr als der Tod, S. 32–33.
127 Cerwenka/Kampmüller, An der Heimatfront, S. 38.
128 Privatarchiv Christian Angerer, Gerhard Wöß im Studienzirkel „Matura 1940–1950" am Khevenhüller Gymnasium Linz, 24.3.1995.
129 Dostal, Jugend in Oberdonau, S. 37.
130 Privatarchiv Christian Angerer, Siegfried Kainberger im Studienzirkel „Matura 1940–1950" am Khevenhüller Gymnasium Linz, 24.3.1995.
131 Cerwenka/Kampmüller, An der Heimatfront, S. 45.
132 Dostal, Jugend in Oberdonau, S. 125.
133 Privatarchiv Christian Angerer, Franz Huber im Studienzirkel „Matura 1940–1950" am Khevenhüller Gymnasium Linz, 24.3.1995.
134 Fritz Fellner, Das Mühlviertel 1945. Eine Chronik Tag für Tag, Grünbach 1995, S. 166.
135 Friedl Ecker, Familienchronik (Manuskript), o.S.
136 Merkblatt für Eltern und Erziehungsberechtigte über die Aufnahme von Mädeln in die Nationalpolitische Erziehungsanstalt Hubertendorf-Türnitz (Niederdonau), S. 1.
137 Ebd., S. 2.
138 Nationalpolitische Erziehungsanstalt Hubertendorf-Türnitz. Alles für Deutschland! Folge 7, Dezember 1943, S. 3.
139 Ecker, Familienchronik, o.S.
140 Ernst Wenisch, Wilhelm Gärtner und die Neuanfänge der Volksbildung in Oberösterreich nach dem Ersten Weltkrieg, in: Oberösterreichische Heimatblätter 1/2 (1981), S. 86–98, hier S. 87.
141 Ernst Wenisch, Einige persönliche Erinnerungen an Wilhelm Gärtner. Zu seinem 100. Geburtstag am 1. September 1985, in: Oberösterreichische Heimatblätter 3 (1985), S. 246–255, hier S. 254.

142 Schularchiv Khevenhüller Gymnasium Linz, Brief von Hans Lachner an Friedrich Eisenstädter, 31.12.1960.
143 Wenisch, Einige persönliche Erinnerungen, S. 253.
144 Elisabeth Schiffkorn, „So war es". Oberösterreich von 1934 bis 1955. ZeitzeugInnen erinnern sich, Linz 2005, S. 55.
145 Ebd., S. 71.
146 Ebd., S. 54.
147 Ebd., S. 87.
148 Kislinger, Verführt und missbraucht, S. 55.
149 Ebd., S. 46.
150 Ebd., S. 155.
151 Privatarchiv Christian Angerer, Brief von Jecheskel R. Mendler (früher: Richard Mendler) an Christian Angerer und Wolfgang Plöchl, 12.6.2003.
152 Ebd.
153 Ebd.
154 Basisliteratur für das Kapitel „Krieg und Alltagsleben": Josef Goldberger/Cornelia Sulzbacher, Oberdonau, Linz 2008; Horst Schreiber, Nationalsozialismus und Faschismus in Tirol und Südtirol. Opfer, Täter, Gegner. Mit einem Beitrag von Gerald Steinacher und Philipp Trafojer, Innsbruck u.a. 2008; Harry Slapnicka, Oberösterreich – als es „Oberdonau" hieß (1938–1945), Linz 1978.
155 Bukey, Meldungen aus Linz und dem Gau Oberdonau, S. 624.
156 Ebd., S. 626.
157 Ferdinand Barnreiter, Mit Gottvertrauen durch den Krieg. Erinnerungen eines Frontsoldaten, Unterweitersdorf 2010, S. 19.
158 Gregor Humer (Hg.), „Vermisst". Die Briefe des Soldaten Ferdinand Humer aus dem Krieg. Weißrussland 1942–1944, Redaktion: Christine Haiden, Linz 2012, S. 109 und 127.
159 Bukey, Meldungen aus Linz und dem Gau Oberdonau, S. 635.
160 Karl Stadler, Österreich 1938–1945 im Spiegel der NS-Akten, Wien 1966, S. 295.
161 Maria Ecker, Spätes Gedenken. Richard Groher, 1902–1943, in: betrifft Widerstand. Zeitschrift des Zeitgeschichte Museums Ebensee, November 2005, S. 37–39, hier S. 38.
162 Franziska Berger, Tage wie schwarze Perlen. Tagebuch einer jungen Frau. Oberösterreich 1942–1945, Grünbach 1989, S. 72.
163 Ian Kershaw, Hitler 1936–1945, München 2000, S. 896.
164 http://members.aon.at/hofkirchnerzeitgeschichte/1938.htm (Zugriff 15.4.2014)
165 Götz Aly, Hitlers Volksstaat. Raub, Rassenkrieg und nationaler Sozialismus, Frankfurt am Main 2005, S. 197.
166 Berger, Tage wie schwarze Perlen, S. 21–22.
167 Schreiber, Nationalsozialismus und Faschismus in Tirol und Südtirol, S. 160.
168 Paul Gamsjäger (Hg.), Wilderer – Jäger – Wilderer. Erzählungen von Sepp Gamsjäger aus Gosau, Gosau/Salzburg/Wien 2012, S. 73.
169 Cerwenka/Kampmüller, An der Heimatfront, S. 84.
170 Fritz Dittlbacher, Kleine Zeiten. Die Geschichte meiner Großmutter, Wien 2012, S. 117.
171 Berger, Tage wie schwarze Perlen, S. 10.
172 Ingrid Bauer, Eine frauen- und geschlechtergeschichtliche Perspektivierung des Nationalsozialismus, in: Emmerich Tálos/Ernst Hanisch/Wolfgang Neugebauer/Reinhard Sieder (Hg.), NS-Herrschaft in Österreich. Ein Handbuch, Wien 2001, S. 409–445, hier S. 427.
173 Helmut J. Kislinger, Die brennende Stadt. In der Flammenhölle der zerstörten Stadt Dresden, Steyr 2014, S. 33.
174 Berger, Tage wie schwarze Perlen, S. 91–93.
175 Helmut Böhm, Der Tag der Tränen. Attnang-Puchheim im Bombenhagel zweier US-Luftflotten nach neuesten Forschungsergebnissen, Ried im Innkreis 2007, S. 103 und 137.
176 Fritz Fellner (Hg.), Passierschein und Butterschmalz. 1945. Zeitzeugen erinnern sich an Kriegsende und Befreiung, Grünbach 1995, S. 67.
177 Ebd., S. 25.
178 Erich Leimlehner, Das Kriegsende und die Folgen der sowjetischen Besetzung im Mühlviertel 1945 bis 1955, Zürich 1974, S. 30.
179 Der 2. Weltkrieg in Peilstein, 1939–1945, und die Zeit der russischen Besetzung bis 1955, hg. v. der Marktgemeinde Peilstein, Peilstein 1985, o.S.
180 Privatarchiv Otto Treml, Die Wahrheit sagen bedeutete Tod. Erschießung eines jungen Steyrers, Zeitungsartikel, ohne genaue Angaben.
181 Fellner, Passierschein und Butterschmalz, S. 19.
182 Gamsjäger (Hg.), Wilderer – Jäger – Wilderer, S. 11.
183 Ebd., S. 69–70.
184 Ebd., S. 96–97.
185 Ebd., S. 113.
186 Ebd., S. 101–102.
187 Humer (Hg.), „Vermisst". Die Briefe des Soldaten Ferdinand Humer aus dem Krieg, S. 55.
188 Ebd., S. 176.
189 Ebd., S. 15.
190 Ebd., S. 33.
191 Ebd., S. 40.
192 Ebd., S. 110.
193 Ebd., S. 134.
194 Ebd., S. 169.
195 Ebd., S. 188.
196 Dittlbacher, Kleine Zeiten. Die Geschichte meiner Großmutter, S. 116.
197 Ebd., S. 132.
198 Ebd., S. 185.
199 Ebd., S. 248.
200 Basisliteratur für das Kapitel „Zwangsarbeit": Dieter Bacher/Stefan Karner (Hg.), Zwangsarbeiter in Österreich 1939–1945 und ihr Nachkriegsschicksal. Ergebnisse und Auswertung des Aktenbestandes des „Österreichischen Versöhnungsfonds", Innsbruck u.a. 2013; Josef Goldberger/Cornelia Sulzbacher, Oberdonau, hg. v. Oberösterreichischen Landesarchiv, Linz 2008; NS-Zwangsarbeit. Der Standort Linz der Reichswerke Hermann Göring AG Berlin. 1938–1945, hg. v. Oliver Rathkolb, Wien u.a. 2001; Otto Lackinger, Die Linzer Industrie im 20. Jahrhundert, Linz 2007.
201 Hermann Rafetseder, „Ausländereinsatz" zur Zeit des NS-Regimes, in: Fritz Mayrhofer/Walter Schuster (Hg.), Nationalsozialismus in Linz. Band 2, Linz 2001, S. 1107–1270, hier S. 1172.

202 Zwangsarbeit in der Land- und Forstwirtschaft auf dem Gebiet Österreichs 1939–1945, hg. v. der Österreichischen Historikerkommission, Wien 2002, S. 505.
203 Roman Sandgruber in den Oberösterreichischen Nachrichten vom 11. Juli 2009. http://www.ooegeschichte.at/themen/wir-oberoesterreicher/wir-oberoesterreicher/raub-und-zwangsarbeit-in-oberoesterreich/ (Zugriff 28.12.2013).
204 Widerstand und Verfolgung in Oberösterreich, Band 2, S. 420.
205 Zwangsarbeit in der Land- und Forstwirtschaft, S. 261–262.
206 Ebd., S. 285.
207 Michael John, Zwangsarbeit und NS-Industriepolitik, in: NS-Zwangsarbeit. Der Standort Linz der Reichswerke Hermann Göring AG Berlin. 1938–1945, hg. v. Oliver Rathkolb, Wien u.a. 2001, S. 23–146, hier S. 90.
208 Ebd., S. 99.
209 Ebd., S. 116. Im Original Englisch. Übersetzung Maria Ecker.
210 Hermann Rafetseder, „Das KZ der Linzer Gestapo". Neue Quellen im Rahmen des Österreichischen Versöhnungsfonds zum „Arbeitserziehungslager" Schörgenhub, in: Historisches Jahrbuch der Stadt Linz 2004, S. 523–539, hier S. 526.
211 Gabriella Hauch, Vielschichtige Ambivalenzen. Zwangsarbeiterinnen in den Reichswerken Hermann Göring, Standort Linz, in: Gabriella Hauch (Hg.), Industrie und Zwangsarbeit im Nationalsozialismus. Mercedes Benz – VW – Reichswerke Hermann Göring in Linz und Salzgitter. Innsbruck u.a. 2003, S. 203.
212 Gabriella Hauch, Zwangsarbeiterinnen und ihre Kinder, in: NS-Zwangsarbeit. Der Standort Linz der Reichswerke Hermann Göring AG Berlin. 1938–1945, hg. v. Oliver Rathkolb, Wien u.a. 2001, S. 355–448, hier S. 432.
213 Ebd., S. 436.
214 Martin Kranzl-Greinecker, Die Kinder von Etzelsdorf. Notizen über ein „Fremdvölkisches Kinderheim", Linz 2005, S. 28.
215 Ines Hopfer, Geraubte Identität. Die gewaltsame „Eindeutschung" von polnischen Kindern in der NS-Zeit, Wien/Köln/Weimar 2010, S. 183.
216 Helga Amesberger/Brigitte Halbmayr (Hg.), Vom Leben und Überleben – Wege nach Ravensbrück. Das Frauenkonzentrationslager in der Erinnerung, Band 2: Lebensgeschichten, Wien 2001, S. 77.
217 Privatarchiv Josef Eidenberger, Handschriftliche Notizen von Aloisia Hofinger, undatiert.
218 Amesberger/Halbmayr (Hg.), Vom Leben und Überleben, S. 78.
219 Ebd., S. 80.
220 Ebd.
221 Privatarchiv Martin Kranzl-Greinecker, Tagebuch Mitzi Hofinger.
222 Basisliteratur für das Kapitel „NS-Euthanasie": Tötung von psychisch Kranken und Behinderten": Josef Goldberger, NS-Gesundheitspolitik in Oberdonau, Linz 2004; Tom Matzek, Das Mordschloss. Auf der Spur von NS-Verbrechen im Schloss Hartheim, Wien 2002; Brigitte Kepplinger/Gerhart Marckhgott/Hartmut Reese (Hg.), Tötungsanstalt Hartheim, 2., erweiterte Auflage, Linz 2008; Horst Schreiber, Nationalsozialismus und Faschismus in Tirol und Südtirol. Opfer, Täter, Gegner. Mit einem Beitrag von Gerald Steinacher und Philipp Trafojer, Innsbruck u.a. 2008.
223 Goldberger, NS-Gesundheitspolitik in Oberdonau, S 90.
224 Ebd., S. 119.
225 Ebd., S. 133.
226 Schreiber, Nationalsozialismus und Faschismus in Tirol und Südtirol, S. 215.
227 Verlegt und ermordet. Behinderte Menschen als Opfer der Euthanasie im Dritten Reich. Eine Dokumentation aus dem Evangelischen Diakoniewerk Gallneukirchen, Gallneukirchen 1991, S. 10.
228 Brigitte Kepplinger, Die Tötungsanstalt Hartheim 1940–1945, in: Brigitte Kepplinger/Gerhart Marckhgott/Hartmut Reese (Hg.), Tötungsanstalt Hartheim, 2., erweiterte Auflage, Linz 2008, S. 63–116, hier S. 83.
229 Ebd., S. 91.
230 Widerstand und Verfolgung in Niederösterreich 1934–1945. Eine Dokumentation, hg. v. Dokumentationsarchiv des österreichischen Widerstandes, Band 3, Wien 1987, S. 677.
231 Matzek, Das Mordschloss, S. 74–75.
232 Walter Kohl, Die Pyramiden von Hartheim. „Euthanasie" in Oberösterreich 1940 bis 1945, Grünbach 1997, S. 270–271.
233 http://www.erinnern.at/bundeslaender/oesterreich/e_bibliothek/regionale-quellen-fur-den-geschichtsunterricht/291_4%20Lonauer%20-%20Czermak.pdf/view (Zugriff 4.9.2012).
234 Waltraud Häupl, Der organisierte Massenmord an Kindern und Jugendlichen in der Ostmark 1940–1945. Gedenkdokumentation für die Opfer der NS-Euthanasie, Wien/Köln/Weimar 2008, S. 206.
235 Florian Schwanninger, Die „Sonderbehandlung 14f13" in den Konzentrationslagern Mauthausen und Gusen, in: KZ-Gedenkstätte Mauthausen/Mauthausen Memorial 2011, S. 55–70, hier S. 57.
236 http://www.mauthausen-memorial.at, Aussage Nohel 6 (Zugriff 22.7.2014).
237 Josef Goldberger, „Euthanasieanstalt" Hartheim und Reichsgau Oberdonau. Involvierung von Verwaltungs- und Parteidienststellen des Reichsgaues Oberdonau in das Euthanasieprogramm, in: Mitteilungen des Oberösterreichischen Landesarchivs, Band 19, Linz 2000, S. 359–400, hier S. 389.
238 Zeugenerklärung der Helene Hintersteiner, in: Brigitte Kepplinger/Irene Leitner (Hg.), Dameron Report. Bericht des War Crimes Investigating Teams No. 6824 der U.S. Army vom 17.7.1945 über die Tötungsanstalt Hartheim, Innsbruck u.a. 2012, S. 108.
239 Dokumentationsstelle Hartheim, Personalakt Helene Hintersteiner.
240 Dokumentationsstelle Hartheim, Vg 8 Vr 2407/46, Gendarmerieposten Alkoven an den Volksgerichtshof, 28. März 1947.
241 Ebd., Vg 8 Vr 2407/46, Bericht Polizeikommissariat Urfahr, 12. März 1947.
242 Angelika Schlackl, Johann Hocheneder, in: Florian Schwanninger/Irene Zauner-Leitner (Hg.), Lebensspuren. Biografische Skizzen von Opfern der NS-Tötungsanstalt Hartheim, Innsbruck u.a. 2013, S. 57–67, hier S. 63.
243 Ebd., S. 57.
244 Matzek, Das Mordschloss, S. 120.
245 Ebd., S. 119.
246 Linzer Tages-Post. Abendblatt, 28.3.1938.

247 Basisliteratur für das Kapitel „Das Konzentrationslager Mauthausen": Stanislaw Dobosiewicz, Vernichtungslager Gusen, Wien 2007; Florian Freund/Bertrand Perz, Konzentrationslager in Oberösterreich 1938 bis 1945, Linz 2007; Florian Freund/Bertrand Perz, Konzentrationslager Mauthausen, in: Wolfgang Benz/Barbara Distel (Hg.), Der Ort des Terrors. Geschichte der nationalsozialistischen Konzentrationslager, Band 4, München 2006, S. 289–470; Hans Maršálek, Die Geschichte des Konzentrationslagers Mauthausen. Dokumentation, 4. Auflage, Wien 2006; Das Konzentrationslager Mauthausen 1938–1945. Katalog zur Ausstellung in der KZ-Gedenkstätte Mauthausen, hg. v. Verein für Gedenken und Geschichtsforschung in österreichischen KZ-Gedenkstätten, Wien 2013.

248 Ulrich Herbert, Von der Gegnerbekämpfung zur „rassischen Generalprävention". „Schutzhaft" und Konzentrationslager in der Konzeption der Gestapo-Führung 1933–1939, in: Ulrich Herbert/Karin Orth/Christoph Dieckmann (Hg.), Die nationalsozialistischen Konzentrationslager. Entwicklung und Struktur, Band 1, Göttingen 1998, S. 60–86, hier S. 80.

249 Maršálek, Die Geschichte des Konzentrationslagers Mauthausen, S. 144.

250 Erwin Gostner, 1000 Tage im KZ. Ein Erlebnisbericht aus den Konzentrationslagern Dachau, Mauthausen und Gusen, Innsbruck 1945, S. 84.

251 Errettet aus Mauthausen. Berichte ehemaliger polnischer Häftlinge des NS-Konzentrationslagers Mauthausen-Gusen, Bearbeitung von Katarzyna Madon-Mitzner, Warszawa 2010, S. 130.

252 Lope Massaguer, Mauthausen, fin de trayecto. Un anarquista en los campos de la muerte, Madrid 1997, S. 86, zitiert nach: Benito Bermejo, Francisco Boix, der Fotograf von Mauthausen. Aus dem Spanischen von Judith Moser-Kroiss, Wien 2007, S. 75.

253 Privatarchiv Christian Angerer, Brief von Francisco Roman Roman, 3.9.1939. Im Original Spanisch.

254 Archiv der KZ-Gedenkstätte Mauthausen.

255 Helga Amesberger/Brigitte Halbmayr, Frauen im „Männerlager". Das KZ Mauthausen als Durchgangs- und Evakuierungsort für Frauen, in: KZ-Gedenkstätte Mauthausen/Mauthausen Memorial 2010, S. 31–42, hier S. 38–39.

256 Bertrand Perz, Verwaltete Gewalt. Der Tätigkeitsbericht des Verwaltungsführers im Konzentrationslager Mauthausen 1941 bis 1944, Wien 2013, S. 24.

257 Wilhelm Raimund Beyer (Hg.), Rückkehr unerwünscht. Joseph Drexels „Reise nach Mauthausen" und der Widerstandskreis Ernst Niekisch, Stuttgart 1978, S. 84.

258 Monika Rammer, Die Geschichte meines Großvaters. Interview mit einem ehemaligen SS-Mann im KZ Mauthausen, in: Gerhard Botz (Hg.), Schweigen und Reden einer Generation. Erinnerungsgespräche mit Opfern, Tätern und Mitläufern des Nationalsozialismus, Wien 2005, S. 72–81, hier S. 73.

259 Reinhard Florian im Interview mit Alexander von Plato, Transkript S. 15–16, https://zwangsarbeit-archiv.de/archiv/interviews/za062/text_materials/ZA062_tr.pdf (Zugriff 11.7.2014).

260 France Filipic, Slowenen in Mauthausen, Wien 2004, S. 194.

261 Errettet aus Mauthausen, S. 215.

262 Bernard Aldebert, Gusen II. Leidensweg in 50 Stationen (dt. und franz.), übersetzt und hg. v. Elisabeth Hölzl, Weitra 1997, S. 155.

263 Bertrand Perz, Alltag im Nationalsozialismus II. Die tägliche Unterdrückung. Das KZ, in: Ernst Bruckmüller (Hg.), Alltagserfahrungen in der Geschichte Österreichs, Wien 1998, S. 201–212, hier S. 201.

264 Alois Zellinger, Vöcklabruck in den Jahren 1933 bis 1945, Linz 2006, S. 195.

265 Judith Moser-Kroiss/Andreas Schmoller (Hg.), Stimmen aus dem KZ Ebensee. Projekt KZ-memoria scripta, Ebensee 2005, S. 74.

266 Aldebert, Gusen II, S. 107.

267 Andreas Kranebitter, Aribert Heim, Lagerarzt im KZ Mauthausen, im Spiegel der Dokumente, in: KZ-Gedenkstätte Mauthausen/Mauthausen Memorial 2008, S. 86–99, hier S. 89.

268 Gordon J. Horwitz, In the Shadow of Death. Living Outside the Gates of Mauthausen, New York u.a. 1990, S. 42. Im Original Englisch. Übersetzung Christian Angerer.

269 Archiv der KZ-Gedenkstätte Mauthausen, Transkript Interview mit Johann Freudenthaler am 26.11.2010.

270 KZ, Film von Rex Bloomstein, DVD 2006.

271 Widerstand und Verfolgung in Oberösterreich 1934–1945, hg. v. Dokumentationsarchiv des österreichischen Widerstandes, Band 1, Wien/Linz 1982, S. 210–211.

272 Andreas Baumgartner/Isabella Girstmair/Verena Kaselitz (Hg.), Wer widerstand? Biografien von WiderstandskämpferInnen aus ganz Europa im KZ Mauthausen und Beiträge zum Internationalen Symposium 2008 (dt. und engl.), Wien 2008, S. 126.

273 Matthias Kaltenbrunner, Flucht aus dem Todesblock. Der Massenausbruch sowjetischer Offiziere aus dem Block 20 des KZ Mauthausen und die „Mühlviertler Hasenjagd" – Hintergründe, Folgen, Aufarbeitung, Innsbruck u.a. 2012, S. 113.

274 Peter Kammerstätter, Der Ausbruch der russischen Offiziere und Kommissare aus dem Block 20 des Konzentrationslagers Mauthausen am 2. Februar 1945 (Die Mühlviertler Hasenjagd). Materialsammlung. Aussagen von Menschen, die an der Verfolgung beteiligt waren oder zusehen mussten, und solchen, die Hilfe gaben, Linz 1979, S. 28.

275 Moser-Kroiss/Schmoller (Hg.), Stimmen aus dem KZ Ebensee, S. 188.

276 Florian Freund/Bertrand Perz/Karl Stuhlpfarrer, Dokumentation: Der Bericht des US-Geheimagenten Jack H. Taylor über das Konzentrationslager Mauthausen, in: Zeitgeschichte 22, Nr. 9/10 (1995), S. 318–341, hier S. 320.

277 Helmut Wagner, Dr. Johann Gruber. Priester – Lehrer – Patriot (1889–1944). Nonkonformität und ihre Folgen in der Zeit des Nationalsozialismus, Linz 2011, S. 133.

278 Ebd., S. 210.

279 Ebd., S. 231.

280 Ebd., S. 311.

281 Kammerstätter, Der Ausbruch, S. 116.

282 Ebd., S. 126.

283 Walter Kohl, Auch auf dich wartet eine Mutter. Die Familie Langthaler inmitten der „Mühlviertler Hasenjagd", Grünbach 2005, S. 40.
284 Kammerstätter, Der Ausbruch, S. 116–117.
285 Kaltenbrunner, Flucht aus dem Todesblock, S. 154.
286 Widerstand und Verfolgung in Oberösterreich, Band 1, S. 295.
287 Alois Zehetner, In Erinnerung an Otto Pensl. Ein Opfer der Vernichtungsmaschinerie, in: Steyrer Zeitung vom 1.12.1988, S. 6.
288 Maršálek, Die Geschichte des Konzentrationslagers Mauthausen, S. 394.
289 Franz Innerhofer, Scheibtruhe, Salzburg 1996, S. 21.
290 Ebd., S. 20.
291 Ebd., S. 28.
292 Basisliteratur für das Kapitel „Die Verfolgung der Roma und Sinti": Florian Freund, Oberösterreich und die „Zigeuner". Politik gegen eine Minderheit im 19. und 20. Jahrhundert, Linz 2010; Ludwig Laher (Hg.), Uns hat es nicht geben sollen. Rosa Winter, Gitta und Nicole Martl. Drei Generationen Sinti-Frauen erzählen, Grünbach 2004; Ludwig Laher, Das Zigeuneranhaltelager Weyer-St. Pantaleon. Zufälliges Zentrum der NS-Aussonderungspolitik im Gau Oberdonau, in: Florian Freund, Oberösterreich und die „Zigeuner". Politik gegen eine Minderheit im 19. und 20. Jahrhundert, Linz 2010, S. 315–338.
293 Rosa Winter, Wie es so war unser Leben, in: Laher (Hg.), Uns hat es nicht geben sollen, S. 23–52, hier S. 25–26.
294 Ebd., S. 27.
295 Oberösterreichisches Landesarchiv (OÖLA), BH Grieskirchen, Abt. II + III, Schachtel 12, Schachtel 266.
296 Freund, Oberösterreich und die „Zigeuner", S. 174.
297 Laher, Das Zigeuneranhaltelager Weyer-St. Pantaleon, S. 317.
298 Winter, Wie es so war unser Leben, S. 27–28.
299 Freund, Oberösterreich und die „Zigeuner", S. 209.
300 Ludwig Laher, Die Geschichte der Sintifamilien Rosenfels und Jungwirth in Bachmanning, in: http://www.lager-weyer.at/start.html (Zugriff 13.2.2013).
301 Ketani heißt Miteinander. Sintiwirklichkeiten statt Zigeunerklischees, Film von Ludwig Laher, DVD 2006.
302 Freund, Oberösterreich und die „Zigeuner", S. 278.
303 Winter, Wie es so war unser Leben, S. 52.
304 Ursula Baumhauer (Hg.), Abschied von Sidonie. Materialien zu einem Buch und seiner Geschichte, Zürich 2000, S. 220.
305 Erich Hackl, Abschied von Sidonie. Erzählung, Zürich 1989, S. 89.
306 Ebd., S. 93.
307 OÖLA, BH Grieskirchen, Abt. II, Schachtel 12.
308 Ebd.
309 Ebd.
310 Ebd.
311 OÖLA, BH Grieskirchen, Abt. III, Faszikel 357.
312 OÖLA, Bestand „Materialien zu NS-Biographien", Schachtel 11.
313 Freund, Oberösterreich und die „Zigeuner", S. 178.
314 OÖLA, Bestand „Materialien zu NS-Biographien", Schachtel 11.
315 Basisliteratur für das Kapitel „Der Völkermord an den Juden und Jüdinnen": Wolfgang Benz, Der Holocaust, München 2008; Michael John, „Bereits heute schon ganz judenfrei …" Die Jüdische Bevölkerung von Linz und der Nationalsozialismus, in: Fritz Mayrhofer/Walter Schuster (Hg.), Nationalsozialismus in Linz. Band 2, Linz 2001, S. 1311–1406; Peter Longerich, „Davon haben wir nichts gewusst!" Die Deutschen und die Judenverfolgung 1933–1945, München 2006; Horst Schreiber, Nationalsozialismus und Faschismus in Tirol und Südtirol. Opfer, Täter, Gegner. Mit einem Beitrag von Gerald Steinacher und Philipp Trafojer, Innsbruck 2008; Verena Wagner, Jüdisches Leben in Linz 1849–1943, 2 Bände, Linz 2008.
316 Karl Schwager, Geschichte der Juden in Linz, in: Hugo Gold, Geschichte der Juden in Österreich. Ein Gedenkbuch, Tel Aviv 1971, S. 57–62, hier S. 57.
317 Michael John, Zur Stellung der Juden im mitteleuropäischen Raum 1848 bis 1867, in: Petra-Maria Dallinger (Hg.), Der Fall Franz Stelzhamer, Linz 2014, S. 45–58, hier S. 48.
318 Verena Wagner, Jüdische Lebenswelten. Zehn Linzer Biographien, Linz 2013, S. 370.
319 John, „Bereits heute schon ganz judenfrei …", S. 1323.
320 Wagner, Jüdische Lebenswelten, S. 92.
321 Daniela Ellmauer/Michael John/Regina Thumser, „Arisierungen", beschlagnahmte Vermögen, Rückstellungen und Entschädigungen in Oberösterreich, München 2004, S. 220.
322 Günter Kalliauer, Die jüdische Bevölkerung in Wels zur Zeit des Nationalsozialismus, in: Nationalsozialismus in Wels, hg. v. der Stadt Wels, Band 1, Wels 2008, S. 49–99, hier S. 64.
323 Bericht von Karl Roiser an Erika Weinzierl über das Schicksal der Familie Miller-Baumann, 16.7.1969, in: Widerstand und Verfolgung in Oberösterreich, Band 2, S. 384–385.
324 Wagner, Jüdisches Leben in Linz, Band 2, S. 1005.
325 Die Causa Löhner. Im Übrigen müssen wir es der Gestapo überlassen. Medienbegleitheft zur DVD, hg. v. Bundesministerium für Unterricht, Kunst und Kultur, Wien, o.J., o.S.
326 Widerstand und Verfolgung in Oberösterreich, Band 2, S. 380.
327 Privatarchiv Christian Angerer, Brief von Jecheskel R. Mendler (früher: Richard Mendler) an Christian Angerer und Wolfgang Plöchl, 12.6.2003.
328 Wagner, Jüdisches Leben in Linz, Band 1, S. 786.
329 Jean-Claude Pressac, Die Krematorien von Auschwitz. Die Technik des Massenmordes, München 1994, S. 66.
330 John, „Bereits heute schon ganz judenfrei …", S. 1382.
331 Kalliauer, Die jüdische Bevölkerung in Wels, S. 82.
332 Dittlbacher, Kleine Zeiten. Die Geschichte meiner Großmutter, S. 251.
333 Innerhofer, Scheibtruhe, S. 25.
334 David Cesarani, Adolf Eichmann. Bürokrat und Massenmörder, Berlin 2002, S. 48.
335 Ebd., S. 95.
336 Ebd., S. 24.
337 Ebd., S. 309.
338 Wagner, Jüdisches Leben in Linz, Band 2, S. 1037.
339 Ebd., S. 1038.
340 Ebd., S. 1038.

341 Ebd., S. 1039.
342 Fania Fénelon, Das Mädchenorchester in Auschwitz, München 1994, S. 274.
343 Wagner, Jüdische Lebenswelten, S. 438.
344 Ebd., S. 457.
345 Gitta Sereny, Am Abgrund. Gespräche mit dem Henker. Franz Stangl und die Morde von Treblinka, München 1995, S. 47.
346 Ebd., S. 322.
347 Ebd., S. 155.
348 Ebd., S. 160.
349 Ebd., S. 424.
350 Ebd., S. 411.
351 Basisliteratur für das Kapitel „Widerstand": Siegwald Ganglmair, Widerstand und Verfolgung in Linz in der NS-Zeit, in: Fritz Mayrhofer/Walter Schuster (Hg.), Nationalsozialismus in Linz, Band 2, Linz 2001, S. 1407–1466; Josef Goldberger/Cornelia Sulzbacher, Oberdonau, hg. v. Oberösterreichischen Landesarchiv, Linz 2008; Radomir Luža, Der Widerstand in Österreich 1938–1945, Wien 1983; Widerstand und Verfolgung in Oberösterreich 1934–1945. Eine Dokumentation, hg. v. Dokumentationsarchiv des österreichischen Widerstandes, 2 Bände, Wien/Linz 1982.
352 Helmut Konrad, Die Arbeiterbewegung, in: Widerstand und Verfolgung in Oberösterreich, Band 1, S. 183–186, hier S. 183.
353 Statistik von Bischof Fließer, in: Widerstand und Verfolgung in Oberösterreich, Band 2, S. 70.
354 Rudolf Zinnhobler, Die katholische Kirche, in: Widerstand und Verfolgung in Oberösterreich, Band 2, S. 11–37, hier S. 37.
355 Franz Steinmaßl, Das Hakenkreuz im Hügelland. Nationalsozialismus, Widerstand und Verfolgung im Bezirk Freistadt 1938–1945, Grünbach 1988, S. 213.
356 Gerhard Botz, Widerstand von einzelnen, in: Widerstand und Verfolgung in Oberösterreich, Band 1, S. 351–363, hier S. 357.
357 Schreiber, Nationalsozialismus und Faschismus in Tirol und Südtirol, S. 292.
358 Winfried R. Garscha/Franz Scharf, Justiz in Oberdonau, Linz 2007, S. 128.
359 Widerstand und Verfolgung in Oberösterreich, Band 1, S. 319–320.
360 Peter Kammerstätter, Dem Galgen, dem Fallbeil, der Kugel entkommen. Neun Lebensbilder aus dem Widerstand, hg. v. KZ-Verband Oberösterreich, Grünbach 2006, S. 44.
361 Karl-Heinz Rauscher, Steyr im Nationalsozialismus. Politische, militärische und soziale Strukturen, Gnas 2003, S. 187.
362 Kammerstätter, Dem Galgen, dem Fallbeil, der Kugel entkommen, S. 52–53.
363 Raimund Zimpernik, „Der rote Strähn". Dokumentation über den antifaschistischen Widerstand im Salzkammergut, Aigen Voglhub 1995, S. 255.
364 Sepp Plieseis, Partisan der Berge. Lebenskampf eines österreichischen Arbeiters, 3. Auflage, Wien 1987, S. 189–190.
365 Peter Kammerstätter, Materialsammlung über die Widerstands- und Partisanenbewegung Willy-Fred. Freiheitsbewegung im oberen Salzkammergut – Ausseerland 1943–1945, Linz 1978, S. 405.
366 Schwanninger, Im Heimatkreis des Führers, S. 117.
367 Christian Hawle/Gerhard Kriechbaum/Margret Lehner, Täter und Opfer. Nationalsozialistische Gewalt und Widerstand im Bezirk Vöcklabruck 1938–1945. Eine Dokumentation, Wien u.a. 1995, S. 118.
368 Widerstand und Verfolgung in Oberösterreich, Band 1, S. 254.
369 Irene Leitner, NS-Euthanasie: Wissen und Widerstand. Wahrnehmungen in der Bevölkerung und der Widerstand Einzelner, in: Brigitte Kepplinger/Gerhart Marckhgott/Hartmut Reese (Hg.), Tötungsanstalt Hartheim, 2., erweiterte Auflage, Linz 2008, S. 217–259, hier S. 241.
370 Ebd., S. 248.
371 Anklageschrift des Oberreichsanwalts beim Volksgerichtshof 1943, in: Widerstand und Verfolgung in Oberösterreich, Band 2, S. 282–283.
372 Schwanninger, Im Heimatkreis des Führers, S. 74.
373 Wolfgang Neugebauer, Der österreichische Widerstand 1938–1945, Wien 2008, S. 122.
374 Widerstand und Verfolgung in Oberösterreich, Band 2, S. 206–208.
375 Bericht von Jakob Julius Leibfritz, in: Widerstand und Verfolgung in Oberösterreich, Band 2, S. 194.
376 Ermittlungsbericht der Gestapo Linz, in: Widerstand und Verfolgung in Oberösterreich, Band 1, S. 384.
377 Urteil des Landgerichtes Linz, in: Widerstand und Verfolgung in Oberösterreich, Band 1, S. 408.
378 Urteil des Oberlandesgerichtes Wien 1943, in: Widerstand und Verfolgung in Oberösterreich, Band 1, S. 457.
379 Slapnicka, Oberösterreich – als es „Oberdonau" hieß, S. 271.
380 Josef Theodor Hofer, Weggefährten. Vom österreichischen Freiheitskampf 1933 bis 1945, Wien/Michaelnbach 1946, S. 15.
381 Ebd., S. 17–18.
382 Maršálek, Die Geschichte des Konzentrationslagers Mauthausen, S. 390.
383 Karin Berger/Elisabeth Holzinger/Lotte Podgornik/Lisbeth N. Trallori (Hg.), Der Himmel ist blau. Kann sein. Frauen im Widerstand – Österreich 1938–1945, Wien 1985, S. 234.
384 Berger u.a. (Hg.), Der Himmel ist blau, S. 237.
385 Martina Gugglberger, „Versuche, anständig zu bleiben" – Widerstand und Verfolgung von Frauen im Reichsgau Oberdonau, in: Gabriella Hauch (Hg.), Frauen im Reichsgau Oberdonau. Geschlechtsspezifische Bruchlinien im Nationalsozialismus, Linz 2006, S. 281–343, hier S. 316.
386 Steinmaßl, Das Hakenkreuz im Hügelland, S. 165.
387 Slapnicka, Oberösterreich – als es „Oberdonau" hieß, S. 274.
388 Peter Kammerstätter, Der Todesmarsch ungarischer Juden von Mauthausen nach Gunskirchen im April 1945. Eine Materialsammlung nach 25 Jahren, Linz 1971, S. 47.
389 Schreiber, Nationalsozialismus und Faschismus in Tirol und Südtirol, S. 309.
390 Michael Kitzmantel, Widerstand und Verfolgung in Wels – 1. Teil, in: Nationalsozialismus in Wels, hg. v. der Stadt Wels, Band 1, Wels 2008, S. 191–217, hier S. 214.
391 Bernhard Rammerstorfer, Im Zeugenstand. Was wir noch sagen

wollten. 100 Fragen – 900 Antworten. Interviews mit Holocaust-Überlebenden und NS-Opfern, Herzogsdorf 2012, S. 92.
392 Ebd., S. 117.
393 Erna Putz, Franz Jägerstätter. „… besser die Hände als der Wille gefesselt …", Grünbach 1997, S. 32.
394 Ebd., S. 237.
395 Ebd., S. 249.
396 Kammerstätter, Materialsammlung über die Widerstands- und Partisanenbewegung Willy-Fred., S. 377.
397 Ebd., S. 381.
398 Ebd., S. 385.
399 Ebd., S. 374.
400 Hofer, Weggefährten, S. 40.
401 Ebd., S. 41.
402 Ebd., S. 47.
403 Basisliteratur für das Kapitel „Von der NS-Vergangenheit zur Gegenwart": Nationalsozialismus. Auseinandersetzung in Linz. 60 Jahre Zweite Republik, hg. v. Walter Schuster, Anneliese Schweiger und Maximilian Schimböck, Linz 2005; Florian Schwanninger, Erinnern und Gedenken in Oberösterreich. Eine historische Skizze der Erinnerungskultur für die Opfer des Nationalsozialismus, in: Mitteilungen des Oberösterreichischen Landesarchivs, Band 23, Linz 2013, S. 199–305; Harry Slapnicka, Oberösterreich – zweigeteiltes Land (1945–1955), Linz 1986.
404 Hanisch, Der lange Schatten des Staates, S. 403.
405 Fellner (Hg.), Passierschein und Butterschmalz, S. 53.
406 Fritz Winkler, Kriegsende und Besatzungszeit in den Bezirken Rohrbach und Urfahr-Umgebung, Grünbach 2001, S. 90.
407 Stefan Karner/Barbara Stelzl-Marx (Hg.), Stalins letzte Opfer. Verschleppte und erschossene Österreicher in Moskau 1950–1953, Wien/München 2009, S. 363.
408 Staatsgesetzblatt für die Republik Österreich, 1. Mai 1945, S.1, zitiert nach: http://www.ris.bka.gv.at/Dokumente/BgblPdf/1945_1_0/1945_1_0.pdf (Zugriff 24.7.2014).
409 Hanisch, Der lange Schatten des Staates, S. 403.
410 Anton Pelinka, Von der Funktionalität von Tabus. Zu den „Lebenslügen" der Zweiten Republik, in: Wolfgang Kos/Georg Rigele (Hg.), Inventur 45/55. Österreich im ersten Jahrzehnt der Zweiten Republik, Wien 1996, S. 23–32, hier S. 27.
411 Konrad Rauch, Die Militärregierung, in: Oberösterreich. April bis Dezember 1945. Ein Dokumentarbericht, bearbeitet vom Oberösterreichischen Landesarchiv, Linz 1991, S. 41–58, hier S. 43.
412 Edmund Merl, Besatzungszeit im Mühlviertel. Anhand der Entwicklung im politischen Bezirk Freistadt, Linz 1980, S. 65.
413 Gerald Hafner, Das Mühlviertel unter sowjetischer Besatzung, in: Stefan Karner/Barbara Stelzl-Marx (Hg.), Die Rote Armee in Österreich. Sowjetische Besatzung 1945–1955. Beiträge, Graz/Wien/München 2005, S. 503–521, hier S. 509.
414 Merl, Besatzungszeit im Mühlviertel, S. 143.
415 Ebd., S. 83.
416 Fellner (Hg.), Passierschein und Butterschmalz, S. 65.
417 Fritz Fellner (Hg.), Alltag und Leben im Mühlviertel 1945–1955, Grünbach 2005, S. 222.
418 Slapnicka, Oberösterreich – zweigeteiltes Land, S. 89.
419 Ebd., S. 88.
420 Michael John, Zwischenstation Oberösterreich. Die Auffanglager und Wohnsiedlungen für jüdische DPs und Transitflüchtlinge, in: Thomas Albrich (Hg.), Flucht nach Eretz Israel. Die Bricha und der jüdische Exodus durch Österreich nach 1945, Innsbruck u.a. 1998, S. 67–92, hier S. 85.
421 Norbert Ramp, „Die D.P. bezahlen alle Preise …" Vorurteile und Konflikte zwischen Einheimischen und jüdischen DPs in Salzburg und Oberösterreich, in: Albrich (Hg.), Flucht nach Eretz Israel, S. 137–160, hier S. 157.
422 Margit Reiter, „In unser aller Herzen brennt dieses Urteil". Der Bad Ischler „Milch-Prozeß" von 1947 vor dem amerikanischen Militärgericht, in: Michael Gehler/Hubert Sickinger (Hg.), Politische Affären und Skandale in Österreich. Von Mayerling bis Waldheim, Wien 1995, S. 323–345, hier S. 334.
423 Anneliese Schweiger, Wirtschaft, in: Linz zwischen Wiederaufbau und Neuorientierung. 1945–1984, hg. v. Fritz Mayrhofer und Walter Schuster, Linz 2007, S. 73–97, hier S. 74.
424 Der Bezirk Rohrbach zwischen Hakenkreuz und Sowjetstern. „Zeitzeugen berichten", gesammelt von Fritz Winkler, Rohrbach 2000, S. 66.
425 Kurt Tweraser, US-Militärregierung Oberösterreich, Band 1: Sicherheitspolitische Aspekte der amerikanischen Besatzung in Oberösterreich-Süd 1945–1950, Linz 1995, S. 212.
426 Walter Schuster, Politische Restauration und Entnazifizierungspolitik in Oberösterreich, in: Walter Schuster/Wolfgang Weber (Hg.), Entnazifizierung im regionalen Vergleich, Linz 2004, S. 157–215, hier S. 212.
427 Oliver Rathkolb, NS-Problem und politische Restauration: Vorgeschichte und Etablierung des VdU, in: Sebastian Meissl/Klaus-Dieter Mulley/Oliver Rathkolb (Hg.), Verdrängte Schuld, verfehlte Sühne. Entnazifizierung in Österreich 1945–1955, Wien 1986, S. 73–99, hier S. 74–75.
428 Claudia Kuretsidis-Haider/Winfried R. Garscha, Das Linzer Volksgericht. Die Ahndung von NS-Verbrechen in Oberösterreich nach 1945, in: Fritz Mayrhofer/Walter Schuster (Hg.), Nationalsozialismus in Linz, Band 2, Linz 2001, S. 1467–1561, hier S. 1518.
429 Peter Eigelsberger (mit Vorarbeiten von Irene Leitner), „Mauthausen vor Gericht". Die österreichischen Prozesse wegen Tötungsdelikten im KZ Mauthausen und seinen Außenlagern, in: Thomas Albrich/Winfried R. Garscha/Martin F. Polaschek (Hg.), Holocaust und Kriegsverbrechen vor Gericht. Der Fall Österreich, Innsbruck u.a. 2006, 198–228, hier S. 222.
430 Walter Manoschek, Verschmähte Erbschaft. Österreichs Umgang mit dem Nationalsozialismus 1945–1955, in: Reinhard Sieder/Heinz Steinert/Emmerich Tálos (Hg.), Österreich 1945–1995. Gesellschaft – Politik – Kultur, Wien 1995, S. 94–106, hier S. 101.
431 Quatember/Felber/Rolinek, Das Salzkammergut, S. 144.
432 Wagner, Jüdisches Leben in Linz, Band 2, S. 1383.
433 Schuster, Politische Restauration, S. 192.
434 Schwanninger, Erinnern und Gedenken in Oberösterreich, S. 228.
435 Heidemarie Uhl, Das „erste Opfer". Der österreichische Opfer-

mythos und seine Transformationen in der Zweiten Republik, in: Österreichische Zeitschrift für Politikwissenschaft 30/1 (2001), S. 19–34, hier S. 26.
436 Ebd.
437 Bertrand Perz, Die KZ-Gedenkstätte Mauthausen. 1945 bis zur Gegenwart, Innsbruck u.a. 2006, S. 255.
438 Ecker, Spätes Gedenken, S. 38.
439 Ebd.
440 Günther Grabner, Peter Kammerstätter. Biographie eines Widerstandskämpfers, Linz 2011, S. 9.
441 Ebd., S. 19.
442 Ebd., S. 36.
443 Ebd., S. 42.

# Quellen und Literatur

## Archivquellen

Archiv der KZ-Gedenkstätte Mauthausen, Wien: Auskunft zu Francisco Roman Roman
Archiv der KZ-Gedenkstätte Mauthausen, Wien: Transkript Interview mit Johann Freudenthaler, 26.11.2010
Dokumentationsstelle Hartheim, Personalakt Helene Hintersteiner
Dokumentationsstelle Hartheim, Vg 8 Vr 2407/46, Gendarmerieposten Alkoven an den Volksgerichtshof, 28. März 1947.
Dokumentationsstelle Hartheim, Vg 8 Vr 2407/46, Bericht Polizeikommissariat Urfahr, 12. März 1947.
Oberösterreichisches Landesarchiv (OÖLA), Biografische Datenbank
OÖLA, Bestand „Materialien zu NS-Biographien", Sondergerichte
OÖLA, Bestand „Materialien zu NS-Biographien", Schachtel 11
OÖLA, BH Grieskirchen, Abt. II, Schachtel 12; Abt III, Schachtel 266
Privatarchiv Christian Angerer
Privatarchiv Kurt Cerwenka
Privatarchiv Josef Eidenberger
Privatarchiv Elfriede Ketter
Privatarchiv Martin Kranzl-Greinecker
Privatarchiv Otto Treml
Schularchiv Khevenhüller Gymnasium Linz
Schulchronik Zell am Pettenfirst

## Mündliche Quellen

Gespräche mit Martin Demelmair, März 2013
Gespräch mit Josef Eidenberger, 21.8.2013
Gespräche mit Gottfried Gansinger, Juli 2013
Gespräch mit Anna Hackl, 29.5.2013
Gespräch mit Elfriede Ketter, 26.2.2012
Gespräch mit Martin Kranzl-Greinecker, 21.1.2014
Gespräch mit Simone Loistl, 12.8.2014
Gespräch mit Franz Schinkinger, 24.7.2013
Gespräche mit Otto Treml, April 2014
Studienzirkel „Matura 1940–1950" am Khevenhüller Gymnasium Linz, Frühjahr 1995

## Literatur

Achs, Oskar (Hg.), Jugend unterm Hakenkreuz. Erziehung und Schule im Faschismus, Wien 1988.
Aigenbauer, Franz, Die umgesiedelte Stadt. Der Stadtteil Keferfeld, in: Andrea Schmolmüller/Gerhard A. Stadler (Hg.), Stadtbuch Linz. Ein Stadtfänger für Wortführer und Fortschreiter, Wien 1993, S. 59–68.
Albrich, Thomas (Hg.), Flucht nach Eretz Israel. Die Bricha und der jüdische Exodus durch Österreich nach 1945, Innsbruck u.a. 1998.
Aldebert, Bernard, Gusen II. Leidensweg in 50 Stationen (dt. und franz.), übersetzt und hg. v. Elisabeth Hölzl, Weitra 1997.
Aly, Götz, Hitlers Volksstaat. Raub, Rassenkrieg und nationaler Sozialismus, Frankfurt am Main 2005.
Amesberger, Helga/Brigitte Halbmayr (Hg.), Vom Leben und Überleben – Wege nach Ravensbrück. Das Frauenkonzentrationslager in der Erinnerung, Band 2: Lebensgeschichten, Wien 2001.
Amesberger, Helga/Brigitte Halbmayr, Frauen im „Männerlager". Das KZ Mauthausen als Durchgangs- und Evakuierungsort für Frauen, in: KZ-Gedenkstätte Mauthausen/Mauthausen Memorial 2010, S. 31–42.
Amtliche Linzer Zeitung, 5. April 1938.
Angerer, Christian/Karl Schuber (Hg.), Aber wir haben nur Worte, Worte, Worte. Der Nachhall von Mauthausen in der Literatur. Mit Fotografien von Karl Schuber, Salzburg 2007.
„Anschluß" 1938. Eine Dokumentation, hg. v. Dokumentationsarchiv des österreichischen Widerstandes, Wien 1988.
Ardelt, Rudolf G./Hans Hautmann (Hg.), Arbeiterschaft und Nationalsozialismus in Österreich, Wien/Zürich 1990.
Bacher, Dieter/Stefan Karner (Hg.), Zwangsarbeiter in Österreich 1939–1945 und ihr Nachkriegsschicksal. Ergebnisse und Auswertung des Aktenbestandes des „Österreichischen Versöhnungsfonds", Innsbruck u.a. 2013.
Barnreiter, Ferdinand, Mit Gottvertrauen durch den Krieg. Erinnerungen eines Frontsoldaten, Unterweitersdorf 2010.
Bauer, Ingrid, Eine frauen- und geschlechtergeschichtliche Perspektivierung des Nationalsozialismus, in: Emmerich Tálos/Ernst Hanisch/Wolfgang Neugebauer/Reinhard Sieder (Hg.), NS-Herrschaft in Österreich. Ein Handbuch, Wien 2001, S. 409–445.
Baumgärtel, Karl Emmerich, Die Heimat des Führers, in: Unser Oberdonau. Ewiger Kraftquell der Heimat. Ein deutscher Gau in Kunst und Dichtung, ausgewählt und herausgegeben von Anton Fellner, Berlin 1944, S. 186–192.
Baumgartner, Andreas/Isabella Girstmair/Verena Kaselitz (Hg.), Wer widerstand? Biografien von WiderstandskämpferInnen aus ganz Europa im KZ Mauthausen und Beiträge zum Internationalen Symposium 2008 (dt. und engl.), Wien 2008.
Baumhauer, Ursula (Hg.), Abschied von Sidonie. Materialien zu einem Buch und seiner Geschichte, Zürich 2000.
Benz, Wolfgang, Der Holocaust, München 2008.
Berger, Franziska, Tage wie schwarze Perlen. Tagebuch einer jungen Frau. Oberösterreich 1942–1945, Grünbach 1989.

Berger, Karin/Elisabeth Holzinger/Lotte Podgornik/Lisbeth N. Trallori (Hg.), Der Himmel ist blau. Kann sein. Frauen im Widerstand – Österreich 1938–1945, Wien 1985.

Bernauer, Egbert, St. Florian in der NS-Zeit, Linz 2005.

Bermejo, Benito, Francisco Boix, der Fotograf von Mauthausen. Aus dem Spanischen von Judith Moser-Kroiss, Wien 2007.

Beyer, Wilhelm Raimund (Hg.), Rückkehr unerwünscht. Joseph Drexels „Reise nach Mauthausen" und der Widerstandskreis Ernst Niekisch, Stuttgart 1978.

Böhm, Helmut F., Der Tag der Tränen. Attnang-Puchheim im Bombenhagel zweier US-Luftflotten, Ried im Innkreis 2007.

Botz, Gerhard, Hitlers Aufenthalt in Linz im März 1938 und der „Anschluß", in: Historisches Jahrbuch der Stadt Linz 1970, Linz 1971, S. 185–214.

Botz, Gerhard, Widerstand von einzelnen, in: Widerstand und Verfolgung in Oberösterreich 1934–1945. Eine Dokumentation, hg. v. Dokumentationsarchiv des österreichischen Widerstandes, Band 1, Wien/Linz 1982, S. 351–363.

Brandstetter, Herbert G., Mauerkirchen. Die Chronik, hg. v. der Marktgemeinde Mauerkirchen, Ried im Innkreis 2005.

Buchmayr, Friedrich, Kunstraub hinter Klostermauern. Aspekte der Enteignung und der Restitution von Kunstwerken und Kulturgütern in den oberösterreichischen Stiften und Klöstern, in: Birgit Kirchmayr/Fritz Buchmayr/Michael John (Hg.), Geraubte Kunst in Oberdonau, Linz 2007, S. 319–502.

Bukey, Evan Burr, „Patenstadt des Führers". Eine Politik- und Sozialgeschichte von Linz 1908–1945, Frankfurt/New York 1993.

Bukey, Evan Burr, Hitlers Österreich. „Eine Bewegung und ein Volk", Hamburg/Wien 2001.

Bukey, Evan Burr, Meldungen aus Linz und dem Gau Oberdonau 1938–1945. Eine Analyse der politischen und gesellschaftlichen Situation im Reichsgau Oberdonau auf Grund geheimer und vertraulicher Berichte von Gestapo, Sicherheitsdienst der SS, staatlicher Verwaltung (Gendarmerie) und Gerichtsbarkeit, in: Fritz Mayrhofer/Walter Schuster (Hg.), Nationalsozialismus in Linz, Band 1, Linz 2001, S. 597–648.

Carsten, F. L., Faschismus in Österreich. Von Schönerer zu Hitler, München 1978.

Cerwenka, Kurt, Die Fahne ist mehr als der Tod. Nationalsozialistische Erziehung und Schule in „Oberdonau" 1938–1945, Grünbach 1996.

Cerwenka, Kurt/Otto Kampmüller, An der Heimatfront. Frauen und Mädchen in Oberösterreich 1938–1945, Grünbach 2002.

Cesarani, David, Adolf Eichmann. Bürokrat und Massenmörder, Berlin 2002.

Dachs, Herbert, Schule in der „Ostmark", in: Emmerich Tálos/Ernst Hanisch/Wolfgang Neugebauer/Reinhard Sieder (Hg.), NS-Herrschaft in Österreich. Ein Handbuch, Wien 2001, S. 446–466.

Dittlbacher, Fritz, Kleine Zeiten. Die Geschichte meiner Großmutter, Wien 2012.

Dobosiewicz, Stanislaw, Vernichtungslager Gusen, Wien 2007.

Dohle, Oskar, Schule im Linz der NS-Zeit, in: Fritz Mayrhofer/Walter Schuster (Hg.), Nationalsozialismus in Linz, Band 2, Linz 2001, S. 907–935.

Dostal, Thomas, Das „braune Netzwerk" in Linz. Die illegalen nationalsozialistischen Aktivitäten zwischen 1933 und 1938, in: Fritz Mayrhofer/Walter Schuster (Hg.), Nationalsozialismus in Linz, Band 1, Linz 2001, S. 21–136.

Dostal, Thomas, Jugend in Oberdonau, in: Reichsgau Oberdonau. Aspekte 2, hg. v. Oberösterreichischen Landesarchiv, Linz 2005, S. 7–147.

Dostal, Thomas, Intermezzo – Austrofaschismus in Linz, in: Fritz Mayrhofer/Walter Schuster (Hg.), Linz im 20. Jahrhundert. Beiträge 2, Linz 2010, S. 619–781.

Ecker, Maria, Spätes Gedenken. Richard Groher, 1902–1943, in: betrifft Widerstand. Zeitschrift des Zeitgeschichte Museums Ebensee, November 2005, S. 37–39.

Eidenberger, Josef, Waldinger Geschichts-Bilderbuch, Walding 2007.

Eigelsberger, Peter (mit Vorarbeiten von Irene Leitner), „Mauthausen vor Gericht". Die österreichischen Prozesse wegen Tötungsdelikten im KZ Mauthausen und seinen Außenlagern, in: Thomas Albrich/Winfried R. Garscha/Martin F. Polaschek (Hg.), Holocaust und Kriegsverbrechen vor Gericht. Der Fall Österreich, Innsbruck u.a. 2006, 198–228.

Ellmauer, Daniela, Große Erwartungen – kleine Fluchten: Frauen in Linz 1938–1945, in: Fritz Mayrhofer/Walter Schuster (Hg.), Nationalsozialismus in Linz, Band 1, Linz 2001, S. 649–671.

Ellmauer, Daniela/Michael John/Regina Thumser, „Arisierungen", beschlagnahmte Vermögen, Rückstellungen und Entschädigungen in Oberösterreich, München 2004.

Erlebte Geschichte. 90 Jahre Oberösterreich, erzählt von seinen Menschen, Linz [2008].

Errettet aus Mauthausen. Berichte ehemaliger polnischer Häftlinge des NS-Konzentrationslagers Mauthausen-Gusen, Bearbeitung von Katarzyna Madon-Mitzner, Warszawa 2010.

Ertelt, Ingeborg, Meine Rechnung geht bis Anfang Mai. Aus dem Leben des Widerstandskämpfers Sepp Teufl (1904–1945), Grünbach 2003.

Fallend, Karl, Zwangsarbeit – Sklavenarbeit in den Reichswerken Hermann Göring am Standort Linz. (Auto-) biographische Einsichten, Wien u.a. 2001.

Fellner, Fritz, Das Mühlviertel 1945. Eine Chronik Tag für Tag, Grünbach 1995.

Fellner, Fritz (Hg.), Passierschein und Butterschmalz. 1945. Zeitzeugen erinnern sich an Kriegsende und Befreiung, Grünbach 1995.

Fellner, Fritz (Hg.), Alltag und Leben im Mühlviertel 1945–1955, Grünbach 2005.

Fénelon, Fania, Das Mädchenorchester in Auschwitz, München 1994.

Fiereder, Helmut, Reichswerke „Hermann Göring" in Österreich (1938–1945), Wien/Salzburg 1983.

Filipic, France, Slowenen in Mauthausen, Wien 2004.

Freund, Florian, Oberösterreich und die „Zigeuner". Politik gegen eine Minderheit im 19. und 20. Jahrhundert, Linz 2010.

Freund, Florian/Bertrand Perz/Karl Stuhlpfarrer, Dokumentation: Der Bericht des US-Geheimagenten Jack H. Taylor über das Konzentrationslager Mauthausen, in: Zeitgeschichte 22, Nr. 9/10 (1995), S. 318–341.

Freund, Florian/Bertrand Perz, Die Zahlenentwicklung der ausländischen Zwangsarbeiter und Zwangsarbeiterinnen auf dem Gebiet der Republik Österreich 1939–1945. Gutachten im Auftrag der Historikerkommission der Republik Österreich, Wien 2000.

Freund, Florian/Bertrand Perz, Konzentrationslager Mauthausen, in: Wolfgang Benz/Barbara Distel (Hg.), Der Ort des Terrors. Geschichte der nationalsozialistischen Konzentrationslager, Band 4, München 2006, S. 289–470.

Freund, Florian /Bertrand Perz, Konzentrationslager in Oberösterreich 1938 bis 1945, Linz 2007.

Gamsjäger, Paul (Hg.), Wilderer – Jäger – Wilderer. Erzählungen von Sepp Gamsjäger aus Gosau, Gosau/Salzburg/Wien 2012.

Ganglmair, Siegwald, Widerstand und Verfolgung in Linz in der NS-Zeit, in: Fritz Mayrhofer/Walter Schuster (Hg.), Nationalsozialismus in Linz, Band 2, Linz 2001, S. 1407–1466.

Gansinger, Gottfried, Wenn das der Führer gewusst hätt'! Hintergründe zur Ermordung von Dr. Ludwig Bernegger – beleuchtet aus Gerichtsakten, in: K.Ö.St.V. Rugia Ried (Hg.): Einheit in Vielfalt. 1908–2008. Festschrift, S. 189–198.

Garscha, Winfried R./Franz Scharf, Justiz in Oberdonau, Linz 2007.

Gindelstrasser, Franz, Franz Peterseil. Eine nationalsozialistische Karriere, Grünbach 2003.

Die Tagebücher von Joseph Goebbels, hg. v. Elke Fröhlich, Teil 2: Band 2, München 1996.

Goldberger, Josef, „Euthanasieanstalt" Hartheim und Reichsgau Oberdonau. Involvierung von Verwaltungs- und Parteidienststellen des Reichsgaues Oberdonau in das Euthanasieprogramm, in: Mitteilungen des Oberösterreichischen Landesarchivs, Band 19, Linz 2000, S. 359–400.

Goldberger, Josef, NS-Gesundheitspolitik in Oberdonau, Linz 2004.

Goldberger, Josef/Cornelia Sulzbacher, Oberdonau, Linz 2008.

Gostner, Erwin, 1000 Tage im KZ. Ein Erlebnisbericht aus den Konzentrationslagern Dachau, Mauthausen und Gusen, Innsbruck 1945.

Grabner, Günther, Peter Kammerstätter. Biographie eines Widerstandskämpfers, Linz 2011.

Gugglberger, Martina, „Versuche, anständig zu bleiben" – Widerstand und Verfolgung von Frauen im Reichsgau Oberdonau, in: Gabriella Hauch (Hg.), Frauen im Reichsgau Oberdonau. Geschlechtsspezifische Bruchlinien im Nationalsozialismus, Linz 2006, S. 281–343.

Haas, Hanns, Der „Anschluss", in: Emmerich Tálos/Ernst Hanisch/Wolfgang Neugebauer/Reinhard Sieder (Hg.), NS-Herrschaft in Österreich. Ein Handbuch, Wien 2001, S. 26–54.

Hackl, Erich, Abschied von Sidonie. Erzählung, Zürich 1989.

Hafner, Gerald, Das Mühlviertel unter sowjetischer Besatzung, in: Stefan Karner/Barbara Stelzl-Marx (Hg.), Die Rote Armee in Österreich. Sowjetische Besatzung 1945–1955. Beiträge, Graz/Wien/München 2005, S. 503–521.

Hamann, Brigitte, Hitlers Wien. Lehrjahre eines Diktators, München/Zürich 1996.

Hanisch, Ernst, Der lange Schatten des Staates. Österreichische Gesellschaftsgeschichte im 20. Jahrhundert, Wien 1994.

Hauch, Gabriella, Zwangsarbeiterinnen und ihre Kinder, in: NS-Zwangsarbeit. Der Standort Linz der Reichswerke Hermann Göring AG Berlin. 1938–1945, hg. v. Oliver Rathkolb, Wien u.a. 2001, S. 355–448.

Hauch, Gabriella (Hg.), Industrie und Zwangsarbeit im Nationalsozialismus. Mercedes Benz – VW – Reichswerke Hermann Göring in Linz und Salzgitter, Innsbruck u.a. 2003.

Hauch, Gabriella (Hg.), Frauen im Reichsgau Oberdonau. Geschlechtsspezifische Bruchlinien im Nationalsozialismus, Linz 2006.

Häupl, Waltraud, Der organisierte Massenmord an Kindern und Jugendlichen in der Ostmark 1940–1945. Gedenkdokumentation für die Opfer der NS-Euthanasie, Wien/Köln/Weimar 2008.

Hautmann, Hans/Rudolf Kropf, Die österreichische Arbeiterbewegung vom Vormärz bis 1945. Sozialökonomische Ursprünge ihrer Ideologie und Politik, 2. korrigierte und ergänzte Auflage, Wien 1976.

Hawle, Christian/Gerhard Kriechbaum/Margret Lehner, Täter und Opfer. Nationalsozialistische Gewalt und Widerstand im Bezirk Vöcklabruck 1938–1945. Eine Dokumentation, Wien u.a. 1995.

Hellmuth, Thomas/Karin Tolar-Hellmuth, Der frühe Nationalsozialismus. Gesellschaftliche Grundlagen, Aufstieg und Illegalität, in: Nationalsozialismus in Wels, Band 2, Wels 2012, S. 11–51.

Herbert, Ulrich, Von der Gegnerbekämpfung zur „rassischen Generalprävention". „Schutzhaft" und Konzentrationslager in der Konzeption der Gestapo-Führung 1933–1939, in: Ulrich Herbert/Karin Orth/Christoph Dieckmann (Hg.), Die nationalsozialistischen Konzentrationslager. Entwicklung und Struktur, Band 1, Göttingen 1998, S. 60–86.

Hofer, Josef Theodor, Weggefährten. Vom österreichischen Freiheitskampf 1933 bis 1945, Wien/Michaelnbach 1946.

Hopfer, Ines, Geraubte Identität. Die gewaltsame „Eindeutschung" von polnischen Kindern in der NS-Zeit, Wien/Köln/Weimar 2010.

Horwitz, Gordon J., In the Shadow of Death. Living Outside the Gates of Mauthausen, New York u.a. 1990.

Höss, Dagmar/Monika Sommer/Heidemarie Uhl (Hg.), In Situ. Zeitgeschichte findet Stadt: Nationalsozialismus in Linz, Linz 2009.

Humer, Gregor (Hg.), „Vermisst". Die Briefe des Soldaten Ferdinand Humer aus dem Krieg. Weißrussland 1942–1944, Redaktion: Christine Haiden, Linz 2012.

Innerhofer, Franz, Scheibtruhe, Salzburg 1996.

John, Michael, Zwischenstation Oberösterreich. Die Auffanglager und Wohnsiedlungen für jüdische DPs und Transitflüchtlinge, in: Thomas Albrich (Hg.), Flucht nach Eretz Israel. Die Bricha und der jüdische Exodus durch Österreich nach 1945, Innsbruck u.a. 1998, S. 67–92.

John, Michael, Bevölkerung in der Stadt. „Einheimische" und „Fremde" in Linz (19. und 20. Jahrhundert), Linz 2000.

John, Michael, „Bereits heute schon ganz judenfrei ..." Die Jüdische Bevölkerung von Linz und der Nationalsozialismus, in: Fritz Mayrhofer/Walter Schuster (Hg.), Nationalsozialismus in Linz, Band 2, Linz 2001, S. 1311–1406.

John, Michael, Zwangsarbeit und NS-Industriepolitik, in: NS-Zwangsarbeit. Der Standort Linz der Reichswerke Hermann Göring AG Berlin. 1938–1945, hg. v. Oliver Rathkolb, Wien u.a. 2001, S. 23–146.

John, Michael, Zur Stellung der Juden im mitteleuropäischen Raum 1848 bis 1867, in: Petra-Maria Dallinger (Hg.), Der Fall Franz Stelzhamer, Linz 2014, S. 45–58.

Kalliauer, Günter, Die jüdische Bevölkerung in Wels zur Zeit des Nationalsozialismus, in: Nationalsozialismus in Wels, hg. v. der Stadt Wels, Band 1, Wels 2008, S. 49–99.

Kaltenbrunner, Matthias, Flucht aus dem Todesblock. Der Massenausbruch sowjetischer Offiziere aus dem Block 20 des KZ Mauthausen und die „Mühlviertler Hasenjagd" – Hintergründe, Folgen, Aufarbeitung, Innsbruck u.a. 2012.

Kammerstätter, Peter, Der Todesmarsch ungarischer Juden von Mauthausen nach Gunskirchen im April 1945. Eine Materialsammlung nach 25 Jahren, Linz 1971.

Kammerstätter, Peter, Materialsammlung über die Widerstands- und Partisanenbewegung Willy-Fred. Freiheitsbewegung im oberen Salzkammergut – Ausseerland 1943–1945, Linz 1978.

Kammerstätter, Peter, Der Ausbruch der russischen Offiziere und Kommissare aus dem Block 20 des Konzentrationslagers Mauthausen am 2. Februar 1945 (Die Mühlviertler Hasenjagd). Materialsammlung. Aussagen von Menschen, die an der Verfolgung beteiligt waren oder zusehen mussten, und solchen, die Hilfe gaben, Linz 1979.

Kammerstätter, Peter, Teufl Josef (Pepi – Sepp) (Teufel). Geb. 23.11.1904, gest. 29.4.1945 im KZ Mauthausen. Dokumentensammlung, Linz 1984.

Kammerstätter, Peter, Dem Galgen, dem Fallbeil, der Kugel entkommen. Neun Lebensbilder aus dem Widerstand, hg. v. KZ-Verband Oberösterreich, Grünbach 2006.

Kampmüller, Otto, Ottensheim 1938, Ottensheim 1999.

Karner, Stefan/Barbara Stelzl-Marx (Hg.), Stalins letzte Opfer. Verschleppte und erschossene Österreicher in Moskau 1950–1953, Wien/München 2009.

100 Jahre Keferfeldschule. Festschrift zum Jubiläum. 1912–2012, Linz 2012.

Kepplinger, Brigitte, Aspekte nationalsozialistischer Herrschaft in Oberösterreich, in: Emmerich Tálos/Ernst Hanisch/Wolfgang Neugebauer/Reinhard Sieder (Hg.), NS-Herrschaft in Österreich. Ein Handbuch, Wien 2001, S. 214–236.

Kepplinger, Brigitte, Die Tötungsanstalt Hartheim 1940–1945, in: Brigitte Kepplinger/Gerhart Marckhgott/Hartmut Reese (Hg.), Tötungsanstalt Hartheim, 2., erweiterte Auflage, Linz 2008, S. 63–116.

Kepplinger, Brigitte/Gerhart Marckhgott/Hartmut Reese (Hg.), Tötungsanstalt Hartheim, 2., erweiterte Auflage, Linz 2008.

Kepplinger, Brigitte/Irene Leitner (Hg.), Dameron Report. Bericht des War Crimes Investigating Teams No. 6824 der U.S. Army vom 17.7.1945 über die Tötungsanstalt Hartheim, Innsbruck u.a. 2012.

Kern, Felix, Oberösterreichischer Bauern- und Kleinhäuslerbund, Band 2, Ried im Innkreis 1956.

Kershaw, Ian, Hitler. 1889–1936, München 2002.

Kershaw, Ian, Hitler. 1936–1945, München 2002.

Kirchmayr, Birgit, Sonderauftrag Linz. Zur Fiktion eines Museums, in: Fritz Mayrhofer/Walter Schuster (Hg.), Nationalsozialismus in Linz, Band 1, Linz 2001, S. 557–596.

Kirchmayr, Birgit, George Wozasek. Eine biografische Spurensuche, Linz 2012.

Kirchmayr, Birgit/Friedrich Buchmayr/Michael John (Hg.), Geraubte Kunst in Oberdonau, Linz 2007.

Kislinger, Helmut J., Verführt und missbraucht. Ein ehemaliger Hitlerjunge erzählt aus der Kriegs- und Nachkriegszeit, 2., erweiterte und veränderte Auflage, Steyr 2009.

Kislinger, Helmut J., Die brennende Stadt. In der Flammenhölle der zerstörten Stadt Dresden, Steyr 2014.

Kitzmantel, Michael, Widerstand und Verfolgung in Wels – 1. Teil, in: Nationalsozialismus in Wels, hg. v. der Stadt Wels, Band 1, Wels 2008, S. 191–217.

Kloyber, Christian/Christian Wasmeier, Das Bürglgut. Von der Großbürglichkeit zur Restitution, Innsbruck u.a. 2011.

Koch, Hannes, Ferdinand Rydl – „Eine Schinderei war es schon sehr!", in: Anita Kuisle (Hg.), Kohle und Dampf. Oberösterreichische Landesausstellung Ampflwang 2006, Linz 2006, S. 164–172.

Kohl, Walter, Die Pyramiden von Hartheim. „Euthanasie" in Oberösterreich 1940 bis 1945, Grünbach 1997.

Kohl, Walter, Auch auf dich wartet eine Mutter. Die Familie Langthaler inmitten der „Mühlviertler Hasenjagd", Grünbach 2005.

Konrad, Helmut, Die Arbeiterbewegung, in: Widerstand und Verfolgung in Oberösterreich 1934–1945. Eine Dokumentation, hg. v. Dokumentationsarchiv des österreichischen Widerstandes, Band 1, Wien/Linz 1982, S. 183–186.

Kranebitter, Andreas, Aribert Heim, Lagerarzt im KZ Mauthausen, im Spiegel der Dokumente, in: KZ-Gedenkstätte Mauthausen/Mauthausen Memorial 2008, S. 86–99.

Kranzl-Greinecker, Martin, Die Kinder von Etzelsdorf. Notizen über ein „Fremdvölkisches Kinderheim", Linz 2005.

Kugler, Andrea, Vom „arisierten" Gutsbesitz zum Aluminiumwerk. „Arisierung", Industriegründung und Rückstellung in Ranshofen, Diplomarbeit, Wien 2002.

„Kulturhauptstadt des Führers". Kunst und Nationalsozialismus in Linz und Oberösterreich, hg. v. Birgit Kirchmayr, Linz/Weitra 2008.

Kuretsidis-Haider, Claudia/Winfried R. Garscha, Das Linzer Volksgericht. Die Ahndung von NS-Verbrechen in Oberösterreich nach 1945, in: Fritz Mayrhofer/Walter Schuster (Hg.), Nationalsozialismus in Linz, Band 2, Linz 2001, S. 1467–1561.

Kutschera, Richard, Die Fliegerangriffe auf Linz im zweiten Weltkrieg. Sonderdruck aus dem Historischen Jahrbuch der Stadt Linz, Linz 1966.

Kykal, Inez/Karl R. Stadler, Richard Bernaschek. Odyssee eines Rebellen, Wien 1976.

Lackinger, Otto, Die Linzer Industrie im 20. Jahrhundert, Linz 2007.

Laher, Ludwig (Hg.), Uns hat es nicht geben sollen. Rosa Winter, Gitta und Nicole Martl. Drei Generationen Sinti-Frauen erzählen, Grünbach 2004.

Laher, Ludwig, Herzfleischentartung. Roman, Innsbruck/Wien 2009.

Laher, Ludwig, Das Zigeuneranhaltelager Weyer-St.Pantaleon. Zufälliges Zentrum der NS-Aussonderungspolitik im Gau Oberdonau, in: Florian Freund, Oberösterreich und die „Zigeuner". Politik gegen eine Minderheit im 19. und 20. Jahrhundert, Linz 2010, S. 315–338.

Laher, Ludwig, Bitter. Roman, Göttingen 2014.

Langoth Franz, Kampf um Österreich. Erinnerungen eines Politikers, Wels 1951.

Lehner, Reinhard, Protestantismus, Hakenkreuz und Davidstern in Oberösterreich 1938–1945, Diplomarbeit Linz 1998.

Lehr, Rudolf, Landeschronik Oberösterreich, Wien 2008.

Leimlehner, Erich, Das Kriegsende und die Folgen der sowjetischen Besetzung im Mühlviertel 1945 bis 1955, Zürich 1974.

Leitner, Irene, NS-Euthanasie: Wissen und Widerstand. Wahrnehmungen in der Bevölkerung und der Widerstand Einzelner, in: Brigitte Kepplinger/Gerhart Marckhgott/Hartmut Reese (Hg.), Tötungsanstalt Hartheim, 2., erweiterte Auflage, Linz 2008, S. 217–259.

Lenk, Rudolf/Albrecht Dunzendorfer, Oberdonau, die Heimat des Führers, München 1940.

Lettner, Kurt, Ein Schulläufer spiegelt Zeitgeschichte. Der Einfluß der Nationalsozialisten auf das Schulsystem zwischen 1938 und 1945, in: Oberösterreichische Heimatblätter 3 (1993), S. 208–216.

Linz zwischen Demokratie und Diktatur. 1918–1945, hg. v. Fritz Mayrhofer und Walter Schuster, Linz 2006.

Linz zwischen Wiederaufbau und Neuorientierung. 1945–1984, hg. v. Fritz Mayrhofer und Walter Schuster, Linz 2007.

Linzer Tages-Post. Abendblatt, 28.3.1938.

Die Causa Löhner. Im Übrigen müssen wir es der Gestapo überlassen. Medienbegleitheft zur DVD, hg. v. Bundesministerium für Unterricht, Kunst und Kultur, Wien o.J.

Löhr, Hanns Christian, Hitlers Linz. Der „Heimatgau des Führers", Berlin 2013.

Longerich, Peter, „Davon haben wir nichts gewusst!" Die Deutschen und die Judenverfolgung 1933–1945, München 2006.

Luža, Radomir, Der Widerstand in Österreich 1938–1945, Wien 1983.

Manoschek, Walter, Verschmähte Erbschaft. Österreichs Umgang mit dem Nationalsozialismus 1945–1955, in: Reinhard Sieder/Heinz Steinert/Emmerich Tálos (Hg.), Österreich 1945–1995. Gesellschaft – Politik – Kultur, Wien 1995, S. 94–106.

Maršálek, Hans, Die Geschichte des Konzentrationslagers Mauthausen. Dokumentation, 4. Auflage, Wien 2006.

Matzek, Tom, Das Mordschloss. Auf der Spur von NS-Verbrechen im Schloss Hartheim, Wien 2002.

Das Konzentrationslager Mauthausen 1938–1945. Katalog zur Ausstellung in der KZ-Gedenkstätte Mauthausen, hg. v. Verein für Gedenken und Geschichtsforschung in österreichischen KZ-Gedenkstätten, Wien 2013.

Mayrhofer, Fritz/Walter Schuster (Hg.), Bilder des Nationalsozialismus in Linz, Linz 1997.

Mayrhofer, Fritz/Walter Schuster (Hg.), Nationalsozialismus in Linz, 2 Bände, Linz 2001.

Mayrhofer, Fritz, Die „Patenstadt des Führers". Träume und Realität, in: Fritz Mayrhofer/Walter Schuster (Hg.), Nationalsozialismus in Linz, Band 1, Linz 2001, S. 327–386.

Mayrhofer, Fritz/Walter Schuster (Hg.), Linz im 20. Jahrhundert. Beiträge 1 und 2, Linz 2010.

Merl, Edmund, Besatzungszeit im Mühlviertel. Anhand der Entwicklung im politischen Bezirk Freistadt, Linz 1980.

Moser-Kroiss, Judith/Andreas Schmoller (Hg.), Stimmen aus dem KZ Ebensee. Projekt KZ-memoria scripta, Ebensee 2005.

Müller, Monika, Die Oberaufseherin Maria Mandl. Werdegang, Dienstpraxis und Selbstdarstellung nach Kriegsende, in: Simone Erpel (Hg.), Im Gefolge der SS. Aufseherinnen des Frauen-KZ Ravensbrück, Berlin 2007, S. 48–58.

Nationalsozialismus. Auseinandersetzung in Linz. 60 Jahre Zweite Republik, hg. v. Walter Schuster, Anneliese Schweiger und Maximilian Schimböck, Linz 2005.

Nationalsozialismus in Wels, hg. v. der Stadt Wels, Band 1, Wels 2008.

Nationalsozialismus in Wels, hg. v. der Stadt Wels, Band 2, Wels 2012.

Neugebauer, Wolfgang, Der österreichische Widerstand 1938–1945, Wien 2008.

Neuhauser-Pfeiffer, Waltraud/Karl Ramsmaier, Vergessene Spuren. Die Geschichte der Juden in Steyr, Grünbach 1998.

NS-Zwangsarbeit. Der Standort Linz der Reichswerke Hermann Göring AG Berlin. 1938–1945, hg. v. Oliver Rathkolb, Wien u.a. 2001.

Oberdonau. Querschnitt durch Kultur und Schaffen im Heimatgau des Führers, hg. von Gauleiter und Reichsstatthalter Eigruber, Folge 2, 2. Jahrgang, Juni–August 1942.

Olbrich, Bert/Selin Özer, Linz 1938, Linz 1988.

Pauley, Bruce F., Der Weg in den Nationalsozialismus. Ursprünge und Entwicklung in Österreich, Wien 1988.

Der 2. Weltkrieg in Peilstein, 1939–1945, und die Zeit der russischen Besetzung bis 1955, hg. v. der Marktgemeinde Peilstein, Peilstein 1985.

Pelinka, Anton, Von der Funktionalität von Tabus. Zu den „Lebenslügen" der Zweiten Republik, in: Wolfgang Kos/Georg Rigele (Hg.), Inventur 45/55. Österreich im ersten Jahrzehnt der Zweiten Republik, Wien 1996, S. 23–32.

Perz, Bertrand, Alltag im Nationalsozialismus II. Die tägliche Unterdrückung. Das KZ, in: Ernst Bruckmüller (Hg.), Alltagserfahrungen in der Geschichte Österreichs, Wien 1998, S. 201–212.

Perz, Bertrand, Die KZ-Gedenkstätte Mauthausen. 1945 bis zur Gegenwart, Innsbruck u.a. 2006.

Perz, Bertrand, Verwaltete Gewalt. Der Tätigkeitsbericht des Verwaltungsführers im Konzentrationslager Mauthausen 1941 bis 1944, Wien 2013.

„Ein bescheidenes Leuterl…" Zur Erinnerung an Resi Pesendorfer (1902–1989). Eine Dokumentation der KPÖ Oberösterreich, Linz 2012.

Plieseis, Sepp, Partisan der Berge. Lebenskampf eines österreichischen Arbeiters, 3. Auflage, Wien 1987.

Pressac, Jean-Claude, Die Krematorien von Auschwitz. Die Technik des Massenmordes, München 1994.

Prinzip Hoffnung. Linz zwischen Befreiung und Freiheit. Ausstellung 22. April bis 30. Juli 1995, Redaktion Willibald Katzinger und Fritz Mayrhofer, Linz 1995.

Putz, Erna, Franz Jägerstätter. „… besser die Hände als der Wille gefesselt …", Grünbach 1997.

Quatember, Wolfgang/Ulrike Felber/Susanne Rolinek, Das Salzkammergut. Seine politische Kultur in der Ersten und Zweiten Republik, Grünbach 1999.

Rafetseder, Hermann, „Ausländereinsatz" zur Zeit des NS-Regimes, in: Fritz Mayrhofer/Walter Schuster (Hg.), Nationalsozialismus in Linz, Band 2, Linz 2001, S. 1107–1270.

Rafetseder, Hermann, „Das KZ der Linzer Gestapo". Neue Quellen im Rahmen des Österreichischen Versöhnungsfonds zum „Arbeitserziehungslager" Schörgenhub, in: Historisches Jahrbuch der Stadt Linz 2003, Linz 2004, S. 523–539.

Rammer, Monika, Die Geschichte meines Großvaters. Interview mit einem ehemaligen SS-Mann im KZ Mauthausen, in: Gerhard Botz (Hg.), Schweigen und Reden einer Generation. Erinnerungsgespräche mit Opfern, Tätern und Mitläufern des Nationalsozialismus, Wien 2005, S. 72–81.

Rammerstorfer, Bernhard, Ungebrochener Wille. Der außergewöhnliche Mut eines einfachen Mannes: Leopold Engleitner, geb. 1905, Herzogsdorf 2011.

Rammerstorfer, Bernhard, Im Zeugenstand. Was wir noch sagen wollten. 100 Fragen – 900 Antworten. Interviews mit Holocaust-Überlebenden und NS-Opfern, Herzogsdorf 2012.

Ramp, Norbert, „Die D.P. bezahlen alle Preise …" Vorurteile und Konflikte zwischen Einheimischen und jüdischen DPs in Salzburg und Oberösterreich, in: Thomas Albrich (Hg.), Flucht nach Eretz Israel. Die Bricha und der jüdische Exodus durch Österreich nach 1945, Innsbruck u.a. 1998, S. 137–160.

Rathkolb, Oliver, NS-Problem und politische Restauration: Vorgeschichte und Etablierung des VdU, in: Sebastian Meissl/Klaus-Dieter Mulley/Oliver Rathkolb (Hg.), Verdrängte Schuld, verfehlte Sühne. Entnazifizierung in Österreich 1945–1955, Wien 1986.

Rauch, Konrad, Die Militärregierung, in: Oberösterreich. April bis Dezember 1945. Ein Dokumentarbericht, bearbeitet vom Oberösterreichischen Landesarchiv, Linz 1991, S. 41–58.

Rauscher, Karl-Heinz, Steyr im Nationalsozialismus. Politische, militärische und soziale Strukturen, Gnas 2003.

Reichsgau Oberdonau. Aspekte 1, hg. v. Oberösterreichischen Landesarchiv, Linz 2004.

Reichsgau Oberdonau. Aspekte 2, hg. v. Oberösterreichischen Landesarchiv, Linz 2005.

Reiter, Margit, „In unser aller Herzen brennt dieses Urteil". Der Bad Ischler „Milch-Prozeß" von 1947 vor dem amerikanischen Militärgericht, in: Michael Gehler/Hubert Sickinger (Hg.), Politische Affären und Skandale in Österreich. Von Mayerling bis Waldheim, Wien 1995, S. 323–345.

Rief, Silvia, Rüstungsproduktion und Zwangsarbeit. Die Steyrer-Werke und das KZ Gusen, Innsbruck u.a. 2005.

Der Bezirk Rohrbach zwischen Hakenkreuz und Sowjetstern. „Zeitzeugen berichten", gesammelt von Fritz Winkler, Rohrbach 2000.

Rohrhofer, Franz Xaver, Heinrich Gleißner. Lehrjahre eines „Landesvaters", Linz 2012.

Roiter, Christine, Hedda Wagner. Komponistin, Dichterin, Frauenrechtlerin, Innsbruck u.a. 2004.

Sandgruber, Roman, Lenzing. Anatomie einer Industriegründung im Dritten Reich, Linz 2010.

Sarlay, Ingo, Adolf Hitlers Linz. Architektonische Visionen einer Stadt, in: „Kulturhauptstadt des Führers". Kunst und Nationalsozialismus in Linz und Oberösterreich, hg. v. Birgit Kirchmayr, Linz/Weitra 2008, S. 65–78.

Saxinger, Franz, Mit Leib und Seele Bauer. Meine Lebenserinnerungen. Vom Holzpflug bis zum Computer, Kollerschlag 2003.

Schiffkorn, Elisabeth, „So war es". Oberösterreich von 1934 bis 1955. ZeitzeugInnen erinnern sich, Linz 2005.

Schlackl, Angelika, Johann Hocheneder, in: Florian Schwanninger/Irene Zauner-Leitner (Hg.), Lebensspuren. Biografische Skizzen von Opfern der NS-Tötungsanstalt Hartheim, Innsbruck u.a. 2013, S. 57–67.

Schmidl, Erwin A., März 1938. Der deutsche Einmarsch in Österreich, Wien 1988.

Schmitz-Berning, Cornelia, Vokabular des Nationalsozialismus, Berlin 2007.

Schödel, Helmut, Härter als das Leben. Eine Reise über die Dörfer, bis an den Rand der Heimatliteratur und weiter, in: Die Zeit, 23.3.1990.

Schreiber, Horst, Nationalsozialismus und Faschismus in Tirol und Südtirol. Opfer – Täter – Gegner. Mit einem Beitrag von Gerald Steinacher und Philipp Trafojer, Innsbruck u.a. 2008.

Schroeder, Christa, Er war mein Chef. Aus dem Nachlaß der Sekretärin von Adolf Hitler, hg. v. Anton Joachimsthaler, 4. Auflage, München/Wien 1989.

Schuster, Walter, Deutschnational, nationalsozialistisch, entnazifiziert. Franz Langoth – eine NS-Laufbahn, Linz 1999.

Schuster, Walter, Politische Restauration und Entnazifizierungspolitik in Oberösterreich, in: Walter Schuster/Wolfgang Weber (Hg.), Entnazifizierung im regionalen Vergleich, Linz 2004, S. 157–215.

Schwager, Karl, Geschichte der Juden in Linz, in: Hugo Gold, Geschichte der Juden in Österreich. Ein Gedenkbuch, Tel Aviv 1971, S. 57–62.

Schwanninger, Florian, Im Heimatkreis des Führers. Nationalsozialismus, Widerstand und Verfolgung im Bezirk Braunau 1938 bis 1945, 2. Auflage, Grünbach 2007.

Schwanninger, Florian, Die „Sonderbehandlung 14f13" in den Konzentrationslagern Mauthausen und Gusen, in: KZ-Gedenkstätte Mauthausen/Mauthausen Memorial 2011, S. 55–70.

Schwanninger, Florian, Erinnern und Gedenken in Oberösterreich. Eine historische Skizze der Erinnerungskultur für die Opfer des Nationalsozialismus, in: Mitteilungen des Oberösterreichischen Landesarchivs, Band 23, Linz 2013, S. 199–305.

Schweiger, Anneliese, Wirtschaft, in: Linz zwischen Wiederaufbau und Neuorientierung. 1945–1984, hg. v. Fritz Mayrhofer und Walter Schuster, Linz 2007, S. 73–97.

Sereny, Gitta, Am Abgrund. Gespräche mit dem Henker. Franz Stangl und die Morde von Treblinka, München 1995.

Slapnicka, Harry, Oberösterreich – von der Monarchie zur Republik (1918–1927), 3. Auflage, Linz 1979.

Slapnicka, Harry, Oberösterreich – zwischen Bürgerkrieg und Anschluß (1927–1938), Linz 1975.

Slapnicka, Harry, Oberösterreich – als es „Oberdonau" hieß (1938–1945), Linz 1978.

Slapnicka, Harry, Oberösterreich – zweigeteiltes Land (1945–1955), Linz 1986.

Slapnicka, Harry, Hitler und Oberösterreich. Mythos, Propaganda und Wirklichkeit um den „Heimatgau des Führers", Grünbach 1998.

Speckner, Hubert, In der Gewalt des Feindes. Kriegsgefangenenlager in der „Ostmark" 1939 bis 1945, Wien/München 2003.

Stadler, Karl, Österreich 1938–1945 im Spiegel der NS-Akten, Wien 1966.

Steinmaßl, Franz, Das Hakenkreuz im Hügelland. Nationalsozialismus, Widerstand und Verfolgung im Bezirk Freistadt 1938–1945, Grünbach 1988.

Tálos, Emmerich/Ernst Hanisch/Wolfgang Neugebauer/Reinhard Sieder (Hg.), NS-Herrschaft in Österreich. Ein Handbuch, Wien 2001.

Tálos, Emmerich, Das austrofaschistische Herrschaftssystem. Österreich 1933–1938, Berlin u.a. 2013.

Temmel, Leopold, 200 Jahre Evangelische Gemeinde Gosau. Festschrift, Gosau 1984.

Sepp Teufl. Widerstandskämpfer. Eine Dokumentation der KPÖ-Oberösterreich, Linz 2010.

Thumser, Regina, „Der Krieg hat die Künste nicht zum Schweigen gebracht." Kulturpolitik im Gau Oberdonau, in: Reichsgau Oberdonau. Aspekte 1, hg. v. Oberösterreichischen Landesarchiv, Linz 2004, S. 127–174.

Thumser, Regina, Franz Kinzl. Vom Nationalsozialismus zum Kommunismus, in: „Kulturhauptstadt des Führers". Kunst und Nationalsozialismus in Linz und Oberösterreich, hg. v. Birgit Kirchmayr, Linz/Weitra 2008, S. 255–256.

Treml, Otto, Otto Pensl aus Steyr, österreichischer Marathonmeister 1925 (Manuskript o.J.).

Tweraser, Kurt, US-Militärregierung Oberösterreich, Band 1: Sicherheitspolitische Aspekte der amerikanischen Besatzung in Oberösterreich-Süd 1945–1950, Linz 1995.

Tweraser, Kurt, Wirtschaftspolitik zwischen „Führerstaat" und „Gaupartikularismus". Eigruber und Hinterleitner: Der „Gaufürst" und sein Wirtschaftsberater, in: Historisches Jahrbuch der Stadt Linz 2003/2004, Linz 2004, S. 499–514.

Tweraser, Kurt, Das politische Parteiensystem im Linzer Gemeinderat, in: Fritz Mayrhofer/Walter Schuster (Hg.), Linz im 20. Jahrhundert, Beiträge 1, Linz 2010, S. 93–210.

Uhl, Heidemarie, Das „erste Opfer". Der österreichische Opfermythos und seine Transformationen in der Zweiten Republik, in: Österreichische Zeitschrift für Politikwissenschaft 30/1 (2001), S. 19–34.

Verlegt und ermordet. Behinderte Menschen als Opfer der Euthanasie im Dritten Reich. Eine Dokumentation aus dem Evangelischen Diakoniewerk Gallneukirchen, Gallneukirchen 1991.

Wagner, Hedda, Im Zeichen der roten Nelke. Gedichte zu Parteifeiern, Linz 1928.

Wagner, Helmut, Der NS-Kirchenkampf in den Pfarren. Auswirkungen des NS-Kirchenkampfes auf pfarrliches Leben und seelsorgliche Praxis vor, während und nach der Zeit des NS-Regimes (1938–1945) am Beispiel von Mühlviertler Pfarren, Linz 1998.

Wagner, Helmut, Dr. Johann Gruber. Priester – Lehrer – Patriot (1889–1944). Nonkonformität und ihre Folgen in der Zeit des Nationalsozialismus, Linz 2011.

Wagner, Verena, Jüdisches Leben in Linz. 1849–1943, 2 Bände, Linz 2008.

Wagner, Verena, Jüdische Lebenswelten. Zehn Linzer Biographien, Linz 2013.

Wenisch, Ernst, Wilhelm Gärtner und die Neuanfänge der Volksbildung in Oberösterreich nach dem Ersten Weltkrieg, in: Oberösterreichische Heimatblätter 1/2 (1981), S. 86–98.

Wenisch, Ernst, Einige persönliche Erinnerungen an Wilhelm Gärtner. Zu seinem 100. Geburtstag am 1. September 1985, in: Oberösterreichische Heimatblätter 3 (1985), S. 246–255.

Widerstand und Verfolgung in Oberösterreich 1934–1945. Eine Dokumentation, hg. v. Dokumentationsarchiv des österreichischen Widerstandes, 2 Bände, Wien/Linz 1982.

Widerstand und Verfolgung in Niederösterreich 1934–1945. Eine Dokumentation, hg. v. Dokumentationsarchiv des österreichischen Widerstandes, Band 3, Wien 1987.

Wiederin, Ewald, Christliche Bundesstaatlichkeit auf ständischer Grundlage: Eine Strukturanalyse der Verfassung 1934, in: Ilse Reiter-Zatloukal/Christiane Rothländer/Pia Schölnberger (Hg.), Österreich 1933–1938. Interdisziplinäre Annäherungen an das Dollfuß-/Schuschnigg-Regime, Wien/Köln/Weimar 2012.

Winkler, Fritz, Kriegsende und Besatzungszeit in den Bezirken Rohrbach und Urfahr-Umgebung, Grünbach 2001.

Winter, Rosa, Wie es so war unser Leben, in: Ludwig Laher (Hg.), Uns hat es nicht geben sollen. Rosa Winter, Gitta und Nicole Martl. Drei Generationen Sinti-Frauen erzählen, Grünbach 2004, S. 23–52.

Wolf, Helga Maria (Hg.), Auf Ätherwellen. Persönliche Radiogeschichte(n). Wien/Köln/Weimar 2004.

Zellinger, Alois, Vöcklabruck in den Jahren 1933 bis 1945, Linz 2006.

Zehetner, Alois, In Erinnerung an Otto Pensl. Ein Opfer der Vernichtungsmaschinerie, in: Steyrer Zeitung vom 1.12.1988.

Zentner, Christian, Adolf Hitlers Mein Kampf. Eine kommentierte Auswahl, 19. Auflage, Berlin 2007.

Zimpernik, Raimund, „Der rote Strähn". Dokumentation über den antifaschistischen Widerstand im Salzkammergut, Aigen Voglhub 1995.

Zinnhobler, Rudolf, Die katholische Kirche, in: Widerstand und Verfolgung in Oberösterreich 1934–1945. Eine Dokumentation, hg. v. Dokumentationsarchiv des österreichischen Widerstandes, Band 2, Wien/Linz 1982, S. 11–37.

Zinnhobler, Rudolf, Kirche und Nationalsozialismus, in: Fritz Mayrhofer/Walter Schuster (Hg.), Nationalsozialismus in Linz, Band 2, Linz 2001, S. 937–1025.

Zwangsarbeit in der Land- und Forstwirtschaft auf dem Gebiet Österreichs 1939–1945, hg. v. der Österreichischen Historikerkommission, Wien 2002.

## Elektronische Medien

Ketani heißt Miteinander. Sintiwirklichkeiten statt Zigeunerklischees, Film von Ludwig Laher, DVD 2006.

KZ, Film von Rex Bloomstein, DVD 2006.

Die Rosenfels. Eine Familie aus Weng, Film von Kulturkombinat Exo 200, DVD 2009.

http://www.erinnern.at/bundeslaender/oesterreich/e_bibliothek/regionale-quellen-fur-den-geschichtsunterricht/291_4%20Lonauer%20-%20Czermak.pdf/view (Zugriff 4.9.2012).

http://www.lager-weyer.at/start.html (Zugriff 13.2.2013).

http://www.mauthausen-memorial.at, Aussage Nohel 6 (Zugriff 22.7.2014).

http://members.aon.at/hofkirchnerzeitgeschichte/1938.htm (Zugriff 15.4.2014).

http://www.ooezeitgeschichte.at/Zeitzeugen/Zeitzeuge_BauereckerG_5.html (Zugriff 5.8.2013).

http://www.ooegeschichte.at/themen/wir-oberoesterreicher/wir-oberoesterreicher/raub-und-zwangsarbeit-in-oberoesterreich/ (Zugriff 28.12.2013)

http://www.ris.bka.gv.at/Dokumente/BgblPdf/1945_1_0/1945_1_0.pdf (Zugriff 24.7.2014).

http://www.weg-von-hier.at/das-problem-schule/ (Zugriff 15.8.2013)

https://zwangsarbeit-archiv.de/archiv/interviews/za062/text_materials/ZA062_tr.pdf (Zugriff 11.7.2014)

# Sach- und Personenlexikon

(erstellt von Horst Schreiber, für diesen Band adaptiert von Christian Angerer und Maria Ecker)

**Aktion „14f13":** Ein von den Nationalsozialisten gebrauchter Begriff für die Tötung von nicht mehr arbeitsfähigen KZ-Häftlingen, Zwangsarbeitern und Zwangsarbeiterinnen, sowjetischen Kriegsgefangenen und ungarischen Juden und Jüdinnen in den Tötungsanstalten Bernburg, Sonnenstein oder Hartheim. NS-Gutachter selektierten in den Konzentrationslagern Häftlinge anhand von Meldebögen. Anfangs wurde den Menschen auch vorgemacht, sie würden in ein „Erholungslager" kommen, was zu vielen freiwilligen Meldungen führte. Im Rahmen der Aktion „14f13" wurden zwischen 15.000 und 20.000 Menschen ermordet, in Hartheim starben zwischen 7.000 und 10.000 Menschen.

**„Aktion Reinhard":** Deckname für die Ermordung der jüdischen Bevölkerung im Generalgouvernement in Polen unter Leitung des SS- und Polizeiführers des Distrikts Lublin Odilo Globocnik. Globocnik und viele seiner engsten Mitarbeiter waren Österreicher. Bis zum Sommer 1942 wurden im Generalgouvernement drei Vernichtungslager mit Gaskammern gebaut: Belzec, Sobibor und Treblinka. Auch unter den Kommandanten von Sobibor und Treblinka befanden sich Österreicher. Bis Oktober 1943 ermordeten die Nazis im Rahmen dieser Vernichtungsaktion rund 1,750.000 Juden und Jüdinnen sowie ca. 50.000 Roma und Sinti.

**Alliierte:** Großbritannien, USA, Sowjetunion und Frankreich. Sie bekämpften die Achsenmächte: Deutschland, Italien und Japan.

**„Anschluss":** Bezeichnung für die Machtübernahme der NSDAP in Österreich, die Besetzung Österreichs durch deutsche Truppen und die Auslöschung der Eigenständigkeit Österreichs durch seine Vereinigung mit dem Deutschen Reich nach dem März 1938.

**Antijudaismus:** Religiös begründete Judenfeindschaft. Die Hauptvorwürfe gegenüber Juden und Jüdinnen waren der Gottesmord an Jesus und ihre Weigerung, Jesus als Messias (Gott) anzuerkennen. Die christlichen Theologen zeichneten das Bild des für die Wahrheit blinden und teuflischen Juden. Weitere Vorwürfe betrafen den Ritualmord, die Hostienschändung und die Brunnenvergiftung. Auf diesem jahrhundertealten christlichen Antijudaismus konnte die rassisch begründete Judenfeindschaft (Antisemitismus) des 19. und 20. Jahrhunderts aufbauen.

**Antisemitismus:** Rassisch motivierter Judenhass. Im letzten Drittel des 19. Jahrhunderts setzte sich dieser Begriff in Europa durch. Die negativen Erscheinungen der großen Umbrüche in der Gesellschaft im Zuge der Industrialisierung (soziale Abstiege, Armut, Arbeitslosigkeit, Zunahme von Ängsten etc.) wurden der jüdischen Bevölkerung angelastet. Sie wurde als „minderwertige" Rasse definiert, die zu viel Einfluss habe und deshalb vertrieben werden müsse. Nach dem Ersten Weltkrieg verschärfte sich der Antisemitismus, weil der jüdischen Bevölkerung die Schuld für den Krieg und die Niederlage Deutschlands und des Habsburgerreiches in die Schuhe geschoben wurde. Die christlich-konservative und extreme Rechte verband ihre Judenfeindschaft mit der Ablehnung der parlamentarischen Demokratie, die sie als „Judenrepublik" beschimpfte. Die NSDAP radikalisierte den Antisemitismus, indem sie den „Juden" als mächtige Gegenrasse zu den „arischen Germanen" setzte und eine Weltverschwörung des „internationalen Judentums" konstruierte. Der Völkermord an Juden und Jüdinnen lag in der Logik dieses rassischen Antisemitismus, der von einem unausweichlichen Kampf der Rassen ausging und die Unmöglichkeit eines friedlichen deutsch-jüdischen Zusammenlebens betonte. Der Antisemitismus hatte zudem für den Nationalsozialismus handfeste Vorteile: Das Feindbild festigte das Wir-Gefühl, der jüdischen Bevölkerung konnte als Sündenbock die Schuld an allen Problemen gegeben werden, ihre Beraubung war erlaubt und bot vielen die Möglichkeit zur Bereicherung.

**Arier, arisch:** Altiranisch für gut, rein, edelmütig. Der Fachausdruck aus der Sprachwissenschaft versteht unter Ariern Völker, die der indogermanischen Sprachfamilie angehören. Arier dürfte auch die Selbstbezeichnung von Völkern gewesen sein, die vor 4.000 Jahren ins iranische Hochland einwanderten und später weite Teile Indiens eroberten. Wissenschaftlich völlig unhaltbar deuteten die Nazis die „Arier" als germanische Herrenrasse um, die frei von fremdem Blut wäre und alle nicht-arischen Völker unterwerfen oder vernichten müsste. Die jüdische Bevölkerung sowie die große Mehrheit der „Zigeuner" und der slawischen Völker wurden willkürlich als fremdrassig und nicht-arisch bestimmt.

**Ariernachweis:** Alle deutschen Staatsbürger und Staatsbürgerinnen mussten die Herkunft der Eltern und Großeltern dokumentieren, um zu beweisen, dass sie „deutscher oder artverwandter Abstammung" waren. Der Ariernachweis entschied über die Rechte und die sozialen Lebensbedingungen, ja über Leben und Tod, wenn die Verwandten etwa jüdischer Herkunft oder Roma und Sinti waren.

Mitglieder der NSDAP mussten ihre Abstammung bis zum Jahr 1800 nachweisen, jene der SS sogar bis 1750.

**„Asoziale":** „Asozial" ist der nationalsozialistische Begriff für als minderwertig eingeschätzte Menschen aus den sozialen Unterschichten. Das waren insbesondere Menschen, denen die Nationalsozialisten vorwarfen, dass sie Bettler, Landstreicher, arbeitsunwillige Fürsorgeempfänger, Alkoholiker, Prostituierte oder Zuhälter wären. Schon 1933 kam es im Deutschen Reich zu einer Verhaftungswelle gegen angebliche Bettler und Straßenprostituierte. Tausende „Asoziale" wurden in geschlossene Anstalten und Arbeitshäuser eingesperrt. Mit der Begründung des angeborenen Schwachsinns wurden sie zwangssterilisiert. Im Frühjahr und Sommer 1938 wurden über 10.000 Menschen als so genannte „Asoziale" in KZs verschleppt.

**Auschwitz, KZ:** Das ab Mai 1940 in einem Vorort der Stadt Auschwitz in Polen errichtete KZ wurde zum größten nationalsozialistischen Konzentrations- und Vernichtungslager Europas ausgebaut. Auschwitz bestand aus vielen Lagern und wuchs mit der Zeit mit dem drei Kilometer entfernten Ort Birkenau zusammen. Opfer des Terrors waren politische Gegner und Gegnerinnen, Roma und Sinti, Geistliche, Zeugen Jehovas, Homosexuelle, sowjetische Kriegsgefangene und Kriminelle. Ab 1942 waren große Gaskammern in Betrieb, in denen die Häftlinge mit dem Insektenvernichtungsmittel Zyklon B ermordet wurden. Auschwitz war der zentrale Ort des Massenmordes an den europäischen Juden und Jüdinnen. 90 % der rund 1,100.000 Menschen, die in Auschwitz-Birkenau durch Gas, Giftinjektionen, Erschießungen, Schwerarbeit, Krankheit und Verhungern ums Leben kamen, waren jüdischer Herkunft. Auschwitz stellte auch einen gewaltigen Wirtschaftskomplex dar, in dem die Häftlinge Zwangsarbeit verrichteten. Nach der Ankunft in Auschwitz erfolgte die „Selektion". Alle Menschen, die als nicht arbeitsfähig eingestuft wurden, kamen sofort ins Gas, die anderen mussten Zwangsarbeit verrichten („Vernichtung durch Arbeit"). Im Oktober 1944 kam es zu einem Aufstand der Häftlinge, bei dem sie eine Gaskammer sprengten. Anfang 1945 schickte die SS die rund 56.000 noch im Lager befindlichen Gefangenen zu Fuß Richtung Westen. Tausende kamen bei diesen Todesmärschen ums Leben. Am 27. Jänner 1945 befreite die sowjetische Armee die 7.500 in Auschwitz verbliebenen kranken Häftlinge.

**Austrofaschismus („Ständestaat"):** Das als Austrofaschismus bezeichnete Herrschaftssystem in Österreich zwischen 1934 und 1938 wurde vor allem von der Christlichsozialen Partei unter Führung von Engelbert Dollfuß und Kurt Schuschnigg getragen. Es war undemokratisch und autoritär. Parlament, Parteien und Gewerkschaften wurden abgeschafft, die Arbeiterschaft unterdrückt, politische Gegner und Gegnerinnen in Haft genommen. Vereinzelt kam es auch zu Todesurteilen. Massenmorde wie im Nationalsozialismus gab es aber nicht.

**„Blitzkrieg":** Kriegsführung, die mit schnellen und unerwarteten Vorstößen dem Gegner keine Gelegenheit lässt, eine stabile Verteidigung aufzubauen. Bis zum Angriff auf die Sowjetunion im Juni 1941 war die Deutsche Wehrmacht mit diesem Konzept erfolgreich.

**Bolschewismus, Bolschewist:** „Bolschewist" („Bolschewiki") war seit 1903 die Bezeichnung für die russischen Kommunisten. Unter der Führung von Wladimir Iljitsch Lenin gelang die Oktoberrevolution 1917 in Russland, das in die Sowjetunion umgewandelt wurde. Unter Bolschewismus versteht man den Kommunismus in der Sowjetunion in Praxis und Theorie. Dabei veränderten Lenin und später Stalin die Lehre von Karl Marx und Friedrich Engels sehr stark. Lenin schuf eine straff organisierte kommunistische Partei, deren Mitglieder bereit waren, mit allen Mitteln, auch dem der Diktatur, eine kommunistische Gesellschaft zu errichten. Die Nationalsozialisten verwendeten die Bezeichnung „Bolschewismus" häufig in der antikommunistischen Propaganda.

**Buchenwald, KZ:** Das KZ Buchenwald bei Weimar bestand seit 1937 und war eines der größten Konzentrationslager Deutschlands. Besonders die kommunistischen Häftlinge sorgten dafür, dass der Widerstand in Buchenwald erfolgreicher war als in jedem anderen KZ. Dennoch kamen von den schätzungsweise 240.000 Häftlingen mindestens 50.000 Menschen ums Leben.

**Bund deutscher Mädel (BDM):** Siehe Hitler-Jugend.

**Burschenschaft(er):** Deutschnational orientierte Studentenverbindungen, die bereits vor der NS-Machtübernahme streng antisemitisch ausgerichtet waren. Aus ihren Reihen kamen besonders viele fanatische Nationalsozialisten und NS-Massenmörder.

**Care (Care-Pakete):** Bekannteste der zahlreichen privaten Hilfsorganisationen nach dem Zweiten Weltkrieg zur Linderung der Not in Europa, vor allem in Deutschland und Österreich. Das 22 Kilogramm schwere Paket aus den USA enthielt Nahrungsmittel.

**Cartellverband (CV):** Dachorganisation der katholischen Studentenverbindungen, die überwiegend christlichsozial eingestellt und führend am autoritären „Ständestaat" beteiligt waren.

**Chełmno (Kulmhof):** Erstes NS-Vernichtungslager, das im November 1941 70 Kilometer von der polnischen Stadt Łódź entfernt errichtet wurde. Das Lager in Chełmno bestand aus einem Schloss, das dem Lagerpersonal als Unterkunft diente, einem Sammelplatz, wo der Massenmord in Gaswagen stattfand, und aus einem fünf Kilometer entfernten „Waldlager", in dem die Ermordeten vergraben wurden. Mindestens 152.000 Juden und Jüdinnen sowie über 5.000 österreichische Roma und Sinti fanden in Chełmno einen gewaltsamen Tod durch Giftgas.

**Dachau, KZ:** Erstes Konzentrationslager Deutschlands, das Ende März 1933 nahe der Kleinstadt Dachau bei München eingerichtet wurde. Von insgesamt über 200.000 Inhaftierten kamen in Dachau mindestens 30.000 Häftlinge ums Leben.

**Darwin, Charles (1809–1882):** Britischer Naturforscher und Begründer der modernen Evolutionstheorie. Er entwickelte die Theorie der natürlichen Selektion (Auswahl), die in einem lange andauernden Prozess zur Entstehung und Veränderungen aller Lebensformen durch Anpassung (Evolution) führt.

**Deutsche Arbeitsfront (DAF):** Nach dem Verbot der deutschen Gewerkschaften im Mai 1933 gründeten die Nationalsozialisten einen Einheitsverband für die Arbeiterschaft. Das Vermögen der Gewerkschaften wurde der Einheitsorganisation zugeschlagen. Innerhalb dieser Organisation sollte der Interessenausgleich zwischen Arbeitnehmern und Arbeitgebern stattfinden. Die „Arbeitsfront" war nach dem Führerprinzip aufgebaut. Das Streikrecht wurde abgeschafft. Die DAF verfügte über eine Reihe von Unterorganisationen wie etwa die Freizeitorganisation „Kraft durch Freude".

**Deutsches Eigentum:** Die alliierten Besatzungsmächte konnten laut eigenem Beschluss das in ihren Besatzungszonen in Österreich befindliche Eigentum des ehemaligen Deutschen Reichs beanspruchen. Während Großbritannien, Frankreich und die USA darauf zugunsten der Republik Österreich verzichteten, nahm es die von Nazideutschland weitgehend zerstörte Sowjetunion voll in Anspruch. Davon waren nicht nur die gesamte Erdölindustrie und die Donaudampfschifffahrt, sondern auch 300 Industriebetriebe und 140 land- und forstwirtschaftliche Besitzungen sowie Gewerbe- und Handelsbetriebe betroffen. USIA nannte sich die Verwaltung dieses sowjetischen Vermögens auf österreichischem Boden. Über 53.000 Beschäftigte in zahlreichen Schlüsselindustrien arbeiteten in diesem so genannten USIA-Konzern. Beim Abschluss des Staatsvertrages zahlte Österreich eine Ablöse für das Deutsche Eigentum: 152 Millionen Dollar für die USIA-Betriebe und die Donaudampfschifffahrt sowie 10 Millionen Tonnen Erdöl für die österreichischen Ölfelder und Raffinerien.

**Deutsches Reich:** Darunter versteht man jenen Staat, der sich nach dem Ersten Weltkrieg und der Auflösung des Deutschen Kaiserreichs 1918/1919 auf den Grundlagen des Friedensvertrags von Versailles gebildet hat. Adolf Hitler wurde 1933 Reichskanzler des Deutschen Reichs. Er machte es durch die Annexion Österreichs, des Sudetenlandes und deutschsprachiger Gebiete Polens zum so genannten Großdeutschen Reich. Die Nationalsozialisten verwendeten für den von Hitler geschaffenen Staat auch den Ausdruck Großdeutschland.

**Dienstverpflichtung:** Das Arbeitsamt konnte Frauen, Männer und Jugendliche mit Hilfe der Dienstverpflichtung gegen ihren Willen zwingen, befristet dort zu arbeiten, wo dies aus staatspolitischen Gründen wichtig erschien. Während des Krieges wurde die unbefristete Dienstverpflichtung eingeführt.

**Displaced Person (DP):** Ausdruck der Alliierten für Zivilpersonen, die sich aus kriegsbedingten Gründen außerhalb der nationalen Grenzen ihres Landes befanden.

**Dollfuß, Engelbert (1892–1934):** Jurist und christlichsozialer Politiker. Als Offizier im Ersten Weltkrieg lernte er an der italienischen Front Heinrich Gleißner, den späteren Landeshauptmann von Oberösterreich kennen. Beide waren im Cartellverband (CV) aktiv, der für Dollfuß eine wichtige politische Basis darstellte. Dollfuß wurde Direktor der Niederösterreichischen Landwirtschaftskammer und 1931 Landwirtschaftsminister. 1932 wurde er Bundeskanzler einer christlichsozialen Regierung in einer Koalition mit dem großdeutschen Landbund und der faschistischen Heimwehr. Bundeskanzler Dollfuß verfolgte mit Unterstützung des faschistischen Italien einen strikt antiparlamentarischen und antisozialistischen Kurs, der nach der Ausschaltung des Parlaments, der Auflösung des sozialdemokratischen Republikanischen Schutzbundes und des Verbots der Kommunistischen Partei in den Bürgerkrieg vom Februar 1934 mündete. Nach dem Sieg über die Aufständischen wurde die Sozialdemokratische Partei verboten und die Verfassung des autoritären „Ständestaates" beschlossen. Da Dollfuß auch die Nationalsozialisten bekämpfte und ein eigenständiges Österreich erhalten wollte, wurde er Zielscheibe nationalsozialistischer Aggression. Österreichische Nationalsozialisten ermordeten Engelbert Dollfuß am 25. Juli 1934 bei einem Putschversuch, der misslang. Kurt Schuschnigg folgte Dollfuß als Bundeskanzler und Diktator nach.

**Einsatzgruppen:** Mobile Einheiten der Sicherheitspolizei und des Sicherheitsdienstes der SS, die mit ihren Untergliederungen (Einsatzkommandos, Sonderkommandos) in enger Zusammenarbeit mit der Wehrmacht speziell in Osteuropa hunderttausende Juden und Jüdinnen, aber auch Roma und Sinti, geistig Behinderte, Kriegsgefangene sowie Zivilisten und Zivilistinnen in Massenerschießungen und Gaswagen ermordeten.

**Euthanasie:** Unter dem aus dem Griechischen stammenden Begriff ist ein guter, schneller, schmerzloser Tod ohne fremde Einwirkung zu verstehen. In späteren Jahrhunderten wurde er für die Sterbehilfe unheilbar Kranker oder Schwerstverletzter zur Erlösung von unerträglichem Leiden verwendet. Im Nationalsozialismus umschrieb die Verwendung des Begriffs Euthanasie ein Tötungsprogramm, dem psychisch Kranke und geistig Behinderte, die als „lebensunwertes Leben" bezeichnet wurden, aber auch sozial Unangepasste zum Opfer fielen.

**Faschismus:** Unter Faschismus versteht man zunächst die Eigenbezeichnung der politischen Bewegung Benito Mussolinis, der 1922 eine Diktatur in Italien errichtete. Faschismus wird auch als Oberbegriff für Herrschaftssysteme verwendet, die wie der Nationalsozialismus in Deutschland oder die Diktaturen in Italien, Spanien, Portugal und Österreich bestimmte Ähnlichkeiten aufweisen. Faschistische Herrschaftssysteme sind antidemokratisch, antiparlamentarisch, antisozialistisch, antikommunistisch, nationalistisch, militaristisch und rassistisch. Ein wichtiges Merkmal ist die Herrschaft eines Führers bzw. einer einzigen Partei auf allen Ebenen der Gesellschaft. Zur Durchsetzung der Ziele werden Gewalt und Terror eingesetzt.

**Figl, Leopold (1902–1965):** 1934–1938 Direktor des niederösterreichischen Bauernbundes,

1938–1945 in den KZs Dachau und Mauthausen inhaftiert; 1945 Mitbegründer der ÖVP, 1945–1953 Bundeskanzler und 1953–1959 Außenminister Österreichs, 1962–1965 Landeshauptmann von Niederösterreich.

**Flak:** Fliegerabwehrkanone bzw. Geschütze zur Bekämpfung von Kampfflugzeugen.

**Flossenbürg, KZ:** Von 1938 bis 1945 waren in dem in der nördlichen Oberpfalz in Bayern gelegenen Konzentrationslager und seinen über 100 Außenlagern rund 100.000 Menschen inhaftiert. Mindestens 30.000 überlebten den Terror nicht.

**Franco, Francisco (1892–1975):** General Franco, der Oberbefehlshaber der spanischen Armee, rief 1936 zum Sturz der demokratisch gewählten Linksregierung aus Sozialisten, Kommunisten und liberalen Bürgerlichen auf. Damit löste er den äußerst brutal geführten Spanischen Bürgerkrieg aus. 35.000 linksgerichtete Freiwillige (Internationale Brigaden) aus ganz Europa versuchten vergeblich, die Errichtung des Faschismus in Spanien zu verhindern. Die Unterstützung Francos durch das faschistische Italien und das nationalsozialistische Deutschland, dessen Luftwaffe (Legion Condor) spanische Städte bombardierte, gab den Ausschlag für Francos Sieg 1939. 1975 übernahm der von Franco als Nachfolger bestimmte König Juan Carlos die Regierungsgeschäfte. Er schaffte den unblutigen Übergang zur Wiedereinführung der Demokratie in einer konstitutionellen (parlamentarischen) Monarchie.

**Funktionshäftling:** In den Konzentrationslagern schuf die SS eine Häftlingsselbstverwaltung, um Bewachungspersonal zu sparen und ihren Einfluss auf die Häftlinge zu vergrößern. Die Häftlinge wurden entsprechend der NS-Rassenlehre hierarchisch eingeteilt und gegeneinander ausgespielt. Mit einer Funktion („Lager- und Blockälteste", Arzt, Schreiber, Kapo eines Arbeitskommandos etc.) betraute die SS vor allem Deutsche und besonders gerne Kriminelle, aber auch politische Häftlinge. Funktionshäftlinge konnten ihre einflussreiche Stellung zum Wohl der Häftlingsgemeinschaft und zum Widerstand nutzen – oder zum eigenen Vorteil gegen ihre Mitgefangenen.

**Gauleiter:** Die österreichischen Bundesländer wurden 1938 neu eingeteilt und als Gaue bezeichnet. An der Spitze stand jeweils ein Gauleiter, der in der Region die NSDAP und die Landeshauptmannschaft leitete. Ab 1940 wurden die Landeshauptmannschaften in Reichsstatthaltereien umorganisiert. Sie unterstanden den Gauleitern in ihrer Funktion als Reichsstatthalter.

**Geheime Staatspolizei (Gestapo):** Die Gestapo war für die Bekämpfung von Gegnern und Gegnerinnen und Menschen, die vom NS-Regime als Feinde eingestuft wurden, zuständig. Sie konnte willkürlich Verhaftungen und Einweisungen in Konzentrationslager vornehmen. Kommandos der Gestapo verschleppten die jüdische Bevölkerung Europas in die Vernichtungslager des Nationalsozialismus.

**Generalgouvernement:** Bezeichnung für das von Deutschland besetzte, aber nicht ins Deutsche Reich eingegliederte Gebiet Polens, das die Bezirke Warschau, Krakau, Radom, Lublin und das Gebiet um Lemberg umfasste. Das Generalgouvernement war das Abschiebegebiet für die polnische bzw. jüdische Bevölkerung, die aus den in das Deutsche Reich eingegliederten Gebieten Polens vertrieben wurde. Ende 1941 begann mit der Errichtung der Vernichtungslager die systematische Tötung der jüdischen Bevölkerung des Generalgouvernements.

**Gerechte unter den Völkern:** Bezeichnung für nichtjüdische Personen, die während des Nationalsozialismus das Leben von Juden und Jüdinnen gerettet haben. Sie werden in der israelischen Holocaust-Gedenkstätte Yad Vashem in Jerusalem durch die Eintragung ihres Namens in der Ehrenwand im Garten der Gerechten geehrt.

**Gestapo:** siehe Geheime Staatspolizei.

**Glasenbach, Lager (Camp Marcus W. Orr):** Von der US-Armee 1945 bei Salzburg eingerichtetes Internierungslager für ehemalige Nationalsozialisten und Nationalsozialistinnen in der US-Besatzungszone. Von Herbst 1945 bis Ende 1947 waren hier insgesamt rund 30.000 Personen (überwiegend Männer) inhaftiert: SS-Anghörige, NSDAP-Funktionäre, Sympathisanten des NS-Regimes. 1947 wurden sie entlassen oder den österreichischen Behörden zur Strafverfolgung übergeben.

**Goebbels, Joseph (1897–1945):** Goebbels hatte ein Doktorat in Germanistik, seine Versuche als Schriftsteller blieben erfolglos. Als Reichsminister für Volksaufklärung und Propaganda sowie Präsident der Reichskulturkammer lenkte er die öffentliche Meinung und entschied in allen Belangen der Kunst und Kultur. Er kontrollierte Presse, Film und Rundfunk, die er zu Propagandainstrumenten des NS-Regimes machte. Goebbels organisierte Bücherverbrennungen missliebiger Autoren und Autorinnen und unterdrückte alle modernen Kunstströmungen als „entartete Kunst". Er war führend an der Judenverfolgung beteiligt. Als Generalbevollmächtigter für den totalen Kriegseinsatz beschwor er den Kriegswillen der Bevölkerung. Am 1. Mai 1945 nahm er sich mit seiner Frau und seinen sechs Kindern das Leben.

**Göring, Hermann (1893–1946):** Offizier, Jagdflieger und Kriegsheld im Ersten Weltkrieg; Reichstagspräsident ab 1932, preußischer Ministerpräsident ab 1933, Hauptgründer der Gestapo, Oberbefehlshaber der Deutschen Luftwaffe, Generalfeldmarschall und Reichsmarschall. Göring war treibende Kraft beim „Anschluss" Österreichs an Deutschland 1938 und Mitorganisator der Judenverfolgung und des Holocaust. Als Beauftragter des Vierjahresplans übte er zeitweise die totale Kontrolle über die deutsche Industrie aus. Er gründete unter anderem die Hermann-Göring-Werke in Linz, den größten Stahlkonzern Österreichs, und war als Nachfolger Hitlers nach dessen Tod vorgesehen. Göring war der ranghöchste angeklagte Nationalsozialist vor dem Internationalen Militärgerichtshof in Nürnberg (Nürnberger Hauptkriegsverbrecherprozess). Er entzog sich dem Todesurteil am 15. Oktober 1946 durch Selbstmord mit Gift.

**Grynszpan, Herschel (1921–??):** Als Ende Oktober 1938 aus dem ganzen deutschen Reichsgebiet rund 16.000 Juden und Jüdinnen polnischer oder ehemals polnischer Staatsangehörigkeit nach Polen abgeschoben wurden, wurden diese von Polen nicht aufgenommen und im Niemandsland der deutschpolnischen Grenze hin- und hergeschoben. Unter ihnen befanden sich auch die Eltern des 17-jährigen Herschel Grynszpan. Das Schicksal dieser Menschen veranlasste ihn zum Attentat auf das deutsche Botschaftsmitglied Ernst vom Rath am 7. November 1938 in Paris. Als der deutsche Diplomat zwei Tage später seinen Verletzungen erlag, blieben die in ganz Deutschland einsetzenden barbarischen Überfälle auf die jüdische Bevölkerung (Pogrombzw. „Reichskristallnacht") auch in Oberösterreich nicht aus.

**Habsburg, Otto (1912–2011):** Ältester Sohn des letzten österreichischen Kaisers Karl I. Im Februar 1938 ersuchte er Bundeskanzler Kurt Schuschnigg um die Übergabe der Regierungsverantwortung. Er wollte einen Widerstand gegen den Nationalsozialismus organisieren. Erst 1961 verzichtete er auf die Herrschaftsansprüche seiner Familie. 1979–1999 war Otto Habsburg Abgeordneter der bayrischen CSU (Christlichsozialen Union) im Europäischen Parlament.

**Heimwehr:** Aus Angst vor sozialistischen Veränderungen oder kommunistischen Umsturzversuchen gründeten konservative und nationale Bürger seit dem Beginn der 1920er Jahre in Österreich so genannte Selbstschutzverbände. Diese wurden in den einzelnen Bundesländern zu Heimwehren zusammengefasst. Ab Ende der 1920er Jahre nahm der antidemokratische Einfluss der Heimwehr auf die Politik der christlichsozialen Partei und Regierung immer mehr zu. Im so genannten Korneuburger Eid forderten die österreichischen Heimwehren einen faschistischen Staat. Unter Ernst Rüdiger Starhemberg unterstützte die Heimwehr den austrofaschistischen Kurs von Bundeskanzler Dollfuß. Zum Teil übernahm die Heimwehr auch staatliche Ordnungsaufgaben bei der Bekämpfung der illegalen Nationalsozialisten, vor allem aber bei der gewaltsamen Ausschaltung der Sozialdemokratie im Februar 1934. Mit dem Sturz Starhembergs im Oktober 1936 wurde die Heimwehr aufgelöst; ihre Wehrverbände wurden als Frontmiliz in die Vaterländische Front eingegliedert.

**Heydrich, Reinhard (1904–1942):** Marineleutnant; Leiter des SS-Reichssicherheitshauptamtes, der Terrorzentrale des Nationalsozialismus, und einer der Hauptverantwortlichen für den Holocaust. Am 4. Juni 1942 erlag er einem Attentat tschechischer Widerstandskämpfer in Prag. Die SS tötete daraufhin aus Rache alle männlichen Einwohner des nahe Prag gelegenen Dorfes Lidice und verschleppte die Frauen und Kinder in Konzentrationslager.

**Himmler, Heinrich (1900–1945):** Der gelernte Landwirt war als Reichsführer SS und Chef der Deutschen Polizei Leiter des gesamten NS-Terrors. Seine Macht steigerte er durch die Schaffung eines Wirtschaftskonzerns der SS, der sich auf die Ausbeutung der Arbeitskraft der KZ-Häftlinge stützte. Als Reichskommissar für die Festigung des deutschen Volkstums war er für die Umsiedlungs- und Germanisierungspolitik verantwortlich. Tausende als „rassisch wertvoll" bezeichnete Kinder wurden ihren Eltern weggenommen und nach Deutschland verschleppt. Himmler befahl die Vertreibung und Ermordung von Millionen Menschen Osteuropas und siedelte an ihrer Stelle Deutsche bzw. Volksdeutsche an. Er war hauptverantwortlich für die von der SS begangenen Verbrechen, speziell für den Holocaust. Nach Kriegsende geriet Himmler in Verkleidung in britische Gefangenschaft und beging am 23. Mai 1945 nach Entdeckung seiner wahren Identität Selbstmord durch die Einnahme von Gift.

**Hiroshima:** Japanische Hafenstadt, auf die am 6. August 1945 die USA die erste Atombombe abwarfen. 70.000 Menschen waren sofort tot und 80 % der Stadt zerstört. Bis Ende August stieg die Opferzahl auf 140.000 Personen. Sie erhöhte sich im Laufe der Zeit aufgrund der Spätfolgen der Verstrahlungen auf 240.000. Nach dem zweiten Atombombenabwurf auf die japanische Industriestadt Nagasaki am 9. August 1945 starben insgesamt 140.000 Menschen.

**Hirschfeld, Max:** Als kommissarischer Leiter der Israelitischen Kultusgemeinde in Linz unterstützte Max Hirschfeld oberösterreichische Juden und Jüdinnen bei ihrer Auswanderung und Flucht. Dabei musste er eng mit der Gestapo zusammenarbeiten. Einige sehen ihn als Helden, andere als Kollaborateur der Nazis, der auf den eigenen Vorteil bedacht war. Max Hirschfeld konnte Ende 1939 in die USA auswandern, wo er 1987 starb.

**Hitler, Adolf (1889–1945):** Hitler wurde in der oberösterreichischen Grenzstadt Braunau am Inn geboren. Er hielt sich für einen Künstler, fiel aber mit seiner Bewerbung an der Akademie der Bildenden Künste durch. In Wien hielt er sich eine Zeit lang in einem Obdachlosenasyl und Männerheim auf, obwohl sein Einkommen aus einer Waisenrente und durch Zuwendungen seitens einer Tante über dem Anfangsgehalt eines Lehrers lag. Während des Ersten Weltkriegs diente er in einem bayrischen Regiment, wurde ausgezeichnet und erblindete kurzfristig an den Folgen eines Giftgaseinsatzes. Er schaffte es aber nur bis zum Rang eines Gefreiten. Nach dem Krieg wurde er von der Reichswehr als Beobachter der linken Szene eingesetzt. 1919 trat er in die winzige Deutsche Arbeiterpartei ein, die sich im Februar 1920 in Nationalsozialistische Deutsche Arbeiterpartei (NSDAP) umbenannte. Hitler machte sich als Redner unentbehrlich und wurde im Juli 1921 zum Parteivorsitzenden gewählt. Nach seinem gescheiterten Umsturzversuch im November 1923 (Hitler-Putsch) wurde er zu fünf Jahren Haft verurteilt, aber bereits im Dezember 1924 vorzeitig entlassen. Am 26. Februar 1925 gründete er die inzwischen zerfallene NSDAP neu. Sie errang nach Ausbruch der Weltwirtschaftskrise große Wahlerfolge und stieg im Juli 1932 mit 37,4 % der Stimmen zur stärksten politischen Kraft Deutschlands auf. Bei den Neuwahlen vier Monate später blieb die NSDAP stärkste Partei, erreichte aber nur mehr 33 %. Am 30. Jänner 1933 gelang es Hitler durch Intrigen und mit Unterstützung konservativer Kreise sowie der Groß- und Finanzwirtschaft, vom Reichspräsidenten zum Reichskanzler einer Koalition mit Deutschnationalen und Parteilosen ernannt zu werden. In der Regierung saßen zunächst nur zwei Nationalsozialisten, doch durch Terror und Gesetzesänderungen, die die demokratischen Rechte massiv einschränkten, höhlte die NSDAP die Demokratie immer mehr aus. In diesem Klima erreichte sie bei den Wahlen im März 1933 43,9 % der Stimmen. Im darauf folgenden Sommer wurden die Linksparteien verboten, die anderen Parteien zur Selbstauflösung gezwungen und die Einparteien-Diktatur der NSDAP mit Hitler als „Führer" errichtet. Im August 1934 erfolgte die Ernennung Hitlers zum Reichspräsident. Er ließ die innerparteiliche Konkurrenz ermorden, politische Gegner und Gegnerinnen in Konzentrationslager bringen und startete die Judenverfolgungen. Gemeinsam mit der Militärführung und Teilen der Großwirtschaft wurden eine riesige militärische Aufrüstung Deutschlands und die Planung der Eroberungskriege in die Wege geleitet. 1938 übernahm er den Oberbefehl über die Deutsche Wehrmacht. Im März desselben Jahres erfolgte der „Anschluss" Österreichs ans Deutsche Reich, ein Jahr später die Eingliederung von Böhmen und Mähren. Am 1. September 1939 begann durch den Befehl Hitlers, Polen zu überfallen, der Zweite Weltkrieg. In den nächsten sechs Jahren ordnete er den Holocaust an und die Ermordung von weiteren Millionen Menschen, die aus den verschiedensten Gründen als „minderwertig" bezeichnet wurden. Als spätestens im Frühjahr 1943 sichtbar wurde, dass der Krieg verloren war, verweigerte Hitler jede Initiative zu dessen Beendigung. Er ließ den Krieg bis zur totalen Besetzung und Zerstörung Deutschlands weiterführen. Am 19. März 1945 gab er sogar den Befehl, die gesamte Infrastruktur Deutschlands und damit alle Lebensgrundlagen der deutschen Bevölkerung zu vernichten, denn für den Feind sollte nur „verbrannte Erde" übrig bleiben. Am 29. April 1945 heiratete er seine langjährige Lebensgefährtin Eva Braun. Am nächsten Tag beging er mit ihr durch die Einnahme von Gift und einen Schuss in den Mund im Bunker seiner Reichskanzlei in Berlin Selbstmord. Die Leichen wurden nach seinen vorher gegebenen Anweisungen verbrannt.

**Hitler-Jugend (HJ):** Die HJ war zuerst die Jugend- und Nachwuchsorganisation der NSDAP, ab 1933 der einzig zugelassene staatliche Jugendverband in Deutschland. Für die zehn- bis 14-jährigen Jungen gab es das Deutsche Jungvolk, für die 14- bis 18-jährigen Burschen die eigentliche HJ. Die zehn- bis 14-jährigen Mädchen traten dem Jungmädelbund bei, die 14- bis 18-jährigen dem Bund deutscher Mädel (BDM), zu dem auch die Organisation Glaube und Schönheit für junge Frauen bis 21 gehörte. Seit 1939 bestand eine gesetzlich geregelte Jugenddienstpflicht für alle Zehn- bis 18-Jährigen. Sie musste innerhalb der HJ beziehungsweise des BDM abgeleistet werden. Im Mittelpunkt standen körperliche Ertüchtigung und weltanschauliche Schulung.

**Hitler-Putsch:** Am 8./9. November 1923 versuchte Adolf Hitler mit Hilfe der SA und mit anderen republikfeindlichen Organisationen in München, die Macht an sich zu reißen. An der Feldherrnhalle kam es zu Gefechten mit der Polizei. 15 Aufrührer, vier Polizisten und ein Unbeteiligter wurden getötet. Während seiner neunmonatigen Haft verfasste er das Buch „Mein Kampf", in dem er seine rassistischen Ideen und menschenverachtenden politischen Ziele darlegte.

**Holocaust:** Ein aus dem Griechischen stammender Begriff, der übersetzt „Brandopfer" oder „ganz verbrannt" bedeutet. Er wird wie der hebräische Begriff Shoa (großes Unglück, Katastrophe) für den Völkermord während der NS-Herrschaft an rund sechs Millionen Jüdinnen und Juden verwendet.

**„Illegale":** Nach dem Verbot der NSDAP im österreichischen „Ständestaat" am 19. Juni 1933 durch Engelbert Dollfuß betätigten sich die NSDAP-Anhänger illegal weiter. Die „Illegalen" genossen bei den Nationalsozialisten besonderes Ansehen.

**Jugend-Konzentrationslager:** Rund 2.000 Kinder und Jugendliche wurden in so genannte polizeiliche Jugendschutzlager in Uckermark bei Berlin (Mädchen) und Moringen bei Göttingen (Burschen) eingeliefert. Dort mussten sie Zwangsarbeit leisten. Wer sozial unangepasst war, straffällig wurde, als „arbeitsscheu", „sexuell verwahrlost" und „erbbiologisch minderwertig" galt oder sich antinationalsozialistisch verhielt, konnte ab dem 15. Lebensjahr in eines dieser beiden Jugend-KZ eingeliefert werden. Mindestens 89 Kinder und Jugendliche wurden allein in Moringen ermordet.

**Jugoslawien:** Nach dem Ersten Weltkrieg entstand das Königreich der Serben, Kroaten und Slowenen, das ab 1929 Jugoslawien hieß. 1941 wurde der Staat zwischen Italien und Hitler-Deutschland aufgeteilt. Kroatien wurde ein von Deutschland abhängiger, eigener faschistischer Staat. Unter der Führung von Marschall Tito gelang es den Partisanen und Partisaninnen, das Land zu befreien. Unabhängig von der UdSSR entwickelte Tito einen eigenständigen Kommunismus in Jugoslawien. Wenige Jahre nach seinem Tod zerfiel der Staat Jugoslawien in den Bürgerkriegen von 1991–1999.

**Kinderlandverschickung:** Bezeichnung für die von der Nationalsozialistischen Volkswohlfahrt (NSV) organisierten Ferienreisen zur gesundheitlichen Erholung von Stadtkindern. Nach den Bombenangriffen auf deutsche und österreichische Städte handelte es sich bei der Kinderlandverschickung um die Verlegung von Schulkindern aus bombengefährdeten Städten aufs Land. Fern von den Eltern konnten sie auch stärker politisch beeinflusst werden.

**Kommunismus:** Gesellschaftsmodell mit dem Ziel, den Kapitalismus und die Herrschaft des Bürgertums bzw. der Besitzenden zu überwinden. Dies soll vom Proletariat, der Klasse der Besitzlosen und im

Mangel lebenden Menschen, bewerkstelligt werden. Der größte Teil des Privateigentums ist abzuschaffen und ins Gemeineigentum überzuführen. Ziel ist eine klassenlose Gesellschaft, in der die sozialen Unterschiede zwischen Reich und Arm aufgehoben sind und alle Menschen die gleichen Lebensbedingungen vorfinden. Die Hauptvertreter dieser Lehre sind Karl Marx und Friedrich Engels.

**Konkordat:** Vertragliche Übereinkunft zwischen Kirche und Staat, in der das gegenseitige Verhältnis und die Rechte der Kirche geregelt werden.

**Konzentrationslager (KZ):** Ab 1933 errichtete die in Deutschland an die Macht gekommene NS-Regierung Konzentrationslager, um dort politische Gegner und Gegnerinnen festzuhalten. Der Kreis der KZ-Gefangenen wurde immer stärker ausgeweitet auf Juden und Jüdinnen, Roma und Sinti, Geistliche, Zeugen Jehovas, so genannte „Asoziale", Homosexuelle, Kriminelle und „feindliche" Ausländer und Ausländerinnen. Auch ohne Einrechnung der Opfer der Vernichtungslager wurden mehrere Millionen in Konzentrationslager eingeliefert. Misshandlungen, Folter, medizinische Experimente, Hinrichtungen, Seuchen aufgrund der schrecklichen hygienischen Verhältnisse, Hunger, Entkräftung und Kälte forderten zahllose Opfer. Zu Kriegsende wurden viele Konzentrationslager geräumt. Auf diesen Todesmärschen kamen noch Tausende ums Leben. Viele Massengräber aus dieser Zeit blieben bis heute unentdeckt.

**Kreisky, Bruno (1911–1990):** 1935/36 und 1938 in politischer Haft; ab 1938 im Exil in Schweden; 1959–1966 Außenminister und 1970–1983 Bundeskanzler Österreichs (SPÖ).

**Kreisky-Peter-Wiesenthal-Affäre:** Ein 1975 entbrannter Streit zwischen Bundeskanzler Bruno Kreisky und dem „Nazi-Jäger" Simon Wiesenthal. Auslöser war die Kriegsvergangenheit des aus Oberösterreich stammenden FPÖ-Politikers Friedrich Peter, den Kreisky vor der Wahl 1975 als Koalitionspartner und Vizekanzler in Betracht zog. Peter war Mitglied einer Einheit der Waffen-SS, die für Massenmorde an Zivilisten und Zivilistinnen verantwortlich war. Als Simon Wiesenthal diese Informationen 1975 publik machte, verteidigte Kreisky – selbst im Nationalsozialismus wegen seiner jüdischen Herkunft verfolgt – Friedrich Peter. Außerdem unterstellte er Wiesenthal, dass dieser ein Nazi-Kollaborateur gewesen sei. Wiesenthal klagte und Kreisky musste daraufhin seine Behauptung zurückziehen. In der Öffentlichkeit führte diese Affäre zu zahlreichen antisemitischen Reaktionen.

**Kruckenkreuz:** Kreuz mit Querbalken an den vier Enden; Zeichen der Kreuzfahrer; Symbol der „Vaterländischen Front" und Staatsflagge des autoritären „Ständestaates".

**Lackenbach:** Gemeinde im Burgenland, in dem sich von 1940–1945 das größte „Zigeunerlager" Österreichs befand. Vor allem burgenländische Roma, aber auch Sinti und Jenische mussten dort Zwangsarbeit leisten. Im Oktober 1941 lebten im Lager Lackenbach 2.335 Menschen unter katastrophalen Bedingungen. Einer Typhusepidemie fielen 250–300 Menschen zum Opfer. 35–40 Kinder wurden mit vergifteter Milch getötet. Im Herbst 1941 erfolgte der Abtransport von 2.000 Menschen ins Ghetto Łódź. Niemand überlebte. 1943 begannen die Deportationen vom Lager Lackenbach ins Vernichtungslager Auschwitz.

**„Lebensraum":** Das Konzept des „Lebensraumes" war für die NS-Außenpolitik zentral. In Anlehnung an ältere Überlegungen bezeichnete Adolf

Hitler Deutschland als Volk ohne Raum. Im Überlebenskampf der Völker müsse sich die überlegene germanische Rasse Polen und die Sowjetunion bis zum Ural erobern, um dort ihren Geburtenüberschuss ansiedeln und sich wirtschaftlich vom Ausland unabhängig selbst versorgen zu können. Im Vordergrund stand auch der Zugriff auf die riesigen Rohstoffvorkommen Osteuropas. Die als „minderwertig" bezeichnete slawische Bevölkerung sollte teils vertrieben und getötet, teils eingedeutscht oder als Arbeiter und Arbeiterinnen ausgebeutet werden.

**Łódź (Litzmannstadt):** Stadt in Polen. Nach dem deutschen Überfall auf Polen im September 1939 wurde die jüdische Bevölkerung von Łódź in einzelnen Stadtvierteln zusammengefasst. In diesem vollständig abgesperrten Ghetto standen den etwa 164.000 Juden und Jüdinnen, die Zwangsarbeit leisteten, ca. 48.000 Räume zur Verfügung. Ein Viertel der Ghettoisierten starb an Hunger, Krankheiten und an den Folgen der Zwangsarbeit. 1941/42 wurden 38.000 Juden und Jüdinnen aus Österreich, Deutschland, Polen, Böhmen und Luxemburg eingeliefert. Im November 1941 erfolgte die Errichtung eines eigenen, vom Restghetto isolierten „Zigeunerlagers", in das auch über 5.000 österreichische Roma und Sinti eingeliefert wurden. Ab 1942 wurden Zehntausende vom Ghetto in das 60 Kilometer entfernte Vernichtungslager Chełmno deportiert und ermordet, ab 1944 nach Auschwitz. Am 19. Januar 1945 befreite die sowjetische Armee Łódź. Von den insgesamt rund 205.000 ins Ghetto Łódź verschleppten Menschen überlebten lediglich 5.000 bis 6.000.

**Maly Trostinec:** Vernichtungslager in der Nähe des Dorfes Maly Trostinec bei Minsk, Weißrussland. Zum Einsatz kamen Massenerschießungen, aber auch Gaswagen. Insgesamt wurden Zehntausende Juden und Jüdinnen ermordet, besonders aus Minsk und Umgebung, aber auch aus Westeuropa, speziell Deutschland, Österreich und der Tschechoslowakei. Von den rund 9.000 nach Maly Trostinec deportierten österreichischen Juden und Jüdinnen haben nur 17 Menschen überlebt. Darüber hinaus wurden in Maly Trostinec auch weißrussische Zivilisten und Zivilistinnen, Partisanen und Partisaninnen und vor allem Kriegsgefangene ermordet. Schätzungen nennen 206.000 Opfer. Am 28. Juni 1944 schloss die SS alle noch lebenden Gefangenen in den Baracken ein und setzte diese in Brand. Nur 20 Menschen konnten fliehen. Am selben Tag wurden alle noch lebenden 6.500 Gefangenen des Gefängnisses in Minsk nach Maly Trostinec gebracht, dort eingesperrt, erschossen und anschließend verbrannt.

**Marshallplan:** Amerikanisches Hilfsprogramm für den westeuropäischen Wiederaufbau nach dem Zweiten Weltkrieg. Benannt nach dem Initiator des Plans, US-Außenminister George C. Marshall. Im Rahmen des so genannten European Recovery Program (ERP) wurden Geld- und Sachwerte aus den USA in das kriegszerstörte Europa gebracht. Das Abkommen Österreich-USA wurde am 2.7.1948 unterzeichnet.

**Maxglan:** Stadtteil von Salzburg, in dem sich von 1939 bis 1943 ein „Zigeunerlager" mit 300 Zwangsarbeit leistenden Roma, Sinti und Jenischen befand. 1943 wurden die meisten ins Vernichtungslager Auschwitz geschickt. Einige wenige kamen ins „Zigeunerlager" Lackenbach.

**Miklas, Wilhelm (1872–1956):** Christlichsozialer Politiker; 1928–1938 österreichischer Bundespräsident.

**Monarchie:** Staats- und Regierungsform, in der eine adelige Schicht herrscht und die Macht von einer Person (Kaiser, König, Prinz usw.) ausgeht. In einer konstitutionellen (parlamentarischen) Monarchie wird die Macht zwischen einem vom Volk gewählten Parlament, aus dessen Mitte die Regierung kommt, und einem Monarchen (z.B. König) mit Sonderbefugnissen geteilt. In der Verfassung (Konstitution) sind die rechtlichen Grundlagen des Staates, seine Regierungsform sowie die Bürger- und Menschenrechte enthalten. In den europäischen Monarchien der Gegenwart bestimmt das Parlament, die Monarchen und Monarchinnen haben fast nur mehr symbolische Aufgaben.

**Moskauer Deklaration:** Eine Erklärung der alliierten Außenminister, die im Oktober 1943 beschlossen wurde. Sie besagt, dass die Alliierten den „Anschluss" an das Deutsche Reich für ungültig befinden und nach dem Zweiten Weltkrieg der eigenständige Staat Österreich wiederhergestellt werden soll. Die in der Erklärung enthaltene Formulierung, dass Österreich als erstes freies Land der „typischen Angriffspolitik Hitlers zum Opfer" gefallen war, legte den Grundstein für den so genannten „Opfermythos". Tatsächlich machten die Alliierten in der Deklaration aber auch deutlich auf Österreichs Mitverantwortung aufmerksam und forderten österreichischen Widerstand ein.

**Mussolini, Benito (1883–1945):** Faschistischer Diktator von Italien, der sich „Duce" (Führer) nannte. Er unterstützte den österreichischen Faschismus der Heimwehren und drängte auf die Einführung einer Diktatur in Österreich. Bis 1936 galt Italien als Schutzmacht eines eigenständigen Österreich. Dann wurde Mussolini Bündnispartner Hitler-Deutschlands. 1936 befahl Mussolini den Einmarsch italienischer Truppen in Abessinien (heute Äthiopien), 1939 in Albanien und 1940 in Griechenland; 1941 griff er Ägypten an. Doch nur mit deutscher Hilfe konnte Italien eine militärische Katastrophe verhindern. Nach der Landung der Alliierten in Sizilien wurde Mussolini im Juli 1943 vom „Faschistischen Großrat" und dem König abgesetzt und verhaftet. Italien wechselte die Seiten und verbündete sich mit den Alliierten. Daraufhin ließ Hitler Mussolini befreien. Mit der Hilfe Deutschlands bildete er eine faschistische Gegenregierung in Salò am Gardasee. Am 27. April 1945 wurde Mussolini von italienischen Widerstandskämpfern und Widerstandskämpferinnen am Comer See gefangen und am nächsten Tag mit seiner Geliebten erschossen. Die Leichen wurden öffentlich aufgehängt.

**Nationalsozialistische Deutsche Arbeiterpartei (NSDAP):** Die NSDAP war eine von mehreren kleinen rechtsradikalen Parteien in Deutschland nach dem Ersten Weltkrieg. Sie wurde in München gegründet, 1921 übernahm Adolf Hitler ihren Vorsitz. Die von Beginn an nationalistische und antisemitische Partei lehnte Demokratie und Marxismus strikt ab. Sie nannte sich „Bewegung", um sich von den parlamentarischen Parteien zu distanzieren, und setzte auf die Straße als ihr Propaganda- und Agitationsfeld. Der „Sozialismus", den sie vertrat, sollte sich nur auf die eigene „Volksgemeinschaft" beziehen. Der propagierte Antikapitalismus diente hauptsächlich der Diffamierung jüdischer Bankiers und Industrieller und als politisches Angebot für die Arbeiterschaft. Dem „kleinen Mann" versprach die NSDAP Schutz vor Übergriffen der Juden, der Kommunisten und der ausländischen Mächte. Ab dem Ende der 1920er Jahre gelang es der NSDAP, auch in großbürgerlich konservativen und liberalen Kreisen salonfähig zu werden. Damit floss viel Geld in die Wahlkampfkasse der Partei. Nach großen Wahlerfolgen und der Ernennung Hitlers zum deutschen Reichskanzler im Jänner 1933 schaltete die NSDAP die demokratischen Parteien aus.

Das Symbol der Einheitspartei, das Hakenkreuz, wurde 1935 Hoheitszeichen des Deutschen Reiches. Der „Führer" war ab nun Staatsoberhaupt und Parteichef zugleich. Die Partei schuf eine Reihe von Untergliederungen, die alle Lebensbereiche der Bevölkerung abdecken sollten. Der NSDAP konnte man nicht einfach beitreten, man musste aufgenommen werden. Nach der Machtübernahme empfanden sich die Parteimitglieder als Elite des neuen Staates; sie wurden im öffentlichen Dienst und in halbstaatlichen Einrichtungen bevorzugt. Parteimitglieder wurden als „Parteigenossen" (PG), gewöhnliche BürgerInnen nur als „Volksgenossen" (VG) angesprochen.

Nach dem Zusammenbruch der NS-Herrschaft wurde die NSDAP zur verbrecherischen Organisation erklärt. Eine politische Wiederbetätigung im Sinne der nationalsozialistischen Deutschen Arbeiterpartei und die Verwendung ihrer Symbole sind in Österreich durch das Verbotsgesetz untersagt.

**Novemberpogrom:** siehe „Reichskristallnacht".

**Oberdonau:** 1939 wurde Oberösterreich im nationalsozialistischen Deutschen Reich zum Reichsgau Oberdonau. An die Stelle der Bezirke traten zwei Stadtkreise (Linz und Steyr) und 15 Landkreise. Oberdonau war größer als Oberösterreich. Es umfasste auch die südböhmischen Kreise Krumau und Kaplitz sowie das Ausseer Land.

**O5:** Österreichische Widerstandsgruppe seit 1944. Die Abkürzung steht für Österreich: O und der 5. Buchstabe des Alphabets ergeben „Oe".

**Opferfürsorge(gesetz):** Ziel des 1947 beschlossenen Opferfürsorgegesetzes war die soziale Unterstützung für Opfer des Nationalsozialismus durch Rentenleistungen, geringe Steuerfreibeträge oder Hilfen bei Existenzgründungen und der Krankenversicherung. Zunächst konnten nur Widerstandskämpfer und Widerstandskämpferinnen Ansprüche stellen, erst ab 1949 auch Opfer der rassischen Verfolgung, also vor allem Juden und Jüdinnen. Ab 1952 gab es auch die Zahlung einer Haftentschädigung, die aber vergleichsweise gering war. 1961 wurden die Leistungen und die Höhe der Zahlungen verbessert, doch noch immer blieben viele Opfergruppen ausgeschlossen. Roma und Sinti fanden erst 1988 Berücksichtigung, psychisch Kranke und Behinderte 1995, die anderen Opfergruppen wie Homosexuelle, als „asozial" verfolgte Menschen, Opfer von Zwangssterilisierungen und der Militärjustiz 2005. Österreicher und Österreicherinnen, die in der NS-Zeit vertrieben worden waren und in der neuen Heimat eine neue Staatsbürgerschaft angenommen hatten, konnten erst ab 2001 volle Ansprüche nach dem Opferfürsorgegesetz stellen.

**Österreichische Legion:** Eine paramilitärische Einheit, die ab 1933 von österreichischen Nationalsozialisten, die wegen dem Parteiverbot nach Deutschland geflüchtet waren, aufgestellt wurde. Die Mitglieder waren überwiegend SA-Männer. Sie wurden in verschiedenen Lagern militärisch ausgebildet, um sich auf einen eventuellen deutschen Einmarsch in Österreich vorzubereiten.

**Österreichisch-ungarische Monarchie (Doppelmonarchie, Donaumonarchie):** Bezeichnung für den von den Habsburgern regierten Vielvölkerstaat, der 1867 aus dem Kaiserreich Österreich entstanden war. Österreich und Ungarn waren durch die Person des österreichischen Kaisers, der zugleich König von Ungarn war, verbunden. Beide Teile der Doppelmonarchie waren gleichberechtigt und hatten eine eigene Verfassung, ein eigenes Parlament und eine eigene Regierung. Gemeinsam wurden die Außen- und Finanzpolitik sowie das Heerwesen betrieben.

**Ostmark, Ostmarkgesetz:** Durch dieses Gesetz vom 14. April 1939 wurden die österreichische

Regierung und die Bundesländer aufgelöst und durch sieben Reichsgaue (Wien, Niederdonau, Oberdonau, Steiermark, Kärnten, Salzburg, Tirol-Vorarlberg) ersetzt. Sie wurden von einem Reichsstatthalter verwaltet, der gleichzeitig als Gauleiter Führer der regionalen NSDAP war. Die Reichsgaue unterstanden direkt der Reichsregierung in Berlin. Als Gesamtbezeichnung für das ehemalige Österreich diente der Begriff „Ostmark", ab 1942 die Benennung „Alpen- und Donau-Reichsgaue des Großdeutschen Reichs".

**Partisan:** Partisanen und Partisaninnen sind militärische Widerstands- bzw. Untergrundkämpfer, die das eigene Land von den eingedrungenen fremden Truppen befreien wollen. Unter Partisanenbekämpfung verstand die deutsche Besatzung in der Sowjetunion und am Balkan aber nicht nur die Bekämpfung dieses Widerstandes, sondern die massenweise Ermordung von Juden und Jüdinnen, Kommunisten und Kommunistinnen, Roma und Sinti. Ab 1942 gingen SS, Polizei und Wehrmacht dazu über, unter dem Vorwand der Partisanenbekämpfung ganze Landstriche in „Wüstenzonen" zu verwandeln. Dörfer wurden niedergebrannt, tausende Menschen getötet oder zur Zwangsarbeit verschleppt.

**Pflichtjahr:** Frauen zwischen 18 und 25 Jahren waren verpflichtet, ein Jahr lang in der Landwirtschaft oder in einem Haushalt Dienst zu tun. Verheiratete Frauen mit Kindern und Frauen, die bereits in der Land- und Hauswirtschaft arbeiteten, waren ausgenommen. Das Pflichtjahr sollte auf die Rolle als Hausfrau und Mutter vorbereiten, den Mangel an Arbeitskräften in der Landwirtschaft mildern und eine NS-Beeinflussung ermöglichen.

**„Prominententransport":** Von den Nationalsozialisten geprägte Bezeichnung für den ersten Transport von österreichischen Häftlingen in das Konzentrationslager Dachau am 1. April 1938. Insgesamt wurden an diesem Tag 151 bekannte Persönlichkeiten aus Politik, Wirtschaft und Kultur, unter ihnen etwa ein Drittel Juden und Jüdinnen, nach Dachau deportiert.

**Provisorische Nationalversammlung:** Am 21. Oktober 1918 versammelten sich die deutschsprachigen Abgeordneten des 1911 gewählten Abgeordnetenhauses der Monarchie in Wien. Sie erklärten sich zur „Provisorischen Nationalversammlung von Deutschösterreich", die am 12. November 1918 die Republik Deutschösterreich ausrief. Nach den Wahlen vom 16. Februar 1919 wurde sie von der „Konstituierenden Nationalversammlung" abgelöst. Diese erste gewählte Volksvertretung der Ersten Republik Österreichs hatte vor allem die Aufgabe, eine republikanische Verfassung auszuarbeiten.

**Raab, Julius (1891–1964):** Niederösterreichischer Heimwehrführer in der Ersten Republik; 1945 Mitbegründer der ÖVP, 1953–1961 Bundeskanzler Österreichs.

**Rasse:** Ab dem 17. Jahrhundert begann der Versuch einer Einteilung der Menschen in Rassen entsprechend ihrem Aussehen, ihrer geografischen Herkunft und ihren Genen („Blut"). Gleichzeitig wurden Verhalten und Eigenschaften von Menschen mit Rassenmerkmalen in Verbindung gebracht. Sehr bald erfolgte eine Einteilung in „höher- und minderwertige" Rassen für politische Zwecke (Rassismus). So begründeten die europäischen Nationen ihre brutale Eroberung Afrikas und Asiens im 19. Jahrhundert mit ihrer behaupteten rassischen Überlegenheit. Die Nazis gingen einen Schritt weiter, indem sie den Kreis wertvoller Rassen noch stärker einengten und die Deutschen (Germanen, „Arier") als die wertvollste Rasse bezeichneten. Millionen Menschen stuften sie willkürlich als „Minderwertige" ein, die der germanischen Herrenrasse dienen oder getötet werden sollten. Die Einteilung von Menschen in Rassen ist wissenschaftlich längst unhaltbar geworden, da sich ihr Erbgut in äußerst geringem Maß unterscheidet.

**Rassenhygienische und bevölkerungsbiologische Forschungsstelle:** Dieses in Berlin beim Reichsgesundheitsamt angesiedelte Institut wurde vom Psychologen, Psychiater und NS-Rassenforscher Robert Ritter geleitet. Er untersuchte Roma und Sinti, so genannte „Asoziale" und straffällig gewordene Jugendliche, um eine Verbindung zwischen Herkunft und sozialem Verhalten zu beweisen. Die Mehrheit der Untersuchten wurde als erbbiologisch belastet eingestuft. Ziel war es, diese Menschen in Arbeits- bzw. Konzentrationslagern durch Sterilisation zum Aussterben zu bringen. Bei Roma und Sinti behaupteten die Gutachten, dass über 90 % „Zigeunermischlinge" mit „minderwertigen" Eigenschaften wären, die vererbt würden. Sie bildeten die Grundlage für die Deportation der Roma und Sinti nach Auschwitz und andere Konzentrationslager.

**Ravensbrück, KZ:** Das KZ Ravensbrück, das 1939 in Betrieb genommen wurde, lag in Brandenburg, 90 Kilometer nördlich von Berlin. Es war das größte Frauen-KZ Deutschlands mit einem angegliederten Männerlager. Ab Sommer 1942 stand in unmittelbarer Nähe das Jugend-KZ Uckermark. Zwischen 1939 und 1945 wurden aus über 40 Nationen 132.000 Frauen und Kinder, 20.000 Männer und 1.000 weibliche Jugendliche des „Jugendschutzlagers Uckermark" als Häftlinge registriert. Zehntausende kamen im KZ Ravensbrück ums Leben.

**Reichsarbeitsdienst (RAD):** Der halbjährige Arbeitsdienst war für männliche Jugendliche zwischen 18 und 25 Jahren Pflicht, für weibliche zuerst freiwillig und ab September 1939 ebenfalls verpflichtend. Die Männer legten Moore trocken, gewannen neues Ackerland oder halfen mit beim Bau der Autobahnen und der militärischen Verteidigungsanlagen von über 18.000 Bunkern, Stollen, Gräben und Panzersperren an der Westgrenze Deutschlands (Westwall). Frauen arbeiteten in der Landwirtschaft und bei kinderreichen Familien. Die Geschlechter waren voneinander getrennt in Lagern untergebracht. Dort wurden sie im nationalsozialistischen Sinn erzogen, die Männer zusätzlich militärisch ausgebildet. Die Bezahlung war äußerst gering, da es sich offiziell um einen „Ehrendienst am deutschen Volke" handelte. Das Gemeinschaftserlebnis in den Lagern sollte die jungen Menschen an das NS-Regime binden und die Standesunterschiede beseitigen. Im Oktober 1939 waren rund 350.000 Frauen und Männer im RAD tätig.

**„Reichskristallnacht":** Verharmlosender Ausdruck für das Novemberpogrom 1938, die antijüdischen Ausschreitungen und Ermordungen von Juden und Jüdinnen in der Nacht vom 9. auf den 10. November im gesamten Deutschen Reich. Der Begriff „Reichskristallnacht" ist eine Anspielung auf die vielen Glasscheiben, die zu Bruch gingen.

**Reichsnährstand:** Alle mit der Erzeugung und dem Verkauf landwirtschaftlicher Produkte beteiligten Personen waren Zwangsmitglieder des Reichsnährstandes. Der Reichsnährstand lenkte die landwirtschaftliche Produktion und den Vertrieb, setzte die Preise fest und betreute seine Mitglieder. Unter Leitung des Reichsbauernführers, der gleichzeitig Landwirtschaftsminister war, konnte sich der Reichsnährstand selbst verwalten. Doch seit Anfang der 1940er Jahre war er nur mehr ausführendes Instrument des Landwirtschaftsministeriums und der NSDAP.

**Reichssicherheitshauptamt:** Im Reichssicherheitshauptamt, das 1939 gegründet wurde und der SS unterstand, war der gesamte NS-Terrorapparat vereinigt: Sicherheitspolizei (Gestapo, Grenz- und Kriminalpolizei) und Sicherheitsdienst der SS. Das Reichssicherheitshauptamt, in dessen Einflussbereich sich die Konzentrationslager befanden, organisierte auch die Verbrechen der Einsatzkommandos der SS. Es unterstand direkt Reichsführer-SS Heinrich Himmler und wurde bis 1942 von Reinhard Heydrich geleitet. Dann übernahm der Österreicher Ernst Kaltenbrunner die Führung, der am 15. Oktober 1946 im Nürnberger Hauptkriegsverbrecherprozess hingerichtet wurde.

**Renner, Karl (1870–1950):** Sozialdemokratischer Politiker und Jurist, von 1918 bis 1920 Staatskanzler, von 1945 bis 1950 erster Bundespräsident der Zweiten Republik. Er begrüßte den „Anschluss" Österreichs an das Deutsch Reich „freudigen Herzens". Gegen Ende des Zweiten Weltkrieges wurde er von den Sowjets mit der Regierungsbildung beauftragt. Die neue Regierung unter Renners Führung wurde am 27. April 1945 angelobt.

**Renno, Georg (1907–1997):** Stellvertreter von Rudolf Lonauer, dem Leiter der Tötungsanstalt Schloss Hartheim. Renno trug gemeinsam mit Lonauer die Letztentscheidung über die Tötung psychisch Kranker und Behinderter. Teilweise regelte er die Gaszufuhr in die Gaskammer sogar eigenhändig. Renno wählte als Gutachter in über 50 österreichischen Anstalten Patienten und Patientinnen aus, um sie ihrer Ermordung im Rahmen der NS-Euthanasie zuzuführen. Unter seiner Leitung wurden in Hartheim tausende Häftlinge der Konzentrationslager Dachau und Mauthausen samt Außenlagern ermordet. Renno wurde 1961 verhaftet und 1967 angeklagt. Das Verfahren endete ohne Urteil. Es wurde 1970 wegen Rennos angeblicher Verhandlungsunfähigkeit vorläufig und 1975 endgültig eingestellt. Kurz vor seinem Tod 1997 stellte Georg Renno fest: „Ich selbst habe ein ruhiges Gewissen. Ich fühle mich nicht schuldig".

**Republikanischer Schutzbund:** 1923 gegründete paramilitärische Organisation der österreichischen Sozialdemokratischen Arbeiterpartei. Der Schutzbund sollte ein Gegengewicht zu den christlichsozialen Heimwehren und zum Bundesheer bilden, aus dem die Linken hinausgedrängt wurden. Stark vertreten war der Schutzbund in Wien und in den Industriegebieten Oberösterreichs und der Steiermark. Der Schutzbund trat auf der Straße gegen die Nationalsozialisten auf. Viele Schutzbündler wollten nach der Ausschaltung des Parlaments durch Bundeskanzler Dollfuß im März 1933 zu den Waffen greifen, um Demokratie und Republik zu verteidigen, doch Schutzbund- und Parteiführung hielten sie zurück. Im Mai 1933 wurde der Republikanische Schutzbund verboten, bestand aber illegal weiter. Eine Suche nach Waffen in der sozialdemokratischen Parteizentrale in Linz löste am 12. Februar 1934 den Österreichischen Bürgerkrieg aus, in dem sich die Schutzbündler einige Tage lang in blutigen Kämpfen der Polizei, dem Bundesheer und der Heimwehr entgegenstellten. Nach der Niederlage wurde die Sozialdemokratische Arbeiterpartei verboten und die „Ständestaat"-Diktatur errichtet. Viele Sozialdemokraten und Sozialdemokratinnen flohen in die Tschechoslowakei, in die Sowjetunion oder kämpften im Spanischen Bürgerkrieg.

**Revolutionäre Sozialisten:** Die Organisation entstand nach dem Bürgerkrieg und dem Verbot der Sozialdemokratischen Arbeiterpartei 1934. Sie setzte sich vor allem aus (jungen) ehemaligen Angehörigen der Sozialdemokratischen Partei zusammen. Ideologisch zwischen Sozialdemokratie und Kommunismus angesiedelt, waren sie schwerer Verfolgung im autoritären „Ständestaat" und Nationalsozialismus ausgesetzt.

**„Röhm-Putsch":** Der Führer der vier Millionen Mitglieder starken SA, Ernst Röhm, gehörte zu den engsten Förderern und Mitkämpfern von Adolf Hitler. Nach der NS-Machtübernahme in Deutschland 1933 forderte er eine soziale Revolution gegen die Großkonzerne und die Entmachtung der Reichswehr (Heer) zugunsten der SA. Hitler benötigte aber für den geplanten Krieg die Zusammenarbeit mit den Konzernherren und der Reichswehr. Außerdem empfand er Röhms Macht als Konkurrenz. Daher ließ Hitler unter Führung der SS und mit Unterstützung der Reichswehr am 30. Juni 1934 die gesamte SA-Führung einschließlich Röhm selbst ermorden. Dabei nutzte Hitler die Gelegenheit zur Tötung aller wichtigen NS-Gegner und persönlichen Konkurrenten in der NSDAP. Die Mordaktion wurde in der Öffentlichkeit als Akt der „Staatsnotwehr" gegen einen Umsturzversuch der SA („Röhm-Putsch") gerechtfertigt. In der Folge wurde die Reichswehr auf die Person Adolf Hitlers als „Führer und Reichskanzler" vereidigt, während die Macht der SA gebrochen war und der Aufstieg der SS begann.

**Rote Armee:** Offizieller Name der Streitkräfte der Sowjetunion.

**SA:** siehe Sturmabteilung.

**Schärf, Adolf (1890–1965):** 1918–1934 Sekretär des sozialdemokratischen Nationalratspräsidenten; 1934, 1938 und 1944 in politischer Haft; 1945 Mitbegründer der SPÖ; 1945–1957 Vizekanzler, 1957–1965 Bundespräsident Österreichs.

**Schirach, Baldur von (1905–1974):** Als Reichsjugendführer stand er bis 1940 an der Spitze aller NS-Jugendorganisationen, speziell der Hitler-Jugend. 1940–1945 war Schirach Gauleiter und Reichsstatthalter von Wien, wo er die Judendeportationen mitorganisierte. 1946 wurde er im Nürnberger Hauptkriegsverbrecherprozess zu 20 Jahren Haft verurteilt.

**Schuschnigg, Kurt (1897–1977):** Jurist und christlichsozialer Politiker. Als konservative Gegenkraft zu den Heimwehren gründete er 1930 die betont katholischen und antisemitischen „Ostmärkischen Sturmscharen". 1932 wurde Schuschnigg erstmals Minister. Auf seinen Antrag hin wurde die Todesstrafe (militärisches Standrecht) wieder eingeführt. Nach dem tödlichen Attentat auf Bundeskanzler Engelbert Dollfuß folgte er ihm als diktatorisch regierender Bundeskanzler. Er versuchte, Österreich als einen christlichen deutschen Staat an der Seite des faschistischen Italien zu positionieren. Seinem Wahlspruch „Rotweißrot bis in den Tod" stand in der politischen Praxis ein laufendes Zurückweichen gegenüber italienischen und hitler-deutschen Ansprüchen gegenüber. Mit einer kurzfristig angesetzten Volksabstimmung über die Selbständigkeit Österreichs wollte er sich die Zustimmung der Bevölkerung für sein Regime holen. Dem kamen die Nationalsozialisten zuvor. Am Abend des 11. März 1938 kapitulierte Schuschnigg in einer Rundfunkrede („Ich weiche der Gewalt"). Von 1938 bis April 1945 war Schuschnigg in den Konzentrationslagern Dachau und Flossenbürg, ab 1941 in Sachsenhausen als so genannter Ehrenhäftling (mit Sonderstatus) interniert. Nach dem „Endsieg" hätten ihm die Nationalsozialisten den Prozess machen wollen. Von 1948 bis 1968 lebte Kurt Schuschnigg als Rechtsprofessor in den USA, bevor er wieder nach Österreich zurückkehrte.

**Schutzhaft:** Die Gestapo konnte ohne Gerichtsverfahren und Berufungsmöglichkeit Menschen wegen „volks- und staatsfeindlicher Bestrebungen" willkürlich verhaften und die Haftdauer selbst bestimmen. Die Schutzhaft, die meist in einem KZ verbüßt wurde, war das am häufigsten angewendete Mittel, um Gegner und Gegnerinnen des Nationalsozialismus bzw. den NS-Machthabern missliebige Personen aus dem öffentlichen Leben zu entfernen. Während des Krieges waren Entlassungen aus der Schutzhaft nur noch in Einzelfällen möglich.

**Schutzstaffel (SS):** Die SS war eine militärisch aufgebaute Organisation innerhalb der NSDAP und galt als Elitetruppe, die bedingungslos jeden Befehl Hitlers und der NS-Führung durchführte. Ihr Leitspruch lautete „Meine Ehre heißt Treue". Der SS unterstand die Gestapo und damit auch die gesamte Polizei und Gendarmerie. Sie hatte einen eigenen Geheimdienst (SD), eigene Forschungsinstitute und Wirtschaftsunternehmen, die mit KZ-Zwangsarbeit hohe Profite erzielten. Weiters war sie verantwortlich für die Massenmorde in den Konzentrations- und Vernichtungslagern. Die SS verfügte sogar über eigene bewaffnete Truppen – die Waffen-SS, die nicht nur an der Front kämpfte, sondern auch Kriegsgefangene, Zivilisten und Zivilistinnen ermordete und die Bevölkerung ganzer Dörfer und Städte vernichtete. In den von der Deutschen Wehrmacht besetzten Gebieten töteten SS-Einsatzgruppen Hunderttausende. Der Beitritt in die SS war freiwillig und streng geregelt. Gegen Kriegsende gab es auch zwangsweise Überstellungen in die Waffen-SS.

**SD:** siehe Sicherheitsdienst.

**Seyß-Inquart, Arthur (1892–1946):** Rechtsanwalt; Ernennung zum österreichischen Innenminister im Februar 1938; Ablöse Schuschniggs als Bundeskanzler in der Nacht des 11. März 1938. Bis zum 30. April stand er an der Spitze einer nationalsozialistischen Regierung mit eingeschränkten Machtbefugnissen. Von 1940 bis 1945 war Seyß-Inquart Reichskommissar in den von der Deutschen Wehrmacht besetzten Niederlanden und für eine Reihe von Kriegsverbrechen maßgeblich mitverantwortlich. So organisierte er etwa die Deportation der jüdischen Bevölkerung der Niederlande in die Vernichtungslager. Im Oktober 1946 wurde er im Hauptkriegsverbrecherprozess in Nürnberg zum Tode verurteilt und hingerichtet.

**Sicherheitsdienst (SD):** Der Sicherheitsdienst wurde 1931 als Nachrichtendienst der SS gegründet, ab 1933 war er ein eigenes Zentralamt. Er hatte die Aufgabe, Gegner und Gegnerinnen sowie Parteimitglieder speziell und das ganze Volk generell politisch zu überwachen. Außerdem spielte der SD eine entscheidende Rolle bei der Planung und Durchführung des Holocaust. 1939 erfolgte der Zusammenschluss von Sicherheitspolizei und Sicherheitsdienst im Reichssicherheitshauptamt.

**Sicherheitspolizei (Sipo):** Bis 1936 wurden Gestapo und Kriminalpolizei im Hauptamt Sicherheitspolizei vereinigt. Nach der Schaffung des Reichssicherheitshauptamtes 1939 wurde das Amt der Sipo mit dem Sicherheitsdienst der SS zusammengelegt.

**Sowjetunion (UdSSR):** Union der Sozialistischen Sowjetrepubliken): Gründung im Dezember 1922 nach der erfolgreichen Oktoberrevolution von 1917, aufgelöst im Dezember 1991. Die ursprünglich aus dem russischen Zarenreich hervorgegangene UdSSR war der erste kommunistisch regierte Staat der Welt, der sich nach dem Zweiten Weltkrieg unter Einschluss ehemals finnischer und polnischer Gebiete von Ostpreußen und den baltischen Staaten über fast 10.000 Kilometer bis Nord- und Mittelasien erstreckte. Nach der Auflösung der UdSSR im Dezember 1991 machten sich ehemalige Teilrepubliken (Ukraine, Weißrussland, Georgien,

Moldawien, Armenien, Aserbaidschan, Kasachstan, Turkmenistan, Usbekistan usw.) selbständig. Die ehemalige Russische Sowjetrepublik trat als Russische Föderation („Russland") die gesetzliche Nachfolge der UdSSR an.

**SS:** siehe Schutzstaffeln.

**Stalin, Jossif (1879–1953), Stalinismus, stalinistisch:** Stalin gelang es, ab Mitte der 1920er Jahre in der Sowjetunion die absolute Macht in der Kommunistischen Partei zu erobern und eine blutige Diktatur zu errichten. Er ließ alle Gegner und Gegnerinnen innerhalb und außerhalb der Partei ermorden. Stalin herrschte mit einem über das ganze Land verstreuten riesigen Lagersystem (Gulag), in dem Millionen Menschen ums Leben kamen. Mit brutalen Terrormethoden und Zwangsarbeit sorgte er für den raschen Umbau der Sowjetunion von einem rückständigen Bauernstaat in einen modernen Industriestaat. Der Sieg gegen Nazideutschland brachte Osteuropa in den Einflussbereich der Sowjetunion, die unter Stalins Herrschaft zur einzigen Supermacht der Welt neben den USA aufstieg.

**Stalingrad:** Russische Stadt an der Wolga, heute Wolgograd. Die vernichtende Niederlage der 6. Armee der Deutschen Wehrmacht in Stalingrad am 31. Jänner 1943 markierte den Wendepunkt des Krieges an der Ostfront. 150.000 deutsche Soldaten, darunter viele Österreicher, kamen nicht zuletzt aufgrund der Weigerung Hitlers ums Leben, den Rückzug zu befehlen. Von 91.000 deutschen Kriegsgefangenen kehrten nur mehr 6.000 aus der Sowjetunion zurück. Auf russischer Seite starben in der Schlacht um Stalingrad mehr als eine halbe Million Soldaten und eine unbekannte Zahl an Einwohnern und Einwohnerinnen.

**„Ständestaat":** Siehe Austrofaschismus.

**Starhemberg, Ernst Rüdiger (1899–1956):** Heimwehrführer und Politiker, stammte aus einem alten oberösterreichischen Adelsgeschlecht. Starhemberg war 1923 Teilnehmer am Hitler-Putsch. Er wurde Führer der oberösterreichischen Heimwehr, 1930–1936 stand er an der Spitze aller österreichischen Heimatschutzverbände, die im Dachverband des Heimatschutzes zusammengefasst waren. Starhemberg war einer der Hauptverfechter der Ausschaltung der Sozialdemokratie und der Einführung des Faschismus in Österreich. 1934–1936 übte er das Amt des Vizekanzlers und Bundesführers der „Vaterländischen Front", der Einheitspartei des autoritären „Ständestaates", aus. 1936 wurde er von Bundeskanzler Kurt Schuschnigg entmachtet.

**Sturmabteilung (SA):** Auf Adolf Hitler eingeschworener Wehrverband der NSDAP, der durch seine unzähligen Terror- und Gewaltaktionen gegen politische Gegner und Gegnerinnen, Juden und Jüdinnen am Aufstieg des Nationalsozialismus maßgeblich beteiligt war. Die SA stellte durch große Aufmärsche und in Straßenkämpfen gegen die Linken die Stärke der NS-Bewegung zur Schau. Dies wirkte auf (junge) Männer sehr anziehend. Bis 1933 hatte die SA 400.000 Mitglieder, nach der Machtübernahme Hitlers am 31. Jänner des Jahres stieg die Zahl in wenigen Monaten auf vier Millionen an. Nach den Ereignissen rund um den so genannten Röhm-Putsch im Juni 1934 wurde die SA zugunsten der SS entmachtet.

**Synagoge:** Jüdische „Kirche". Sie ist ein Haus des Gebetes, in dem der Gottesdienst stattfindet, ein Haus des Lernens für den Religionsunterricht und ein Haus der Versammlung, in dem gesellige Zusammenkünfte in religiöser Atmosphäre organisiert werden.

**Tausend-Mark-Sperre:** Um wirtschaftlichen Druck auf Österreich auszuüben, führte die deutsche Regierung am 1. Juni 1933 ein Gesetz ein, durch das deutsche Staatsbürger und Staatsbürgerinnen vor einer Reise nach Österreich 1.000 Reichsmark bezahlen mussten. Wegen des hohen Anteils deutscher Touristen und Touristinnen am österreichischen Fremdenverkehr schädigte dieses bis 1936 gültige Gesetz die heimische Wirtschaft schwer.

**Theresienstadt:** In Theresienstadt (Terezín) in Nordböhmen (heute Tschechische Republik) gab es ab November 1941 ein ghettoähnliches Lager, in dem zunächst alle tschechischen und dann vor allem österreichische Juden und Jüdinnen festgehalten wurden. Letzteren wurde vorgemacht, dass sie dort einen angenehmen Lebensabend verbringen könnten. Die nichtjüdische Bevölkerung von Theresienstadt musste die Stadt verlassen. Theresienstadt war ein „Vorzeigeghetto", weil viele Menschen aus den Bereichen Kunst, Kultur und Wissenschaft dorthin deportiert wurden. Sie veranstalteten Lesungen, Konzerte und Theateraufführungen. Ein deutscher Propagandafilm mit dem Titel „Der Führer schenkt den Juden eine Stadt" sollte der Öffentlichkeit weismachen, wie komfortabel die Juden und Jüdinnen lebten. In Wirklichkeit waren die Lebensbedingungen katastrophal. Rund 33.500 Menschen starben in Theresienstadt, das ab 1942 eine Durchgangsstation für Transporte in die Vernichtungslager im Osten, vor allem nach Auschwitz, darstellte. Alle drei Lagerkommandanten von Theresienstadt waren Österreicher.

**„Totaler Krieg":** Nach der verheerenden Niederlage in Stalingrad forderte Hitler im Jänner 1943 die „totale Mobilisierung" aller Kräfte für den so genannten „Endsieg". Propagandaminister Joseph Goebbels schwor in einer berühmt-berüchtigten Rede eine fanatisierte Masse im Berliner Sportpalast in Berlin auf den „totalen Krieg" ein. Maßnahmen dieses „totalen Krieges" waren erhöhte Arbeitspflicht, Steigerung der Zwangsarbeit, Einziehung von Minderjährigen und älteren Männern (Volkssturm), Aufruf zum Kampf „bis zum letzten Mann", Einführung von Standgerichten, die Deserteure ohne Gerichtsurteil hinrichteten usw.

**UdSSR:** siehe Sowjetunion.

**uk (u.k.):** Unabkömmlich; Menschen, deren Tätigkeiten die NS-Behörden als kriegswichtig einstuften, galten als unabkömmlich und mussten nicht in den Krieg.

**Vaterländische Front (VF):** 1933 von Kanzler Engelbert Dollfuß in Österreich gegründete Einheitspartei nach dem Vorbild faschistischer Nachbarstaaten. In ihr sollten sich alle „Träger des österreichischen Staatsgedankens" zusammenfinden, die sich für ein „christliches, deutsches und ständisch aufgebautes Österreich" einsetzten. Die Organisation war also nach außen gegen die großdeutschen Ansprüche gerichtet und sollte im Inneren die Basis für den Umbau des Staates zu einem autoritären „Ständestaat" bilden. Nach dem Verbot der demokratischen Parteien, der Selbstauflösung der Christlichsozialen Partei und der Errichtung der Diktatur war die VF die einzige zugelassene politische Organisation. Eine Massenbewegung wurde sie nie.

**Vernichtungskrieg:** Deutschland führte in (Süd-)Osteuropa einen Rassen- und Vernichtungskrieg. Seine Kriegsführung zielte in Polen, der Sowjetunion und am Balkan darauf ab, ganze Bevölkerungsgruppen auszurotten, die als Angehörige einer „minderwertigen" Rasse oder als Gegner und Gegnerinnen angesehen wurden, um die eigene deutsche Bevölkerung in diesen Gebieten ansiedeln zu können.

**Vernichtungslager:** Anders als in den Konzentrationslagern, die vor allem der Ausbeutung der Arbeitskraft dienten, wurden in den seit Ende 1941 errichteten Vernichtungslagern die Menschen unmittelbar nach ihrer Ankunft ermordet. Die Existenz dieser „Tötungsfabriken" in Polen und Weißrussland stand unter strengster Geheimhaltung. Über drei Millionen Menschen starben in den Gaskammern oder bei Massenerschießungen in Lagern wie Auschwitz-Birkenau, Sobibor, Treblinka oder Maly Trostinec.

**„Volksdeutsche":** Amtliche Bezeichnung während der NS-Zeit für Angehörige der deutschen Sprache und des deutschen Kulturkreises, die nicht deutsche, österreichische oder Schweizer Staatsangehörige waren. Die „Volksdeutschen" lebten vor allem in Sprachinseln oder Streusiedlungen Ost- und Südosteuropas (Jugoslawien, Rumänien, Bulgarien, Baltikum, Sowjetunion).

**Volksgericht:** Sondergericht in Österreich, wurde im April 1945 von der Provisorischen Regierung zur Entnazifizierung eingerichtet. Es bestand aus zwei Berufsrichtern und drei Schöffen, die über Straftaten nach dem Verbotsgesetz und Kriegsverbrechergesetz urteilten. Rechtsmittel, wie Berufung oder Revision, waren nicht zugelassen, doch konnte der Oberste Gerichtshof bei „erheblichen Bedenken" ein Urteil aufheben. Die Vollstreckung fand sofort statt. Die Volksgerichte bestanden bis 1955.

**Volksgerichtshof:** NS-Gericht, dessen Aufgabe zunächst die Aburteilung von Hochverrat und Landesverrat war. Später wurde dessen Zuständigkeit auf viele andere Delikte ausgeweitet. Der Angeklagte konnte gegen die Entscheidungen des Volksgerichtshofes keine Rechtsmittel einlegen, wohl aber die Staatsanwaltschaft. Organisation und Gerichtsverfahren waren auf kurze Prozesse ausgerichtet.

Die Richter wurden von Adolf Hitler ernannt. Roland Freisler (1893–1945) war ab August 1942 Präsident des Volksgerichtshofes, den er als politisches Gericht ansah, das so entscheiden sollte, wie „der Führer den Fall selbst entscheiden würde". Während der Verhandlungen schrie er die Angeklagten an, machte sie lächerlich und hinderte sie an ihrer Verteidigung. Unter seiner Führung stiegen die Todesurteile sprunghaft an: 1943 und 1944 waren es 1.600 Todesurteile. Dies brachte ihm den Ruf eines „Blutrichters" ein. Er kam am 3. Februar 1945 in Berlin infolge eines Luftangriffs ums Leben.

**Volksgruppe:** In Österreich gibt es sechs anerkannte Volksgruppen (ethnische Minderheiten) nicht-deutscher Muttersprache, deren Rechte zwar gesetzlich geregelt sind, aber noch lange nicht alle verwirklicht wurden: Dazu gehören zweisprachige Ortstafeln, die Verwendung der Muttersprache in öffentlichen Einrichtungen, entsprechende Bildungsmöglichkeiten in der Muttersprache, Fernseh- und Radiosendungen etc. Diese sechs anerkannten österreichischen Volksgruppen sind die in Wien und Niederösterreich lebende tschechische und slowakische Volksgruppe, im Burgenland die Roma sowie die kroatische und ungarische Volksgruppe, in der Steiermark und in Kärnten die slowenische Volksgruppe.

**Warschauer Ghetto:** 1938 lebte die größte jüdische Gemeinde Europas mit 350.000 Mitgliedern in Warschau. Im November 1940 wurden die jüdischen Wohnbezirke abgeriegelt und zu einem riesigen, mit Mauern umgebenen Ghetto umgewandelt, in das schließlich die gesamte jüdische Bevölkerung Warschaus zwangsweise umgesiedelt wurde. Laufend erfolgte die zusätzliche Einlieferung von Juden und Jüdinnen aus anderen Gebieten und auch von Roma und Sinti. Die Folgen der Ausbeutung durch Zwangsarbeit und die mangelnde Lebensmittelversorgung führten in Verbindung mit Seuchen zu einem Massensterben der auf engstem Raum zusammengepferchten Menschen. Ende Juli bis September 1942 wurden im Rahmen der Aktion Reinhard 250.000 Juden und Jüdinnen des Ghettos in die Gaskammern des Vernichtungslagers Treblinka deportiert. Schließlich bildete sich eine jüdische Widerstandsgruppe. Die Ghettokämpfer und -kämpferinnen führten trotz Unterernährung und geringer Bewaffnung einen Aufstand durch, der von der deutschen Übermacht erst nach einem Monat schwerer Gefechte Mitte Mai 1943 niedergeschlagen werden konnte. Von den insgesamt knapp 500.000 Juden und Jüdinnen des Warschauer Ghettos überlebten nur einige tausend das Ende des Krieges.

**Wiener Geserah:** Bezeichnung für die 1420 vom Habsburger Herzog Albrecht V. veranlasste Judenverfolgung in Österreich, die in Wien ihren Höhepunkt erreichte. Die Wiener und die niederösterreichischen Juden und Jüdinnen wurden verhaftet, ihr Besitz beschlagnahmt und die Besitzlosen auf ruderlosen Schiffen auf der Donau ausgesetzt. Ihre Kinder wurden verkauft oder in Klöster verschleppt. In der Synagoge von Wien begingen viele Juden und Jüdinnen Selbstmord. Die Überlebenden wurden gefoltert und zum Übertritt zum katholischen Glauben gezwungen. Rund 200 Juden und Jüdinnen, die sich weigerten, wurden vor den Toren Wiens am Erdberg verbrannt.

**Winterhilfswerk:** Die Nationalsozialistische Volkswohlfahrt (NSV) gründete zur Unterstützung Bedürftiger diese Organisation, die von den Menschen am Arbeitsplatz und bei Haus- und Straßensammlungen Spenden einhob. Es gab auch automatische Lohnabzüge, die dem Winterhilfswerk zugute kamen.

**Wunderwaffen:** auch Geheimwaffen oder V-Waffen (Vergeltung) genannt. Um den Durchhaltewillen der Bevölkerung zu stärken, verbreitete die NS-Propaganda das Gerücht, dass Hitler den Einsatz von Wunderwaffen vorbereite, die Deutschland den Sieg bescheren würden. Die neuartigen Flugzeuge (Düsenjäger) und Raketen waren aber noch zu wenig ausgereift und für den Ausgang des Krieges völlig bedeutungslos.

**20. Juli 1944:** An diesem Tag versuchte Oberst Claus Graf Schenk von Stauffenberg, Adolf Hitler in seinem Hauptquartier in Ostpreußen („Wolfsschanze") mit einer Sprengladung zu töten. Das Attentat (Mordanschlag aus politischen Gründen) scheiterte. Hitler wurde nur leicht verletzt. Der von Stauffenberg und einigen hohen Offizieren der Deutschen Wehrmacht geplante Sturz des Nationalsozialismus misslang. Die Widerständler wurden gehängt, unter ihnen der Österreicher Robert Bernardis (1908–1944), der in Linz zur Schule gegangen war. Nach dem Attentat kam es zu Massenverhaftungen politischer Gegner und Gegnerinnen.

# Personenregister

Adelberg, Margarethe 287
Adlersburg, Joschi 270
Adlersburg, Sidonie 267, 269, 270
Aigenberger, Hermine 169
Albrecht V. 405
Aldebert, Bernard Jean 235, 236, 239, 370, 375
Amberger, Franz 317
Auerbach, Florian 214

Bachmayer, Georg 230
Barnreiter, Ferdinand 154, 368, 375
Barth, Josef 210
Bauer, Otto 24
Bauerecker, Gottfried 85, 366, 382
Baumann, Hans 281
Beckermann, Ruth 331
Benedikt XVI. 329
Benesch, Salomon 280
Bentz, Viktor 67, 69, 70
Berger Moran, Hana 228
Bernardis, Robert 405
Bernaschek, Ludwig 61
Bernaschek, Richard 33, 34, 61, 317, 365, 378
Bernegger, Ludwig 366, 377
Beutlmayr, Marie 46
Bichler, Friedrich 255
Bismarck, Otto von 109, 115
Bloch, Eduard 117, 282
Blöchl, Johann 340, 342
Bloderer, Josef 314
Bogner, Hermine 169
Böhm, Josef 215
Böhmberger, Leopold 244
Boix, Francisco 247, 370, 376
Brandner, Josef 265
Braun, Eva 391

Breirather, Hans 269, 270
Breirather, Josefa 269, 270
Breirather, Manfred 269
Bruckner, Anton 106, 111
Bruckner, Bruno 206
Bürckel, Josef 60, 64
Busch, Wilhelm 148

Cayrol, Jean 250
Cemkalo, Nikolaj 253, 254
Chmielewski, Karl 231
Clark, Eva 228
Corti, Axel 352

Dameron, Charles 213, 369, 378
Dametz, Josef 25
Daniel, Maria 266
Dannbauer, Johann 359
Darwin, Charles 197
Denk, Anton 83, 84
Depiny, Adalbert 145
Derid, Oledij Petrowitsch 189
Diasek, Elisabeth 360
Dietl, Richard 256, 321
Dietscher, Adolf 349
Dinghofer, Franz 20, 70
Dollfuß, Engelbert 31, 32, 34, 35, 36, 41, 42, 332, 365, 381, 385, 387, 390, 392, 399, 400, 403
Donath, Helga 71, 72
Donath, Julius 71, 72
Donath, Julius Bruno 71
Dornetshuber, Alois 99
Draber, Franz 314, 315
Drexel, Joseph 230, 370, 376

Ecker, Augustin 143
Ecker, Elfriede (Friedl) 143, 144
Eder, Hans 98
Egger, Helene 330
Ehmer, Bruno 321
Ehmer, Maria 321
Eichmann, Adolf 290, 291, 298, 299, 351, 371, 376
Eichner, Helga 279, 281
Eichner, Margit 279
Eichner, Walter 279
Eigruber, Adolf 73
Eigruber, Alfred 73
Eigruber, August 39, 54, 60, 64, 73, 74, 87, 88, 99, 102, 103, 109, 114, 121, 126, 139, 147, 160, 171, 172, 173, 180, 190, 219, 246, 256, 264, 295, 304, 321, 323, 366, 379, 381
Eigruber, Hermann 73
Eigruber, Horst 73
Einsiedl, Anton 97
Engels, Friedrich 385, 393
Engleitner, Leopold 80, 325, 326, 380
Ertl, Fritz 293

Fechner, Hartmut 338
Feldhammer, Marianne 330
Feldmann, Josef 69, 70
Fénelon, Fania 302, 303, 372, 376
Ferrante, Franco 238, 356
Fey, Emil 35
Fick, Roderich 108, 113, 114
Figl, Leopold 340
Fließer, Josef Calasanz 96
Florian, Reinhard 233, 370
Fonteneau, Homère 247
Förster, Wilhelm 125
Franco, Francisco 225
Franzobel 353
Freisler, Roland 404
Friedl, Josef 359
Friedmann, Barbara 322

Friedmann, Ignaz 322
Fuchs, Hedwig 171
Fuchs, Josef (Sepp) 179, 180
Fürthauer, Ferdinand 328
Furtwängler, Wilhelm 111, 112
Fyerlicht, Marta 228

Gaiswinkler, Albrecht 316
Galen, Clemens August von 209
Gamsjäger, Josef 163, 175, 176, 368, 377
Ganghofer, Ludwig 159
Gärtner, Rudolf 146
Gärtner, Wilhelm 145, 146, 367
Gattinger, August 242
Gföller, Ludwig 317
Gföllner, Johannes Maria 22, 37, 42, 63, 96
Giesler, Hermann 109, 113, 114
Gittmair, Martin 322
Gitzoller, Karl 316, 331
Glaise-Horstenau, Edmund 51, 182
Glasmeier, Heinrich 111
Gleißner, Heinrich 35, 39, 41, 42, 43, 50, 67, 341, 342, 354, 380, 387
Globocnik, Odilo 383
Goebbels, Joseph 106, 316, 367, 377, 389, 403
Goethe, Johann Wolfgang 131, 146
Gogl, Johann 350
Göring, Hermann 29, 54, 70, 80, 81, 87, 109, 120, 168, 183, 184, 189, 237, 294, 346, 368, 369, 376, 377, 379, 389
Gostner, Erwin 223, 370
Gröblinger, Alois 101
Groher, Richard 157, 358, 359, 368, 376
Groher, Theresia 358
Gruber, Andreas 254, 353
Gruber, Johann 249, 250, 251, 370, 381
Gruber, Josef 25
Grüttner, Franz 320
Grynszpan, Herschel 287, 389

Haag, Christa 179
Haag, Hubert 179
Haas, Rudolf 266
Habicht, Theo 28, 35
Habsburg, Otto 390
Hackl, Erich 270, 353, 371
Haenel, Wilhelm 286, 287
Hajek, René 317
Hallas, Helga 72
Hammelsbeck, Maria 206
Handel-Mazzetti, Enrica 37
Harrer-Riener, Alois 45
Hartmann, Fritz 216
Hatschek, Hans 295
Hatschek, Ludwig 277
Haubach, Theodor 43
Hauptschein, Kurt 131, 132, 152, 367
Hauser, Johann Nepomuk 25
Häusl, Rudolf 317
Heftmann, Max 240
Heim, Aribert 240, 370, 378
Helmetsberger, Josef 317
Hermann, Lotte 281
Hermentin, Ludwig 321, 322
Hersch, David 322
Herzhaft, Hansi 279
Herzhaft, Walter 296
Heydrich, Reinhard 68, 291, 399
Heymann, Clara 304
Hilgarth, Leopold 318
Himmler, Heinrich 42, 68, 186, 190, 219, 229, 231, 232, 242, 399
Hintersteiner, Helene 206, 210, 212, 213, 369, 375
Hirschfeld, Max 289, 390
Hitler, Adolf 26, 28, 45, 50, 52, 56, 57, 58, 59, 60, 65, 70, 71, 73, 75, 80, 99, 105, 106, 107, 108, 110, 111, 112, 114, 115, 116, 117, 124, 128, 129, 149, 157, 161, 177, 179, 180, 201, 229, 281, 282, 339, 365, 367, 380, 381, 386, 392, 395, 400, 402, 404, 405
Hitler, Alois 115

Hitler, Edmund 115
Hitler, Klara 116
Hitler, Paula 115
Hocheneder, Franz 214
Hocheneder, Johann 214, 215, 369, 380
Hödl, Franz 206
Hofinger, Aloisia 193, 194, 369
Hofinger, Anneliese 193
Hofinger, Mitzi 191, 195, 369
Hofstätter, Josef 318
Holbrook, Willard Ames 174
Holl, Friedrich 158
Holl, Heinrich 158
Holl, Johann 158
Homolka, Maria 322
Hörbiger, Paul 159
Hörrack, Brunhilde 147, 148
Huber, Elisabeth 327
Hudec, Alfred 343
Humer, Ferdinand 156, 177, 178, 368, 377
Humer, Franziska 311
Humer, Johann 177
Humer, Maria 177
Humer, Rosa 177
Humer, Theresia 177, 178

Innerhofer, Franz 258, 371
Innitzer, Theodor 63
Itzinger, Karl 86

Jägerstätter, Franz 319, 327, 328, 329, 352, 373, 379
Jägerstätter, Franziska 327, 328
Jägerstätter, Heinrich 328
Jägerstätter, Rosalia 327, 328
Jahoda, Rudolf 206
Jakubetz, Karl 317
Jellinek, Richard 284
Jesus 276, 383
Joseph II. 260
Juan Carlos I. 388

Kain, Franz  351
Kainberger, Siegfried  138, 367
Kaindlstorfer, Anton  286
Kaiser, Katharina  320
Kaltenberger, Friederike  157, 162, 164, 166, 167
Kaltenbrunner, Ernst  39, 70, 147, 171, 231, 298, 323, 349, 399
Kammerstätter, Peter  76, 82, 102, 103, 254, 316, 322, 331, 352, 360, 361, 366, 370, 372, 374, 377
Kampmüller, Otto  45, 58, 365, 367, 376
Kapplmüller, Alois  253
Kapplmüller, Maria  252
Karajan, Herbert  112
Karbyšev, Dimirij Michajlovič  254
Karl I.  17, 389
Kastelic, Jakob  318
Kaufmann, Gustav  212
Kellermayr, Walter  129, 367
Keppler, Wilhelm  51
Kerndlbacher, Anna  263
Kerndlbacher, Hildegard  263
Kerndlbacher, Johann  262, 265, 267
Kernek, Erich  289
Kernek, Grete  283
Ketter, Elfriede  122, 144, 375, 419
Ketter, Josef  144
Kinzl, Franz  118, 119, 381
Kinzl, Fritz  118
Kirnbauer, Michael  97
Kirschbichler, Ernst  242
Kislinger, Helmut J.  86, 149, 150, 166, 366, 368
Klaffenböck, Walter  319
Kociuba, Anna  192
Kohl, Josef (Pepi)  244
Koller, Katharina  171
Koref, Ernst  145, 342, 350
Körner, Theodor  43
Körösi, Georg  283
Körösi, Margarethe  282, 283
Körösi, Trudy  282

Körösi, Viktor  282
Kotzmann, Leopold  321, 322
Kozlova, Marija  185
Kranebitter, Friedrich  290
Krebsbach, Eduard  242
Kreisky, Bruno  180, 393
Krenn, Maria  274
Kretschmer, Helene  75
Kronberger, Agathe  300, 301
Kronberger, Hans  300, 301
Kronberger, Norbert  300, 301
Kronberger, Olga  300, 301
Kubizek, August  116

Laher, Ludwig  263, 353, 366, 371, 381
Laimer, Theresia  330
Lampelmaier, Johanna  257, 258
Landl, Elfriede  300
Langoth, Franz  29, 39, 73, 89, 120, 121, 174, 367, 380
Langthaler, Alfred  253
Langthaler, Alois  252, 254
Langthaler, Anna  253
Langthaler, Johann  252, 253
Langthaler, Josef  253
Langthaler, Maria  252, 253, 254
Lassacher, Therese  57
Leibfritz, Jakob Julius  319, 372
Leimberger, Berta  265
Lengauer, Rudolf  126
Lenin  19, 385
Lenk, Rudolf  105, 125, 366
Leopold, Josef  51
Lesinski, Henryk  210
Lichtenberger, Albert  271
Lichtenberger, Anton  271
Lichtenberger, Emil  271
Lichtenberger, Johanna  271
Lichtenberger, Kassian (Christian)  271, 272
Lichtenberger, Margareta  271
Lichtenberger, Sabine  271

Lichtenberger, Stefan  271
Limberger, Brunhilde  148
Lior, Kurt David  152, 367
Löhner, Helene  286
Löhner-Beda, Friedrich  286
Lonauer, Maria  216, 217
Lonauer, Rosemarie  217
Lonauer, Rudolf  203, 206, 209, 210, 211, 212, 216, 217
Lösch, Nikolaus  67
Löwy, Karl  287
Ludwig, Johann  106, 318

Mandl, Maria  302, 303, 379
Maria Theresia  260
Marinelli, Imelda  190, 195, 196
Maršálek, Hans  256, 355, 370, 371, 372, 379
Marshall, George C.  346, 394
Martl, Gitta  261, 262, 265, 267, 268, 419
Marx, Karl  385, 393
Mascherbauer, Johann  322
Mascherbauer, Theresia  322
Massaguer, Lope  226, 370
May, Karl  115
Mayr, Franz  311
Meierl, Albert  264
Meindl, Georg  238
Mendler, Albert  151
Mendler, Richard (Jecheskel R.)  151, 152, 289, 368, 371
Messenböck, Hubert  125
Mierendorff, Carlo  43
Miklas, Wilhelm  32, 54
Mitterndorfer, Helmut  141
Moser, Hans  159
Moser, Theresia  189
Moshammer, Frieda  336
Mostny, Leopold  75, 294
Müller, Justine  266
Mussolini, Benito  387

Neudorfer, Heinrich  265
Nikolussi, Alois  274
Nohel, Vinzenz  206, 211

Olsky, Mark  228
Ostrikow, Filip Georgiewitsch  227

Papen, Franz von  40
Pasch, Adele  294
Pasch, Hans  280
Pawlenko, Olga  188
Pensl, Otto  255, 256, 381
Pesendorfer, Ferdinand  330
Pesendorfer, Theresia (Resi)  316, 330, 331, 379
Peter, Friedrich  393
Peterseil, Franz  75, 76, 377
Peyrl, Franz  323
Pichon, Paul  187
Plakolm, Josef  273
Planek, Anna  192
Plieseis, Josef (Sepp)  316, 331, 372, 379
Pointner, Johann  68
Pokorny, Wilhelm  205
Popp, Alexander  80, 81
Posch, Ludmilla  176
Posse, Hans  112
Praska, Ida  294
Pummerer, Leo  238
Punzer, Karl  314

Quatember, Wolfgang  361, 365, 419

Raab, Julius  397
Rammerstorfer, Bernhard  80, 326, 372
Rath, Ernst vom  287, 389
Rath, Florian  318
Recheis, Rose  273
Reichart, Elisabeth  353
Reindl, Marianne  173
Reinthaller, Anton  51, 93

Reitmair, Anna 138
Rendulic, Lothar 174
Renner, Karl 21, 61, 173, 336, 341
Renno, Georg 206, 207, 211, 399
Rettenbacher, Johann 315, 316
Richter, Paul 159
Riefenstahl, Leni 159
Riepl, Leopold 321
Rietzinger, Anton 350
Rittenschober, Johanna 257, 258, 297, 419
Ritter, Robert 398
Röhm, Ernst 400
Rohracher, Andreas 121
Roitinger, Ferdinand 320, 332, 333
Roman Roman, Francisco 226, 370, 375
Rubenzucker, Hilde 255
Rubinstein, Ilse 131, 132, 367, 419
Rumjancew, Konstantin 245
Ruzowitzky, Stefan 353
Rybčinskij, Michail 252, 253, 254
Rydl, Ferdinand 77, 78, 366, 378

Sacharjan, Tigran 340
Sacharov, Valentin 244
Sammern-Frankenegg, Ferdinand 293
Sauer, August 145
Saureis, Franz 66
Saxinger, Franz 93, 94, 366
Schärf, Adolf 400
Schäringer, Herbert 70, 265, 273, 274
Schatz, Johann 322
Schatz, Maria 322
Schicho, Maria 90, 92, 99, 100
Schimmerl, Paul 132
Schindel, Gerti 317
Schindel, Robert 317, 419
Schinnerl, Johann 173
Schirach, Baldur von 123, 367
Schlackl, Angelika 215, 369, 419
Schlegel, Josef 25, 32, 42

Schmirl, Josef 69
Schneeweiß, Hans Georg 304, 305
Schneeweiß, Hermann 280, 286, 304, 305
Schneeweiß, Ruth 304
Schneeweiß, Walter 304, 305
Schober, Johann 25
Schödel, Helmut 258
Scholtz-Klink, Gertrud 90, 91
Schönerer, Georg von 120
Schuhmann, Ignaz 318
Schuhmann, Karl 208
Schuschnigg, Kurt 36, 39, 42, 50, 52, 53, 385, 387, 389, 400, 402
Schwager, Karl 278, 279, 371
Schwaninger, Franziska 327
Schweiger, Herta 314
Schwingshackl, Johann Nepomuk 319
Seidler, Fritz 230, 231, 251
Seipel, Ignaz 21, 22
Sevik, Nicole 268, 419
Seyß-Inquart, Arthur 51, 52, 54, 55, 58, 60, 401
Sitter, Franz 207
Skerl, Vinko 233
Slapnicka, Harry 56, 113, 352, 365, 366, 367, 368, 372, 373, 380
Slazak, George 190
Slupetzky, Anton 242
Smolka, Gertraud 295
Smolka, Herbert 295
Smolka, Otto 295
Spatzenegger, Johanna 73
Speer, Albert 108
Spitz, Alexander 282
Spitz, Eduard 282, 296
Spitz, Friederike 282
Spitz, Salomon 277
Spitz, Viktor 281
Spitzbart, Cilli 321
Springenschmied, Karl 128
Stadlbauer, Hermann 237

Stadler, Antonia  71
Stadler, Elisabeth  320
Stadt, Johann (Hans)  44, 45
Stalin  346, 373, 378, 385, 402
Stangl, Franz  206, 207, 29, 293, 306, 307, 351, 372, 380
Stangl, Theresia  306, 307
Starhemberg, Ernst Rüdiger  22, 23, 390
Staufer, Alois  266
Stauffenberg, Claus Graf Schenk von  405
Steinmüller, Johann  243
Stelzhamer, Franz  106, 278, 371, 377
Stieger, Franz  331
Stifter, Adalbert  106
Straubinger, Alois  316
Straubinger, Katharina  320
Sturm, Hermann  230
Styrbicki, Johannes  234

Tandler, Ida  294
Taurer, Gisela  321
Taylor, Jack H.  248, 370, 376
Telfner, Ludwig  317
Temmel, Leopold  98, 366
Teufl, Johanna  101
Teufl, Josef (Sepp)  82, 101, 102, 103, 320, 321, 366, 376, 378, 381
Theurer, Josef  87
Tiso, Jozef  171
Tito  392
Töpfer, Ernst  350
Traint, Karl  66
Trojan, Zofia  188
Tschofenig, Gisela  321
Tschofenig, Hermann  321
Tschofenig, Johann  321

Unterberger, Franz  66
Uprimny, Dolf  67
Urbanczyk, Franciszek  189

Vösleitner, Volkmar  323
Voss, Hermann  112

Wach, Wieslaw  234
Wagner, Hedda  46, 47, 365, 380
Wagner, Karl  46
Wagner, Richard  108, 116
Waldheim, Kurt  352
Wernitznigg, Grete  164, 179, 180, 296
Wernitznigg, Maria  179, 180
Wesner, Ludwig  223
Wessely, Paula  159
Wetzelsberger, Hilde  145
Wiesenthal, Simon  351, 393
Wies(n)er, Hans  206
Wilensky, Anna  47
Wilensky, Edith  131
Winklehner, Poldi  168
Winter, Aloisia  267
Winter, Rosa  262, 264, 265, 267, 268, 371, 378, 381
Woldan, Anna  81
Wolkerstorfer, Josef (Sepp)  61, 64, 75, 118, 280
Wöß, Gerhard  136, 367

Zelazek, Marian  225
Ziereis, Franz  230, 231, 242, 248
Zimpernik, Raimund  315, 346, 372, 381
Zinner, Cäcilie  317
Zychlinski, Esther  322

# Ortsregister Oberösterreich

Ach  69, 260, 261, 262, 263
Aigen im Mühlkreis  281, 336
Aigen-Schlägl  336
Aiterbachtal  80
Alkoven  204, 318
Altheim  260
Altmünster  136, 137, 291
Ampflwang  78, 143, 144
Ansfelden  246
Asten  111
Attnang  30, 75, 169, 170, 317
Attnang-Puchheim  75, 169, 170, 317
Atzbach  118

Bachmanning  265
Bad Hall  315, 317
Bad Ischl  23, 38, 63, 66, 164, 179, 264, 286, 287, 315, 316, 325, 330, 331, 345, 356
Bad Leonfelden  163, 164, 318
Bad Schallerbach  99, 319
Bad Zell  81, 173
Bauernberg  277
Baumgartenberg  203
Bindermichl  87, 344, 345
Braunau  31, 51, 56, 57, 58, 83, 106, 115, 150, 182, 185, 262, 317, 318, 391
Breitbrunn  293
Buchkirchen  260, 263

Dietlgut  89

Ebelsberg  111, 344
Ebensee  31, 58, 148, 180, 238, 239, 246, 247, 315, 331, 350, 354, 356, 357
Eberstalzell  80
Eferding  138, 187, 318

Enns  246, 276, 322, 323, 338, 343
Etzelsdorf  190, 191, 195

Fischlham  106, 115
Frankenburg  86
Freinberg  54
Freistadt  118, 140, 173, 321, 322, 339, 340
Friedburg  150
Froschberg  87, 111

Gallneukirchen  140, 203, 205, 245, 339
Garsten  67, 250
Gaspoltshofen  260, 271, 272
Geboltskirchen  78
Gmunden  26, 80, 146, 147, 192, 209, 219, 320, 321
Goisern  315, 320, 331, 351
Gosau  98, 163, 175, 176
Gramastetten  45, 318
Grein  67, 68, 239
Grieskirchen  89, 99, 199, 201, 249, 264, 271, 293, 320, 332, 333
Großraming  238, 346
Grünau im Almtal  99
Grünburg  65
Gschwendt  78, 203, 217
Gugl  74, 88, 295, 304
Gunskirchen  246, 322
Gusen  132, 210, 221, 222, 223, 225, 226, 227, 230, 231, 233, 234, 235, 237, 239, 240, 241, 242, 243, 244, 246, 248, 250, 251, 257, 258, 297, 346, 349, 354, 357
Gutau  311

Haag am Hausruck  332
Hackenbuch  317
Haid  344

Hallstatt 161
Hartheim 13, 73, 74, 76, 198, 204, 205, 206, 207, 208, 209, 210, 211, 212, 213, 214, 215, 216, 217, 240, 273, 291, 293, 300, 306, 317, 318, 354, 356, 357
Hartkirchen 171
Hausruckedt 77, 78
Hinterstoder 89, 149, 315, 322
Hirschbach im Mühlkreis 118
Hochburg-Ach 260, 261, 262
Hofkirchen im Mühlkreis 92, 93, 159
Höllengebirge 316
Holzleithen 34, 77
Hörsching 293

Ibmer Moor 266

Jainzen 38
Julbach 44, 76

Kammer-Schörfling 140
Kaplanhof 321
Katsdorf 237
Keferfeld 87
Kirchdorf an der Krems 61, 65, 74, 173, 180
Kleinmünchen 80, 283
Kleinzell 161
Kollerschlag 36, 93
Königswiesen 173
Kremsmünster 65, 112, 127, 171
Kristein 322

Laakirchen 188, 192
Lambach 106, 115, 131, 147, 169, 177, 206
Langenstein 243, 257
Lasberg 340
Lauffen 164, 179
Lenzing 82, 157, 184, 238, 323, 346, 358
Leonding 40, 106, 111, 115, 116
Leopoldschlag 223
Lest 339

Letten 267, 269
Lindenhof 191, 195
Linz 13, 18, 23, 24, 25, 26, 27, 28, 29, 33, 35, 37, 38, 39, 41, 45, 46, 47, 50, 51, 52, 54, 56, 58, 60, 61, 64, 65, 67, 69, 70, 71, 72, 75, 80, 81, 83, 87, 88, 90, 91, 100, 101, 105, 106, 107, 108, 109, 110, 111, 112, 113, 114, 115, 116, 117, 118, 120, 121, 128, 129, 132, 135, 136, 137, 138, 140, 141, 142, 145, 146, 149, 151, 152, 154, 157, 162, 166, 167, 168, 169, 170, 174, 181, 182, 183, 184, 186, 189, 190, 193, 195, 200, 203, 204, 206, 209, 212, 213, 216, 217, 221, 231, 237, 238, 239, 241, 246, 249, 250, 255, 265, 267, 268, 273, 274, 277, 279, 280, 281, 282, 285, 287, 289, 293, 294, 296, 298, 300, 304, 306, 313, 317, 318, 319, 320, 321, 323, 325, 328, 329, 336, 342, 343, 344, 345, 347, 349, 350, 351, 352, 354, 360, 361, 389, 390, 396, 399, 405
Luftenberg 131, 151
Lungitz 237

Marchtrenk 31
Mattighofen 317
Mauerkirchen 68, 262
Mauthausen 13, 34, 42, 43, 73, 74, 82, 101, 103, 121, 125, 126, 132, 142, 148, 173, 183, 185, 210, 219, 220, 221, 222, 223, 224, 225, 226, 227, 228, 229, 230, 231, 232, 233, 234, 235, 236, 237, 239, 240, 241, 242, 243, 244, 246, 247, 248, 252, 254, 256, 265, 297, 317, 321, 322, 339, 349, 350, 351, 353, 354, 355, 357, 388, 399
Mettmach 93, 118
Molln 189
Mönchdorf 173
Münichholz 87, 237, 238
Münzkirchen 302

Neuhofen an der Krems 203, 217
Neumarkt im Mühlkreis 195, 343
Niedernhart 13, 46, 203, 206, 209, 210, 214, 215, 216, 217, 273, 316, 317

Oberkappel 93
Obernberg am Inn 210
Oed 80
Oftering 31
Ottensheim 44, 45, 58, 128, 193
Ottnang am Hausruck 350

Partenstein 195
Pasching 320
Peilstein 142, 172, 323
Perg 25, 126, 132, 242
Pichl bei Wels 195
Polling im Innkreis 185
Pöstlingberg 168, 182
Pregarten 171, 173, 257, 339
Puchenau 85, 148
Pucking 246
Pulgarn 131, 151, 279
Pupping 187
Pyhrnpass 36

Raab 231
Ranshofen 83, 184, 346
Redl-Zipf 238
Reichersberg 136
Ried im Innkreis 52, 69, 71, 138, 145, 149, 160, 161, 169, 187, 200, 303
Ried im Traunkreis 161
Ried in der Riedmark 97
Ritzlhof 321
Rohrbach 92
Roitham 147
Rossleithen 173

Sandl 321
St. Florian bei Linz 96, 111, 112, 127, 179, 246, 321
St. Georgen an der Gusen 75, 221, 239, 322
St. Magdalena 88, 111
St. Martin im Innkreis 171, 174
St. Pantaleon 188

St. Peter/Zizlau 183
St. Radegund 319, 327, 328
St. Ulrich bei Steyr 319
St. Wolfgang im Salzkammergut 80, 286
Scharten 138
Schenkenfelden 132
Schlägl 75, 336
Schlantenfeld 88
Schlierbach 203
Schlögen 38
Schmiding 129
Schörfling am Attersee 140, 318
Schörgenhub 189, 190, 319, 321
Schwanenstadt 118, 126, 147
Schwertberg 244, 245, 252
Sierning 179
Spallerhof 87
Spital am Pyhrn 163, 188, 190, 195
Stadl-Paura 118, 119
Steyr 18, 28, 33, 39, 67, 73, 74, 87, 101, 106, 116, 132, 167, 173, 181, 182, 183, 184, 185, 200, 237, 238, 241, 246, 255, 256, 267, 269, 270, 277, 281, 306, 310, 313, 314, 315, 319, 320, 344, 346, 347, 354, 357, 396
Steyregg 279, 343
Steyrermühl 80

Tarsdorf 127
Tegernbach 249
Ternberg 238, 346
Thalheim bei Wels 214, 246
Timelkam 57, 214
Totes Gebirge 316, 323, 331
Tragwein 252
Traunfall 147, 148
Traunkirchen 186, 297
Traunstein 136
Treffling 142, 317, 321

Unterweitersdorf 154, 339
Urfahr 29, 44, 101, 109, 110, 116, 253, 277, 282, 285

Vöcklabruck 237, 238, 345, 352
Vöcklamarkt 126, 358
Vorchdorf 156, 177

Waizenkirchen 72
Waldhausen im Strudengau 71
Walding 124, 154, 193, 194
Wallern an der Trattnach 157
Waxenberg 22
Wegscheid 61, 344
Weibern 320, 332, 333

Weißkirchen an der Traun 214, 215, 246
Wels 28, 31, 34, 37, 39, 40, 55, 62, 80, 95, 129, 131, 133, 137, 148, 187, 191, 195, 200, 214, 246, 260, 263, 281, 284, 295, 307, 317, 319, 320, 321, 323, 332, 344, 352
Weng im Innkreis 260
Weyer im Ennstal 171
Weyer im Innviertel 73, 83, 265, 266, 267, 272, 274
Wildshut 290
Wilhering 127, 318
Winden 252, 254

Zell am Pettenfirst 97, 358, 359
Zipf 84, 238

# Danke

Franz Aigenbauer, Linz
Michael Angerer, St. Florian
Egbert Bernauer, St. Florian
Helmut Böhm, Attnang-Puchheim
Herbert Brandstetter, Mauerkirchen
Friedrich Buchmayr, Stiftsarchiv St. Florian
Kurt Cerwenka, Gallneukirchen
Martin Demelmair, Gaspoltshofen
Fritz Dittlbacher, Wien
Werner Dreier, _erinnern.at_
Alois Ecker, Zell am Pettenfirst
Bernhard Ecker, Zell am Pettenfirst
Gerald Ecker, Weng im Innkreis
Veronika Ecker, Zell am Pettenfirst
Josef Eidenberger, Walding
Peter Eigelsberger, Lern- und Gedenkort Schloss Hartheim
Eva Fernandez Vallejo, Malaga
Florian Freund, Universität Wien
Paul Gamsjäger, Gosau
Gottfried Gansinger, Ried im Innkreis
Josef Goldberger, Oberösterreichisches Landesarchiv
Anna Hackl, Winden bei Schwertberg
Albert Hamann, Linz
Thomas Hellmuth, Wels
Nina Höllinger, Zeitgeschichte Museum Ebensee
Gregor Holzinger, Archiv der KZ-Gedenkstätte Mauthausen
Michael John, Johannes Kepler Universität Linz
Elfriede Ketter, Ampflwang
Helmut J. Kislinger, Leonding
Hannes Koch, Ampflwang
Andreas Kranebitter, Archiv der KZ-Gedenkstätte Mauthausen
Martin Kranzl-Greinecker, Pichl bei Wels
Ludwig Laher, St. Pantaleon

Albert Lichtblau, Universität Salzburg
Walter Limberger, Kirchschlag
Franz Linschinger, Land Oberösterreich
Simone Loistl, Lern- und Gedenkort Schloss Hartheim
Gitta Martl, Verein Ketani Linz
Stephan Matyus, Fotoarchiv der KZ-Gedenkstätte Mauthausen
Ruth Mayr, Studienverlag Innsbruck
Jecheskel R. Mendler, Tel Aviv
Bernhard Mühleder, St. Georgen an der Gusen
Mirjam Ohringer, Stichting Vriendenkring Mauthausen Amsterdam
Wolfgang Quatember, Zeitgeschichte Museum Ebensee
Gerhard Riegler, Weibern
Johanna Rittenschober, Gallneukirchen
Ilse Rubinstein, Jerusalem
Peter Ruggenthaler, Graz
Sabine Sammer, Archiv der Stadt Linz
Elisabeth Schiffkorn, Puchenau
Robert Schindel, Wien
Franz Schinkinger, Ottensheim
Angelika Schlackl, St. Marien
Michaela Schober, Corporate History and Documentation voestalpine AG
Horst Schreiber, _erinnern.at_ Tirol
Florian Schwanninger, Lern- und Gedenkort Schloss Hartheim
Nicole Sevik, Verein Ketani Linz
Elfriede Sponring, Studienverlag Innsbruck
Karin Tolar-Hellmuth, Wels
Eva Totschnig, Khevenhüller Gymnasium Linz
Otto Treml, Steyr
Robert Vorberg, Archiv der KZ-Gedenkstätte Mauthausen

Helmut Wagner, Linz
Verena Wagner, Gallneukirchen
Wilfried Winkler, Linz
Anita Wurm, Stadtarchiv Wels

Thomas Zaglmaier, Mauthausen
Irene Zauner-Leitner, Lern- und Gedenkort Schloss Hartheim
Rudolpha Zeman, Oberösterreichisches Landesarchiv

# Autor und Autorin

**Mag. Dr. Christian Angerer,** geb. 1960; Germanist und Historiker; Lehrer am Khevenhüller Gymnasium Linz; Lehrender für Geschichte an der Pädagogischen Hochschule Oberösterreich; Mitarbeiter in der Pädagogik an der KZ-Gedenkstätte Mauthausen; Leiter des _erinnern.at_-Netzwerkes Oberösterreich.

**Mag.[a] Dr.[in] Maria Ecker,** geb. 1976; Historikerin und Geschichtsdidaktikerin; als Mitarbeiterin von _erinnern.at_ für die Entwicklung von Unterrichtsmaterialien zuständig; Tätigkeit in der Erwachsenenbildung; Mitwirkung an mehreren lokalgeschichtlichen Projekten.

Christian Angerer ist Autor der Kapitel:
Oberösterreich 1918–1938
Machtübernahme der Nationalsozialisten: Begeisterung und Verfolgung
Linz – „Patenstadt des Führers"
Jugend und Schule
Das Konzentrationslager Mauthausen
Widerstand
Von der NS-Vergangenheit zur Gegenwart

Maria Ecker ist Autorin der Kapitel:
Aufbruchsstimmung und neue Zwänge
Krieg und Alltagsleben
Zwangsarbeit
NS-Euthanasie: Tötung von psychisch Kranken und Behinderten
Die Verfolgung der Roma und Sinti
Der Völkermord an den Juden und Jüdinnen